Johannes, Jesus und die Juden

Beiträge zur biblischen Exegese und Theologie
BET

Herausgegeben von
Jürgen Becker und Henning Graf Reventlow

BAND 17

Verlag Peter Lang
FRANKFURT AM MAIN · BERN

Volker Schönle

JOHANNES, JESUS UND DIE JUDEN

DIE THEOLOGISCHE POSITION DES MATTHÄUS UND DES VERFASSERS DER REDENQUELLE IM LICHTE VON MT. 11

Verlag Peter Lang
FRANKFURT AM MAIN · BERN

CIP-Kurztitelaufnahme der Deutschen Bibliothek

Schönle, Volker:

Johannes, Jesus und die Juden : d. theol. Position
d. Matthäus u.d. Verf. d. Redenquelle im Lichte
von Mt. 11 / Volker Schönle. - Frankfurt am
Main ; Bern : Lang, 1982.
   (Beiträge zur biblischen Exegese und Theologie ;
   Bd. 17)
   ISBN 3-8204-5877-8
NE: GT

ISBN 3-8204-5877-8

© Verlag Peter Lang GmbH, Frankfurt am Main 1982

Druck und Bindung: fotokop wilhelm weihert KG, darmstadt

MEINEN ELTERN

VORWORT

Die vorliegende Arbeit wurde im Wintersemester 1979/80 von der Theologischen Fakultät der Christian-Albrechts-Universität Kiel als Dissertation angenommen. Für den Druck ist sie geringfügig gekürzt worden.

Unter dem Titel "Johannes, Jesus und die Juden" sucht die Arbeit die theologische Position des Matthäus und des Verfassers der Redenquelle im Blick auf Mt. 11 par. als ein zentrales Kapitel synoptischer Überlieferung darzustellen. Nach einigen Ausführungen zu Thematik und Methodik (Teil 1) werden zunächst eingehende Analysen der literarischen und vorliterarischen Tradition geboten (Teil 2). Erst dann folgt auf dem so geschaffenen Hintergrund die Darstellung des theologischen Weges von Q zu Mt. im Sinne einer Rekonstruktion der sukzessiven Gestaltwerdung von Mt. 11 par. (Teil 3).

Die Unterschiede in der Sichtweise des Verhältnisses zwischen Täufer, Jesus und jüdischer Gemeinde, wie sie bei der Gegenüberstellung der vormatthäischen und der matthäischen Interpretation der Überlieferung von Mt. 11 par. deutlich werden, stehen im Vordergrund des Interesses. Unser Ziel ist die Erarbeitung eines in sich stimmigen Bildes von der überlieferungsgeschichtlichen Entwicklung von Q zu Mt. im Interesse einer Weiterführung bisheriger kompositions- und redaktionskritischer Arbeit an den Synoptikern. Dieses bedingt im übrigen die letztendlich angestrebte Ausweitung der Fragestellung auch auf den jeweiligen Gesamtzusammenhang von Q und Mt. und die in diesem Kontext zu verhandelnde Passionsproblematik.

Angeregt wurde die Untersuchung durch Herrn Professor D. Gerhard Friedrich, dessen Assistent ich bis zu seiner Emeritierung war. Ihm sei an dieser Stelle für alle fachliche und auch persönliche Unterstützung gedankt, die ich seit meiner Studienzeit in so reichem Maße von ihm erfahren durfte. In besonderer Weise verpflichtet fühle ich mich darüber hinaus Herrn Professor Dr. Ulrich Luck, als dessen Assistent ich meine Arbeit, von ihm nicht unmaßgeblich beeinflußt, abschließen konnte. Ihm sei auch für die Erstellung des Erstgutachtens gedankt, das er als Nachfolger von Prof. Friedrich, dem ich seinerseits für die Erstellung des Zweitgutachtens verbunden bin, übernahm. Manchen Dank schulde ich schließlich noch Herrn Professor Dr. Horst Robert Balz, der meine Arbeit zu der Zeit, als ich sein Assistent in Bochum war, hilfreich begleitet hat.

Für die Aufnahme der Arbeit in die Reihe "Beiträge zur biblischen Exegese und Theologie" bin ich Herrn Professor Dr. Jürgen Becker sowie auch Herrn Professor Dr. Henning Graf Reventlow herzlich verbunden. Ohne die unermüdliche Hilfe von Frau M. Pudlitz wäre allerdings das Manuskript kaum so bald zur Druckreife gelangt. Gerade auch ihr möchte ich daher an dieser Stelle noch einmal herzlichen Dank sagen. Einschließen in diesen Dank

möchte ich Herrn stud. theol. R. Liebers sowie Frau Margot
Eschrich und Frau Else Veit, die mir beim Korrekturlesen sehr
geholfen haben. Ein letzter, aber nicht minder herzlicher
Dank gelte schließlich Herrn Pastor E. Fischer und der Kir-
chengemeinde St. Marien Rendsburg sowie der Nordelbischen
Evangelisch-Lutherischen Kirche, die durch ihr Verständnis
meine Arbeit mit getragen und durch finanzielle Unterstützung
die Drucklegung mit ermöglicht haben.

Für die Gewährung eines Druckkostenzuschußes aus Landesmitteln
danke ich dem Präsidium der Christian-Albrechts-Universität zu
Kiel.

Unter den vielen, die mir mit aufmunternden Worten immer neuen
Mut zur Vollendung meiner Arbeit gemacht haben, möchte ich
ganz besonders meine zukünftige Frau Maren nennen. Gewidmet
sei diese Untersuchung meinen Eltern, denen ich mehr verdan-
ke, als ich es hier zum Ausdruck bringen kann.

Rendsburg, d. 29. Mai 1981

INHALTSVERZEICHNIS

ABKÜRZUNGEN

Die Abkürzungen für Schriftenreihen, Zeitschriften etc. richten
sich mit TRE nach S. Schwertner, Internationales Abkürzungsver-
zeichnis für Theologie und Grenzgebiete, Zeitschriften, Serien,
Lexika, Quellenwerke mit bibliographischen Angaben, Berlin,
New York 1974. Ansonsten entsprechen die Abkürzungen denen von
RGG und ThWNT. Die biblischen Bücher und außerkanonischen Schriften neben dem Alten und Neuen Testament sind in gängiger Weise
(mit Punkt!) als Abkürzungen kenntlich gemacht. In den Anmerkungen wird die mehrmals herangezogene Literatur von der zweiten
Nennung an nur noch durch Verfasserangabe und Titelstichwort(e;
gewöhnlich das erste Substantiv des Titels) bezeichnet.

TEIL 1: EINLEITENDE AUSFÜHRUNGEN
ZUR THEMATIK UND METHODIK

Kapitel 1: Aspekte der Thematik

§ 1: Das Thema der Untersuchung

Um Johannes, Jesus und die Juden, um das Verhältnis des Täufers und Jesu zueinander sowie ihr und ihrer Jünger Verhältnis zum jüdischen Volk geht es in der vorliegenden Untersuchung. Wir fragen nach der Darstellung dieses Verhältnisses durch "Matthäus" und den "Verfasser" der Redenquelle anhand der Untersuchung von Mt. 11. Die in diesem Kapitel zusammengefaßten Überlieferungen lassen sich fast ausnahmslos auf Q zurückführen, mag auch die bei Mt. vorliegende Verbindung der sog. Täufertexte mit den Weherufen über die galiläischen Ortschaften und dem Jubelruf bei Lk.   k e i n e   Parallele haben. So stellt sich aber das Problem, wie sich die Konzeption des Verfassers von Q von der des Matthäus unterscheidet. In solcher Problemstellung liegt dann die Chance einer überlieferungsgeschichtlichen Verifizierung der Ergebnisse beschlossen!

Vorausgesetzt wird in unserer Untersuchung die Zwei-Quellen-Theorie, von der auch die unlängst erschienenen Arbeiten zur Theologie von Q ausgehen (1). Durch die Herausstellung des Profils der Quelle wird zugleich ein Beitrag zur Stützung dieser Theorie geleistet. Im Anschluß an Th. Soiron (2) sieht allerdings vor allem J. Jeremias (3) die Redenquelle aufgrund der häufigen "Gedächtnis-" bzw. "Stichwortzusammenhänge" nur als mündliche Traditionsschicht an. Und H.-Th. Wrege (4) deutet die teilweise erheblichen Textdifferenzen zwischen Mt. und Lk. im gleichen Sinne. Jedoch, mit Recht betont schon W. Bussmann (5), daß Stichwortanschlüsse ebenso in literarischer Arbeit zu beobachten sind. Und die fraglichen Textdifferenzen sind auch unter Voraussetzung der Existenz einer schriftlichen gemeinsamen Quelle für Mt. und Lk. als durch Einwirkung mündlicher Tradition verursacht erklärbar. Die relativ weitgehenden Übereinstimmungen in der Reihenfolge des Q-Materials bei Mt. und Lk. (6) aber lassen wirklich eher an eine schriftliche Quelle denken als an die Existenz von "Vorstrukturen", auf die Wrege rekurriert (7). Allerdings sieht dieser Richtiges, wenn er die Evangelisten nicht mehr als frei mit ihrem Überlieferungsmaterial schaltende und waltende Verfasser im modernen Sinne versteht. Es wird immer mehr davon auszugehen sein, daß die Prägung des Traditionsgutes im Verlauf der urchristlichen Überlieferungsgeschichte von vorgegebenen Denkstrukturen her ihre Erklärung finden muß. Mir scheint es, daß hier der Ort ist, die religionsgeschichtliche Fragestellung in sinnvoller Weise in den Methodenkanon zu integrieren. Es kann natürlich nichtsdestoweniger keine Rede davon sein, daß die urchristlichen Autoren nicht mehr als relativ eigenständige Theologen zu sehen sind. Im Gegenteil, vor dem Hintergrund des religionsgeschichtlichen Horizontes, in dem sie jeweils stehen, wird sich ihre spezifische Eigenart nur um so deutlicher abzeichnen.

Die Frage nach der Konzeption von Q trägt einer Entwicklung in der neutestamentlichen Exegese Rechnung, die als eine auf

breiter Front sich vollziehende Wiederentdeckung der Quelle (8)
gekennzeichnet werden kann. Diese Entwicklung war insofern folgerichtig, als wir über Q hinsichtlich der Benutzung von Quellen
grundsätzlich nicht weniger wissen als über das Markusevangelium.
Der entscheidende Fortschritt war bereits die Überwindung der
noch von H. Conzelmann (9) vertretenen Auffassung, daß bis hin
zur "Redaktion" des Markusevangeliums und(!) der "Logienquelle"
nur vereinzelte Ansätze zu einer Reflexion über die Überlieferung in Rechnung zu stellen seien. W. Marxsen ist es gewesen,
der mit seiner Untersuchung "Der Evangelist Markus, Studien zur
Redaktionsgeschichte des Evangeliums" (10) diese Auffassung ad
absurdum geführt hat, konnte er doch nachweisen, daß bereits das
Markusevangelium Zeugnis von einer eigenständigen theologischen
Gestaltung der Tradition gibt. Wenn dennoch erst ein gutes Jahr-
zehnt nach dem Erscheinen von Marxsens Arbeit auch die Frage
nach der Theologie von Q gestellt worden ist, so mag das damit
zusammenhängen, daß in Q das Passions- und Auferstehungskerygma
zu fehlen scheint. Solange man mit M. Dibelius (11) dieses
Kerygma zum selbstverständlichen Interpretationshintergrund
für die Quelle macht, kann diese nur als "Halbevangelium" (12),
nicht aber als selbständiger Entwurf in den Blick kommen. Wenn
man aber mit R. Bultmann(13) die Verkündigung Jesu und damit
zugleich wesentliche Bestandteile der "Logienüberlieferung" von
Q (14) zur bloßen Voraussetzung dieses Kerygmas macht, so ist
auf andere Weise doch zum Ausdruck gebracht, daß die Quelle nur
auf dem Hintergrund des Kerygmas sachgerecht interpretiert werden kann. Erst H.E. Tödt hat in seiner Untersuchung "Der Menschensohn in der synoptischen Überlieferung" (15) im Anschluß
an Harnack Q wieder als selbständiges Dokument untersucht, im
Unterschied zu Harnack (16) die Quelle aber bezeichnenderweise
nun als eigenständigen kerygmatischen Entwurf gekennzeichnet.
Und sieht man ebenso wie auch Lührmann (17), Hoffmann (18) und
Schulz (19) bei der Untersuchung von Q vom Passions- und Auferstehungskerygma im Sinne "voraussetzungsloser" Forschung ab, so
wird man in der Tat nun die Quelle als unverwechselbaren theologischen Entwurf in den Blick bekommen. Die entscheidende Frage
beim Vergleich von Q und Mt. wird dann aber sein, ob nicht der
Passion Jesu bei Mt. in ganz anderer Weise bei Q eine "Passion"
der dem jüdischen Volk w i e Jesus gegenüberstehenden Jünger entspricht...

§ 2: Die Notwendigkeit der Fragestellung

Angesichts unserer Kenntnisse der historischen Zusammenhänge
läßt sich konstatieren, daß die Frage nach der Beziehung des
Johannes zu Jesus primär wohl die Frage nach der historischen
Beziehung Jesu zum Jordantäufer (1) ist. Ihre besondere Bedeutung
bekam diese Frage in der Auseinandersetzung zwischen der christlichen Gemeinde und einer Gruppe von Täuferanhängern (2). Noch
das Johannesevangelium spiegelt offenbar diesen Konflikt, macht
es auch den "Vorläufer" nun völlig zum "Zeugen" Jesu. Aber das
heißt nicht, daß Q erst recht in demselben Konflikt steht. Die
Alternative ist allerdings auch nicht die, daß für Q die Frage

nach der Beziehung des Johannes zu Jesus gänzlich bedeutungslos geworden ist. Denn das muß auch dann nicht notwendig der Fall sein, wenn für Q die Auseinandersetzung mit rivalisierenden Sondergruppen innerhalb des Judentums bereits hinter eine umfassendere Auseinandersetzung mit dem jüdischen Volk als solchem zurückgetreten ist.

Nun hat man selbst da, wo man Q noch auf dem Hintergrund des Passionskerygmas als unpolemische, vorwiegend katechetischen Zwecken dienende Sammlung verstanden hat, nichtsdestoweniger bereits gesehen, daß die Gerichtsverkündigung den Aufriß der Quelle bestimmt (3). Und Tödt (4) hat dann ausdrücklich betont, daß Q eben auch das Drohwort an Israel beinhalte. Wenn Lührmann (5) aber in der "Weiterverkündigung" der Gerichtsbotschaft Jesu geradezu das Spezifikum eines eigenständigen kerygmatischen Entwurfs von Q finden möchte, so liegt das in der Konsequenz des Ansatzes von Tödt. Bemerkenswert genug scheint mir, daß in der Betonung der Gerichtsdrohung an Israel im Grunde der gemeinsame Nenner der bisherigen Ergebnisse kompositions- und redaktionskritischer Arbeit an Q zu finden ist. Allein dieses ist unbestritten, daß der Verfasser von Q die Gerichtsdrohung an das Volk zu einem bestimmenden Gedanken seiner Komposition gemacht hat (6). Dem steht auf der anderen Seite die Tatsache gegenüber, daß schon in der Frage, ob die Verkündigung von Q nichtsdestoweniger noch an Israel gerichtet ist (7) oder bereits die (gesetzesfreie) Heidenmission voraussetzt (8), eine Übereinstimmung bislang nicht zu erzielen war. Und vor allem kommt auch erschwerend hinzu, daß selbst hinsichtlich des Problems, ob für Q noch die Menschensohn-Christologie und die Naherwartung (9) oder bereits die Parusieverzögerung (10) den entscheidenen Horizont der Verkündigung bildet, alles andere als Klarheit herrscht.

In der Debatte um die Theologie von Q hat aber gerade Mt. 11 par. besondere Bedeutung gewonnen, ja man hat diesem Kapitel, das eben weitestgehend problemlos auf Q zurückzuführen ist, eine regelrechte Schlüsselposition in der gegenwärtigen exegetischen Diskussion um die Redenquelle eingeräumt (11). So legt es sich nahe, von hier aus das Problem erneut anzugehen. Der leitende Gesichtspunkt wird dabei der sein, daß es kaum damit getan ist, dem Verfasser von Q die Absicht der "Weiterverkündigung" der Gerichtsbotschaft Jesu als des kommenden Menschensohnes zu unterstellen. Denn die Art und Weise, in der diese Weiterverkündigung der Gerichtsbotschaft in Q akzentuiert wird, macht meines Erachtens deutlich, daß es hier letzten Endes um mehr, nämlich um eine erneute Geltendmachung des Anspruches Jesu durch die Gemeinde geht.

Gerade dieses aber scheint die Beschäftigung mit Mt. 11 par. auch zu zeigen, daß es Matthäus ist, der die Gerichtsdrohung dann auf den Gegensatz zwischen J o h a n n e s / J e s u s und dem Volk einengt. Die matthäische Textform ist es jedenfalls, bei der die Weherufe mit der Täuferrede verbunden sind. Aber erst hier gilt dann ja auch, daß die Auseinandersetzung mit Israel den Charakter einer "Passion" im eigentlichen Sinne bekommen hat...

§ 3: Die Gesichtspunkte der Täuferforschung

Sich mit Mt. 11 eingehend zu beschäftigen bedeutet nun zunächst, auch auf die von der Täuferforschung (1) bereitgestellten Interpretationsgesichtspunkte einzugehen (2). Die Täuferforschung hat sich hauptsächlich bemüht, die historischen Ereignisse um das Auftreten des Johannes in den Blick zu bekommen (3). Dabei sind nicht nur Verkündigung und Verhalten des Täufers, sondern auch deren geschichtliche Bedingungen und Auswirkungen untersucht worden. Was die Verkündigung betrifft, so hat man Gerichtsdrohung und Bußruf allgemein als für Johannes - im Unterschied zu Jesus! - charakteristisch erkannt (4). Wichtig erscheint dabei die Erkenntnis, daß Johannes seinen Bußruf zur Taufe mit der Aufforderung zum Fasten und Beten verbunden hat (5). Dementsprechend ist bezüglich des Verhaltens des Johannes vorauszusetzen, daß es außer durch die Tauftätigkeit durch Askese und Gebet bestimmt gewesen sein muß. Die Frage ist, inwieweit dieses in dem Aufenthalt des Jordantäufers in der "Wüste" (vgl. auch Mt. 11,7 par.) zum Ausdruck kommt (6). Im übrigen, wen hat Johannes als den "Kommenden" (vgl. Mt. 3,11 par.; 11,3 par.) erwartet (7)?

Hinsichtlich der Bedingungen des Auftretens des Täufers ist man zu gänzlich voneinander abweichenden Ergebnissen gelangt, da man seine Verkündigung und sein Verhalten nur umrißhaft hat rekonstruieren können. So bleibt nach wie vor umstritten, ob Johannes hauptsächlich von der Apokalyptik (8), dem Essenertum (9), der Prophetie (10) oder dem Priestertum (11) beeinflußt ist (12). Die Frage nach den Wirkungen des Auftretens des Täufers ist allerdings wichtiger, geht es dabei doch vor allem um seine Beziehungen zu Jesus von Nazareth (13). Hier potenzieren sich natürlich die eben angedeuteten Schwierigkeiten. Es läßt sich aber immerhin die Frage stellen, wie Jesus selbst seine Beziehung zum Täufer gesehen hat (14). Und es mag sein, daß im Urteil Jesu die historischen Verhältnisse irgendwo noch faßbar sind (15). Hauptproblem bei der Untersuchung der Deutung des Täufers durch Jesus ist die Frage, inwieweit Jesus Johannes als überragende prophetische Gestalt (vgl. Mt. 11,7-11 par.; 11,14f.; Mk. 9,11-13 par.) gekennzeichnet hat (16). Strittig ist dabei vor allem, was es mit dem Hinweis auf Elia auf sich hat (17).

Daß nicht nur Jesus, sondern auch weite Kreise des frühen Christentums eigenständige Deutungen des Täufers vertreten haben, ist von der Täuferforschung erst in jüngster Zeit konsequent in Rechnung gestellt worden. Die von Wink vorgelegte Arbeit über Johannes den Täufer in der Evangelientradition (18) ist bislang die einzige umfassende monographische Untersuchung, die sich mit dem Problem beschäftigt. Ihre Bedeutung liegt besonders darin, daß sie Wandlungen des Täuferbildes im Laufe der urchristlichen Geschichte auf die Spur gekommen ist. Als Ergebnis wird einerseits konstatiert, daß "Luke's portrait of John the Baptist (the infancy narrative excluded) corresponds very closely to that of Q and Mark" (19), und andererseits festgestellt, daß Matthäus "has completely altered the representation" (20). Worin er den Hauptunterschied zwischen Mk. und Mt.

sieht, faßt Wink so zusammen: "In Mark, John's fate as Elijah-incognito had expressed the ambiguity and suffering of Christian existence in the interval before Christ's coming again. But now in Matthew, John's fate illustrates the hostility of 'pseudo-Israel' to every overture from God" (21). Leider geht Wink davon aus, daß die Redenquelle noch keine selbständige theologische Konzeption darbiete (22). Er betont allerdings: "Nevertheless it is necessary that the Q material be treated, not only as a prolegomenon to the study of John's role in Matthew and Luke, but also as a source for Jesus' own view of John, which serves in turn as a control for assessing the church's subsequent modifications of the John-traditions" (23). Damit ist immerhin die Bedeutung der Frage nach Jesu Meinung über den Täufer für die Untersuchung der Konzeption der Evangelisten herausgestellt, aus der sich dann die Bedeutung auch der Rückfrage nach dem Geschehen um das Auftreten des Täufers für solche Untersuchung ergibt. Inwiefern die Interpretationsgesichtspunkte der Täufer-forschung in ihrer Gesamtheit für unsere Untersuchung von Mt. 11 fruchtbar zu machen sind, ist damit gesagt.

§ 4: Die Probleme der Interpretation von Mt. 11

Daß nun die historische Rückfrage der sachgemäße Ausgangspunkt für unsere Untersuchung ist, wird zunächst einmal festzuhalten sein. Jedoch, damit ist angesichts der geschilderten Verlegen-heiten in der Täuferforschung nichts anderes gesagt, als daß im Blick auf Mt. 11 par. die Frage nach der Authentizität der Überlieferung noch einmal neu aufgerollt werden muß.

In dieser Frage herrscht bei Mt. 11 par. eine geradezu heillose Konfusion!
Was zunächst die Perikope von der Täuferanfrage Mt. 11,2-6/Lk. 7,18-23 be-
trifft, so ist hier die Bezugnahme auf die Ankündigung des "Kommenden" durch
Johannes von Bedeutung. Wo nun angenommen wird, daß der Täufer Jahwe selbst
oder eine apokalyptische Gestalt wie den Menschensohn als endzeitlichen
Richter erwartet hat, wird das Urteil über den historischen Wert der Peri-
kope meist negativ ausfallen (1). Wo dagegen die Meinung vertreten wird,
Johannes habe mit dem "Kommenden" den Messias oder den eschatologischen
Propheten angekündigt, wird die Perikope eher als authentisch angesehen wer-
den (2). Wie das historische Verhältnis zwischen Johannes- und Jesusgemeinde
gesehen wird, spielt freilich zusätzlich auch noch eine Rolle. Und hier
kompliziert sich das Problem noch erheblich, da nicht nur das historische
Verhältnis zwischen den Täuferjüngern und den Jesusjüngern, sondern auch die
Tendenz unserer Perikope verschiedenartig bestimmt werden kann (3).

Nicht viel klarer ist die Sachlage bei den Worten Jesu über den Täufer
Mt. 11,7-11/Lk. 7,24-28. Je nachdem, wie man Jesu Stellung zum Täufer ein-
schätzt, wird man ihm diesen Logienkomplex entweder absprechen (4) oder
aber - wenn auch vielleicht ohne den Hinweis auf Elia (5) - doch zuweisen
wollen (6). Im übrigen, von der Einschätzung des Verhältnisses Jesu zum
Täufer her entscheidet sich gleichermaßen natürlich auch, ob man das Elia-
wort Mt. 11,14f. für unecht erklären wird (7) oder nicht (8). Jedoch, im
Unterschied zu Mt. 11,7-11 par. ist in Mt. 11,14f. von der Identität
des Täufers mit Elia expressis verbis die Rede (9).

Mt. 11,12f./Lk. 16,16, der sog. "Stürmerspruch", ist schon deshalb außergewöhnlich schwer zu beurteilen, weil die Rekonstruktion der ursprünglichen Form des Spruches und die Feststellung der ursprünglichen Bedeutung mit erheblichen Unsicherheitsfaktoren belastet sind. Zwei grundsätzlich verschiedene Rekonstruktions- und Interpretationsversuche lassen sich zunächst unterscheiden: Im einen Falle hält man die matthäische Form des Spruches für relativ ursprünglich und vertritt dann häufig eine den Täufer in die Zeit der Basileia einschließende, sog. "inkludierende" Deutung (10), im anderen Falle hält man die lukanische Fassung im allgemeinen für älter und vertritt des öfteren eine den Täufer aus der Zeit des Gottesreiches ausschließende, sog. "exkludierende" Deutung (11). Wenn nun von einer Reichsverkündigung des Johannes kaum die Rede sein kann, so ist eine Rückführung des Spruches auf Jesus auch kaum im Zusammenhang einer inkludierenden Deutung vorzunehmen (12). Die Entscheidung wird allerdings noch durch weitere Differenzen bei der Rekonstruktion und Interpretation des Spruches erschwert. Denn teilweise wird eine positive Deutung der Zeit seit Johannes in Anschlag gebracht (13), teilweise eine negative (14), und jeweils stellt sich dann die Frage nach der traditionsgeschichtlichen Einheit unseres Spruches verschieden dar.

Für die Beurteilung des Gleichnisses von den spielenden Kindern Mt. 11,16-19/ Lk. 7,31-35 ist es wichtig geworden, daß man zumeist das eigentliche Gleichnis Mt. 11,16f./Lk. 7,31f. als ursprünglich selbständige Überlieferung ansieht. Auf jeden Fall aber wird das Gleichnis häufig ohne weiteres für authentisch erklärt (15). Bei dem angeschlossenen Logion über Johannes und den Menschensohn ist dagegen schon sehr viel umstrittener, ob es auf Jesus zurückgeht. Wer voraussetzt, Jesus habe sich - als Menschensohn! - mit Johannes vergleichen können, die Urchristenheit aber habe auf den Täufer nur als Konkurrenten oder Zeugen Jesu Bezug nehmen können, der wird von der Authentizität des Logions ausgehen (16). Wer dagegen meint, Jesus habe sich grundsätzlich von Johannes geschieden gewußt, im Urchristentum aber habe man den Täufer "nur als äußerlich sich unterscheidenden Vorläufer Jesu" gesehen, der wird das Logion als Gemeindebildung betrachten (17).

Bei den Weherufen über die Ortschaften Galiläas Mt. 11,20-24/Lk. 10,12-15 stellt sich die Frage nach der Authentizität in einem etwas anderen Rahmen als bei der Täufertradition. Sie ist darum aber nicht weniger umstritten. Denn wenn man eine betont antithetische Bezugnahme auf das Alte Testament, wie sie in den Weherufen begegnet, nur bei Jesus selbst, nicht aber bei der Gemeinde anzunehmen geneigt ist, wird man auf Ursprünglichkeit plädieren (18). Wenn man aber ein abschließendes Urteil kaum Jesus, wohl aber der mit ihrer Mission in Galiläa gescheiterten Gemeinde zutrauen kann, wird man die Weherufe als Gemeindebildungen apostrophieren (19).

Bei dem Jubelruf Mt. 11,25-27/Lk. 10,21f. handelt es sich um einen Textabschnitt, dessen Beurteilung noch einmal geradezu außergewöhnlich schwierig ist. Wird die Notwendigkeit einer gesonderten Betrachtung von Mt. 11,25f./ Lk. 10,21 einerseits und Mt. 11,27/Lk. 10,22 andererseits auch weithin anerkannt (20), so bestehen bezüglich der religionsgeschichtlichen Einordnung doch erhebliche Meinungsverschiedenheiten. Bei Mt. 11,25f./Lk. 10,21 ist der jüdische Hintergrund allerdings recht deutlich (21), so daß sich das Problem auf Mt. 11,27/Lk. 10,22 zuspitzt. Dieses als "johanneisches" Logion der Redequelle berühmte Wort (22) wird im Anschluß an Norden (23) häufig als hellenistisch-gnostisch gekennzeichnet (24), nicht selten aber auch unter Bezugnahme auf die Apokalyptik mit jüdischen Vorstellungen in Verbindung gebracht (25). Da das hellenistisch-gnostische Gedankengut auf ein Spätstadium urchristlicher Geschichte hinweist, muß im Falle der erstge-

nannten Deutung unser Logion als Gemeindebildung angesehen werden (26).
Wo jüdische Vorstellungen in Anschlag gebracht werden, kann allerdings nicht
ohne weiteres ein Urteil über die Authentizität gefällt werden (27).

Daß gerade auch der Heilandsruf Mt. 11,28-30 für sich betrachtet werden muß,
wird von der Forschung ziemlich einmütig anerkannt (28). Die Beurteilung des
Traditionsgutes ist von der Ansicht über das Verhältnis zu Thom.-Ev. Logion
90 abhängig (29), insbesondere aber erneut von der Auffassung über den reli-
gionsgeschichtlichen Hintergrund. Zumeist (30) wird nämlich ein Widerspruch
zwischen der Jesusverkündigung und dem offenbar weisheitlichen Charakter
des Wortes konstatiert, wobei sogar eine direkte Ableitung desselben aus
der jüdischen Weisheitsliteratur vertreten wird (31). Ein gewisser Konsens
der Forschung ist zwar sichtbar, doch stehen einander letztlich auch hier -
wie bei jedem Logion in dem untersuchten Kapitel - alternative Lösungen
gegenüber!

Angesichts der vielen ungelösten Probleme scheint es freilich
erst recht angebracht, bei der Frage nach den Konzeptionen des
Matthäus und des Verfassers der Redenquelle von der historischen
Rückfrage auszugehen. Denn es ist zwar nicht einfach so, daß
sich von dieser Rückfrage her die Frage nach Q und Mt. auf ein
sicheres Fundament stellen ließe. Doch gilt andererseits, daß
eben im Blick auf Q und Mt. die historische Rückfrage selbst
wieder eine neue überlieferungsgeschichtliche Perspektive gewinnt.

Allerdings, die Konfusion hinsichtlich des Geschehens um das
Auftreten des Täufers und Jesu setzt sich zunächst auch im
Blick auf die Tendenzen bei der Interpretation des Überlieferungsgutes durch den Verfasser der Redenquelle nur fort. Während Polag (32) nachzuweisen gesucht hat, daß bei der frühen
"Hauptsammlung" von Q noch keine Unterordnung des Täufers unter
Jesus vorgenommen worden sei, stellt Lührmann (33) beispielsweise
unter Bezugnahme auf Mt. 11,2-19/Lk. 7,18-35 fest, daß gerade
in einem frühen Überlieferungsstadium der Gegensatz zwischen
Jesus- und Johannesjüngern eine Rolle gespielt habe, während
in Q der Täufer und Jesus gemeinsam dem Volke Israel gegenüber-
ständen. Und diese Standpunkte scheinen sogar noch mit denen
vergleichbar zu sein, die bei der Interpretation von Mt. 11
als Einheit vertreten werden (34). Denn wenn Hoffmann wiederum
davon ausgeht, daß erst   n a c h   der Abfassung von Q der
Gegensatz zwischen Täufer- und Jesusanhängern virulent geworden sei (35), so bedeutet dieses, daß er nun für Mt. eine Situation voraussetzt, die Polag für eine "späte Redaktion" von Q
(und Lührmann für die Zeit vor Q!) in Anschlag bringt. Und wenn
Wink andererseits in Mt. 11 das Nebeneinander von Johannes und
Jesus unter dem Gesichtspunkt der Zurückweisung beider durch
das Volk betont (36,37), so ist dieses mit dem von Lührmann zur
Q-Komposition Ausgeführten zu vergleichen. Immerhin, Wink
äußert seine Auffassung mit Blick auf die Verbindung der Täufertexte mit den Weherufen in der Endgestalt von Mt. 11 (38)!

§ 5: Folgerungen für die anzuwendende Methodik

Aus den bisherigen Ausführungen ergibt sich, daß es uns in
methodischer Hinsicht darum gehen wird, in einem umgreifenden
überlieferungsgeschichtlichen Horizont zu einer konsequenten
Anwendung der kompositions- und redaktionskritischen Fragestellung (1) zu kommen.

Freilich, mit diesem Hinweis allein ist es hier nicht getan.
Zunächst müssen wir noch in kritischer Auseinandersetzung mit
den gegenwärtig in der Forschung vertretenen Standpunkten versuchen, die Implikationen kompositions- und redaktionskritischer Arbeit an Q und den Evangelien aufzuzeigen. Dabei ist zunächst zu klären, in welchem Verhältnis die Kompositions- und
Redaktionskritik zu den anderen exegetischen Methoden steht. In
einem zweiten Schritt sind die Prämissen zu kennzeichnen, von
denen die Methode ausgeht. Sodann kann dargestellt werden,
welche Kriterien im einzelnen Anwendung finden müssen. Von
fundamentaler Bedeutung aber ist es schließlich, auch über die
Grenzen der Leistungsfähigkeit kompositions- und redaktionskritischer Methodik Rechenschaft zu geben.

Kapitel 2: Probleme der Methodik

§ 1: Die Methode der Untersuchung

Beachten wir zunächst vor allem, daß die Kompositions- und
Redaktionskritik aufgrund der Prägung des Überlieferungsgutes
durch die Tradition zwischen "Gesagtem" und "Gemeintem" differenziert. Denn schon damit ist gegeben, daß eine umfassende
Berücksichtigung der historisch-kritischen Methodik, die ja
letzten Endes erst eine Scheidung von "Tradition" und "Redaktion" ermöglicht, unbedingt erforderlich ist.

*Das muß auch gegen Marxsen betont werden, der zwar die redaktionskritische
Fragestellung nicht isoliert sieht (1), jedoch die "Redaktionsgeschichte"
unter Ausklammerung der "Formgeschichte" als direkte Fortsetzung der Literarkritik betrachtet (2). Hier bleibt unberücksichtigt, daß gerade bei
Schriften wie Mk. und Q, die zumindest nicht auf größere schriftliche
Quellen zurückgreifen, erst die Anwendung der gattungs- und traditionskritischen Methode zu einer genaueren Erfassung der schriftstellerischen
Bestandteile geführt hat (3). Die Umkehrung der forschungsgeschichtlich
bewährten Reihenfolge von "Formgeschichte" und "Redaktionsgeschichte" (4)
ist allerdings bei Marxsen nur die Folgerung aus der Erkenntnis, daß die
Gattungs- und Traditionskritik ihrerseits ohne Berücksichtigung der Kompo-
sitions- und Redaktionskritik nicht mehr denkbar ist (5). Grundsätzlich
läßt sich dazu sagen, daß es nicht einer säuberlichen Trennung (6), sondern
vielmehr einer "kontrollierten, sich gegenseitig korrigierenden Synthese
der Einzelmethoden" (7) bedarf.*

Nun ist es jedoch so, daß "Gesagtes" und "Gemeintes", die durch
die Tradition bestimmte unmittelbare Aussage eines Textes und
die in der Redaktion faßbar werdende Intention des Autors sicher-

lich andererseits stets aufeinander bezogen sein werden. Das Verhältnis von Tradition und Redaktion wird sinnvollerweise nur dahingehend zu bestimmen sein, daß in der Redaktion die Tradition unter veränderten Bedingungen und von anderen individuellen Voraussetzungen her neu zur Geltung gebracht wird. Das bedeutet, daß es der Kompositions- und Redaktionskritik zugleich um den Aufweis der in der überlieferungsgeschichtlichen Diskontinuität liegenden Kontinuität gehen wird.

Dabei ist davon auszugehen, daß das Überlieferungsgut durchgängig von vorgegebenen Denkstrukturen, die jeweils unter charakteristischer redaktioneller Veränderung rezipiert werden, geprägt ist (8). Diese Erkenntnis scheint mir aber der Ort zu sein, die religionsgeschichtliche Fragestellung in sinnvoller Weise im Rahmen des Methodenkanons fruchtbar zu machen. Wir gehen hier grundsätzlich hinaus über die fragwürdig gewordene traditionelle Problemstellung, bei der sich der religionsgeschichtliche Vergleich auf die Heranziehung bloßer Wort-, Motiv- und Vorstellungsparallelen beschränkt (9). Wir fragen religionsgeschichtlich in generellem Sinne nach den Voraussetzungen, die den konkreten Einzelüberlieferungen in jedem Stadium ihrer "Redaktionsgeschichte" immer schon zugrunde liegen.

§ 2: Die Prämissen der Kompositions- und Redaktionskritik

Die Kompositions- und Redaktionskritik geht natürlich dennoch in gewisser Weise zu Recht davon aus, daß die literarischen Produkte des Urchristentums "individuellen" Charakter tragen.

Die von der Gattungs- und Traditionskritik gegen die Literarkritik ins Feld geführte Behauptung eines unliterarischen Charakters der Evangelienschriften (1) wird zumindest teilweise wieder zurückzunehmen sein (2). Vor allem wird die von Dibelius (3) vertretene "Predigttheorie", die bekanntlich die Entstehung der synoptischen Evangelien aus der kontinuierlichen Entfaltung des "Kerygmas" in der urchristlichen Predigt erklären will, zu kritisieren sein (4).

Was die Erkenntnis des individuellen Charakters des urchristlichen Schrifttums im einzelnen bedeutet, ist von Güttgemanns im Horizont von Ergebnissen der allgemeinen Sprach- und Literaturwissenschaft neu durchdacht worden. Im Anschluß an Marxsen wird festgestellt, daß die von der "Formgeschichte" selbst diagnostizierte Zentrifugenz des Traditionsgutes darauf hinweise, daß die von der "Redaktionsgeschichte" in den Blick genommene komplexere Form nur als das planmäßig angelegte Werk eines "Individuums" verstanden werden könne (5). Weiter wird dargelegt, daß nicht nur die Form, sondern auch der "Sitz im Leben" des komplexeren Gebildes nicht ohne weiteres aus der Geschichte seiner kleineren Einheiten abgeleitet werden könne (6). Schließlich wird noch betont, das die redaktionelle Arbeit einigende Prinzip könne "ein unabhängig vom Einzelstoff entstandener theologischer Gedanke" (7) sein, zugleich allerdings zugestanden, auch in dem vorwiegend oder nur schriftlich existierenden Rahmen werde "oft Tradition wirksam" (8).

Trotz dieses Zugeständnisses sind hier nun aber die Evangelien einseitig als formal und inhaltlich aus der mündlichen Überlieferungsgeschichte unableitbare Gebilde gekennzeichnet (9). Und in deutlicher Überspitzung redaktionsgeschichtlicher Erkenntnisse wird gefolgert, angesichts des Bruches in der Geschichte der Überlieferung bei der Entstehung der Evangelienschriften sei die analytische Frage womöglich gar nicht mehr sinnvoll. Die Evangelien erscheinen dann nur noch als individuelle "Gestalten", deren Vorgeschichte im "urgeschichtlichen Dunkel" (Overbeck) verschwimmt (10). Eine derartige Verabsolutierung redaktionsgeschichtlicher Einsichten wird aber ohnehin bei Güttgemanns nur durch einen Selbstwiderspruch möglich. Denn wie kann behauptet werden, wegen des Bruches in der Geschichte der Überlieferung bei der Entstehung der Evangelienschriften sei die analytische Frage sinnlos, wenn zugleich davon ausgegangen wird, daß eben die analytisch gewonnene Erkenntnis der Zentrifugenz des Traditionsgutes erst den Blick auf den Bruch in der Geschichte der Überlieferung gelenkt hat (11)?

Güttgemanns' übermäßiger Betonung des individuellen Charakters der Form des Evangeliums entspricht es im übrigen, daß er die Redenquelle andererseits einer individualisierenden Betrachtung völlig entzieht. Für ihn fallen Verschriftlichung, Evangelienbildung und individuelle Gestaltung in solcher Ausschließlichkeit zusammen, daß er das Problem der Quelle von keiner Seite aus in den Blick bekommt. Es ist aber zum einen mehr als wahrscheinlich, daß Q eine schriftliche "Sammlung" gewesen ist (12). Zum anderen aber ist nicht einzusehen, weshalb das Prinzip individueller Gestaltung dem schriftlichen Traditionsmodus vorbehalten sein sollte (13).

§ 3: Das kompositions- und redaktionskritische Vorgehen

Nun haben wir mit der Bevorzugung der Bezeichnung "Kompositions-" und Redaktionskritik bereits zum Ausdruck bringen wollen, daß gerade die Komposition als das wesentliche Element eigenständiger Gestaltung im schriftlichen Überlieferungsstadium stets der Beachtung bedarf. Es ist nie möglich, vom jeweiligen Gesamtzusammenhang eines Textes abzusehen (1). Und man wird das Augenmerk dementsprechend gleichermaßen auf Auswahl und Anordnung wie auf Änderung und Rahmung der Tradition zu richten haben (2).

Lührmann und Schulz stellen das freilich für die Arbeit an Q in verschiedener Weise in Abrede! Lührmann (3) bezieht sich zunächst darauf, daß Tödt und Steck sowie Balz unter Voraussetzung gattungs- und traditionskritischer Fragestellungen bereits bestimmte für Q typische Vorstellungen untersucht haben. Durch die terminologische Unterscheidung zwischen "Sammlung" und "Redaktion" (4) versucht er sodann, eine spezifisch "redaktionsgeschichtliche" Fragestellung in die Untersuchung von Q einzubringen. Das ihn hierbei leitende Interesse wird in der Auseinandersetzung mit Hoffmann deutlich: "Die Redaktion kann aber nicht durch eine Untersuchung in Q sich findender Vorstellungen erhoben werden, sondern nur, wenn sich eine bewußt gestaltende Absicht im Umgang mit der Tradition nachweisen läßt" (5). Aber es ist fraglich, inwieweit mit "unbewußter" Sammlung gerechnet werden kann (6). Gerade für den Verfasser von Q ist überdies anzunehmen, daß er noch eine gewisse Freiheit der Auswahl gehabt hat. Daher wird das von ihm aufgenommene Traditionsgut eben als ausgewähltes zur Erhebung der Kompositionstendenzen mit heranzuziehen sein (7).

Schulz vernachlässigt zwar nicht das Kriterium der Auswahl, dafür aber sämtliche anderen Gesichtspunkte. Der Frage nach der Reihenfolge der Perikopen in Q (8) widmet er sich ebensowenig wie der Frage redaktioneller Änderungen; Lührmanns Versuch aber, einzelne Verse in Q dem Verfasser der Quelle zuzuweisen, beurteilt er grundsätzlich negativ (9). Schulz stößt so zu einer wirklich kompositions- und redaktionskritischen Fragestellung gar nicht erst vor, es sei denn in dem Verweis auf eine bloßes Postulat bleibende "Endredaktion" (10).

§ 4: Die Grenzen kompositions- und redaktionskritischer Arbeit

Es ist nun allerdings auf eine Aporie hinzuweisen: Die gleichzeitige Eigenständigkeit und Traditionsgebundenheit der urchristlichen "Redaktoren" macht es unmöglich, deren eigenen Anteil an der jeweiligen theologischen Konzeption mit Sicherheit von dem Anteil der Gemeinde abzuheben. Das ist nur insofern nicht besonders gravierend, als die Konzeption als solche dennoch zu eruieren ist (1).

Bleibt noch zu fragen, inwieweit Differenzierungen zwischen verschiedenen einander folgenden redaktionellen Entwürfen möglich sind. Das in der Gegenüberstellung von Mt. bzw. Lk. mit Mk. und Q faßbare Nacheinander unterschiedlicher theologischer Entwürfe gibt ja zu dem Versuch Anlaß, auch in der Vorgeschichte von Mk. und Q noch zwischen verschiedenen Entwürfen zu differenzieren (2). Jedoch, jede quasi literarkritische Sonderung etwaiger von Mk. oder Q benutzter Quellen muß im höchsten Grade hypothetisch bleiben. Aus dem gattungs- und traditionskritischen Aufweis der Disparatheit des Überlieferungsgutes aber läßt sich nicht einmal ein zeitliches Nacheinander zweier verschiedener Gemeindekonzeptionen ableiten (3), geschweige denn ein Nacheinander zweier "Redaktionen" (4).

§ 5: Folgerungen für den Gang der Untersuchung

Ausgangspunkt unserer methodologischen Betrachtungen war die Erkenntnis, daß die Kompositions- und Redaktionskritik zwischen der unmittelbaren Aussage eines Textes und der eigentlichen Intention des Autors differenziert. Diese Erkenntnis voraussetzend, wollen wir nun zunächst sowohl bei Mt. als auch bei Q schlicht nach der "Oberflächenstruktur" der Überlieferung fragen (1). Es wird sich dann erweisen müssen, inwieweit diese die Intentionen des jeweiligen Verfassers bereits erkennen läßt.

Es war aber erst recht davon auszugehen, daß die Intentionen der Verfasser durchaus darauf gerichtet sind, die vorgegebene Tradition unter veränderten Bedingungen und von anderen Voraussetzungen her wieder zur Geltung zu bringen. Und so soll es zuletzt unsere Aufgabe sein, Q im Gegenüber zur mündlichen Tradi-

tion und Mt. im Gegenüber zu Q einen spezifischen Ort im Zusammenhang einer kontinuierlichen überlieferungsgeschichtlichen
"Entwicklung" zuzuweisen!

Kapitel 1: Mt. 11 als Ausgangspunkt

§ 1: Der Text im Zusammenhang

Bei der Frage nach der "Oberflächenstruktur" des Endstadiums der Überlieferung gehen wir aus von einer Betrachtung unseres Kapitels im Zusammenhang des Evangeliums. Wir machen hier eine ebenso abgegriffene wie schwierige Fragestellung zum Ausgangspunkt unserer Erwägungen. Das zeigt sich an der Vielzahl voneinander abweichender Versuche der Herausarbeitung einer Gliederung des Matthäusevangeliums (1). Wollen wir den vorhandenen Lösungen nicht lediglich eine neue hinzufügen, müssen wir strikt nach den Gliederungsprinzipien des Textes selbst fragen. Da das Matthäusevangelium sowohl nach "biographischen" (2) als auch nach thematischen Gesichtspunkten aufgebaut ist, muß vor allem auf die schematische Durchführung eines der beiden Prinzipien verzichtet werden (3). Zugleich ist aber auch zu bedenken, daß der Form des Evangeliums nur eine schlichte und nicht notwendig eindeutige Gliederung entspricht.

Ein wesentlicher Anhaltspunkt für eine sachgemäße Erfassung der Struktur des Evangeliums ist nun darin zu sehen, daß einzelne Wendungen durch wörtliche Wiederholung thematisch hervorgehoben werden (4). Auffällig ist vor allem das Vorkommen der Formel (μετανοεῖτε·) ἤγγικεν (γὰρ) ἡ βασιλεία τῶν οὐρανῶν in 3,2; 4,17 und 10,7. Zunächst begegnet sie als Wort des Täufers (3,1f.), sodann als Wort Jesu (4,17) und schließlich als von den Zwölfen zu verkündigendes Wort (10,7). In allen drei Fällen aber hat das Logion die Funktion einer Zusammenfassung der auszurichtenden Botschaft. Offenbar wird nach der Vorgeschichte Kap. 1f. in Kap. 3-10 der Weg der Botschaft von Johannes und Jesus (vgl. auch 3,10 mit 7,19) zu den Jüngern dargestellt (5). Das geschieht in drei Unterabschnitten, von denen 3,1-4,11 die Vorbereitung des Wirkens Jesu durch das Auftreten des Johannes, 4,12-9,34 das Wirken Jesu selbst (6) und 9,35-10,42 (?) die Beauftragung der Jünger durch Jesus schildern (7).

Nicht ganz klar ist hier, ob 11,1 noch zum vorausgehenden oder bereits zum folgenden Abschnitt zu rechnen ist. Es dürfte sachgemäß sein, die Frage durch ein Sowohl-Als-auch zu beantworten. Einmal zeigt nämlich bereits die Parallelität von 11,1 mit 7,28; 13,53; 19,1 und 26,1, daß eine eindeutige Schlußwendung nicht vorliegt. Das würde selbst dann festzuhalten sein, wenn man in jenen Sprüchen Indizien für eine pentateuchische Gliederung des Evangeliums sähe (8). Zum anderen erweist sich im Blick auf 4,23 und 9,35, daß 11,1 mit der Formulierung διδάσκειν καὶ κηρύσσειν wesentliche Motive dieser Einleitungswendungen wieder aufgreift. Es legt sich also nahe, in 11,1 schlicht einen Überleitungsvers zu sehen (9).

Damit stehen wir vor der entscheidenden Frage, inwieweit in Kap. 11ff. ein neuer Zusammenhang erkennbar wird. Wir können ausgehen von der Erkenntnis, daß der thematische Verkündigungsruf in charakteristischer Variation wieder aufgenommen wird. Das zeigt sich besonders in der Einleitung zu den Weherufen 11,20, wo aus dem μετανοεῖτε von 3,2 und 4,17 ein οὐ μετενόησαν geworden ist (10). Es zeigt sich aber wohl auch in dem Stürmerspruch 11,12, insofern hier möglicherweise das Basileia-Motiv von 3,2; 4,17; 10,7 variiert wird (11). Bezeichnenderweise steht am Anfang des Abschnittes erneut eine Bezugnahme auf den Täufer, die den Tenor des Abschnittes immerhin ahnen läßt (vgl. V. 2 ἐν τῷ δεσμωτηρίῳ). Offenkundig geht es in Kap. 11-13 darum, der Annahme der Botschaft und ihrer Boten durch die Jünger die Ablehnung derselben durch das ungläubige Israel gegenüberzustellen (12). Dabei wird zunächst in Kap. 11f. die Unbußfertigkeit allgemein des Volkes (Kap. 11) und insbesondere der Pharisäer (Kap. 12) dargestellt (13), sodann in Kap. 13 auf die endzeitliche Scheidung der Gerechten und Ungerechten hingewiesen (14).

Unproblematisch ist die Frage, ob der zweite Hauptteil bereits mit 13,52 und nicht erst mit 13,58 endet. Mit der Ablehnung der Konzeption einer pentateuchischen Gliederung des Evangeliums entfällt die Nötigung, von dort her bei 13,52 eine Zäsur zu vermuten (15). Da zudem 13,54-58 mit dem καὶ ἐσκαν-δαλίζοντο ἐν αὐτῷ *v. 57 an den Anfang des Abschnittes in 11,6 erinnert, besteht kein Anlaß, den Einschnitt vor dem Kapitelende anzusetzen.*

Um das Bild abzurunden, ist noch zu untersuchen, wie die restlichen Kapitel bis hin zum Beginn der Leidensgeschichte Kap. 26-28 gegliedert sind. Eine terminologische Bezugnahme auf den von uns herausgestellten Verkündigungsruf, wie sie im zweiten Hauptteil gegeben war, ist hier nirgends erkennbar. Und doch scheint es, als würde lediglich die im vorhergehenden Abschnitt beginnende Auseinandersetzung nun noch eine Steigerung erfahren. Denn 14,13 zeigt, daß sich der Gegensatz um Botschaft und Boten jetzt zuspitzt. Und am Anfang ist entgegen der chronologischen Reihenfolge (!) wieder eine Täuferperikope eingeschoben, die in die gleiche Richtung weist. In Kap. 14-25 folgt offenbar der Schilderung der Ablehnung des Heilsangebotes nun die der Auflehnung dagegen (16). Der Abschnitt führt im übrigen erneut auf die Hervorhebung des Gegensatzes gegen die Pharisäer (bzw. Volksführer; Kap. 21-23) und einen Ausblick auf die Scheidung im Endgericht (Kap. 24f.) zu (17).

Es hat sich nun erwiesen, daß Mt. 11 im Zusammenhang des Evangeliums einen Wendepunkt markiert (18). Nach der Vorgeschichte (Kap. 1f.) wird zunächst von Kap. 3 an der Anbruch der Heilszeit im Auftreten des Täufers und Jesu geschildert. Von Kap. 11 an aber geht es darum, der Annahme von Botschaft und Boten nun die Ablehnung sowie letztlich die Auflehnung gegen dieselben gegenüberzustellen. Mit Kap. 11 beginnt also das zweiaktige Drama der Auseinandersetzung um Botschaft und Boten, das erst in der Leidens- und Auferstehungsgeschichte (Kap. 26-28) zum Ziel kommt (19.20).

§ 2: Der Zusammenhang des Textes

Nach der Einordnung von Mt. 11 in den Zusammenhang des Evangeliums wenden wir uns nun dem Problem des inneren Zusammenhangs unseres Kapitels zu. Am Anfang steht die Überleitungswendung V. 1, eine biographische Notiz in Form einer chronologischen und geographischen Angabe, die den Hintergrund für die in V. 2f. geschilderte Täuferanfrage vergegenwärtigt. Auf das διδάσκειν καί·κηρύσσειν von V. 1 wird mit τὰ ἔργα τοῦ Χριστοῦ in V. 2 angespielt (1). Andererseits markiert V. 2 einen Einschnitt, wie gerade der Ausdruck τὰ ἔργα zeigt. Dieser begegnet außer in V. 2 noch in V. 19 (2), und im Zusammenhang mit der Tatsache, daß der Abschnitt V. 2-19 durch beständige Bezugnahme auf den Täufer gekennzeichnet ist, beweist dieses, daß wir in V. 2 den Beginn einer bis V. 19 reichenden Einheit zu sehen haben (3).

Die Perikope von der Täuferanfrage V. 2-6 schließt recht gut an V. 1 an, steht aber eben innerhalb eines neuen Gedankenzusammenhangs. Sie enthält die mit einer Situationsangabe verbundene Doppelfrage des Täufers nach der Messianität Jesu V. 2f. und dessen Antwort V. 4-6. Auf eine Alternativfrage wird hier jedoch in indirekter Weise mit einem Schriftzitat (V. 5; vgl. Jes. 29,18f.; 35,5f.; 61,1) und einem Makarismus (V. 6) geantwortet. Und daran zeigt sich, daß die Messianität Jesu auch als Gegenstand des Anstoßes zu betrachten ist. Es ist bei Mt. freilich nicht an ein Anstoßnehmen des Täufers (4), sondern allenfalls des nach V. 7a bereits anwesenden Volkes gedacht. Die Szene stellt ja den unmittelbaren Anlaß für die Rede Jesu an das Volk V. 7-19 dar, welche den Gedankengang bis zum Aufweis der faktischen Ablehnung sowohl des Johannes als auch Jesu durch das Volk (V. 18f.) fortführt.

Diese Rede weist in V. 7-11 einen ersten Sinnabschnitt auf. Er beginnt nach der Angabe der neuen Situation mit drei Doppelfragen Jesu nach dem Täufer vom Volk entgegengebrachten Erwartung V. 7b-9, die in V. 8c.9c quasi beantwortet werden, und findet seinen Schlußpunkt in drei Urteilen Jesu über den Täufer V. 10f.

Die syntaktische Struktur der Fragen in V. 7f. ist nicht eindeutig, insofern die Infinitive θεάσασθαι und ἰδεῖν entweder zur vorausgehenden oder aber zur folgenden Frage gezogen werden können. Im Falle einer Einbeziehung beider Infinitive in die vorausgehende Frage (5) müßte man jedoch in V. 9 die Textvariante ἰδεῖν (;) προφήτην vorziehen oder mit Gaechter (6) hinter ἐξήλθατε noch (εἰς τὴν ἔρημον) ἰδεῖν hinzudenken, da sonst das τί in V. 9 allzu abrupt einen neuen Sinn annähme (7). Und weil die genannte Textvariante gerade zur Beseitigung dieser Schwierigkeit geschaffen worden sein könnte (8) und die Lösung Gaechters doch sehr hypothetisch anmutet, scheidet diese Möglichkeit aus (9). Werden nun aber die beiden Infinitive in die folgende Frage einbezogen (10), so ergibt sich zwanglos überall die gleiche Bedeutung für das τί. Es empfiehlt sich daher, diese Lösung vorzuziehen (11). Freilich wäre auch ein Wechsel in der Beziehung des Infinitivs von V. 7 zu V. 8 immerhin möglich (12), da aufgrund der Zweideutigkeit beider Verse der Wechsel in der Bedeutung des τί hier nicht so hart empfunden würde (13).

Die Fragen Jesu an das Volk sind im Unterschied zu der Frage des Johannes an Jesus rhetorischer Art. Die beiden ersten Fragen, "purement rhétoriques, remplissent ... une fonction priamélique, préparative: Jésus veut, avec emphase, confirmer et même surpasser le jugement populaire sur Jean"(14). Daß auf jene beiden Fragen eine verneinende Antwort erwartet wird, auf die dritte dagegen eine bejahende (15), zeigen vor allem auch V. 8c und 9c (16). Nun führt V. 9c inhaltlich über eine bloße Antwort auf die vorausgehende Frage hinaus, wie sich insbesondere an der die Autorität Jesu betonenden Formel (ναὶ) λέγω ὑμῖν zeigt (17). Es ist daher wohl anzunehmen, daß dem Sinne nach eher eine Erwiderung Jesu auf die vorausgesetzte Antwort vorliegt (18). Das aber bedeutet, daß wir von einer Inkongruenz von Form und Inhalt auszugehen haben (19). Um dieser Rechnung zu tragen, wäre etwa zu übersetzen: Ja, ich sage euch, einen, der (20) sogar größer ist als ein Prophet.

Die Verse 10f. führen V. 9c unmittelbar weiter. Ihr Aufbau ist dem der vorausgehenden Verse insofern zu vergleichen, als auch hier die ersten beiden Worte (V. 10.11a) eine einheitliche Tendenz aufweisen, zu der die des dritten Wortes (V. 11b) in Kontrast steht. V. 10 bietet ein Zitat (vgl. Ex. 23,20; Mal. 3,1), dem sich in V. 11a ein als Folgerung zu verstehendes Wort anschließt, während V. 11b dazu eine Einschränkung darstellt. Tendenziell laufen die Logien V. 10f. gerade im Gegensatz zu V. 7b-9 auf eine Abwertung des Täufers hinaus. Dieses ist aber nicht der Tenor des Zusammenhangs, in dem V. 11b Episode bleibt (21).

Bei diesem Vers stellt sich das Problem, ob ἐν τῇ βασιλείᾳ *auf das vorausgehende* ὁ δὲ μικρότερος *oder das folgende* μείζων αὐτοῦ ἐστιν *zu beziehen ist. Im letzteren Fall (22) müßte man übersetzen: Der aber, welcher (jetzt) kleiner ist (als der Täufer), wird im Reich der Himmel größer sein als er. Dieser Satz ist aber nur dann sinnvoll, wenn* ὁ μικρότερος *im uneigentlichen Sinne als ein (individueller oder generischer) "Ehrentitel" verstanden wird (23). Ein solches Verständnis ist jedoch recht gezwungen, da jeglicher Hinweis auf eine übertragene Bedeutung von* ὁ μικρότερος *fehlt (24). Es ist daher angebracht,* ἐν τῇ βασιλείᾳ *auf* ὁ δὲ μικρότερος *zu beziehen (25).*

In V. 12-15 schließt sich ein Abschnitt an, der die Funktion des Täufers im Anbruch des Heilsgeschehens noch näher erläutert. Er besteht aus einer erneut das Verhältnis des Johannes zur Basileia beleuchtenden zweiteiligen Feststellung V. 12 mit angeschlossener ebenfalls zweiteiliger Begründung V. 13.14b sowie Aufforderungen zum Annehmen und Aufmerken V. 14a.15 (26). Das Verständnis von V. 12 ist besonders umstritten (27), doch steht dieses Logion bei Mt. eben auch den Hintergrund von 3,2; 4,17 und 10,7 (28). Wenn aber in V. 13 das ἕως Ἰωάννου bisweilen nicht zum Prädikat, sondern zum Subjekt gerechnet wird (29), so weist die Umkehrung der gängigen Reihenfolge ὁ νόμος καὶ οἱ προφῆται wohl doch darauf hin, daß hier nicht an οἱ προφῆται ἕως Ἰωάννου gedacht ist (vgl. dazu V. 9c) (30). Außerdem zeigen auch das δέ in V. 12 (31), das Urteil über Johannes in V. 14b (32) und die Aufforderungen in V. 14a.15, daß dem Johannes in V. 13 eine hervorragende Bedeutung eingeräumt werden soll (33). Demnach legt es sich nahe, an ein "Prophezeien bis auf Johannes" zu

denken (34). Die Funktion unseres Abschnittes ist es offenbar,
zunächst auch bei Johannes noch die Aufmerksamkeit auf die
Gefahr einer ablehnenden Reaktion zu lenken (vgl. V. 14a.15 mit
V. 6).

Mit V. 16-19 erreichen dann der in V. 2 beginnende Gedankengang
wie die in V. 7 beginnende Rede den Zielpunkt, insofern hier die
der Möglichkeit einer Ablehnung Jesu wie des Täufers entsprechende Wirklichkeit geschildert wird. Der Abschnitt enthält eine als
Selbstaufforderung zu verstehende Einleitungsfrage V. 16a, ein
auf diese Frage antwortendes Gleichniswort V. 16b.cf. und eine
das Gleichniswort zugleich begründende Deutung mit Kommentar
V. 18f. Das Gleichniswort selbst besteht aus einer Situationsangabe V. 16b.c und zwei in direkter Rede wiedergegebenen Aus-
rufen V. 17, denen in der Deutung die sich an die Feststellungen
V. 18a.19a anschließenden und ebenfalls in direkter Rede wiedergegebenen Urteile V. 18b.19b entsprechen. Die syntaktische Struktur zeigt, daß die unmutigen Worte der Kinder (V. 17) mit den ablehnenden Worten "dieses Geschlechts" (V. 18b.19b) verglichen
werden (35). V. 19c besiegelt hier abschließend das Schuldigwerden des Volkes (36).

An V. 16-19 als Schuldaufweis schließt sich dann in den Weherufen über drei Ortschaften Galiläas V. 20-24 eine Strafandrohung
an. Am Anfang in V. 20 steht eine mit einer chronologischen Angabe neu einsetzende biographische Notiz, die mit einer den
Schuldaufweis zusammenfassenden Begründung verbunden ist. Es folgen in V. 21f.23f. zwei parallel gebaute Drohworte Jesu, die in
V. 21b.c.23b.c ebenfalls mit im Sinne von Schuldaufweisen zu verstehenden Begründungen versehen sind. In V. 20a.21b.23b wird
noch einmal zusammenfassend auf Jesu Machttaten (vgl. V. 2.19
und dazu V. 5) als Gegenstand des Anstoßes hingewiesen (37).
Die Formulierung οὐ μετενόησαν V. 20b ihrerseits nimmt das
leitmotivische μετανοεῖτε von 3,2 und 4,17 variiert auf (38).
V. 21c greift dann das Verbum noch einmal auf (vgl. auch V. 23c).
Die Zusammenfassung des ganzen Abschnittes V. 2ff. unter dem
leitmotivischen Stichwort οὐ μετενόησαν aber macht deutlich,
daß hier der Höhepunkt des Kapitels erreicht ist.

*Bei aller Parallelität des Aufbaus der Verse 21f.23f. fällt freilich doch auf,
daß den beiden Weherufen V. 21a in dem Jesajazitat (vgl. Jes. 14,13.15) V. 23a
eine andere Aussageform entspricht. Wellhausen wollte den in seiner syntaktischen Struktur umstrittenen Vers (39) wie folgt übersetzen: "Und du Kapernaum, daß du nur nicht zum Himmel erhoben, zur Hölle herabgestürzt wer-
dest!" (40). Zur Begründung führt er an: "Nimmt man ein semitisches Original
an, so scheint eine negative Parataxe vorzuliegen, in der die Negation logisch
erst den zweiten Konjunktiv (sic!) trifft" (41). Nun mag es zwar richtig sein,
daß ein etwaiges semitisches Original in diesem Sinne zu verstehen wäre. Es
ist aber nicht möglich, den griechischen Text mit seinen indikativischen
Verbformen im Sinne eines Wunschsatzes zu verstehen (42). Das gilt um so mehr,
als dieser Wunschsatz aufgrund des unverbundenen Nebeneinanders seiner beiden
Teile kaum verständlich wäre (43). Wir müssen daher übersetzen: Und du, Kapernaum, wirst du etwa bis zum Himmel emporgehoben werden (44)? Bis zur Hölle
wirst du hinabgestoßen werden (45)! Für diese Lösung spricht noch, daß sie
eine strukturelle Parallelität zwischen V. 21a und 23a herstellt. Im übrigen*

ist sie auch von daher zu bevorzugen, daß sie Jes. 14,13.15 am nächsten
kommt (46).

Was nun noch folgt, ist ein abschließender Komplex von Jesusworten, Jubel- und Heilandsruf V. 25-30. Eingeleitet unter erneuter Benutzung einer chronologischen Angabe, werden ein Lobpreis des Vaters V. 25b.cf., eine Schilderung des gegenseitigen Verhältnisses von Vater und Sohn V. 27 sowie ein zweimaliger und im zweiten Falle doppelt begründeter Ruf an die Mühseligen und Beladenen V. 28-30 dargeboten (47).

Der Abschnitt schließt nicht besonders eng an die vorausgehenden Verse an, insofern dem ταῦτα *(wie dem* αὐτά *) in V. 25c ein direktes Beziehungswort fehlt (48). Fraglich ist, ob V. 26 an V. 25c, V. 25b oder V. 25b.c insgesamt anknüpft. Im ersten Falle wäre* ναί, ὁ πατήρ *V. 26a eigentlich funktionslos, der* ὅτι *-Satz V. 26b aber eine nichtssagende Begründung zu V. 25c (49). Andererseits wäre im zweiten Falle das* ναί, ὁ πατήρ *eine Wiederaufnahme des* ἐξομολογοῦμαί σοι ..., *der sich anschließende* ὅτι *- Satz jedoch eine kaum sinnvolle Parallele zu V. 25c (50). Am wahrscheinlichsten ist daher, daß das* ναί, ὁ πατήρ *sich auf den ganzen Satz V. 25b.c bezieht und der angeschlossene* ὅτι*-Satz diesen begründet (51). Nun bedarf aber der Lobpreis Gottes V. 25b.c insbesondere dann einer Begründung, wenn er sich auch auf das Verhüllen der Offenbarung vor den Weisen und Verständigen bezieht. Es ist daher angebracht, das* ἐξομολογοῦμαί σοι ... *V. 25b nicht nur mit dem* ἀπεκάλυψας ... *(52), sondern auch mit dem* ἔκρυψας ... *(53) von V. 25c in Verbindung zu bringen.*

Nun ist auf jeden Fall aber eindeutig, daß das bislang entworfene düstere Bild in V. 25f. einen positiven Akzent erhält. Der Verhüllung steht die Offenbarung gegenüber, und Verhüllung wie Offenbarung werden auf den Willen Gottes zurückgeführt. In V. 27 wird allerdings der Gedankengang insofern nicht wirklich weitergeführt, als nur die in der Vateranrede V. 25b bereits angedeutete Sohnschaft Jesu entfaltet wird und das Nebeneinander von Verhüllen und Offenbaren V. 25c noch einmal anklingt. Und doch wird an diesem Vers auch sichtbar, daß der Abschnitt V. 25ff. keine völlig homogene Einheit darstellt. Denn während Jesus in V. 25f. dem Vater für dessen Offenbarung an die Unmündigen dankt, spricht er in V. 27 von der in das Belieben des Sohnes gestellten Offenbarung.

Zu ἀποκαλύψαι *ist ein Objekt zu ergänzen (vgl. auch 16,17), wobei wohl nur* αὐτόν *in Frage kommt (54). Ansonsten bietet der Vers keine Verständnisprobleme, und die Annahme etwa einer logischen Hypotaxe im Verhältnis von V. 27b zu 27c ist unnötig (55).*

Spuren eines semitischen Einflusses lassen sich aber eventuell noch in V. 28 und 29 finden, wo der Imperativ jeweils anstelle eines bedingenden Satzes gebraucht ist und der bedingte Satz, in V. 29c ein Zitat von Jer. 6,16, mit καί *angeschlossen wird und im Futur steht (56). Im Semitischen kommt auch der in V. 29b begegnende Fall vor, daß zwischen imperativischem und futurischem Satz ein Nebensatz eingeschoben ist (57). Bei dem* ὅτι*-Satz in V. 29b handelt es sich kaum um einen Objektsatz (58), sondern vielmehr um einen Kausalsatz (59). Das vorangehende* μάθετε ἀπ'ἐμοῦ *nimmt jedenfalls das* ἄρατε τὸν ζυγόν μου ἐφ'ὑμᾶς *auf (60), wird also wohl mehr beinhalten als das bloße* E r k e n n e n *von* J e s u *Sanftmut und Demut. Da Jesus aber seine Selbstempfehlung bereits in V. 29b begründet, dürfte sich der*

ebenfalls begründende Satz V. 30 nur auf die unmittelbar vorausgehende Ver-
heißung der Ruhe beziehen.

Bleibt nur noch festzuhalten, daß sich unsere bei der Untersuchung des weiteren Zusammenhangs gewonnenen Ergebnisse im Blick
auf Mt. 11 bestätigt haben. Denn nach diesen Ergebnissen ging es
in Kap. 11ff. darum, daß der Annahme von Botschaft und Boten die
Ablehnung derselben gegenübergestellt wird. Und das ist es eben,
was die Weherufe V. 20-24 im Zusammenhang mit Jubel- und Heilandsruf V. 25-30 zum Ausdruck bringen...

Kapitel 2: Q als Quelle von Mt. 11

§ 1: Die Texte in der Reihenfolge

Um die spezifisch matthäischen Akzente in Mt. 11 erheben zu können, müssen wir die redaktionellen Bestandteile des Kapitels her-
ausarbeiten. Damit schaffen wir aber zugleich die Voraussetzungen
für die Untersuchung des in Mt. 11 verwandten Quellenmaterials,
geht es doch letzten Endes um die Rekonstruktion von Q. Um den
Rahmen möglichst weit zu spannen, wollen wir dabei wieder den
Kontext mit betrachten. Und so müssen wir auch die Reihenfolge
der zu Q gehörigen Perikopen bestimmen, was eine Erörterung der
im Zusammenhang mit der Rekonstruktion von Q diskutierten literarkritischen Probleme erforderlich macht [1].

1. Bei der Beantwortung der Frage, welche Bestandteile des über
Mk. hinausgehenden [2] matthäischen und lukanischen Überlieferungsgutes auf die Redenquelle zurückzuführen sind, können wir uns zunächst an Harnack anschließen, der in seiner grundlegenden Arbeit
über die "zweite Quelle des Matthäus und Lukas" die einigermaßen
bei Mt. und Lk. übereinstimmenden Texte zur Rekonstruktion von Q
verwandt hat [3].

Im folgenden stellen wir unter geringfügiger Korrektur seiner Ergebnisse in
der Reihenfolge des Lukasevangeliums [4] die Texte zusammen, die somit zum
Grundbestand der Redenquelle gerechnet werden müssen:

die Bußpredigt und die Ankündigung des "Kommenden" durch Johannes (Mt. 3,7-
12/Lk. 3,7-9.16f.)
die Versuchung Jesu (Mt. 4,2-11/Lk. 4,2-13)
die programmatische Rede (Mt. 5,3f.6.11f.39-42.44.48; 7,1-5.12.16-21.24-27/
Lk. 6,20-23.27-38.41-49; vgl. hier auch Mt. 12,33-35 [5])
das Bildwort vom blinden Blindenführer (Mt. 15,14/Lk. 6,39)
das Wort vom Jünger und vom Meister (Mt. 10,24f./Lk. 6,40)
die Erzählung vom Hauptmann von Kapernaum (Mt. 8,5-10.13/Lk. 7,1-10)
die Anfrage des Täufers und die sog. Täuferrede Jesu (Mt. 11,2-11.16-19/Lk.
7,18-28.31-35)
die Sprüche von der Nachfolge Jesu (Mt. 8,19-22/Lk. 9,57-60)
die Aussendungsrede (Mt. 9,37f.; 10,7-16.40/Lk. 10,2-12.16 [6]; vgl. hier
auch Mt. 11,24 [7])
die Weherufe über drei Ortschaften Galiläas (Mt. 11,21-23/Lk. 10,13-15)
der Jubelruf (Mt. 11,25-27/Lk. 10,21f.)

die Seligpreisung der Augenzeugen (Mt. 13,16f./Lk. 10,23f.)
das Vaterunser (Mt. 6,9-13/Lk. 11,2-4)
die Worte von der Gebetserhörung (Mt. 7,7-11/Lk. 11,9-13)
die Auseinandersetzung um die Dämonenaustreibung und die Zeichenforderung
           (Mt. 12,22-30.38-45/Lk. 11,14-26.29-32)
der Spruch vom Licht auf dem Leuchter (Mt. 5,15/Lk. 11,33)
der Spruch vom Licht des Leibes (Mt. 6,22f./Lk. 11,34f.)
die Rede gegen die religiösen Führer (Mt. 23,4.13.23-27.29-32.34-36/Lk.
           11,39-52)
die Mahnung zu furchtlosem Bekenntnis (Mt. 10,26-33/Lk. 12,2-9)
das Wort von der Sünde wider den Heiligen Geist (Mt. 12,32/Lk. 12,10)
die Mahnung zum rechten Sorgen und Schätzesammeln (Mt. 6,19-21.25-34/Lk.
           12,22-34)
die Mahnung zur Wachsamkeit (Mt. 24,43-51/Lk. 12,39f.42-46)
das Wort von der endzeitlichen Entzweiung (Mt. 10,34-36/Lk. 12,51-53)
die Mahnung zur rechtzeitigen Versöhnung (Mt. 5,25f./Lk. 12,58f.)
die Gleichnisse vom Senfkorn und vom Sauerteig (Mt. 13,31-33/Lk. 13,18-21)
das Wort von der engen Pforte (Mt. 7,13f./Lk. 13,24)
das Wort vom Zu-Tische-Sitzen im Reich (Mt. 8,11f./Lk. 13,28f.)
die Wehklage über Jerusalem (Mt. 23,37-39/Lk. 13,34f.)
das Wort von der Selbsterniedrigung (Mt. 23,12/Lk. 14,11)
das Wort vom Kreuztragen (Mt. 10,37f./Lk. 14,26f.)
das Wort vom Salz (Mt. 5,13/Lk. 14,34f.)
das Gleichnis vom verlorenen Schaf (Mt. 18,12-14/Lk. 15,4-7)
das Wort vom Zwei-Herren-Dienst (Mt. 6,24/Lk. 16,13)
die Deutung der Zeit vor und nach Johannes (Mt. 11,12f./Lk. 16,16)
die Bestätigung der Gültigkeit des Gesetzes (Mt. 5,18/Lk. 16,17)
das Verbot der Ehescheidung (Mt. 5,32/Lk. 16,18)
das Wort vom Ärgernis (Mt. 18,7/Lk. 17,1)
die Mahnung zum Vergeben (Mt. 18,15.21f./Lk. 17,3f.)
das Wort vom Glauben (Mt. 17,20/Lk. 17,6)
die Parusierede (Mt. 24,26-28.37-41/Lk. 17,23f.26f.30.34f.37)
das Wort vom Verlieren und Gewinnen des Lebens (Mt. 10,39/Lk. 17,33)
das Wort von den Habenden und den Nicht-Habenden (Mt. 25,29/Lk. 19,26)
die Verheißung des Lohnes der Nachfolge (Mt. 19,28/Lk. 22,28.30)

Umstritten ist, ob wir uns mit diesem "'contenu minimum' de
Q" (8) begnügen müssen. Meines Erachtens ist es nicht angebracht
mit Harnack (9) so skeptisch zu urteilen (10). Zunächst erklärt
sich doch auch bei sehr unterschiedlichen matthäisch-lukanischen
Parallelen deren Existenz am ehesten durch die Annahme, daß eine
entsprechende Perikope in irgendeiner Form in Q gestanden hat
(11). Zudem aber ist bisweilen auch die Reihenfolge der Perikopen
ein Indiz dafür, daß ein bestimmtes Stück in der Redenquelle gestanden hat (12). Von daher scheint es gerechtfertigt, gegen Harnack etwa auch noch das Gleichnis vom Gastmahl (Mt. 22,1-10/Lk.
14,16-24) und insbesondere das Gleichnis von den anvertrauten
Geldern (Mt. 25,14-30/Lk. 19,12-27) (13) auf Q zurückzuführen (14).

Nichtsdestoweniger könnte es sein, daß wir uns dem skeptischen
Urteil Harnacks bei den Worten über die Anerkennung und Ablehn-
nung des Täufers Mt. 21,32 bzw. Lk. 7,29f. dann doch anschließen
müssen. Die Tatsache, daß Mt. 21,32 und Lk. 7,29f. sprachlich
sehr stark differieren (15), spielt dabei nur eine untergeordnete Rolle. Ausschlaggebend ist vielmehr, daß die Logien inhalt-

32   (2,2,1)

lich so wenig spezifisch sind, daß man sie als unabhängig voneinander entstandene Bildungen betrachten könnte (16). Hinzu
kommt, daß die Stellung der Sprüche innerhalb des sicher auf Q
zurückzuführenden Materials bei Mt. eine andere ist als bei Lk.
Gerade Lk. 7,29f. ist für uns aber insofern von Bedeutung, als
dieses Logion von der Stellung im lukanischen Zusammenhang her
mit Mt. 11,12-15 zu vergleichen ist.

Der Zusammenhang, um den es geht, ist die Täuferrede Jesu Mt.
11,7-19/Lk. 7,24-35. Wir müssen hier mit Allen fragen: "How
explain the occurrence of Mt 11 12-15 and Lk 7 29-30 at the
same place in a discourse which must ultimately have come from
a source common to the two Gospels?" (17) Meines Erachtens kann
es allerdings auf diese Frage nur eine Antwort geben: Es ist
anzunehmen, daß einer der beiden Abschnitte in irgendeiner Form
bereits in Q hier gestanden hat (18). Entweder ist wohl der
Spruch Mt. 11,12f. (19) bei Lk. nach 16,16 umgestellt und an
seiner ursprünglichen Stelle mit dem Logion 7,29f. ausgetauscht,
oder aber es ist umgekehrt das Logion Lk. 7,29f. bei Mt. aus
seinem ursprünglichen Zusammenhang entfernt (20) und dort durch
den - teilweise wohl ohnehin redaktionellen - Komplex 11,12-15
ersetzt worden.

Aufschlußreich ist hier, daß sowohl Lk. 7,29f. als auch Lk.
16,16 im Vergleich mit den Parallelen bei Mt. relativ schlecht
in den jeweiligen Zusammenhang passen. Was Lk. 16,16 betrifft,
so ist der Komplex V. 16-18 auf den ersten Blick als eine bloße
Anhäufung von isolierten Sprüchen zu einer Art "erratischem
Block" innerhalb des weiteren Zusammenhangs (21) zu erkennen (22).
Wie anders der Fall bei Mt. 11,12f. liegt, haben wir gesehen (23).
Bei Lk. 7,29f. fällt im Zusammenhang sogleich der unvermittelte
Wechsel von der zweiten zur dritten Person auf (24). Mit diesem
Wechsel hängt es zusammen, daß nicht deutlich wird, ob V. 29f.
als Wort Jesu oder als eingeschobene Bemerkung des Erzählers
verstanden werden soll (25). Inhaltlich steht überdies V. 29f.
in augenfälligem Widerspruch zu V. 31-35, insofern nämlich nach
dem ersteren Abschnitt nur die Pharisäer und Gesetzeskundigen,
nach dem letzteren jedoch allgemein die Menschen "dieses Geschlechts" der Ablehnung des Täufers bezichtigt werden. Der Vers
Mt. 21,32 demgegenüber, der mit 21,31b zusammen als Deutewort an
das Sondergut-Gleichnis 21,28-31a angeschlossen ist, fügt sich
mindestens der Form nach wieder gut in den Zusammenhang ein.
Mag im übrigen inhaltlich auch eine gewisse Inkongruenz zwischen
V. 32 und V. 28-31a bestehen, so wird das doch aufgewogen durch
die Tatsache, daß V. 32 in seiner jetzigen Form eine Art Quint-
essenz des gesamten Abschnittes V. 23ff. darstellt (26). Wollte
man nun Lk. 7,24ff. im Vergleich mit Mt. 21,28ff. und 11,7ff.
für ursprünglicher erklären, so müßte man den noch relativ frei
gestaltenden Verfasser von Q für das Zustandekommen eines ver-
gleichsweise spröden Textzusammenhangs verantwortlich machen. Man
wird daher wohl Mt. 11,7ff. gegenüber Lk. 16,16ff. und 7,24ff.
den Vorzug geben (27). Das bedeutet natürlich, daß die Unsicherheit hinsichtlich einer Zugehörigkeit von Lk. 7,29f. zu Q bestehen bleibt (28). Uns genügt aber die Feststellung, daß jenes
Logion jedenfalls nicht zur Täuferrede von Q gehört hat.

Bleibt die Frage, ob nicht auch Teile des matthäischen und lukanischen Son-
dergutes für Q in Anspruch genommen werden können. Polag erklärt ja in seiner
Untersuchung über den Umfang von Q (29) unter anderem (30), daß dieses des
öfteren mit großer oder gar an Sicherheit grenzender Wahrscheinlichkeit der
Fall sei (31). Nun wäre zwar eine Perikope aus dem Sondergut dann schon für
Q in Anspruch zu nehmen, wenn man beweisen könnte, daß der diese Perikope
nicht bietende Evangelist verrät, daß auch er sie gelesen hat. Hierbei er-
gibt sich jedoch die Schwierigkeit, daß scheinbare terminologische Anklänge
an eine fehlende Perikope auch als von der Sache her notwendig gegebene Über-
einstimmungen erklärt werden können (32), die Stellung einer Perikope aber
nur selten Schlußfolgerungen wie etwa bei Lk. 7,29f. erlaubt. Der Versuch,
bei gewissen Perikopen aufzuzeigen, daß der diese Perikopen nicht bietende
Evangelist tatsächlich einen triftigen Grund gehabt haben könnte, sie aus-
zulassen, führt letztlich nicht weiter. Wie schwer es überdies ist, die Moti-
ve der Evangelisten richtig einzuschätzen, läßt sich daran illustrieren, daß
für die Auslassung von Mk. 6,45-8,26 durch Lukas plausible Gründe nicht zu
erkennen sind (33). Die Probleme sind freilich nur noch grundsätzlicher bei
dem Versuch, bei einzelnen Sondergut-Texten nachzuweisen, daß sie in ihrem
jetzigen Zusammenhang Fremdkörper sind und dementsprechend mechanisch aus
einer schriftlichen Quelle reproduziert sein müssen. Gerade dann, wenn man
grundsätzlich geneigt ist, das Sondergut zumindest teilweise auf Q zurück-
zuführen, muß man ja von der Voraussetzung ausgehen, daß die Evangelisten
auch aus den ihnen schriftlich vorliegenden Quellen bewußt ausgewählt ha-
ben (34). Es bliebe schließlich noch der von Polag insbesondere beschritte-
ne Weg, die strittigen Texte unmittelbar in den Rahmen der sicher auf Q zu-
rückzuführenden Überlieferungen zu stellen. Auch dieser Weg ist allerdings
kaum gangbar, kann doch bei Texten aus dem matthäischen und lukanischen Son-
dergut niemals ausgeschlossen werden, daß Gestalt und Stellung derselben
erst sekundär an den Q-Kontext angeglichen sind (35). Im übrigen, die Texte
lassen sich sicher erst recht nicht in den Rahmen angeblich ursprünglicher
formaler Einheiten stellen. Denn wie gerade bei Mt. 11,25-30, so bleibt im-
mer eine sekundäre Bildung auch solcher formaler "Einheiten" möglich. So
dürfte es uns letztes Endes nicht möglich sein, das Bild von der Redenquelle
durch die Hinzuziehung von Teilen des matthäischen und lukanischen Sondergu-
tes zu ergänzen (36). Das heißt natürlich, daß jeder Versuch, den Umfang der
Quelle wenigstens annähernd (37) zu rekonstruieren, scheitern muß.

2. Unsere Möglichkeiten sind freilich noch begrenzter, wenn wir
nun versuchen, die ursprüngliche Reihenfolge des aus Q stammender
Materials zu rekonstruieren. Hierbei sind wir ja grundsätzlich
darauf angewiesen, Übereinstimmungen in der matthäischen und lukanischen Reihenfolge aufzuweisen und auf das Vorliegen einer
entsprechenden Reihenfolge in der Quelle zurückzuführen. Es ist
aber für die Rekonstruktion der Q-Reihenfolge bislang noch nicht
die Überlegung fruchtbar gemacht worden, daß hier sogleich natürlich alle jene Logien ausfallen, die bei Mt. und Lk. in unterschiedlichen Q-Komplexen begegnen oder nur bei einem der
Evangelisten innerhalb einer Q-Komposition stehen (38). Scheiden wir diese offensichtlich versprengten Logien von vornherein
aus, so ergibt sich doch eine frappierende Übereinstimmung in
der Reihenfolge des Mt. und Lk. gemeinsamen Q-Gutes.

Der Vergleich zwischen den Evangelien zeigt im einzelnen, daß folgende Peri-
kopen demnach bereits in der Redenquelle aufeinander gefolgt sein dürften:

34   (2,2,1)

die Bußpredigt und die Ankündigung des "Kommenden" durch Johannes
die Versuchung Jesu
die programmatische Rede
die Erzählung vom Hauptmann von Kapernaum
die Sprüche von der Nachfolge Jesu
die Aussendungsrede
der Jubelruf
die Auseinandersetzung um die Dämonenaustreibung und die Zeichenforderung
die Gleichnisse vom Senfkorn und vom Sauerteig
das Gleichnis vom verlorenen Schaf
die Mahnung zum Vergeben
die Parusierede
das Gleichnis von den anvertrauten Geldern (39)

Es könnten nun allerdings statt der Perikope von der Auseinandersetzung um Dämonenaustreibung und Zeichenforderung auch die Seligpreisung der Augenzeugen und statt des Gleichnisses vom verlorenen Schaf das Wort vom Ärgernis unter den der gemeinsamen Reihenfolge bei Mt. und Lk. sich einfügenden Q-Texten genannt werden, ohne daß andere Texte gestrichen zu werden brauchten. Und wenn man die Sprüche von der Nachfolge Jesu und die Aussendungsrede als zusammengehörig betrachtet, kann man auch diesem Komplex insgesamt die Perikope von der Anfrage des Täufers mit der Täuferrede Jesu noch vorziehen (40). Nach den bislang angewandten Prinzipien müssen wir davon ausgehen, daß auch bei diesen Lösungen die Reihenfolge der Quelle mit ziemlicher Wahrscheinlichkeit korrekt rekonstruiert ist. Das heißt dann aber, daß hier alles auf eine Alternative zwischen der matthäischen und der lukanischen Reihenfolge hinausläuft (41). Eine Entscheidung ist freilich trotzdem schwierig, da der tatsächliche Kontext der fraglichen Perikopen in der Redenquelle kaum feststellbar ist.

Das zeigt sich zunächst bei der Untersuchung der Frage, ob die Perikope von der Dämonenaustreibung und der Zeichenforderung mit Mt. vor oder mit Lk. nach der Seligpreisung der Augenzeugen zu lesen ist. Über den tatsächlichen Zusammenhang in Q ist hier lediglich zu sagen, daß den beiden Perikopen unmittelbar der Jubelruf vorausgegangen sein könnte (vgl. Mt. 11,25-27; 12,22-30.38-45 mit Lk. 10,21f.23f.) (42). Selbst diese Vermutung muß jedoch sehr hypothetisch bleiben, zumal der Anschluß an den Jubelruf im Matthäusevangelium nur innerhalb des sicher auf Q zurückzuführenden Gutes ein direkter ist (43). Freilich wäre von hier aus unser Problem ohnehin nicht zu lösen, da ein Anschluß der Perikope von der Dämonenaustreibung und der Zeichenforderung an den Jubelruf ebenso ursprünglich sein könnte wie ein Anschluß der Seligpreisung der Augenzeugen an denselben (44).

Nicht anders liegt der Fall bei dem Problem, ob in Q das Gleichnis vom verlorenen Schaf wie bei Mt. nach oder wie bei Lk. vor dem Wort vom Ärgernis gestanden hat. Über den realen Kontext läßt sich hier nur ausmachen, daß möglicherweise den beiden Überlieferungsstücken direkt die Mahnung zum Vergeben gefolgt sein könnte (vgl. Mt. 18,12-14.15.21f. mit Lk. 17,1.3f.). Auch diese Vermutung reicht in keinerlei Hinsicht aus, ein fundiertes Urteil über die ursprüngliche Reihenfolge der fraglichen Texte zu ermöglichen. Ein wenig weiter können wir aber noch kommen, wenn wir den Kontext von Mt. 18,7/Lk. 17,1 in den Evangelien in die Betrachtung einbeziehen. Bei Mt. geht diesem Wort in 18,6(-7a) ein aus Mk. 9,42 entnommenes Logion voran, während ihm bei

Lk. in 17,2(-3a) ein ähnliches Logion folgt. Da die Ähnlichkeit der Komposition bei Mt. und Lk. nach einer Erklärung verlangt, könnte man mit Schweizer (45) auf die Idee kommen, daß bereits in Q "eine Ansage der notwendig kommenden Anstöße ... mit der Mahnung aus Mk. 9,42 verknüpft" war (46). Meines Erachtens ist eine derartige Schlußfolgerung aber nicht angebracht, da es durchaus vorstellbar ist, daß Matthäus und Lukas aufgrund von Stichwortassoziation (σκανδαλ ίσῃ-σκάνδαλα) unabhängig voneinander die übereinstimmenden Kompositionen geschaffen haben (47). Wenn aber sowohl Matthäus als auch Lukas Mk.-Stoff mit Q-Gut verbunden haben, so ist bemerkenswert, daß Matthäus hier der Mk.-Reihenfolge folgt (48), Lukas jedoch keineswegs einen "Rückweg zu A" bzw. Mk. sucht (49). Dem entspricht es, daß das Q-Logion bei Mt. dem Mk.-Logion folgt, bei Lk. aber ihm vorangeht. Von hier aus ist zumindest die Vermutung angebracht, daß das Wort vom Ärgernis eher bei Lk. als bei Mt. seine ursprüngliche Stellung behalten hat.

Bei der Erörterung des Problems, ob in Q die Perikope von der Täuferanfrage mitsamt der Täuferrede wie bei Mt. nach oder wie bei Lk. vor den Nachfolgesprüchen und der Aussendungsrede gestanden hat, können wir aufgrund der Entsprechung zwischen Mt. 11,24 und Mt. 10,15/Lk. 10,12 davon ausgehen, daß die den Anschluß des Jubelrufes an die beiden Abschnitte bei Mt. störenden Weherufe über die Ortschaften Galiläas (vgl. Mt. 11,21-23/Lk. 10,13-15) in der Quelle innerhalb der Aussendungsrede gestanden haben müssen (50). Trotz der Umstellung der Weherufe in Mt. ist nun noch erkennbar, daß diese in Q dem Jubelruf mehr oder weniger unmittelbar vorausgegangen sein dürften (vgl. Mt. 11,21-23.25-27 mit Lk. 10,13-15.21f.). Es folgt, daß ursprünglich die Aussendungsrede vor dem Jubelruf gestanden haben muß (51). Bei Lk. ist demnach die Q-Reihenfolge der Abschnitte erhalten, wohingegen bei Mt. nicht nur die Weherufe aus der Aussendungsrede entfernt sind, sondern auch noch die sog. Täufertexte zwischen Aussendungsrede und Weherufe geschoben sind (52). Sollte dieses nicht für die Erhebung der matthäischen Redaktionstendenzen von besonderer Bedeutung sein (53) ?

§ 2: Die Texte im Zusammenhang

Nachdem wir das in Mt. 11 verwandte Q-Material in der Quelle lokalisiert haben, können wir den sachlichen Zusammenhang näher untersuchen. Dieses ist um so wichtiger, als gerade bei der noch nicht auf größeren Schriften basierenden Redenquelle die inhaltliche Struktur den eigentlichen Intentionen des Verfassers weitgehend entsprechen dürfte. Polag (1) äußert die entgegengesetzte Vermutung, daß die Reihenfolge der Reden in Q lediglich Ausdruck der Überlieferungsgeschichte des Materials sei (2). Selbst dann aber, wenn die Reihenfolge tatsächlich teilweise traditionell sein s o l l t e , so wäre doch mit einer bewußten und vom Verfasser der Redenquelle auch bewußt übernommenen Gruppierung zu rechnen (3). Aufgrund der nur lückenhaften Rekonstruktion von Q werden wir allerdings nicht in der Lage sein, eine wirkliche Gliederung der Quelle vorzulegen. Es ist jedoch möglich, eine "Planmäßigkeit in der Anordnung der Q-Stoffe" (4) aufzuweisen·

Bereits Manson (5) stellt zu dem von ihm erhobenen Q-Text fest: "This document begins and ends with the thought of the coming

judgement. Its first sentences contain the eschatological prea-
ching of John the Baptist; its closing paragraph consists mainly
of a poem about the coming of the Son of Man. Is this deliberate?
If it is, it is a strong argument in favour of the view, which I
think antecedently probable, that in Mt. and Lk. we have preserved
for us substantially all that Q ever contained." Immerhin schimmert hier bei Manson, der Q ja zugleich doch wie Dibelius auf
dem Hintergrund des Passionskerygmas als unpolemische, kateche-
tische Sammlung deutet, die Erkenntnis durch, daß es um die
Weiterverkündigung der Gerichtsbotschaft Jesu geht (6). Die Funktion der Täuferpredigt ist allerdings letzten Endes wohl positiv
in der Ankündigung des "Kommenden" zu sehen, so daß sich der Bogen gewissermaßen von der Ankündigung des "Kommenden" durch den
Vorläufer bis hin zu der Ankündigung des Wiederkommenden durch
den Gekommenen erstreckt. Und wir können folgern, daß die Redenquelle einen "heilsgeschichtlichen" Aufriß gehabt hat. Im übrigen läßt sich natürlich aus der Korrespondenz von Anfang und Ende innerhalb des Q zuzuweisenden Textmaterials kaum mehr schließen, als daß eben Anfang und Ende von Q richtig rekonstruiert
sein dürften.

Der Aufriß der Quelle wird mit aller gebotenen Vorsicht nun aber
doch noch ein wenig deutlicher herauszuarbeiten sein. Ein mög-
licher Ausgangspunkt scheint mir hier die Tatsache zu sein, daß
Johannes auf die Ankündigung des "Kommenden" (Mt. 3,11/Lk. 3,16)
mit den Worten σὺ εἶ ὁ ἐρχόμενος (Mt. 11,3/Lk. 7,19) noch einmal Bezug nimmt (7). Nachdem von der Versuchung und dem messianischen Wirken Jesu in Wort und Tat (8) die Rede gewesen ist, wird
von der entscheidenden Frage des Täufers nach der Identität
Jesu mit dem von ihm angekündigten "Kommenden" berichtet. Die
Anfrage des Täufers und die Täuferrede Jesu stellen dabei insofern einen gewissen Schlußpunkt dar, als das Vorhergehende in
der Darstellung des Verhältnisses von Jesus und Johannes zueinander zusammengefaßt wird (9).

Die sich nach unserer Rekonstruktion der Quelle anschließenden
Texte lassen zunächst recht deutlich ein neues Thema erkennen,
insofern sowohl Nachfolgesprüche und Aussendungsrede als auch
Jubelruf und Seligpreisung der Augenzeugen (10) sich auf die Jüngerschaft beziehen. Bei dem Komplex von der Dämonenaustreibung
und der Zeichenforderung ist allerdings nicht sogleich deutlich,
wie er sich in diesen Zusammenhang einfügt.

*So unterscheidet denn Manson (11) hier zwei Abschnitte, wobei er den einen
unter den Titel "Jesus and his Disciples" und den anderen unter die Überschrift "Jesus and his Opponents" stellt. Es ist aber zunächst einmal fraglich, ob nicht der Abschnitt von der Dämonenaustreibung und der Zeichenforderung in Q wie bei Mt. z w i s c h e n Jubelruf und Seligpreisung der
Augenzeugen gestanden hat (12). Außerdem ist in Betracht zu ziehen, daß die
Stellung der sog. Pharisäerrede jedenfalls auch nicht mehr zu rekonstruieren
ist (13). Man kann natürlich darauf verweisen, daß eher Lk. als Mt. die Q-
Reihenfolge erhalten haben dürfte (14). Sobald man aber von dieser Prämisse
ausgeht, wird man auch innerhalb des Abschnittes über Jesus und seine Gegner
einen Unterabschnitt über die Jünger in der Verfolgungssituation (15) anzusetzen haben.*

Es legt sich nun nahe, daß der gesamte mittlere Abschnitt der Redenquelle hauptsächlich unter dem Thema der Jüngerschaft zu sehen ist. Diese Vermutung entspricht auch unserer Annahme, daß Q eine am Ablauf der Heilsereignisse orientierte Struktur gehabt hat. Auf die Darstellung des Auftretens des Täufers und Jesu folgte der Blick auf den Fortgang des eschatologischen Geschehens im Auftreten der Boten. Und tatsächlich ist wahrscheinlich zu machen, daß selbst die Perikope von der Dämonenaustreibung und der Zeichenforderung unter dem Thema der Jüngerschaft gestanden haben dürfte. Wir können nämlich zeigen, daß für Q die feindselige Haltung Israels insbesondere die Situation der Jüngerschaft kennzeichnet. Dieses ergibt sich schon daraus, daß in der Quelle die Weherufe gegen Ende der Aussendungsrede begegnen (16). Im übrigen ist bei der nicht nach biographischen Gesichtspunkten gegliederten Redenquelle von vornherein nicht zu erwarten, daß von der Feindschaft Israels etwa wie bei Mt. hauptsächlich im Blick auf Kreuzigung, Tod und Auferstehung die Rede gewesen ist.

Bleibt nur noch anzumerken, daß mit den Gleichnissen vom Senfkorn und vom Sauerteig, der Parusierede sowie dem Gleichnis von den anvertrauten Geldern im letzten Teil von Q der Akzent auf die noch ausstehenden Heilsereignisse rückt. So kommt schließlich das Ziel des endzeitlichen Geschehens in den Blick.

Wie beim Matthäusevangelium, so haben wir nun auch bei der Redenquelle drei Hauptteile voneinander unterscheiden können. Es ist aber deutlich, daß Q im Unterschied zu Mt. nicht an einer "Biographie" Jesu interessiert ist, sondern den Ablauf der Heilsereignisse in Vergangenheit, Gegenwart und Zukunft schildern will (17). Dementsprechend wird zwar zunächst auch das Auftreten des Täufers und Jesu dargestellt, sodann jedoch nicht der weitere Weg Jesu an das Kreuz nachgezeichnet, sondern von der Jüngerschaft und der Heilsvollendung gehandelt. Von hier aus ergibt sich freilich, daß das in Mt. 11 verwandte Q-Gut ursprünglich in einem gänzlich anders strukturierten Kontext seine Funktion gehabt hat.

§ 3: Der Wortlaut der Texte

Konkretere Gestalt nimmt das Mt. 11 zugrunde liegende Q-Gut für uns an, sobald wir es auf seine innere Struktur hin untersuchen. Wir haben daher zunächst mittels synoptischen Einzelvergleichs den genauen Wortlaut der betreffenden Texte so weit wie möglich zu rekonstruieren.

Von der herausgearbeiteten Gestalt der Redenquelle ausgehend, wenden wir uns als erstes den Täufertexten Mt. 11,2ff./Lk. 7,18ff.; 16,16 zu. Der einleitende Bericht von der Anfrage des Johannes an Jesus Mt. 11,2-6/Lk. 7,18-23 bietet hier gleich erhebliche Probleme, da die Wiederholung der Täuferfrage und die Schilderung des Wirkens Jesu Lk. 7,20f. bei Mt. kein Pendant hat. Unter gattungskritischen Gesichtspunkten scheint die Vermutung angebracht, daß der matthäische Kurztext ursprünglicher ist als der lukanische Langtext (1). Dibelius setzt im übrigen voraus, daß die erzählende Ausgestaltung der Rede typisch lukanisch sei (2.3). Es wird aber nichtsdestoweniger immer davon auszugehen sein, daß sowohl matthäische als auch lukanische Eigenart in den betreffenden Texten zum Tragen kommt.

Was zunächst Lk. 7,20 betrifft, so bringt dieser Vers lediglich zusammen mit V. 18bf. umständlich zum Ausdruck, was bei Mt. in 11,2bf. knapp gesagt ist. Entweder stellt also Lk. 7,18b-20 eine nachträgliche Entfaltung einer Notiz wie Mt. 11,2bf. dar, oder aber Mt. 11,2bf. bietet seinerseits eine sekundäre Zusammenfassung einer Schilderung wie Lk. 7,18b-20. In diesem Zusammenhang ist wichtig, daß Mt. 11,2bf. keinerlei matthäische Spracheigentümlichkeiten zeigt. Im Vergleich mit dem lukanischen Text fällt lediglich in V. 2b die im NT singuläre Konstruktion mit διά *(4), in V. 3 aber die Setzung des hier inkorrekten* ἕτερον *statt des korrekten* ἄλλον *(5) auf. In beiden Fällen ist allerdings auch nicht zu beweisen, daß Lk. sekundär ist. Zum einen ist nämlich der Gebrauch von* ἕτερος *und* ἄλλος *bei Lk. keineswegs immer korrekt (6), und zum anderen wäre das* δύο *anstelle des* διά *jedenfalls auch im matthäischen Zusammenhang denkbar (7). Bei den Wendungen* προσκαλεσάμενος δύο τινὰς τῶν..., ἔπεμψεν πρὸς τὸν κύριον *und* παραγενόμενοι δὲ πρὸς αὐτὸν οἱ ἄνδρες... *ist dann aber unbestreitbar, daß lukanisches Sprachkolorit vorhanden ist (8). Das Attribut* ὁ βαπτιστής *jedoch kann zwar nicht direkt als lukanisch bezeichnet werden, noch viel weniger aber kann es als ursprünglich erwiesen werden (9). Wir können demnach davon ausgehen, daß für die Rekonstruktion von Q dem matthäischen Text hier im allgemeinen der Vorzug gegenüber dem lukanischen gegeben werden muß (10).*

Was Lk. 7,21 anlangt, so handelt es sich um eine im Blick auf V. 22 verfaßte Schilderung der Heiltätigkeit Jesu, die bei Mt. vor 11,5 fehlt. Nun ist allerdings im Matthäusevangelium bereits der Abschnitt über den "Messias der Tat" so gestaltet, daß der Hintergrund für 11,5 gegeben ist (11). Dabei entspricht zwar die Stellung von 8,2-4 und 9,1-8 der Mk.-Reihenfolge und die von 8,5-10.13 der Q-Reihenfolge (12), finden sich aber am Schluß in 9,18-26 (wie bereits in 8,23-34) ein bei Mk. erst später begegnendes Stück und in 9,27-31 und 9,32-34 zwei dem Sondergut zugehörige Perikopen. Die letzteren sind im übrigen so allgemein und zugleich so konventionell (13) gehalten, daß sie wohl kaum auf eigenständige mündliche Tradition zurückgeführt werden können (14). Demnach hat es Matthäus ganz bewußt darauf angelegt, durch eine umfassende Schilderung der Tätigkeit Jesu die Antwort auf die Täuferfrage vorzubereiten (15). Daß Matthäus sich aber dazu veranlaßt gesehen hat, spricht für das Fehlen von Lk. 7,21 in Q.

Und tatsächlich läßt sich nun auch zeigen, daß dieser Vers zumindest in seiner jetzigen Form (16) deutlich lukanischen Charakter trägt. Vor allem ist nämlich insbesondere von Blindenheilungen im Lukasevangelium bislang noch nicht die Rede gewesen, so daß der gesonderte Hinweis gerade darauf bezeichnend ist. Zwar ist auch eine Taubstummenheilung (17) von Jesus noch nicht erzählt worden, doch könnte Lukas den entsprechenden Hinweis in V. 22 als Anspielung auf die Heilung der Taubstummheit des Zacharias (vgl. Lk. 1,20.22.62.64) (18) verstanden haben (19). Die offenbar sekundäre Einfügung von Lk. 7,11-17 als Beispiel für eine Totenerweckung jedoch spricht deshalb nicht gegen unsere These vom lukanischen Charakter von 7,21, weil auf ein Erweckungswunder eben nicht wie auf ein weiteres Heilungswunder mit einer bloßen Notiz hingewiesen werden konnte (20). Im übrigen aber sind auch Wortwahl und Stil von Lk. 7,21 deutlich lukanisch, wie sich insbesondere bei

ἐθεράπευσεν (πολλοὺς) ἀπὸ νόσων (καὶ μαστίγων) καὶ πνευμάτων
πονηρῶν sowie bei ἐχαρίσατο zeigen läßt (21). Demgegenüber fällt kaum
ins Gewicht, daß statt ἐν ἐκείνῃ τῇ ὥρᾳ viel eher ἐν αὐτῇ τῇ ὥρᾳ zu
erwarten wäre (22). Immerhin zeigt ja Apg. 16,33, daß Lukas auch die erstere
Formel selbständig verwenden konnte (23). In ähnlicher Weise ist schließlich
zu argumentieren, wenn auf das Vorkommen der in den Parallelen zu Mk. 3,10;
5,29.34 gerade umgangenen Vokabel μάστιξ hingewiesen wird. Hier zeigt nämlich Apg. 22,24, daß das Wort doch nicht unlukanisch ist. Im übrigen könnte
andererseits gerade in Lk. 7,21 eine Reminiszenz an Mk. 3,10 gesehen werden
(vgl. auch πολλοὺς γὰρ ἐθεράπευσεν), zumal der angesichts 7,22 unnötige
Hinweis auf die Dämonenaustreibungen dann von Mk. 3,11 her eine Erklärung
finden würde (24). Um so weniger ist anzunehmen, daß Lk. 7,21 irgendwie auf
Q zurückgeht (25).

Abgesehen von den soeben erörterten Versen, differieren in dem Bericht von
der Anfrage des Täufers lediglich noch die Einleitungsverse Mt. 11,2a/Lk.
7,18a stärker. Der Vergleich zeigt hier zwar, daß auch in Q zunächst von
einer indirekten Inkenntnissetzung des Johannes über das Wirken Jesu die Rede
gewesen sein könnte. Unklar ist aber bereits, ob in der Quelle eine dem matthäischen ἐν τῷ δεσμωτηρίῳ entsprechende Wendung gestanden hat (26). Kümmel
hat hierzu unlängst behauptet, es gäbe keine einleuchtende Begründung für die
Annahme, daß Matthäus die Worte hinzugefügt habe, andererseits aber habe Lukas die Gefangennahme des Täufers bereits berichtet (vgl. 3,19f.), so daß er
diesen Tatbestand habe voraussetzen können (27). Nun hat aber auch Matthäus
auf die Gefangennahme des Täufers schon angespielt (vgl. 4,12), und eine dies-
bezügliche Notiz vermag sehr wohl eine Hinzufügung, gerade nicht jedoch eine
Streichung von ἐν τῷ δεσμωτηρίῳ zu erklären. Überdies hat Lukas den Zeit-
punkt der Gefangensetzung des Johannes offengelassen (28), so daß er eine
Gefangenschaft des Täufers ohnehin nicht voraussetzen konnte. Schließlich
ist noch zu erwähnen, daß - soweit wir sehen - in Q sonst nirgends von Gefangennahme und Tod des Täufers die Rede ist. Demgegenüber ist dann aber
auch das Argument von Sabugal nicht stichhaltig, daß die Wendung ἐν τῷ
δεσμωτηρίῳ "extraño a los tres evangelistas" sei, da diese vielmehr die
Bezeichnung φυλακή bevorzugten (29). So ist letztlich doch wahrscheinlich,
daß die Wendung ἐν τῷ δεσμωτηρίῳ nicht auf die Redenquelle zurückgeht (30).

Wie aber ist es zu beurteilen, wenn des weiteren matthäisches τὰ ἔργα τοῦ
Χριστοῦ (31) mit lukanischem περὶ πάντων τούτων konkurriert? Für sekundäre Formulierung bei Mt. spricht hier, daß die Rede von den Werken des
Messias' im Zusammenhang des Matthäusevangeliums deutlich der Schilderung
des Messias' des Wortes und der Tat zu entsprechen scheint (32), während sie
im Zusammenhang des Lukasevangeliums andererseits doch nicht undenkbar gewesen wäre. Gegen die Ursprünglichkeit des matthäischen Textes spricht zudem,
daß der Christustitel auch sonst für die Redenquelle nicht belegt ist (33).
So ist also auch in diesem Punkt der matthäische Text nicht auf Q zurückzuführen, was im übrigen von der Forschung nahezu einmütig anerkannt wird (34).
Ob freilich in irgendeiner Weise doch von "Werken" die Rede gewesen ist (35),
die lukanische Textform ursprünglich ist oder aber der originale Wortlaut
gänzlich verloren ist (36), kann nicht mehr sicher entschieden werden.

Wie die Einleitung der Perikope ansonsten in Q ausgesehen hat, ist ebenfalls
unklar. Bezüglich der matthäischen Formulierung ist zu bemerken, daß "sich
ἀκούσας δέ als Ursache für eine darauffolgende Handlung häufig bei Mt
findet" (37). Der lukanische Text andererseits ist auch kaum ursprünglich,

denn das ἀπήγγειλαν 7,18 könnte durch das ἀπαγγείλατε 7,22 veranlaßt sein, da ἀπαγγέλλειν von Lukas gern benutzt wird (38.39). Aber sollte deshalb etwa angenommen werden, daß die Perikope in Q den Anlaß für die Sendung der Jünger durch Johannes womöglich noch gar nicht genannt hat?

Die noch verbleibenden Verse Mt. 11,4-6/Lk. 7,22f. sind fast gleichlautend überliefert, so daß wir hier für die Rekonstruktion von Q im allgemeinen eine sichere Basis haben. Wenn nun in der Einleitung zur Antwort Jesu bei Lk. das bei Mt. eigens genannte Subjekt ὁ Ἰησοῦς fehlt, so erklärt sich das ohne weiteres aus den vorausgehenden lukanischen Änderungen und Erweiterungen (40). Daß in der Antwort Jesu bei Lk. die Verben ἀκούειν und βλέπειν nicht wie bei Mt. im Präsens, sondern im Aorist stehen, läßt sich speziell auf die Hinzufügung von Lk. 7,21 zurückführen (41). Und die Tatsache, daß Lk. im Gegensatz zu Mt. das βλέπειν vor dem ἀκούειν nennt, ist vielleicht gleichfalls auf diese Hinzufügung zurückzuführen (42). Allerdings könnte eben das Vorangehen des βλέπειν auch umgekehrt als Hintergrund für die Bildung von 7,21 betrachtet werden (43). Daß Matthäus die Voranstellung des ἀκούειν bevorzugt, wäre dann unter Hinweis auf den Aufbau seines Evangeliums zu erklären (44). Was aber schließlich das mehrfache Fehlen von καί in der Aufzählung der messianischen Werke bei Lk. (45) betrifft, so ist dieses wohl von dem Bemühen um stilistische Verbesserung des Textes her zu verstehen (46). Bemerkenswert ist im übrigen, daß nun die Aufzählung in einer genau dem lukanischen Kontext entsprechenden Weise gegliedert ist, insofern nämlich bereits die Totenauferweckung nicht mehr auf das Sehen, sondern nur noch auf das Hören der Täuferjünger bezogen ist (47). Damit hat sich noch einmal gezeigt, daß in der Perikope von der Täuferanfrage Mt. zumeist ursprünglicher ist als Lk. (48).

Läßt sich nun aber für die Perikope von der Täuferanfrage immerhin allgemein noch festhalten, daß Mt. Q näher kommt als Lk., so geht für die sich anschließende sog. Täuferrede Jesu auch diese Aussage bereits zu weit. Hier ist in wesentlichen Punkten bisweilen Lk. ursprünglicher, wie sich insbesondere im Blick auf den Stürmerspruch oder das am Ende des Schlußgleichnisses stehende Wort von der Rechtfertigung der Weisheit zeigt (zum textkritischen Problem dieses Wortes vgl. im folgenden den diesbezüglichen Exkurs).

Fragen wir nach dem ersten Abschnitt der Täuferrede Jesu Mt. 11,7-11/Lk. 7,24-28, so ist gleich wieder besonders auf die Überleitungswendung einzugehen. Zwar sprechen sowohl Mt. (49) als auch Lk. in der Form eines mit δέ angeschlossenen absoluten Genitivs von dem Fortgehen der Johannesjünger, weshalb auch für Q ohne weiteres eine Überleitungsnotiz in Anschlag gebracht werden kann (50). Doch bestehen in der Terminologie ansonsten keinerlei Gemeinsamkeiten, so daß die genaue Rekonstruktion dieser Notiz mit erheblichen Schwierigkeiten belastet ist. Was zunächst das matthäische πορευομένων im Vergleich mit dem lukanischen ἀπελθόντων betrifft, so spricht in beiden Fällen der Sprachgebrauch gegen die Ursprünglichkeit der Formulierung (51. 52). Es ist daher nicht zu entscheiden, welches Verbum in der Quelle benutzt worden ist (53). Ein wenig besser steht es beim Vergleich des matthäischen τούτων mit dem lukanischen τῶν ἀγγέλων Ἰωάννου, insofern hier der Text des Lk. gegenüber dem des Mt. geglättet und präzisiert zu sein scheint (54). Betreffs der Wortwahl ist dazu anzumerken, daß "Lk. ἄγγελος als menschlicher Bote immerhin aus der Trad(ition) bekannt ist" (55).

In der Einleitung der Jesusrede stimmen Mt. und Lk. dann erneut enger überein. Dem matthäischen τοῖς ὄχλοις' steht allerdings lukanisches πρὸς τοὺς ὄχλους (56) gegenüber, wobei in Lk. entsprechend lukanischem Sprachgebrauch (57) geändert zu sein scheint (58). Außerdem ist wiederum matthäisches ὁ Ἰησοῦς bei Lk. ohne Parallele, was auf eine bewußte Streichung des hier an sich überflüssigen Subjekts bei Lk. hindeuten könnte. Freilich ist selbst Schulz, der bei Mt. 11,4/Lk. 7,22 noch die These einer lukanischen Streichung verfochten hat (59), hier dann doch eher der Meinung, die "ausdrückliche Nennung des Subjekts ὁ Ἰησοῦς bei Mt könnte, um einen Einschnitt zwischen den beiden Abschnitten deutlicher zu markieren, sek(undär) hinzugefügt sein" (60). Und man wird wirklich gut daran tun, sich in dieser Frage nicht zu entscheiden.

Bei den folgenden drei Doppelfragen Jesu ist zunächst von Belang, daß der Textlesart von Mt. 11,9 (;) προφήτην ἰδεῖν eine gut bezeugte (61) Variante ἰδεῖν (;) προφήτην gegenübersteht. Wir können hier, wie bereits in anderem Zusammenhang angedeutet (62), davon ausgehen, daß diese Variante erst nachträglich infolge einer Einbeziehung der Infinitive θεάσασθαι und ἰδεῖν von V. 7f. in die jeweils vorausgehende Frage gebildet worden ist (63). Da nun das Muster für die Variante in Lk. 7,26 gegeben ist, gelten die Vermutungen über die Entstehung der entsprechenden Textform in besonderem Maße auch für den lukanischen Text (64). Fragen wir nach Q, so können wir also auf die Textlesart von Mt. 11,9 verweisen.

Die erste der Jesusfragen Mt. 11,7b.c/Lk. 7,24b.c nun ist bei beiden Evangelisten genau gleichlautend überliefert (65). Im zweiten Fragenkomplex Mt. 11,8a.b/Lk.7,25a.b weicht dann Lk. insofern von Mt. ab, als zu ἐν μαλακοῖς noch ἱματίοις gestellt ist (66). Hier ist aber wahrscheinlich, daß wir es mit einer sekundären Verbesserung des elliptischen matthäischen Ausdrucks zu tun haben (67). In Mt. 11,8c/Lk. 7,25c sind die Unterschiede größer. Was das matthäische οἱ τὰ μαλακὰ φοροῦντες im Vergleich mit dem lukanischen οἱ ἐν ἱματισμῷ ἐνδόξῳ καὶ τρυφῇ ὑπάρχοντες'; betrifft, so kann in Lk. zur Vermeidung einer Wiederholung (vgl. μαλακοῖς V. 25b) geändert sein (68). Diese Vermutung ist um so mehr angebracht, als die Wortwahl hier zumindest nicht unlukanisch ist (69). Was aber das matthäische ἐν τοῖς οἴκοις τῶν βασιλέων im Vergleich mit dem lukanischen ἐν τοῖς βασιλείοις εἰσίν betrifft, so fällt eine Entscheidung schwerer. Zwar ist noch relativ deutlich, daß in Lk. das εἰσίν aus stilistischen Gründen hinzugefügt sein kann (70). Unklar ist aber, ob des weiteren in Mt. erklärend umschrieben (71) oder in Lk. verbessert wird (72). Der dritte Fragenkomplex Mt. 11,9a.b/Lk. 7,26a.b schließlich ist, wenn man von der schon erörterten Differenz in der Stellung des ἰδεῖν einmal absieht, wieder bei Mt. und Lk. gleichlautend überliefert. Und auch die angeschlossene Aussage Mt. 11,9c/Lk. 7,26c weist bei den beiden Evangelisten keine Differenzen auf (73).

Kaum schlechter steht es bei dem Zitat Mt. 11,10/Lk. 7,27. Hier fällt lediglich in Mt. 11,10b das im Vergleich mit Lk. überschießende ἐγώ auf. Da die dem Text zugrunde liegenden alttestamentlichen Stellen Ex. 23,20 und Mal. 3,1 in der LXX ebenfalls das ἐγώ bieten, erscheint das Zitat bei Mt. als sekundär an jene Texte angeglichen (74.75). Nun bietet freilich auch Mk. in 1,2 das betreffende Zitat, und zwar ohne ἐγώ, so daß von hier aus der lukanische Text als sekundär nach dem markinischen verändert gelten könnte. In Mk. 1,2 liegt jedoch wahrscheinlich eine Glosse vor, die ihrerseits von der lukanischen Textform abhängig ist (76).

Wie aber steht es mit dem angeschlossenen Wort von dem "Kleinsten in der Basileia" Mt. 11,11/Lk. 7,28? Wenn in Mt. anders als in Lk. der Vers mit ἀμήν eingeleitet ist, so ist hier vielleicht nachträglich ein etwas glatterer Übergang geschaffen (77.78). Bezüglich des bei Lk. fehlenden τοῦ βαπτιστοῦ des Mt. läßt sich vermuten, daß es der matthäischen Vorliebe für diesen Titel seine Entstehung verdankt (79.80). Und bei dem τῶν οὐρανῶν des Mt. ist im Vergleich mit dem lukanischen τοῦ θεοῦ darauf hinzuweisen, daß die Wendung ἡ βασιλεία τῶν οὐρανῶν eindeutig matthäisch ist (81). Was aber das οὐκ ἐγήγερται des Mt. neben dem οὐδείς ἐστιν des Lk. betrifft, so ist hier wohl mit der Ursprünglichkeit des semitisierenden matthäischen Ausdrucks gegenüber dem besseres Griechisch bietenden lukanischen zu rechnen (82). Daß die Stellung des μείζων in Mt. 11,11a/Lk. 7,28a unterschiedlich ist, dürfte mit der Ersetzung des οὐκ ἐγήγερται bei Lk. in Verbindung zu bringen sein.

Damit kommen wir nun zu dem am meisten umstrittenen Wort unseres Kapitels, dem sog. Stürmerspruch Mt. 11,12f./Lk. 16,16. Wenn die beiden Teile des Spruches bei Mt. und Lk. in umgekehrter Reihenfolge begegnen, so sind wir bezüglich der Rekonstruktion der ursprünglichen Textform auf Vermutungen angewiesen (83). Da die Reihenfolge der Sätze bei Lk. natürlicher ist als bei Mt., dürfte aber wohl die Nachstellung der Aussage Mt. 11,13 als sekundär zu gelten haben (84). Von hier aus ist dann zu schließen, daß auch die Anfügung des Wortes Mt. 11,14f. nicht ursprünglich sein dürfte (85.86). Der Grund für die Änderungen bei Mt. wird in der Absicht, den Täufer als Elia zu erweisen (vgl. auch Mt. 17,10-13 mit Mk. 9,11-13), zu suchen sein (87).

Von diesem Ergebnis ausgehend, wollen wir zunächst Mt. 11,13 mit Lk. 16,16a näher vergleichen. Wenn in Mt. der Vers mit γάρ angeknüpft wird, so wird das durch die Umstellung der Verse 12 und 13 unklar gewordene logische Verhältnis zwischen denselben sekundär verdeutlicht (88). Daß sich bei Mt. ein - auf οἱ προφῆται bezügliches - πάντες findet, mag mit der Tendenz zur Hervorhebung der Erfüllung der Prophetie im Auftreten des Täufers zusammenhängen (89). Was die matthäische Reihenfolge οἱ προφῆται καὶ ὁ νόμος betrifft, so handelt es sich hier natürlich um die ungewöhnlichere Lesart (90). Es ist daher nicht unmöglich, daß die lukanische Textform sekundär "erleichtert" ist (91). Wahrscheinlich ist die matthäische Reihenfolge aber doch zu gezwungen, um als ursprünglich angesehen werden zu können (92). Hat freilich ὁ νόμος in Q vorangestanden, so kann das matthäische ἐπροφήτευσαν dort kaum vorhanden gewesen sein (93). Seine Hinzufügung wird dann zusammen mit der Vorziehung von οἱ προφῆται und der Ergänzung von πάντες eben mit der Tendenz zur Unterstreichung des Erfüllungsgedankens zu erklären sein (94). Eine Änderung bei Lk. wäre auch sonst durchaus nicht zu vermuten, da dort der Spruch "keineswegs betont herausgehoben wird und auch nicht ohne weiteres in seiner Kontextstellung verständlich ist" (95). Bezüglich des mit dem ἐπροφήτευσαν verbundenen ἕως im Vergleich mit dem lukanischen μέχρι (96) läßt sich im übrigen natürlich sagen, daß es wohl mit dem Verbum sekundär eingebracht ist (97). So ergibt sich, daß in Mt. 11,13/ Lk. 16,16a der lukanische Text durchgehend primär ist (98).

Auch in Mt. 11,12/Lk. 16,16b.c finden sich nun bei Mt. Spuren einer redaktionellen Bearbeitung. Auffällig ist zunächst, daß dort der Vers mit ἀπὸ δὲ τῶν ἡμερῶν Ἰωάννου τοῦ βαπτιστοῦ ἕως ἄρτι (99) eingeleitet wird, während sich bei Lk. statt dessen lediglich ἀπὸ τότε findet; denn die matthäische Textform erweist sich erst bei der Umstellung der beiden Teile unseres Spruchkomplexes als notwendig (100) und ist in ihrem sprachlichen Charakter durchaus für Mt. typisch (101). Wir können also wohl

feststellen, daß die Einleitung unseres Verses bei Lk. ursprünglicher erscheint (102). Charakteristisch ist weiter, daß Mt. erneut ἡ βασιλεία
τῶν οὐρανῶν statt ἡ βασιλεία τοῦ θεοῦ bietet (103). Anders liegt
der Fall freilich, wenn Lk. statt des mehrdeutigen (104) βιάζεται des Mt.
εὐαγγελίζεται schreibt; hier haben wir es nämlich bei Lk. mit einer
sekundären Glättung des Textes zu tun (105), die überdies sprachlich lukanisch ist (106). In der Forschung herrscht daher mit Recht praktisch Einmütig-
keit darüber, daß an dieser Stelle Mt. den ursprünglichen Text bietet (107).
Wenn nun aber βιάζεται im ersten Teil des Wortes ursprünglich ist, so
kann im zweiten Teil das lukanische εἰς αὐτὴν βιάζεται gegenüber dem
matthäischen ἁρπάζουσιν αὐτήν nur sekundär sein. Das zunächst ersetzte
Verbum konnte nachgetragen werden, da es durch das εὐαγγελίζεται
einen eindeutigen, nämlich positiven Sinn bekommt. Der eigentliche Grund
für diesen Nachtrag und die damit zusammenhängende Ersetzung des matthäischen βιασταί durch πᾶς ist aber darin zu sehen, daß zu dem
εὐαγγελίζεται das βιασταί ἁρπάζουσιν αὐτήν insofern schlecht
paßt, als es nicht leicht in positivem Sinne verstanden werden kann (108.109).
Alles in allem hat sich damit gezeigt, daß in Mt. 11,12f./Lk. 16,16 teilweise doch auch Mt. den ursprünglichen Text bewahrt hat.

Um die Analyse der Täufertexte von Q zu beenden, müssen wir uns nun noch dem
Gleichnis über "diese Generation" mitsamt seiner Deutung Mt. 11,16-19/Lk.
7,31-35 zuwenden. Was zunächst die Einleitungsfrage Mt. 11,16a/Lk. 7,31 betrifft (110), so fällt hier die Doppelformulierung bei Lk. auf. Wir können
annehmen, daß bei Mt. eine sekundäre Vereinfachung vorliegt (111). Dieses
gilt um so mehr, als für Mt. 13,31 mit einem ähnlichen Vorgehen zu rechnen
ist. Während nämlich in der Parallele Mk. 4,30/Lk. 13,18 eine Doppelfrage
als Gleichniseinleitung begegnet, findet sich in Mt. 13,31 dazu überhaupt
keine Entsprechung (112). Ob das matthäische δέ oder das lukanische οὖν
(113) ursprünglich ist, läßt sich deshalb kaum noch beurteilen, weil nicht
nur bei Lk. (vgl. 7,29f.), sondern wahrscheinlich auch bei Mt. (vgl. 11,14f.)
das Gleichnis in einem neuen Zusammenhang steht, mit dem es sekundär verknüpft sein könnte (114). Bei dem lukanischen τοὺς ἀνθρώπους schließlich scheint eine Entscheidung etwas leichter zu fallen, da eine Einfügung
des Ausdrucks im Sinne einer stilistischen Verbesserung zu interpretieren
ist (115). Unser Urteil bleibt aber auch hier unsicher, da das bloße ἡ
γενεὰ αὕτη andererseits eine stehende Wendung ist, die Lk. zudem durchaus geläufig ist (116).

Was nun das eigentliche Gleichniswort Mt. 11,16b.cf./Lk. 7,32 anbelangt, so
bleibt natürlich zunächst ebenso unsicher, ob das auf τὴν γενεὰν ταύτην
bezügliche ὁμοία ἐστίν des Mt. oder das auf τοὺς ἀνθρώπους τῆς
γενεᾶς ταύτης bezügliche ὅμοιοί εἰσιν des Lk. ursprünglich
ist. Bei Lk. dürfte aus stilistischen Gründen das τοῖς hinter παιδίοις
nachträglich hinzugefügt (117) und zugleich das καθημένοις umgestellt
sein; ein Grund, weshalb der lukanische Text als der ursprüngliche bei Mt.
geändert worden sein könnte, ist kaum denkbar. Das lukanische ἐν ἀγορᾷ
kann gegenüber dem matthäischen ἐν ταῖς ἀγοραῖς freilich als ursprünglich angesehen werden, da der matthäische Text den Eindruck einer sekundären
Verallgemeinerung macht (118). Ebenso verdient wohl das sich bei Lk. finden-
de καὶ προσφωνοῦσιν... ἃ λέγει den Vorzug vor dem bei Mt. begegnenden ἃ προσφωνοῦντα... λέγουσιν , weil es als die schwerere Lesart zu
gelten hat (119.120). Bei der Beurteilung des lukanischen ἀλλήλοις im
Vergleich mit dem matthäischen τοῖς ἑτέροις (121) kann in der Tat angenommen werden, Lk. habe "sich daran gestoßen, daß die launisch über Johan-

44   (2,2,3)

nes und Jesus urteilenden Zeitgenossen nicht den launisch jedes Spiel verderbenden Kindern verglichen werden, denen zugesungen wird, sondern den andern, die zusingen" (122). Außerdem ist festzustellen, daß ἀλλήλων durchaus lukanisch ist (123). Alles spricht also dafür, daß hier der Lk.-Text wieder als sekundär zu gelten hat (124). Freilich, auch der Mt.-Text muß nicht ursprünglich sein. Mir scheint die Annahme Lintons (125) bestechend, nach der für Q mit einem ursprünglichen ἄλλοις zu rechnen ist, welches ja an ἀλλήλοις anklingt und andererseits mit ἑτέροις gleichbedeutend benutzt wurde. Bleiben noch die Klageworte der Kinder übrig, die bei Mt. und Lk. fast gleichlautend überliefert sind (126). Wenn aber Lk. ἐκλαύσατε schreibt, wo Mt. ἐκόψασθε bietet, so hängt das wohl damit zusammen, daß ἐκόψασθε als "zu palästinensisch" (127) erachtet wurde. Dieser Vermutung entspricht es, daß ἐκλαύσατε lukanischen Charakter trägt (128). Es scheint also ziemlich sicher, daß auch hier Lk. nicht den ursprünglichen Text bewahrt hat (129).

In der Deutung des Gleichnisses Mt. 11,18f./Lk. 7,33-35 weichen die beiden Texte zunächst insofern voneinander ab, als dem zweifachen ἦλθεν des Mt. ein zweifaches ἐλήλυθεν des Lk. korrespondiert. Da das resultative Perfekt des Lk. besser zu dem Präsens der jeweils angeschlossenen direkten Rede paßt, dürfte der lukanische Text sekundär verbessert sein (130). In dieselbe Richtung weist Schürmanns Beobachtung, daß Lk. auch 5,32 gegen Mk. ἐλήλυθα schreibt (131.132). Bei der Nennung des Titels ὁ βαπτιστής scheint Lk. ebenfalls nicht ursprünglich zu sein, hätte doch Mt. diesen Titel kaum getilgt (133). Das μήτε... μήτε... des Mt. dürfte eine Verbesserung des bei Lk. überlieferten μή... μήτε... sein (134). Die Wendungen ἐσθίων ἄρτον und πίνων οἶνον des Lk. wiederum könnten eine etwas pedantische, vielleicht durch Lk. 1,15 veranlaßte Korrektur des bloßen ἐσθίων und πίνων des Mt. sein (135). Ob das λέγετε in Lk. V. 33f. ursprünglicher ist als das λέγουσιν in Mt. V. 18f., läßt sich schwerer entscheiden. Die 3. Person des Mt. ist allerdings im Kontext passender als die zweite, so daß die matthäische Textform wohl sekundär geglättet sein dürfte (136). Bei Lk. ist dann wieder das φίλος "so umgestellt, daß die Wortfolge korrekter ist" (137).

Es bleibt nun noch das Wort von der Rechtfertigung der Weisheit, das bereits textkritisch bei Mt. vor Probleme stellt. Wir werden hier freilich wohl doch davon ausgehen können, daß es um die Rechtfertigung der Weisheit aus ihren W e r k e n geht.

Exkurs a: Zur Textkritik von Mt. 11,19c
Der Sachverhalt ist der, daß im matthäischen Text Kodex C, die Koine, Kodex D und Θ, die Minuskelfamilien λ und φ, die meisten anderen Zeugen, die Lateiner, der Sinai- und der Curetonsyrer sowie teilweise auch die sahidische Übersetzung das zugleich im lukanischen Text begegnende τέκνων bieten, während Kodex B (ursprünglich), ℵ und W, wenige andere Handschriften, die Peschitto, teilweise wieder die sahidische Übersetzung und außerdem die bohairische Übersetzung ἔργων lesen. Die Vermutung erscheint angebracht, daß die Lesart τέκνων eine sekundäre Angleichung an den lukanischen Text darstellt (138). Dagegen spricht auch nicht, daß bei Mt. nur die Minuskelfamilie φ sowie der altlateinische Zeuge k das außerdem bei Lk. begegnende πάντων übernommen haben (139). Man hat den Text des Mt. dem des Lk. angeglichen, "sans s'embarrasser le plus souvent de son o m n i b u s difficile à interpréter" (140). Das Zeugnis von Kodex ℵ für ἔργων ist im übrigen nicht durch den Hinweis zu relativieren, daß dieser Kodex als

einziger ἔργων auch in den lukanischen Text eingebracht hat (141). Es
ist ja doch wahrscheinlich, daß hier der lukanische Text an den matthäischen
angeglichen wurde. Dieses gilt um so mehr, als ein Korrektor in Kodex א
bei Lk. dann auch das bei Mt. ja fehlende πάντων gestrichen hat (142).

Bei der Frage nach der Priorität der matthäischen oder der lukanischen Textform ist zunächst von Bedeutung, daß das ἔργων Mt. V. 19 auf das ἔργα
V. 2 zurückweist. Insofern die "inclusio" für Mt. charakteristisch ist (143),
dürfte die Entsprechung von V. 2 und V. 19 sekundär sein (144). Weiter ist
nicht zu übersehen, daß das ἔργων andererseits die Erwähnung der δυνάμεις
V. 20a.21b.23b vorbereitet. Da die Weherufe über die galiläischen Ortschaften erst nachträglich an die Täuferrede angefügt worden sind (145), könnte
also auch das ἔργων eventuell nachträglich zur Vorbereitung derselben eingefügt worden sein (146). Das alles würde bedeuten, daß das lukanische τέκνων
als ursprünglich zu gelten hat (147). Bezüglich des bei Lk. begegnenden
πάντων ist freilich zu sagen, daß es auf πᾶς ὁ λαός V. 29 zurückweisen könnte. V. 29f. sind aber sekundär in die Täuferrede eingebracht (148),
so daß auch das πάντων nicht unbedingt als ursprünglich gelten kann (149).
So zeigt sich abschließend, daß Lk. hier doch nicht gänzlich den primären
Text bietet.

Gehen wir der Reihenfolge der Redenquelle nach, so müssen wir
im Anschluß an die Täufertexte den Komplex Mt. 11,24 bzw.
10,15; 11,21-23/Lk. 10,12.13-15 näher untersuchen. Wir setzen
hier voraus, daß Mt. 11,24 eine sekundäre Verdoppelung des in
der Aussendungsrede zu lokalisierenden Verses Mt. 10,15/Lk. 10,
12 ist und die Weherufe Mt. 11,21-23/Lk. 10,13-15 mit jenem Vers
zusammen in der Aussendungsrede gestanden haben (150). Bei den
Weherufen ist von Belang, daß Mt. 11,23b.c kein Pendant bei Lk.
hat. Wir dürfen vermuten, daß Mt. 11,23b.c im Blick auf 11,21b.c
wie Mt. 11,24 im Blick auf 11,22 formuliert ist. Wiederum erweist sich also im allgemeinen die lukanische Textform als ursprünglicher.

Betrachten wir im einzelnen zunächst Mt. 11,24 und 10,15/Lk. 10,12, so fällt
gleich auf, daß Mt. den Vers mit πλήν bzw. ἀμήν einleitet, während Lk.
ihn nicht weiter mit dem Kontext verknüpft. Wie bereits bei Mt. 11,11/Lk.
7,28, so liegt auch hier die Vermutung nahe, daß bei Mt. nachträglich ein
glatterer Übergang geschaffen worden ist. Dabei gilt bezüglich des πλήν
11,24 außerdem, daß es auf Mt. 11,22/Lk. 10,14 zurückzuführen ist (151.152).
Wenn nun auf das einheitlich gebotene λέγω ὑμῖν. (153) sowohl in Mt.
11,24 als auch in Lk. 10,12 ein einleitendes ὅτι (154) folgt, so ist
dieses wohl als ursprünglich anzusehen, auch wenn es in Mt. 10,15 nicht
steht (155). Im folgenden differiert dann die Reihenfolge der Satzglieder
stark (156). Bezüglich Mt. 11,24 ist wieder anzunehmen, daß eine Angleichung
an Mt. 11,22/Lk. 10,14 vorliegt. Im Vergleich von Mt. 10,15 und Lk. 10,12
ist allerdings nicht mehr auszumachen, wo die ursprüngliche Reihenfolge verändert worden ist (157). Das bedeutet, daß die Stellung des ἀνεκτότερον
ἔσται in Q nicht mehr genau zu bestimmen ist. In den matthäischen Fassungen unseres Spruches findet sich des weiteren ein γῆ, welches in der lukanischen Fassung fehlt. Es ist möglich, daß dieses einer matthäischen Vorliebe
entsprechend hinzugefügt worden ist (158). Was aber das in Mt. 10,15 gebotene
καὶ Γομόρρων (159) betrifft, so ist dieses wohl von vornherein als
sekundär zu beurteilen, da es nicht nur in Lk. 10,12, sondern auch in Mt.
11,24 fehlt (160). Die beiden matthäischen Fassungen unseres Wortes stimmen

46   (2,2,3)

wiederum überein in der Wendung · ἐν ἡμέρᾳ κρίσεως, der bei Lk. die Formulierung ἐν τῇ ἡμέρᾳ ἐκείνη (161) entspricht. In Mt. 11,22 findet sich aber ebenfalls ἐν ἡμέρᾳ κρίσεως, während in der Parallele Lk. 10,14 ἐν τῇ κρίσει (162) geboten wird. So gilt hinsichtlich des matthäischen Textes, daß er sekundär vereinheitlicht sein dürfte. Da nun die Wendung ἐν ἡμέρᾳ κρίσεως nicht untypisch für Mt. ist (163), kann sie wohl ganz auf nachträgliche Textänderung zurückgeführt werden. Wir haben also davon auszugehen, daß bei Mt. konsequent die Lesarten ἐν τῇ ἡμέρᾳ ἐκείνη und ἐν τῇ κρίσει kombiniert sind (164). Wenn schließlich sowohl Mt. 10,15 als auch Lk. 10,12 ἢ τῇ πόλει ἐκείνη lesen, so ist diese Textform als ursprünglich zu betrachten, mag auch Mt. 11,24 dafür ἢ σοί (165) bieten. Diese Lesart ist im übrigen im originalen Kontext unseres Spruches gar nicht denkbar, während die erstere Lesart im sekundären Kontext nicht paßt.

Damit kommen wir zu Mt. 11,21-23/Lk. 10,13-15 (166). In Mt. 11,21/Lk. 10,13 fällt zunächst (167) das matthäische ἐγένοντο gegenüber dem lukanischen ἐγενήθησαν (168) auf. Da Mt. in V. 23b redaktionell ἐγενήθησαν bietet, dürfte das ἐγένοντο nicht auf nachträglicher Änderung eines ursprünglichen ἐγενήθησαν beruhen (169). Sodann findet sich bei Lk. ein bei Mt. fehlendes καθήμενοι (170). Norden (171) sieht in solchem Ausdruck eine klassizistische Korrektur, und man darf wohl mit ihm und den meisten Forschern (172) von dem sekundären Charakter dieses Wortes ausgehen. In Mt. 11,22 haben wir es bei Mt. mit einem gegenüber Lk. überschießenden λέγω ὑμῖν zu tun. Es dürfte wohl im Blick auf 11,24 sekundär eingefügt sein (173). Schulz (174) hält es freilich für primär, da es sich bei unserem Vers "wiederum, wie bereits häufig in den jüngeren Q-Stoffen beobachtet, um ein mit der prophetisch-enthusiastischen Formel eingeleitetes kommentierendes Abschlußwort handelt". Aber abgesehen davon, daß die Unterscheidung eines prophetischen und eines literarischen λέγω ὑμῖν problematisch ist (175), ergäbe sich von Schulz' Voraussetzungen aus keineswegs, daß das λέγω ὑμῖν in Mt. 11,22 nicht aus 11,24 bzw. 10,15/Lk. 10,12 übernommen sein kann. Daß das lukanische ἐν τῇ κρίσει gegenüber dem matthäischen ἐν ἡμέρᾳ κρίσεως zu bevorzugen ist, haben wir oben bereits gezeigt. In Mt. 11,23a/ Lk. 10,15 schließlich ist textkritisch zu sichern, daß die beiden Fassungen bis auf das bei Lk. überschießende τοῦ vor ᾅδου identisch sind (176). Dieses wird ursprünglich sein, da es im Blick auf das artikellose οὐρανοῦ und den LXX-Text des zugrunde liegenden Wortes Jes. 14,(13).15 bei Mt. gestrichen sein kann (177).

Bleibt schließlich noch der Jubelruf Mt. 11,25-27/Lk. 10,21f., der den Weherufen über die galiläischen Ortschaften bzw. der Aussendungsrede mehr oder weniger unmittelbar gefolgt sein dürfte. Jedenfalls bei Mt. 11,27/Lk. 10,22 sind hier aber die wesentlichen Fragen zunächst textkritischer Art (vgl. den diesbezüglichen Exkurs). Und die Beantwortung dieser Fragen enthebt uns der meisten literarkritischen Probleme, insofern sie nämlich die vermeintlichen Differenzen zwischen Mt. und Lk. weitgehend einebnet.

Wie der Textvergleich bei Mt. 11,25a/Lk. 10,21a zeigt, dürfte bereits in Q eine mit einer Zeitangabe verbundene Einleitungswendung gestanden haben. Wenn Mt. ἐν ἐκείνῳ τῷ καιρῷ schreibt, während Lk. ἐν αὐτῇ τῇ ὥρᾳ bietet, so ist eine Entscheidung über das Ursprüngliche allerdings schwer zu fällen, da die Formulierung in beiden Fällen nicht untypisch ist (178). Man wird also gut daran tun, sich in dieser Frage nicht weiter festzule-

(2,2,3)   47

gen (179). *Bei Mt. ist nun des weiteren zu* εἶπεν *ein* ἀποκριθείς *hinzugesetzt, während bei Lk.* ἠγαλλιάσατο τῷ πνεύματι τῷ ἁγίῳ *geboten wird (180) und* εἶπεν *mit* καί *angeschlossen ist. Der Text des Mt. könnte eventuell ursprünglich sein, da er weniger spezifisch ist und* ἀποκριθείς *bereits in Mt. 11,4/Lk. 7,22 auf Q zurückzuführen ist (181). Jedenfalls aber ist der Text des Lk. sekundär, entspricht er doch dem lukanischen Verständnis von Jesus als Geistträger (182) und ist auch in seinem sprachlichen Charakter nicht unlukanisch (183.184). Nun ist die Einleitungswendung bei Mt. und Lk. schließlich auch noch insofern unterschiedlich, als erneut ein von Mt. gebotenes* ὁ Ἰησοῦς *bei Lk. fehlt (185). Hier ist daran zu erinnern, daß wir bereits in Mt. 11,4 die Wendung* ἀποκριθείς ὁ Ἰησοῦς εἶπεν *auf Q zurückführen konnten. So ist wahrscheinlich, daß auch an unserer Stelle ebendieselbe Wendung für Q anzusetzen ist (186).*

Der folgende Lobpreis des Vaters Mt. 11,25b.cf./Lk. 10,21b-d ist bei Mt. und Lk. fast völlig gleichlautend überliefert (187). Es steht lediglich dem bloßen ἔκρυψας *des Mt. das Kompositum* ἀπέκρυψας *des Lk. gegenüber. Da das* ἀπέκρυψας *dem parallel gestellten* ἀπεκάλυψας *entspricht, dürfte es sekundär sein (188).*

Bei der Schilderung des gegenseitigen Verhältnisses von Vater und Sohn Mt. 11,27/Lk. 10,22 schließlich, dem letzten Wort, das in diesem Zusammenhang zu behandeln ist, ist vor allem nach dem ursprünglichen Text des Lk. zu fragen.

Exkurs b: Zur Textkritik von Mt. 11,27/Lk. 10,22
Die wesentlichen Probleme (189) sind zuerst von Harnack (190) einer eingehenden Untersuchung unterzogen worden. Sie lassen sich letztlich zu sechs strittigen Punkten (191) zusammenfassen.

1. Zunächst ist zu erörtern, ob bei Mt. und Lk. das μου *hinter* πατρός *zum ältesten Text gehört oder nicht. Harnack betont hier einseitig das Fehlen von* μου *in frühchristlichen Zitaten und alten Versionen. Er erklärt dementsprechend das* μου *bei Mt. und Lk. für sekundär (192). Auch Winter nimmt an, daß das* μου *im Originaltext von Mt. und Lk. gefehlt hat. Er beruft sich für diese Auffassung noch darauf, daß die frühen Christen "were more inclined to insert the distinctive* μου *in a text of which it was no original part than to omit the* μου *from a text that contained it" (193). Dieses letztere Argument ist aber schon deshalb nicht stichhaltig, weil das viermalige Vorkommen eines absolut gebrauchten* πατήρ *in Mt. 11,25-27/ Lk. 10,21f. durchaus eine sekundäre Auslassung von* μου *verursacht haben kann. Außerdem verdient das nahezu einmütige Zeugnis der griechischen Evangelienhandschriften für* μου *stärkere Beachtung (194). Alles in allem ist daher dieses wohl doch zum ursprünglichen Textbestand des Mt. wie des Lk. zu rechnen (195).*

2. Ein viel wichtigeres Problem stellt die Frage dar, ob bei Mt. das ἐπιγινώσκει *bzw. bei Lk. das* γινώσκει *gegenüber* ἔγνω *ursprünglich ist. Harnack geht hier von einer Äußerung des Irenäus in Adv Haer IV,6,1 aus, nach der der Aorist eine im Interesse einer gnostischen Interpretation vorgenommene Fälschung ist (196.197). Aufgrund des Vorkommens des Aorists bei (einigen Marcioniten), den Markosiern, Justin, (Tatian), den Alexandrinern und Eusebius schließt er dann aber, daß* ἔγνω *Anspruch auf Ursprünglichkeit habe! Diese Lesart weist er dem Lk. zu. Das Auftreten von* γινώσκει *ebendort erklärt er dann mit der Annahme, es sei aus Mt. eingedrungen und habe sich als antimarcionitische Lesart befestigt (vgl. die Notiz des Irenäus) (198). Ganz abgesehen davon aber, daß die Zuweisung von* ἔγνω *zu Lk.*

48   (2,2,3)

fraglich ist (199), *kann freilich die Argumentation Harnacks auch sonst kaum überzeugen. Mit Recht bemerkt nämlich Weaver: "It is just as possible, given the free manner of quotation, that the aorist was assimilated from the aorist of 11:27a. Certainly it is surprising that, if it were original, it did not make its way into any significant MSS"* (200).

3. *Damit kommen wir zu der vielfach erörterten Frage, ob in Mt. 11,27b.c bzw. Lk. 10,22b.c zunächst die Worte von der Erkenntnis des Sohnes seitens des Vaters oder die von der Erkenntnis des Vaters seitens des Sohnes vorangestanden haben. Da bei Marcion, den Markosiern, Justin, Tatian, Irenäus (z.T.), den klementinischen Homilien, Eusebius, im Kodex U des Lk. und im Veronensis die Worte von der Erkenntnis des Vaters voranstehen, hält Harnack diese Textform für die bei Lk. zu bevorzugende* (201). *Dibelius befürwortet allgemein die Voranstellung der Worte von der Erkenntnis des Vaters mit der Begründung, daß es in unserem Spruch eben um die Erkenntnis Gottes gehe* (202.203). *Und Winter schließlich behauptet u.a., daß die Voranstellung der Worte von der Erkenntnis des Sohnes eine sekundäre Erleichterung sei. Er hält die beiden Aussagen, daß niemand - mit Ausnahme des Vaters - den Sohn kennt und daß der Sohn Offenbarer ist, für unvereinbar; die Textform, bei der diese Aussagen nicht unmittelbar aufeinander folgen, erscheint ihm daher als die erleichterte* (204). *Wir möchten freilich hier gleich umgekehrt argumentieren, daß die Voranstellung der Worte von der Erkenntnis des Sohnes die schwierigere Lesart darstellt. Der Sohn wird hier nämlich zu einem größeren Geheimnis als der Vater, da sich der Nachsatz auf die Offenbarung des Vaters bezieht* (205). *Im übrigen muß man gerade dann, wenn man die Erkenntnis Gottes für das Thema unseres Spruches hält, die Worte von der Erkenntnis des Sohnes voranstellen, weil sich ja nur so der Nachsatz auf die Offenbarung des Vaters beziehen läßt* (206.207).

4. *Harnack erklärt freilich, daß die Worte von der Erkenntnis des Sohnes bei Lk. ursprünglich gänzlich gefehlt hätten. Er beruft sich dabei allerdings u.a. auf die von uns bereits abgelehnte Behauptung, daß bei Lk. zunächst* ἔγνω *gestanden habe und die fraglichen Worte unmittelbar vor dem Nachsatz von der Offenbarung geboten worden seien. Außerdem führt er an, daß man den Satz "den Sohn erkennen" in diesem Zusammenhang überhaupt nicht erwarte, da es in dem Gebet am Anfang und am Schluß vielmehr um Gotteserkenntnis gehe. Als Kronzeuge für die von ihm bevorzugte Kurzlesart nennt er den Kodex Vercellensis* (208). *Wir könnten nun zwar daneben noch auf das Zeugnis der Minuskeln 1216 und 1579 hinweisen* (209). *Alles in allem bleibt aber die äußere Bezeugung der Kurzlesart sehr gering. Die Behauptung, daß man den Satz "den Sohn erkennen" hier nicht erwarte, ist indessen nun wohl in verschiedenster Weise noch häufig vorgebracht worden* (210). *Sie kann aber ebensowenig das ursprüngliche Fehlen wie die ursprüngliche Nachstellung des betreffenden Satzes beweisen, sondern dürfte vielmehr gerade in die Richtung weisen, daß man eben bei einer Nachstellung des Satzes von der Erkenntnis des Sohnes durch den Vater dann auch zu einer sekundären Streichung desselben kam* (211.212).

5./6. *Ein Problem von untergeordneter Bedeutung stellt die Frage dar, ob bei Mt. das* τις ἐπιγινώσκει *in V. 27c, das von der Minuskel 1279 sowie dem Curetonsyrer ausgelassen wird, zu streichen ist. Harnack bemerkt dazu lakonisch, daß das* ἐπιγινώσκει *"von Anfang an im zweiten Glied wiederholt" gewesen sei* (213). *Winter verknüpft das Problem freilich mit der anderen Frage, ob im letzten Teil unseres Verses statt* βούληται ἀποκαλύψαι *ursprünglich* ἀποκαλύφῃ *zu lesen ist. Er weist zunächst darauf hin, daß* βούληται ἀποκαλύψαι *in patristischen Schriften nicht früh bezeugt sei.*

(2,2,3)   49

Sodann legt er dar, daß der liturgische Gebrauch unseres Verses dazu geführt
haben könne, daß man, um vier Zeilen gleicher Länge zu schaffen, sowohl τις
ἐπιγινώσκει *hinzugefügt als auch* ἀποκαλύφῃ *zu* βούληται ἀποκαλύψαι
geändert habe (214). Dazu bemerkt aber bereits Weaver, daß eine kultische Prä-
gung des Logions kaum nachweisbar sei und jedenfalls ein rhythmisches Ele-
ment durchaus auch ursprünglich sein könne (215). Was jedoch die Bezeugung
von βούληται ἀποκαλύψαι *betrifft, so ist darauf hinzuweisen, daß gera-*
de die sorgfältigen Zitate bei Orig Cant Cant II, V. 8, Iren Adv Haer IV,
6,1 und Didym Trin 3,37 die betreffende Textform aufweisen (216).

Nun ist aber davon auszugehen, daß keineswegs aufgrund innerer Kriterien bei
der Feststellung der lukanischen Textform von dem Urteil der modernen Heraus-
geber abzuweichen ist. Das bedeutet, daß die matthäische Textform der von uns
für ursprünglich gehaltenen lukanischen weitgehend entspricht. Was die ge-
ringfügigen Unterschiede betrifft, so ist zunächst auf das matthäische
ἐπιγινώσκει *im Gegenüber zu dem lukanischen* γινώσκει *einzugehen. Meistens*
wird angenommen, daß das Kompositum gegenüber dem Simplex sekundär ist (217).
Der Sprachgebrauch bietet aber keine wirkliche Handhabe, die Frage zu ent-
scheiden (218). Es wird daher am besten sein, das Problem in der Schwebe zu
lassen. Es ist ohnehin von keiner besonderen Bedeutung, da ἐπιγινώσκει
und γινώσκει *genau denselben Sinn haben (219). Nun wird aber bei Mt. an-*
ders als bei Lk. das Verbum wiederholt. Da hier eine semitische Stileigen-
tümlichkeit vorliegt, dürfte mit sekundärer Glättung des Textes bei Lk. zu
rechnen sein (220). Ist freilich die Wiederholung des ἐπιγινώσκει *bei Mt.*
ursprünglich, so muß auch das οὐδέ... τις *des Mt. gegenüber dem* καί *des*
Lk. primär sein. Damit ist dann nur noch fraglich, ob die Akkusativobjekte
τὸν υἱόν *und* τὸν πατέρα *des Mt. oder die indirekten Fragen* τίς ἐστιν
ὁ υἱός *und* τίς ἐστιν ὁ πατήρ *des Lk. auf sekundärer Textänderung ba-*
sieren. Da jedoch für den Sprachgebrauch des Lk. das τίς ἐστιν... *typisch*
ist, dürfte auch an dieser Stelle mit nachträglicher Textänderung bei Lk. zu
rechnen sein (221).

Es zeigt sich nun, wie der Mt. 11 zugrunde liegende Q-Text in
etwa ausgesehen hat. Die Ergebnisse des literarkritischen Vergleichs voraussetzend, haben wir ihn im Anhang den synoptischen
Texten gegenübergestellt (s. dort)!

§ 4: Der Zusammenhang der Texte

Nachdem der Wortlaut der Mt. 11 zugrunde liegenden Q-Texte rekonstruiert ist, können wir die innere Struktur dieser Texte zu
erfassen suchen. Der erste zu untersuchende Abschnitt umfaßt dabei die "Täufertexte". Die diese Texte bei Mt. vornehmlich als
eine Einheit kennzeichnende "inclusio" von Mt. 11,2.19 geht zwar
nicht auf Q zurück, aber die "Erwähnung des Johannes in den
Sprüchen" macht zur Genüge deutlich, daß der Abschnitt auch in
Q eine Einheit darstellt (1).

Die Perikope von der Täuferanfrage leitet nur die Täuferrede Jesu ein. Und zwar ist bei dieser Perikope die Situationsangabe in
Q jedenfalls noch knapper als bei Mt., so daß das erzählende
Moment noch weiter im Hintergrund steht. Um so deutlicher ist
deshalb der Zusammenhang, der zwischen jener Perikope und der
sich anschließenden Rede Jesu besteht. Diese Rede selbst aber

hat in Q eine bedeutend andere Form als bei Mt. Während nämlich der Stürmerspruch 11,12f. bei Mt. durch ein neuerliches δέ von dem vorausgehenden Wort abgesetzt und durch das Eliawort 11,14f. ergänzt ist, wird er in Q direkt an das vorausgehende Wort angeschlossen und auch nicht weiter erläutert. Und das bedeutet, daß mit ihm nicht etwa ein neuer Sinnabschnitt beginnt, sondern der erste Sinnabschnitt der Rede seinen Höhepunkt findet (2).

Im einzelnen besteht dann ein Unterschied zum matthäischen Text hauptsächlich noch in dem elliptischen ὁ νόμος καὶ οἱ προφῆται μέχρι Ἰωάννου. *Hier ist fraglich, wie der Ausdruck vervollständigt werden muß. Sollte zu formulieren sein, daß das Gesetz und die Propheten nur bis Johannes Gültigkeit gehabt hätten (3) ? Dem widerspricht nicht nur das Wort über das Gesetz Mt. 5,18/Lk. 16,17, sondern ebenso auch Überlieferungsgut wie Mt. 23,23d/ Lk. 11,42d oder Mt. 7,23/Lk. 13,27. Bei Lk. wird dem insofern Rechnung getragen, als der Stürmerspruch dem erwähnten Wort über das Gesetz unmittelbar vorangestellt wird, bei Mt. aber insofern, als jener Spruch durch die Vorziehung von* οἱ προφῆται *und die gleichzeitige Ergänzung von* ἐπροφήτευσαν *interpretiert wird. Bleibt festzuhalten, daß es in unserem Spruch wohl lediglich um die Abrogation der Thora in ihrer soteriologischen Funktion geht (4).*

Auf den Stürmerspruch folgt das Gleichnis von den spielenden Kindern in Q "recht unvermittelt" (5), da hier bislang ein völlig unpolemischer Ton geherrscht hat. Die Frage ist allerdings, ob nicht auch jenes Gleichnis selbst in Q noch in unpolemischem Sinne verstanden worden ist. Das Wort von der Rechtfertigung der Weisheit scheint mir hier nämlich noch in positivem Sinne dahingehend verstanden werden zu müssen, daß die Annahme des Täufers und Jesu unter die Verheißung der Weisheitskindschaft gestellt wird.

Einzugehen haben wir aber noch auf die Wendung καὶ προσφωνοῦσιν, *da sie grammatikalisch nicht eindeutig ist. Schürmann (6) übersetzt hier "und sie rufen ... zu", denkt also an das Vorliegen einer finiten Form. Gewöhnlich wird jedoch vorausgesetzt, daß wir es mit einer Partizipialform zu tun haben. Und diese Annahme verdient in der Tat den Vorzug, da die Übersetzung Schürmanns im syntaktischen Zusammenhang kaum passend ist und* προσφωνοῦσιν *parallel zu* καθημένοις *steht.*

Damit kommen wir zu den Weherufen über die galiläischen Ortschaften. Insofern diese in Q innerhalb der Aussendungsrede begegnen, bildet den Hintergrund für das Wehe die Feindschaft Israels gegen die Jünger. Wenn nun das Drohwort über "jene Stadt" Mt. 10,15/ Lk. 10,12 unmittelbar auf die Anweisung bezüglich der die Jünger nicht aufnehmenden Stadt Mt. 10,14/Lk. 10,10f. folgt, so ist es direkt auf diese Anweisung zu beziehen (7). Daraus ergibt sich, daß die Drohworte über Chorazin und Bethsaida sowie Kapernaum einen eigenen Komplex bilden. Es zeigt sich aber daran auch noch einmal in voller Deutlichkeit, daß die Weherufe in Q auf die Feindschaft gegen die Jünger antworten. Dem Parallelismus des Mt.-Textes entspricht im übrigen ein kaum weniger kunstvoller Aufbau des Q-Textes, insofern das Drohwort über "jene Stadt" im Anschluß an das Wehe über Chorazin und Bethsaida in veränderter Gestalt wiederaufgenommen wird, das Wehe über Chorazin und Bethsaida aber, welches freilich mit einer als Schuldaufweis zu verstehenden Begründung versehen ist, sein Pendant am Schluß in dem Drohwort über Kapernaum findet.

Wie für die Weherufe, so ist für den Jubelruf festzuhalten, daß
der Kontext in Q ein anderer ist als bei Mt. Es soll hier dann
aber zunächst mit dem allgemeinen Hinweis getan sein, daß dieser
Kontext eben eine Interpretation unter dem Vorzeichen des Themas
"Jüngerschaft" nahelegt.

Kapitel 3: Mündliche Tradition als Hintergrund
von Mt. 11

§ 1: Das Material im einzelnen

Im folgenden wollen wir nun das nicht auf Q zurückzuführende
Material von Mt. 11 untersuchen, soweit es letztlich auf mündlicher Tradition beruhen dürfte. Hier wird es zunächst darauf ankommen, eine Scheidung zwischen literarischen Bildungen und traditionellem Gut vorzunehmen.

Relativ problemlos ist die Beurteilung von Mt. 11,1. Da dieser
Vers nämlich nur der Überleitung dient, ist er "literarisch,
nicht historisch zu verstehen" (1). Und da er von Mk.-Gut (vgl.
Mk. 9,41 zu Mt. 10,42) zu Q-Gut überleitet, dürfte er wohl sicher auf Matthäus zurückzuführen sein (2). Daß er mit διδάσκειν
καὶ κηρύσσειν auf das redaktionelle Nebeneinander von διδάσκειν
und κηρύσσειν in Mt. 4,23 und 9,35 Bezug nimmt, bestätigt noch
unser bisheriges Ergebnis. Wenn er andererseits mit der Wendung
καὶ ἐγένετο ὅτε ἐτέλεσεν ὁ Ἰησοῦς... die Formel Mt. 7,28; 13,
53; 19,1 und 26,1 aufnimmt (3), so ist im Hintergrund letztlich
wohl Q zu vermuten (vgl. 7,28 mit Lk. 7,1) (4). Daß der Wortlaut
von 11,1 ansonsten nicht spezifisch matthäisch ist, findet von
daher eine Erklärung (5).

Schwieriger ist die Einschätzung des Eliawortes Mt. 11,14f. (6).
Vielleicht dürfen wir bei diesem Wort das Urteil wagen, daß es
"eine literarische Parallele zu 17,11-13" (7) ist. Entscheidend
ist auf jeden Fall, daß die Einfügung von Mt. 11,14f. der Setzung des bei Mk. fehlenden Wortes 17,13 entspricht. Es scheint,
daß Matthäus ein spezifisches Interesse an der Identifizierung
des Täufers mit Elia hat. Nichtsdestoweniger bleibt natürlich die
Möglichkeit, daß das Logion 11,14f. bereits vormatthäisch dieses
Interesse artikuliert hat.

Anders liegt der Fall wieder bei der Einleitung zu den Weherufen
über die galiläischen Ortschaften Mt. 11,20 (8). Diese Einleitung
muß in Q gefehlt haben, da dort die Weherufe durch Mt. 10,15/Lk.
10,12 vorbereitet werden (9). Hat sie aber in Q noch nicht gestanden, so muß sie sekundär aus den Weherufen entwickelt worden
sein (10). Wenn nun das οὐ μετενόησαν das leitmotivische μετανοε
von 3,2 und 4,17 aufnimmt, spricht das für matthäische Herkunft
der Wendung. Der Wortlaut ist im übrigen nicht untypisch, da
αἱ πλεῖσται δυνάμεις matthäisches Sprachkolorit aufweist (11).

Damit bleibt schließlich nur noch der Heilandsruf Mt. 11,28-30
übrig. Dieses Wort aber ist mit Sicherheit als ein ursprünglich
eigenständiges Traditionsstück zu kennzeichnen (12).

§ 2: Die Geschichte des Materials

1.: Das Eliawort Mt. 11,14f.

Nachdem wir die literarischen Bildungen in dem nicht auf Q zurückzuführenden Material von Mt. 11 ausgeschieden haben, können
wir das verbleibende Gut auf seine Geschichte hin untersuchen.
Dabei soll es zunächst darum gehen, das nur unter Vorbehalt der
mündlichen Tradition zugewiesene Wort Mt. 11,14f. noch näher zu
betrachten.

In Mt. 11,14f. wird Johannes der Täufer mit Elia identifiziert.
Nun hat man ursprünglich bekanntlich den wiederkehrenden Elia für
den messianischen Vorläufer Gottes gehalten. Darauf weist zunächst die Deutung von Mal. 3,1 in dem Zusatz 3,23f. hin, sodann aber auch die Aussage von Sir. 48,10 (1). Später ist daneben
die Vorstellung aufgetaucht, daß Elia dem Messias vorangehe. Meines Erachtens ist es aber wahrscheinlich, daß diese Vorstellung
bereits in neutestamentlicher Zeit im Judentum verbreitet gewesen ist (vgl. Mt. 16,14 und Joh. 1,21) (2.3).

Aus diesen Erkenntnissen läßt sich schließen, daß Mt. 11,14f. jedenfalls kaum der Apologetik der Johannesgemeinde entstammen dürfte. Es ist nach allem Gesagten ja klar ersichtlich, daß Johannes
in dem fraglichen Wort keineswegs eindeutig als Vorläufer Gottes
gezeichnet wird. Gewiß, der Vergleich des Täufers mit Elia wird
durchaus in der Johannesgemeinde zu Hause gewesen sein. Aber eben
dieser Vergleich wurde von der Jesusgemeinde dazu benutzt, Johannes als Vorläufer Jesu zu deklarieren (vgl. Lk. 1,16f.76) (4).

Zugleich läßt sich freilich sagen, daß unser Wort aus dem Gesamt-
rahmen der Verkündigung Jesu herausfällt. Dieses gilt insbesondere
deshalb, weil in den Jesusworten sonst nirgends e x p l i z i t
von der Identität des Täufers mit Elia gesprochen wird, sondern
lediglich auf eine Beziehung zwischen Johannes und Elia a n g e -
s p i e l t wird (vgl. Mk. 9,11-13 und das in Mt. 11,10/Lk. 7,27
erhaltene Wort, das, wie sich noch zeigen wird, im Grundbestand
auf Jesus selbst zurückzuführen ist). Danach kann es kaum noch
zweifelhaft sein, daß unser Logion auch nicht von Jesus herzulei-
ten ist (5).

Bleibt festzuhalten, daß Mt. 11,14f. in judenchristlichem Milieu
sekundär gebildet worden sein dürfte. Dabei ist anzunehmen, daß
der Hinweis auf die heilsgeschichtliche Funktion des Johannes
letzten Endes der Proklamation der eschatologischen Wende dienen
soll.

*Von jüdischer Seite mag gegen die Messianität Jesu geltend gemacht worden
sein, daß das Kommen des Vorläufers Elia ja noch ausstehe. Darauf konnte man
auf judenchristlicher Seite nur mit dem Hinweis antworten, daß im Täufer Elia
bereits gekommen sei (6). Mit der Formulierung* εἰ θέλετε δέξασθαι...
ὁ ἔχων ὦτα ἀκουέτω *wird dann dazu aufgefordert, diese für die Begründung des Glaubens entscheidende Erkenntnis anzunehmen (7).*

Deutlich ist hier natürlich, daß man das Eliawort auch dann, wenn
man es nicht auf Matthäus zurückführt, zeitlich kaum allzu früh
ansetzen kann. Da, wo man in der Debatte um Jesus als den Messias
auf den Täufer als den Elia redivivus verweist, haben sich die

ursprünglichen Frontstellungen wohl bereits entscheidend verscho-
ben. Zumindest ist es bemerkenswert, daß sich nun eben von einer
Polemik gegen die Hochschätzung des Johannes bei seinen Jüngern
nichts mehr ausmachen läßt. Denn wie sehr solche Polemik sich
sonst auf die Täufertradition ausgewirkt hat, wird sich noch weiter zeigen.

2.: Der Heilandsruf Mt. 11,28-30

Was den Heilandsruf betrifft, so liegt hier ja eindeutig tradi-..
tionelles Material vor. Das aber gilt gewiß für V. 28-30 als
Einheit, mag auch Weaver eine gegenteilige These vertreten (1).

Bultmann hat die Vermutung geäußert, daß dieses Wort als "Zitat
aus einer jüdischen Weisheitsschrift" (2) anzusehen sei. Dieses
wäre aber eher zu vermuten, wenn der Anfügung von V. 28-30 an V.
25-27 etwa im Sinne Nordens ein l i t e r a r i s c h e s
S c h e m a zugrunde liegen würde (3). Wie sich jedoch noch
zeigen wird, ist hier lediglich auf - weisheitliche! - D e n k -
s t r u k t u r e n zu rekurrieren (4). Von daher ist es dann immer noch wahrscheinlicher, daß ein unmittelbar der mündlichen
Überlieferung entstammendes Weisheitswort aufgenommen ist.

Nun mag man unser Logion des näheren als ein Einladungswort missionarischer Tendenz kennzeichnen: Unbestreitbar bleibt gerade hier
die weisheitliche Prägung desselben. Selbst Arvedson, der unter
Weiterführung der Thesen Nordens Mt. 11,25-30 insgesamt als eine
Liturgie für eine Mysterienfeier erweisen möchte, nimmt für Mt.
11,28-30 einen weisheitlichen Ursprung an. Er geht davon aus,
daß Weisheit und synkretistische Mystik in Mt. 11,25-30 eine
Verbindung eingegangen sind, und räumt dabei ein, daß die Perikope "ganz bestimmt nicht" aus einem Guß entstanden sei (5).

Wie eben im Anschluß an Nordens Ausführungen häufig betont worden
ist, bildet die nächste Parallele zu dem Heilandsruf der Einla-
dungsruf Sir. 51,23-30 (vgl. außerdem 6,24-28) (6). Ein verwandtes Wort ist die Selbstempfehlung der Weisheit in Sir. 24,19-22,
die ihrerseits korrespondiert mit Spr. 1,20-33; 8,1-36 (7). Darüber hinaus findet sich im übrigen eine Sachparallele zu dem
Heilandsruf und Sir. 51,23-30 in der von Bauer herangezogenen
jungbabylonischen Gebetsbeschwörung an Ischtar, in der es u.a.
heißt: "...dein J o c h trug ich, verschaffe (mir dafür)
B e r u h i g u n g " (8.9). So wenig freilich eine direkte Abhängigkeit zwischen dieser Gebetsbeschwörung und dem Mt.- bzw.
dem Sir.-Text besteht, so wenig wird auch eine literarische Abhängigkeit zwischen Mt. und Sir. untereinander bestehen (10). Auch
die engen Berührungen zwischen Mt. und Sir. nötigen also keineswegs zu der Annahme, daß im Heilandsruf ein "Zitat" vorliegt.

Als weitere Parallele zu unserem Logion bedarf aber noch Thom.-
Ev. Logion 90 der Beachtung, das in der griechischen Übersetzung
von Bauer (11) wie folgt lautet: "Λέγει Ἰησοῦς· δεῦτε πρός με,
ὅτι χρηστός ἐστιν ὁ ζυγός μου καὶ ἡ κυριότης μου πραεῖά ἐστιν,
καὶ εὑρήσετε ἀνάπαυσιν ὑμῖν". Die enge Übereinstimmung des Heilandsrufes mit diesem Text ist nun wirklich dahingehend zu deuten, daß die gleiche Tradition vorliegt. Jedoch, das Thom.-Ev.
wird kaum die ältere Textform bewahrt haben (12), sondern vielmehr seinerseits vom matthäischen Text abhängig sein (13).

54   (2,3,2,2)

Dieses läßt sich verifizieren, wenn wir die Unterschiede zwischen den beiden Textformen näher betrachten. Da finden zunächst einmal Mt. 11,28a (z.T.).b
und 11,29a.b im Thom.-Ev. keine Parallele. Darüber hinaus begegnen 11,29c
und 11,30 im Thom.-Ev. in umgekehrter Reihenfolge. Schließlich ergeben sich
auch im einzelnen einige Abweichungen. So ist auf das bei Mt. begegnende
ταῖς ψυχαῖς ὑμῶν im Gegenüber zu dem im Thom.-Ev. gebotenen bloßen ὑμῖν
zu verweisen. Außerdem verdient noch das matthäische τὸ φορτίον μου
ἐλαφρόν ἐστιν gegenüber dem sich im Thom.-Ev. findenden ἡ κυριότης μου
πραεῖά ἐστιν Beachtung.

Bauer (14) behauptet, daß das κοπιῶντες in Mt. 11,28a sekundär sein müsse.
Seiner Meinung nach dürfte der "Kompilator" des Thom.-Ev. diesen Ausdruck kaum
gestrichen haben, da er auch sonst eine Vorliebe für κοπιᾶν zeigt. Die Hinzufügung von πάντες οἱ κοπιῶντες καὶ πεφορτισμένοι bei Mt. aber habe
die Änderung von κυριότης zu φορτίον nach sich gezogen. Meines Erachtens
ist aber zu bezweifeln, ob die Vorliebe des Thom.-Ev. für κοπιᾶν genügenden
Anlaß für so weitreichende Schlußfolgerungen gibt (15).

Wie steht es nun mit der gegenteiligen Behauptung, daß das Fehlen von πάντες
οἱ κοπιῶντες καὶ πεφορτισμένοι im Thom.-Ev. auf eine bewußte Auslassung
zurückzuführen sei? Montefiore (16) vermutet immerhin, daß "the gnostic does
not have burdens which need relief". Dem wiederum ist jedoch entgegenzuhalten, daß z.B. die Klagelieder der mandäischen Gnosis sehr wohl die Klage über
Bedrückung kennen (17). Somit läßt sich ohne weiteres kaum ein Motiv feststellen, auf das eine Auslassung von πάντες οἱ κοπιῶντες καὶ πεφορτισμένοι
zurückgeführt werden könnte. Von dieser Wendung her läßt sich also auch nicht
nachweisen, daß die Textform des Thom.-Ev. sekundär ist.

Anders liegt der Fall glücklicherweise bei dem Gegenüber von φορτίον und
κυριότης. Es ist hier in der Tat wahrscheinlich, daß das matthäische
φορτίον nachträglich durch das im Thom.-Ev. gebotene κυριότης ersetzt
worden ist. Der Verfasser des Thom.-Ev. dürfte ζυγός durch κυριότης
statt φορτίον interpretiert haben, um eine Beziehung des Wortes auf das
Kreuz Christi zu verhindern (18.19). Die Änderung von φορτίον zu κυριότης
dürfte es im übrigen sein, die die Auslassung von πάντες οἱ κοπιῶντες
καὶ πεφορτισμένοι noch am ehesten erklärt. So läßt sich schließlich von
hier aus unsere Vermutung bestätigen, daß die Textform des Thom.-Ev. sekundären Charakter trägt.

Für die Beurteilung der Echtheitsfrage ist es zweifelsohne von
Belang, daß unser Logion offenbar kaum von gnostisierender Tra-
dition her zu erklären ist (20). Allerdings, daß die jüdische
Weisheitsüberlieferung den Hintergrund für die Formulierung des
Heilandsrufes abgibt, ist andererseits kein Beweis für dessen
Authentizität (21). Und dieses gilt um so mehr, als gerade im Vergleich mit den weisheitlichen Parallelen auch die spezifische
Aussage unseres Logions erkennbar wird. Denn diese ist darin zu
sehen, daß hier, wenn auch nicht wie in V. 27 der "Sohn", so
doch immerhin der vollmächtige Mittler einer neuen "Weisheit"
spricht.

Wenn wir unser Logion auf diese Weise von den weisheitlichen
Parallelen abzuheben suchen, so setzen wir bereits die Erkenntnis voraus, daß wir hier nicht auf willkürliche Änderung aus-
gewählten "Vorstellungsmaterials" abzuheben haben. Die spezifische Aussage des Logions wird in der Weise erhoben, daß wir auf
eine Verknüpfung vorgegebener weisheitlicher Denkfiguren im Sin-

ne einer generellen Umprägung des Denkens rekurrieren (22). Was
Sir. 51,23-30 betrifft, so handelt es sich ja dort um einen Ruf
des Lehrers zur Weisheit. Was dagegen die Selbstempfehlung der
Weisheit anbelangt, so geht es dabei eben um den Ruf der Weisheit zu sich selbst. Vergleichbar sind jene beiden Traditionen
untereinander, insofern in ihnen jeweils die Weisheit die entscheidende Autorität darstellt und deren Inhalt durch den alttestamentlich-jüdischen Hintergrund vorgegeben ist. Vergleichbar sind sie aber auch beide mit Mt. 11,28-30, insofern hier nun
der Lehrer a l s die Weisheit zu sich s e l b s t ruft. Das
impliziert jedoch, daß jetzt der Lehrer eine ganz neue Autorität
gewinnt (23) und die Weisheit durch den Bezug auf dessen Verkündigung inhaltlich neu gefüllt wird (24)!

Die jüdische Überlieferung kennt ihrerseits bereits die Vorstellung, daß das Gesetz als die inkarnierte Weisheit der Mittler
derselben ist (25). Von daher legt es sich nahe, daß Jesus im
Heilandsruf speziell die Funktion des Gesetzes übernimmt. Dieses
ist aber um so wahrscheinlicher, als der Rede vom ζυγὸς Ἰησοῦ
die Rede vom עֹל מִצְוָה entspricht (26).

Schon für Sir. gilt, daß die Übernahme des Joches der Weisheit
unter die Verheißung des Ruhe-Findens gestellt wird (51,27).
Hier geht es jedoch um eine Ruhe, die der Weisheitslehrer selbst
erworben hat. Demgegenüber scheint im Heilandsruf eine ἀνάπαυσις
gemeint zu sein, die den Mühseligen und Beladenen quasi als
Heilsgabe zugänglich gemacht wird (27). Dieses entspricht der
Tatsache, daß die Verheißung der Ruhe im Heilandsruf aus Jer.
6,16 stammt, wo "Ruhe" etwa gleichbedeutend ist mit "Heil".
Übernimmt nun aber Jesus die Funktion des Gesetzes, so ist offenkundig mit der "Ruhe" das Heil desjenigen gemeint, der sich
statt auf das Gesetz (28) auf ihn als den "Heiland" verläßt (29).

Richtig ist, daß die "Vorstellung vom Gesetz als einer drücken-
den Last kaum der jüdischen Auffassung entsprochen zu haben"
scheint (30). Eine solche Vorstellung wird aber gerade von daher verständlich, daß es nun Jesus ist, der das Heil vermittelt.
Von diesem Standpunkt aus ist es durchaus möglich, die unter dem
Gesetz Stehenden als κοπιῶντες καὶ πεφορτισμένοι zu bezeichnen (31.32). Worin konkret die Last der Mühseligen und Beladenen
besteht, ist nicht sicher auszumachen. Es ist aber nach Mt. 23,4
(vgl. Lk. 11,46) wahrscheinlich, daß ursprünglich unmittelbar
an die Kasuistik der rabbinischen Tradition und nicht an das
formalistische rabbinische Gesetzes v e r s t ä n d n i s
gedacht ist (33). Dann aber ist Jesu Joch auch insofern χρηστός
bzw. seine Last ἐλαφρός, als er Schluß macht mit der Unzahl der
pharisäischen Ge- und Verbote (34).

Allerdings, an diesem Punkte unterscheidet sich unser Logion
tendenziell wohl auch von der späten Theologie des Matthäus.
Denn es ist signifikant, daß es eben die Befreiung von den un-
übersehbaren Forderungen der kasuistischen Gesetzesinterpretation ist, die Jesus Joch zu einem sanften und seine Last zu
einer leichten werden läßt (35). Wie auch signifikant ist,
daß es noch konkret die mit jener Gesetzesinterpretation nicht
Vertrauten, die Unwissenden also sind, denen Befreiung von ihren
Lasten und Mühen zugesagt wird (36).

Kapitel 4: Mündliche Tradition als Hintergrund von Q

§ 1: Das Material im einzelnen

Nicht nur das Q eventuell abzusprechende Gut, sondern gerade auch das der Redenquelle sicher zuzuweisende Material von Mt. 11 muß insoweit näher untersucht werden, als es letztlich auf mündliche Überlieferung zurückgeht. Und hier stellt sich zunächst die Aufgabe, zwischen literarischen Bildungen des Verfassers von Q und traditionellem Gut zu scheiden.

Nun ist freilich sogleich erkennbar, daß es sich bei dem rekonstruierten Text der Redenquelle aller Wahrscheinlichkeit nach fast ausschließlich um traditionelles Material handelt. Der Verfasser von Q steht also sehr viel mehr im Hintergrund als der Verfasser des Matthäusevangeliums. Besondere Beachtung verdient allerdings das Drohwort über "jene Stadt" Mt. (11,24 bzw.) 10,15/ Lk. 10,12. Da dieses Wort auf die Anweisung bezüglich der die Jünger nicht aufnehmenden Stadt Mt. 10,14/Lk. 10,10f. bezogen ist (1), kann es ursprünglich weder als Einleitung zu den Weherufen über die galiläischen Ortschaften Mt. 11,21-23/Lk. 10,13-15 noch als isoliertes Logion (2) überliefert worden sein. Da es aber zugleich eine deutliche Parallele zu dem an Chorazin und Bethsaida gerichteten Drohwort Mt. 11,22/Lk. 10,14 darstellt, kann es ursprünglich doch auch nicht als Abschluß zu der Anweisung Mt. 10,14/Lk. 10,10f. tradiert worden sein. So ist jedenfalls hier wahrscheinlich, daß eine Bildung des Verfassers von Q vorliegt (3).

§ 2: Die Geschichte des Materials

1.: Die Anfrage des Täufers an Jesus Mt. 11,2-6 par.
Haben wir nun das traditionelle Gut in dem der Redenquelle sicher zuzuweisenden Material von Mt. 11 umgrenzt, so können wir wieder die Frage nach der Vorgeschichte stellen. Objekt unserer Untersuchungen soll zunächst die Überlieferung von der Anfrage des Täufers an Jesus Mt. 11,2-6 par. sein.

Bei dieser Perikope handelt es sich um ein von der Urgemeinde in der missionarischen Verkündigung tradiertes Apophthegma (1). Stuhlmacher betont freilich die Tatsache, daß Mt. 11,5 par. in V. 6 par. mit einem Makarismus verbunden ist (2). Unter Berufung auf E. Käsemann, der die synoptischen Makarismen der urchristlichen Prophetie zugewiesen hat (3), versucht er sodann, "in unserem Textstück einen urchristlichen Prophetenspruch zu sehen" (4). Es wäre aber natürlich allenfalls sinnvoll, Mt. 11,5f. par. als isoliertes Logion in der genannten Weise zu charakterisieren (5).

Nun hat insbesondere Bultmann in der Tat versucht, Mt. 11,5f. par. als ein ursprünglich selbständiges Logion zu erweisen. Er argumentiert vor allem mit der Behauptung, daß dieses Wort im Zusammenhang als Antwort auf die Täuferfrage ein Hinweis auf Jesu

Wunder ist (6), während es doch eigentlich nur im Anschluß an Deutero-Jesaja die Endzeit schildern will, "ohne daß man die einzelnen Aussagen auf einzelne schon geschehene Ereignisse beziehen dürfte" (7). Doch hat Bultmann recht, wenn er Mt. 11,5f. par. als ein ursprünglich selbständiges Wort bezeichnet? Meines Erachtens ist es eben nicht wahrscheinlich, daß dieses Logion von Hause aus kein Wunderkatalog, sondern eine allgemeine Endzeitschilderung ist. Vor allem aber ist bemerkenswert, daß sich die Täuferfrage gar nicht ohne weiteres aus dem Jesuswort herausspinnen läßt, da ja in letzterem von Johannes und seinen Jüngern nicht die Rede ist (8). Im übrigen liegt die Vermutung nahe, daß sich Bultmanns These von der ursprünglichen Selbständigkeit von Mt. 11,5f. par. lediglich aus dem Bestreben erklärt, aus der Perikope von der Täuferanfrage so etwas wie einen echten Kern herauszuschälen (9). Bultmann scheint jedenfalls - im Unterschied zu Stuhlmacher! - bezeichnenderweise gerade anzunehmen, daß wir es in V. 5f. par. mit einem authentischen Jesuswort zu tun haben. Aber wie dem auch sei, auf jeden Fall ist davon auszugehen, daß Mt. 11,5f. par. nicht als ursprünglich isoliertes Logion von dem erzählenden Rahmen abgetrennt werden darf. Die "united literaria de la perícopa" widerspricht der These, daß es sich hier um eine sekundäre Komposition "sobre la base de un primitivamente aislade 'logion' de Jesús" handelt (10).

Flusser (11) und Schweizer (12) haben freilich versucht, wenn nicht den erzählenden Rahmen V. 2-4 par., so in dem Jesuswort V. 5f. par. den Hinweis auf die Aussätzigenheilungen und die Totenerweckungen als sekundäre Zutaten zu erweisen. Sie berufen sich darauf, daß in den Jes.-Stellen, die dem fraglichen Wort zugrunde liegen, eben diese Wunder nicht genannt sind (vgl. Jes. 29,18f.; 35,5f.; 61,1). Jedoch auch ihr Versuch, eine etwaige Urform der Überlieferung zu rekonstruieren, vermag nicht zu überzeugen. Es scheint nämlich lediglich wieder darum zu gehen, auf irgendeine Weise die Authentizität der Tradition zu retten.

Aber ist es eigentlich überhaupt ausgemacht, daß man da, wo man Mt. 11,5f. par. ungekürzt auf Jesu Wunder bezieht, sogleich von der Unechtheit der Überlieferung ausgehen muß? Hier wird man insbesondere dann anderer Meinung sein, wenn man mit Kümmel voraussetzt, daß "der Bericht von der Auferweckung der Tochter des Jairus (Mk 5,21ff. par.) trotz seines weltanschaulichen Anstoßes Anspruch auf Anerkennung als ein zuverlässiger Bericht hat" (13). Freilich, eine solche Aussage ist nur als Glaubensaussage möglich.

Es muß aber im Zusammenhang der Echtheitsproblematik auch die Frage untersucht werden, ob die Aufzählung der Wunder in Mt. 11,5 par. Jesus in irgendeiner Form als den Endzeitpropheten der jüdischen Tradition qualifizieren soll. Für diese Auffassung kann man sich auf Friedrich berufen, der unter Hinweis auf die von Meyer herausgestellte Tatsache, daß das Beglaubigungswunder "von Haus aus" zum Propheten gehört, die These vertritt, daß in der Antwort auf die Täuferfrage Jesus als der messianische Prophet gekennzeichnet wird (14). Hahn nimmt diese These insofern auf, als er feststellt, daß Wunder und Ausrichtung der Freudenbotschaft sehr gut in die Anschauung vom endzeitlichen Propheten passen. Des näheren sieht er im Hintergrund unséres Wortes die Vorstellung vom

"neuen Mose" stehen (15). Mit der Begründung, daß die in Mt. 11,5
par. zitierten Schriftstellen in der jüdischen Überlieferung sämtlich auf die Endzeit bezogen würden und insbesondere Jes. 61,1
in 11QMelch auf den endzeitlichen Propheten gedeutet sei, stimmt
schließlich auch Stuhlmacher der These zu, daß unser Text Jesus
als endzeitlichen Propheten zeichnen wolle (16). Er meint es
freilich offenlassen zu müssen, ob man explizit von einem
m e s s i a n i s c h e n Propheten sprechen oder auch speziell
an den "neuen Mose" denken darf, da er davon ausgeht, daß die
seiner Meinung nach in 11QMelch vorliegende Deutung von Jes. 61,1
auf den endzeitlichen Propheten nicht eindeutig mit messianischen Aussagen oder einer Mosetypologie verbunden ist (17).

An Stuhlmachers Ausführungen wird nun jedoch .jedenfalls deutlich,
inwiefern die Frage nach der Authentizität unserer Perikope dort
eine neue Dimension erhält, wo man im Hintergrund von V. 5 par.
die Vorstellung vom eschatologischen Propheten stehen sieht. Ausgehend von der Erkenntnis, daß die Täufergemeinde ihrerseits Johannes als endzeitlichen Propheten verehrt hat (18), kommt Stuhlmacher nämlich zu der Vermutung, daß in unserem Text Jesus im Gegenschlag gegen die Täuferanhänger als der wahre, überlegene Prophet der Endzeit erwiesen werden soll (19.20).

In der Argumentation Stuhlmachers insgesamt liegt allerdings eine
erhebliche Inkonsequenz. Gerade dann nämlich, wenn man annimmt,
unsere Perikope wolle den Täuferjüngern sagen, Jesus sei Johannes
als der eigentliche Endzeitprophet überlegen, wird man auch davon
ausgehen, daß Jesus hier als der "neue Mose" geschildert und auf
jeden Fall in messianischer Funktion dargestellt werden soll.
Die Täufergemeinde hatte schließlich Johannes mit Elia verglichen und ihn auf diese Weise als den messianischen Vorläufer
Gottes auszuweisen gesucht (21), so daß die Jesusgemeinde demgegenüber, wollte sie nicht den Vergleich des Täufers mit Elia
einfach abtun (22), auf eine Vorstellung wie die vom "neuen Mose"
zurückgreifen mußte. Die Antwort Jesu ist zwar, wie im Anschluß
an Hahn (23) festgestellt werden muß, insofern nicht "messianisch",
als nicht an den königlichen Messias gedacht ist. Das hat aber
Friedrich (24) durchaus gesehen, betont er doch selbst, daß die
Worte Jesu nicht auf den davidischen Messias hinweisen sollten.

Bleibt nur die Frage, ob man wirklich davon ausgehen kann, daß
unsere Perikope Jesus als eschatologischen Propheten zeichnen
soll. Nun wird die Deutung von Mt. 11,5 par. auf den Endzeitpropheten speziell damit begründet, daß Jes. 61,1 in 11QMelch auf
diese Gestalt bezogen werde. Bei der in 11QMelch an Jes. 61,1 anklingenden Aussage (25) muß jedoch das Subjekt erst erschlossen
werden. Und wie Becker in der Auseinandersetzung mit den Thesen
Stuhlmachers deutlich gemacht hat, ist dabei möglicherweise eher
an die Gestalt des Melchisedek als an den eschatologischen Propheten zu denken (26). 11QMelch kann demnach kaum zur Argumentation herangezogen werden, wenn Mt. 11,5 par. auf den endzeitlichen Propheten gedeutet werden soll.

Und doch bleibt es die wahrscheinlichste Vermutung, daß in unserer Perikope Jesus im Gegenschlag gegen die Täuferanhänger als
der überlegene eschatologische Prophet gekennzeichnet werden
soll (27). Denn es mag zwar nicht möglich sein, eindeutige Bele-

ge für eine entsprechende Deutung der in Mt. 11,5 par. zitierten Stellen beizubringen. Es ist aber nichtsdestoweniger möglich,
einigermaßen sichere Indizien für eine Herkunft unserer Perikope aus der Situation der Auseinandersetzung zwischen Jesus- und
Täufergemeinde aufzuweisen.

*Verschiedentlich findet sich bis heute die Auffassung, daß es sich bei der
Perikope von der Täuferanfrage um authentische Tradition handele. So kommt
z.B. Dupont zu dem Schluß: "... la péricope qui nous occupe a toutes les
chances de nous transmettre avec fidélité une tradition digne de foi" (28).
Sehr eingehend hat Kümmel in seinem Aufsatz "Jesu Antwort an Johannes den
Täufer" in der Auseinandersetzung insbesondere mit Vögtle deutlich zu machen
gesucht, daß keine Notwendigkeit bestehe, die Echtheit der Überlieferung anzuzweifeln (29). Dabei geht es ihm darum, aus der methodischen Voraussetzung,
daß einem Text grundsätzlich mit "kritischer Sympathie" zu begegnen sei, die
Konsequenzen zu ziehen. Nun ist jene methodische Voraussetzung, die den An-
satzpunkt der Argumentation darstellt, durchaus zu akzeptieren. Meines Erachtens läßt sich aber auch dann, wenn man dem Text nicht mit "Antipathie"
begegnet, bei der Perikope von der Täuferanfrage kaum übersehen, daß es verschiedene recht deutliche Hinweise darauf gibt, daß man nicht von der Authentizität ausgehen kann.*

Nun macht freilich die Tatsache, daß Johannes nicht fragt: du
oder ich?, sondern: du oder ein anderer? es doch schwer, der Peri
kope direkt eine polemische Herabsetzung des Täufers zu entneh-
men (30). Die Tatsache aber, daß Johannes überhaupt fragt: du oder
ein anderer? und nicht einfach sagt: du! könnte zu der Auffassung
Anlaß geben, daß bei unserer Überlieferung gleichermaßen von einer apologetischen Inanspruchnahme des Täufers keine Rede sein
könne (31). So hat Kümmel denn auch zur Stützung seiner Echtheitsthese bereits früher zu der Behauptung Zuflucht nehmen können,
die Perikope von der Täuferanfrage widerspreche der urchristlichen Tendenz, den Täufer zum Christuszeugen zu machen (32). Aber
liegt nicht doch auch in der Frage als solcher schon eine deutliche Vereinnahmung des Täufers als Christuszeugen (33) ? Und
könnte nicht gerade mit dieser Frage die urchristliche Gemeinde
gegenüber den Täuferanhängern sehr geschickt zum Ausdruck gebracht haben, daß die Identifizierung Jesu mit dem von Johannes
angekündigten Kommenden, wiewohl nicht vom Täufer selbst vollzogen, so doch von ihm angeregt ist (34) ? In der Tat geht bereits
jene F r a g e erheblich über das historisch Verifizierbare
hinaus. Mit den Worten σὺ εἶ ὁ ἐρχόμενος fragt Johannes ja nach
der Identität Jesu mit dem von ihm angekündigten endzeitlichen
Richter. Nach dem aber, was wir über die Erwartung des Täufers
wissen (35), wäre ein Vergleich Jesu mit jener Gestalt ihm wohl
doch als abwegig erschienen.

Eben dieses entscheidende Argument gegen die Echtheit der Perikope möchte man freilich oft nicht gelten lassen. Kümmel geht hier
zunächst einmal davon aus, daß die Bezeichnung ὁ ἐρχόμενος kein
gängiger jüdischer Terminus für den endzeitlichen Heilbringer
oder Richter ist (36). Gerade von hier aus kommt nun zwar in den
Blick, daß sich dieser Ausdruck recht deutlich auf die Ankündigung des Täufers zurückbezieht (37). Zugleich aber drängt sich
offenbar die Vermutung auf, daß die christliche Gemeinde dem
Täufer eher eine geläufige Würdebezeichnung für Jesus in den Mund
gelegt hätte (38). Auf diesem Hintergrund kommt Kümmel dann zu

60   (2,4,2,1)

der Feststellung, wir hätten schwerlich ein Recht zu der Annahme, "der Täufer k ö n n e in seiner Endzeiterwartung nicht durch das, was er von Jesus vernahm, unsicher geworden sein" (39). Immerhin, Kümmel rekurriert darauf, daß Johannes seine eigene Erwartung korrigiert haben kann. Daß Jesus dieser Erwartung voll entsprochen haben dürfte, wird trotz allem von ihm gerade nicht behauptet.

Was den Ausgangspunkt der Argumentation Kümmels betrifft, so erwägt Dibelius (40) unter Hinweis auf Mt. 3,11, ob ὁ ἐρχόμενος nicht immerhin ein in Täuferkreisen beliebter Messiasname gewesen sein könnte. Und wirklich mag es sich zumindest um eine bei den Johannesanhängern gängige Ausdrucksweise gehandelt haben. Darauf weist auch die von Grundmann (41) betonte Tatsache hin, daß Johannes nach der mandäischen Literatur "im Namen des Zukünftigen, der kommen soll" tauft. Die mandäische Literatur ist allerdings nicht von der christlichen Tradition unabhängig. Wenn sich in ihr eine Parallele auch zu der Aufzählung der Taten Jesu Mt. 11,5f. par. findet (42), so ist diese gewiß auf neutestamentlichen Einfluß zurückzuführen (43).

Hinsichtlich des Problems der Herkunft der fraglichen Ausdrucksweise ist mehrfach eine Ableitung aus alttestamentlichen Stellen in Erwägung gezogen worden. Insbesondere hat man in diesem Zusammenhang auf die Ankündigung des Kommens des Menschensohnes Dan. 7,13 verwiesen, die jedenfalls von Theodotion unter Verwendung des Partizips ἐρχόμενος beschrieben wird (44). Andererseits hat man vergleichend die Rede vom Kommen der im Verzug befindlichen Offenbarung Hab. 2,3 herangezogen, die von der Septuaginta im Sinne einer Ankündigung des Kommens einer Heilsgestalt verstanden und zudem unter Benutzung der mißverständlichen semitisierenden Wendung ἐρχόμενος ἥξει ausgedrückt worden ist (45). Mit demselben Recht könnte man freilich auch Ps. 118,26 (46) sowie eventuell noch Sach. 9,9; 14,5 zum Vergleich heranziehen. Dupont (47) hat aber richtig festgestellt, daß sich zwar etliche neutestamentliche Worte deutlich auf die angeführten Stellen beziehen, die Täuferanfrage jedoch hier gerade nicht zu nennen ist. Er wiederum ist allerdings der Meinung, daß sich bei Mt. 11,3 par. eventuell eine Verbindung zu dem umstrittenen Judawort aus dem Jakobsegen Gen. 49,10 herstellen läßt, welches in der jüdischen Tradition messianisch interpretiert worden ist und zudem in der griechischen Übersetzung das in dem προσδοκῶμεν der Täuferanfrage wiederzufindende Stichwort προσδοκία aufweist. Die Täuferanfrage in den Rahmen der sonstigen Täufertradition stellend, zieht er sodann insbesondere Jes. 40,3.10 sowie Mal. 3,1-3 zum Vergleich heran. Kümmel (48) geht demgegenüber wohl doch mit größerem Recht davon aus, daß die verschiedenen Versuche einer Herleitung des Ausdrucks ὁ ἐρχόμενος von einer bestimmten alttestamentlichen Stelle "sämtlich nicht mehr als bloße Möglichkeiten" sind (49).

Meines Erachtens ergibt sich nun aber aus der Tatsache, daß eine eindeutige Beziehung zu einer bestimmten alttestamentlichen Stelle nicht besteht, die Schlußfolgerung, daß der Hintergrund unseres Ausdrucks ganz allgemein in der alttestamentlichen Redeweise zu suchen ist, nach der "kommend" eben alles ist, was für die Endzeit zu erwarten ist. Zu einem ähnlichen Urteil gelangt Hahn (50). Von hier aus argumentiert er dann, obwohl er sieht, daß Jesus in der Perikope von der Täuferanfrage als endzeitlicher Prophet gezeichnet werden soll, sogleich (51) gegen die These Cullmanns, daß ὁ ἐρχόμενος ein "terminus technicus" für den Endzeitpropheten sei (52) (Schürmann (53) und auch Hoffmann (54) gehen zu Unrecht von der Annahme aus, daß Hahn die Auffassung Cullmanns teile!). Und diese Argumentation ist insofern sinnvoll, als

wir nach dem eben Ausgeführten gerade nicht davon ausgehen können, daß
ὁ ἐρχόμενος *auf ein hebräisches* הַבָּא *in bestimmter terminologischer Be-*
deutung zurückzuführen ist (55).

Auch dann, wenn man voraussetzt, daß der Ausdruck ὁ ἐρχόμενος
jedenfalls ein für die Täuferkreise charakteristischer Terminus
gewesen sein könnte, bleibt natürlich die Frage, ob die christliche Gemeinde nicht doch eher eine der häufig benutzten Würde-
bezeichnungen verwandt haben würde. Indessen ist wahrscheinlich,
daß das fragliche Partizip nicht eigentlich titular gebraucht
ist (56). So kann festgestellt werden, daß die Gemeinde hier offenbar gar nicht Jesus mit einer Würdebezeichnung titulieren
will. In diesem Zusammenhang ist es aber doch nicht ungewöhnlich
daß sie schlicht auf die Formulierung des Täufers zurückgreift.
Und es entfällt die Nötigung zu der apologetischen Feststellung,
der Täufer selbst habe durch die Kunde von Jesus in seiner Endzeiterwartung schwankend werden und somit die überlieferte Anfrage an Jesus doch stellen können. Im übrigen ist eine gewisse
Inkonsequenz nicht zu verkennen, wenn Kümmel in dieser Weise argumentiert. Er erklärt hier ja nichts anderes, als daß eine of-
fensichtliche Diskontinuität innerhalb der Täuferverkündigung
kein Kriterium zur Beurteilung der Authentizitätsfrage ist. Wie
verträgt sich das mit seinem Versuch, die Echtheit unserer Perikope auch von der Frage nach der Einheitlichkeit der Jesusverkündigung her zu erweisen (57)?

Anders als Kümmel setzen nun aber offensichtlich manche Autoren
auch einfach voraus, daß die Täuferanfrage   n i c h t   in Spannung zu der sonstigen Täuferverkündigung steht. Sie argumentieren von der problematischen Annahme her, daß Johannes eine irdische Gestalt, etwa den Messias oder den eschatologischen Propheten, erwartet hat (58). Bei unserer Argumentation ist dagegen
die Erkenntnis vorausgesetzt, daß der Täufer wenn nicht Gott
selbst, so doch eine apokalyptische Gestalt wie den Menschensohn
angekündigt hat.

Das hier skizzierte Problem entzündet sich an dem Spruch Mk. 1,7f. bzw. Mt.
3,11/Lk. 3,16 (vgl. auch Apg. 13,25), der dem Täufer die Erwartung eines nach
ihm kommenden Stärkeren zuschreibt, diesen Stärkeren aber lediglich durch die
Aussagen charakterisiert, daß er die (Geist- bzw.) Feuertaufe bringt und Jo-
hannes nicht würdig ist, ihm die Schuhriemen zu lösen. Schütz (59) geht bei
der Interpretation dieses Spruches von der Tatsache aus, daß er im Lukasevan-
gelium als Antwort auf die Frage, ob Johannes etwa selbst der Messias sei,
benutzt wird (vgl. Lk. 3,15). So kommt er zu der Auffassung, daß es hier um
den "eschatologischen Messias" geht (60). Nun stimmt es gewiß, daß für Lukas
die Täuferankündigung im Horizont der messianischen Erwartung steht (61).
Aber es ist meines Erachtens auch evident, daß der Täufer selbst keine poli-
tisch-nationale Heilserwartung gehegt hat (62). Insofern Schütz also aufgrund
unseres Wortes dem Täufer die Erwartung eines messianischen Königs zuschrei-
ben will, ist ihm nicht zuzustimmen.

Etwas Faszinierendes hat aber im Zusammenhang unserer Argumentation doch noch
jener insbesondere von Cullmann (63) in Anlehnung an Héring (64) vertretene
Gedanke, daß "der vom Täufer Erwartete zugleich die Züge des Endpropheten
trägt, ja ... mit dem ἐρχόμενος *der Endprophet selber gemeint ist". Diese*
Vermutung ist ja nicht schon etwa damit hinfällig, daß ὁ ἐρχόμενος *nicht*

in bestimmter terminologischer Bedeutung titular gebraucht ist. Nun hat Hé-
ring in der Tat versucht, einer messianischen Deutung der Täuferverkündigung
eine "elianische" entgegenzusetzen. Um so bedeutsamer ist es, daß er ledig-
lich zu der Feststellung kommt, daß innerhalb des dem Endgericht zugewandten
Denkens des Täufers "le ἐρχόμενος *peut fort bien désigner le prophète*
Elie (dont il ignore évidemment⁻l'identité avec son propre ego) o u u n
p e r s o n n a g e c é l e s t e d a n s l e g e n r e d u ' F i l s
d e l ' H o m m e ' d e D a n i e l " (65). Cullmann selbst hat die von
ihm vertretene dezidiertere Auffassung nicht weiter begründet, sondern ledig-
lich in den Rahmen einer recht allgemeinen Erörterung über die Erwartung eines
eschatologischen Propheten eingeordnet. Gerade die mit dieser Erwartung tra-
ditionell verbundenen Vorstellungen (66) harmonieren aber nicht mit den über-
lieferten Aussagen über den von Johannes Angekündigten (67). Um so mehr ist
davon auszugehen, daß die verschiedentlich vertretenen Deutungen der Täufer-
ankündigung auf eine irdische Gestalt nicht haltbar sind.

Ob Johannes womöglich Gott selbst oder aber, wie bereits von Héring erwogen,
eine "himmlische Person" in der Art des danielischen Menschensohnes (68) er-
wartet hat (69), ist angesichts der Tatsache, daß die Kluft zwischen seiner
Erwartung und der in Jesus begegnenden Wirklichkeit in beiden Fällen erheb-
lich ist, in unserem Zusammenhang nicht mehr von ausschlaggebender Bedeutung.
Nun hat George zu dieser Frage unlängst in dem Aufsatz "Paroles de Jésus sur
ses miracles" unter Berufung auf Vögtle ausgeführt, der Täufer habe wahr-
scheinlich an Gott selbst gedacht (70). Nach Vögtle weist darauf insbesondere
der Vorstellungskomplex vom Feuergericht hin, da das Feuer "ein Emblem Jah-
wes" (71) ist. Vögtle selbst will allerdings gerade nicht ausschließen, daß
Johannes eventuell doch eine von Jahwe unterschiedene Gestalt erwartet hat
(72). Und ebenso muß George einräumen, daß der Angekündigte immerhin auch
"un Juge eschatologique à la manière apocalyptique" (73) gewesen sein könnte.
In diesem Zusammenhang ist es signifikant, daß Johannes vom "Lösen der Schuh-
riemen" spricht. Mir jedenfalls scheint dieser auffällige Anthropomorphismus
immer noch entscheidend dafür zu sprechen, daß gerade auch die Deutung des
vom Täufer Angekündigten auf Jahwe selbst mit erheblichen Schwierigkeiten be-
lastet ist (74). Inwieweit speziell die Menschensohnvorstellung (75) eine
Rolle spielt, ist nicht mit letzter Sicherheit festzustellen. Doch mag, wie
Becker (76) gezeigt hat, manches dafür sprechen, daß Johannes eben diese Vor-
stellung vor Augen gehabt hat.

Damit ist unser Argument, daß Johannes selbst kaum Jesus mit dem von ihm an-
gekündigten Richter verglichen haben dürfte, auch gegen die Behauptung ab-
gesichert, daß des Täufers Frage nach Jesus gar nicht in Spannung zu seiner
Ankündigung eines kommenden Richters stehe. Es hat sich erwiesen, daß man
bei dieser Behauptung von falschen Voraussetzungen ausgeht. Denn es ließ
sich zeigen, daß die Erwartung des Täufers eben tatsächlich keiner irdischen,
sondern einer himmlischen Richtergestalt im Sinne der Apokalyptik gegolten
hat.

Unser bisheriges Ergebnis würde eine zusätzliche Bestätigung
finden, wenn nicht nur festgestellt werden könnte, daß unsere
Perikope der sonstigen Täuferverkündigung widerspricht, sondern
auch nachzuweisen wäre, daß sie darüber hinaus zur Jesusverkündigung in Spannung steht. In diesem Zusammenhang ist aber Kümmel (77) doch Recht zu geben, der eben betont, daß die Einheitlichkeit der Jesusverkündigung gewahrt sei (78). Es läßt sich
nämlich nicht verkennen, daß in dem sehr wahrscheinlich authen-

tischen Jesuswort Mt. 13,16f. par., der Seligpreisung der Augen-
und Ohrenzeugen, ein sachlich eng verwandtes Wort begegnet (79).
Nur ist von hier aus nach allem Gesagten eben lediglich dieses
zu schließen, daß Mt. 13,16f. par. die Ansatzpunkte für eine sekundäre Bildung der Perikope Mt. 11,2-6 par. geliefert haben
dürfte (80). Es geht darum, daß die Gemeinde den Täufer zum
Christuszeugen, der selbst über die Identität Jesu mit dem von
ihm angekündigten Richter nachgedacht hat, erklärt.

Demgemäß ist es aber nun eindeutig, daß der in der Perikope begegnenden Aufzählung der Taten Jesu ein "tieferer Sinn" abzugewinnen ist. In dieser Aufzählung sollte die Johannesgemeinde, die
den Täufer als eschatologischen Propheten verehrte, einen Hinweis auf den wahren endzeitlichen Propheten erblicken. Durch unsere Perikope wurden die Täuferjünger vor die Entscheidung gestellt, den Täufer entweder Jesus als dem "neuen Mose" unterzuordnen oder aber weiterhin als den entscheidenden Propheten vor
dem Ende zu betrachten (81).

2.: Die Worte Jesu über den Täufer Mt. 11,7-11 par.
Bei den Worten Jesu über den Täufer Mt. 11,7-11 par. handelt es
sich um einen in V. 7a par. mit einer sekundären Einleitung ver-
sehenen Logienkomplex in Form der Volksrede (1), der in der missionarischen Verkündigung der palästinensischen Gemeinde Verwendung gefunden haben könnte (2). Es ist freilich möglich, daß der
Komplex keine ursprüngliche Einheit darstellt.

Bei der Untersuchung dieses Problems wird zunächst einmal davon
auszugehen sein, daß bereits Mt. 11,7b-9 par. formal eine relativ geschlossene Überlieferung bildet (3). Die Frage ist dann,
ob mit der Aussage, daß Johannes der Täufer sogar "mehr als ein
Prophet" sei, wirklich ein sinnvoller Schlußpunkt gesetzt ist (4)
Meines Erachtens muß diese Frage verneint werden. Mt. 11,9c par.
zielt offensichtlich auf eine nähere Erläuterung ab (5). Und so
dürfte Mt. 11,7b-9 par. entgegen anderslautenden Vermutungen von
Anfang an mit einem klärenden Schlußwort verbunden gewesen sein.

Nun ist verschiedentlich behauptet worden, die Worte Mt. 11,10
par. sowie 11,11b par. (6) bzw. eines der beiden Worte (7) habe
man erst nachträglich dem Grundbestand der Überlieferung hinzugefügt. Sollte freilich Mt. 11,10 par. sekundär ergänzt worden
sein, so müßte nach dem eben Ausgeführten Mt. 11,7b-9 par. ursprünglich mit 11,11(a) par. verbunden gewesen sein. Und mag
auch bereits Dibelius (8) dieses für wahrscheinlich gehalten haben, so sind hier doch erhebliche Zweifel anzumelden. Verglichen mit der Feststellung 11,9c par., daß Johannes mehr sei als
ein Prophet, sagt ja die Behauptung 11,11a par., daß keiner der
Menschen größer sei als er, eher noch weniger (9). Die ergänzen-
de Feststellung 11,11b par. aber, daß nichtsdestoweniger der
Kleinste im Himmelreich ihn übertreffe, gibt dem ganzen Vers
eine 11,7b-9 par. völlig entgegengesetzte Tendenz (10). Jene Behauptung, daß Mt. 11,10 par. erst nachträglich der Überlieferung hinzugefügt wurde, steht allerdings auch auf tönernen Fü-
ßen. Sie beruht auf der Feststellung, daß dieses Wort im Zusammenhang von Mt. 11,7b-9 par. wie eine christliche Glosse in
einem authentischen Jesuswort anmutet (11). Nun soll hier gar

nicht unmittelbar die Richtigkeit dieser Feststellung angezweifelt werden. Tatsächlich mag das Wort Mt. 11,7b-9 par. mit seiner betonten Hochschätzung des Täufers darauf hinweisen, daß hier wohl Jesus selbst, nicht aber die christliche Gemeinde spricht (12). Und gewiß dürfte andererseits auch das auf Mal. 3,1 anspielende Wort Mt. 11,10 par. durch seine christologischen Implikationen darauf hinweisen, daß es so, wie es in Q begegnet, wahrscheinlich von der christlichen Gemeinde und nicht von Jesus selbst formuliert ist. Aber aus diesen Erkenntnissen läßt sich doch lediglich schließen, daß Mt. 11,10 par. i n d e r b e i Q b e g e g n e n d e n F o r m nicht in den ursprünglichen Zusammenhang gehört. Es ist möglich, daß das fragliche Wort nichtsdestoweniger von Anfang an Bestandteil der Tradition gewesen ist (13). Geht man hiervon aus, so ergeben sich hinsichtlich des inhaltlichen Zusammenhangs jedenfalls keine Schwierigkeiten mehr. Johannes wird deutlich über die Propheten hinausgehoben, indem er unter Anspielung auf Mal. 3,1 als prophetischer Endzeitbote gekennzeichnet wird.

An dieser Stelle ist es von Bedeutung, daß das in Mt. 11,10 par. aufgegriffene Wort Mal. 3,1 durch Änderung der bei Mal. benutzten 1. Pers. "vor meinem Angesicht" in die 2. Pers. "vor deinem Angesicht" der Form von Ex. 23,20 angeglichen ist (14). Lediglich aufgrund dieser Änderung kommt es dazu, daß der Gottesbote von Mal. 3,1, mit dem Johannes identifiziert wird, als der Vorläufer des M e s s i a s ' erscheint.

In Mal. 3,1, wo das Suffix der 1. Pers. verwendet wird (vgl. לְפָנַי ; LXX πρὸ προσώπου μου), ist der angekündigte Bote der Wegbereiter Gottes. Freilich wird auch in Ex. 23,20, wo in ähnlicher Formulierung wie bei Mal. das Suffix der 2. Pers. begegnet (vgl. לְפָנֶיךָ ; LXX πρὸ προσώπου σου), ursprünglich keineswegs auf einen Wegbereiter des Messias' abgehoben, denn angeredet ist hier offensichtlich das Volk Israel, und i h m gilt die Verheißung eines Gottesboten. Dennoch ist aber nicht zu bezweifeln, daß Mal. 3,1 durch die Angleichung an Ex. 23,20 "zur Rede Gottes an den Messias geworden" (15) ist. Die Frage ist allerdings, ob die charakteristische Kombination der beiden Worte nicht doch eventuell bereits vorchristlichen Datums ist. Lohmeyer hat behauptet, daß die Verschmelzung der Stellen rabbinischer Tradition entspreche (16). Aber der hier allenfalls heranzuziehende Text Ex r 32 (93d) (17) kann diese Behauptung nicht stützen, da er lediglich die beiden fraglichen Stellen nacheinander zitiert (18). So haben wir also keineswegs ein Indiz für die Annahme, daß die Kombination der Stellen in der bei Mt. begegnenden Weise bereits dem vorchristlichen Judentum zuzuweisen sei (19).

Im Gegensatz zu der in Mt. 11,10 par. gebotenen Aussage ließe sich nun das korrekte Zitat von Mal. 3,1, welches nur von einem Gottesboten spricht, gerade nicht als interpretatio christiana verdächtigen; es wäre jedoch im Munde Jesu, dessen Taufe durch Johannes ein unbestreitbares Faktum ist, durchaus denkbar (20). Dürfte daher nicht die Vermutung angebracht sein, daß wir in ihm die ursprüngliche Fortsetzung von Mt. 11,7b-9 par. zu sehen haben?

Offen ist allerdings noch die Frage, wie es um die These einer sekundären Anfügung von Mt. 11,11b par. steht. Diese These ließe sich nur halten, wenn 11,11a par. entweder als selbständiges

Wort oder als Abschluß des Komplexes 11,7b-10 par. (21) verstanden werden könnte. Aber 11,11a par. ist nicht nur als Erläuterung von 11,9c par., sondern gerade auch als Kommentar zu 11,10 par. recht blaß, und für sich genommen, scheint der Vers selbst eines notwendigen Kommentars zu entbehren. So ist es von vornherein wieder recht unwahrscheinlich, daß die These einer sukzessiven Entstehung des Traditionszusammenhangs sich nahelegen sollte. Nun ist man ähnlich wie bei Mt. 11,7b-9.10 par. auch bei Mt. 11, 11a.b par. im Grunde lediglich von dem Eindruck ausgegangen, daß ein authentisches Jesuswort im nachhinein christlich interpretiert worden ist (22). Von solchem Eindruck her läßt sich aber eben n i c h t die Auffassung begründen, daß die christliche Gemeinde sekundär ein Schlußwort angefügt haben muß. Es bleibt die Möglichkeit, daß sie lediglich "am Nachsatz i n s e i n e r v o r l i e g e n d e n F a s s u n g m i t f o r m u l i e r t hat" (23).

Meines Erachtens muß freilich in V. 11a.b par. gar nicht von einer Verbindung von authentischer Tradition und christlicher Interpretation ausgegangen werden, so daß dieser Vers ohne Rekurs auf eine etwaige Urfassung von 11b par. als Einheit angesehen werden kann. Mir scheint allerdings V. 11a par. mit seiner durchaus als einräumende Bemerkung zu verstehenden Anerkennung des Täufers auch als christliche und nicht etwa V. 11b par. mit seiner deutliches Gewicht tragenden Herabsetzung desselben auch als authentische Formulierung denkbar; so daß unser Wort als einheitliche G e m e i n d e b i l d u n g (24) zu deklarieren wäre (25). Von hier aus läßt sich dann folgern, daß das Logion wahrscheinlich erst als Kommentar zu V. 7b-10 par. gebildet worden ist (26).

Es scheint sinnvoll, sowohl die sekundäre Änderung von V. 10 par. als auch die Bildung und Anfügung von V. 11 par. mit der Situation der Auseinandersetzung der christlichen Gemeinde mit den Anhängern des Johannes in Verbindung zu bringen (27). Aus unseren bisherigen Ausführungen ergibt sich, daß das von uns in V. 7-10 par. rekonstruierte Jesuswort der Täufergemeinschaft im Gegenüber zur Jesusgemeinde als Argument für die Identifizierung des Täufers mit Elia gedient haben könnte. Entscheidend ist nun, daß sich in der Änderung von V. 10 par. und in der Bildung und Anfügung von V. 11 par. der auch sonst beobachtete (28) Versuch dokumentieren dürfte, die von den Täuferanhängern vertretene Deutung des Johannes aufzugreifen und mit dem Glauben an die Superiorität Jesu zu vermitteln. Gerade auch die Tatsache, daß in V. 11a p eine eminent positive Aussage über den Täufer zum Ausgangspunkt genommen wird, um vor einer Überschätzung desselben zu warnen, findet also im Zusammenhang unserer Ausführungen durchaus eine plausible Erklärung (29).

Was die Tendenz der Überlieferung betrifft, so steht das Mt. 11, 7b-10 par. zugrunde liegende ursprüngliche Jesuswort offenbar in direktem Gegensatz zu den sekundären Bestandteilen, insofern es einem Nachlassen der Begeisterung für den Täufer entgegenzuwirken scheint (30). Durch die rhetorischen Fragen versucht Jesus, mit dem Volk eine Übereinstimmung darüber herzustellen, daß es doch selbst Johannes für eine prophetische Gestalt angesehen hat. Den beiden ersten Doppelfragen kommt dabei die Funktion zu, zunächst quasi auszuschließen, daß das Volk etwas anderes als einen Propheten in der Wüste gesucht haben könnte.

Umstritten ist seit je, ob nicht der Ausdruck κάλαμος *V. 7c par. bildlich gemeint ist und Jesus in den beiden ersten Fragen etwa zum Ausdruck bringen will, daß das Volk doch keinen wankelmütigen oder verweichlichten Menschen gesucht habe (31). Von vornherein unwahrscheinlich ist allerdings die These Daniels (32), nach der konkret mit der Bezeichnung* κάλαμος ὑπὸ ἀνέμου σαλευόμενος *auf die Zeloten, mit der Wendung* ἄνθρωπος ἐν μαλακοῖς ἠμφιεσμένος *aber auf die Essener angespielt ist. Was zunächst den ersteren Ausdruck betrifft, so kann sich Daniel für seine Deutung berufen auf eine sprachliche Verwandtschaft zwischen dem aramäischen Wort für "Rohr" und dem der Bezeichnung "Zelot" zugrunde liegenden und auch im Aramäischen vorhandenen hebräischen Verb "eifern" (33). Schwierigkeiten ergeben sich aber bereits dann, wenn man versucht, dem* ὑπὸ ἀνέμου σαλευόμενος *in diesem Zusammenhang einen auch nur einigermaßen akzeptablen Sinn abzugewinnen. Daniel nimmt seine Zuflucht zu der völlig unbefriedigenden Feststellung, diese Wendung besage wohl, daß "les Zélotes étaient attaqués par les Romains et par les soldats des princes successeurs d'Hérode le Grand ..." (34), könne aber eventuell auch dahingehend verstanden werden, daß sie gleichbedeutend sei mit "'agité par un mauvais esprit, par un démon'" (35). Im übrigen, und das ist entscheidend, spricht gegen die hier anvisierte Deutung, daß die Frage, ob man einen Zeloten in der Wüste gesucht habe, keineswegs rhetorisch zu verstehen ist, da ja, wie gerade Daniel betont (36), die Zeloten sich in der Wüste aufgehalten haben. In entsprechender Weise ist aber gegen die Vermutung, daß mit dem Ausdruck* ἄνθρωπος ἐν μαλακοῖς ἠμφιεσμένος *auf die Essener angespielt werde, zu argumentieren. Und so scheint es uns dann auch gerade nicht "certain que 'ceux qui sont dans les maisons des rois' (Hérodiens) et dans le désert sont bien les Esséniens" (37).*

Schweizer hat nun neuerdings im Sinne der traditionellen Argumentation festgestellt, daß Jesus mit seinen Fragen gegenüber denjenigen, die zu Johannes hinausgegangen waren, zum Ausdruck bringen wolle, daß sie "doch wissen mußten, daß sie keiner Windfahne und keinem Weichling nachliefen" (38). Richtig gesehen ist bei dieser Argumentation, daß man dann, wenn man in der Bezeichnung κάλαμος ὑπὸ ἀνέμου σαλευόμενος *eine Anspielung auf einen charakterlich fragwürdigen Menschen sieht, wohl auch den Ausdruck* ἄνθρωπος ἐν μαλακοῖς ἠμφιεσμένος *in ähnlicher Weise deuten muß. An eben dieser Stelle zeigt sich aber die Problematik der Interpretation. Sobald man nämlich in V. 8a.b par. die Behauptung zum Ausdruck gebracht sieht, daß man doch nicht in die Wüste hinausgegangen sei, um einen Weichling zu sehen, wird man in dem Hinweis auf die Paläste V. 8c keine sinnvoll verdeutlichende Aussage mehr erblicken können (39) ...*

Wahrscheinlich soll schlicht gesagt werden, man habe doch in der Wüste weder etwas Alltägliches wie ein schwankendes Rohr (40) noch etwas dort gerade nicht Anzutreffendes wie etwa einen Mann in weichen Kleidern sehen wollen. Auf solche Weise werden die Angeredeten zu der Erkenntnis geführt, daß sie eben in der Wüste etwas für diese "alte Offenbarungsstätte" (41) Typisches wie einen Propheten erwartet haben. Diese Erkenntnis bei seinen Hörern voraussetzend, kann Jesus sein eigenes Urteil über Johannes anschließen. Die Identifizierung desselben mit Elia ist dabei zwar

von der alttestamentlichen Tradition her vorgegeben (42), wird
jedoch bezeichnenderweise nicht explizit vollzogen. Die Johannesgemeinde konnte sich aber für ihre "elianische Deutung" des
Täufers (43) insofern auf das hier untersuchte Jesuswort berufen, als es Johannes unbefangen als Gottesboten ausweist.

Wie die Perikope von der Täuferanfrage erkennen ließ, hat die
christliche Gemeinde gegenüber den Johannesjüngern, die den Täufer als wiedergekehrten Elia verehrten, in der Weise argumentiert, daß sie Jesus als neuen Mose schilderte und so als den
überlegenen messianischen Endzeitpropheten kennzeichnete. Dieser Tatsache entspricht es, daß das Zitat von Mal. 3,1 in Mt.
11,10 par. durch die Umformung nach Ex. 23,20 als Rede Gottes
an den Messias stilisiert ist und der Eliaglaube der Johannesgemeinde hier auf diese Weise überboten wird. Wahrscheinlich
steht nämlich auch bei dem Rückgriff auf Ex. 23,20 die Konzeption im Hintergrund, daß Jesus der neue Mose ist; denn die Verheißung von Ex. 23,20, de facto zwar an ganz Israel gerichtet,
aber in der Rede Gottes an Mose begegnend, konnte ohne weiteres
speziell auf diesen bezogen werden, und gerade von einer solchen
Deutung her legte sich doch wohl ein erneutes Aufgreifen des
Wortes im Blick auf Jesus nahe (44). Auf jeden Fall aber setzt
die Heranziehung von Ex. 23,20 die Auffassung voraus, daß die
Tage des Messias' den Tagen des Mose entsprechen (45).

In der Auseinandersetzung mit der Johannesgemeinde war es aber
eben nicht damit getan, daß man dem Jesuslogion Mt. 11,7b-10
par. von den geschilderten Voraussetzungen her eine andere Fassung gab. Der Duktus der Aussage war damit ja insofern noch
nicht verändert, als das Logion nach wie vor auf eine Unterstreichung der - wie auch immer verstandenen - positiven Funktion des Johannes hinauslief. Und so ist es erklärlich, daß die
christliche Gemeinde das Wort in einer expliziten Aussage über
das Verhältnis des Johannes zu dem "Kleinsten im Himmelreich" (46)
gipfeln ließ.

Ob die βασιλεία in dem betreffenden Logion V. 11 par. als futurische oder aber doch als präsentische Größe (47) gesehen wird,
entscheidet über dessen näheres Verständnis. Die Frage ist, wie
sich unser Wort am besten in den Zusammenhang fügt. Dieser ist
dadurch gekennzeichnet, daß in V. 11a par. zunächst noch einmal
zugestanden wird, daß "unter den Weibgeborenen" kein Größerer als
Johannes sei. V. 11b par. wird demnach zum Ausdruck bringen sollen, wie wenig damit ein Vorrang des Johannes vor Jesus gegeben
ist. Bei einer rein futurischen Deutung der βασιλεία nun wäre
vielmehr impliziert, daß jedenfalls in Vergangenheit und Gegenwart wirklich kein Größerer aufgetreten ist als der Täufer.
Freilich, eine rein präsentische Deutung der βασιλεία etwa auf
die Kirche (48) dürfte kaum das treffen, was die frühe Gemeinde
ursprünglich darunter verstanden hat (49). Und man wird daran zu
denken haben, daß die βασιλεία noch ganz im Sinne der Verkündigung Jesu als bereits die Gegenwart bestimmende und dennoch
eschatologische Größe verstanden ist (50). Es ergibt sich nichtsdestoweniger, daß die Größe des Täufers hier eben nur im Vergleich mit den nicht in der βασιλεία "Wiedergeborenen" gilt (51).

Nach alledem hat also die Jesusgemeinde in V. 11 par. der Täufergemeinde gegenüber zum Ausdruck gebracht, daß zwar wirklich kein Größerer unter den "normalen Sterblichen" aufgetreten sei als Johannes, dennoch aber selbst der Kleinste unter den in der herandrängenden βασιλεία zu neuer Existenz Gelangten und um so mehr natürlich Jesus selbst eben diesen Großen noch überrage (52). Damit ist klar, inwiefern auch hier die christliche Gemeinde bei aller positiven Bezugnahme auf den Täufer gerade an der Abgrenzung seiner Bedeutung gegenüber der ihres Herrn interessiert gewesen ist.

3.: Der Stürmerspruch Mt. 11,12f. par.

Das Wort Mt. 11,12f. par. gehört zu den dunkelsten synoptischen Jesuslogien überhaupt. Die traditionelle Bezeichnung desselben als "Stürmerspruch" (βιασταί = Stürmer) impliziert bereits in gewisser Hinsicht fragwürdige exegetische Entscheidungen. Sie setzt voraus, daß in unserem Wort eine positive Deutung der Zeit seit Johannes vertreten wird. Eben dieses aber läßt sich im Blick auf das vorliterarische Traditionsstadium zumindest nicht einfach behaupten. Erklärt man Mt. 11,12f. par. von vornherein für eine traditionsgeschichtliche Einheit (1), so ist eine Deutung auch der mündlichen Überlieferung "in bonam partem" natürlich gegeben (2). Denn auf dem Hintergrund des Wortes V. 13 par., daß Gesetz und Propheten bis Johannes waren, erscheint der fragliche V. 12 par. als bloßer Hinweis darauf, daß seit Johannes nun eben nicht mehr ὁ νόμος καὶ οἱ προφῆται, sondern ἡ βασιλεία τοῦ θεοῦ da ist. Es kann jedoch methodisch nicht sinnvoll sein, von dem Postulat der ursprünglichen Einheit der Überlieferung auszugehen und auf diese Weise das Ergebnis einer genaueren Untersuchung der in ihrem Verständnis umstrittenen Begrifflichkeit unseres Wortes zu präjudizieren. Vielmehr legt es sich umgekehrt nahe, zunächst begriffsgeschichtlich zu fragen und so eine Grundlage für Folgerungen hinsichtlich der traditionsgeschichtlichen Entwicklung zu schaffen.

Betrachten wir die Wendung V. 12 par. ... ἡ βασιλεία τοῦ θεοῦ βιάζεται, καὶ βιασταὶ ἁρπάζουσιν αὐτήν näher, so erkennen wir in den Wörtern βιάζεται, βιασταί und ἁρπάζουσιν die für das Verständnis entscheidenden Termini. Bei der Untersuchung dieser Termini muß sich die Frage entscheiden, ob ein positives Verständnis des Verses dem ursprünglichen Sinn gerecht wird.

Die Probleme beginnen bei der Verbform βιάζεται (3). Man kann diese Form einerseits als ein transitives oder auch intransitives Medium deuten und V. 12a par. dahingehend verstehen, daß die Gottesherrschaft den Menschen zwingt (4) bzw. sich mit Macht Bahn bricht (5). Man kann jene Form jedoch andererseits auch als Passiv erklären (6) und die fragliche Wendung entweder so verstehen, daß die Gottesherrschaft von Gott her machtvoll betrieben wird, oder aber so, daß sie vom Menschen gewaltsam erstrebt bzw. bekämpft wird (7). Dabei ist auch dann, wenn der M e n s c h als Subjekt einer auf das Gottesreich gerichteten gewaltsamen Aktion gesehen wird, eine positive Deutung etwa auf die gewaltigen Anstrengungen des Ringens um die Gottesherrschaft durchaus möglich (8). Freilich, eine Deutung auf ein im eigentlichen Sinne gewalttätiges Erstreben oder ein Bekämpfen der Gottesherrschaft

entspricht dem gewöhnlichen transitiven Sprachgebrauch unseres
Verbs in besonderer Weise. Denn mag dieses auch (vor allem in
der erotischen Sphäre!) nicht nur im Sinne von "vergewaltigen",
sondern darüber hinaus etwas neutraler in der Bedeutung von
"zwingen" gebraucht werden, so ist der Unterton des "Widerrecht-
lich-Feindseligen" bei den Ableitungen von βία allgemein doch
vorherrschend (9).

Was die nähere Beurteilung der Übersetzungsmöglichkeiten betrifft, so ist es zunächst einmal nicht sehr wahrscheinlich,
daß das βιάζεται des Vordersatzes sich auf ein anderes Geschehen beziehen sollte als das ἁρπάζουσιν des Nachsatzes. Es liegt
vielmehr relativ nahe, daß es letztlich eben das "Rauben" der
"Gewalttäter" meint. Überdies weist schon der sprachliche An-
klang darauf hin, daß in βιασταί das logische Subjekt zu βιάζεται
nachgetragen wird (10). Demnach trifft also weder eine mediale
Deutung von βιάζεται noch jene passivische Deutung, bei der etwa Gott als logisches Subjekt anzusehen ist, den ursprünglichen
Sinn. Auch von der Wendung βιασταί ἁρπάζουσιν αὐτήν her läßt
sich aber nicht ohne weiteres entscheiden, welche der verbleibenden passivischen Deutungen am ehesten Beachtung verdient,
denn das Verbum ἁρπάζειν "mit Gewalt nehmen" (11) kann nämlich
seinerseits wie das deutsche "rauben" sowohl ein An-sich-Reißen
als auch ein Wegreißen bezeichnen (12). Geht man von der letzteren Bedeutung aus, so wird man βιάζεται auf ein Bekämpfen
des Gottesreiches deuten. Geht man dagegen von der ersteren Bedeutung aus, so wird man in jenem Verb den Hinweis auf ein gewaltsames Erstreben der Basileia sehen. Eine Deutung "in bonam
partem" bleibt dabei immer noch möglich, da ja auch ἁρπάζουσιν
entsprechend der Grundbedeutung des Verbs hier nicht unbedingt
auf eine widerrechtliche Handlung bezogen werden muß (13). Allerdings, wie βιάζεται wird nicht nur βιασταί, sondern auch ἁρπάζουσιν am ungezwungensten wohl doch in negativem Sinne zu verstehen sein (14), so daß sich auch von hier aus eine Deutung
"in malam partem" empfiehlt.

Die Frage, ob von einem negativ gewerteten gewaltsamen Erstreben und An-sich-Reißen oder aber von einem Bekämpfen und Wegreißen des Reiches die Rede ist, scheint nicht mehr ganz so
schwierig, wenn man das Nebeneinander der beiden Verben unseres
Ausspruches noch stärker in Rechnung stellt. Bereits Fridrichsen (15) hat in diesem Zusammenhang unter Berufung auf Almquist
(16) festgestellt, daß βία ἁρπάζειν, βιάζεσθαι καὶ ἁρπάζειν
"gewöhnlich im eigenen Interesse" geschehe. Und schon aus grundsätzlichen Erwägungen wird man am besten davon ausgehen, daß
"vergewaltigen" und "mit Gewalt nehmen" nebeneinander kaum etwas
anderes als ein gewaltsames Erstreben und An-sich-Reißen bezeichnen dürften. Bei einer Deutung auf ein Bekämpfen und Wegreißen setzt man ja voraus, daß sich die gewaltsame Aktion bei
dem zweiten Verb im Grunde gegen ein zu ergänzendes anderes Objekt richtet als bei dem ersten. So spricht meines Erachtens
Entscheidendes gegen eine Deutung von Mt. 11,12 par. in dem Sinne, daß das Gottesreich bekämpft wird und Gewalttäter es (den
danach trachtenden Menschen!) wegreißen (17).

Im übrigen wäre die Feststellung, daß den Menschen das Gottesreich weggeris-
sen wird, keineswegs weniger auffällig als die Behauptung, daß Gewalttäter
es an sich reißen (18). Und man ist nicht nur bei der letzteren, sondern
auch bei der ersteren Deutung veranlaßt, die Aussage konativ zu verstehen (19).
Für unsere Vermutung, daß eine Deutung auf ein gewalttätiges Erstreben des
Reiches angebracht sein dürfte, spricht aber noch die Tatsache, daß sich bei
den Rabbinen Äußerungen finden, in denen von dem Versuch einer gewaltsamen
Herbeiführung der messianischen Zeit die Rede ist (20). Freilich, daneben
stehen Aussagen, nach denen die Menschen durch ihre Sünde das Kommen der mes-
sianischen Zeit verzögern können (21). Es geht hier aber nicht darum, daß man
es etwa bewußt auf eine Hinauszögerung des Endes anlegte; der Verzug der
eschatologischen Ereignisse ist gerade nicht beabsichtigt. Schrenk (22) über-
sieht dieses allerdings. Allein so kann er dazu kommen, von den rabbinischen
Parallelen her eine Deutung von Mt. 11,12 par. auf die Feinde des Reiches un-
termauern zu wollen (23).

Es scheint nur bezeichnend, daß bei den Vertretern einer solchen Deutung bis-
lang noch nicht im entferntesten eine Verständigung darüber erzielt werden
konnte, wer denn eigentlich konkret mit den βιασταί gemeint sei. Wie groß
die Unsicherheit ist, zeigt sich daran, daß man nicht nur auf die dämonischen
Mächte (24) oder die jüdischen Gegner (25) hingewiesen hat, sondern neuer-
dings auch eine Identifizierung der vermeintlichen Feinde der Basileia mit Ge-
meindegliedern, die die Ausbreitung der Botschaft verhindern wollen (26), in
Erwägung gezogen hat. Sollte nicht die sich hier dokumentierende Ratlosigkeit
der Forschung ihren letzten Grund eben in der Tatsache haben, daß es in unse-
rem Spruch gar nicht um irgendwelche Feinde des Gottesreiches geht, sondern
vielmehr um die "aktiven Frommen" (27), die mit aller Gewalt das Gottesreich
an sich zu bringen trachten?

Geht man von der Deutung der βιασταί auf die aktiven Frommen
aus, so ist relative Klarheit darüber zu erzielen, an wen man
des näheren bei dem Ausdruck zu denken haben wird. Jene Frommen,
das sind natürlich insbesondere die Zeloten, die religiös moti-
vierten politischen Fanatiker (28), sowie die Pharisäer, die religiösen Aktivisten im eigentlichen Sinne (29,30). Es läßt sich
aber des weiteren speziell an die Anhänger der Täuferbewegung
denken, die durch Buße, durch Askese und Gebet das Reich zu gewinnen trachten (31). Und eine solche Deutung würde mit der Zeitbestimmung, die das Wirken der βιασταί auf die Zeit seit Johannes eingrenzt, am besten harmonieren.

Gegen eine Deutung der βιασταί auf die Zeloten hat man seit Harnack (32) nicht zu Unrecht geltend gemacht, daß die zelotische
Bewegung mit dem Auftreten des Täufers nicht in Zusammenhang
steht (33). Nur dann läßt sich offenbar ganz allgemein an die politisch-religiösen Aktivisten im Volk denken, wenn man die einleitende Zeitbestimmung unseres Verses in irgendeiner Weise
nicht ernst nimmt. Die Frage ist natürlich, ob diese Zeitbestimmung wirklich zwangsläufig auf die Täufergemeinde führt.
Denn in der Forschung ist seit je umstritten, ob das ἀπό wirklich einschließlich gemeint ist (34). Nun hat sich aber im Hinblick auf die matthäische Formulierung ἀπὸ τῶν ἡμερῶν Ἰωάννου
τοῦ βαπτιστοῦ die Auffassung, daß das ἀπό inklusiv zu verstehen
sei, mehr und mehr durchsetzen können (35). Und gerade auch im
Hinblick auf die von uns für ursprünglicher erklärte lukanische
Formulierung ἀπὸ τότε gewinnt die Überzeugung, daß das ἀπό doch

nicht exklusiv gemeint sei, ständig an Gewicht. Die Deutung im exklusiven Sinn entspringt hier offenbar häufig nur dem Wunsch, in unserem Logion einen Beweis für die These, daß Lukas eine heilsgeschichtliche Zäsur nach Johannes ansetze, zu finden (36.37). Daß sie den eigentlichen Intentionen des Lukas keineswegs gerecht wird, hat Kümmel (38) im Anschluß an Wink (39) und Minear (40) sehr überzeugend dargetan (41). Freilich, von hier aus läßt sich noch immer nicht schließen, daß das ἀπό von Anfang an im inklusiven Sinn gemeint gewesen ist. Es wäre ja theoretisch immerhin möglich, daß die Johannes aus der Zeit der βασιλεία ausschließende Deutung eben den ursprünglichen Sinn des Logions träfe. Meines Erachtens ist es allerdings dann, wenn man unser Logion unvoreingenommen für sich nimmt, erst recht nicht möglich, eine "exkludierende" Deutung zu vertreten (42). Versteht man nämlich ἀπό in ausschließendem Sinn, so ergibt sich ja merkwürdigerweise, daß nicht derjenige, mit dem die neue Zeit gekommen ist, sondern derjenige, mit dem die alte Zeit zu Ende gegangen ist, als der entscheidende Wendepunkt genannt ist (43). Eine derartige Interpretation aber erscheint auf jeden Fall zu gezwungen, um der ursprünglichen Bedeutung unseres Logions gerecht werden zu können. Von dem ἀπό in Mt. 11,12 par. her läßt sich also nicht nur gegen eine Beziehung der βιασταί ganz allgemein auf die politisch-religiösen Aktivisten im Volk, sondern auch für eine Deutung derselben speziell auf die Anhängerschaft des Täufers argumentieren.

Wir können nun in Umkehrung der eingangs verworfenen Argumentationsweise von der Annahme her, daß das Wort Mt. 11,12 par. ursprünglich wohl in anklagendem Sinne gemeint gewesen ist, zu dem Schluß kommen, daß es zunächst auch unabhängig von V. 13 par. überliefert worden sein dürfte (44). Es ist dementsprechend natürlich davon auszugehen, daß das ἀπὸ τότε nicht den ursprünglichen Verseingang bietet. Die spätere Gegenüberstellung der Zeit μέχρι Ἰωάννου und der Zeit ἀπὸ τότε versteht sich aber nur unter der Voraussetzung, daß in V. 12 par. ein ἀπὸ Ἰωάννου vorhanden gewesen ist. Und das heißt, daß unser Wort wahrscheinlich von Anfang an die Situation der Auseinandersetzung mit den Täuferanhängern widerspiegelt.

Ginge man davon aus, daß in Mt. 11,12 par. ursprünglich ein Vorwurf gegen die fanatischen Zeloten und Pharisäer liegt, dann könnte man wohl eine Rückführung des Wortes auf Jesus selbst vertreten. Was allerdings die Auseinandersetzung mit dem Zelotismus betrifft, so ist nach Reimarus (45) verschiedentlich behauptet worden, daß Jesus ein gewaltsames Vorgehen im Sinne der Zeloten letzten Endes gerade nicht getadelt, sondern vielmehr gebilligt habe (46). Betz z. B. setzt voraus, daß Jesus "mit Wort und Tat den heiligen Krieg um die Verteidigung und Heraufführung der Gottesherrschaft" führe (47). Er freilich geht zugleich davon aus, daß in Mt. 11,12 par. gerade jene Vorstellung zum Ausdruck gebracht wird (48). Und so kann er unser Logion nichtsdestoweniger zum authentischen Überlieferungsgut rechnen. Nun mag in der Tat jedenfalls die Vermutung naheliegen, daß Jesus als vermeintlicher Zelot hingerichtet worden ist. Aber Cullmann, der eben dieses unterstreicht, hat doch gerade sehr deutlich gemacht, daß Jesus selbst sich von den Zeloten bewußt distanziert hat (49). Mk. 12,17, die Antwort Jesu auf die Frage nach dem Zensus, ist in diesem Zusammenhang signifikant. Meines Erachtens sagt bereits jenes Wort mehr, als daß Jesus eine "spezifisch zelotische Haltung ... kaum eingenommen haben" (50) kann (51).

Freilich, auch bei einer Deutung unseres Wortes im Sinne einer Anklage gegen Zeloten und Pharisäer ist damit eine Rückführung desselben auf die Gemeinde nicht unmöglich. Hoffmann beispielsweise hat ja mit Recht betont, daß insbesondere auch "die Q-Gruppe den Weg der Friedfertigkeit als den von Jesus gebotenen Weg verkündet" (52) hat.

Wenn allerdings unser Logion von Anfang an gegen die Anhänger des Täufers gerichtet gewesen ist, so ist eine Rückführung desselben auf die christliche Gemeinde unumgänglich. Denn es wird auf die von Johannes ausgehende Bußbewegung abgezielt, indem diese als ein Streben nach dem Reich gekennzeichnet wird. Und Johannes hat bekanntlich zur Buße gerufen, indem er das G e r i c h t vor Augen gestellt hat (53).

Wie könnte es aber zu der sich in der Hinzufügung von V. 13 par. dokumentierenden und ein wenig gewaltsam anmutenden Umdeutung unseres Wortes ins Positive gekommen sein? Immerhin, die Stellung der christlichen Gemeinde gegenüber der durch den Täufer ausgelösten Bewegung war ja, wie bereits deutlich geworden sein dürfte (54), nicht nur durch die Abgrenzung gegenüber den Johannesjüngern, sondern gleichermaßen durch eine positive Bezugnahme auf den Täufer selbst gekennzeichnet! In dem Moment nun, in dem die Situation der Konkurrenz beider Gemeinden nicht mehr aktuell war, verstand sich die christliche Gemeinde dementsprechend ganz einfach als Erbe des Täufers (55). Diejenigen Überlieferungen, in denen man eine negative Beurteilung der vom Täufer ausgehenden Bewegung fand, wurden in positivem Sinne uminterpretiert. Deutete man aber Mt. 11,12 par. dahingehend, daß das Gottesreich gewaltsam erstrebt werde, so k o n n t e man das Wort natürlich auch leicht gegen seine ursprüngliche Bedeutung "in bonam partem" interpretieren. Denn es ließ sich ja gerade in diesem Falle ohne weiteres als hyperbolischer Ausdruck dafür, daß um das Reich mit letztem Einsatz gerungen werde, verstehen.

Die Gegenüberstellung der Zeit von Gesetz und Propheten und der Zeit seit Johannes ist bereits Ausdruck einer heilsgeschichtlichen Reflexion, die zeitlich kaum zu spät angesetzt werden kann (56). Mit der Wendung ὁ νόμος καὶ οἱ προφῆται· wird dabei jüdischem Sprachgebrauch entsprechend (57) das Alte Testament in seiner Gesamtheit bezeichnet sein, so daß die Zeit der jüdischen Heiligen Schrift der Zeit des Gottesreiches entgegengesetzt wird. Da aber ὁ νόμος wie gewöhnlich voransteht, dürfte die Schrift insgesamt unter dem Gesichtspunkt der gesetzlichen Forderung gesehen sein. Nun geht der Verfasser von Q, wie wir bereits gezeigt haben (58), keineswegs davon aus, daß das Gesetz seine Gültigkeit verloren hat. Nichtsdestoweniger könnte V. 13 par. ursprünglich in entsprechender Weise zu verstehen gewesen sein. Meines Erachtens spricht freilich die Tatsache, daß dieser Vers als Pendant zu V. 12 par. formuliert worden ist, gegen eine solche Annahme. Denn in V. 12 par. geht es um das Reich als das Ziel, auf das das Tun gerichtet ist, und V. 13 par. wird im Gegenüber dazu auch das Gesetz bzw. dessen Erfüllung als Z i e l des Handelns ins Auge fassen. Dann geht es also in unserem Wort von Anfang an darum, daß die Thora in ihrer soteriologischen Funktion mit Johannes ihr Ende gefunden hat. Gerade damit jedoch hat die spätere

Gemeinde den entscheidenden Punkt herausgestellt, an dem sie
nicht mehr auf dem Boden des orthodoxen Judentums steht. Für
dieses ist das Gesetz in der Tat Ziel allen Strebens, insofern
es von der Erfüllung seiner Rechtsforderungen die Geltendmachung der Gerechtigkeit und damit das Heil des Frommen erwartet (59). Für die Gemeinde dagegen gehört das Gesetz als "Heils-
weg" der Vergangenheit an, insofern erst die Teilhabe an der
βασιλεία das Heil und damit die Geltendmachung der in der Welt
verborgenen Gerechtigkeit ermöglicht.

Unser Logion, ursprünglich einmal aus der Situation der Auseinandersetzung mit der Täufergemeinde zu verstehen, macht nun also
den Täufer zum Inaugurator der heilsgeschichtlichen Überbietung
des Judentums durch das Christentum. Von dem Bemühen, der Johan-
nestradition in dieser Weise einen positiven Sinn abzugewinnen,
bis hin zu dem Bemühen, die Messianität Jesu durch die Bezugnahme auf die Vorläuferrolle des Täufers zu erweisen (Mt. 11,14f.),
ist es dann nicht mehr weit.

4.: Das Gleichnis von den spielenden Kindern Mt. 11,16-19 par.
Noch einmal haben wir Überlieferungsgut vor uns, das inhaltlich
dem Kreis der Täufertraditionen zugeordnet werden kann. Es handelt sich um ein Stück gleichnishafter Rede, dem eine deutende
Erklärung hinzugefügt ist. In Mt. 11,16f. par. begegnet zunächst
das eigentliche Gleichniswort, das zu den Gleichnissen im engeren Sinne gerechnet werden kann (1). Das Verhalten "dieses Geschlechts" wird mit typischem Verhalten von Kindern beim Spiel
verglichen. In V. 18.19a.b par. ist dem Gleichnis ein Deutewort
beigegeben, welches durch das zweimalige resümierende ἦλθεν
seine charakteristische Form erhält und neben einer auf Johannes
Bezug nehmenden Aussage eine Ich-Aussage Jesu in der Gestalt einer Aussage über den υἱὸς τοῦ ἀνθρώπου beinhaltet (2). Dieses
Logion mündet in das Schlußwort von der Rechtfertigung der σοφία
durch ihre Kinder V. 19c par., und hier "quillt die Anwendung
über das Gleichnisbild hinaus" (3). Dabei ist nicht von vornherein auszuschließen, daß ein gängiges Sprichwort (4) aufgegriffen
ist. Mag nun ohnehin schon die Möglichkeit bestehen, daß unsere
Perikope traditionsgeschichtlich in Gleichnis und Deutung zer-
fällt (5), so ist demnach darüber hinaus noch zu erwägen, ob
nicht auch die ἦλθεν -Sprüche und das σοφία -Wort erst nachträglich zusammengefügt worden sind (6).

Hier ist zunächst auf die Darlegungen von Leivestad näher einzugehen. Dieser hat ja die These eines gnomischen Verständnisses
des σοφία -Wortes (ἐδικαιώθη als gnomischer Aorist) mit Nachdruck vertreten (7). Seiner Meinung nach sprechen "the abrupt
introduction of the saying, its formulation and its enigmatical
character" (8) für die Annahme, daß ein jüdisches Sprichwort zitiert wird. Dieses sei im Sinne des in Mt. 12,33 aufgenommenen
Sprichwortes vom Erkennen des Baumes an seiner Frucht zu verstehen. Von der σοφία ist demnach in unserem Logion nur in ironischem Sinne als der Weisheit der jüdischen Gegner, die sich
selbst ein denkbar schlechtes Zeugnis ausstellt, die Rede. Nun
stützt sich Leivestads Interpretation auf die von ihm für ursprünglich gehaltene matthäische Version des σοφία -Wortes

(ἔργων statt τέκνων). Diese Version ist aber, wie bereits gezeigt wurde, von daher zu verstehen, daß mit ἔργων nachträglich verdeutlichend auf die Taten Jesu und des Johannes hingewiesen werden soll (9). Allerdings, die von uns für Q rekonstruierte Fassung καὶ ἐδικαιώθη ἡ σοφία ἀπὸ τῶν τέκνων αὐτῆς ließe sich durchaus auch in der oben dargelegten Weise sprichwörtlich verstehen. Aber gerade Lukas, der das vermeintliche Sprichwort im wesentlichen in jener Form überliefert hat, ist jedenfalls überhaupt nicht als Kronzeuge für ein sprichwörtliches Verständnis anzuführen. Denn er zeigt durch sein πάντων vor τῶν τέκνων, daß er das Wort niemals im Sinne einer allgemein gültigen Aussage versteht (10). Dann bleibt aber der Schluß auf ein Sprichwort, nach dem sich die menschliche Weisheit in ihren Taten bzw. Kindern zu erkennen gibt, bei unserem Logion gänzlich hypothetisch. Im übrigen ist, wie Leivestad (11) selbst feststellt, ein ironischer Gebrauch von σοφία in den Evangelien sonst nicht belegt und ein Sprichwort wie das hier postulierte im Judentum auch nicht nachzuweisen. Unser σοφία-Wort wird, um der Überzeugung von der Rechtfertigung der göttlichen Weisheit im eschatologischen Geschehen um den Täufer und Jesus (12) Ausdruck zu verleihen, ad hoc gebildet worden sein. Ist aber nicht mit dem Vorliegen formelhaften Gutes zu rechnen, so entfällt der wesentliche Grund für die Annahme, daß das Logion dem Überlieferungskomplex sekundär angefügt ist.

Die ἦλθεν-Sprüche V. 18.19a.b par. weisen nun mit ihrer Anrede in der 2. Ps. (λέγετε) offenbar darauf hin, daß die Überlieferung einmal in der unmittelbaren Auseinandersetzung der judenchristlichen Gemeinde mit ihrer jüdischen Umwelt Verwendung gefunden haben dürfte. Gerade bei dieser Auseinandersetzung aber wird es der Gemeinde stets auch darum gegangen sein, missionarisch für den eigenen Glauben zu werben. So ist davon auszugehen, daß sich die Überlieferung gerade in diesem frühen Stadium ohnehin nicht im Schuldaufweis erschöpft hat. Damit ist völlig klar, daß V. 19c par. als Hinweis auf die immer noch bestehende Möglichkeit einer positiven Reaktion auf das Auftreten des Täufers und Jesu dem genuinen Bestand der Gleichnisdeutung zugerechnet werden muß (13).

Bleibt nur die Möglichkeit, daß die Deutung insgesamt nicht zu dem ursprünglichen Bestand der Gleichnisüberlieferung zu zählen ist. Die Differenzierung zwischen Gleichniswort selbst und Deutung berechtigt ja im allgemeinen tatsächlich zu der Annahme, daß ein traditionsgeschichtlich uneinheitlicher Komplex vorliegt (14). Freilich, was man darüber hinaus als Begründung für diese Annahme hat anführen wollen, hält einer kritischen Überprüfung bereits nicht mehr stand.

Als entscheidendes Argument für die These, daß Gleichnis und Deutung erst sekundär zusammengefügt worden sind, nennt Hoffmann (15) unter Berufung auf Dibelius (16) "den je verschiedenen Bezugspunkt" der beiden Stücke. Dazu stellt er erklärend fest, daß das Gleichnis eine Aussage über "dieses Geschlecht" enthalte, während "die Deutung ... - angeregt duch die Gegenüberstellung zweier Aussagen in den Rufen der Kinder - von Johannes und Jesus" spreche. Nun ist sicher richtig, daß es in dem Gleichnis von Hause aus um "dieses Geschlecht" geht. So gut wie unbestritten ist jedenfalls, daß zumindest ursprünglich die ja zunächst zum Hochzeits- und dann erst zum Beerdigungsspiel auffordernden Kinder nicht auf den Täufer und Jesus gedeutet werden sollten.

Bisweilen wird freilich auch bezüglich der Kinderworte im Gleichnis die Auffassung vertreten, daß hier eine Art Sprichwort vorliege. Man verweist in diesem Zusammenhang gern auf Spr. 29,9 sowie auf das von Rab Papa (4. Jhdt.) zitierte Wort: "Ob man einem etwas vorweint, der nichts versteht, oder ob man einem zulacht, der nichts versteht, wehe dem, der nicht zu unterscheiden weiß zwischen Gut und Böse" (17). Sollte nun wirklich in unserem Gleichnis derartiges vorformuliertes Spruchgut vorliegen, so wäre natürlich davon auszugehen, daß die zum Spiel auffordernden Kinder jedenfalls positiv gesehen sind. Es bliebe aber gerade auch angesichts des zum Vergleich herangezogenen Spruches doch fragwürdig, ob die Vorordnung des Hochzeitsspiels vor das Beerdigungsspiel von dem Rekurs auf ein Sprichwort her ihre Erklärung finden könnte. Diese Vorordnung spräche wohl immer noch dafür, daß die rufenden Kinder ungezwungen nicht auf Johannes und Jesus zu deuten sind. Bliebe die Möglichkeit, mit Schürmann (18) die Kinder speziell mit Jesus als dem Verkündiger der Frohbotschaft einerseits und des Bußrufes andererseits in Verbindung zu bringen und die Verkündigung des Täufers "höchstens nebenher mitgedacht" sein zu lassen. Nun hat hier A. Ehrhardt (19) andererseits auf griechische Sprichworte hingewiesen, deren Einfluß an unserer Stelle spürbar sein könnte. Aber eben Schürmann (20) betont demgegenüber ausdrücklich, daß bei Mt. 11,17 par. der Rückschluß auf ein Sprichwort nicht zwingend ist. Dann zwingt aber auch nichts zu der künstlichen Deutung der rufenden Kinder auf Jesus als den Bringer sowohl der Frohbotschaft als auch des Bußrufes, die von Schürmann vorgeschlagen wird.

Hoffmann (21), der in dem ursprünglichen Gleichnis eine Aussage über "dieses Geschlecht" sieht, leugnet nun aber trotz allem doch, daß jemals eine verschiedene Vorwürfe an ihre Spielkameraden richtende Gruppe von Kindern mit "diesem Geschlecht" in Verbindung gebracht werden sollte. Seiner Meinung nach ist davon auszugehen, daß vielmehr eine über gegenseitigen(!) Vorwürfen nicht zum Spielen kommende Kinderschar auf "dieses Geschlecht" gedeutet werden sollte. So ergibt sich, daß für ihn doch kein allzu krasser Gegensatz zwischen der eigentlichen Bedeutung des Gleichnisses und der Interpretation desselben in den Deuteworten zu konstatieren ist. Das hier vorausgesetzte Verständnis des Gleichnisses findet allerdings seinen Anhalt in dem wohl kaum ursprünglichen (22) lukanischen ἀλλήλοις , das eine Verteilung der Kinderrufe auf zwei Gruppen ermöglicht. So wird es nicht möglich sein, die von Hoffmann geleugnete Beziehung zwischen einer zu verschiedenen Spielen auffordernden Kindergruppe und "diesem Geschlecht" mit guten Gründen als so nicht vorhanden zu erweisen.

Es muß hier aber noch in Erwägung gezogen werden, ob das Gegenüber der zu den Spielen auffordernden und der dazu aufgeforderten Kinder nicht ursprünglich belanglos gewesen ist. Wie die rufenden Kinder, so könnten zumindest theoretisch ja auch die angerufenen als solche, die ihrerseits ihre eigenen Vorstellungen durchsetzen wollen, negativ gesehen sein (23). Die Unterscheidung zwischen den rufenden Kindern einerseits und den angerufenen andererseits zwingt also doch noch immer nicht zu der Annahme, daß in dem Gleichnis von Anfang an eine mit "diesem Geschlecht" identifizierte Gruppe einer mit Johannes und Jesus verglichenen Gruppe gegenübergestellt werden sollte.

Aber dürfte es wirklich Zufall sein, daß die auf das Verhalten "dieses Ge-
schlechts" hinweisenden Vorwürfe mit den typischen Vorwürfen gegen Johannes
bzw. Jesus im Einklang stehen (24)?

Alles andere als sicher aber ist nun die - freilich immer wieder
geäußerte (25) - Vermutung, daß in der Deutung die zum Spiel auffordernden Kinder mit Johannes und Jesus in Verbindung gebracht
werden sollen. Der Verfasser von Q jedenfalls wird kaum von ungefähr das Gleichnis mit Worten eingeleitet haben, die eine Identifizierung der rufenden Kinder mit Johannes und Jesus gerade auszuschließen scheinen (26). Vor allem aber ist bemerkenswert, daß
der direkten Rede des Gleichnisses ja in der Deutung eine zweifache direkte Rede gegenübersteht (vgl. V. 17 par. mit V. 18b.
19b par.). Es ist anzunehmen, daß das (bei beiden Spielaufforde-
rungen identische!) Subjekt jener direkten Rede im Gleichnis mit
dem Subjekt der direkten Rede in der Deutung korrespondiert (27).
Das heißt nun, daß die zum Spiel auffordernden Kinder in der Deutung statt mit Johannes und Jesus selbst eben mit den an ihnen
Anstoß nehmenden Menschen "dieses Geschlechts" verglichen werden (28). Freilich, auf den ersten Blick liegt in der Deutung die
Initiative gerade bei Johannes und Jesus, also nicht bei den
Menschen "dieses Geschlechts" (29). Diese Menschen sind aber eben
als solche gekennzeichnet, die mit ganz bestimmten Erwartungshaltungen an ihr Gegenüber herantreten. Darin, daß dieses Gegenüber den Erwartungshaltungen nicht entspricht, besteht letztlich
der Vorwurf, den "dieses Geschlecht" erhebt. Genau das aber ist
der Vorwurf, den die Kinder im Gleichnis anbringen. Sie sind gezeichnet als solche, die bald dieses, bald jenes von ihren Spielkameraden verlangen. Und es ist inhaltlich durchaus sinnvoll,
sie mit dem bald ein weltfreudiges, bald ein asketisches Leben
von Johannes bzw. Jesus forderenden Geschlecht in Verbindung zu
bringen (30). Nicht nur in dem Gleichnis als solchem, sondern auch
in der Deutung sind demnach die Rufe der Kinder keineswegs auf
die Verkündigung des Johannes und Jesu bezogen.

Damit ist natürlich noch nicht gesagt, daß sich die Deuteworte
völlig bruchlos an das Gleichnis anfügen. Die Frage ist, ob
nicht trotz allem gewisse Unstimmigkeiten zwischen den beiden
Komplexen zu erkennen sind. Hoffmann (31) jedenfalls und mit ihm
Schulz (32) sind der Ansicht, daß Gleichnis und Deutung gerade
auch in Einzelheiten nicht recht miteinander harmonieren. Jedoch,
was sie an vermeintlichen Ungereimtheiten anführen, stellt nur
die Unangemessenheit ihres Verständnisses der Gleichnisdeutung
ins Licht. Sobald man nämlich von der Voraussetzung abrückt, in
den Worten über Johannes und Jesus würden die Kinderrufe des
Gleichnisses allegorisierend aufgenommen, kann von solchen Ungereimtheiten keine Rede mehr sein. Zunächst einmal wird natürlich der Vorwurf einer "Inadäquatheit von Bild- und Sachaussa-
ge" (33) gegenstandslos, da ja grundsätzlich vorausgesetzt wird,
daß das Gleichnis gar nicht Zug um Zug gedeutet werden soll. Des
weiteren erledigt sich der Hinweis auf die "Umkehrung der Reihenfolge Tanz - Trauer" (34) in der Deutung, denn es ist eben
nicht davon auszugehen, daß das Stichwort "Tanzen" auf das Geschehen um Jesus und das Stichwort "Trauern" auf das Geschehen
um den Täufer zu beziehen ist. Vielmehr ergibt sich, daß die

Worte "ihr habt nicht getanzt" dem Vorwurf gegen Johannes und
die Worte "ihr habt nicht getrauert" dem Vorwurf gegen Jesus
entsprechen, so daß gerade eine Übereinstimmung in der Reihenfolge der Aussagen bei Gleichnis und Deutung zu konstatieren ist
Vor allem aber kann auch die Schlußbemerkung über die "Kinder der
Weisheit" auf gar keinen Fall mehr als deplaziert (35) betrachtet werden, ist es doch möglich, in den Kindern des Gleichnisses
quasi einen antithetischen Gegenbegriff zu den "Kindern" des
σοφία -Wortes zu finden. Sollte also nicht vielmehr davon auszugehen sein, daß Gleichnis und Deutung eine sehr gute Einheit
bilden? Was aber spricht dann noch dagegen, daß das auf den ersten Blick nicht ohne weiteres ganz verständliche (36) Gleichnis
von Anfang an mit der Deutung versehen gewesen ist (37)?

Nun wird zumeist dort von der traditionsgeschichtlichen Einheit
der beiden Bestandteile unserer Perikope ausgegangen, wo die
Stücke als authentisch betrachtet werden (38). Wenn aber die form-
geschichtliche Differenzierung zwischen Gleichnis und Deutung irgendwo zu der Unterscheidung verschiedener traditionsgeschichtlicher Stufen Anlaß gibt (39), dann doch bei dem der ältesten Zeit
bzw. Jesus selbst zuzurechnenden Gleichnisgut. Die These, daß Mt
11,16f. par. und 11,18f. par. n i c h t verschiedenen Stufen
angehören, setzt gerade voraus, daß wir es auch nicht mit genu-
iner Jesusüberlieferung zu tun haben. Sie impliziert, daß der
Komplex noch dem ersten Stadium der Traditionsbildung, in dem
eben tatsächlich zunächst reine Gleichnisse entstanden sind, angehört. Nur in dem Maße, in dem sich dieses wahrscheinlich machen läßt, wird sich also die These der ursprünglichen Einheit
unserer Perikope verifizieren lassen.

Oft wird hier einfach behauptet, es spreche nichts gegen die
Rückführung des Gleichnisses Mt. 11,16f. par. auf Jesus selbst
(40). Aber das ist gerade zu bezweifeln. Meines Erachtens kann
man bei genauer Betrachtung des Sachverhaltes kaum noch davon
ausgehen, daß sich unser Gleichnis ohne weiteres der Verkündigung Jesu einfügt. Es ist doch unbestritten, daß Jesus seinen
Hörern die Kinder als Beispiel vor Augen gestellt hat. In unserer Perikope aber handelt es sich darum, daß jenen Johannes wie
Jesus selbst ablehnenden Menschen die Kinder a n   d i e
S e i t e gestellt werden (41.42).

Was aber hat es mit den Indizien auf sich, die jedenfalls für ein
hohes Alter der Überlieferung sprechen sollen? Lassen sich, abgesehen von den vermeintlichen Übersetzungsvarianten, deren Existenz schon bestritten worden ist (43), irgendwelche Anhaltspunk-
te dafür finden, daß das Gleichnis auf ein semitisches Original
zurückzuführen ist? Ein derartiger Anhaltspunkt könnte vielleicht in der Tatsache gesehen werden, daß dem Nebeneinander von
ὠρχήσασθε und ἐκόψασθε! V. 17 par. in syrischer Übersetzung ein Ne
beneinander von "raqqedhtun" und "ъarqedhtun" und d.h. ein Wortspiel (44) entspricht. Wäre mit den fraglichen Kinderrufen eine for
melhafte Wendung aufgegriffen (45), so könnte nämlich ursprünglich
tatsächlich ein solches Wortspiel vorgelegen haben (46). Jedoch,
sind die Rufe frei formuliert, so wird eben gerade nicht auf
eine kunstvolle Formulierung zu rekurrieren sein. Denn "Kinder
pflegen am wenigsten im Zorn bewusst Wortspiele zu gebrauchen" (47

und die freie Bildung eines solchen dürfte dementsprechend kaum
in Frage gekommen sein. Bleibt schließlich nur noch anzumerken,
daß natürlich auch der antithetische Parallelismus in den Kinderrufen, der seine Entsprechung in dem Parallelismus der Deuteworte findet, in diesem Zusammenhang keinen Anlaß zu weitrei-
chenden Folgerungen gibt (48). Aber wie dem auch sei, unser
Gleichnis muß jedenfalls nicht w e s e n t l i c h früher entstanden sein, als es in der Redenquelle seine schriftliche Fi-
xierung gefunden hat.

Was aber die Deuteworte Mt. 11,18f. par. betrifft, so ist hier
erst recht nicht davon auszugehen, daß es sich um besonders alte
Tradition handelt. Um die Beobachtungen, die gegen die Authentizität der Worte sprechen, zu entwerten, hat man sich freilich
gerade hier um Argumente zugunsten einer Rückführung derselben
auf Jesus bemüht. In diesem Zusammenhang wird darauf verwiesen,
daß die in den Worten ἄνθρωπος φάγος καὶ οἰνοπότης, τελωνῶν
φίλος καὶ ἁμαρτωλῶν sich äußernde Kritik an Jesus auf dem Hintergrund der Tatsache, daß Jesus mit "Zöllnern und Sündern"
mahlgehalten hat und die Schriftgelehrten und Pharisäer daran
Anstoß genommen haben, verständlich werde (49). Und es stimmt,
daß das Deutewort in dem Vorwurf gegen Jesus auf historische An-
schuldigungen zurückzugreifen scheint (50.51). Die Frage ist aber,
ob die Benutzung der Wendung ἄνθρωπος φάγος καὶ οἰνοπότης in
unserer Perikope der Gemeinde wirklich ferngelegen hätte. Gewiß,
hier sind krasse Schimpfworte benutzt (52). Aber geht es in dem
Deutewort nicht auch darum, das Urteil "dieses Geschlechts" anzuprangern? Und würde es sich dementsprechend der Gemeinde nicht
geradezu angeboten haben, auf die anstößigen Beschimpfungen Jesu
durch seine Gegner zurückzugreifen (53) ?

Man hat allerdings überdies noch zu der Annahme gegriffen, daß
es für die auf Jesu Superiorität bedachte Gemeinde kaum naheliegend gewesen wäre, die Worte über Jesus neben diejenigen über
Johannes zu stellen (54). Meines Erachtens läßt sich aber auch
das nicht behaupten. Wir wollen zwar nicht einfach den "Spieß
umdrehen" und dafürhalten, daß Jesus selbst gezögert hätte,
durch eine Formulierung wie die vorliegende sein Wirken mit dem
des Täufers zu vergleichen (55). Es ist ja unbestreitbar, daß er
das Wirken des Täufers sehr positiv beurteilt hat. Aber zum einen
ist festzustellen, daß die christliche Gemeinde ihrerseits in
dem Moment, in dem sie sich nicht mehr zur Auseinandersetzung
mit den Johannesjüngern genötigt sah, unbefangen auf den Täufer
in positiver Weise Bezug nehmen konnte (56). Und darüber hinaus
ist zu fragen, ob nicht die Gemeinde vielleicht sogar eher zu
jener heilsgeschichtlichen Reflexion in der Lage gewesen ist,
die sich offenbar in der Parallelisierung von Johannes und Jesus widerspiegelt (57).

Nun gehört das fragliche Wort ja, wie mit Recht hervorgehoben
worden ist (58), zu dem größeren Komplex der Aussagen, die über
das "Gekommensein" Jesu reflektieren. Es trägt dabei wenig aus,
daß unser Logion innerhalb dieses Komplexes insofern eine Son-
derstellung einnimmt, als "das ἦλθεν ὁ υἱὸς τοῦ ἀνθρώπου offenbar durch die Korrespondenz mit ἦλθεν ... Ἰωάννης veranlasst
ist" (59). Auf jeden Fall läßt sich von hier aus nicht beweisen,

daß das ἦλθεν an dieser Stelle einen völlig anderen Sinn als
den einer rückschauenden Zusammenfassung (60) hat (61). Vielmehr
ergibt sich aus dem Johannesspruch gerade eine Bestätigung dafür, daß das Wirken des Betreffenden in seiner Gesamtheit im
Blick ist. Auch unter diesem Aspekt läßt sich freilich noch immer nicht ausschließen, daß Jesus selbst die Worte so oder ähnlich formuliert haben könnte. Er könnte hier auf eine längere
Zeit öffentlichen Wirkens zurückschauen und sein Auftreten unter
dem für das Volk offenbar entscheidenden Gesichtspunkt zusammenfassen (62). Aber es ist doch wohl wahrscheinlicher, daß für denjenigen, der hier formuliert, nicht nur das Wirken des Johannes,
sondern auch das irdische Wirken Jesu bereits gänzlich zur Vergangenheit geworden ist.

Im übrigen sprechen allgemein bei den Worten vom Gekommensein
Jesu die verschiedensten Indizien dafür, daß ein grundsätzliches
Mißtrauen gegen die Echtheit jener Aussagen angebracht sein dürf
te (63). Und speziell bei unserem Wort ist in der Benutzung des
Titels "Menschensohn" nun tatsächlich noch ein solches Indiz zu
sehen, von dem aus sich eine Rückführung des Spruches auf Jesus
verbietet (64).

*Der Hinweis auf die Titulierung des irdischen Jesus mit der apokalyptischen
Würdebezeichnung "Menschensohn" bereitet den Befürwortern der Authentizität
unseres Wortes die größten Schwierigkeiten! Zumeist sucht man das Problem
mit Hilfe der Annahme zu lösen, daß ὁ υἱὸς τοῦ ἀνθρώπου an unserer
Stelle gar kein fester apokalyptischer Terminus sei, sondern indefiniten
Sinn wie das folgende ἄνθρωπος habe. Bereits A. Meyer (65) hat auf ein ursprüngliches aramäisches "barnasch" spekuliert, welches mit "jemand" zu übersetzen wäre (66). Aber hier handelt es sich sicherlich um eine apologetische
Konstruktion. Der Parallelismus zwischen Johannes- und Jesuswort macht es unmöglich, die Bezeichnung ὁ υἱὸς τοῦ ἀνθρώπου im indefiniten Sinne zu
verstehen. Im übrigen, die Bezeichnung "jemand", "ein Mensch" wäre gerade
von den Gegnern Jesu in ἄνθρωπος φάγος ... übernommen. Der Gegensatz zwischen Jesus und "diesem Geschlecht" käme nicht mehr so deutlich zum Ausdruck
(67). So müssen die Befürworter der Echtheit unseres Wortes letztlich doch
davon ausgehen, daß Jesus sich hier selbst als "Menschensohn" bezeichnet
hat (68).*

Nun mag man es durchaus für eine unbegründete und dem Christentum
die Grundlagen entziehende Vorentscheidung halten, Jesus das messianische Selbstbewußtsein und den Gebrauch des Titels "Menschensohn" abzusprechen (69). Es ist im Zusammenhang unserer Argumentation gar nicht darauf zu rekurrieren, daß Jesus sich selbst
nicht als Messias gesehen und auch nicht mit der apokalyptischen
Gestalt des Menschensohnes identifiziert habe. Die Art und Weise,
in der Jesus auf die Beziehung zwischen seiner Person und dem
Menschensohn hingewiesen hat, war aber gewiß durch die nur in
Verhüllung enthüllende Sprache der Apokalyptik gekennzeichnet
(vgl. Mk. 8,38 sowie Lk. 12,8f. par.) (70). Und die Art und Weise,
in der unser Logion die Identität Jesu mit dem Menschensohn voraussetzt, läßt von jener sprachlichen Zurückhaltung kaum noch etwas erkennen. Kein Zweifel also, erst die Gemeinde wird jenes
Wort gebildet haben!

Nun hat Tödt (71) in der Auseinandersetzung mit Bultmann (72) behauptet, die Übertragung des Menschensohntitels auf den irdischen Jesus sei bereits der mit dieser Bezeichnung vertrauten p a - l ä s t i n e n s i s c h e n Gemeinde zuzuschreiben. Dieser These wird aber nur insofern zuzustimmen sein, als damit gesagt ist, daß unser Logion dem judenchristlichen Bereich entstammen dürfte. Denn es stimmt sicher nicht, daß der Menschensohntitel relativ früh auf den irdischen Jesus übertragen worden ist. Tödt kommt zu der gegenteiligen Ansicht wohl deshalb, weil seiner Meinung nach "die Menschensohnbezeichnung hier nicht die Hoheit des transzendenten Menschensohnes auf Jesus herabzieht" (73). Die Benutzung gerade des Terminus' "Menschensohn" zur Kennzeichnung der Vollmacht des irdischen Jesus läßt sich aber doch lediglich von daher erklären, daß dieser Jesus schon ganz in der Hoheit des kommenden Menschensohnes gesehen ist (74). Und so mag es tatsächlich gar nicht so falsch sein, in unserem Wort Anzeichen für eine beginnende Hellenisierung des Judenchristentums zu finden. Auf jeden Fall aber ist davon auszugehen, daß auch Mt. 11,18f. par. zu den jüngeren Bestandteilen von Q gerechnet werden muß.

Die Frage ist nur, ob die Anwendung des Menschensohntitels auf den irdischen Jesus nicht schon ein erstes Nachlassen der hochgespannten Naherwartung zur eigentlichen Voraussetzung hat. Meines Erachtens ist es gerade nicht ausgemacht, daß die Menschensohnwürde deshalb auf Jesus übertragen wurde, weil für die unmittelbar bevorstehende Zukunft seine apokalyptische Ankunft erwartet wurde (75). Gegen diese Behauptung spricht eben die Tatsache, daß mit der Übertragung des Titels ja nichts anderes gesagt ist, als daß bereits dem irdischen Jesus die Macht und Würde des apokalyptischen Menschensohnes zukommt. Denn das bedeutet doch nichts anderes, als daß das leitende Interesse bei jener Titulierung in dem Bestreben gesehen werden muß, den apokalyptischen Glauben gerade auf den irdischen Jesus zu verweisen. Um so mehr ist natürlich davon auszugehen, daß zwischen der Bildung unseres Traditionsstückes und der Abfassung von Q kein großer Zeitraum anzusetzen ist.

Nun haben wir bereits gesehen, daß die das Q-Gut ziemlich unmittelbar prägende Gemeinde den Täufer zum Inaugurator der Überbietung des Judentums durch das Christentum gemacht hat (76). Es rundet also das Bild nur ab, wenn in dem Traditionsstück Mt. 11, 16-19 par. diese Gemeinde den Täufer unmittelbar Jesus zuordnet. Das Auftreten des Johannes wird dabei unter dem Gesichtspunkt seines asketischen, das Auftreten Jesu aber unter dem Aspekt seines weltfreudigen Verhaltens zusammengefaßt. Hier mag noch durchschimmern, daß Johannes als Gerichtsprediger das totale Angewiesensein auf die göttliche Vergebung proklamiert hat, Jesus aber als der Heilbringer (77) diese Vergebung angeboten hat. Die eigentliche Intention unserer Perikope aber wird es sein, Johannes und Jesus als diejenigen, die in diesem ihren Tun von den "Kindern der Weisheit" gerechtfertigt worden sind, zu verkünden.

5.: Die Worte gegen Chorazin und Bethsaida sowie Kapernaum Mt. 11,21-23 par.
Was den Komplex der gegen Chorazin und Bethsaida sowie Kapernaum

gerichteten Worte betrifft, so hatte sich zunächst bei der literarkritischen Untersuchung ergeben, daß neben Mt. 11,23b.c vor allem 11,24 eine sekundäre Bildung matthäischer Provenienz darstellt. Dabei war davon auszugehen, daß dieser Vers lediglich den auf Q zurückzuführenden und dort unseren Logienkomplex einleitenden Vers 10,15 par. erneut aufnimmt (1). Darüber hinaus ließ sich dann mit Blick auf den Q-Text zeigen, daß 10,15 par. seinerseits eine sekundäre Bildung des Verfassers der Quelle sein dürfte (2). Lediglich speziell für die sekundäre Textüberlieferung bei Mt. aber gilt offenbar, daß das Wort über Chorazin und Bethsaida demjenigen über Kapernaum formal entspricht. Und nur dann, wenn man jene spätere Textform im Auge hat, wird man etwa mit Bultmann (3) die ähnlich parallel gebauten Worte über "dieses Geschlecht" und die Königin des Südens sowie die Niniviten Mt. 12,41f./Lk. 11,31f. (4) zum Vergleich heranziehen und auf das Vorliegen eines Schemas urchristlicher Polemik rekurrieren können. Was das uns hier beschäftigende mündliche Traditionsstadium betrifft, so ist dieses jedenfalls durch eine gewisse formale Inkongruenz zwischen dem Wort über Chorazin und Bethsaida einerseits und demjenigen über Kapernaum andererseits bestimmt. Bei beiden Logien handelt es sich offenbar um Drohrede prophetischer Prägung (5), bei der die im AT begegnende Form des Völkerorakels aufgenommen und gegen Israel gewendet wird (6). Jedoch, dem Nebeneinander von Weheruf und expliziter Strafandrohung in dem Wort über Chorazin und Bethsaida korrespondiert nur eine einfache Unheilsankündigung in dem Wort über Kapernaum! Und zu dem das Wehe über Chorazin und Bethsaida begründenden Schuldaufweis findet sich überhaupt keine Entsprechung im Kapernaumwort!

Sieht man letzteres, wird man natürlich ohnehin kaum noch einfach mit Schulz (7) behaupten können, wie den Orten Chorazin und Bethsaida, so werde auch Kapernaum das Gericht aufgrund der Ablehnung der Heilstaten des Endzeitpropheten Jesus angedroht. Es bleibt zumindest offen, inwieweit die Drohung gegen Kapernaum speziell auf solchem Hintergrund zu sehen ist (8). Gewiß, beide Worte sind gleichermaßen durch alttestamentliche Rückbezüge gekennzeichnet (9). Die Art und Weise, in der auf solche Tradition Bezug genommen wird, macht meines Erachtens aber allenfalls noch deutlicher, daß bei unseren Worten gerade auch von einer Entsprechung im Inhaltlichen nur unter Vorbehalt die Rede sein kann. Denn lediglich Chorazin und Bethsaida, nicht aber Kapernaum (die Bezugnahme auf Sodom ist eben sekundär!) werden mit heidnischen Städten verglichen. Und während Kapernaum mittels Aufnahme jesajanischer Weissagung nichts anderes als das Schicksal des babylonischen Königs (10) vorhergesagt wird, wird Chorazin und Bethsaida eine das Gericht an Tyrus und Sidon (11) noch übersteigende Heimsuchung angekündigt (12). Hier ist die bevorzugte Stellung des Volkes Israel zur Ursache dafür geworden, daß es nun eben im Gericht eine "bevorzugte" Position einnimmt. Und damit ist die Gerichtsdrohung noch verschärft, insofern der Gedanke der heilsgeschichtlichen Prärogative Israels nicht nur negiert, sondern geradezu in sein Gegenteil verkehrt wird.

Nach allem Gesagten läßt sich nicht mehr einfach voraussetzen, daß es sich bei unserem Überlieferungskomplex um eine traditionsgeschichtliche Einheit handeln muß (13). Gleichermaßen verliert aber die Behauptung an Wahrscheinlichkeit, daß das Kapernaumwort eine "Nachbildung" (14) sei. Hier ist nur eines eindeutig, nämlich daß jenes Wort in seiner ursprünglichen Fassung hinsichtlich der Israelpolemik hinter dem Chorazin- und Bethsaida-Wort noch zurückbleibt.

Es ist nun jedoch behauptet worden, gerade eine "derart antithetische Bezugnahme auf das Alte Testament" wie im Vergleich des Schicksals von Chorazin und Bethsaida mit dem von Tyrus und Sidon sei nur im Munde Jesu verständlich (15). Dem widerspricht aber, daß das Kapernaumwort sekundär dann eben doch dem Chorazin- und Bethsaida-Wort "nachgebildet" und zu einem Vergleich des Geschickes dieser Stadt mit dem von Sodom ausgestaltet worden ist. Wenn überhaupt, dann ist am ehesten noch bei diesem Logion mit einem Durchschimmern ursprünglicher Überlieferung zu rechnen.

Was den oft beschworenen (16) apokalyptischen Einschlag unserer Logien betrifft, so läßt sich dieser speziell im Blick auf das Drohwort gegen Chorazin und Bethsaida erkennen. Hier wird e x - p r e s s i s   v e r b i s auf das "Gericht" verwiesen, womit sicherlich auf die mit dem Kommen des neuen Äons verbundenen Ereignisse angespielt sein dürfte. Bemerkenswert ist dabei, daß in charakteristischer Manier zwischen härtesten und weniger harten Strafen unterschieden wird. Wenn also von einer Apokalyptisierung prophetischer Tradition die Rede sein kann, dann vor allem im Blick auf die Formulierung in V. 21f. par. Wobei allerdings zu bedenken ist, daß auch V. 23 par. kaum mehr im alttestamentlichen Sinne als Hinweis auf ein innergeschichtliches Handeln Gottes gedeutet werden kann.

Bisweilen wird freilich die Auffassung vertreten, daß selbst die Rede vom Gericht den Gedanken an die Endereignisse nicht nahelege. So hat M. Adinolfi in seinem Aufsatz "La condanna a tre città orgogliose (Matt. 11,20-24)" (17) behauptet, daß in unseren Worten grundsätzlich wohl doch auf ein innergeschichtliches Gericht hingewiesen werden solle. Und im übrigen hat bereits Michaelis in seinem Kommentar zum Matthäusevangelium (18) ausgeführt, daß das Kapernaumwort g e r a d e   a u c h   i m   m a t t h ä i s c h e n   Z u s a m m e n h a n g lediglich auf Möglichkeiten innerhalb der geschichtlichen Entwicklung aufmerksam mache. Diese Behauptungen sind aber sicher verfehlt. Zunächst einmal ist ja das Traditionsgut in einer Zeit entstanden, für die eine hochgespannte apokalyptische Naherwartung noch bestimmend war. Schon deshalb ist jedenfalls sehr wahrscheinlich, daß zumindest ursprünglich mit der Wendung ἐν τῇ κρίσει nicht auf ein richtendes Eingreifen Gottes innerhalb der geschichtlichen Entwicklung, sondern auf das apokalyptische Endgericht angespielt ist. Dieses gilt um so mehr, als jene Wendung dort, wo sie nochmals in der Q voraufgehenden Tradition begegnet (19), ganz deutlich auf das "Jüngste Gericht" hinweist (20). Im übrigen spricht auch manches gegen die Annahme, im Blick auf den matthäischen Zusammenhang sei eine Deutung auf ein innergeschichtliches Gericht zu erwägen. Schon Q hat mit der Wendung ἐν τῇ ἡμέρᾳ ἐκείνῃ in dem sekundären Vers Mt. 10,15/Lk. 10,12 noch deutlicher gemacht, daß der Tag des Endgerichts gemeint ist. Die Wendung ἐκείνη ἡ ἡμέρα ist eben im NT vor allem eine formelhafte Bezeichnung für "den all-

umfassenden Gerichtstag" (21), "dies irae, dies illa" (so außer Mt. 7,22
auch noch 2. Tim. 1,12.18 und möglicherweise 2. Tim. 4,8). Mt. selbst aber
hat mit der Formulierung ἐν ἡμέρᾳ κρίσεως *ganz unmißverständlich zum*
Ausdruck gebracht, daß gerade auch für ihn der Gedanke an das Endgericht vor-
auszusetzen ist. Denn vom "Gerichtstag" ist im NT lediglich in dieser präg-
nanten Bedeutung die Rede (22) (vgl. Mt. 12,36; 1. Joh. 4,17; 2. Petr. 2,9;
3,7). Und der Terminus als solcher weist eindeutig in apokalyptische Zusam-
menhänge (23).

Freilich, inwieweit besteht eigentlich die Voraussetzung zu Recht, daß ein
apokalyptischer Einschlag unbedingt für das Vorliegen späterer Gemeindetradi-
tion spricht? Kann man wirklich sagen, daß man die apokalyptischen Aussagen,
"ohne den Ernst der Gerichtspredigt Jesu in Zweifel zu ziehen, doch eher der
nachösterlichen Gemeinde zuordnen wird" (24)? Käsemann kommt zu dieser Auffas-
sung, obwohl er einen apokalyptischen Hintergrund auch bei der Täuferbotschaft
in Anschlag bringt (25). Hier wird das Problematische seiner These deutlich,
denn man wird doch kaum zwischen einer apokalyptisch bestimmten Botschaft des
Täufers und einer nicht eigentlich durch die Apokalyptik geprägten Verkündi-
gung Jesu unterscheiden können. Wie für die Verkündigung des Täufers, so wird
ein apokalyptischer Hintergrund auch für die dessen Gerichtsdrohung ja voraus-
setzende Verkündigung Jesu in Anschlag zu bringen sein. Im übrigen, wenn nicht
Johannes (26), so hat doch zumindest bereits Jesus den kommenden Menschensohn
verkündet. Dieses zeigt sich an der merkwürdig verhüllenden Art, in der be-
kanntlich in der ältesten Tradition von der Beziehung zwischen dem Menschen-
sohn und Jesus die Rede ist (vgl. Mk. 8,38 sowie Lk. 12,8f. par.). Bleibt
noch anzumerken, daß gerade der von der Gemeinde dann explizit vollzogenen
Gleichsetzung des kommenden Menschensohnes mit dem gekommenen Jesus eine
a n t i apokalyptische Tendenz (27) innewohnt. Es ist jedoch überhaupt eine
Frage für sich, inwieweit sich aus der Aufnahme apokalyptischen "Vorstel-
lungsmaterials" auf ein eigentlich apokalyptisch strukturiertes Denken schlie-
ßen läßt (28) ...

Im Anschluß an Wellhausen ist freilich jetzt hervorzuheben, daß
Jesus in der Ankündigung des Gerichts an Chorazin und Bethsaida
"auf eine bereits abgeschlossen vorliegende Wirksamkeit" zurück-
schaut (29). Dem entspricht es aber, daß auch über Kapernaum jedenfalls ein abschließendes Urteil gefällt wird. Und dieses abschließende Urteil wird nicht etwa den Führern, sondern der Be-
völkerung allgemein verkündet (30). Demnach ist festzustellen,
daß unser Überlieferungsgut letzten Endes nirgendwo unmittelbar
historische Reminiszenzen erkennen läßt. Dieses aber gilt um so
mehr, als Chorazin (31) in der Jesusüberlieferung sonst überhaupt
nicht begegnet (32), Kapernaum aber jedenfalls nicht als Muster-
beispiel für Mißerfolge Jesu (33).

Wenn nun die frühe christliche Gemeinde zunächst in der Auseinandersetzung speziell mit den Johannesjüngern stand (34), so
steht sie hier in Auseinandersetzung mit dem Judentum allgemein.
Offenbar spiegelt sich eine spätere Situation wider, in der der
Konflikt mit rivalisierenden Sondergruppen innerhalb des Judentums bereits der Vergangenheit angehört. Entscheidend ist dabei,
daß insofern von einer antijüdischen Tendenz der Überlieferung
die Rede sein muß, als die heilsgeschichtliche Prärogative Israels geleugnet bzw. geradezu in ihr Gegenteil verkehrt wird.
Denn damit wird nun das Verhalten gegenüber Jesus zu dem einzige
für das Ergehen im Gericht entscheidenden Prüfstein gemacht. Die

Beziehung zur Menschensohnverkündigung (35) liegt auf der Hand.
Nur begegnet statt der Forderung nach dem Bekenntnis zum irdischen Jesus in unserer Überlieferung bereits die Forderung nach
Anerkennung seiner ihn legitimierenden Taten. Und diese Forderung wird nicht direkt erhoben, sondern entspringt der Auseinandersetzung mit dem unbußfertigen (36) Israel ...

6.: Der Jubelruf Mt. 11,25-27 par.
Der nun noch verbleibende Jubelruf Mt. 11,25-27 par., der sich im
Matthäusevangelium im Heilandsruf 11,28-30 fortsetzt, stellt ohne Zweifel eine theologische Spitzenaussage dar. Er gehört dementsprechend zu den Logien, die von jeher in der Forschung besondere Beachtung fanden. Die Tendenz einer konservativ ausge-
richteten katholischen Exegese war es dabei, letztlich die Ursprünglichkeit auch der johanneischen Auffassung von Christus und
des Gedankens der Gottheit Jesu zu erweisen (1). Aber selbst die
protestantische liberable Theologie, für die Mt. 11,25-30 geradezu
klassische Bedeutung gewann, schickte sich an, hier einen Niederschlag des Selbstbewußtseins Jesu zu finden (2). Demgegenüber hat
dann jedoch Norden unter religionsgeschichtlichem Aspekt geltend
gemacht, daß unser Logion nicht zur αὐτοφωνία τοῦ κυρίου zu
rechnen sei, insofern es nur auf dem Hintergrund theosophischer
Mystik recht verstanden werden könne (3). Er beruft sich hier
auch auf Wellhausen, der speziell 11,27 par. für eine Gemeindebildung zu halten geneigt sei. Damit war die entscheidende Frage nach einer etwaigen hellenistischen Prägung unseres Traditionsgutes gestellt. Anders als bei Wellhausen war aber bei Norden aufgrund seiner "formengeschichtlichen" (4) Thesen (5) der
Blick doch noch immer auf 11,25-30 als Einheit gerichtet.

Zur näheren Charakterisierung der seiner Meinung nach in 11,25-
30 vorliegenden Einheit hatte Norden auf eine Formulierung
Pfleiderers zurückgegriffen, nach der diese Perikope als "christologisches Bekenntnis der apostolischen Gemeinde in Form eines feierlichen liturgischen Hymnus" (6) zu bezeichnen wäre (7).
Es liegt nur in der Konsequenz dieses Ansatzes, wenn Arvedson
dann den betreffenden Abschnitt als eine Liturgie für eine Mysterienfeier, in der die Inthronisation Christi gefeiert wird,
erweisen möchte (8). Arvedson (9) hat aber bereits gesehen, daß
dennoch von einer sukzessiven Entstehung der Tradition die Rede
sein muß (10). Und im Grunde führte gerade die formgeschichtli-
che Betrachtungsweise dazu, daß sich die These eines Zusammenwachsens des vorliegenden Überlieferungskomplexes aus Einzelbestandteilen durchsetzte (11). Nun wäre natürlich durchaus möglich, daß der Rekurs auf das Vorliegen einer nach einem geprägten Schema gestalteten "Liturgie" (12) eben im Blick auf das
spätere Überlieferungsstadium sinnvoll ist. Es muß allerdings
hier doch einmal gefragt werden, ob die These, daß im Hintergrund von Mt. 11,25-30 ein vorgeprägtes Schema religiöser Rede
zu erkennen sei, in der bei Norden begegnenden Form wirklich
stichhaltig ist.

Jene These basiert vor allem auf einem Vergleich unseres Logien-
komplexes mit dem 51. Kapitel des Buches Sirach, welches den
gleichen traditionellen dreigliedrigen Aufbau wie Mt. 11,25-30

(2,4,2,6)

aufweise (13). Die weiteren von Norden herangezogenen vermeintlichen Parallelen (14) lassen auch insoweit keine sicheren Schlußfolgerungen zu, als bei ihnen die einzelnen Bestandteile, aus
denen sich das postulierte Schema zusammensetzt, in anderer Reihenfolge begegnen (15). Bezeichnenderweise muß Norden zu der Annahme greifen, daß hier eine noch nicht "judaisierte" Urform des
betreffenden Redeschemas vorliege (16). Was aber nun den Vergleich von Mt. 11,25-30 mit Sir. 51 betrifft, so ergeben sich
auch dabei gewisse Diskrepanzen. Sicher, der Heilandsruf 11,28-
30 entspricht beinahe wörtlich dem "Appell an die Unweisen" Sir.
51,23-30 (17). Aber der Jubelruf 11,25f.27 läßt sich nicht so
einfach mit Sir. 51,1-12.13-22 in Verbindung bringen. Denn in
11,25f.27 wird auf die Offenbarung an die Unmündigen bzw. das
gegenseitige Verhältnis von Vater und Sohn und die in das Belieben des Sohnes gestellte Offenbarung abgezielt, während in
Sir. 51,1-12.13-22 von der Rettung aus Not und dem Suchen und
Finden der Weisheit die Rede ist (18)!

*Zudem hat man vorauszusetzen, daß auch Sir. 51 möglicherweise erst sekundär
zu der jetzigen Einheit zusammengefügt worden ist. Davon geht beispielsweise
schon V. Ryssel aus, wenn er in seiner Übersetzung des Sirachbuches (19)
Kap. 51,1-12 als ersten, 51,13-30 aber als zweiten A n h a n g klassifi-
ziert (20). Er verweist in diesem Zusammenhang u.a. darauf, daß Kap. 51 in
Syr.-Hex. fehlt, V. 13-30 aber im Gegensatz zu V. 1-12 als alphabetisches
Lied zu kennzeichnen ist (21). Im übrigen, in 11 QPs^a 21,11ff. begegnet
V. 13ff. nun ohne V. 1ff. (22), und in Ms B - und hier handelt es sich um das
e i n z i g e der Kairoer Manuskripte, das Sir. 51 enthält! - ist nach 51,12
ein das vermeintliche Schema störender Psalm eingefügt (23). Sicher ließe
sich auch hier festhalten, daß der Rekurs auf das Vorliegen eines Schemas immerhin im Blick auf ein späteres Stadium der Überlieferung angebracht sein
könnte (24). Jedoch, ein entsprechendes literarisches Schema wäre jedenfalls
nirgendwo unmittelbar nachzuweisen. Und die spätere Überlieferungsgeschichte
läßt eben auch gerade nichts davon erkennen, daß man den fraglichen Textzusammenhang als genuine Einheit betrachtet hätte (25). Ist es nicht von hier
aus zumindest fragwürdig, ob wir mit einem fest geprägten literarischen Re-
detypus zu rechnen haben (26)?*

Und doch, die Existenz eines wie auch immer gearteten "Schemas"
könnte die sekundäre Komposition von Mt. 11,25-30 und Sir. 51
erklären. Wir haben aber schon verschiedentlich angedeutet, daß
der Vergleich bestimmten Vorstellungsmaterials ohne Bezugnahme
auf den allgemeinen Denkhorizont, in dem dieses Material jeweils
steht, ohnehin die Perspektive entscheidend verkürzt (27). Die
Frage ist also, ob in unserem Zusammenhang nicht ganz fundamen-
tal auf ein in charakteristischer Variation vorliegendes gleich-
artiges D e n k schema zu schließen wäre.

Ohne explizit auf die Problematik der l i t e r a r i s c h e n
These Nordens zu sprechen zu kommen, hat Luck diese Frage doch
bereits gestellt und Entscheidendes zu ihrer Lösung beigetragen.
Wie er in seinem Aufsatz "Weisheit und Christologie in Mt 11,25-
30" (28) deutlich macht, ist bei unserem Logion und Sir. 51 die
Bezugnahme auf den "geschlossenen Horizont", in dem die Überlieferung insgesamt jeweils steht, wirklich von erstaunlicher Signifikanz. Es zeigt sich hier, daß das merkwürdige Verhältnis zwi-

schen den beiden Traditionen in der Tat von einem in verschiedener "Ausgelegtheit" vorhandenen gleichartigen Denkhorizont her
seine Erklärung findet. Denn nicht nur das Sir.-Kapitel, sondern
auch die Mt.-Perikope weisen letzten Endes typische Strukturen
weisheitlichen Denkens auf, die bei Mt. zwar "von der christologischen Spitze her durchstoßen" werden, ansonsten aber auch hier
noch "einen verhältnismäßig geschlossenen Horizont" bilden (29).
Diese Grundstrukturen erschließen sich dann, wenn man die soteriologische Funktion der Weisheit ins Auge faßt. Von einer solchen kann insofern die Rede sein, als es die Weisheit ist, die
dem Menschen letztlich erst das "Leben" ermöglicht (30). Das bedeutet, daß das Suchen und Finden der Weisheit das Heil des Menschen begründet und diesen selbst zum Heilsmittler macht. Und
eben diese Gedankengänge sind es, von denen aus gleichermaßen
Sir. 51 wie Mt. 11,25-30 verstanden werden können (31.32).

Aber fragen wir nun nach den Einzelbestandteilen, aus denen sich
unser Überlieferungskomplex offenbar zusammensetzt! Mit Bultmann (33) sind unsere Logien hier als "Ich-Wort" zu klassifizie-
ren. V. 27 par. ist jedoch nur durch das πάντα μοι παρεδόϑη der
ersten Zeile als Ich-Wort Jesu stilisiert und stellt ansonsten
eine Selbstaussage Jesu in der Form einer Aussage über den "Sohn"
dar (34). Und jener Vers steht zu V. 25f. par. im Gegensatz, insofern er als Ich-Wort des O f f e n b a r e r s und nicht des
für die Offenbarung G o t t e s Dankenden zu bezeichnen ist (35).
Die Erkenntnis der ursprünglichen Eigenständigkeit der einzelnen
Bestandteile unseres Komplexes voraussetzend, hatten wir oben
bereits den wohl zuletzt zugewachsenen (36) Heilandsruf als ein
Einladungswort missionarischer Tendenz gekennzeichnet und mit
der Form der Selbstempfehlung der Weisheit in Verbindung gebracht (37). V. 27 par. stellt nun wohl ein Offenbarungswort (38)
lehrhafter Art (39) dar und ist durch den Verseingang etwas gewaltsam (40) als Selbstvorstellung des Offenbarers (41) gefaßt.
V. 25f. par. aber ist als Dankgebet (42) hymnischer Prägung (43)
stilisiert und stellt letztlich eine Predigt von den Offenba-
rungsempfängern (44) dar. Gerade angesichts dieser Tatsachen
zeigt sich jetzt allerdings auch, daß trotz allem doch zwischen
V. 25f. par. und dem zunächst zugewachsenen Logion V. 27 par.
eine Art Zusammenhang besteht. Es ist nicht nur davon auszugehen,
daß die einzelnen Motive von V. 25f. par. in V. 27 par. wieder
begegnen (45.46). Vielmehr läßt sich vor allem feststellen, daß
bereits V. 25f. par. letztlich wie V. 27 par. lehrhaften Charakter trägt, wenn dieses auch nicht so unmittelbar zum Ausdruck
kommt.

In dem Maße nun, in dem deutlich wird, daß die Worte V. 25f. par.
und V. 27 par. bei aller Verschiedenheit doch auch unverkennba-
re Übereinstimmungen in Motivik und Tendenz aufweisen, verliert
natürlich die Annahme an Wahrscheinlichkeit, daß nicht nur V.
25f. par., sondern auch V. 27 par. einmal isoliert umgelaufen
ist. Die Entsprechungen zwischen den beiden Logien scheinen darauf hinzudeuten, daß V. 27 par. von Anfang an als Pendant zu V.
25f. par. konzipiert ist (47). Freilich, damit wäre von vornherein ein negatives Urteil in der Authentizitätsfrage gefällt (48).

Dieses Urteil ließe sich untermauern, wenn nachgewiesen werden könnte, daß V. 27 par. in irgendeiner Weise im Anschluß an Norden doch als "hellenistisch" gekennzeichnet werden könnte. Auch für sich genommen, ist das recht deutlich johanneische Züge (49) tragende Wort in der Forschung sehr häufig in entsprechendem Sinne charakterisiert worden (50). Und doch, bis in die neueste Zeit hinein finden sich daneben Versuche, es ganz oder zumindest teilweise von genuin jüdischen Voraussetzungen her zu verstehen (51). Und diese Versuche sind auch keineswegs immer von daher zu erklären, daß hier ja nur apologetisch die Echtheit des Wortes verteidigt werden solle (52). Was also Mt. 11,27 par. betrifft, so läßt sich wirklich sagen, daß es sich um einen "religionsgeschichtlich noch immer ungeklärten" Abschnitt (53) handelt. Meines Erachtens ist freilich gerade angesichts des hier gegebenen Sachverhaltes dann auch die Frage angebracht, ob der übliche Vergleich bloßer Wort- und Vorstellungsparallelen (54) überhaupt noch als erfolgversprechend angesehen werden kann.

Nun hatten wir uns bereits genötigt gesehen, bei der Frage nach dem weiteren Zusammenhang V. 25ff. par. auf den hier zutage tretenden allgemeinen Denkhorizont abzuheben. Dabei hatte sich aber ergeben, daß unsere Perikope insgesamt im Horizont eines lediglich christologisch durchbrochenen weisheitlichen Denkens steht (55). Es bleibt jedoch die Frage, ob nicht jedenfalls die den Rahmen sprengende christologische Begründung V. 27 par. auf dem Hintergrund des Einflusses hellenistischen Denkens noch verständlicher wird. Nur daß sich diese Frage von hier aus als Frage danach darstellt, ob sich nicht zu jener Begründung Parallelen im hellenistisch geprägten w e i s h e i t l i c h e n Überlieferungskreis finden.

Die entscheidenden Vergleichspunkte, auf die es bei der Beantwortung der religionsgeschichtlichen Frage ankommt, sind einmal das auffällige reziproke und vor allem auch exklusive (56) Erkennen und zum anderen der absolute Gebrauch von titularem ὁ υἱός (nur hier in Q!) und ὁ πατήρ . Was zunächst den ersteren Punkt betrifft, so hatte man ursprünglich gerade auch hier Zeugnisse der hellenistisch-gnostischen M y s t i k für signifikant erklärt. Man meinte, man könnte den "Erkenntnisbegriff"(!) des Logions mit dem in jener Literatur begegnenden vergleichen (57). Und dieses schien um so mehr angebracht, als es in beiden Fällen letztlich um die Offenbarung des "unbekannten Gottes" geht (58). Bereits Hoffmann hat aber gezeigt, daß die Entsprechungen zwischen den Aussagen unseres Logions und denen der vermeintlichen Parallelen nicht allzu groß sind (59).Von entscheidender Bedeutung ist hier der Vers 27b par., der von der Erkenntnis des Sohnes allein durch den Vater spricht. Dieser Vers formuliert nämlich gemäß traditionellem Verständnis offenbar das "Mysterium des Sohnes" (60), insofern mit ihm der Sohn zu einem größeren Geheimnis wird als der Vater (61). Und eine entsprechende Aussage begegnet nirgendwo in den traditionellerweise herangezogenen Parallelen.

Was das Corpus Hermeticum betrifft, so findet sich in 1,31 (" ἅγιος ὁ θεός, ὃς γνωσθῆναι βούλεται καὶ γινώσκεται τοῖς ἰδίοις ") zu dem Gedan-

ken, daß der Vater den Sohn erkennt, überhaupt keine Entsprechung, während
in 10,15 (" οὐ ,γὰρ ἀγνοεῖ τὸν ἄνθρωπον ὁ θεὸς ἀλλὰ καὶ πάνυ
γνωρίζει καὶ θέλει γνωρίζεσθαι ") zwar auch davon, daß Gott den· Menschen
erkennt, die Rede ist, hiermit aber eben keine exklusive Aussage gemacht
wird (62). Nicht viel anders steht es mit dem fraglichen Wort Zauberpapyrus
London 122,50 (" οἶδά σε ˙Ερμῆ καὶ σὺ ἐμέ. ἐγώ εἰμι σὺ καὶ σὺ
ἐγώ "), in dem es um die gegenseitige Erkenntnis zwischen dem Gott Hermes
und einem Mysten (oder Magier) geht (63). Was aber die von Bultmann noch zu-
sätzlich herangezogene "Parallele" aus dem Sonnenhymnus des Echnaton (zum
Text vgl. Anm. 57) anbelangt, so findet sich in diesem immerhin vom "Sohne"
(64) sprechenden Wort doch auch der Gedanke der Erkenntnis desselben durch
den Vater überhaupt nicht. Ähnlich wie in Corp Herm 1,31, so ist hier ledig-
lich darauf abgehoben, daß der Sohn deshalb den Vater kennt, weil dieser sich
ihm zu erkennen gegeben hat.

Man ist angesichts dieser Unterschiede auf den Ausweg verfallen, V. 27b par.
mit einer Reihe von Textzeugen auszulassen oder aber ihn entgegen dem gram-
matikalischen Befund dem V. 27c par. logisch unterzuordnen und etwa als Hin-
weis˙darauf zu verstehen, daß erst dann, wenn sich der Vater dem Sohn zu
erkennen gegeben hat(!), auch der Sohn den Vater erkennen und offenbaren
kann. Nun haben wir aber bereits oben (65) ausgeführt, daß die Gründe, die
für eine Streichung von V. 27b par. geltend gemacht werden, im Grunde ledig-
lich dafür sprechen, daß dieser Vers n a c h t r ä g l i c h getilgt wor-
den ist. Und wenn die neuere Forschung aufgrund eines gnostisierenden Vor-
verständnisses unseres Wortes davon auszugehen geneigt ist, daß V. 27b par.
nicht ursprünglich ist, so wird hier wohl nur das Motiv noch immer deutli-
cher, das zu einer nachträglichen Streichung jenes sehr wohl dem ursprüng-
lichen Überlieferungsbestand zuzurechnenden Wortes geführt hat. Es ist ja
gewiß auch kein Zufall, daß die nach Irenäus (66) im Interesse einer gnosti-
schen Interpretation vorgenommene Änderung des (ἐπι)γινώσκει in ἔγνω
gewöhnlich immerhin mit einer Umstellung von 27b.c par. verbunden ist, durch
die dann der Nachsatz 27d par. auf die (Selbst-)Offenbarung des Sohnes bezo-
gen erscheint. Hier wird es ganz deutlich, daß von einem gnostischen Ver-
ständnis unseres Logions her sekundäre Eingriffe in den Text von V. 27b.c
par. erklärt werden können (67). Dieses weist nun aber eigentlich bereits da-
rauf hin, daß 27b.c par. von Anfang an eben n i c h t in gnostischem Sinne
verstanden werden konnte. Es entspricht einfach nicht dem griechischen Text
unseres Logions, die grammatische Parataxe in der oben dargelegten Weise als
logische Hypotaxe zu fassen, um so den Anstoß aus der Welt zu schaffen. Vor
allem ist es auch kaum möglich, das οὐδείς in V. 27b par. zu vernachläs-
sigen. Dieses bringt bereits unmißverständlich zum Ausdruck, daß es eben
nicht um die "Beziehung des Vaters zum Sohn, die er zu keinem anderen sonst
hat" (68), geht. Wäre das gemeint, so müßte οὐδένα gebraucht und in etwa
formuliert ·werden: οὐδένα ἐπέγνω ὁ πατὴρ εἰ μὴ τὸν υἱόν (69). Das
οὐδεὶς (ἐπι)γινώσκει aber besagt, daß es vielmehr um die Beziehung des
Vaters zum Sohn, die kein anderer sonst zu diesem hat, geht. Und das heißt
nichts anderes, als daß unser Logion auf jeden Fall vom Geheimnis des ge-
wöhnlicher Erkenntnis unzugänglichen Sohnes spricht.

So legt es sich nahe, die Aussagen vom gegenseitigen und aus-
schließlichen Erkennen nicht nur mit ähnlichen Formulierungen
aus dem Bereich der ohnehin ja so grundsätzlich verschiedenen (70) gnostischen Identifikationsmystik zu vergleichen. Und
tatsächlich ist festzustellen, daß sich von dem aufgewiesenen
w e i s h e i t l i c h e n Hintergrund unserer Perikope her

jene Aussagen keineswegs schlechter erklären lassen. Allerdings, man kann nicht nur in der von genuin jüdischen Voraussetzungen her zu verstehenden Weisheitstradition "die Aussage gegenseitiger Erkenntnis nicht direkt belegen" (71). Und es ist tatsächlich so, daß nirgends explizit von einer reziproken Erkenntnis von Gott und Weisheit die Rede ist. Dieses fällt jedoch angesichts der Tatsache kaum ins Gewicht, daß sich gerade die entscheidende Aussage von der Exklusivität der Erkenntnis am ehesten noch aus der chokmatischen Tradition des späteren Judentums belegen läßt (72). Hier finden sich nun wirklich Parallelen zu allen Aspekten jener Aussage, die aus Sohn und Vater ein den Menschen unerkennbares bzw. allenfalls durch "Apokalypsis" zugängliches Geheimnis macht. Denn der Aussage, daß Gott die Weisheit kennt, korrespondiert die andere, daß die Weisheit von keinem Menschen erkannt wird (73). Und so, wie demnach die Weisheit allein von Gott erkannt wird, so wird andererseits Gott der Weisheit in einzigartiger Weise offenbar und die Offenbarung durch sie den Menschen zugänglich gemacht (74).

Sicherlich läßt sich in diesem Zusammenhang ein apokalyptischer Einschlag konstatieren, zumal vom "Erkennen" nicht mehr im typisch alttestamentlichen Sinne als vom "Anerkennen" die Rede ist (75). Es ist aber eben gerade auch die späte Weisheit selbst, die von dem Versuch zeugt, die soteriologische Funktion der Sophia durch eine "apokalyptisierende" Ausweitung des Horizontes festzuhalten (76). Im übrigen ist natürlich doch zu fragen, ob gerade in unserem Logion auf die "Erkenntnis endzeitlicher und kosmischer Geschehnisse" (77) im Sinne der Apokalyptik abgehoben ist (78).

Bleibt für die Beurteilung von V. 27 par. noch die Frage offen, inwieweit sich der absolute Gebrauch von titularem ὁ υἱός und ὁ πατήρ auf dem Hintergrund der bisherigen Ergebnisse unserer Untersuchung erklären läßt. Und diese Frage mündet nach dem eben Ausgeführten sogleich in die andere, wie sich das absolute ὁ υἱός in unserem Logion zu dem apokalyptischen Konzept vom υἱὸς τοῦ ἀνθρώπου verhält. Man hat sich ja bemüht, eine unmittelbare Beziehung unseres Logions zu Menschensohnaussagen herzustellen. Zu diesem Zwecke hat man nicht nur auf das Motiv der Verborgenheit des Menschensohnes (79), sondern vor allem auch auf das in Dan. 7,14 begegnende Motiv der Machtübergabe an denselben (80) hingewiesen. Aber zum einen gilt, daß das mit dem Gedanken von der Verborgenheit des Menschensohnes verbundene Konzept einer wie auch immer verstandenen Präexistenz desselben in dem synoptischen Logion denn doch fehlt (81). Und im übrigen ist es wohl ohnehin nicht möglich, die Berührungspunkte zwischen den Traditionen dahingehend zu deuten, daß mit dem "Sohn" des Vaters letztlich der "Sohn des Menschen" gemeint sei (82).

Kennzeichnend für die Verlegenheiten bei einer Deutung unseres Wortes von der Menschensohnvorstellung her ist die vorsichtige Schlußfolgerung Hoffmanns (83), daß im Rahmen der "Begegnung und Verschmelzung von Menschensohn und Weisheitstradition, die in der Apokalyptik vorgegeben war und in der urchristlichen Deutung Jesu fortgesetzt wurde, ... wahrscheinlich auch die Offenbarungsfunktion Jesu mit Hilfe der Sohn-Vater-Aussage näher beschrieben" wurde. Und bezeichnenderweise sieht sich auch Hoffmann zur Erklärung des Entstehens der fraglichen Aussage noch nach weiteren Möglichkeiten um (84), indem er zum einen - wie auch Weaver (85) - auf die אבא *-Anrede Jesu verweist (86), daneben den "Bildwert" der Vater-Sohn-Aussage in Rechnung stellt (87) und außerdem "die Anrede des 'Sohn Gottes' als 'mein Sohn' im Rahmen der Vorstellung vom königlichen Messias" mit zum Vergleich heranzieht. Insofern hier letztlich die schöpferisch tätige Gemeinde (88) selbst für die Entstehung der Aussage verantwortlich gemacht wird, wird die Tatsache berücksichtigt, daß wirkliche Parallelen im jüdischen Bereich eben doch fehlen. Zugleich aber schimmert die Erkenntnis durch, daß die Sohn-Gottes-Aussagen immer noch die nächsten religionsgeschichtlichen Parallelen in diesem Bereich darstellen.*

Gewiß, auch zwischen "Sohn" und "Sohn Gottes" wird man möglicherweise traditionsgeschichtlich differenzieren müssen (89). Aber hier ist von vornherein die Annahme viel wahrscheinlicher, daß beiden Aussagen letztlich doch ein ähnlich strukturiertes Denken zugrunde liegt. Und es ist festzuhalten, daß bereits die in der Debatte um den Gottessohntitel häufig herangezogene Nathan-Verheißung 2. Sam. 7,11-14 (90) auch das gerade für die Sohn-Aussagen konstitutive Nebeneinander von "Sohn" und "Vater" (91) kennt (92). Angesichts der bisherigen Ergebnisse bei der Untersuchung unseres Logions ist es jedoch von entscheidender Bedeutung, daß sich vor allem in der h e l l e n i s t i s c h - w e i s h e i t l i - c h e n   T h e o l o g i e   P h i l o s vergleichbare Aussagen über den Sohn des "Vaters" finden. In "De Fuga et Inventione" 109 (vgl. 108-112) begegnet die Rede von Gott als "Vater" des Logos' (93), und in diesem Zusammenhang wird jetzt dem Sohn des "Vaters" ganz wie in der Apokalyptik dem Menschensohn die Herrschaft über das All übertragen (94).

Nun ist der Logos hier Sohn Gottes als der königliche bzw. hohepriesterliche Statthalter Gottes (95). Eben dieses wieder ist er aber bezeichnenderweise zugleich auch als Sohn der σοφία (96). Die Gottessohnschaft des Weisen jedoch ist ein im Bereich weisheitlichen Denkens noch häufiger begegnendes Motiv (97). Möglicherweise läßt sich also schon der Ursprung des Gottessohntitels im weisheitlichen Bereich vermuten (98). Zugleich ist es natürlich richtig, daß "im hellenistischen Judentum die Hemmung, vom Sohn Gottes zu reden ..., längst nicht so stark empfunden wird wie im palästinischen" (99). Angesichts des soeben Ausgeführten kann das jedoch nicht dahingehend gedeutet werden, daß dieser Titel genuin hellenistisch ist (100). Vielmehr ist hier nicht mehr und nicht weniger gesagt, als daß die Verwendung des Gottessohntitels für den eschatologischen Herrscher sich eben in einem bereits vom Hellenismus geprägten Bereich des Judentums besonders nahelegte. Und es ist festzuhalten, daß also gerade auch jener Titel im hellenistisch-w e i s h e i t l i c h e n   Bereich verwurzelt ist.

Natürlich bleibt es das primäre Ergebnis unseres religionsgeschichtlichen Vergleichs, daß das möglicherweise von Anfang an als Interpretament zu Mt. 11,25f. par. konzipierte Wort 11,27 par. in der Tat in ein späteres Stadium der urchristlichen Traditionsentwicklung hineingehört. Es ist aber nicht minder bemerkenswert, daß die apokalyptische Menschensohn-Christologie hier durch die offenbar eher weisheitliche Sohn-Christologie absorbiert ist. Jedoch, wir hatten ja immerhin auch bereits darauf hinweisen können, daß in der Übertragung des Menschensohntitels auf den irdischen Jesus bereits relativ früh eine Art antiapokalyptischer Tendenz in weisheitlicher Überlieferung wirksam geworden ist (101). Im übrigen gilt, daß durch die exklusive Verwendung des Titels "Sohn" dieser natürlich zugleich doch in entscheidender Weise über die Gestalt eines "Weisen" hinausgehoben wird (102). Sohn Gottes war ursprünglich eben der, der die Weisheit kannte und mit dieser Kenntnis auch die Sohnschaft vermittelte. Jetzt aber ist der Sohn der e i n e , der w i e die Weisheit Gott kennt und dementsprechend nur durch die Offenbarung Gottes die Sohnschaft schenkt (103). Er ist ja auch der, der als Weisheitslehrer wie die Weisheit selbst die Menschen zu s i c h ruft (104). Christ spricht in diesem Zusammenhang von "Jesus Sophia" (105), und man wird zumindest nicht unbeachtet lassen können, daß auch bei Philo der Logos mit der Sophia letztlich "so sehr eins (wird), daß er sie als Führer u(nd) Weg nicht mehr benötigt" (106).

Insofern nun Mt. 11,25f. par. offensichtlich durch 11,27 par. christologisch ausgelegt wird (107), findet also die Offenbarung an die Törichten mitsamt der Verhüllung vor den Weisen V. 25f. par. ihre Voraussetzung ganz logisch in der Installation Jesu als des an die Stelle der Weisheit tretenden Sohnes V. 27 par. Was aber den in Q mit ταῦτα bzw. αὐτά umschriebenen Inhalt jener Offenbarung betrifft, so könnte nach V. 27 par. hier Jesus in eben seiner Sohnesfunktion gemeint sein (108). Das, was gerade den Törichten und nicht den Weisen offenbar geworden ist, wäre dann dieses, daß der Mensch allein durch den Sohn gerettet wird (109). Allerdings, mit einem beziehungslosen ταῦτα ist für Q noch kaum zu rechnen, da hier kein s e k u n d ä r e r literarischer Zusammenhang vorliegt. Im übrigen ist hinsichtlich des mündlichen Überlieferungsstadiums keineswegs als sicher anzunehmen, daß das Demonstrativum überhaupt schon vorhanden gewesen ist (110). Aber hier bleibt alles Hypothese.

Es läßt sich jedoch feststellen, daß gerade auch V. 25f. par. schon von Anfang an in irgendeiner Weise in der Auseinandersetzung mit dem traditionellen weisheitlichen Denken steht. Bei diesem Wort ist ja der weisheitliche Hintergrund noch sehr viel deutlicher als etwa bei V. 27 par. Die Untersuchung des Sprachcharakters jedenfalls zeigt schon, daß semitisches Kolorit vorhanden ist (111).

Was dabei die Einleitungswendung ἐζομολογοῦμαί σοι, πάτερ, κύριε τοῦ οὐρανοῦ καὶ τῆς γῆς *betrifft, so ist hier offenbar die in der alttestamentlich-jüdischen Hymnodik häufig begegnende "Hodajot-Formel" (Robinson) aufgenommen. Das hebräische* הדי *| wird teilweise zwar mit* εὐχαριστεῖν, *teilweise aber auch mit* ἐζομολογεῖσθαι *wiedergegeben (112). Charakteristisch ist daneben die Benutzung des Kyriostitels im Zusammenhang einer Gott als Herrn der Schöpfung preisenden Aussage (113). Die Vateranrede entspricht dem möglicherweise auf Jesus selbst zurückgehenden* אבא *, welches vor allem in der ungewöhnlichen Vokativform* ὁ πατήρ *in V. 26 par. noch durchschimmert (114). Was aber das formelhafte* οὕτως εὐδοκία ἐγένετο ἔμπροσθέν σου *anlangt, so ist hier die rabbinische Wendung "so ist es der Wille vor(!) Jahwe" aufgenommen (115.116).*

92   (2,4,2,6)

Hoffmann hat allerdings nicht nur zu Mt. 11,27 par., sondern auch zu 11,25f. par. die Behauptung aufgestellt, daß hier ein primär apokalyptischer Hintergrund (117) vorhanden sei. Seiner Auffassung nach zeigt das an beiden Stellen aufgenommene Stichwort ἀποκαλύπτειν "ebenso wie das entgegengestellte κρύπτειν, daß sich die Aussage in einer vorgegebenen geistesgeschichtlichen Tradition bewegt, nämlich in den Vorstellungen und Denkformen der jüdischen Apokalyptik" (118). Des näheren wird unser Logion von ihm sowohl mit dem apokalyptischen als auch mit dem qumranessenischen "Geheimnisbegriff" in Verbindung gebracht (119). Wir haben aber bereits zu V. 27 die Frage gestellt, ob hier wirklich an die "Erkenntnis endzeitlicher und kosmischer Geschehnisse" im Sinne der Apokalyptik gedacht ist. Und zu V. 25f. stellt Hoffmann selbst fest, daß im Grunde doch keine "himmlische(n) Geheimnisse" im Sinne der Apokalyptik, sondern vielmehr die verborgene "Bedeutung des gegenwärtigen Auftretens Jesu" erschlossen wird (120). Liegt es dann aber nicht nahe, gerade auch hier vor allem die verbreitete Vorstellung von der "verborgenen Weisheit" (121) zum Vergleich heranzuziehen? Dieses gilt meines Erachtens um so mehr, als auch die Vorstellung von der Offenbarung von Verborgenem keineswegs n u r in der spätjüdischen und qumranessenischen Apokalyptik, sondern auch in der spätjüdischen Weisheit als solcher verbreitet gewesen ist (122). Es ist natürlich schon charakteristisch, daß in unserem Logion der Offenbarung des Verborgenen die Verhüllung gegenübersteht. Jedoch, auch 1. Kor. 2,6ff. kennt diese Vorstellungen. Und dort ist eindeutig, daß weisheitliche Tradition vorliegt (123). Formal entspricht 1. Kor. 2,6ff. wie Mt. 11,25f. par. dem sog. Revelationsschema, welches nach einer Vermutung von Christ (124) vielleicht selbst aus der Weisheitstradition stammt.

Gerade hier erweist sich freilich, inwiefern der Rekurs auf den religionsgeschichtlichen Horizont, in dem die Überlieferung steht, deren Eigenart nur um so klarer hervortreten läßt. Denn zeugte bereits das Logion 11,27 par. von einer Durchbrechung des weisheitlichen Horizontes, so gilt dieses für die hier als "weisheitlich" nebeneinandergestellten Überlieferungen erst recht. Die eigentliche Pointe des Wortes Mt. 11,25f. par. ist es ja, daß die Offenbarung gerade den νηπίοις, den Unmündigen also im Unterschied zu den Weisen und Verständigen gilt. Auch in 1. Kor. 2,6ff. aber ist in ähnlicher Weise davon die Rede, daß die verborgene Weisheit eben nicht den "Herrschern dieser Welt", sondern als Gottes Weisheit den von Gott mit dem Geist Beschenkten offenbar geworden ist. Und zu einer solchen Aussage, nach der die eigentlichen Weisen eben nicht die "Weltweisen", sondern gerade die "Toren" sind (vgl. dazu immerhin auch 1. Kor. 1,27; 2,14; νήπιος aber in 3,1 in negativem Sinne!), findet sich in der gesamten Weisheitsliteratur kein Pendant (125).

Nun betont an dieser Stelle selbst Hoffmann, daß das Ideal des "Weisen" gerade auch für den Apokalyptiker gilt und das Bild des "Unwissenden" als des erst noch zur Erkenntnis zu Führenden überhaupt nirgendwo sonst in hellen Farben gezeichnet wird (126). Wir können also allenfalls noch fragen, ob sich die für unser Logion charakteristische Verwendung der Begriffe irgendwo ankündigt.

Dieses scheint aber wirklich der Fall zu sein. Denn in den Psalmen findet sich zumindest peripher (127) der Gedanke, daß Gott gerade auch den Unwissenden als den Schwachen zur Seite steht. In Sir. aber ist dann die Rede davon, daß Gott nur den Unwissenden bzw. Demütigen sein Geheimnis offenbart (128). Hier wird jedenfalls ein Strang der Überlieferung sichtbar, in dem das Ideal des Weisen nicht mehr vorherrschend ist und schließlich gerade der "Unwissende" zum Empfänger der göttlichen Offenbarung wird.

Auf diesem Hintergrund wird aber nur noch deutlicher, inwiefern sich unsere Überlieferung trotz der Anknüpfung an weisheitliches Denken doch in charakteristischer Weise davon unterscheidet. Denn wo im weisheitlichen Bereich von einer exklusiven Zuwendung Gottes zu den Unwissenden die Rede ist, und das ist eben erst bei Sir. der Fall, wird dieser Begriff ja gar nicht mehr konkret im Sinne von "die Nicht-Wissenden" verstanden. Es ist nur bezeichnend, daß in 1 QpHab 12,4 durch die Identifizierung der Unwissenden mit den "Tätern des Gesetzes" der fragliche Terminus dann gänzlich "im Rahmen einer religiösen Interpretation zur Metapher geworden" ist (129). Im übrigen entspricht solcher Sprachgebrauch der metaphorischen Rede von den "Armen" (130). Man wird freilich zugestehen müssen, daß auch für Mt. 11,25f. par. die νήπιοι nicht einfach aufgrund ihres Nicht-Wissens Empfänger der Offenbarung sind. Hier hat Weaver sicher Richtiges gesehen, wenn er betont, daß die "quality which is celebrated in νήπιοι is not ignorance nor innocence, but willingness to receive, trustfulness, dependence" (131). Es sind aber eben konkret die Nicht-Wissenden im Gegensatz zu den Wissenden, die bereit sind, die Offenbarung anzunehmen (132). Wie es in der neutestamentlichen Überlieferung ursprünglich eben konkret die Armen als solche sind (vgl. Mt. 11,5 par.; Lk. 6,20 diff. Mt. 5,3), denen die frohe Botschaft verkündet wird...

Es liegt nahe, den Grund dafür, daß in V. 25f. par. gerade die Unwissenden und nicht die Weisen der Offenbarung teilhaftig werden, ganz wie die spätere Überlieferung (133) darin zu suchen, daß in unserem Logion Jesus an die Stelle der Weisheit tritt. Die kritische Bezugnahme auf die Weisheitstradition, die in 25f. par. offenbar vorliegt, läßt sich nur von daher völlig verstehen, daß Jesus hier die Funktion der Weisheit übernimmt. Wenn die, welche "anzunehmen" bereit sind, eben nicht die Weisen sind, so doch wohl deshalb, weil der, den es anzunehmen gilt, alle irdische Weisheit zu überholen den Anspruch erhebt.

Nun kann gewiß keine Rede davon sein, daß etwa im Sinne paulinischer Soteriologie an die Stelle der Weisheit hier die Torheit des Wortes vom Kreuz tritt. Es liegt aber in der Konsequenz des soeben Ausgeführten, daß in Mt. 11,25f. par. doch von Anfang an schon christologisch gedacht wird (134). In jener christologischen Offenbarung, auf die hier letztlich abgehoben wird, erblickte die Gemeinde die Rechtfertigung ihrer Existenz. Und so geht es ihr in diesem Zusammenhang im Grunde darum, sich in bekenntnishafter Formulierung ihrer Existenzgrundlage zu versichern. Der Kontext ist zweifelsohne kein wesentlich anderer als

der in Mt. 11,21-23 par. vorausgesetzte, nämlich die Situation
der Auseinandersetzung mit der jüdischen Umwelt. Nur steht nicht
Polemik, sondern Apologetik im Vordergrund des Interesses. Die
Form des Dankgebetes ist ja ohnehin "in hervorragender Weise"
für apologetische Zwecke geeignet (135). Das durch die Hinzufügung von V. 27 par. bewirkte Hervortreten des bekenntnishaften
Elementes aber läßt die apologetische Abzweckung eindeutig werden (136).

TEIL 3: DARSTELLUNG DER BEARBEITUNGSTENDENZEN

Kapitel 1: Q auf dem Hintergrund mündlicher Tradition

§ 1: Die theologische Konzeption der Texte

Nach allem bislang Auszuführenden war gerade die Darstellung des
Verhältnisses von Johannes dem Täufer und Jesus zueinander seit
dem frühesten Überlieferungsstadium von deutlich erkennbaren
äußeren Voraussetzungen geprägt. Die form- und traditionsgeschichtliche Untersuchung des Mt. 11 par. zugrunde liegenden
Überlieferungsgutes hat schon ein in gewisser Hinsicht "tenden-
ziöses" Bild dieses Verhältnisses zutage gefördert (1). Offenbar spiegelt sich in dem uns zur Verfügung stehenden Material
primär bereits das spätere Nebeneinander von Täufer- und Jesus-
g e m e i n d e wider. Und wir erfahren hier mehr über dieses
Nebeneinander der Gemeinden als über die das Auftreten des Täufers und Jesu selbst betreffenden Umstände (2).

Damit hat aber unsere weiterführende kompositions- und redaktionskritische Fragestellung bereits ihre entscheidende Perspektive gewonnen. Denn nach allem Gesagten werden sich in den späteren Bearbeitungen des ·Überlieferungsgutes dann die Veränderungen
im Verhältnis zwischen Täufergemeinde, Jesusgemeinde und jüdischem Volk widerspiegeln (3). Das bedeutet, daß sowohl die Darstellung von Q als auch die des Matthäusevangeliums ihren speziellen Ort innerhalb des Geschehens hat, in dessen Verlauf der
Gegensatz der Jesusgemeinde zur Johannesgemeinde immer mehr an
Bedeutung verlor und einem Gegensatz zum jüdischen Volk insgesamt wich. Diesen Ort aber jeweils zu bestimmen, wird Aufgabe
einer überlieferungsgeschichtlich zu verifizierenden Untersuchung der unterschiedlichen theologischen Entwürfe von Q und Mt.
sein.

Angesichts des soeben Ausgeführten stellt sich sogleich die Frage, ob für die ja relativ früh anzusetzende Redenquelle nicht
noch mit einem gewissen Interesse an der Bestimmung der heilsgeschichtlichen Funktion des Johannes im Unterschied zu der Jesu
zu rechnen ist. Es wird kritisch zu überprüfen sein, ob die Behauptung, daß bereits in Q der Täufer und Jesus einfach nebeneinander gegen Israel stehen, dem Befund völlig gerecht wird (4).
Zugleich wird freilich zu fragen sein, ob umgekehrt die Feststellung, daß in Mt. 11 ein christologisches Zeugnis vorliege,
nicht für den dortigen Zusammenhang nun unzureichend ist (5).
Denn es ist doch zu vermuten, daß für Mt. jedenfalls die Auseinandersetzung mit Israel den entscheidenden Horizont für die Darstellung des Auftretens des Täufers und Jesu abgibt.

Freilich, was Q betrifft, so ist die These Polags, nach der in
einer späten Schicht der Quelle mit einer - sekundären - Unterordnung des Täufers unter Jesus zu rechnen sei (6), in dieser
Form auch kaum zu halten (7). Es sei zugegeben, daß Polag Richti-

ges sieht, insofern er frühester Überlieferung im Gegensatz zu
späterer Interpretation noch keine Tendenz zur Unterordnung des
Täufers unter Jesus zuschreibt. Aber wenn bislang etwas deutlich geworden ist, dann doch dieses, daß bereits Q auf entschie-
dene Bemühungen, den Täufer Jesus unterzuordnen, z u r ü c k -
sieht (8). Sollte also für die Quelle noch ein spezifisches Interesse an der Frage nach dem Verhältnis zwischen Johannes und
Jesus zu postulieren sein, so doch gewiß nicht in dem Sinne, daß
eine Herabsetzung des Täufers intendiert wäre. Sofern Q noch an
der heilsgeschichtlichen Rolle des Johannes im Unterschied zu
der Jesu interessiert gewesen ist, geht es sicher einfach um die
Frage, welchen Standort der Täufer in dem in Jesus kulminieren-
den Heilsgeschehen einnimmt (9).

*Bereits oben war im Blick auf die Struktur der Täufertexte von Q ausgeführt
worden, daß hier eine Aussage über den Standort des Täufers im heilsgeschichtlichen Geschehen gemacht wird (10). Es war uns dabei zunächst um
eine ganzheitliche Erfassung der Texte gegangen, ein Anliegen, das von der
linguistischen Forschung aufgenommen wird. Dabei konnten wir zwar letzten
Endes über eine Art "vorkritischer" Fragestellung insofern nicht hinauskom-
men, als uns die sich aus der Entstehungsgeschichte ergebende Tiefenstruktur
des Textes verborgen bleiben mußte (11). Immerhin ließ sich jedoch zeigen,
wie die sich den Tradenten darbietende "Oberflächenstruktur" in diesem Stadium der Überlieferung ausgesehen haben mag. Die Frage ist nun, in welchem
Maße das, was wir bei einer ersten Analyse der Q-Texte als Aussage erhoben
haben, den vom Verfasser der Redenquelle bei seiner Bearbeitung des vorgegebenen Materials verfolgten Intentionen entspricht.*

1. Die Aufnahme der Täufertexte Mt. 11,2-6.7-11.12f.16-19 par.
in die Redenquelle macht zunächst einmal schon als solche deutlich, daß der Verfasser von Q ein nicht zu unterschätzendes Interesse auch an der Person des Johannes gehabt haben muß. Ein
Vergleich mit Mk., wo das teilweise ältester Überlieferung zugehörige Traditionsgut nicht begegnet, läßt erkennen, in welchem
Maße dieses Interesse für Q charakteristisch ist (12).

Im einzelnen sind es so gut wie ausschließlich Jesusworte, die
der Verfasser der Redenquelle hier zusammengestellt hat. Auch
bei dem Apophthegma Mt. 11,2-6 par. steht ja das erzählerische
Moment im Hintergrund und läuft im Q-Zusammenhang alles auf das
Jesuslogion zu. Offenbar ist es das autoritative Wort Jesu a n
bzw. ü b e r den Täufer, das nun das Interesse am Täufer explizieren soll. Wobei festzuhalten bleibt, daß eben jenes der
Tradition entstammende Wort selbst zu einem Gutteil das Interesse am Täufer trägt (13).

Was die Anordnung und Gruppierung des aufgenommenen Überlieferungsgutes betrifft, so erweist sich hier die Differenzierung
zwischen dem a n Johannes gerichteten Zeugnis Jesu und dem
Zeugnis Jesu ü b e r Johannes als hilfreich. Der Verfasser
von Q hat selbst deutlich gemacht, daß er Mt. 11,7-13.16-19 par.
von 11,2-6 par. abheben möchte. Er hat dem Komplex in V. 7a par.
eine Einleitung vorangestellt, nach der Jesus hier anhebt, λέγειν
τοῖς ὄχλοις περὶ Ἰωάννου (14). Die ganze Perikope Mt. 11,2-6
par. aber erscheint letztlich auch nur als eine Art Einleitung

zu jenen Jesusworten über Johannes (15). Was sie damit verbindet, ist die Tatsache, daß auch in ihr die Johannes-Jesus-Problematik eine Rolle spielt. Was sie aber von jenen Worten unterscheidet, ist die Tatsache, daß Jesus in dieser Perikope von sich selbst zeugt, während er in der sich anschließenden "Rede" dann über Johannes Zeugnis ablegt.

Nun läßt sich demgemäß wohl sagen, daß der Verfasser von Q in dem Komplex Mt. 11,2-13.16-19 par. offenkundig das Thema "Johannes und Jesus" verhandelt, dabei jedoch in der Perikope von der Täuferanfrage Mt. 11,2-6 par. lediglich das christologische Zeugnis expliziert, um auf diesem Hintergrund in der von ihm geschaffenen Jesusrede Mt. 11,7-13.16-19 par. das Urteil über Johannes zu fixieren (16). Das aber spricht doch bereits entscheidend dafür, daß für den Verfasser von Q das Thema "Johannes und Jesus" zumindest eine wesentliche Dimension tatsächlich noch in der Frage nach der Bedeutung des Johannes im Unterschied zu der Jesu hat (17).

Lührmann geht allerdings davon aus, daß die auch von uns nachvollzogene klassische Zweiteilung des Komplexes Mt. 11,2-19 par. dem literarischen Befund nicht gerecht wird (18). Er ist der Auffassung, daß nicht nur in Mt. 11,7 par., wo ein "Wechsel der Angeredeten" zu konstatieren ist, sondern auch noch in Mt. 11,16 par., wo mit der Bezugnahme auf "dieses Geschlecht" ein "neuer Themenwechsel" stattfinde, eine Zäsur anzusetzen ist (19). Eines ist hier jedoch sogleich deutlich, nämlich daß bei dieser Argumentation quasi unter der Hand auch ein Wechsel der Gliederungsprinzipien stattfindet. Wenn man das Gewicht zunächst auf die Tatsache legt, daß - mittels einer redaktionellen Wendung! - von Mt. 11,7 par. an nicht mehr die Johannesjünger, sondern die ὄχλοι als die Angeredeten gekennzeichnet sind, so sollte man nicht einfach übergehen, daß diese ὄχλοι, wie das von uns für ursprünglich erklärte (20) λέγετε in V. 18f. par. zeigt, bei Q auch noch im Gleichnis als die direkt Angeredeten erscheinen. Im übrigen, selbst dann, wenn man wirklich Gewicht darauf legen könnte, daß mit 11,16 par. durch die Gegenüberstellung von Johannes und Jesus einerseits mit "diesem Geschlecht" andererseits ein Themenwechsel stattfinde, so berechtigte dieses doch nicht etwa zu der Behauptung, daß die Frage nach dem Verhältnis des Johannes zu Jesus für die eigentliche Q-Redaktion bereits gegenstandslos geworden sei (21). Wie wir bereits betont haben, muß ja das gesamte in den Q-Komplex eingebrachte Traditionsgut eben al ausgewähltes mit zur Erhebung der redaktionellen Tendenzen herangezogen werden (22). Fraglich ist ein solches Vorgehen nur insoweit, als zwischen einem vorläufigen schriftlichen Q-Entwurf und einer Endredaktion zu unterscheiden ist. Und wir sind davon ausgegangen, daß eine derartige Unterscheidung methodisch nicht statthaft ist (23). Das heißt natürlich nicht, daß Q in einem Wurf entstanden sein m u ß . Es bleibt uns eben nur keine andere Möglichkeit, als eine etwaige perspektivische Verkürzung in Kauf zu nehmen und auf weitergehende Differenzierungen zu verzichten.

Aber betonen wir nun noch einmal, daß die Perikope von der Täuferanfrage Mt. 11,2-6 par. als christologisches Zeugnis dem Komplex 11,7-13.16-19 par. als Täuferzeugnis gegenübersteht! Dieses ist nämlich insofern bemerkenswert, als man zunächst ja in der Perikope von der Täuferanfrage selbst schon eine Antwort auf die wesentlichen Streitpunkte in der Debatte um "Johannes und Jesus" gefunden hat. Es ging, wie wir oben (24) darzulegen versucht habe bei dieser Debatte ursprünglich um die Auseinandersetzung der christlichen Gemeinde mit der Täufergemeinde über die Frage, ob womöglich Johannes der endzeitliche Prophet sei. Und so konnte die christliche Gemeinde, indem sie Johannes die Frage in den Mund legte, ob Jesus der von ihm angekündigte "Kommende" sei, den Täufer gewissermaßen als Christuszeugen vereinnahmen und letzten Endes bereits eine Antwort auf die für sie entscheidende Frage geben.

Was nun Q betrifft, so findet man in der Perikope von der Täuferanfrage nur noch schlicht ein Selbstzeugnis Jesu. Und es wird in dieser Perikope ja auch sehr geschickt Johannes nur indirekt zum Christuszeugen gemacht und dabei die entscheidende Tatsache der Inferiorität desselben lediglich vorausgesetzt, so daß es sich vordergründig tatsächlich um ein bloßes Selbstzeugnis Jesu handelt (25). Der entscheidende Grund für das veränderte Verständnis liegt aber natürlich darin, daß zur Zeit von Q die zwischen der Johannes- und der Jesusgemeinde kontroverse Frage nach der Superiorität des Täufers oder Jesu bereits definitiv beantwortet ist. Dementsprechend hat für den Verfasser von Q die Frage des Täufers, ob Jesus oder ein anderer der "Kommende" sei, keinen anderen Sinn mehr als den, daß derjenige, der von Anfang an auf einen nach ihm kommenden Stärkeren hingewiesen hatte (vgl. Mt. 3,7-12/Lk. 3,7-9.16f.), nun fragt, ob Jesus oder ein anderer mit diesem Stärkeren identisch sei. Und es ergibt sich, daß das Thema "Johannes und Jesus" hier allenfalls in diesem äußeren Sinne angeschnitten wird.

Das heißt freilich, daß aus dem von sich selbst wegweisenden "Christuszeugen" ein unsicherer Frager geworden ist. So erklärt sich von der Loslösung unserer Tradition von ihrem ursprünglichen "Sitz im Leben" her die Tatsache, daß die Täuferfrage Anlaß zu Spekulationen darüber geworden ist, ob sich in ihr nicht vielleicht sogar eher eine negative als eine positive Haltung Jesus gegenüber ausdrückt (26). In diesem Punkte zu einer Entscheidung zu kommen, ist offenbar nur möglich, wenn man das redaktionsgeschichtliche Nacheinander von Q und Mt. (bzw. Lk.) konsequent in Rechnung stellt. Was nämlich Mt. (und Lk.) betrifft, so ist insbesondere nach dem Taufbericht ja tatsächlich erstaunlich, daß Johannes überhaupt nach der Bedeutung Jesu f r a g t (27). Für Q aber gilt, daß nach dem Täuferzeugnis vom Kommenden noch gefragt werden m u ß , ob in Jesus dieser vom Täufer Angekündigte erschienen ist. Anders als bei Mt. und Lk. besteht demzufolge bei Q noch kein Anlaß, in der Frage des Täufers etwas anderes als den Ausdruck einer wenn auch verhaltenen Zustimmung zu Jesus zu sehen.

Nun mag gerade in Q ein einleitender Hinweis auf das Wirken Jesu die ja offenbar zustimmende Frage des Täufers motiviert haben (28). Nichts dürfte der Gemeinde jedenfalls ferner gelegen haben, als im Wirken Jesu einen Anlaß zum Aufkommen von Zweifeln an seiner Messianität zu sehen. Aber dürfte sie davon ausgegangen sein, daß jenes Wirken etwa als prophetisches Jesus doch auch nicht ohne weiteres als Messias auszuweisen vermag?

Dieses ist im Blick auf Q immerhin behauptet worden, daß unsere Perikope letztlich "den Anstoß zu überwinden (suche), den der

Prophet Jesus für das Menschensohn-Bekenntnis bedeutete" (29).
Mir scheint es freilich, als werde hier eine unsachgemäße Problematik in den Text eingetragen. Der "Anstoß", von dem unsere
Perikope spricht, ist allenfalls damit gegeben, daß Jesus in
seinem Wirken als der eschatologische Prophet n i c h t erkannt wird. Ob aber in Q, wo die Auseinandersetzung mit der Täufergemeinde keine Rolle (mehr!) spielt, überhaupt noch auf die
Vorstellung vom "Propheten" Jesus abgehoben ist, scheint ohnehin
fraglich (30). Die Seligpreisung am Ende unserer Perikope wird
jetzt einfach dem gelten, der im Wirken Jesu die endzeitliche
Erfüllung jesajanischer Prophetie erkennt. Sie wird kaum noch
im ursprünglichen Sinne polemisch verstanden worden sein (31).

Freilich, das Zurücktreten der polemischen Aussage über die untergeordnete Bedeutung des Täufers läßt zugleich nun die apologetische Komponente, die in der positiven Bezugnahme auf die
Täuferverkündigung immer schon liegt (32), in neuem Licht erscheinen. Weil der Akzent nicht mehr darauf ruht, daß Johannes nicht
die entscheidende Endzeitgestalt ist, tritt jetzt auf einmal die
Tatsache in den Vordergrund, daß der Täufer andererseits doch
derjenige ist, der das Kommen des endzeitlichen Heilbringers angekündigt hat. So gesehen, trägt gerade die als christologisches
Zeugnis verstandene Tradition von der Täuferanfrage in der späteren Situation das positive Interesse am Täufer, das sich dann
in der Komposition der sich anschließenden Jesusrede dokumentiert.

Hinsichtlich dieser Rede Mt. 11,7-13.16-19 par. war festzuhalten, daß sie als Rede "an das Volk über Johannes" in der durchgehaltenen direkten Anrede ihre redaktionelle Einheit findet.
Schon aus diesem Grunde aber ist es fragwürdig, allzu viel Gewicht darauf zu legen, daß mit 11,16 par. ein Themawechsel
stattfinde (33). Inwieweit stimmt dieses nun jedoch überhaupt,
daß mit dem Einsatz des Gleichnisses V. 16 par. ein neuer thematischer Aspekt in den Vordergrund tritt? Es ist jedenfalls
keineswegs evident, daß hier das Thema "Johannes/Jesus und 'dieses Geschlecht'" an die Stelle des Themas "Johannes und Jesus"
tritt. Denn einerseits gilt, daß das Thema "Johannes und 'dieses
Geschlecht'" in der Jesusrede über den Täufer von Anfang an eine
Rolle spielt. Jesus knüpft bei seinen Worten "an das Volk über
Johannes" ja mit der Wendung τί ἐξήλθατε bewußt an das einstmalige Verhältnis seiner Hörer zu Johannes an, um auf diesem Hintergrund dann die Gegnerschaft "dieses Geschlechts" zu Johannes
und Jesus darzustellen (34). Zum anderen aber sei schon hier zu
bedenken gegeben, ob das Thema "Johannes und Jesus" in Q nicht
auch noch den Schlußsatz des Gleichnisses καὶ ἐδικαιώθη ἡ
σοφία ἀπὸ τῶν τέκνων αὐτῆς beherrscht (35). Dieses ist vor allem auch deshalb wahrscheinlich, weil der Täufer hier ja Jesus
als dem Menschensohn zugeordnet ist (36). Von daher wäre zu folgern, daß die Frage nach der eschatologischen Qualifikation des
Täufers im Unterschied zu der Jesu für den Verfasser der Redenquelle auch noch in der die Komposition abschließenden Gleichnis
letzten Endes im Vordergrund steht. Freilich, während zunächst
Selbstzeugnis und Johanneszeugnis Jesu nacheinander expliziert
worden sind, faßt das Schlußwort beide Zeugnisse in dem Urteil

über die Weisheit zusammen. Was aber besagt das anderes, als
daß hier nun völlig sachgemäß der Schlußpunkt der gesamten Komposition 11,2-19 par. gesetzt wird?

Für Q stellt die Täuferrede also nur insofern keine geschlossene Einheit dar, als mit dem Gleichnis von den spielenden Kindern
zugleich die größere Einheit von Täuferanfrage und Täuferrede abgeschlossen und das diese Einheit beherrschende Problem "Johannes und Jesus" zusammenfassend geklärt wird. Dieses gilt aber um
so mehr, als der speziell dem Urteil über den Täufer gewidmete
Teil der Täuferrede 11,7-13 par. noch einen in sich geschlossenen Gedankengang bietet (37). Im Blick auf die Intentionen des
Verfassers ist dabei bezeichnend, daß er mittels der redaktionellen Wendung V. 7a par. nicht nur die ὄχλοι zu den Angeredeten macht, sondern zugleich ausdrücklich die Johannesjünger als
Adressaten der Jesusworte über den Täufer ausschließt (38). Solches wird verständlich auf dem Hintergrund der Annahme, daß vor
einer U n t e r schätzung des Täufers gewarnt wird. Das bedeutet, daß die Tendenz, die die Überlieferung der Gemeinde zunächst bestimmte, in ihr Gegenteil umgeschlagen ist. Nicht genug
damit, daß der Verfasser von Q unbefangen auf den Täufer als
denjenigen, der das Kommen Jesu als des endzeitlichen Heilbringers angekündigt hat, Bezug nimmt. Vielmehr kommt hinzu, daß er
sogar die positive Bedeutung des Johannes ausdrücklich unterstreicht (39). Hier setzt allerdings im Grunde nur eine verstärk-
te Besinnung darauf ein, daß der Täufer und Jesus trotz allem
doch von Anfang an zusammengehören. Die sich im Laufe der geschichtlichen Entwicklung gegenüber den Johannesanhängern durch-
setzende Jesusgemeinde gewinnt allmählich die Freiheit, an die
äußerst positive Beurteilung des Johannes durch Jesus selbst
anzuknüpfen (40).

*Dabei ist bemerkenswert, daß sich in dem auf den ersten Blick verwirrenden Ne-
beneinander von negativen und positiven Aussagen über den Täufer in 11,7b-13
par. offenbar die sich wandelnde Einschätzung des Täufers sehr deutlich widerspiegelt (41). Wie im Blick auf die traditionsgeschichtliche Entwicklung
hypothetisch auszuführen war, hat dem Verfasser von Q ja in 11,7b-11 par.
wohl ein bereits im mündlichen Überlieferungsstadium sekundär verändertes
und ergänztes Jesuslogion vorgelegen (42). Wenn auf diese Tradition zurückgegriffen wird, so dokumentiert sich hier so etwas wie eine Geschichte der
christlichen Täuferdeutung seit ihren Anfängen (43). Demgemäß gilt natürlich
nicht, daß der Verfasser von Q d i r e k t an die positive Deutung des
Täufers durch Jesus anknüpft. Das 11,7b-10 par. zugrunde liegende Jesuswort
schien uns ja zwar ursprünglich sehr deutlich die Tendenz zu verfolgen, einem
Nachlassen der Begeisterung für den Täufer entgegenzuwirken. Und die rhetorischen Fragen, was man denn in der Wüste anderes gesucht haben könne als
einen Propheten, wird gerade der Verfasser von Q ganz im eigentlichen Sinne
dahingehend verstanden haben, daß dem an Johannes zu zweifeln beginnenden
Volk gegenüber auf die einstige Begeisterung für denselben hingewiesen werden
soll. Das Jesuslogion ist aber eben gerade nicht in der ursprünglichen Form
auf den Verfasser von Q gekommen. Und die sekundären Änderungen und Ergänzungen in V. 10 bzw. 11 par. zeugen gerade von der Absicht, einer Überbewer-
tung des Johannes entgegenzuwirken (44). Im Blick darauf ist tatsächlich davon auszugehen, daß der Verfasser von Q die ursprüngliche positive Einschätzung des Täufers neu zur Geltung bringen mußte.*

Freilich konnte man in der christlichen Gemeinde nicht einfach
zu der unbefangenen Wertschätzung, die Jesus dem Täufer entge-
gengebracht haben mag (45), zurückkehren, sondern mußte immer
doch einem christologischen Vorbehalt Rechnung tragen. Für Q war
Johannes lediglich der, der den Kommenden, mit dem Jesus sich
identifiziert hatte, angekündigt hatte. Aus eben diesem Grunde
aber war es natürlich dem Verfasser der Quelle überhaupt erst
möglich, in 11,10 par. das nach Ex. 23,20 geänderte Zitat von
Mal. 3,1 ἰδοὺ ἀποστέλλω τὸν ἄγγελόν μου πρὸ προσώπου σου, ὃς
κατασκευάσει τὴν ὁδόν σου ἔμπροσθέν σου für die eigene Einschätzung der Rolle des Täufers fruchtbar zu machen.

Nun ist ja aufgrund der sekundären Umformung aus Mal. 3,1 eine
Rede Gottes an den Messias geworden, so daß der Täufer nicht
mehr als Vorläufer Gottes, sondern als Wegbereiter des Messias'
erscheint. Dabei ging es aber darüber hinaus zunächst wohl noch
darum, wie schon in der Perikope von der Täuferanfrage, so nun
auch hier die "elianische" Deutung des Täufers durch eine "mosa-
ische" Deutung Jesu zu überbieten. Charakteristisch für die Aussage erschien uns freilich, daß sie trotz allem noch positiv auf
eine Unterstreichung der "elianischen" Funktion des Johannes im
eschatologischen Geschehen hinausläuft. Es muß dementsprechend
für den Verfasser von Q auch hier naheliegend gewesen sein, den
polemischen Hintergrund auszublenden (46).

Dieses gilt jedoch nicht für das angeschlossene Logion 11,11 par.
in welchem zwar zugestanden wird, daß unter den "normalen Sterblichen" kein Größerer aufgetreten ist als Johannes, dieser Aussage aber entgegengehalten wird, daß unter den in der anbrechen-
den βασιλεία zu neuem Leben Gelangten selbst der Kleinste größer
ist als jener. In der Anfügung dieses Logions schien sich nun
doch unübersehbar zu dokumentieren, wie der Akzent von der positiven Abgrenzung des Johannes vom Volk auf die negative Abgrenzung desselben von der christlichen Gemeinde bzw. Jesus rückt.
V. 11a par. r ä u m t ja auch lediglich noch einmal e i n ,
daß Johannes zu den Größten unter den Menschen gehört (47). Und
der eigentliche Akzent liegt auf V. 11b par., wo die Größe des
Johannes entscheidend relativiert wird. Allerdings, die Größe
des Johannes wird nicht explizit Jesus gegenüber relativiert (48).
Und für den Verfasser von Q in seiner Situation wird das Logion
allenfalls noch als "Rätselwort" dahingehend zu verstehen gewesen sein, daß einerseits kein Größerer als Johannes, dieser aber
andererseits wieder kleiner als der Kleinste sei.

Wir hatten nun bereits betont, daß die Täuferrede Jesu in Q noch
einen relativ geschlossenen Gedankengang bildet. Und dabei war
uns wichtig gewesen, daß dieses insbesondere für die Entfaltung
des Urteils über Johannes in 11,7-13 par. gilt. Hier können wir
an Lührmann (49) anknüpfen, der Mt. 11,12f. par. für die Pointe
der vorangehenden Logien hält (50). Denn es ist offensichtlich,
daß für den Verfasser von Q das "rätselhafte" Wort 11,11 par.
erst durch den Stürmerspruch 11,12f. par. einen akzeptablen Sinn
erhält.

Nach unseren obigen Ausführungen war allerdings davon auszugehen,
daß der Stürmerspruch in seiner für Q rekonstruierten Fassung

102   (3,1,1)

ὁ νόμος καὶ οἱ προφῆται μέχρι 'Ιωάννου· ἀπὸ τότε ἡ βασιλεία
τοῦ θεοῦ βιάζεται, καὶ βιασταὶ ἁρπάζουσιν αὐτήν   keine genuine
Einheit bildet. Was sich sagen ließ, war dieses, daß ursprünglich einmal allein mit den Worten von V. 12 par. auf ein gewaltsames Erstreben und An-sich-Reißen des Reiches durch die Täuferanhänger angespielt werden sollte. Die Überlieferung wird demnach einmal ganz der polemischen Tendenz von V. 11 par. entsprochen haben (51). Hier stellt sich die Frage, ob sich nicht bereits in der Ergänzung dieses Spruches zu der bei Q begegnenden
Form unmittelbar die Kompositionsabsicht des Verfassers der
Quelle widerspiegelt. Ja, könnte es nicht so sein, daß jene Ergänzung in V. 13 par. schon mit der eigentlichen Komposition von
Q in engsten Zusammenhang zu bringen ist (52) ?

Es ließ sich nun aber bei der traditionsgeschichtlichen Untersuchung des Stürmerspruches des näheren auch zeigen, inwiefern die
negative Aussage von V. 12 par. durch die Voranstellung von V.
13 par. ins Positive umgedeutet worden ist. Dabei ergab sich,
daß lediglich der ursprünglichen Aussage, nach der Johannes der
Initiator eines gewaltsamen Erstrebens des Reiches gewesen ist,
jetzt ein positiver Sinn abgewonnen worden ist. Es ging offenbar
darum, einfach die in dem Logion zum Ausdruck kommende Beurteilung der vom Täufer ausgehenden Bewegung "in bonam partem" zu
deuten. Das bedeutet natürlich, daß der Täufer, weit entfernt
davon, aus der Heilszeit ausgeschlossen zu werden (53), erst eigentlich zum Inaugurator dieser Zeit gemacht wird. Nicht genug
also damit, daß die Rolle des Johannes in Q dahingehend bestimmt
wird, daß er insofern sogar die Propheten überrage, als er der
"elianische" Bote des Messias' sei. Es kommt hinzu, daß er dezidiert mit dem Beginn der Heilszeit in Verbindung gebracht wird.

Halten wir aber fest, daß der Zusammenhang zwischen dem Auftreten des Täufers und dem Kommen des Reiches trotz allem im Stürmerspruch ein indirekter bleibt. Es ist natürlich schon eine be-
deutsame Akzentverschiebung gegeben, wobei der Ton von dem
βιάζεται und ἁρπάζουσιν stärker auf das ἡ βασιλεία τοῦ θεοῦ
rückt. Die Aussage gipfelt nun in der Feststellung, daß seit Johannes aller Einsatz eben dem R e i c h gilt. Und Johannes
wird als derjenige gekennzeichnet, mit dessen Auftreten das
machtvolle Streben nach dem Reich als solches erst begonnen hat.
Was aber nicht gesagt wird, ist, daß mit dem Täufer das Reich
schon endgültig gekommen sei. Vielmehr ergibt sich, daß Johannes
letzten Endes gewissermaßen im Vorfeld der eigentlichen Endereignisse steht (54). Gerade von hier aus kann es freilich dann gelingen, in unserem Logion eine Erläuterung und Verdeutlichung der
doch sehr zwiespältigen Aussage von V. 11 par. zu finden.

Es ist in der Tat eine Art "heilsgeschichtlicher Reflexion", mit
deren Hilfe hier das sich in veränderter Situation auch verändert darstellende Problem der theologischen Deutung des Täufers
bewältigt werden soll. Die Zeit von Gesetz und Propheten wird
der Zeit seit Johannes entgegengestellt, so daß eine heilsgeschichtliche Stufenfolge entsteht. Auf diesem Hintergrund steht
die differenzierte Beurteilung, die das Wirken des Täufers nun
findet. Indem ὁ νόμος καὶ οἱ προφῆται und ἡ βασιλεία τοῦ θεοῦ

parallelisiert werden, wird der Täufer deutlich der neuen Zeit der Verwirklichung des Reiches zugeordnet. Die Unterschiedlichkeit der Formulierung jedoch signalisiert, daß mit ihm nun nicht etwa die Zeit der Basileia schon in der gleichen Weise da ist, wie vorher die Zeit von Gesetz und Propheten angedauert hat (55). Hier ist freilich nur vorausgesetzt, daß erst mit dem Auftreten Jesu die Basileia den Menschen gänzlich zugänglich wird. Und eben dieser Vorbehalt gestattet es, unser Logion an V. 11 par., in dem ja der Kleinste in der Basileia doch noch Johannes übergeordnet wird, anzuschließen.

Hoffmann (56) bezweifelt allerdings, daß im Sinne von Q die Zeit von Gesetz und Propheten lediglich der Johanneszeit im engeren Sinne gegenübergestellt werden soll. Er geht richtig davon aus, daß es gerade auch für Q um die Abgrenzung einer vorjohanneischen von einer mit dem Täufer einsetzenden Zeit geht (57). Zugleich ist er aber der Meinung, daß die mit dem Täufer einsetzende Zeit "in der (für Q charakteristischen) Zusammenschau der Zeit Jesu und der eigenen Zeit" die gesamte nachjohanneische Zeit noch mit umfasse (58). Das erklärt sich jedoch einerseits von daher, daß für Hoffmann der Stürmerspruch Zeugnis von der Bedrängnis (!) der Q-Gemeinde durch Anhänger der zelotischen Aufstandsbewegung gibt (59). Denn in solchem Zusammenhang bereitet es keine Schwierigkeiten, die mit Johannes beginnende und die mit Jesus beginnende Zeit in eins zu setzen. Zum anderen aber erklärt sich diese Auffassung auch von daher, daß Hoffmann den Stürmerspruch nicht als Q-Interpretament zu dem Logion Mt. 11,11 par. versteht, sondern 11,11b par. selbst bereits im Sinne eines solchen Interpretamentes deutet (60). Denn von hier aus wird eben nicht klar, inwiefern eine Deutung in unserem Sinne auch im Zusammenhang von Q geradezu gefordert ist. Es kommt ja gar nicht in den Blick, daß nur die Abgrenzung der Johanneszeit auch von der mit Jesus beginnenden Zeit unser Logion als Interpretament zu 11,11 par. geeignet erscheinen läßt.

Nun ging es in V. 11 par. darum, durch die Gegenüberstellung der "vom Weibe geborenen" Menschen mit den Menschen "in der Basileia" die Rolle des Johannes näher zu definieren (61). Es ist diese Gegenüberstellung, die der Verfasser von Q in seiner heilsgeschichtlichen Unterscheidung der Zeit von Gesetz und Propheten und der Zeit des Ringens um das Reich aufnimmt. Die Feststellung, daß unter den vom Weibe Geborenen kein Größerer sei als Johannes, wird dahingehend gedeutet, daß er die Zeit von Gesetz und Propheten beendet habe. Die andere Feststellung aber, daß der Kleinste im Reich größer sei als der Täufer, findet ihre Erläuterung dann in der Feststellung, daß (immerhin!) mit dem Täufer das Ringen um das Reich begonnen habe. Und so erscheint die einerseits positive, andererseits negative Aussage über den Täufer in V. 11 par. durch V. 12f. par. lediglich als Umschreibung des Sachverhaltes, daß Johannes in eigentümlicher Weise mit dem Anbruch der neuen Zeit in Zusammenhang zu bringen ist.

Daß es im Sinne von Q geradezu die Größe des Täufers ausmacht, daß dieser die Zeit von Gesetz und Propheten beendet hat, erklärt sich aber von daher, daß die Aussage ὁ νόμος καὶ οἱ προφῆται μέχρι Ἰωάννου auf die Abrogation der Thora **i n i h r e r s o t e r i o l o g i s c h e n F u n k t i o n** abzielt. Dem Täufer wird nachgerühmt, daß er die Zeit, in der das "Heil" im Sinne der Geltendmachung des Rechtes von der Thora erwartet wurde, durch die Ankündigung der Basileia beendet habe (62.63). Es sei festgehalten, daß der Täufer so in treffender Weise zum Inaugurator der heilsgeschichtlichen Überbietung des Judentums durch das Christentum gemacht wird.

Damit hat sich ergeben, in welcher Weise die positive Deutung des Täufers in Q durch die Verse 12f. par. besiegelt wird. Nachdem Johannes zunächst als elianischer Vorläufer des Messias' über die Propheten hinausgehoben worden ist, wird er nun doch auch noch explizit als derjenige, der das Ringen um die $\beta\alpha\sigma\iota\lambda\epsilon\acute{\iota}\alpha$ eingeleitet hat, mit dem alle irdischen Dimensionen sprengenden (V. 11b par.!) Einbruch der göttlichen Herrschaft in die Welt in Verbindung gebracht. Und das geschieht, indem in der dargelegten Weise die vom Täufer ausgehende Bußbewegung (64) eine positive Wertung erfährt.

Bleibt noch festzustellen, daß diese unsere Interpretation des für Q rekonstruierten Textzusammenhanges im Blick auf das abschließende Gleichnis V. 16-19 par. nur ihre Bestätigung findet. Hier ist ja vorausgesetzt, daß Johannes auf die Seite Jesu gehört. Dieses gilt aber eben insofern bzw. insoweit, als er der eifernde Asket, eben der "Büßer" ist (65).

Natürlich ist zunächst einmal evident, daß die Gegenüberstellung von Johannes und Jesus mit "diesem Geschlecht" in unserem Gleichnis von Bedeutung ist. Und wir haben sogar feststellen können, daß das Thema "Johannes und 'dieses Geschlecht'" in der Jesusrede über den Täufer von Anfang an eine Rolle spielt. Dieses war insofern der Fall, als in V. 7-9 par. an das einstmalige positive Verhältnis des Volkes zu Johannes angeknüpft wird (66). Gerade im Blick darauf ist allerdings schon zu erwägen, ob man unser Logion auf den "Gegensatz zwischen Johannes und Jesus einerseits und 'diesem Geschlecht' andererseits" zuspitzen soll. Die Frage ist, ob wirklich letzten Endes allein die Anklage als solche im Vordergrund steht (67).

Und in der Tat ist der Gegensatz zwischen Johannes und Jesus einerseits und "diesem Geschlecht" andererseits in dem Gleichnis durchaus so zu verstehen, daß sich hier kein Bruch im Zusammenhang von Q, in dem es um die eschatologische Qualifikation Jesu und des Täufers geht, ergibt. Denn was "diesem Geschlecht" vorgeworfen wird, sind doch eigentlich die unbilligen unterschiedlichen Erwartungen an Johannes und Jesus. Und das bedeutet, daß es im Grunde um die Unangemessenheit der Haltung "dieses Geschlechts" geht. Es soll gesagt werden, daß die Angeredeten wie Kinder, die bald dieses, bald jenes von ihren Spielkameraden fordern, in ihrem Urteil nicht ernst genommen werden können. Dann steht aber eigentlich die Absicht im Hintergrund, einem Einwand der Hörer gegen das im Zusammenhang entfaltete positive Urteil über Jesus und den Täufer zuvorzukommen (68).

Nur weil Lührmann dieses nicht sieht, kann er dazu kommen, bei unseren Worten die "feste Verbindung" $\alpha\H{u}\tau\eta\ \H{\eta}\ \gamma\epsilon\nu\epsilon\acute{\alpha}$ *generell auf das Volk Israel zu deuten (69). Unter Voraussetzung unserer Interpretation versteht es sich nämlich sofort, daß diese Worte an eine konkrete Adresse gerichtet sind. Und das zweifache* $\lambda\acute{\epsilon}\gamma\epsilon\tau\epsilon$ *macht doch auch zur Genüge deutlich, daß unmittelbar an die mit der Jesusrede angesprochene jüdische Volksmenge gedacht ist.*

Angesichts des Schlußwortes V. 19c par. scheint es nun freilich
ohnehin fraglich, ob man bei unserem Logion das Thema "Johannes/
Jesus und dieses Geschlecht" ins Zentrum stellen kann (70). Mit
diesem Wort läuft schließlich alles darauf hinaus, daß die in
Johannes wie Jesus begegnende Weisheit eben nicht nur Ablehnung,
sondern auch Annahme gefunden hat. Dieses zeigt das ἐδικαιώθη,
welches ganz betont an den Anfang gestellt ist. Wer aber der
Weisheit in Johannes und Jesus Recht gegeben hat, das sind eben
deren Kinder (71).

Lührmann hat behauptet, mit der Bezeichnung αὕτη ἡ γενεά *werde das Volk
Israel im Gegenüber zu den H e i d e n bezeichnet (72). Von hier aus legt
es sich natürlich nahe, die "Kinder der Weisheit" auf Heidenchristen zu deuten. Es war allerdings P. D. Meyer, der in seiner noch vor Lührmanns Habili-
tationsschrift vorgelegten Dissertation "The Community of Q" solche Konsequenz zog und der Q-Gemeinde ein entsprechendes Verständnis der fraglichen
Wendung unterstellte (73). So unwahrscheinlich es aber ist, daß mit "diesem
Geschlecht" an unserer Stelle im Sinne von Q nicht einfach die direkt angesprochene jüdische Volksmenge gemeint ist, so unwahrscheinlich ist es auch,
daß mit den "Kindern der Weisheit" nicht schlicht die jener Menge gegenüber-
stehende Q-Gemeinde (74) bezeichnet sein soll (75).*

Auffällig ist, daß die Gemeinde, die sich in den "Kindern der
Weisheit" repräsentiert sieht, nicht explizit genannt wird. Durch
die Formulierung kommt aber so zum Ausdruck, daß sie sich im Gegensatz zu "diesem Geschlecht" in ihrem Urteil gerade als "weise" zu erkennen gibt. "Dieses Geschlecht", es ist in seiner Ablehnung des Johannes wie auch Jesu aus genau entgegengesetzten
Gründen nicht ernst zu nehmen. In der Anerkennung des Täufers wie
Jesu aber erweisen sich die Christen als "Kinder der Weisheit".
Und so geht es am Ende nur darum, daß die Gemeinde sich noch
einmal ihres eigenen Bekenntnisses zu Johannes und Jesus vergewissert.

Insofern nun aber Johannes dem Menschensohn gegenübergestellt
wird (V. 18a.b.19a.b par.) und zugleich doch wie dieser mit der
Sophia in Verbindung gebracht wird (V. 19c par.), klingt das
Thema "Johannes und Jesus" eben durchaus in einer für Q charakteristischen Weise an. Überdies könnten V. 18a.b.19a.b par. etwa i
der Weise akzentuiert werden, daß das abwertende Urteil "dieses G
schlechtes" über J o h a n n e s (er ist in unserem Zusammenhang nirgends als der "Täufer" qualifiziert!) in der gleichen
Weise wie das abwertende Urteil über den von der Gemeinde als
Menschensohn anerkannten Jesus der Kritik unterliegt. Der Schlußsatz V. 19c par. aber besiegelte in diesem Fall, daß sich mit
der Anerkennung a u c h des Täufers in der Anerkennung der
e i n e n Weisheit die Gemeindeglieder als "Kinder der Weisheit" erweisen. Aber wie dem auch sei, die Gemeinde vergewissert
sich hier auf jeden Fall ihres Bekenntnisses sowohl zu Johannes
als dem um die bevorstehende Heilsvollendung ringenden Asketen
als auch zu Jesus als dem im Anbruch dieser Vollendung stehenden
Menschensohn (76).

Es ist der gesamte Gedankengang der Täuferrede von Q, die Gegenüberstellung Jesu als des "Kommenden" (V. 2-6 par.) mit Johannes

als dem Vorläufer, der seinerseits immerhin bereits das Ringen um die Basileia eingeleitet hat (V. 7-13 par.), welcher hier in adäquater Weise zu Ende geführt wird. Was in der Gegenüberstellung des Jesuszeugnisses mit dem Johanneszeugnis entfaltet worden ist, wird nun treffend zusammengefaßt. Bezeichnend ist dabei, daß das Schlußwort V. 19c par. die ihrerseits am Ende des Jesuszeugnisses stehende Seligpreisung V. 6 par. aufzunehmen und zugleich zu überbieten scheint. So, wie in V. 6 par. bereits das Bekenntnis zu Jesus unter die Verheißung des "Selig" gestellt worden ist, wird nun das Bekenntnis zu Jesus u n d J o h a n - n e s in dem Bekenntnis zu der einen Weisheit unter die Verheißung der "Weisheitskindschaft" gestellt. Um so näher liegt die Vermutung, daß gerade auch unser (am Ende stehendes!) Gleichnis V. 16-19 par. mit der Komposition von Q schon in engsten zeitlichen Zusammenhang zu bringen ist (77).

In jeder Hinsicht bestätigt aber hat sich nach allem Gesagten, daß in Q Johannes und Jesus noch keineswegs einfach nebeneinander gegen Israel stehen. Nicht genug damit, daß für den Verfasser der Quelle das Bestreben, den Täufer in positiver Weise Jesus zuzuordnen und auch ihn mit dem Kommen des Gottesreiches in eine Verbindung zu bringen, durchaus charakteristisch ist. Es kommt vielmehr hinzu, daß jener Verfasser in der Täuferrede den Gegensatz zwischen "diesem Geschlecht" und Johannes und Jesus weder als Gerichtsdrohung (womöglich gar im Sinne einer grundsätzlichen Israelpolemik!) thematisiert noch überhaupt als Zielpunkt des gesamten Gedankenganges anvisiert. Dieser liegt vielmehr darin, daß das Bekenntnis zu Jesus und gleichermaßen auch das Bekenntnis zu Johannes unter die Verheißung gestellt wird. Danach geht es dem Verfasser von Q letzten Endes darum, daß schon das Auftreten des Johannes als des Vorläufers Jesu wie auch das Auftreten Jesu selbst eschatologische Relevanz für das Volk besitzt.

Hier ist nun entscheidend präzisiert worden, was wir oben zunächst im Blick auf die Struktur der Täufertexte von Q als deren vorläufiges Verständnis expliziert hatten. Dabei haben wir aber auch jetzt nichts anderes unternommen als den Versuch, dem bereits von der Literarkritik rekonstruierten Q-Text - auf dem Hintergrund traditionsgeschichtlicher Erörterungen - einen Sinn abzugewinnen. Es kann daher keine Rede davon sein, daß die Ergebnisse eo ipso allzu hypothetischen Charakter haben müßten. Vielmehr hat sich gezeigt, daß gerade von diesen Ergebnissen aus dann die doch in sehr viel höherem Maße hypothetische Frage nach dem mündlichen Stadium der Überlieferung wieder sinnvoller gestellt werden kann. Denn die Tendenzen, die unseres Erachtens bereits die spätere mündliche Überlieferung bestimmt haben, ließen sich auch im Blick auf den Gesamtzusammenhang der untersuchten Q-Texte verifizieren.

2. Daß die Täufertexte in Q nicht auf eine Gerichtsandrohung an das Volk hinauslaufen, ergibt sich schon daraus, daß die Weherufe Mt. 11,21-23 par. in der Quelle in der Aussendungsrede gestanden haben (78). Wir müssen davon ausgehen, daß es Lk. ist, der in 10,12.13-15 den ursprünglichen Zusammenhang bewahrt hat. Bleibt hier nun zu fragen, inwieweit es überhaupt speziell um den Gegensatz zwischen J o h a n n e s / J e s u s und "diesem Geschlecht" geht, wenn der Verfasser von Q das Volk unter das Gericht stellt.

Gewiß, der Gegensatz zwischen Jesus und dem seine Taten nicht würdigenden Volk wird insofern im Blick sein, als Jesus eben die Anklage an Chorazin und Bethsaida sowie Kapernaum in den Mund gelegt wird. Der Kontext weist aber doch unverkennbar darauf hin, daß es letztlich der Gegensatz zwischen der Q - G e m e i n d e und dem Volk ist, auf den mit der Gerichtsansage eine Antwort gegeben wird. Insbesondere zeigt der Anschluß von Mt. (11,24 bzw.) 10,15/Lk. 10,12 an Mt. 10,14/Lk. 10,10f., daß es um die Ablehnung der Jünger geht. Denn insofern die Ankündigung einer das Gericht an Sodom noch übersteigenden Heimsuchung an "jene Stadt" Mt. 10,15 par. eben mit der Anweisung bezüglich der die Jünger nicht aufnehmenden Stadt Mt. 10,14 par. im Zusammenhang steht, ist sie nichts weiter als eine nochmalige Aufnahme jener Anweisung, die in dem Zeichen des "Staubabschüttelns" bereits ihrerseits eine Drohung beinhaltet (79).

So eindeutig Mt. 10,15/Lk. 10,12 zu Mt. 10,14/Lk. 10,10f. gehört so eindeutig setzt allerdings mit dem folgenden Wehe über Chorazin und Bethsaida ein neuer Komplex ein (80), in dem nun auch nicht mehr die Jünger mit dem ὑμῖν angesprochen sind (so noch Mt. 10,15/Lk. 10,12), sondern Chorazin und Bethsaida (vgl. Mt. 11,21f./Lk. 10,13f.). Aber kann deshalb etwa Hauck (81) im Blick auf die für Q vorauszusetzende lukanische Textform urteilen, daß nur in "rein äußerlicher Anlehnung an v 12 ... zum allgemeinen Drohwort das spezielle über mehrere galiläische Städte hinzugefügt" wird? Ist wirklich sein Urteil berechtigt, daß ein innerer Zusammenhang mit der Jüngeranweisung nicht besteht? Er betont doch selbst richtig, daß durch das Schlußwort 10,16 (vgl. Mt. 10,40) die Weherufe noch in die Anweisungsrede einbezogen werden. Und von hier aus läßt sich meines Erachtens nur urteilen, daß auch das Wehe über die galiläischen Städte im Grunde den "Jüngern" gesagt ist. So wird man vorsichtiger etwa mit Schneider (82) formulieren, daß die Rufe "(innerhalb der Jüngerinstruktion) i n d i r e k t die drei galiläischen Städte anreden".

Es war schon angeklungen, daß in Mt. 11,16-19 par. der Schuldaufweis eigentlich an die Gemeinde gerichtet ist. Ergänzend ist nun festzustellen, daß hier selbst die Strafandrohung letztlich einem "katechetischen" Zweck dienstbar gemacht wird. Wie die Weherufe Lk. 6,24-26 innerhalb des Zusammenhangs der an die Jünger gerichteten Feldrede zeigen, wird auch sonst noch in ähnlicher Weise vorgegangen. Ob man angesichts der Weherufe der Feldrede, die bei Mt. ja bekanntlich fehlen, davon sprechen kann, daß das hier geübte Verfahren gerade für Q typisch ist, scheint mir allerdings zweifelhaft (83).

Es bleibt natürlich nichtsdestoweniger die Aussage der Weherufe hier doch die, daß es die Unbußfertigkeit des Volkes angesichts der Taten J e s u ist, die die Gerichtsdrohung provoziert. Diese Aussage ergänzt aber ja lediglich die vorangehende, nach der eben "jener Stadt" das Gericht angekündigt wird, weil sie die B o t e n Jesu abgewiesen hat. Und als Wort an die Jünger macht sie somit deutlich, daß die Zurückweisung Jesu und die Zurückweisung der Jünger auf einer Ebene liegen. Demnach geht es in der Tat in Q bei den Weherufen letzten Endes darum, daß "die endzeitliche Bedeutung, die nach diesen Sprüchen dem Auftreten Jesu zukommt, auch für das Auftreten der Boten in Anspruch" genommen wird (84).

Durch das möglicherweise direkt an die Weherufe angefügte (85) Schlußwort der gesamten Aussendungsrede Mt. 10,40/Lk. 10,16 wird im übrigen ohnehin deutlich, daß im Grunde nur das Auftreten Jesu mit dem Auftreten der Boten selbst in Parallele gesetzt werden soll, wenn nun auch den Jesus ablehnenden Städten das Gericht angekündigt wird. Denn mit diesem Wort wird der Gemeinde abschließend explizit gesagt, daß ihre Sendung im Zusammenhang der Sendung Jesu, und d.h. dann der Sendung durch Gott steht, insofern das Verhalten ihr gegenüber letztlich einem Verhalten Jesus gegenüber gleichkommt.

Nun ist es sicher unbestreitbar, daß jenes in der neutestamentlichen Evangelienüberlieferung außerordentlich gut bezeugte (86) Logion auf älterer Tradition beruht. Zugleich jedoch ist auch kaum zu bezweifeln, daß andererseits das Logion Mt. 10,15/Lk. 10,12 zu den (wenigen!) Worten innerhalb der Q-Überlieferung gehört, die mit relativer Sicherheit auf den Verfasser der Quelle selbst zurückgeführt werden können (87). Es ist aber gerade dieses letztere Logion, welches die beabsichtigte Gleichsetzung der Jünger mit Jesus augenfällig macht. Denn hier wird ja die Gerichtsdrohung an die die Jünger abweisende Stadt in der Weise noch einmal neu formuliert, daß sie nun der Gerichtsdrohung an die Jesus abweisenden Städte genau entspricht. Offenbar war es das ureigenste Interesse des Verfassers von Q, die Abweisung der Jünger in der gleichen Weise wie die Abweisung Jesu unter das Gericht zu stellen.

Bemerkenswert ist dabei, daß mit der Aufnahme von Mt. 11,22/Lk. 10,14 in Mt. 10,15/Lk. 10,12 die Antithese zur jüdischen Überlieferung noch verstärkt wird. Dieses ist insofern der Fall, als es eben hier um die völlige Verkehrung der heilsgeschichtlichen Vorzugsstellung Israels in ihr Gegenteil geht. So zeigt sich, daß auch für den Verfasser von Q das auserwählte Israel gerade in besonderer Weise unter der Unheilsdrohung steht (88). Das Auftreten Jesu und seiner Gemeinde markiert für ihn offenbar den Punkt, an dem die Prärogative des Volkes in paradoxer Weise zum Anlaß des Scheiterns wird. Im Hintergrund steht dabei die Auffassung, daß nicht mehr das Gesetz, sondern vielmehr das Verhalten angesichts der Taten Jesu bzw. der Jünger das Heil verbürgt.

Bezeichnend dürfte aber sein, daß auch hier keineswegs von "Israel" als ganzem und den "Heiden" als solchen gesprochen wird (89). Dieses gilt um so mehr, als vielmehr bewußt lediglich von der "Stadt" die Rede ist. Erst in Mt. 10, 14/Lk. 10,10f. tritt diese an die Stelle des Hauses, so daß sie, indem sie "gleichsam vom Ende her in den Gesichtskreis der Boten ein(dringt)" (90), dem Gegensatz zur jüdischen Umwelt in durchaus überlegter Weise eine neue Dimension gibt. Gewiß, es sind mehrere galiläische Städte, denen pauschal das Gericht angekündigt wird. Und vor allem ist es auch mit Sodom d i e heidnische Stadt schlechthin, die der Verfasser von Q jenen galiläischen Städten mittels redaktioneller Wendung gegenüberstellt. Es sei jedoch sogleich darauf verwiesen, daß Matthäus sich bezeichnenderweise dann doch noch genötigt gesehen hat, statt allein auf die Stadt Sodom nun auf das "Land Sodom und Gomorrha" zu verweisen. Spricht dieses nicht dafür, daß er jedenfalls den Q-Text auch in diesem Punkt noch nicht in einem generalisierenden Sinne verstanden hat?

Das aber ist von entscheidender Bedeutung, daß natürlich keine
Rede davon sein kann, daß - etwa wie in Mt. 11,19c par. die
"Kinder der Weisheit" - in den Weherufen nun die heidnischen
Städte einer positiven Bewertung unterliegen. Das zeigt sich
besonders in dem abschließenden Wort über Kapernaum, welches
mit der Aufnahme der Gerichtsdrohung von Jes. 14,13.15 lediglich die Bewohner dieser Stadt und den König von Babylon a u f
e i n e S t u f e stellt (91). Im übrigen, Matthäus, der den
Gegensatz Israel - Heiden genereller faßt, hat nun auch hier
die antijüdische Tendenz zugunsten einer eher proheidnischen
Ausrichtung der Überlieferung eben dadurch noch weiter verstärkt, daß er den Weherufen in 11,23b.c.24 einen neuen Abschluß
gegeben hat!

Bleibt festzuhalten, daß auch die Gerichtsdrohung an das Volk
in den Weherufen keinen grundsätzlichen Gegensatz zwischen Israel und den Heiden als solchen impliziert. Sicher, die Q-Gemeinde "was ... as quick to condemn the Jews for their 'impenitence' as the Jew was to condemn the Gentile for his paga-
nism" (92). Und doch, es mag sein, daß sie zugleich gerade
"sought to be the 'light', not to the Gentiles as in Isa. 42:6,
49:6, but rather to Israel" (93). Das würde dann in der Tat bedeuten, daß die Q-Gemeinde ihre Rolle i n n e r h a l b Israels in ähnlicher Weise verstand wie Israel seine Rolle unter
den Völkern.

3. Offenkundig ist es der Fall, daß die in den Weherufen vorausgesetzte Situation der Auseinandersetzung der Q-Gemeinde mit ihrer ·jüdischen Umwelt auch im Jubelruf Mt. 11,25-27 par. eine
Rolle spielt (94). Wie bereits ausgeführt, steht hier aber nun
ausdrücklich eine apologetische Tendenz im Hintergrund. Es geht
darum, daß sich die Q-Gemeinde vor ihren Gegnern rechtfertigt.

Die inhaltliche Verwandtschaft zwischen Weherufen und Jubelruf
hat in der Quelle offenbar ihren Ausdruck darin gefunden, daß die
in der Aussendungsrede stehenden Weherufe dem Jubelruf ziemlich
unmittelbar vorausgegangen sind (95). Da allerdings der Jubelruf
selbst im Gegensatz zu den Weherufen nirgendwo innerhalb der
Aussendungsrede begegnet, dürfte auf jeden Fall das Schlußwort
dieser Rede Mt. 10,40 par. ursprünglich noch zwischen beiden Logien gestanden haben (96). Dieses ist für die Interpretation des
redaktionellen Zusammenhangs deshalb von besonderem Belang, weil
damit schon eine Vorentscheidung in der Deutung des umstrittenen
ταῦτα bzw. αὐτά in V. 25f. par. gefällt ist. Es ist ja im Blick
auf Q nicht damit getan, das Demonstrativum erst von der begründenden Aussage V. 27 par. her inhaltlich zu füllen. Vielmehr ist
in einem primären literarischen Zusammenhang wie dem hier vorliegenden davon auszugehen, daß das Demonstrativum konkret rück-
bezüglich gebraucht ist (97).

*Weaver hält es allerdings im Gegensatz zu uns doch für wahrscheinlich, daß
die Weherufe unmittelbar vor dem Jubelruf gestanden haben. So kommt er zu der
Vermutung, daß "the* ταῦτα *could refer to the* δυνάμεις *of Matt. 11:21 =
Luke 10:13, i.e., the object of the thanksgiving is the hiding/revealing of
the eschatological significance of the* δυνάμεις *performed by Jesus" (98).*

Aber diese Lösung des Problems vermag auch deshalb nicht zu überzeugen,
weil die Weherufe gar nicht explizit von der "eschatologischen Bedeutung"
der Taten Jesu sprechen. Weaver geht freilich nicht zu Unrecht davon aus,
daß die Auseinandersetzung um die eschatologische Bedeutung des Auftretens
Jesu den eigentlichen Bezugspunkt unseres Logions darstellt. Und indem er
innerhalb von Q die Beelzebul-Perikope Mt. 12,22-30/Lk. 11,14-23, die Über-
lieferung vom Jona-Zeichen Mt. 12,38-42/Lk. 11,29-32 sowie die Worte gegen
die Pharisäer Mt. 23,4.23-25.29-36/Lk. 11,39-52 zum Vergleich heranzieht,
deutet er es ganz in diesem Sinne von der Auseinandersetzung der Q-Gemeinde
mit "dieser Generation" um "the eschatological significance of Jesus'
activity" her (99).

Wir haben nun bereits darauf hingewiesen, daß mit dem fraglichen
ταῦτα bzw. αὐτά immerhin ein ursprüngliches τὸν υἱόν σου
bzw. αὐτόν ersetzt sein könnte (100). Diese Interpretation findet aber eine geradezu erstaunliche Bestätigung eben von der Annahme her, daß sich der Jubelruf an das Schlußwort der Aussendungsrede Mt. 10,40 par. angeschlossen hat. Denn jenes Schlußwort gipfelt in der Feststellung, daß Jesus und "der, der ihn
gesandt hat", im Grunde eins sind. Das jedoch ist genau die Aussage, durch die in Mt. 11,27 par. die "Sohnschaft" Jesu expliziert wird.

So hat sich aber gewissermaßen ergeben, daß das ταῦτα bzw. αὐτά
von Mt. 10,40 par. her um so deutlicher im Sinne eines - freilich indirekten - Hinweises auf die in Mt. 11,27 par. entfaltete
Sohnesaussage zu verstehen ist. Das, was den jüdischen Gegnern
der Q-Gemeinde verborgen, dieser selbst aber offenbar gemacht
worden ist, dürfte die enge Beziehung Jesu zu "dem, der ihn gesandt hat", sein. Eben damit ist aber schon das angeklungen,
was in V. 27 par. dann des näheren als Jesu Sohnschaft entfaltet wird (101).

Das Schlußwort der Aussendungsrede Mt. 10,40 par. dient in Q offenbar letzten Endes dazu, den Anspruch der Gemeinde zu begründen. Einerseits nimmt das Logion zwar nur noch einmal auf, was
schon die Gegenüberstellung der Gerichtsankündigung an die die
Jünger nicht aufnehmende Stadt mit der Gerichtsankündigung an
die Jesus zurückweisenden Ortschaften zum Ausdruck bringt.
Denn insoweit in Mt. 10,40 par. die Jünger und Jesus parallelisiert werden, dokumentiert sich hier nur die bereits in jener
Gegenüberstellung zum Ausdruck kommende Gleichsetzung des Anspruches der Jünger mit dem Anspruch Jesu (102). Andererseits
jedoch geht unser Logion in bemerkenswerter Weise über das hinaus, was bislang in Q ausgeführt worden ist. Denn insoweit in
ihm Jesus selbst wiederum mit "dem, der ihn gesandt hat" (vgl.
das bei Mt. und Lk. gleichlautend überlieferte τὸν ἀποστείλαντά
με) parallelisiert wird, dokumentiert sich letztlich eine
Rückführung des Anspruches auch der Jünger auf Gott. Eben diese
Aussage aber ist es, an die der Jubelruf anknüpft. Und so geht
es auch hier offenbar um nichts anderes als darum, daß der Anspruch der Gemeinde auf Jesus als den Repräsentanten des Vaters
zurückgeführt wird (103).

Der weitere Kontext unseres Wortes in Q läßt erkennen, welche
Problematik für den Verfasser der Quelle konkret hinter jener

Frage nach der Begründung des Anspruches der Gemeinde steht. Hier ist auszugehen von dem bereits erörterten Wort von der Rechtfertigung der Sophia Mt. 11,19c par., das in der weisheitlichen Terminologie an den Jubelruf anklingt. Was dieses Logion betrifft, so stellt es ja neben "dieses Geschlecht" nun die "Kinder der Weisheit". Wie jedoch erkennbar war, wird damit jedenfalls nicht ein genereller Gegensatz zwischen "Israel" und den "Heiden" umschrieben. Auf diesem Hintergrund ist es aber mehr als wahrscheinlich, daß ähnlich mit dem Gegensatz zwischen den "Weisen(!) und Verständigen" und den "Unmündigen" im Jubelruf für Q lediglich der Gegensatz zwischen der Umwelt der Q-Gemeinde und dieser selbst bezeichnet sein soll (104). Hier spiegelt sich offenbar die Tatsache wider, daß noch die Q-Gemeinde sich innerhalb des Judentums als eine Gemeinde des einfachen und ungebildeten Volkes darstellte.

Allerdings, in Mt. 11,19c par. ist eben die Q-Gemeinde gerade mit der Wendung "Kinder der Weisheit" angesprochen (105). Wir hatten das Logion aber in dem Sinne zu verstehen gesucht, daß sich in der Anerkennung des Täufers und Jesu durch die Q-Gemeinde diese selbst erst als weise zu erkennen gibt. Es geht offenbar nicht darum, daß irgendwelchen "Kindern der Weisheit" als solchen die Anerkennung des Täufers und Jesu nachgerühmt werden soll. Vielmehr gilt umgekehrt, daß denjenigen, denen das Bekenntnis zu Johannes und Jesus nachzurühmen ist, auch die Weisheitskindschaft zugesprochen wird. Das bedeutet letzten Endes, daß hier die Weisheitskinder nicht mehr mit den Weisen im herkömmlichen Sinne gleichzusetzen sind. Und so ergibt sich, daß sich gerade unsere Interpretation von 11,19c par. im Zusammenhang von Q angesichts des Jubelrufes verifizieren läßt. Denn in der Tat, bei unserem Verständnis wird eine Deutung der Weisheitskinder gerade auf die νήπιοι durchaus möglich. Bei dieser Deutung wird dann im Hintergrund stehen, daß für das frühe Christentum die Armen nicht mehr die von Gott Gestraften, sondern schlicht die in und an der Welt Leidenden und als solche eben gerade die Empfänger der rettenden Botschaft Jesu sind (vgl. Mt. 11,5f. par.).

Aber nicht genug damit, daß sich unsere Deutung von 11,19c par. im Blick auf den Jubelruf verifizieren läßt. Es ergibt sich ja nun, daß die Rede von den Weisheitskindern letzten Endes nur noch eine paradoxe Formulierung angesichts eines grundsätzlichen Gegensatzes zum traditionellen jüdischen Weisheitsdenken ist. Schließlich, die Erklärung der Unmündigen zu den Empfängern der Offenbarung im Jubelruf dürfte nur auf dem Hintergrund einer grundsätzlichen christologischen Durchbrechung weisheitlichen Denkens verständlich sein. Es wird hier eben konkret den νηπίοις als denjenigen, die von keiner Weisheit wissen, die Erkenntnis Jesu als desjenigen, den es statt der Weisheit anzunehmen gilt, zugesprochen. Die "Weisheit" der Unmündigen beruht also letztlich gerade darauf, daß sie   n i c h t   weise und eben deshalb bereit für die Annahme der Offenbarung sind (106).

Freilich, nach Hoffmann (107) wird den νηπίοις im Jubelruf die Erkenntnis Jesu als des Menschensohnes zugesprochen. Seiner Auffassung nach tritt Jesus zwar in seiner Offenbarungstätigkeit als der Sohn an die Stelle der Weisheit,

erweist sich jedoch eben in diesem Zusammenhang als der (kommende) Menschensohn. Wir haben aber bereits (108) deutlich gemacht, daß der Rekurs auf die
apokalyptische Menschensohntradition hier nicht angebracht erscheint. Und es
ist ja ohnehin sehr fragwürdig, in der Weise wie Hoffmann Sohn- und Menschen-
sohn-Aussage bei der Deutung unseres Logions zu verbinden. Zudem wird nun
aber auch eine ganz bestimmte Absicht deutlich, die offenbar bei Hoffmanns
religionsgeschichtlicher Analyse im Hintergrund steht, die Absicht nämlich,
im Jubelruf eine für Q entscheidende christologische Hoheitsaussage zu finden. Deshalb wird die Menschensohn-Vorstellung herangezogen, weil damit die
in unserem Logion als "Apokalypsis des Sohnes" beschriebene Offenbarung im
Sinne von Q zum entscheidenden Erweis der Hoheitsstellung Jesu wird. Nur von
dieser Voraussetzung her kann es ja gelingen, "die in dem Logion artikulierte
Erfahrung ... in die Reihe der urchristlichen Ostererfahrungen" einzuord-
nen (109). Das aber ist letztlich das Ziel, dem die gesamte Argumentation
Hoffmanns dient.

Es ist aber nicht nur die in dem Rekurs auf die apokalyptische Menschensohntradition liegende Voraussetzung der Argumentation als solche, die uns fragwürdig erscheint. Hoffmann hebt ja besonders hervor, daß die Apokalypsis-
Sprüche letzten Endes eine erst nach Jesu Tod gewonnene Erkenntnis themati-
sieren. Dieses aber dokumentiert sich für ihn offenbar insbesondere darin,
daß durch jene Sprüche "das Wirken der Boten n a c h J e s u T o d legitimiert" wird (110). Und an dieser Stelle wird ganz deutlich, wie sehr sich
bei seiner Argumentation die Akzente verschieben. Gewiß ist es richtig, daß
unser Logion im Kontext von Q die Sendung der Boten legitimieren soll (111).
Und es ist auch nicht zu bestreiten, daß der Verfasser von Q damit letzten
Endes das Wirken der Gemeinde seiner eigenen Zeit im Blick hat. Jedoch, dieses geschieht eben gerade so, daß die Beauftragung der späteren Gemeinde mit
der Beauftragung der Jünger d u r c h d e n i r d i s c h e n J e s u s
in Verbindung gebracht wird. Und es kann keine Rede davon sein, daß hier
speziell das Wirken einer nachösterlichen Gemeinde legitimiert wird.

Alles in allem ist wohl deutlich, daß die Sohn-Christologie offenbar ein spätes Stadium der "theologiegeschichtlichen" Entwicklung repräsentiert. Wir haben aber gesehen, daß die sich hier dokumentierende grundsätzliche Durchbrechung weisheitlicher Denkstrukturen auch sonst für Q vorauszusetzen ist. Um so weniger
ist davon auszugehen, daß der Jubelruf erst sekundär in die Redenquelle eingefügt worden ist (112).

§ 2: Die Texte in der theologischen Konzeption der Quelle

Es bleibt nun noch die Aufgabe, unsere Ergebnisse in den Gesamtzusammenhang der redaktionellen Konzeption der Redenquelle zu
stellen. Dabei wird sich erweisen müssen, inwieweit unsere Analyse des Mt. 11 par. zugrunde liegenden Q-Texte ihren Anhalt
auch am Gesamtaufriß der Quelle findet.

Eben darin wird sich freilich dann gerade auch erweisen können, inwieweit
der von uns rekonstruierte Aufriß der Quelle die in Mt. 11 par. faßbar werdenden redaktionellen Tendenzen widerspiegelt. Es war uns allerdings im Gegensatz etwa zu Polag von vornherein als wahrscheinlich erschienen, daß die
inhaltliche Struktur von Q die Intentionen des Verfassers der Quelle ziemlich unmittelbar zum Ausdruck bringt (1)...

Entscheidendes Ergebnis unserer Analyse des Mt. 11 par. zugrunde liegenden Q-Textes war, daß die Quelle jenes Stadium der
überlieferungsgeschichtlichen Entwicklung repräsentiert, in dem
zwar der Gegensatz zwischen Christus- und Täufergemeinde schon
der Vergangenheit angehört, die Frage nach der positiven Funktion des Täufers aber gerade um so brennender wird und keineswegs schon hinter die Auseinandersetzung mit Israel zurücktritt.
In zweifacher Hinsicht ist dieses Ergebnis angesichts des gegenwärtigen Forschungsstandes von Belang, einmal nämlich hinsichtlich des hier entworfenen Bildes vom Verlauf der frühesten theologiegeschichtlichen Auseinandersetzungen, vor allem aber hinsichtlich der Bestimmung der Situation der Q-Gemeinde selbst (2).

Nun ist ja auch Polág (3) davon ausgegangen, daß in der "Hauptsammlung" von Q eine ausdrückliche Unterordnung des Täufers unter Jesus nicht feststellbar ist. Er setzt das allerdings nur
voraus, um gleichzeitig für eine "späte Redaktion" von Q eben
diese Tendenz doch in Anschlag zu bringen (4). Demgegenüber meint
Hoffmann (5) zu sehen, daß erst nach der (frühen!) Abfassungszeit
von Q die Auseinandersetzung zwischen Christusgemeinde und Täufergemeinde virulent geworden sei. Und lediglich Lührmann (6) vertritt die dieser These völlig entgegengesetzte Annahme, daß zu
der (relativ späten) Zeit der Abfassung unserer Quelle die Auseinandersetzung der Gemeinde mit den Ansprüchen der Johannesjünger bereits der Vergangenheit angehört. Für ihn impliziert diese Annahme freilich wiederum, daß zur Zeit von Q auch die Debatte um die Bedeutung des Johannnes im Unterschied zu der Jesu als
solche bereits vorbei ist (7).

Alles in allem zeigt sich natürlich hier in der Forschung insofern schon ein gewisser Konsens, als einmütig innerhalb der synoptischen Überlieferung auch Spuren einer Auseinandersetzung
um Jesus und den Täufer aufgewiesen werden. Zudem herrscht weithin Übereinstimmung darüber, daß in Q (bzw. einer ursprünglichen Fassung der Quelle) eine solche Auseinandersetzung eben gerade keine Rolle spielt. Es bleibt jedoch vollkommen umstritten,
wie dieses auf dem Hintergrund eines in sich stimmigen Bildes
vom Verlauf der theologiegeschichtlichen Entwicklung zu erklären bzw. die Redenquelle in ein solches Bild einzubeziehen ist.
Dabei wird es gewiß kein Zufall sein, daß sich die Differenzen
gerade dort ergeben, wo die redaktions k r i t i s c h e Fragestellung in die redaktions g e s c h i c h t l i c h e im
weiteren Sinne übergeht. Denn an den bislang vorgelegten "redaktionsgeschichtlichen" Arbeiten war ja gerade das auszusetzen gewesen, daß sie nicht konsequent das geschichtliche Nacheinander
verschiedener redaktioneller Entwürfe in Rechnung stellen (8).
Und selbst da, wo die redaktionskritische Fragestellung ausdrücklich in den Horizont traditionsgeschichtlicher Erörterungen
gestellt wird, war immerhin zu fragen, ob nicht von redaktionskritischen Prämissen her die Ergebnisse der traditionsgeschichtlichen Analyse präjudiziert werden (9).

Vermeidet man ein derartiges unsachgemäßes Vorgehen, so ergibt
sich, daß zwar die älteste, auf Jesus selbst zurückgehende Tradition noch von einer unbefangenen Anerkennung des Täufers

zeugt, die späteren Einzelüberlieferungen jedoch letzten Endes bereits von der Überwindung einer polemisch-apologetischen Frontstellung her verständlich sind (10). Das aber beinhaltet eben nichts anderes, als daß Q in der Tat auf die Auseinandersetzung mit den Täuferjüngern zurückblickt (11). Entscheidend ist die Tatsache, daß von einer u n b e f a n g e n e n positiven Bezugnahme auf den Täufer k e i n e Rede mehr sein kann. Um so mehr ist allerdings davon auszugehen, daß die Frage nach der Bedeutung des Täufers im Unterschied zu der Jesu gerade für Q durchaus noch von Interesse ist.

Es ist hier dann freilich kaum noch unmittelbar der Einfluß ehemaliger Täuferanhänger innerhalb der Q-Gemeinde, der das Interesse am Täufer bestimmt. Der Hinweis darauf, daß die frühe christliche Gemeinde sich zu einem nicht unbeträchtlichen Teil aus Gliedern der Täufergemeinde zusammengesetzt haben dürfte, ist in diesem Kontext nicht mehr ausreichend (12). Kraeling beispielsweise geht überdies wohl auch zu weit, wenn er feststellt, daß Täufer- und Jesusgemeinde anfänglich in "brüderlicher" Verbindung gestanden hätten (13). Dennoch wird es natürlich nicht anzuzweifeln sein, daß gerade die Q-Gemeinde ursprünglich einmal ehemalige Täuferanhänger mit umfaßt haben dürfte. Und insoweit dieses in der Täufertradition der Quelle faßbar wird, ist es ja auch zumindest m i t t e l b a r der Einfluß jener Gruppe, der in der durchgehaltenen Frage nach dem Täufer zur Auswirkung kommt. U n m i t t e l b a r jedoch ist es gewiß jene in sich bereits widersprüchliche Tradition, die die Frage nach der Bedeutung des Täufers wachhält.

Dieses ist nun aber festzuhalten, daß die christologische Frage in Q noch aufs engste mit der Frage nach dem Verhältnis zwischen Johannes und Jesus verbunden ist. Es findet seinen Ausdruck schon in der Tatsache, daß sich der Bogen in der Quelle von der Ankündigung des Kommenden durch den Wegbereiter Mt. 3,7-12 par. bis hin zu der Ankündigung des Wiederkommenden durch den Gekommenen Mt. 25,14-30 par. erstreckt (14). Hier ist nur bezeichnend, daß Polag (15) insbesondere die Einleitungsperikopen und die Schlußperikope von Q (16) seiner "späten Redaktion", in der Johannes und Jesus nicht mehr "einfach nebeneinander" genannt würden (17), zuweist. Dabei ist ja immerhin richtig gesehen, daß zumindest an dieser Stelle eben doch ein Interesse am Verhältnis des Täufers zu Jesus sichtbar wird. Wenn es auch unsinnig ist, dieses Interesse als ein rein negatives an der Unterordnung des Täufers unter Jesus zu deuten. Und wenn es auch nicht angeht, die Tatsache, daß die Quelle hier ausnahmsweise "nicht Worte Jesu an die Jünger, die Menge oder die Gegner bringt" (18), zum Kriterium für die Herausarbeitung einer späteren Redaktion zu machen.

Wenn für den Verfasser von Q die Täuferpredigt in der Ankündigung des Kommenden (vgl. Mt. 3,11f. par.) gipfelt (19), so ist sie für ihn im wesentlichen zur unmittelbaren Ankündigung des Kommens Jesu geworden. Das Verhältnis des Täufers zu Jesus wird dahingehend bestimmt, daß Johannes selbst sich in Person als der Vorläufer Jesu gewußt hat. Dabei wird die enge Verbindung zwischen dem Täufer und Jesus auch noch dadurch unterstrichen, daß Johannes Jesus als eine Gestalt charakterisiert, die ihm bei allem Unterschied doch ähnlich ist. Denn in der Tat, sowohl die

Bezeichnung Jesu als des "Stärkeren" als auch die Verbindung
Jesu mit einem Taufakt und die Bezugnahme auf das Volk machen
deutlich, in welchem Maße Johannes und Jesus zusammengehören (20).
Der Täufer ist eben mehr als nur ein Bußprediger, der Israel
unter das Gericht gestellt hat. Er steht am Anfang einer
h e i l s geschichtlichen Entwicklung, die erst in der Wiederkehr Jesu ihr Ziel erreicht (21).

Q hat allerdings wohl mit der Explikation der Gerichtsdrohung
(vgl. Mt. 3,7-10 par.) eingesetzt. Hier geht es um die Negie-
rung der heilsgeschichtlichen Prärogative Israels, insofern jeg-
liche Berufung auf die Abrahamskindschaft abgelehnt wird (3,9
par.). Diesem Ansatz aber entspricht es, daß dem Menschen bezeichnenderweise nicht in der Rückkehr zum Gesetz, sondern in
dem unbedingten Sich-Einlassen auf die Buße (3,8 par.) die Zukunft eröffnet wird. Selbst insofern der Täufer Gerichtsprediger bleibt, wird er freilich einer positiven Zuordnung zu Jesus
gewürdigt. Denn Mt. 3,11f. par. besagt doch, daß Johannes auf
Jesus gerade auch als auf den kommenden R i c h t e r hingewiesen hat. Und das Talentengleichnis 25,14-30 par. zeichnet Jesus eben als solchen (22)!

Wenn nun Johannes in Mt. 3,7-12 par. die heilsgeschichtliche
Prärogative Israels leugnet, so scheint darin zunächst doch so
etwas wie ein grundsätzlicher Gegensatz gegen das Volk impliziert zu sein (23.24). Insofern aber Johannes als der Inaugurator einer neuen, eschatologisch qualifizierten Zeit gezeichnet
wird, erhält seine Kritik an dem Anspruch Israels gerade hier
einen anderen Stellenwert. Es geht bei dieser Kritik nur darum,
daß a n g e s i c h t s d e r e s c h a t o l o g i s c h e n
S i t u a t i o n das Vorrecht Israels a u f g e h o b e n ist.

*Bezeichnenderweise hat Lukas diesen Zusammenhang nicht mehr gesehen, hat er
doch das eschatologische Drohwort 3,9 par.* ἡ ἀξίνη πρὸς τὴν ῥίζαν τῶν
δένδρων κεῖται... *unter Hinzufügung des* καί *mit der etwas umständlichen
Wendung* ἤδη δὲ καί *eingeleitet und so die enge logische Beziehung zu dem
vorangehenden Logion von der Abrahamskindschaft zerstört. Im Blick auf die
Konzeption von Q aber läßt sich jedenfalls formulieren, daß die Vorrechtsstellung Israels kaum grundsätzlich abgetan, sondern lediglich heilsgeschichtlich überholt wird.*

Das jedoch ist nun auch genau die Konzeption, die nach unserer
Interpretation für den Verfasser der Quelle hinter dem Stürmerspruch Mt. 11,12f. par. steht (25). Wir hatten dazu darauf hingewiesen, daß die Zeit von "Gesetz und Propheten" und die Zeit
"seit Johannes" offenbar als verschiedene einander ablösende
heilsgeschichtliche Stufen nebeneinandergestellt werden. Und dabei war deutlich gewesen, daß es hier um die Abrogation der Thora i n i h r e r s o t e r i o l o g i s c h e n F u n k -
t i o n , und d.h. um das Ende der Zeit, in der Israel im Gesetz das Heil besaß, geht. Dementsprechend liegt es natürlich
nahe, in unserem Logion so etwas wie eine heilsgeschichtliche
Neutralisierung der prophetischen Kritik zu finden. Auf jeden
Fall aber ist eine solche Aussage gerade im Rahmen eines Judenchristentums denkbar, das eben zumindest noch nicht grundsätzlich den Bruch mit der eigenen jüdischen Herkunft vollzogen hat.

Nun war es die eschatologische Funktion des Johannes, die seiner Kritik an Israel die entscheidende Perspektive gab. Diese Funktion des Täufers als desjenigen, der die Heilszeit eingeleitet hat, war es jedoch gerade auch, die unserer Auffassung nach in dem Stürmerspruch vor allem zum Ausdruck gebracht werden soll. Schließlich, daß mit dem Täufer das Ringen um die Basileia begonnen hat, ist nach unserer Interpretation für den Verfasser von Q die entscheidende Aussage des Logions. Damit geht dieses freilich noch über das hinaus, was der Gesamtaufriß von Q über die heilsgeschichtliche Einordnung des Johannes erkennen ließ. Die Deutung des Täufers erhält einen eminent positiven Akzent, insofern dieser hier nun nicht mehr bloß mittelbar als der Bote des Kommenden mit dem Anbrechen der Basileia in Verbindung gebracht wird (26). Es wird so in letzter Konsequenz ausgesprochen, was in der Beziehung der Täuferankündigung auf Jesus angelegt ist. Der Stürmerspruch erweist sich dann natürlich als ein Schlüssel für das heilsgeschichtliche Denken schon von Q (27). Nicht von ungefähr also bildet dieses Logion die Pointe zu den vorhergehenden Jesusworten über den Täufer.

Aber nicht genug damit, daß der Stürmerspruch noch präzisiert, was der Gesamtaufriß der Quelle über die heilsgeschichtliche Zuordnung des Täufers zu Jesus aussagte. Denn gerade indem er Johannes nun unmittelbar mit dem Kommen der Basileia in Verbindung bringt, macht er zugleich deutlich, wo andererseits für Q die Differenz zwischen dem Täufer und Jesus liegt. Indem er, wie es die Tendenz des gesamten Gedankenganges Mt. 11,7ff. par. ist, Johannes so weit wie möglich mit dem Hereinbrechen der Heilszeit in Verbindung bringt, zeigt er zugleich auf, wo die Grenzen solcher positiven Deutung liegen. Johannes wird ja im Zusammenhang als der selbst die Propheten überragende elianische Wegbereiter des Messias' mit dem Größten unter den "Weibgeborenen" verglichen, zugleich aber irgendwie dem Kleinsten in der βασιλεία untergeordnet. Wenn daher im Stürmerspruch gesagt wird, daß seit Johannes ein gewaltiges Ringen um das Reich eingesetzt habe, so wird offenbar die vorhergehende zwiespältige Aussage dahingehend interpretiert, daß Johannes in eigentümlicher Weise im Vorfeld der Heilszeit steht. Dann ist aber in unserem Logion impliziert, daß mit dem Ringen um das Reich dieses allerdings noch nicht präsent ist. Das heißt, daß der Stürmerspruch letzten Endes eine Zeit des Ringens um die Basileia und eine Zeit der endgültigen Verwirklichung derselben unterscheidet (28).

Dieses aber bestätigt sich ebenfalls im Blick auf das Logion Mt. 11,18f., in welchem in rückschauender Zusammenfassung auf das Auftreten des Täufers und Jesu hingewiesen wird, dabei auch im Blick auf den Täufer die Formulierung ἦλθεν γάρ gewählt ist, sein Wirken jedoch bezeichnenderweise unter dem Aspekt des asketischen Ringens von dem Wirken Jesu abgehoben wird (29). In 11,6 par. war es darum gegangen, das Bekenntnis zu Jesus als dem von Johannes angekündigten Kommenden unter die Seligpreisung zu stellen. In 11,18f. par. dagegen geht es darum, in ähnlicher Weise auch noch das Bekenntnis zu Johannes als einem - freilich in charakteristischer Weise von Jesus unterschiedenen! -

"Gekommenen" unter die Verheißung zu stellen. So ist es bezeichnend, daß 11,18f. par. den Schlußpunkt der Täuferrede der Quelle markiert.

Ebenso aber ist es signifikant, daß jene Rede Mt. 11,2-13.16-19 par. insgesamt das Ende einer ersten größeren, dem Auftreten des Täufers und Jesu gewidmeten Sinneinheit der Quelle darstellt (30). Allerdings, der Verfasser von Q schildert in diesem ersten Abschnitt eben nur den Beginn der Endereignisse in der Vergangenheit. Und das heißt mit anderen Worten, daß auch das Auftreten des irdischen Jesus erst die endzeitliche Heilsvollendung einleitet. So wie Johannes also im Vorfeld der Heilszeit steht, so steht Jesus am Anfang dieser Zeit. Kein Zweifel natürlich, daß auch Q bereits aus einer zeitlichen Distanz heraus das Geschehen um den Täufer und Jesus heilsgeschichtlich "verobjektiviert" hat. Um so weniger ist es gerechtfertigt, erst die Evangelisten und insbesondere Lukas mit heilsgeschichtlichen Entwürfen in Verbindung zu bringen. Auch der Verfasser von Q war bereits im eigentlichen Sinne ein "Theologe der Heilsgeschichte"(31)!

Das Denken, welches in der kompositorisch-redaktionellen Gestaltung der Q-Texte faßbar wird, ist in gewisser Hinsicht freilich doch noch ein heilsgeschichtliches Denken "in nuce". Es unterscheidet sich vom späteren heilsgeschichtlichen Denken, das seinen Niederschlag in den Evangelien gefunden hat, darin, daß es die Zeit des Auftretens des Täufers und Jesu, die Zeit der Gemeinde und die Zeit der endgültigen Heilsvollendung noch unmittelbar als eine Einheit umgreift.

Nun ist für Q, und das muß jetzt noch genauer ausgeführt werden, nichtsdestoweniger die Auseinandersetzung mit Israel charakteristisch (32). Es ist allerdings nicht sinnvoll, etwa mit Lührmann (33) die Gerichtsdrohung an das Volk zum einzig entscheidenden Interpretament für die Theologie der Quelle zu machen. Gerade die Gegenüberstellung von Johannes und Jesus mit "diesem Geschlecht" dient ja dazu, die eschatologische Bedeutung ihres Auftretens zu unterstreichen. Wie die explizite Gerichtsankündigung Jesu an das Volk in dem Zusammenhang steht, daß in gleicher Weise wie Jesus nun auch die Q-Gemeinde selbst für ihr Auftreten eschatologische Bedeutung in Anspruch nimmt (34). So kommt es darauf an, den Charakter von Q als einer an die Gemeinde gerichteten "katechetischen" Redensammlung zu betonen. Denn es zeigt sich, daß die Gerichtsdrohung der Gemeinde gegenüber letztlich die Bedeutung des Auftretens Jesu und ihrer selbst unterstreichen soll.

Wohlgemerkt allerdings, die Gerichtsdrohung dient der Bewältigung der Situation der Q-Gemeinde. Dieses ist und bleibt festzuhalten, wenn sich die Frage stellt, inwiefern die Anklage gegen Israel für Q charakteristisch ist. Es findet seinen Anhalt auch daran, daß das Thema, welches die Redenquelle von den Nachfolgesprüchen und der Aussendungsrede (Mt. 8,19-22 par.; 9,37f.; 10,7-16.40 par.) bis hin zu dem dann abschließenden Ausblick auf das Gericht bestimmt, offenbar das der "Jüngerschaft" ist (35). Schließlich begegnen gerade in diesem Zusammenhang solche Überlieferungen wie die von der Dämonenaustreibung und der Zeichenforderung (Mt. 12,22-30.38-45 par.), die den Gegensatz Jesu zu Israel artikulieren. Von diesem Gegensatz ist eben noch nicht im Blick auf die Passion Jesu, sondern quasi beispielhaft im Blick auf die Auseinandersetzung der Jünger mit Israel die Rede. Und das macht deutlich, in welchem Maße gerade für die Q-Gemeinde offenbar die Auseinandersetzung mit der jüdischen Umwelt von Bedeutung ist.

Wenn nun Lührmann die Gerichtsdrohung an Israel zum entscheidenden Horizont von Q macht - ·er erklärt letztlich sogar, daß wenn nicht Jesus, so also das Gericht der "Kontinuität" verbürgende Inhalt der Verkündigung sei (36) -, so mag sich hier möglicherweise nur dokumentieren, daß er den Gegensatz zwischen der Q-Gemeinde und dem jüdischen Volk als einen Gegensatz zwischen einer heidenchristlich geprägten Gemeinde und dem Judentum als solchem versteht (37). Schon von daher aber erweisen sich dann seine Thesen als nicht stichhaltig. Denn wie wir bereits aufgezeigt haben, kann von einer generellen Israelpolemik in Q trotz allem doch noch keine Rede sein (38).

Selbst Harnack, auf den sich Lührmann ausdrücklich beruft (39), sieht immerhin in dem Gegensatz von Q zu "diesem Geschlecht" nur einen "Gegensatz zu dem g e g e n w ä r t i g e n Geschlecht in Israel" (40). Und man wird auch die der Verurteilung der unbußfertigen jüdischen Zeitgenossen entsprechende positivere Beurteilung der Heiden nirgendwo im Sinne einer grundsätzlichen Zustimmung zur Heidenmission zu deuten haben (41). Wie eines ohnehin deutlich ist, nämlich daß für Q zumindest mit einer g e s e t z e s f r e i e n Heidenmission (trotz Mt. 11,12f. par.!) noch nicht zu rechnen ist ... (42)

Im Blick auf Mt. 3,7-12 par. hatten wir bereits ausgeführt, daß es dem Verfasser von Q bei der Ablehnung des Heilsanspruches Israels nur darauf ankommt, daß dieser angesichts der g e g e n - w ä r t i g e n eschatologischen Situation nicht m e h r aufrecht zu erhalten ist. Und der Stürmerspruch Mt. 11,12f. par. hatte gezeigt, daß für Q die Vorrechtsstellung Israels eben insofern nicht mehr gilt, als die Zeit des Gesetzes als der Heilsgabe Gottes an sein Volk vorbei ist. Diese Aussage steht dann im Rahmen eines heilsgeschichtlichen Konzeptes, nach dem davon auszugehen ist, daß mit dem Auftreten des Täufers die entscheidende eschatologische Wende begonnen hat. Die hier in Q vorausgesetzte differenzierte Haltung Israel gegenüber aber ist es offenbar, die gerade in der Verschärfung der Gerichtsdrohung an das Volk, wie sie mit der redaktionellen Bildung des Drohwortes über "jene Stadt" Mt. 10,15 par. (43) gegeben ist, ihren Ausdruck findet. Bei jener Verschärfung der Antithese zum Judentum geht es darum, daß die völlige Verkehrung der heilsgeschichtlichen Vorzugsstellung Israels in ihr Gegenteil unterstrichen wird. Damit ist aber zunächst einmal gegeben, daß jedenfalls in paradoxer Weise an der hervorgehobenen Stellung Israels festgehalten wird. Die Spitze der Aussage ist ja die, daß dem Volk auch im Gericht eine "hervorgehobene Stellung" zukommt. Das jedoch steht nun eben in dem Zusammenhang, daß das Auftreten der Q-Gemeinde in gleicher Weise wie das Auftreten Jesu selbst in seiner eschatologischen Bedeutung vom Volk nicht erkannt wird. Jenes Auftreten markiert offenbar den Punkt, an dem die Prärogative des Volkes zum Anlaß des Scheiterns wird (44). Und es

gilt, daß Q die Prärogative Israels noch im Scheitern des Volkes festzuhalten sucht.

Alles in allem war es nun offenbar von entscheidender Bedeutung,
daß die Gerichtsdrohung an Israel ihre Funktion im Rahmen der
heilsgeschichtlichen Konzeption von Q hat. Es kommt darauf an,
daß die Q-Gemeinde hier für ihr Auftreten wie für das Auftreten
Jesu selbst eschatologische Bedeutung in Anspruch nimmt. Dieses
ist dann allerdings auch festzuhalten, daß Q den Anspruch Jesu
neu zur Geltung bringen will. Denn damit geht die Q-Gemeinde
weit über das hinaus, was Lührmann im Anschluß an Tödt unter dem
Stichwort "Weiterverkündigung" der Gerichtsbotschaft Jesu zusammenfaßt. Und es ist dementsprechend von vornherein davon auszugehen, daß die Kontinuität zwischen Jesu Verkündigung und der
der Gemeinde christologisch begründet ist. Es bedarf also hier
gar nicht erst des Rekurses auf den Jubelruf, in dem Lührmann
bezeichnenderweise dann doch noch "Ansätze" einer christologischen Begründung jener Kontinuität findet (45). Gewiß bleibt bemerkenswert, daß die Bedeutung Jesu in Q noch nicht im Sinne des
Passionskerygmas expliziert wird. Aber der Verfasser der Quelle
hat Interesse gerade daran, daß die Auseinandersetzung mit Israel gleichermaßen auch die Situation der Jüngerschaft bestimmt.
Und so wenig die Passion Jesu bereits Explikation seines Anspruches ist, so sehr ist eben die P a s s i o n   d e r   J ü n -
g e r Hintergrund der Aktualisierung jenes Anspruches (46).

Für Q ist natürlich charakteristisch, daß Jesus als der Menschensohn verehrt wird. Und das ist, wie deutlich sein dürfte,
insofern der Fall, als der irdische Jesus als "gekommener" Menschensohn mit dem wiederkommenden identifiziert wird. Auch ist
festzuhalten, daß es die Leidenserfahrung eben des Menschensohnes
ist, die in der Leidenserfahrung der Jünger sich durchhält (47).
Aber steht in diesem Zusammenhang gleichermaßen auch noch der
Jubelruf Mt. 11,25-27 par., auf den die Q-Gemeinde in der offen-
sichtlichen Absicht, sich vor ihrer Umwelt zu rechtfertigen, zurückgegriffen hat? Wir haben in der Auseinandersetzung mit Hoffmann zu zeigen gesucht, daß hier vielmehr Jesus, der "Sohn",
als der Repräsentant des Vaters an die Stelle der Weisheit
tritt (48). Das aber bedeutet, daß gerade dort, wo es explizit
um die Rückführung des Anspruches der Gemeinde auf Jesus geht,
eine andere Vorstellung in den Vordergrund tritt. Es ist dieses
letzten Endes freilich die Vorstellung, daß gerade der Unmündi-
ge, der sich auf keine "Weisheit" verläßt, da er von keiner
Weisheit weiß, der entscheidenden Erkenntnis teilhaftig wird.
Das entspricht dann der Vorstellung, daß gerade der Arme, und
das heißt konkret der an und in der Welt Leidende, der eben nicht
als solcher zugleich der Schuldige ist, der rettenden Botschaft
teilhaftig wird (vgl. Mt. 11,5f. par.) (49). So verstanden, ist in
Q die "Passion" der Jünger nicht nur Hintergrund, sondern andererseits auch selbst B e g r ü n d u n g für die Aktualisierung des Anspruches Jesu.

§ 1: Die theologische Konzeption der Texte

Wenn wir die Täuferüberlieferung der synoptischen Evangelien auf dem Hintergrund der Logienüberlieferung von Q betrachten, dann fällt sogleich auf, daß das Interesse am Täufer, weit davon .entfernt zu erlahmen, eher noch größer geworden ist. In Q ist, soweit wir sehen, von Gefangennahme und Tod des Täufers noch keine Rede (1). Das entspricht der Tatsache, daß hier auch die Passion Jesu augenscheinlich noch nicht im gängigen Sinne thematisiert wird. Anders die synoptischen Evangelien! Insbesondere Mk. und Mt. sind sichtlich darauf bedacht, auch über das Leidensgeschick des Täufers Rechenschaft zu geben (2).

Die Identifizierung des Täufers mit dem leidenden Elia dient nun aber nach Winks Auffassung jedenfalls bei Mk. (vgl. 9,11-13) (3) noch dazu, die "ambiguity and suffering of Christian existence in the interval before Christ's coming again" (4) zum Ausdruck zu bringen. Damit wird Mk. doch noch in einen Horizont gestellt, wie er sich uns als für Q charakteristisch erwiesen hat. Denn für die Quelle war vorauszusetzen, daß insofern von einer Bezugnahme auf die Passion die Rede sein kann, als im Schicksal des Abgewiesenwerdens eine Gemeinsamkeit zwischen Jesus und den Jüngern konstatiert wird. Meines Erachtens ist es freilich kaum gerechtfertigt, Mk. noch in diesem Sinne zu interpretieren. Denn die Tradition von dem Täufer als dem wiedergekommenen Elia läßt vielmehr erkennen, daß hier bereits das Schicksal des Täufers als des leidenden Elia mit dem Schicksal J e s u als des leidenden M e n s c h e n s o h n e s (9,12) in Verbindung gebracht wird (5).

Des näheren wird man darauf verweisen müssen, daß in Mk. 9,12 zunächst das "Leiden" und "Verachtetwerden" als Hinweis auf das Kommen des Menschensohnes aus der Schrift begründet wird. Denn diese Aussage steht dann im Horizont der Versicherung, daß auch Elia, nach dessen Kommen die Schriftgelehrten fragen, bereits gekommen ist (V. 13). Und das heißt, daß das Leiden hier zugleich zum Hinweis auf die Identität des Täufers mit Elia wird (6). Bemerkenswert ist allerdings, daß auch bei Mk. noch die Identifizierung des Täufers mit Elia nicht expressis verbis vollzogen wird. An dieser Stelle geht wirklich erst Matthäus weiter, insofern er in 17,13 die Jünger in dem Hinweis Jesu auf das Leidensgeschick unmittelbar den Erweis der Identität des Täufers mit Elia erblicken läßt (7).

Entscheidend ist aber die Feststellung, daß bereits bei Mk. gerade auch das Leiden des Täufers nicht nur Hintergrund (8), sondern vielmehr Begründung für die Inanspruchnahme eschatologischer Autorität ist. Denn von daher versteht sich, daß eben nicht mehr Jesus und die Gemeinde, sondern Johannes und Jesus dem Volk gegenüberstehen. Letzten Endes mag sich hier dann natürlich dokumentieren, daß das unmittelbar eschatologische Bewußtsein der Gemeinde (9) im Schwinden begriffen ist.

Wir hatten nun bereits darauf hingewiesen, daß es bei der überlieferungsgeschichtlichen Verifikation unserer Ergebnisse, und in dieser liegt ja das methodische Interesse der vorliegenden Untersuchung, darauf ankommt, ob sich hier ein perspektivisch korrektes Bild vom Verlauf der Auseinandersetzungen zwischen Johannesgemeinde, Jesusgemeinde und jüdischem Volk eruieren läßt. Und die Beantwortung dieser Frage steht nach dem zu Q Ausgeführten auf dem Hintergrund der Erkenntnis, daß in der Quelle der Gegensatz zwischen Christus- und Täufergemeinde schon keine Rolle mehr spielt, dennoch aber die Frage nach dem Verhältnis des Täufers zu Jesus noch nicht hinter die Auseinandersetzung mit Israel zurückgetreten ist. So ist von größter Bedeutung, daß für die hier herangezogene Evangelienüberlieferung jetzt auch jene Frage nach dem Verhältnis des Täufers zu Jesus wirklich keine Rolle mehr zu spielen scheint (10) und Johannes als Elia und Jesus als der Menschensohn bzw. Messias in der Tat gemeinsam in der Auseinandersetzung mit Israel stehen dürften (11).

Bereits ein erster Blick auf das in Mt. 11 aufgenommene Überlieferungsgut zeigt, daß sich diese These hier verifizieren läßt. Und zwar war ja nun für Q die entscheidende Aussage der Täuferüberlieferung die, daß bereits das Auftreten des J o h a n - n e s zu der von Jesus dann endgültig herbeigeführten Heilszeit in Beziehung steht (12). Dem steht aber in Mt. 11 offenbar die völlig anders akzentuierte Aussage entgegen, daß sich im g e m e i n s a m e n Auftreten des Täufers und Jesu der erwartete A n b r u c h d e r E n d z e i t kundtut. Auf jeden Fall hat Matthäus in 11,14f. das Täuferzeugnis Jesu noch weiter im Sinne des Eliazeugnisses expliziert (13) und so zum Ausdruck gebracht, daß für ihn nicht etwa die Rolle des Täufers als des Vorläufers Jesu (V. 10), sondern seine Funktion als des für die Endzeit erwarteten Elia (14) im Vordergrund des Interesses steht (15). Mindestens ebenso erhellend ist es aber, daß er an die Täuferrede Jesu in V. 20-24 die der Aussendungsrede entnommenen Weherufe sowie in V. 25-30 den - mit dem Heilandsruf verbundenen - Jubelruf angefügt hat und so den gesamten Abschnitt auf den G e g e n s a t z z u I s r a e l zugespitzt hat (16).

Was des näheren die Komposition des untersuchten Kapitels betrifft, so ist sie dadurch gekennzeichnet, daß mittels der redaktionellen Überleitungsnotiz 11,1 (vgl. 7,28; 13,53; 19,1 und 26,1 sowie 4,23 und 9,35) das heterogene Überlieferungsmaterial zu einer - wenn auch losen (17) - Einheit zusammengefaßt wird. Dieses ist zumindest insofern der Fall, als dem μετέβη ἐκεῖθεν (18) erst in dem ἐπορεύθη ... διὰ τῶν σπορμίων 12,1 eine neuerliche Ortsangabe folgt und sich die Wendung τοῦ διδάσκειν καὶ κηρύσσειν ἐν ταῖς πόλεσιν αὐτῶν (19) auf das insgesamt in Mt. 11 Berichtete bezieht. Es ergibt sich, daß Matthäus die in Q vorgegebene Zusammenstellung von Aussagen über den Täufer und Jesus in den weiteren Kontext seines Kapitels einbezogen hat. Gewiß, der rezipierte Q-Abschnitt wird von ihm - unter Hinzufügung von 11,14f.! - in seiner Gesamtheit übernommen. Und er bleibt auch insofern eine Sinneinheit, als Matthäus durch die Rede von den "Werken" des Christus (V. 2) bzw. der Weisheit

(V. 19) eine Korrespondenz zwischen Anfang und Ende des Abschnittes herstellt. Aber der Hinweis auf die Werke, durch die die Weisheit gerechtfertigt bzw. Jesus als der Christus erwiesen wird, dient zugleich dazu, den Q-Abschnitt in die größere Sinneinheit des Kapitels einzufügen. Dieses zeigt sich daran, daß Matthäus auch in der redaktionellen Wendung 11,20 (vgl. noch 11,21b.23b) auf die Bedeutung der δυνάμεις rekurriert. Anscheinend geht es darum, daß sich bereits in ihrem Wirken Johannes und Jesus als die eschatologischen Heilbringer erweisen (20). Damit wird zugleich dann gesagt, daß in deren - notwendiger (21) - Ablehnung durch das Volk Israel dieses doch in höchstem Maße schuldig wird.

Aber es sieht so aus, als ob schon die Einleitung unseres Kapitels etwas von dieser Thematik erkennen läßt! Das τὰ ἔργα V. 2 bezieht sich ja unmittelbar auf das V. 1 erwähnte διδάσκειν καὶ κηρύσσειν . Bereits in dem redaktionellen V. 1 geht es also um die Werke Jesu, in denen sich dieser als der Christus erweist. Und Matthäus umschreibt denn ja auch sonst (4,23; 9,35) mit διδάσκων... καὶ κηρύσσων... καὶ θεραπεύων... das Wirken Jesu als des "Messias' des Wortes und der Tat" (22).

Gewiß wird es kein Zufall sein, daß mit der Formulierung τοῦ διδάσκειν καὶ κηρύσσειν V. 1 auf die matthäische Schilderung Jesu als des Messias' des Wortes und der Tat Kap. 5-7; 8f. angespielt wird. Denn es ist diese Schilderung, mit der Matthäus die Perikope von der Täuferanfrage V. 2-6 vorbereitet (23). Das ist insofern der Fall, als er hier bereits Beispiele für alle jene Werke Jesu bietet, auf die in der Antwort an den Täufer V. 5f. Bezug genommen wird.

Zwar folgt Matthäus nur der Q-Reihenfolge, wenn er in 8,5-13 die Perikope vom Hauptmann zu Kapernaum bringt. Und wenn er daneben in 9,1-8 eine weitere Demonstration der Lahmenheilung und in 8,2-4 eine Illustration der Aussätzigenheilung bietet, so schließt er sich der Mk.-Reihenfolge an. Daß er aber in 9,18-26 auch schon von der Auferweckung der Tochter des Jairus berichtet, ist auf bewußte Änderung der markinischen Reihenfolge zurückzuführen (vgl. die Mk.-Parallele in 5,21-43). Und die in 9,27-31.32-34 abschließend noch hinzugefügten Hinweise auf Blinden- und Taubstummenheilung (24) sind redaktionell (25).

Da Matthäus die Perikope von der Täuferanfrage so vorbereitet hat, gewinnt diese natürlich im Zusammenhang seines Evangeliums eine gänzlich andere Bedeutung als im Kontext von Q (26). Dort ging es darum, durch die Feststellung, daß Jesus selbst sich mit dem von Johannes angekündigten "Kommenden" identifiziert habe, das Thema "Johannes und Jesus" einzuleiten. Die Absicht des Matthäus ist es demgegenüber nur noch, durch den Hinweis darauf, daß mit den schon geschilderten Werken Jesu sich die jesajanische Prophetie tatsächlich erfüllt hat (vgl. auch 8,17!), Jesus als den Messias zu proklamieren (27).

In den Wortlaut der Perikope ist wohl nur insoweit eingegriffen worden, als die einleitenden Worte in V. 2 redaktionell gestaltet sind. Dieses gilt einmal in der Beziehung, daß durch die Wendung ἐν τῷ δεσμωτηρίῳ der im Evangelium vorausgesetzten

Gefangennahme des Täufers (vgl. 4,12) Rechnung getragen wird. Vor allem jedoch gilt es in der Beziehung, daß durch die Worte τὰ ἔργα τοῦ Χριστοῦ eben auf das Wirken Jesu als messianisches Wirken hingewiesen wird. Demnach wird allerdings auch bei Mt. die Bezugnahme auf das Wirken Jesu die Frage des Täufers nach der Identität Jesu mit dem "Kommenden" provozieren sollen (28) ...

Von hier aus wird sogleich klar, daß die Frage des Täufers V. 3 doch auch bei Mt. jedenfalls nicht Ausdruck "aufkommenden Zweifels" an Jesus ist (29). Dieses kompliziert freilich nur das Problem, wie das σὺ εἶ ὁ ἐρχόμενος, ἢ ἕτερον προσδοκῶμεν; hier zu verstehen ist. Es ist andererseits davon auszugehen, daß der Täufer bei Mt. von Anfang an um die Bedeutung Jesu w e i ß . Die redaktionelle Bearbeitung des Taufberichtes 3,13-17 dient ja wohl kaum dazu, das Verhältnis zwischen Johannes und Jesus im Interesse einer Unterordnung des Täufers unter Jesus zu klären (30). Vielmehr geht es hier unmittelbar um das Anliegen, das Faktum der Taufe des "Stärkeren" durch den Vorläufer zu begründen. Und auf jeden Fall wird p o s i t i v darauf verwiesen, daß der Täufer um die Bedeutung Jesu und die Problematik seines Taufbegehrens wisse (V. 14).

Damit ist erkennbar, welcher Befund zu den verschiedensten Spekulationen über den Sinn der Täuferfrage Anlaß gegeben hat. Der weitere Zusammenhang bei Mt. legt zunächst die Vermutung nahe, daß der Täufer, der die Bedeutung Jesu kennt, plötzlich zu zweifeln bzw. ungeduldig zu werden beginnt. Angesichts des redaktionellen τὰ ἔργα τοῦ Χριστοῦ V. 2 ist es jedoch unumgänglich, der Frage einen positiveren Unterton beizulegen. Bleibt lediglich die Möglichkeit, in irgendeiner Weise von dem weiteren Kontext abzusehen. Und so hat man denn auch tatsächlich zu der Vermutung gegriffen, Matthäus erinnere sich in 11,2ff. nicht mehr an das vorher berichtete Zeugnis des Täufers für Jesus (31)!

Einen anderen Weg ist man mit der Feststellung gegangen, Matthäus lasse den Täufer bewußt von seiner Erkenntnis der Messianität Jesu absehen. Das bedeutet, daß die Frage einen fiktiven Charakter erhält. Sie dient nur dazu, die Jünger des Johannes, die ihrerseits wirklich noch zweifeln, mit dem Selbstzeugnis Jesu zu konfrontieren. Eine solche These ist bereits von Augustin, Hilarius und Chrysostomus vertreten worden (32), und noch Gaechter behauptet: "Johannes der Täufer stellte diese Frage... ausschließlich im Interesse seiner damaligen Jünger" (33). Freilich, auch das überzeugt nicht, daß man dem Täufer hier ein pädagogisches Interesse unterstellt (34)! Offenbar kommt man nicht weiter, solange man sich in dieser Weise um eine psychologisierende Deutung der Täuferfrage bemüht.

Und doch wird man die Lösung unseres Problems in der Richtung suchen müssen, daß die Täuferfrage bei Mt. letzten Endes im Horizont der Jüngerbelehrung steht (35). Es kann zwar kaum angenommen werden, daß Matthäus den Täufer seine Frage nur um seiner Jünger willen stellen läßt. Um so wahrscheinlicher aber ist, daß für ihn selbst diese Frage allein im Blick auf seine eigene Gemeinde von Interesse ist (36). Gewiß, die Diskrepanz zwischen

Täuferzeugnis und Täuferfrage bleibt hier de facto bestehen. Immerhin aber läßt sie sich in ihrer Bedeutung von daher relativieren, daß für Matthäus eigentlich nur die Jesusantwort und insbesondere die Seligpreisung derer, die an Jesus keinen Anstoß nehmen, im Vordergrund steht...

In der Einleitung der Jesusantwort V. 4 war nicht mehr festzustellen, ob die matthäische Reihenfolge ἃ ἀκούετε καὶ βλέπετε oder die umgekehrte lukanische Reihenfolge ursprünglich ist. Jedenfalls ergibt sich aber bei Mt. ein Chiasmus, insofern in der Jesusantwort V. 5f. die Aufzählung der Wundertaten vor dem Hinweis auf die Verkündigung des Evangeliums an die Armen steht. Daraus könnte man zunächst schließen, daß für Matthäus die Verkündigung von besonderem Gewicht ist (37). Jedoch, für ihn ist das "Lehren und Predigen" geradezu zum Oberbegriff für Jesu Werke insgesamt geworden (38). Und so geht es bei der Predigt des Evangeliums auch darum, daß Kranke gesund und Tote wieder lebendig gemacht werden. Andererseits aber steht für Matthäus bei der Schilderung der Wunder im Vordergrund, daß Jesu Wort machtvolles Wort ist (39). Und so ist vorauszusetzen, daß aufgrund der Einheit von Wort und Tat Jesus der "Kommende" ist.

Was die abschließende Seligpreisung V. 6 betrifft, so wird diese schon in Q nicht mehr im ursprünglichen Sinne polemisch verstanden worden sein (40). Es gilt allerdings, daß sie gerade als Frage J e s u an s e i n e Hörer natürlich noch einen drohenden Unterton haben könnte. Und für die Darstellung des Matthäus ist immerhin charakteristisch, daß ja auch der Täufer als "im Gefängnis sitzend" eingeführt wird. So wird wohl schon an dieser Stelle deutlich gemacht, daß Johannes ebenso wie Jesus als der "Kommende" in der Auseinandersetzung mit dem ungläubigen Volk steht.

Fragen wir nach der sich anschließenden Täuferrede Jesu, so fand diese im Q-Zusammenhang ihre Einheit in der durchgehaltenen direkten Anrede an das Volk. Demgegenüber fällt auf, daß Matthäus im Gleichnis von den spielenden Kindern das ursprüngliche λέγετε durch λέγουσιν (V. 18f.; vgl. V. 17) ersetzt hat. Denn so kommt es, daß in diesem letzten Abschnitt bei Mt. nun tatsächlich die ursprünglich angeredeten ὄχλοι selbst zum Gegenstand der Rede werden. Und das bedeutet, daß mit V. 16ff. bei Mt. doch der Akzent noch wieder auf ein neues Thema rückt (41).

Es war ohnehin deutlich, daß für Matthäus in der Täuferrede Jesu jedenfalls nicht mehr die Frage des Verhältnisses des Täufers zu Jesus im Vordergrund steht. Denn es war Matthäus ja nicht mehr mit dem Hinweis auf die Wegbereiterfunktion des Täufers V. 10 getan. Vielmehr stand, wie V. 14f. zeigte, im Zentrum des Interesses, daß mit dem Täufer als dem Wegbereiter Jesu der für die Endzeit erwartete Elia gekommen ist. Wenn daher für Matthäus die Rede Jesu immer noch eine Rede περὶ Ἰωάννου ist (42), so geht es ihm dabei doch nur um Johannes als denjenigen, der seinerseits bereits die eschatologische Situation heraufgeführt hat.

Matthäus hat das Eliazeugnis V. 14f. mit καί an den Stürmerspruch angeschlossen, es also als unmittelbare Erläuterung zu dem Zeugnis des Stürmerspruches V. 12f. verstanden. Dementsprechend kommt letzterem im matthäischen Kontext ein größeres Eigengewicht zu als noch in Q. Dieses findet aber seinen Ausdruck darin, daß in V. 12 nun die Partikel δέ eine gedankliche Zäsur anzeigt. Es ist dabei aufgrund des adversativen δέ in V. 11b vorauszusetzen, daß das δέ in V. 12 die Aussage von V. 11b quasi rückgängig machen soll (43). Kein Zweifel also, V. 12 greift wieder hinter die negative Aussage von V. 11b auf die positiven Aussagen von V. 7b-11a zurück. Matthäus bemüht sich, einem mit V. 11b endenden ersten Abschnitt der Täuferrede nun einen die Akzente noch mehr ins Positive verschiebenden zweiten Abschnitt gegenüberzustellen.

Es ist bemerkenswert, daß für Matthäus bereits in V. 7-11 die positive Aussage über die Größe des Täufers eindeutig im Vordergrund steht. Denn hier zeigt sich, daß sich die ursprüngliche Bedeutung von V. 11 im Kontext in ihr Gegenteil verkehrt hat. Wie bereits ausgeführt (44), diente dieser Vers ja zunächst dazu, in der Polemik gegen die Anhänger des Täufers die untergeordnete Stellung desselben zu betonen. Das Wort V. 11a von der Größe des Täufers unter den "Weibgeborenen" aber war offensichtlich nur eine einräumende Nebenbemerkung, mit der an die Auffassung der Täufergemeinde angeknüpft werden sollte. Der Verfasser von Q hat dieses nicht mehr gesehen und in V. 11a.b eine ambivalente Aussage über die Stellung des Täufers im Vorfeld der eigentlichen Heilsvollendung gefunden (45). Matthäus jedoch, der auch mit der Frage nach der positiven Zuordnung des Täufers zu Jesus nicht mehr befaßt war, hat dann seinerseits in dem Wort V. 11b par. von der untergeordneten Bedeutung des Täufers im Vergleich mit den in der Basileia "Wiedergeborenen" eine Zwischenbemerkung gesehen. Für ihn war die Tatsache als solche interessant, daß ἐν γεννητοῖς γυναικῶν ein Größerer als Johannes der Täufer nicht aufgetreten ist (46).

Immerhin, auch Matthäus hat das Wort V. 11b wiederum fast unverändert (47) übernommen. Das bedeutet, daß es den Rahmen seiner Täuferdeutung nicht etwa nun sprengt. Gerade bei Matthäus läßt es sich aber ja auch in dem unpolemischen Sinne verstehen, daß unter den Christen natürlich selbst der Geringste größer ist als der Täufer (48).

Was nun jedoch V. 7b-10 betrifft, so ist es diese Aussage, auf die sich wohl das eigentliche Interesse des Matthäus hier richtet (49). Denn das - durch die Ergänzung des ἐγώ sorgfältig an die LXX-Vorlagen Ex. 23,20 und Mal. 3,1 angeglichene - Zitat V. 10 ist es, welches in dem redaktionell angefügten Eliazeugnis V. 14f. aufgenommen wird. Und die rhetorischen Fragen V. 7b-9 führen lediglich auf jene Johannes zum Wegbereiter Jesu machende Aussage V. 10 zu, indem sie an das einstige positive Verhältnis des Volkes zu ihm anknüpfen. Angemerkt sei, daß im matthäischen Zusammenhang diese Bezugnahme auf das Volk besonderes Gewicht bekommt. Schon hier wird angedeutet, daß die Ablehnung des Täufers nur als schuldhaftes Verhalten Israels verstanden werden kann. Das aber war es, worauf es Matthäus in der Gegenüberstellung des Täufers und Jesu mit dem Volk zuletzt ankommt.

Aber kehren wir zu der Feststellung zurück, daß Matthäus in dem mit δέ angeschlossenen Abschnitt V. 12-15 lediglich auf die positive Aussage V. 7b-11a zurückgreift! Denn von hier aus ergibt sich nicht nur, daß jetzt im Zusammenhang V. 11a.b gänzlich anders akzentuiert wird. Vielmehr wird zugleich deutlich, daß bei Mt. der Stürmerspruch V. 12f. noch positiver verstanden wird als in Q. Das ist freilich des näheren noch zu erläutern. Und es ist im Blick auf die gravierenden matthäischen Änderungen an der Q-Form jenes Spruches zu verifizieren (50).

Wir hatten bereits darauf hingewiesen, daß der Verfasser von Q in dem Stürmerspruch V. 12.13 par. eine Weiterführung der Aussage von V. 11a.b par. geben wollte. Wie in den Darlegungen zum Q-Zusammenhang aufgezeigt, findet dabei V. 11b par. in V. 12 par. sein Pendant. Die Feststellung, daß der Kleinste in der Basileia größer sei als Johannes, wird im Rahmen des heilsgeschichtlichen Denkens von Q durch die Erklärung, daß aber mit Johannes immerhin das Ringen um die Basileia bereits eingesetzt habe, erläutert. Auf diese Weise gelingt es dem Verfasser von Q, die die Bedeutung des Täufers einschränkende Bmerkung V. 11b zu relativieren. Das geht freilich damit einher, daß der Stürmerspruch als eine Johannes sowohl von der alten als auch von der neuen Zeit abhebende Aussage verstanden wird. Und das ist der Punkt, an dem die Akzente der matthäischen Interpretation anders gesetzt sind. Denn mit den Worten ἀπὸ δὲ τῶν ἡμερῶν Ἰωάννου τοῦ βαπτιστοῦ ἕως ἄρτι ἡ βασιλεία τῶν οὐρανῶν βιάζεται, καὶ βιασταὶ ἁρπάζουσιν αὐτήν V. 12 will Matthäus sagen, daß Johannes eben doch ganz einer neuen Zeit zugehört (51). Bezeichnend ist, daß jene Aussage über das Verhältnis des Täufers zur Basileia erst sekundär der Aussage über das Verhältnis desselben zu Gesetz und Propheten V. 13 vorgeordnet worden ist. Nur so gelingt es, die beiden Aussagen über Johannes und die Basileia V. 11b und V. 12 unmittelbar gegeneinander zu stellen. Und gerade das geschieht offenbar in dem Bestreben, mit V. 12 die Aussage von V. 11b nun nicht nur zu relativieren, sondern regelrecht zurückzunehmen (52) ...

Wenn Matthäus mit dem Stürmerspruch den Täufer uneingeschränkt der neuen Zeit zuordnet, so versteht er jenen Spruch anscheinend in dem Sinne, daß von den Tagen des Johannes an bis hin zu den Tagen Jesu und letztlich des Evangelisten selbst das Ringen um die Basileia andauert (53). Und dabei ist impliziert, daß das βιάζεται und ἁρπάζουσιν sich nicht mehr speziell auf die vom Täufer ausgehende Bußbewegung bezieht. Solchem positiven Verständnis entspricht es im übrigen, daß in Lk. 16,16 die Wendung ἡ βασιλεία τοῦ θεοῦ εὐαγγελίζεται bevorzugt wird. Ja, möglicherweise liegt dem matthäischen Verständnis letzten Endes genau diese Interpretation zugrunde, nach der das Ringen um das Reich mit der Verkündigung desselben in Zusammenhang gebracht wird. Eines ist jedenfalls deutlich, nämlich daß Johannes (vgl. 3,2), Jesus (vgl. 4,17) und die Gemeinde (vgl. 10,7) von Matthäus gleichermaßen mit der Verkündigung der Basileia in Verbindung gebracht werden (54).

Bleibt die Frage, inwieweit auf diesem Hintergrund auch die matthäischen Änderungen in V. 13 zu verstehen sind. Barth (55) sieht sich ja zu der Feststellung genötigt, daß sich jene Änderungen nicht aus dem Kontext erkären ließen.

Hoffmann (56) stimmt ihm darin zu, wenn auch nur zu dem Zwecke, jene Änderungen nun als "vermeintliche" zu apostrophieren und die matthäische Form des Verses für ursprünglicher zu erklären. Seine Argumentation ist freilich schon in sich nicht schlüssig. Denn Barth geht es darum, daß sich in den Änderungen von V. 13 die Tendenz, "weniger den Täufer zur Würde des Elias (zu) erheben, als vielmehr dadurch den Anbruch der messianischen Zeit (zu) bezeugen", nicht wiederfinden lasse (57). Daß dieses die Tendenz ist, die den matthäischen Kontext beherrscht, bestreitet Hoffmann aber gerade (58).

Nun kommt Barth zu dem Schluß, daß die Aussage von V. 13 selbst die matthäischen Änderungen erkläre. Matthäus habe sich an diesem Wort gestoßen, "denn es behauptet ja, daß Gesetz und Propheten nur bis Johannes in Gültigkeit waren, es also nach Johannes nicht mehr sind" (59)! Dem könnte man jedoch mit Hoffmann entgegenhalten, daß eine solche Behauptung gleichermaßen schon für Q anstößig gewesen sein müßte (60), was dann eben in die Richtung wiese, daß die matthäische Textform doch als ursprünglicher anzusehen wäre. Indessen, auch diese Argumentation wird hinfällig, wenn die lukanische Textform anders als hier vorausgesetzt zu verstehen ist. Und wir haben ja bereits gezeigt, daß dieses der Fall ist. Es geht allein darum, daß Gesetz und Propheten in i h r e r h e i l s g e s c h i c h t l i c h e n F u n k t i o n aufgehoben sind (61).

Aber Barth erkennt auch gar nicht, wie Matthäus durch die antithetische Gegenüberstellung der beiden Aussagen über die Basileia V. 11b und V. 12 völlig neue Voraussetzungen für die Darbietung von V. 13 geschaffen hat. Bedenkt man dieses recht, so lassen sich eben doch die matthäischen Änderungen in jenem Vers aus dem Kontext erklären. Durch die Parallelisierung von V. 11b mit V. 12 ist ja gegeben, daß der Ton in V. 12 nicht etwa noch auf ἡ βασιλεία τῶν οὐρανῶν liegt. Das bedeutet, daß in V. 13 auch der Ton nicht mehr auf ὁ νόμος καὶ οἱ προφῆται liegen kann. Was man erwartet, ist nicht mehr eine Gegenüberstellung der neuen Zeit der Basileia und der alten Zeit von Gesetz und Propheten. Wonach V. 12 verlangt, das ist vielmehr eine weitere Explikation bzw. Begründung der Aussage über den Anbruch jener neuen Zeit im Auftreten des Täufers. Und dem hat Matthäus Rechnung getragen, indem er V. 13 unter Umgestaltung mit γάρ an V. 12 angeschlossen hat. Im übrigen entspricht es der Tendenz des Matthäus, daß durch die Vorziehung von οἱ προφῆται vor ὁ νόμος, die Ergänzung von πάντες sowie die Hinzufügung des Verbs προφητεύειν (ἕως) das Auftreten des Johannes dezidiert als Erfüllung der Prophetie angesprochen wird (62). Damit•knüpft Matthäus direkt an die Aussagen V. 7b-10 an, die für ihn im ersten Teil der Täuferrede von besonderem Gewicht waren. Und er bereitet das Eliazeugnis V. 14f. vor, das er selbst als Interpretament des Stürmerspruches (vgl. den engen Anschluß)(63) geradezu ins Zentrum der Täuferrede Jesu stellt (64).

Nun hatten wir oben (65) zum Eliawort Mt. 11,14f. bereits ausgeführt, daß dieses weder als ursprüngliches Jesuswort noch als älteste Gemeindetradition angesprochen werden kann. Die Frage aber, ob nicht Matthäus selbst erst jenes Eliawort ausformuliert haben dürfte, stellt sich angesichts des engen Anschlusses an V. 13 jetzt erst recht. V. 14f. macht doch auch nur explizit, was in V. 10 bereits implizit gesagt ist. Allerdings, das Eliawort weist eben den Täufer nicht mehr primär als Vorläufer Jesu, sondern als Elia, "der kommen soll", aus (66). Der Hinweis auf die heilsgeschichtliche Funktion des Johannes dient nun der Proklamation der eschatologischen Wende selbst.

Gewiß ist es nicht von ungefähr der Fall, daß das - bei Mt. an ὁ ὀπίσω μου ἐρχόμενος 3,11 anklingende und dementsprechend ohnehin nicht titular verstandene - ὁ ἐρχόμενος 11,3 (67) in dem ὁ μέλλων ἔρχεσθαι 11,14 anzuklingen scheint (68). Man wird an dieser Stelle kaum noch übersehen können, daß Jesus und Johannes als die Inauguratoren der Heilszeit ungeschützt nebeneinandergestellt werden. Matthäus mag im übrigen sogar davon ausgehen, daß sich die Frage nach dem Kommenden 11,3 erst von der Identifizierung des Täufers mit dem erwarteten Elia 11,14f. her beantworten läßt. Daß Jesus der Kommende ist und man also nicht mehr auf einen anderen warten muß, ergibt sich letzten Endes erst von daher, daß sich in Johannes bereits die eschatologische Erwartung eines neuen Elia erfüllt hat (69). Und so mündet denn hier bei Mt. die Aufforderung 11,6, an Jesus keinen Anstoß zu nehmen, auch folgerichtig in das εἰ θέλετε δέξασθαι und ὁ ἔχων ὦτα ἀκουέτω 11,14a.15!

Versteht man aber in dieser Weise V. 14a.15 von V. 6 her, so vermeidet man bei der Interpretation der umstrittenen Wendungen εἰ θέλετε δέξασθαι und ὁ ἔχων ὦτα ἀκουέτω von vornherein unsachgemäße Alternativen. Denn einerseits ergibt sich, daß auch V. 14a.15 eigentlich eine Aufforderung zum Glauben ist. Andererseits aber wird klar, daß in dieser Aufforderung - insbesondere in dem ὁ ἔχων ὦτα ἀκουέτω! - zugleich eine Veranlassung zum Aufmerken auf den eigentlichen Sinn der Aussage liegt (70). Und dieses entspricht nur unserer Interpretation, insofern wir ja in dem Eliawort letztlich nichts anderes als den Hinweis auf den Anbruch der messianischen Zeit sahen. Ließ sich jedoch in der Seligpreisung V. 6 zugleich eine Drohung an Jesu Feinde erkennen, so scheint die Vermutung angebracht, daß auch in den Wendungen V. 14a.15 ein drohender Unterton mitschwingt (71). Auch das, was Jesus περὶ Ἰωάννου zu sagen hat, führt demnach auf eine Artikulation des Gegensatzes zum Volk zu. Für Matthäus ist hier entscheidend, daß das Volk das Zeugnis Jesu über den Täufer nicht angenommen und den Anbruch der messianischen Zeit nicht erkannt hat.

Schon daraus, daß bei Mt. V. 6 und V. 14f. in der dargestellten Weise korrespondieren, ergibt sich aber, daß für den Evangelisten nun eben doch mit dem Gleichnis V. 16-19 par. ein neuer thematischer Aspekt in den Vordergrund tritt. Im Blick auf Q konnte davon noch keine Rede sein. Wenn dort die Verheißung des "Selig" V. 6 par. erst in der Verheißung der Weisheitskindschaft V. 19c par. aufgenommen und überboten wird (72), so deshalb, weil für den Verfasser von Q die Täuferrede Jesu insgesamt noch eine geschlossene thematische Einheit bildet. Daß für Matthäus,

der in V. 19c das τέκνων in ἔργων geändert hat, V. 6 nicht
mehr mit V. 19c korrespondiert, ist natürlich nur bezeichnend.
Matthäus hat allerdings durch jene Änderung andererseits wieder eine Korrespondenz zwischen V. 2 - vgl. das wohl redaktionelle τὰ ἔργα τοῦ Χριστοῦ - und V. 19c hergestellt, so daß
sich auch bei ihm ein Bogen von der Täuferanfrage über die gesamte Täuferrede einschließlich des Gleichnisses bis hin zu dem
Wort von der Rechtfertigung der Weisheit erstreckt. Aber wie
wir betont haben, wird damit der rezipierte Q-Abschnitt weniger
als eine eigene Sinneinheit festgehalten, als vielmehr in die
Sinneinheit des gesamten Kapitels eingefügt.

Es bleibt also dabei, daß für Matthäus mit dem Gleichnis von
den spielenden Kindern V. 16-19 ein neuer thematischer Gesichtspunkt hervortritt. Und dieses war ja auch bereits damit gegeben,
daß durch die Änderung des λέγετε V. 18.19 in λέγουσιν die ursprünglich (vgl. V. 7) a n geredeten ὄχλοι selbst zum G e -
g e n s t a n d der Rede werden. Bislang ging es Matthäus um
den Sachverhalt, daß sich im gemeinsamen Auftreten des Täufers
und Jesu für jedermann erkennbar der Anbruch der Heilszeit vollzogen hat. In V. 16ff. aber steht für ihn im Vordergrund, daß
das Volk nichtsdestoweniger weder Johannes als elianischen Vorläufer noch Jesus selbst als messianischen Heilsvollender angenommen hat. Für Matthäus gilt demnach in der Tat, daß die Täuferrede auf den Gegensatz zwischen Johannes/Jesu einerseits und
"diesem Geschlecht" andererseits zugespitzt wird. Es bleibt nur
das Urteil, daß das Volk in der Ablehnung des Täufers und Jesu
schuldig wird (73). Und genau das ist es dann, was das Wort von
der Rechtfertigung der Weisheit in der matthäischen Fassung an-
klingen läßt.

In Q war der Sachverhalt ein ganz anderer. Dort ging es primär darum, die Unangemessenheit des Urteils "dieses Geschlechts" über Johannes und Jesus aufzuzeigen. Von daher war aber immerhin sogleich klar, daß mit ⸢αὕτη ἡ γενεά
nicht etwa im Sinne Lührmanns (74) grundsätzlich das Volk Israel den Heiden
gegenübergestellt werden soll. Es war ja überhaupt nicht das vorrangige Interesse des Verfassers, eine Aussage über die Gegner des Täufers und Jesu als
solche zu machen. Vielmehr ging es ihm darum, konkret einem möglichen Einwand der angeredeten ὄχλοι zu begegnen (75).

Was bedeutet es in diesem Zusammenhang, daß Matthäus nun doch die ὄχλοι
als αὕτη ἡ γενεά zum Gegenstand der Betrachtung macht? Sollte sich von
hier aus die Möglichkeit ergeben, bei Mt. jene letzte Wendung doch noch als
eine Art "Gattungsbegriff" zur Bezeichnung des Volkes Israel zu verstehen?
Meines Erachtens ist allerdings auch das zu verneinen. Wie das aus Mk. (vgl.
13,30) stammende Wort vom Vergehen "dieses Geschlechts" 24,34 zeigt, wird
man gerade bei Mt. in dem Verständnis von αὕτη ἡ γενεά auf die zeitliche
Komponente nicht verzichten können. Ja, jenes von Matthäus übernommene Wort
zeichnet sich dadurch aus, daß hier αὕτη ἡ γενεά offensichtlich in keiner Weise auf eine bestimmte Gruppe eingeschränkt, sondern lediglich auf
"diese Generation" im allgemeinsten Sinne angewandt wird. Zumeist (vgl.
12,41f.; 23,36) meint freilich "dieses Geschlecht" bei Mt. speziell "die
jüdischen Zeitgenossen Johannes' und Jesu" (76). Und es ist jene einge-
schränktere Bedeutung, die in 11,16-19 in Frage kommt. Eines ist aber noch
festzuhalten, nämlich daß ein G e g e n s a t z zwischen Israel und den

Heiden jedenfalls auch nicht im Blick sein wird, wenn mit αὕτη ἡ γενεά
speziell die jüdischen Zeitgenossen des Täufers und Jesu angeklagt werden.

Diesem Befund entspricht es im übrigen völlig, daß in V. 19c nun nicht "die-
sem Geschlecht" die "Kinder der Weisheit" gegenübergestellt werden. Denn da-
mit ist endgültig klar, daß es Matthäus zumindest nicht um die Gegenüber-
stellung zweier Gruppen getan hat (77).

Nun ist dieses wohl ein entscheidender Punkt, daß Matthäus in
11,19c nicht mehr "diesem Geschlecht" die "Kinder der Weisheit"
gegenüberstellt. Denn daraus erhellt nicht nur negativ, daß es
ihm nicht um einen generellen Gegensatz Israels etwa zu einer
heidenchristlichen Gemeinde geht. Vielmehr wird auch positiv
deutlich, worauf es ihm bei der Anklage an Israel ankommt. Allerdings, das Nebeneinander der Textfassung mit τέκνων und der mit
ἔργων hat man unter den verschiedensten Vorzeichen betrachten
können. Die spätere Textüberlieferung bietet bereits genügend An-
haltspunkte dafür, daß man in der Alternative von τέκνων und
ἔργων ein Problem sah. Wie wir gezeigt haben (78), hat man den
matthäischen und den lukanischen Text sekundär aneinander angeglichen. Dabei ging man davon aus, daß das Nebeneinander von
τέκνων und ἔργων von nachträglicher Textverderbnis herrührt. Bei
der sekundären Angleichung aber wurde fast ausnahmslos (79) das -
von uns für ursprünglich erklärte! - lukanische τέκνων bevorzugt.
Offenbar hatte man Schwierigkeiten, das matthäische ἔργων recht
zu verstehen. Und eines erweist sich eben bis heute als schwierig, nämlich des näheren Gründe für eine bewußte Änderung des
τέκνων in ἔργων aufzuweisen. Das aber insofern, als die Interpretation der unterschiedlichen Fassungen unseres Spruches weithin doch noch ein ungelöstes Problem darstellt.

Man wird freilich das Nebeneinander von τέκνων und ἔργων jedenfalls auch nicht in irgendeiner Weise auf eine Fehlübersetzung
zurückführen können (80). Es bleibt dabei, Matthäus hat in der
Anklage an Israel durch bewußte Änderung von τέκνων in ἔργων
eigene Akzente gesetzt. Es wird aber hier darauf ankommen, bei
der Unterscheidung der verschiedenen Redaktionsstufen in sinnvoller Weise zwischen den verschiedenen vorgetragenen Interpre-
tationsmöglichkeiten zu vermitteln.

Was nun das in Q faßbare ursprünglichere Stadium der Überlieferung betrifft, so wird ja mit τέκνα τῆς σοφίας die Q-Gemeinde,
die im Gegensatz zu ihrer Umwelt Johannes und Jesus angenommen
hat, bezeichnet sein. Das muß aber nicht besagen, daß eine Deutung von "Kinder der Weisheit" im Sinne von "Boten der Weisheit"
und damit eine Identifizierung jener τέκνα mit Johannes und Jesus
außerhalb des Möglichen liegt (81). Das Gegenteil ist vielmehr
der Fall. Und von einer späteren Gleichsetzung der "Kinder der
Weisheit" mit Johannes und Jesus her ließe sich, wie mir scheint,
gerade die Änderung von τέκνων in ἔργων erklären (82).

Es ist durchaus naheliegend, daß Matthäus den Q-Text im Sinne
einer Gleichsetzung der "Kinder der Weisheit" mit Johannes und
Jesus verstanden hat. Dieses läßt sich auch im Blick auf die Darlegungen von Suggs vermuten (83), nach dessen Auffassung man den
Q-Text allerdings von Anfang an nicht anders verstanden hat (84).

Wie Suggs deutlich gemacht hat, sind für ein solches Verständnis
Belege aus dem weiteren Bereich der weisheitlichen Literatur
heranzuziehen (85). Diese lassen auf die Vorstellung schließen,
daß einzelne der ursprünglich verborgenen Weisheit teilhaftig
werden, als Mittler bzw. Boten der Weisheit dann allerdings nicht
nur Anerkennung, sondern auch Ablehnung finden. Das ist aber der
Hintergrund, auf dem auch der von Matthäus in den Kontext von
Kap. 11 eingebrachte Komplex V. 25ff. steht (86)! Was liegt also
näher, als daß der Evangelist entsprechende Vorstellungen in
V. 19c assoziiert hat?

Inwiefern allerdings ist es wahrscheinlich, daß eine Gleichsetzung der "Kinder der Weisheit" mit Johannes und Jesus die Änderung von τέκνων in ἔργων provoziert hat? Suggs nimmt an, daß
die – von ihm ja schon für Q vorausgesetzte – Gleichsetzung der
τέκνων τῆς σοφίας mit Johannes und Jesus dem Redaktor nicht
weit genug ging. Denn während es dabei um die bloße Repräsen-
tanz der Weisheit in ihren Boten gehe, stehe bei der Bezugnahme
auf die ἔργα τῆς σοφίας die Absicht, " t o   i d e n t i f y
J e s u s   w i t h   W i s d o m ", im Hintergrund (87). "In this
way, Jesus is no longer the last and greatest of Wisdom's children; in him are the deeds of Wisdom to be   u n i q u e l y
seen" (88). Hier berührt sich die Auffassung von Suggs mit den
Thesen von Christ (89), der ja gerade auch im Blick auf Mt. 11,19c
von "Jesus Sophia" spricht. Christ geht freilich richtiger davon aus, daß die angenommene Identifizierung von Jesus und Sophia schon die ursprüngliche Tradition und Q (90) bestimmt (91)!

In der Konsequenz der Darstellung von Suggs liegt nun aber die
Vermutung, daß Johannes und Jesus bei Mt. der   i m   G e s e t z
i n k a r n i e r t e n (Suggs (92) spricht von "inliteraliza-
tion"!) Weisheit gleichgestellt werden. Denn wie Suggs ausführt,
gibt es einzig beim Gesetz eben auch sonst im weisheitlichen
Bereich die Vorstellung einer Identifizierung von Sophia und
Mittler bzw. Boten (93). Und dieses wird jedenfalls nur zu unterstreichen sein, daß Johannes und Jesus insbesondere die Funktion des   G e s e t z e s   als des Weisheitsmittlers par excellence übernehmen. Zumal sich von hier aus auch die redaktionelle Anfügung des Weisheitswortes V. 28-30, in dem Jesus gleichermaßen an die Stelle des Gesetzes tritt, erklären läßt ...

Es muß jetzt aber doch auch noch betont werden, daß dort, wo
"diesem Geschlecht" nicht mehr in den "Weisheitskindern" diejenigen, die Johannes und Jesus angenommen haben, gegenübergestellt werden, der Akzent allein auf das δικαιοῦσθαι rückt.
Matthäus könnte dementsprechend nämlich das Q-Logion von der
Rechtfertigung der Weisheit so verstanden haben: Und doch wurde
die in Johannes und Jesus manifeste Sophia   g e r e c h t f e r -
t i g t   von Johannes und Jesus als ihren Kindern. Von hier aus
legt sich aber eine andere Vermutung nahe als die, daß Matthäus
Jesus und Johannes(!) noch eindeutiger mit der Weisheit identi-
fizieren wolle, als die Tradition ihm das zu tun schien. Es ist
dieses die Vermutung, daß es dem Evangelisten einfach darum
ging, eine tautologische Aussage zu vermeiden. Daß er dabei durch
die Setzung von ἔργων nun die Taten des Täufers und Jesu als die
Voraussetzung für deren Rechtfertigung nennt, ist in dem durch

das Tat-Folge-Denken geprägten weisheitlichen Milieu ohnehin naheliegend. Dementsprechend aber bestätigt sich hier nur, daß es für Matthäus in unserem Logion primär um das "Gerechtfertigtwerden" der Weisheit als solches geht.

Hier ist im übrigen zu erkennen, inwiefern selbst der Hinweis auf einen "sprichwörtlichen" Charakter unseres Logions (94) im Rahmen unserer Interpretation nicht ganz verfehlt erscheint. Gewiß, von einem gnomischen Aorist kann auch bei Mt. keine Rede sein. Der Hinweis auf die Werke dient dazu, auf das Wirken Jesu zurückzuweisen. Und doch, es wird auf die Werke lediglich als auf die Indizien hingewiesen, die eben grundsätzlich das entscheidende Beurteilungskriterium sind. So gesehen, ist in der Tat das Wort vom Erkennen an den Früchten zum Vergleich heranzuziehen (95).

Damit aber ist deutlich, wie Matthäus das Wort von der Rechtfertigung der Weisheit versteht. Seiner Auffassung nach geht es dabei um den Sachverhalt, daß die Weisheit in ihren Boten Johannes und Jesus als Weisheit "gerechtfertigt" worden ist. Und er interpretiert es dann dahingehend, daß sich eben in deren Taten die Weisheit als Weisheit erwiesen hat. Das alles steht aber auf dem Hintergrund der Feststellung, daß das Volk bald Johannes aufgrund seines asketischen Lebens, bald Jesus aufgrund seines weltfreudigen Verhaltens abgelehnt hat. Dementsprechend ergibt sich angesichts unseres Logions, daß jene Ablehnung nur als schuldhaftes Verhalten zu verstehen ist. Im übrigen, Matthäus geht es im Zusammenhang nicht darum, daß das Verhalten des Volkes in sich widersprüchlich ist, sondern schlicht darum, daß es dem eschatologisch qualifizierten Auftreten des Täufers und Jesu nicht gerecht wird. Dementsprechend bedarf es bei ihm eines Hinweises darauf, daß das Auftreten den Täufer und Jesus als die eschatologischen Heilbringer legitimiert ...

Aber fassen wir an dieser Stelle zunächst einmal unsere bisherigen Ergebnisse zusammen! Offenbar steht für Matthäus in den aus Q übernommenen Täufertexten im Zentrum, daß sich im gemeinsamen Auftreten des Täufers und Jesu der Anbruch der Endzeit vollzieht. Dieser Interpretation entspricht es, daß in dem Gleichnis V. 16-19 nun lediglich noch eine schlichte Anklage gegen das Johannes und Jesus ablehnende Volk gesehen wird. Das aber dokumentiert sich darin, daß durch den redaktionellen Hinweis auf die ἔργα das Logion von der Rechtfertigung der Sophia V. 19c zu einem bloßen Schuldaufweis wird (96).

Es entspricht dieser matthäischen Interpretation nun aber auch, daß dem Gleichnis V. 16-19 als Schuldaufweis die Weherufe V. 20-24 als Strafandrohung angeschlossen werden. Und wie gesagt, der Evangelist hat der gesamten Einheit Kap. 11 in den Weherufen V. 20ff. einen neuen Höhepunkt gegeben.

Bereits zu früherer Zeit sind Vermutungen darüber angestellt worden, daß die in Mt. 11 erkennbare Umgruppierung von Q-Material "aus der Kompositionsabsicht des Mt" (97) zu erklären sei. Dabei hat man allerdings das Gewicht lediglich darauf gelegt, daß Kap. 11 nicht schon unmittelbar hinter Kap. 9 geboten wird (98). So kam man dazu, die Umgruppierung einzig unter dem Gesichtspunkt zu sehen, daß eine Korrespondenz zwischen Kap. 5-7.8f. und Kap. 10 hergestellt werden soll. Aber es kommt Matthäus keineswegs allein darauf an, daß Jesus "nicht nur der von Gott bevollmächtigte Christus in Wort und Tat, sondern auch der Herr, der seinen Jüngern Anteil an seiner Vollmacht gibt" (99), ist. Es ist auch darauf Gewicht zu legen, daß die Täufertexte von Kap. 11 unmittelbar auf die der Aussendungsrede Kap. 10 entnommenen(!) (100) Weherufe zuführen ...

Matthäus selbst hat mittels der redaktionellen Wendung V. 20 in verschiedener Hinsicht die Beziehung zwischen den Täufertexten und den Weherufen unterstrichen. Was zunächst das τότε ἤρξατο ὀνειδίζειν τὰς πόλεις betrifft, so stellt es eine Entsprechung zu der Einleitung der Täuferrede V. 7 her. Auf diese Weise kommt zum Ausdruck, daß das Thema des Schuldigwerdens des Volkes, um das es dem Evangelisten letzten Endes in jener Rede geht, nun in engstem Anschluß an diese weitergeführt wird (101). Was aber den Hinweis auf αἱ πλεῖσται δυνάμεις αὐτοῦ betrifft, so wird hier der Schuldaufweis im Sinne der Bezugnahme auf die ἔργα V. 2.19 noch einmal grundsätzlich thematisiert. Worauf es Matthäus in V. 20 ankommt, ist die nochmalige Feststellung, daß sich an den "Machttaten" der Anbruch der endzeitlichen Ereignisse hätte erkennen lassen müssen. Das jedenfalls legt sich von daher nahe, daß auch in V. 21b und dem redaktionell dazu gebildeten Pendant V. 23b der Hinweis auf die δυνάμεις dem Schuldaufweis dient (102).

Nun war für Q im Unterschied zu Mt. charakteristisch, daß noch kein Zusammenhang zwischen Täufertexten und Weherufen bestand. Dem entsprach es aber andererseits, daß es noch nicht um Johannes/Jesus und "dieses Geschlecht", sondern um die G e m e i n - d e und "dieses Geschlecht" ging. Sie war es, die mit gleicher Autorität wie Jesus dem sich ablehnend verhaltenden Volk gegenübergestellt werden sollte. Und nichts anderes als das wiederum war es, was der Gemeinde in katechetischer Absicht gesagt werden sollte. Das zeigt, wie anders Matthäus die Strafandrohung der Weherufe versteht. Er hat ja den Zusammenhang zerstört, der in Q durch die redaktionelle Bildung von Mt. 10,15 par. nach 11,22 par. zwischen der Abweisung der Jünger und der Jesu hergestellt worden war. Gewiß, das Logion 10,15, welches die Abweisung der Jünger unter das Gericht stellt, kehrt bei ihm in der redaktionellen Formulierung 11,24, die nun wie 11,22 die Abweisung Jesu anprangert, noch einmal wieder. Es ist jedoch nicht diese Korrespondenz, auf die es dem Evangelisten ankommt. Bei ihm wird vielmehr die ursprüngliche Korrespondenz zwischen 10,15 par. und 11,22 par. in der Weise neu zur Geltung gebracht, daß 10,15 nun eben in 11,24 als bloße Wiederaufnahme von 11,22 erscheint. Dieses ist augenfällig, da ja auch 11,23b nichts anderes als eine redaktionelle Wiederaufnahme von 11,21b ist. Kein Zweifel jedenfalls, bei Matthäus steht die Strafandrohung der Weherufe nicht mehr im Kontext der Abweisung der Gemeinde selbst. So stehen bei ihm hier nicht mehr die Gemeinde und Jesus unmittelbar mit gleicher Autorität dem ungläubigen Volk gegenüber.

Der Evangelist spricht freilich in V. 20 ausdrücklich mit Bezug auf Jesus von αἱ πλεῖσται δυνάμεις α ὐ τ ο ῦ . Das bedeutet, daß er hier auch nicht d e n T ä u f e r mit Jesus zusammenschließt. Es ist aber aufgrund der vorangehenden Bezugnahme auf die ἔργα τῆς σοφίας ohne weiteres zu folgern, daß Matthäus letzten Endes im eschatologischen Wirken Johannes und Jesus nebeneinanderstellt. Das jedoch ist von größter Signifikanz, daß hier Johannes und Jesus anstelle von Jesus und der Gemeinde dem ungläubigen Volk gegenübergestellt werden. Denn es entspricht auch dem, was wir oben über die Entfaltung des Leidensmotivs bei Mt. im Blick auf das gemeinsame Leiden des Täufers und Jesu festgestellt haben.

An dieser Stelle wird erkennbar, wozu der Verweis auf die ἔργα bzw. δυνάμεις bei Mt. letzten Endes dient. Es zeigt sich, was der Gemeinde hier nun in ganz anderer "katechetischer" Absicht als in Q gesagt werden soll. Matthäus geht davon aus, daß sich im Leiden des Täufers und Jesu diese als die eschatologischen Heilbringer erweisen. Das aber bedeutet, daß die Abweisung derselben als notwendig erscheint. Gerade demgegenüber wird dann darauf hingewiesen, daß das Wirken des Täufers und Jesu nichtsdestoweniger hätte Anlaß zur Buße gewesen sein müssen. Und das impliziert, daß die zwar notwendige Abweisung derselben durch das Volk dieses dennoch unter das Gericht stellt.

Demnach geht es dem Evangelisten Matthäus nicht mehr darum, mit der Strafandrohung der Weherufe im Sinne von Q die eigene Situation zu bewältigen. Vielmehr steht im Vordergrund des Interesses einfach die Frage, wie das Verhalten des Volkes, das Johannes und Jesus ja ablehnen m u ß t e , zu bewerten ist. Der Vorwurf der mangelnden Bußbereitschaft ist nicht mehr im Blick auf die Anfeindungen, denen die Gemeinde selbst ausgesetzt ist, von Belang. Er trägt vielmehr seinen Sinn in der dargelegten Weise nur noch in sich selbst.

Dann ist es aber von hier aus zu verstehen, daß der Bußruf, auf den der Vorwurf οὐ μετενόησαν V. 20 offenbar anspielt, der Gemeinde gerade nicht, sondern allein Johannes und Jesus in den Mund gelegt wird (vgl. 10,7 mit 3,2 und 4,17). Dieses ist um so bemerkenswerter, als Matthäus in ansonsten wörtlich gleichen Wendungen die Verkündigung des Täufers, Jesu und der Gemeinde zusammenfassend nebeneinanderstellt. Was die Funktion jener Wendungen im matthäischen Kontext betrifft, so bilden sie geradezu das Leitmotiv der ersten Kapitel des Evangeliums. Dementsprechend muß Gewicht darauf gelegt werden, daß jenes Motiv in charakteristischer Variation in Kap. 11 erneut begegnet (103). Solches gilt einmal insofern, als der Verkündigung vom Kommen der Basileia (3,2; 4,17; 10,7) das Ringen der Jünger um dieselbe (11,12f.) entspricht (104). Sodann jedoch gilt es eben insofern, als dem Bußruf des Täufers (3,2) und Jesu (4,17) negativ die Unbußfertigkeit des Volkes (11,20) korrespondiert (105). Wobei es dann signifikant ist, daß von einem Bußruf der Gemeinde ebensowenig wie von einer Abweisung derselben durch das Volk die Rede ist. Bleibt festzustellen, daß es Matthäus offenbar von Kap. 11 an insbesondere um die Reaktion des Volkes auf den Bußruf geht. Dieses aber eben in dem Sinne, daß ein in der Vergangenheit liegendes Geschehen geschildert werden soll.

Hier legt sich meines Erachtens allerdings dann die Vermutung nahe, daß im Grunde erst Matthäus bei den Weherufen in letzter Konsequenz "den Mißerfolg der christlichen Predigt in Kaper-

naum" (106) voraussetzt (107). Es scheint jedenfalls, daß für ihn
auch der Bußruf selbst nur noch unter dem Gesichtspunkt der bereits endgültig vollzogenen Verweigerung der μετάνοια von Interesse ist.

*Freilich, es soll hier dennoch nicht speziell die Schuld Israels ins Licht
gestellt werden. Es konnte ja auch sonst keine Rede davon sein, daß Matthäus
generell Israel den Heiden gegenüberstellt. Doch liegt es immerhin in der
Konsequenz seiner Interpretation, daß er nicht nur mittels der Wendung* γ ῇ
Σοδόμων *(11,24; vgl. auch 10,15) den Gegensatz Israel - Heiden noch aus-
weitet, sondern überhaupt eine proheidnische Tendenz durch die Bildung des
Sodomwortes weiter verstärkt.*

Wenn Matthäus aber nichtsdestoweniger keinen generellen Gegensatz zum Volk Israel konstatiert, wie hat er den als endgültig
verstandenen Bruch Jesu mit seinen jüdischen Opponenten dann
konkret verstanden? Offenbar bleibt hier die Frage immer noch
ungeklärt, inwieweit die Anklage das Judentum trifft bzw. auch
die Verheißung noch an das Volk gerichtet ist. Es scheint, daß
Matthäus in dem unser Kapitel abschließenden Jubel- und Heilandsruf 11,25-27.28-30 auf diese Frage eine Antwort zu geben
sich bemüht hat (108)!

Nun hatten wir gezeigt (109), daß der eher polemischen Tendenz
der Weherufe eine apologetische Ausrichtung des Jubelrufes entspricht. Solches war aber schon insofern von Belang, als es
dem Verfasser von Q seinerseits auch im Jubelruf um die Bewältigung der Situation der späteren Gemeinde, nämlich um die
Selbstrechtfertigung dieser Gemeinde als einer Gemeinde des einfachen und ungebildeten Volkes ging. Demgegenüber muß nun betont werden, daß Matthäus durch die Zerschneidung des unmittelbaren Zusammenhangs zwischen Jüngerinstruktion (vgl. Mt. 10,40
par.!) und Jubelruf jene die eigene Gegenwart mit in den Blick
nehmende Perspektive erneut bedeutend verkürzt hat. So, wie er
bereits in den Weherufen nur noch schlicht eine Anklage Jesu
gegen Chorazin, Bethsaida und Kapernaum sieht, findet er auch
in dem unmittelbar angeschlossenen Jubelruf lediglich noch eine
Gegenüberstellung der "Weisen und Verständigen" mit den "Unmündigen" als den Empfängern der Offenbarung des Sohnes.

Es ist sicher von vornherein damit zu rechnen, daß Matthäus das
in der Überlieferung zunächst wirksame Interesse der Gemeinde
an der Bewältigung i h r e r Situation nicht mehr gesehen hat.
Demgemäß ist es nur folgerichtig, daß er die Überlieferung quasi
historisierend zur Darstellung des Wirkens Jesu verwendet. Es
scheint ja ohnehin in späterer Zeit naheliegend zu sein, die im
Auftreten des Täufers und Jesu sich vollziehenden "Heilsereignisse" historisierend zu verobjektivieren. So kommt es dann dazu, daß der Jubelruf primär die durch das eschatologische Auftreten Jesu verursachte Scheidung im jüdischen Volk thematisie-
ren soll. Und das heißt, daß er nun die Anklage der Weherufe im
Sinne einer Anklage Jesu an die "Weisen und Verständigen", denen die "Unmündigen" gegenüberstehen, explizieren soll.

Gewiß ist bemerkenswert, wie sehr sich auch beim Jubelruf das
Verständnis gewandelt hat. Verräterisch ist die Umwertung der

Begriffe σοφός und συνετός sowie νήπιος . Was Q betrifft, so
konnten wir zur Interpretation jener Begriffe die Wendung τέκνα
τῆς σοφίας V. 19c heranziehen. Dabei schien uns bedeutsam, daß
nach unserem Verständnis jedenfalls die Rede von den "Kindern
der Weisheit" die Gemeindeglieder betont als die "wahren" Weisen charakterisieren soll. Denn dieses schien uns der Tatsache
zu entsprechen, daß jene wahren Weisen eigentlich die νήπιοι ,
und zwar im konkreten Sinne als "die Nicht-Weisen" verstanden,
sind. Und so ergab sich, daß der Verfasser von Q die Weisen und
Verständigen den wahren Weisen als den eigentlich Nicht-Weisen gegenüberstellt. Das aber bedeutet, daß die Begriffe σοφός
und συνετός sowie νήπιος noch im wörtlichen Sinne verstanden
sind (110). Dieses ist jedoch bei Mt. kaum noch der Fall. Hier
werden die Begriffe σοφός und συνετός nun tatsächlich wohl diejenigen bezeichnen, "die sich für die Weisen und Verständigen
h a l t e n " (111). Und auch wird der Begriff νήπιος etwa diejenigen meinen, die sich selbst - vor Gott! - als die Unmündigen wissen (112). Jedenfalls ist es bezeichnend, daß Matthäus
in 11,19c anstelle der Wendung τέκνα τῆς σοφίας die Formulierung ἔργα τῆς σοφίας gebraucht. Das gilt um so mehr, als hinter dieser Änderung eine Deutung der "Kinder der Weisheit" auf
Johannes und Jesus stehen könnte. Denn daran zeigt sich, daß
Matthäus in dem Wort von der Rechtfertigung der Weisheit eben
gerade nicht eine paradoxe Aussage über die "wahren" Weisen
findet. Im übrigen, auch aus Mt. 23,34 (113) erhellt, daß der
Evangelist ansonsten nicht zwischen den Weisen im herkömmlichen
Sinne und den "wahren" Weisen unterscheidet. Und das bedeutet
natürlich, daß bei Mt. nun gerade die Formulierung des Jubelrufes als eine paradoxe erscheinen (114). Es entspricht aber ja
durchaus weisheitlicher Tradition, daß die Weisen als die "Unmündigen" im übertragenen Sinne, eben als die "Demütigen" gekennzeichnet werden (115)...

Nun steht jedoch, wie bereits ausgeführt, Mt. 11 unter dem Thema, daß angesichts der Werke, die die Werke der Weisheit sind
und in denen sich Jesus als der Christus erweist, das jüdische
Volk schuldig wird. Das aber wird in den Weherufen auf die Aussage zugespitzt, daß Jesu Machttaten als solche nicht Anlaß zur
Buße gewesen sind (116). Der Jubelruf besagt dann nichts anderes,
als daß eben jene Machttaten in ihrer Bedeutung gerade von den
vermeintlich Weisen im jüdischen Volk nicht erkannt, den Demütigen aber sehr wohl offenbar geworden sind (117).

Vom Zusammenhang her läßt sich demgemäß schließen, wie das ja
nun beziehungslose ταῦτα bzw. αὐτά V. 25 bei Mt. zu deuten ist.
Und da stellt Weaver mit großen Recht fest: "It must refer imme-
diately to the δυνάμεις of 11:20, and ultimately back to
τὰ ἔργα τοῦ Χριστοῦ in 11:2, the theme of this section" (118).

*Gewiß muß festgehalten werden (119), daß die Weherufe nicht explizit von
"the significance of Jesus' δυνάμεις, which are τὰ ἔργα τοῦ
Χριστοῦ " (120) sprechen. Und es bleibt die Lösung immer noch am wahrscheinlichsten, daß das ταῦτα bei Mt. einfach "generalisierende" Bedeutung hat (121). Es läßt sich aber jetzt schließen, daß es offenbar generalisierend auf "das, was es mit den Werken Jesu auf sich hat", hinweisen
soll (122)!*

(3,2,1)   137

Nun hat Matthäus den Jubelruf aber eben nicht nur dadurch interpretiert, daß er ihn unmittelbar an die Weherufe angeschlossen und so dem ταῦτα und αὐτά eine andere Bedeutung abgewonnen hat Das entscheidende Mittel seiner Interpretation ist vielmehr die Hinzufügung des Heilandsrufes V. 28-30 (123). Und hinsichtlich des weiteren Zusammenhangs ist von Belang, daß er durch die Wiederaufnahme der Wendung ἐν ἐκείνῳ τῷ καιρῷ V. 25 in 12,1 eine gewisse Entsprechung zwischen dem im Heilandsruf gipfelnden Jubelruf und dem der Auseinandersetzung Jesu mit den Pharisäern gewidmeten Kapitel 12 hergestellt hat (124). Im Blick auf diesen Kontext läßt sich aber nur das noch weiterführen, was wir soeben schon angesichts des Jubelrufes selbst zur Konzeption des Matthäus sagen konnten. Offenbar ging es dem Evangelisten ja darum, da die durch das Wirken Jesu verursachte Scheidung im jüdischen Vol im Sinne eines Gegensatzes zwischen den vermeintlich Weisen und den Demütigen gedeutet wird. Eben dieser Gegensatz wird aber des näheren expliziert, wenn den Empfängern der Offenbarung des Sohnes (V. 27) im Heilandsruf die κοπιῶντες καὶ πεφορτισμένοι an die Seite (125) und diesen dann in Kap. 12 die Pharisäer gegenübergestellt werden. Im übrigen, in der Wendung κοπιῶντες καὶ πεφορτισμένοι allein schwingt bereits zugleich ein Gegensatz zum rabbinischen Judentum mit. Denn wie wir zeigen konnten (126), sind die Mühseligen und Beladenen konkret die unter dem rabbinisch interpretierten Gesetz sich Mühenden und Plagenden.

Für Matthäus ist ohne Zweifel bezeichnend, daß er die Pharisäer als die "vermeintlich Weisen" charakterisiert. Das zeigt sich gerade in Kap. 12, wo das ὃ οὐκ ἔξεστιν V. 2 par. Mk. 2,24 in dem fragenden εἰ ἔξεστιν V. 9 diff. Mk. 3,2 noch einmal aufgenommen wird. Denn hier sind die Pharisäer die, welche aufgrund ihrer vermeintlichen Kenntnis dessen, was nach dem Gesetz erlaubt ist und was nicht, an Jesus Anstoß nehmen (127). Ja, sie sind eigentlich die, welche ihre Kenntnis des Gesetzes allein dazu mißbrauchen, Jesus einer Übertretung desselben zu überführen. Damit tritt freilich zugleich ein neuer Akzent in den Vordergrund, insofern die Pharisäer nicht einfach als solche, die das Gesetz zu kennen meinen, sondern als solche, welche ihre vermeintliche Kenntnis des Gesetzes mißbrauchen, angeklagt werden. Das aber liegt ganz auf der Linie der interpretierenden Bearbeitung, die Matthäus den Weherufen über die Pharisäer und Schriftgelehrten 23,13-36 hat angedeihen lassen. Für diese ist ja das ὑποκριταί charakteristisch, welches quasi als ostinates Grundmotiv der gesamten Drohrede unterlegt worden ist. Im übrigen zeigt das traditionelle Logion Mt. 23,4 (vgl. Lk. 11,46), daß die Pharisäer schon vor Matthäus als solche, welche anderen schwere Lasten aufbürden, selbst aber diese nicht tragen wollen, gekennzeichnet worden sind. Das offenbar redaktionelle Interpretament 23,2f. aber nuanciert diese Aussage insofern, als hier jener Vorwurf einzig darauf, daß die Pharisäer nicht nach ihren Worten handelten, zugespitzt wird (128).

Das unterstreicht nun allerdings andererseits, daß Matthäus im Inhaltlichen die kasuistische Gesetzesinterpretation der jüdischen Tradition eben nicht zurückweist. Wenn für ihn die Pharisäer "vermeintlich" Weise sind, so deshalb, weil sie zwar "Minze"

Anis und Kümmel" verzehnten, aber insbesondere gerade τὰ βαρύτερα τοῦ νόμου außer acht lassen (23,23). Und so gilt in der Tat, daß hier einfach das formalistische Gesetzes- v e r s t ä n d n i s als solches, welches zwischen den ein- zelnen Forderungen des Gesetzes nicht nach deren jeweiligem Ge- wicht differenziert, abgelehnt wird (129).

Das aber hat selbstredend Konsequenzen für die Beurteilung der Frage, wie Matthäus die Wendung οἱ κοπιῶντες καὶ πεφορτισμένοι im Heilandsruf des näheren versteht. Für ihn gilt, daß die Müh- seligen und Beladenen gerade nicht mehr die unter der Menge der kasuistischen Ge- und Verbote Stöhnenden sind. Und das heißt, daß es nicht mehr konkret die Unwissenden, die eben jene Ge- und Verbote nicht kennen, sind. So zeigt sich, daß οἱ κοπιῶντες καὶ πεφορτισμένοι tatsächlich wie οἱ νήπιοι als die "Demütigen" verstanden wird. Es sind jetzt wirklich einfach diejenigen, die im Gegensatz zu den Pharisäern das als formale Autorität ver- standene Gesetz zu halten sich bemühen. In dem Begriff "die Müh- seligen und Beladenen" liegt eben nicht nur das Beladen- und Be- lastet-Sein, sondern auch das Bemüht-Sein und Sich-Bemühen, und dieses steht für Matthäus - ganz im Sinne seiner sonstigen weis- heitlichen Interpretation der Überlieferung - im Vordergrund (130).

Der Heilandsruf impliziert natürlich insofern eine grundsätzli- che Kritik an der heilsgeschichtlichen Funktion des Gesetzes, als denjenigen, die sich statt auf das Gesetz auf Jesus als den "Heiland" verlassen, die ἀνάπαυσις verheißen wird. Diese Ver- heißung beruht aber darauf, daß Jesu Joch χρηστός bzw. seine Last ἐλαφρός ist. Und das kann Matthäus nur noch dahingehend ver- stehen, daß Jesus Schluß macht mit der formalen Autorität des Gesetzes als solcher. Um so mehr legt sich gerade für ihn nun der Gedanke nahe, daß Jesu Joch als das Joch dessen, der selbst πραῢς καὶ ταπεινὸς τῇ καρδίᾳ ist, sanft genannt werden kann. Denn das bedeutet, daß es bei der Übernahme des Joches Jesu um die Übernahme des Joches der Demut geht. Was Jesus fordert, ist dann dieses, daß sich der Mensch demütig unter den Willen Gottes beugt (131). So gesehen, steht auch in dieser Beziehung das weis- heitliche Konzept von der Offenbarung an die νήπιοι als die "Demütigen" im Hintergrund.

Bereits zu V. 19c hatten wir ausgeführt, daß Jesus an die Stel- le der im Gesetz inkarnierten Weisheit tritt. Das entspricht dem im Heilandsruf gegebenen Sachverhalt, insofern Jesu Joch ja hier dem Joch des Gesetzes entgegengesetzt wird (132). Auf diese Weise wird die Aussage von V. (25f.)27 weitergeführt, nach der Jesus als der Sohn an die Stelle der Weisheit tritt. Sie wird aber eben so weitergeführt, daß die Annahme des Sohnes mit der Über- nahme seines Joches der Demut verbunden wird. Und das ist die Voraussetzung dafür, daß die Adressaten der Jesusbotschaft jetzt doch wieder eigentlich die "Frommen" sind.

Nach allem Gesagten ist es um so wahrscheinlicher, daß die Er- gänzung des Jubelrufes durch den Heilandsruf von typisch weis- heitlichen Denkstrukturen her ihre Erklärung findet. Es geht um die Darbietung einer "Heilsordnung, die dem Menschen Rettung und Herrschaft zusagt" (133). Und der Heilandsruf hat die Funktion,

Jesus als denjenigen, der aufgrund seiner Sohnschaft nun selbst zum Heilsmittler wird, auszuweisen (134). Dabei ist bemerkenswert, daß dieser Heilsmittler der e i n e S o h n ist. Entscheidender aber ist, daß diejenigen, denen das Heil vermittelt wird, dennoch gerade nicht mehr einfach die "Armen" als solche sind...

§ 2: Die Texte in der theologischen Konzeption des Evangeliums

Ebenso wie bei der Interpretation von Q und auf dem Hintergrund der dort gewonnenen Erkenntnisse, sind nun auch bei der kompositions- und redaktionsgeschichtlichen Untersuchung von Mt. die Linien abschließend noch etwas weiter auszuziehen. Es wird die Frage zu erörtern sein, inwieweit sich unsere Einzelergebnisse im Gesamtzusammenhang des Evangeliums verifizieren lassen bzw. inwieweit dieses die von uns aufgewiesenen Intentionen des Verfassers widerspiegelt.

Bei Matthäus ist in Rechnung zu stellen, daß er mit Mk. und Q bereits Quellen s c h r i f t e n besaß und deren vorgegebenen Aufriß offenbar so weit wie möglich erhalten hat (1). Matthäus hat aber wie Markus ein primär am Ablauf des Lebens Jesu interessiertes "Evangelium" geschaffen, das sich von dem noch unmittelbar am Ablauf der Heilsereignisse in Vergangenheit, Gegenwart und Zukunft interessierten "Logienwerk" ja erheblich unterscheidet. Und schon dieses ist bemerkenswert im Blick auf die Frage, wie sich unsere Einzelergebnisse angesichts des Gesamtzusammenhanges darstellen. Denn es entspricht offenbar nur dem von uns festgestellten Schwinden des unmittelbaren eschatologischen Bewußtseins.

Nicht nur die Redenquelle, sondern auch das Matthäusevangelium zeichnen sich nun dadurch aus, daß Johannes der Täufer eindeutig Jesus positiv zugeordnet ist. War damit aber bei Q noch einfach eine Zuordnung des Täufers zu dem im Auftreten Jesu sich vollziehenden Beginn der Heilsereignisse gegeben, so liegt bei Mt. der Fall doch erheblich anders. Hier geht es gar nicht mehr darum, auch Johannes noch mit dem Anbruch der Heilszeit in Verbindung zu bringen. Daß Johannes auf die Seite Jesu gehört, kann schlicht vorausgesetzt werden. Andererseits kann aber nicht mehr einfach von jenem unmittelbaren eschatologischen Bewußtsein ausgegangen werden, welches in dem Auftreten Jesu fraglos den Beginn der noch andauernden Heilsereignisse sieht. So geht es bei Mt. darum, daß sich im g e m e i n s a m e n A u f t r e t e n d e s T ä u f e r s u n d J e s u der Anbruch der Heilszeit v o l l z i e h t (2).

Wenn für Lührmann der überlieferungsgeschichtliche Standort von Q dadurch bestimmt ist, daß hier die Frage nach der Bedeutung des Johannes im Vergleich mit der Jesu irrelevant geworden ist (3), so trifft er damit nach dem soeben Ausgeführten gerade den Standort von Mt. Aufgrund dessen, daß er nicht zwischen der ursprünglichen Tendenz zur Unterordnung des Johannes unter Jesus und dem für Q doch noch vorauszusetzenden Interesse am Verhältnis des Täufers zu Jesus als solchem differenziert, kommt er dazu, die Position des Matthäusevangeliums mit der von Q in eins zu setzen. Demgegenüber haben wir es vermocht, sowohl Q im

Gegenüber zur mündlichen Tradition als auch Mt. im Gegenüber zu Q einen spezifischen Ort anzuweisen. Es hat sich gezeigt, wie die Entwicklung quasi folgerichtig von der polemisch-apologetischen Inanspruchnahme des Täufers als Christuszeugen über die bewußte Einbeziehung desselben in das Christusgeschehen bis hin zur untendenziösen Bezugnahme auf ihn als den für die Endzeit erwarteten Elia führt.

Daß aber Trilling seinerseits gerade bei Mt. eine Tendenz zur "Angleichung" des Täufers an Jesus wie auch eine Tendenz zur "Unterscheidung" beider findet (4), unterstreicht nur um so deutlicher die Notwendigkeit, mehr oder minder zufällig gewonnene Einzelergebnisse in einen Gesamthorizont einzubringen. Matthäus hat jedenfalls   w e d e r   den Täufer Jesus gegenüber aufwerten   n o c h   ihn gar von Jesus abgrenzen (5) wollen, wenn er bereits einfach an Johannes in Person als dem Elia redivivus interessiert war. Er dürfte allein von dem Bestreben geleitet gewesen sein, im Auftreten des Täufers den Eintritt der eschatologischen Wende zu proklamieren.

Darin, daß Johannes und Jesus als die Inauguratoren der Heilszeit nebeneinander stehen, wird aber meines Erachtens sogar ein Motiv sichtbar, welches weite Teile des Matthäusevangeliums wie ein roter Faden durchzieht. Gerade Trilling hat überdies selbst festgestellt, daß Mt. (im Gegensatz etwa zu Joh.!) von einer Polemik gegen einen Täufer-Kult nichts mehr erkennen lasse (6). Nur hat ihn das eben nicht von der Behauptung abgehalten, daß der Evangelist zugleich den Täufer an Jesus angleichen und von Jesus unterscheiden wolle. So kommt er zu der Auffassung, daß bei Mt. der Täufer aufgewertet werden solle, ohne doch "die einzigartige Stellung Jesu ... gefährden" zu dürfen (7). Aber diese Formulierung macht im Grunde nur deutlich, daß die Argumentation Trillings auch in sich problematisch ist. Denn sie lenkt eigentlich nur den Blick auf die Aporie, die mit der Herausarbeitung zweier gegensätzlicher Tendenzen bei Mt. gegeben ist.

Ganz offensichtlich wird diese Aporie dann dort, wo Trilling in ein und derselben redaktionellen Änderung sowohl die Tendenz zur Angleichung des Täufers an Jesus als auch die Tendenz zur Unterscheidung beider wiederfinden möchte. Das Logion, um das es in diesem Zusammenhang geht, ist die Zusammenfassung der Täuferbotschaft 3,2 mit den Worten μετανοεῖτε· ἤγγικεν γὰρ ἡ βασιλεία τῶν οὐρανῶν, die gegenüber der Parallele in Mk. 1,4 κηρύσσων βάπτισμα μετανοίας εἰς ἄφεσιν ἁμαρτιῶν ja erheblich verändert ist. Trilling legt hier einerseits Wert darauf, daß für Matthäus offenbar die Sündenvergebung nicht mehr durch die Taufe des Johannes, sondern durch das Blut Christi erfolgt. Das ist für ihn ein entscheidendes Indiz dafür, daß Johannes von Jesus abgegrenzt werden soll (8). Bereits vorher aber betont er, daß in der matthäischen Formulierung die Zusammenfassung der Täuferbotschaft 3,2 mit der Zusammenfassung der Jesusbotschaft 4,17 übereinstimmt. Und dabei will er diese Übereinstimmung nicht nur literarisch erklären, sondern letzten Endes von daher verstehen, daß Matthäus den Täufer in die Epoche des sich verwirklichenden Gottesreiches hineinnehmen(!) wolle (9). Aber demnach hätte Matthäus durch die Tilgung der Wendung εἰς ἄφεσιν ἁμαρτιῶν

bewußt den Täufer Jesus gegenüber abgegrenzt und zugleich doch
eben diese Wendung durch eine Formulierung ersetzt, die Johannes in seiner Verkündigung nun erst recht neben Jesus stellt.

Es soll selbstverständlich nicht behauptet werden, die Tilgung
der Worte εἰς ἄφεσιν ἁμαρτιῶν sei für die Erhebung der redaktionellen Intentionen des Matthäus belanglos! Daß dieses nicht
der Fall ist, ergibt sich in der Tat (10) daraus, daß Matthäus
in 3,11 diff. Mk. 1,8 von einer Taufe ἐν ὕδατι ε ἰ ς
μ ε τ ά ν ο ι α ν spricht, die Wendung εἰς ἄφεσιν ἁμαρτιῶν
aber erst in den Abendmahlsworten 26,28 diff. Mk. 14,24 aufgreift. Im übrigen ist es gewiß in höchstem Maße signifikant,
daß in der Formulierung μετανοεῖτε· ἤγγικεν γὰρ ἡ βασιλεία τῶν
οὐρανῶν andererseits eine wörtliche Entsprechung zwischen Täu-
fer- und Jesusbotschaft hergestellt wird (11). Hier ergibt sich
aber eben nur dann kein Gegensatz, wenn dieser Befund nicht im
Sinne gegensätzlicher Tendenzen bei der Täuferdeutung ausgelegt
wird. Und so ist einfach auf das sachliche Interesse des Matthäus zu rekurrieren, bereits im Auftreten des Täufers wenn nicht
die - Jesus vorbehaltene - Sündenvergebung, so doch grundsätzlich den Anbruch der Basileia zu verkündigen.

Die Auseinandersetzung mit Trilling hat nun aber immerhin gezeigt, wie die Feststellung, daß Johannes und Jesus als die
Inauguratoren der Heilszeit nebeneinander stehen, des näheren
verstanden werden muß. Es ist hier nicht gemeint, daß der Täufer
quasi mit Jesus auf der gleichen Stufe stände. Daß Johannes eben
als der elianische Vorläufer von Jesus natürlich zugleich grundsätzlich unterschieden ist, ist für Matthäus keine Frage (12).
Das ermöglicht es ihm aber gerade, den Täufer ungeschützt in
seiner eschatologischen Funktion neben Jesus zu stellen.

Nicht nur die Basileiabotschaft ist es aber, die Johannes und
Jesus gleichermaßen in den Mund gelegt wird (13). Wenn Mt. das
Drohwort 3,10b in 7,19 noch einmal einfügt, so möchte Trilling
dieses allerdings "literarisch" erklären (14). Und man wird einräumen müssen, daß die Wiederholung des Täuferlogions in der
Bergpredigt schon durch den dortigen Kontext nahegelegt ist.
Denn die Worte πᾶν δένδρον μὴ ποιοῦν καρπὸν καλὸν ἐκκόπτεται
καὶ εἰς πῦρ βάλλεται fügen sich relativ gut in jenen sekundären Zusammenhang ein, in dem es um das "Erkennen an den Früchten" geht. Und doch ist die Selbstverständlichkeit bemerkenswert, mit der auch hier Täufer- und Jesustradition miteinander
ausgetauscht werden (15). Es scheint im Blick auf die Auffassung
des Matthäus keineswegs belanglos zu sein, daß Johannes und Jesus auch in der Gerichtsbotschaft nebeneinander stehen.

Der Verfasser von Q hat nun nach unseren Ergebnissen den Täufer
in der Weise an Jesus angeglichen, daß er ihn zum Wegbereiter
Jesu, denselben seinerseits aber auch zum Boten des Gerichts gemacht hat (16). Eben dieses, nämlich daß Johannes und Jesus sowohl in der Heilsverkündigung als auch in der Unheilsansage zusammengehören, ist es, was Matthäus jetzt so zum Ausdruck
bringt, daß er den Täufer genau wie Jesus als Basileiaboten,
Jesus hingegen in gleicher Weise wie Johannes als Boten des Gerichts darstellt (17).

Mit der Bemerkung, daß Johannes und Jesus nicht nur in der Basileiabotschaft, sondern auch in der Gerichtsverkündigung nebeneinander stehen, ist es allerdings auch keineswegs getan. Denn die Basileiabotschaft ihrerseits wird nicht nur Johannes und Jesus in den Mund gelegt, sondern darüber hinaus der Gemeinde aufgetragen. Ja, Botschaft u n d W e r k e Jesu werden bei Mt. dezidiert der Gemeinde überantwortet. Dieses ergibt sich aus der redaktionellen Bearbeitung, die Matthäus in 10,7f. dem offenbar bei Lk. 9,2 in ursprünglicherer Fassung erhaltenen Q-Logion von der Beauftragung der Jünger hat angedeihen lassen. Denn der Evangelist hat hier die leitmotivische Wendung von 3,2; 4,17 ἤγγικεν ἡ βασιλεία τῶν οὐρανῶν noch einmal wörtlich aufgenommen und zudem in ausführlicherer Formulierung auf die Heiltätigkeit Jesu angespielt.

Im Hintergrund steht freilich gerade an dieser Stelle nicht mehr jenes ursprüngliche heilsgeschichtliche Bewußtsein von Q, welches die Zeit des Täufers, Jesu und der Gemeinde noch als Einheit umgreift. Matthäus geht gerade nicht mehr davon aus, daß auch den Worten und Werken der Gemeinde unmittelbare eschatologische Bedeutung zukommt. Er will vielmehr zum Ausdruck bringen, daß das Wirken der Gemeinde als das Wirken des in ihr präsenten Erhöhten (18) eschatologisch qualifiziert ist (19). Jedenfalls ist nicht außer acht zu lassen, daß die Worte ἤγγικεν ἡ βασιλεία τῶν οὐρανῶν (das μετανοεῖτε von 3,2; 4,17 fehlt bezeichnenderweise (20)!) in 10,7 eben die Worte J e s u, die dieser der Gemeinde ü b e r t r ä g t, sind. Denn durch die ausführliche Schilderung der Heiltätigkeit mit den Worten ἀσθενοῦντας θεραπεύετε, νεκροὺς ἐγείρετε, λεπροὺς καθαρίζετε, δαιμόνια ἐκβάλλετε (vgl. demgegenüber das lukanische ἰᾶσθαι) wird ja auch speziell auf die Tätigkeit J e s u angespielt. Und die im Zusammenhang der Perikope von der Täuferanfrage (vgl. 11,5f.) aus Q übernommene Anspielung auf Jes. 29,18f.; 35,5f.; 61,1 faßt dann das Wirken Jesu in ganz ähnlicher Formulierung nochmals zusammen. Bleibt festzuhalten, daß die in der redaktionellen Einleitung zur Perikope von der Täuferanfrage (11,2) begegnende Wendung τὰ ἔργα τοῦ Χριστοῦ gewiß auch das Wirken der Jünger im Auftrag und im Sinne Jesu unter den Begriff der "Christuswerke" bringt. Das bedeutet jedoch nur, daß bei Mt. die Werke der Jünger eben als die "Christuswerke" letztlich auf Jesus als den Christus hinweisen. Nicht schon an sich sind jene Werke für den Evangelisten eschatologisch qualifiziert, sondern sie sind es als solche, in denen sich Jesus als der in der Gemeinde präsente Erhöhte erweist (21).

Es ist im übrigen schon des längeren (22) beobachtet worden, daß das Leben Jesu bei Matthäus als "eine in sich gerundete Größe der Vergangenheit" erscheint. Man hat auch gesehen, daß die Kontinuität zu der mit der Aussendung der Boten beginnenden neuen Epoche der Heilsgeschichte durch die Übernahme des "Joches" Jesu (23) gegeben ist. Und signifikant schien dabei, daß die Vorstellung von der Annahme der Forderungen Jesu insbesondere auch im Zusammenhang mit der Vorstellung von der Präsenz des Erhöhten in seiner Gemeinde begegnet (vgl. 28,20 (24)). Hier zeigt sich, daß die heilsgeschichtliche Kontinuität einzig aufgrund der im Wirken der Gemeinde sich erweisenden Gegenwart des Erhöhten gegeben ist.

Für Strecker liegt die Vermutung nahe, daß Matthäus "die vorge-
fundene Vorstellung von der Gegenwärtigkeit des Erhöhten mit
der eschatologischen Forderung verbunden hat" (25). Und jedenfalls wird er der matthäischen Akzentuierung jener Vorstellung
gerecht, wenn er feststellt: "Der Erhöhte ist dort gegenwärtig,
wo die Forderung der δικαιοσύνη von der nachösterlichen Gemeinde verkündet und gelebt wird" (26). Denn Matthäus stellt schon
die programmatische Rede Jesu durchgängig unter den Begriff der
Gerechtigkeit (27). Ja, das Nebeneinander von Johannes und Jesus
wird letzten Endes unter den Begriff der Erfüllung der Gerechtigkeit gebracht (28). Und so dürfte wirklich zu folgern sein, daß
die Werke der Gemeinde eben als Werke der   G e r e c h t i g -
k e i t   die des Erhöhten sind.

Nun war von vornherein evident, daß der Zusammenhang von Mt.
1-10 durch das mehrmalige Vorkommen der Formel (μετανοεῖτε ·)
ἤγγικεν (γὰρ) ἡ βασιλεία τῶν οὐρανῶν bestimmt ist (29). Wir sehen jetzt aber auch, wie klar in der leitmotivischen Verwendung
jener Formel die Intentionen des Matthäus bei der Deutung der
Täuferüberlieferung ihren Ausdruck finden. Denn wenn Johannes
und Jesus in 3,2; 4,17 mit dem gleichen Worten die Basileia verkünden, so stehen sie eben nebeneinander im Anbruch der Endzeit.
Wenn aber die Gemeinde in 10,7 zugleich für ihr eigenes Wirken
die Autorität Jesu beansprucht, so wird ihren Werken doch nicht
mehr als solchen, sondern als "Christuswerken" (11,2) eschatologische Bedeutung zugemessen.

Ohne Frage ist Gewicht darauf zu legen, daß schon beim Täufer
mittels der redaktionellen Änderung in 3,2 Heils- und Unheils-
verkündigung sowie Verkündigung und Werk hintereinander geord-
net werden (30). Auch bei Jesus selbst (vgl. besonders Kap. 5-
7.8f. (31)) sind ja Basileia- und Gerichtsbotschaft sowie Botschaft und Werk nacheinander erwähnt (32). Und jedenfalls werden
der Gemeinde in 10,7.8, wie gesagt, Worte   u n d   T a t e n
Jesu übertragen und wird darauf dann mit der Wendung τ ὰ
ἔ ρ γ α τοῦ Χριστοῦ 11,2 Bezug genommen. Aber Matthäus geht
ja überhaupt von der Voraussetzung aus, daß die "Werke", die
die Werke der Sophia sind (11,19c), von entscheidender Bedeutung für den Erweis der eschatologischen Qualifikation des Täufers und Jesu sind (33). Und wie wir in Mt. 11 gesehen haben,
bestimmt dort der Hinweis auf die δυνάμεις in diesem Sinne
durchgängig die Gestaltung des Überlieferungsgutes. Der Akzent
liegt freilich darauf, daß sich in ihrem Tun Johannes und Jesus
als die Endzeitgestalten erwiesen   h a b e n   (34). Letztlich
soll zum Ausdruck gebracht werden, daß das ablehnende Verhalten
des Volkes Johannes und Jesus gegenüber als ein schuldhaftes
anzusehen ist. Für Matthäus, aber erst für ihn, spitzt sich
wirklich alles auf den Gegensatz zu Israel zu (35)!

In eine ähnliche Richtung wies bereits unsere Beobachtung, daß
bei Mt. der Stürmerspruch 11,12f. auf dem Hintergrund von 3,2;
4,17; 10,7 steht. Es zeigt sich nämlich im Vergleich, daß jener
Spruch nun die Reaktion des Volkes auf die mit Johannes beginnende und noch andauernde Basileiaverkündigung in den Blick
nimmt. Damit ist zunächst gesagt, daß der Stürmerspruch dem Täu-

fer jetzt eine noch positivere Bedeutung zumißt als bereits
in Q. Denn während er Johannes dort ins Vorfeld der Heilszeit
stellt, läßt er hier mit ihm die Heilszeit ohne Einschränkungen
beginnen (36). Im Verständnis des "Ringens" um die Basileia
schwingt aber dementsprechend dann auch nicht mehr die Erinnerung an die vom Täufer ausgehende Bußbewegung mit, sondern allenfalls das Bewußtsein von der Möglichkeit eines Scheiterns
angesichts der grundsätzlichen Forderung der μετάνοια.

*Was Q anbelangt, so diente hier der Stürmerspruch primär der heilsgeschicht-
lichen Einordnung des Täufers. Dabei war wohl von vorrangiger Bedeutung, daß
Johannes einerseits zwar in die Zeit des Ringens um die Basileia, andererseits aber nicht in die davon unterschiedene Zeit der endgültigen Verwirklichung derselben eingeordnet wird. Zugleich aber erwies es sich als wesentlich, daß - mittels der Wendung ὁ νόμος καὶ οἱ προφῆται μέχρι
Ἰωάννου - doch auch die Zeit von "Gesetz und Propheten" und die Zeit
"seit Johannes" als verschiedene heilsgeschichtliche Stufen nebeneinandergestellt werden. Für Matthäus war demgegenüber bedeutsam, daß - durch die
Änderung der soeben genannten Wendung in πάντες γὰρ οἱ προφῆται καὶ
ὁ νόμος ἕως Ἰωάννου ἐπροφήτευσαν - eine Aussage über das Ende von
Gesetz und Propheten gänzlich vermieden wird. Dieses erlaubte nun jedoch
nicht den Schluß, daß sich Matthäus als Judenchrist an solcher Aussage gestoßen haben dürfte (37). Vielmehr war darauf zu rekurrieren, daß es bei Mt.
eben gar nicht mehr um die heilsgeschichtliche Einordnung des Täufers
geht (38). Zumindest schien uns deutlich zu sein, daß gerade auch V. 12
nicht mehr den Täufer irgendwie mit der Basileia in Verbindung bringen, sondern einfach den Anbruch derselben in seinem Auftreten proklamieren will (39).
Und von daher ließ sich dann ohne weiteres erklären, daß V. 13 nun nicht
mehr der Zeit "von den Tagen des Täufers an" die Zeit von "Gesetz und Propheten" gegenüberstellt, sondern das tatsächliche Gekommensein der Basileia
durch den Hinweis auf die Erfüllung aller Prophezeiungen im Auftreten des
Täufers unterstreicht.*

*Immerhin, Matthäus faßt positiv, was V. 13 ursprünglich über das Ende von
Gesetz und Propheten in ihrer soteriologischen Funktion gesagt hat. Er betont, daß Gesetz und Propheten unter dem Gesichtspunkt der Verheißung auf
die Erfüllung hinweisen (40). Ganz in diesem Sinne ist es auch, daß er in
V. 14f. das Eliazeugnis Jesu anschließt. Jenes dient ja ähnlich dazu, die
Erfüllung der Prophetie im Auftreten des Täufers zu proklamieren. Und der
eigentliche Sinn der Aussage ist nach dem oben Ausgeführten der, daß sich
die prophetische Verheißung einer endzeitlichen Wiederkehr des Elia
(ὁ μέλλων ἔρχεσθαι!) im Kommen des Täufers erfüllt hat. So ist für
Matthäus zumindest charakteristisch, daß er den Anbruch der Heilszeit im
Schema von Verheißung und Erfüllung aufzuweisen sucht. Wie er ja ohnehin alle
die Züge der Überlieferung erheblich verstärkt hat, die das Heilsgeschehen
als Erfüllung prophetischer Verheißung erscheinen lassen.*

Nun war es aber nicht nur der Stürmerspruch, der bei Mt. ein Motiv der thematischen Wendung 3,2; 4,17; 10,7 variierte. Denn
was das μετανοεῖτε 3,2; 4,17 betraf, so klang dieses ja in dem
οὐ μετενόησαν der redaktionellen Einleitung zu den Weherufen
11,20 (daneben vgl. auch V. 21) erneut an. Das macht endgültig
klar, daß für Matthäus hier nun die negative Reaktion des Volkes auf den Bußruf des Täufers und Jesu in den Gesichtskreis
tritt (41). Dabei ist nicht nur die Tatsache von Belang, daß im
Zusammenhang jetzt die Anklage als solche den Ton trägt, mag

es auch bemerkenswert genug sein, daß anders als in Q bei Mt.
bereits das Gleichnis 11,16-19 als Schuldaufweis auf den Komplex der Weherufe 11,20-24 als Strafandrohung hinführt. Vielmehr muß vor allem auch beachtet werden, daß jene Anklage insbesondere der Ablehnung des Täufers und Jesu gilt (42). Was Q betrifft, so wird dort ja die Ablehnung Jesu bewußt mit der Ablehnung der Jünger parallelisiert (vgl. die redaktionelle Bildung von 10,15 par. nach 11,22 par.). Matthäus aber hat durch
die Herausnahme der Weherufe aus der Aussendungsrede diesen Zusammenhang gerade destruiert (vgl. hier dagegen die Korrespondenz zwischen 11,22 und 11,24). Nicht genug also damit, daß der
Bußruf dem Täufer und Jesus, nicht aber der Gemeinde in den
Mund gelegt wird. Dem entspricht vielmehr, daß von mangelnder
Bußbereitschaft speziell im Blick auf das Verhalten des Volkes
Johannes und Jesus, nicht aber Jesus und der Gemeinde gegenüber
die Rede ist.

Darin, daß auch in ihrem Leidensgeschick Johannes und Jesus nebeneinander stehen, wird nun aber geradezu ein Strukturelement
sichtbar, welches der Komposition des Matthäusevangeliums insgesamt zugrunde liegt. Der Evangelist läßt in 4,12a par. Mk. 1,14a
Jesus von der Gefangennahme des Täufers erfahren. Daran knüpft
er wieder an, wenn er in 11,2 den Täufer eben ἐν τῷ δεσμωτηρίῳ
von den Werken Jesu hören läßt. Jene Anknüpfung erfolgt aber
hier nicht von ungefähr, denn mit Kapitel 11 beginnt zugleich
die Darstellung der Auseinandersetzung J e s u   mit
s e i n e n   Gegnern (43). Und so deutet denn der Evangelist
schon an dieser Stelle an, daß der Täufer nur Jesus in die Gefangenschaft vorangegangen ist. Daß die öffentliche Tätigkeit
des Johannes ein gewaltsames Ende gefunden hat, gibt zudem ja
auch der Seligpreisung desjenigen, der an Jesus keinen "Anstoß"
nimmt (V. 6), eine polemische Spitze gegen das sich ablehnend
verhaltende Volk. Und wie wir gesehen haben, entspricht solcher
Warnung dann wieder eine Warnung an diejenigen, die die Bedeutung des Auftretens des Täufers nicht erkannt haben (V. 14a.15).

Nun ist bereits in 4,12 die Gefangennahme des Täufers Anlaß dafür, daß Jesus nach Galiläa zurückweicht (ἀνεχώρησεν diff. Mk.
1,14a; vgl. aber Mt. 12,15 par. Mk. 3,7). Ebenso ist dann in
14,13 die Enthauptung des Täufers Anlaß dafür, daß Jesus sich
an einen "öden Ort" zurückzieht. Es ist eindeutig, wie sehr das
Schicksal des Täufers gerade an dieser Stelle mit dem Jesu verbunden ist. Dieses gilt um so mehr, als mit der Flucht Jesu
jetzt auch die Auseinandersetzung um   s e i n e   Person noch
in ein neues Stadium tritt. Freilich, schon in 12,15 ist die
erklärte Feindschaft der Pharisäer der Grund dafür, daß Jesus
sich weiter zurückzieht. In 14,13 aber deutet die Flucht "zu
Schiff abseits an einen öden Ort" (vgl. dazu Mk. 6,31) an, daß
jetzt die ablehnende Haltung des ungläubigen Volkes immer mehr
offener Auflehnung zu weichen beginnt (44). Das findet seinen Ausdruck schließlich in den Leidensankündigungen 16,21-23; 17,22f.;
20,17-19, die diesen Teil des Evangeliums beherrschen.

Was den markinischen Zusammenhang betrifft, so ist hier die Erzählung von der Ermordung des Täufers als eine entgegen der

chronologischen Reihenfolge eingefügte novellistische Erweiterung quasi in Parenthese gesetzt. Im matthäischen Kontext hingegen ergibt sich insofern eine gewisse Inkongruenz, als der Evangelist zwar auch in V. 3 zunächst zurückzublenden scheint, dann aber mit V. 13 die Jesuserzählung doch unmittelbar an das über die Enthauptung des Johannes Berichtete anschließt. Das bedeutet, daß hinter dem offenbar ja gezwungenen Anschluß von V. 13 an V. 12 erst recht eine spezifische Absicht des Redaktors zu suchen ist. Es läßt sich aber von hier aus nur bekräftigen, daß das Schicksal des Täufers bewußt zu dem Schicksal Jesu in Entsprechung gesetzt wird (45).

Der leitende Gedanke der Komposition ist, wie Trilling (46) richtig hervorhebt, für Matthäus sicher der, daß ein Prophetenmord in Israel geschehen ist (vgl. Mt. 14,5 diff. Mk. 6,20 und dazu Mk. 6,15). Und so liegt meines Erachtens der Gedanke nahe, daß auch Jesus bewußt mit dem Prophetenschicksal in Verbindung gebracht werden soll (vgl. die an 14,5 anklingenden Formulierungen in 27,1 und 26,4 sowie vor allem 21,46)(47). Dann ist zu folgern, daß für Matthäus zwar das Auftreten des Johannes und Jesu die Erfüllung der prophetischen Verheißungen Israels bringt, sich in ihrem Geschick aber zugleich auch das Schicksal Israels als eines Volkes von Prophetenmördern erfüllt.

Mit der Ermordung des Täufers und Jesu setzt sich natürlich nicht einfach die Reihe der Prophetenmorde weiter fort, sondern sie kommt zu ihrem eigentlichen Höhepunkt. Ja, so wie für Matthäus das Auftreten des Täufers und Jesu die Erfüllung der Verheißungen bringt, so ist auch ihr Geschick letztlich nichts anderes als die Erfüllung der Prophetie.

Allerdings, in Mt. 17,10-13 hat Matthäus den Hinweis auf die Schrift gestrichen. Dieses geschah aber wohl nur deshalb, weil hier jener Hinweis keinen Anhalt an der alttestamentlichen Überlieferung findet. Und zumindest bleibt die Aussage die, daß sich eben im Leiden Johannes als Elia und Jesus als der Menschensohn erweisen (48).

Erst hier wird aber klarer, wie Matthäus die Anklage an Israel entfaltet. Nicht das allein ist wichtig, daß es um die bereits in der Vergangenheit liegende Abweisung des Täufers und Jesu als der eschatologischen Heilsgestalten geht. Vielmehr ist ebenso bedeutsam, daß sich auch in jener Abweisung Johannes und Jesus gerade als die erwarteten Heilbringer erweisen. Dieses ist der Hintergrund, auf dem das abweisende Verhalten des Volkes Johannes und Jesus gegenüber bewußt als schuldhaftes Verhalten (49) gekennzeichnet wird.

Nun sei aber festgehalten, daß die Feindschaft Israels der Gemeinde gegenüber, mag sie auch bewußt nicht mit der eschatologischen Auseinandersetzung um Johannes und Jesus in einem Atemzug genannt werden, nichtsdestoweniger doch eine Rolle spielt. Es ist schließlich selbstverständlich, daß die Gemeinde, die die Wirksamkeit Jesu fortsetzt, in der gleichen Auseinandersetzung steht wie er (50). Freilich setzt für Matthäus die Gemeinde nur insofern die Wirksamkeit Jesu fort, als in ihrem Wirken der Erhöhte selbst präsent ist. Und dem entspricht es, daß sie auch

nur insofern in der gleichen Auseinandersetzung steht wie er,
als es in dieser Auseinandersetzung um Jesus selbst geht (51).

Wenn wir Q vergleichen, so wird hier die Weiterentwicklung des
theologischen Denkens augenfällig. In der Quelle stand nicht
die Anklage an Israel als solche im Vordergrund, doch nahm gerade in der Auseinandersetzung mit dem Volk die Gemeinde die
gleiche eschatologische Autorität für sich in Anspruch wie Jesus.
Bei Mt. hingegen läuft nun in der Tat alles auf den Gegensatz
zu Israel hinaus, doch kommt die Gemeinde hier allenfalls noch
insofern in den Blick, als sie die Autorität des Erhöhten selbst
in Anspruch nimmt.

Hier spiegelt sich aber letzten Endes nichts anderes als eben
jene Konzeption des Matthäus, nach der in der endzeitlichen Auseinandersetzung mit Israel geradezu die Begründung der eschatologischen Autorität des Täufers und Jesu liegt. Was Q betrifft,
so kam dieser Auseinandersetzung ja noch nicht solche begründende Funktion zu. Und so war es ohne weiteres möglich, in jener
Auseinandersetzung Jesus und die Gemeinde nebeneinanderzustellen.
In Mt. aber, wo eine Passionstheologie im eigentlichen Sinne
entfaltet wird, kommt demgegenüber alles darauf an, daß die Gemeinde insofern in der Nachfolge steht, als sie J e s u   Leiden   ü b e r n i m m t.

Für Q galt freilich andererseits in gewisser Hinsicht doch auch,
daß die "Passion" der Gemeinde Begründung für die Aktualisierung
des Anspruches Jesu ist. Dieses war dahingehend zu verstehen,
daß ganz allgemein das Leiden des "Armen" in und an der Welt zur
Voraussetzung des Empfangs der Offenbarung wird (52). Das jedoch
ist gerade ein Gedanke, der bei Matthäus nun konsequent ins Gegenteil verkehrt wird. Ihm geht es darum, daß die Jünger in der
Nachfolge Jesu   d e s s e n   Leiden übernehmen. Und so legt er
vielmehr Gewicht darauf, daß die   D e m u t   d e s   "F r o m -
m e n"   diesen in die Nachfolge Jesu stellt (53). Dabei steht
im Hintergrund, daß das Leiden Jesu, das der Fromme übernimmt,
mehr ist als das Leiden des "Unbehausten", der "nicht hat, wo er
sein Haupt hinlegen kann" (54). Es ist eben das Jesu Vollmacht
begründende Leiden, welches als solches kaum noch das Leiden des
Menschen schlechthin sein kann. So scheint es nur folgerichtig,
daß es nun um das Leiden desjenigen, der wie Johannes ἐν ὁδῷ
δικαιοσύνης kam, aber gerade als   s o l c h e r   vom Volk abgelehnt wurde (55), geht (56).

Nun sind wir von vornherein davon ausgegangen, daß die konzep-
tionelle Gestaltung des Überlieferungsgutes durchgängig von vorgegebenen Denkstrukturen her geprägt ist. Und diese Erkenntnis
schien uns der Ort dafür zu sein, gerade auch die religionsgeschichtliche Fragestellung in sinnvoller Weise im Rahmen des
herkömmlichen Methodenkanons fruchtbar zu machen. In Verfolgung
dieser Absicht hatten wir uns aber bemüht, nicht nur die mündliche Traditionsentwicklung und die redaktionelle Gestaltung
der Überlieferung durch den Verfasser von Q, sondern auch die
Umgestaltung von Q durch Matthäus speziell von weisheitlichen
Denkvoraussetzungen her zu erklären. Noch für Q war hier cha-

rakteristisch, daß Jesus als der "Sohn" an die Stelle der Weisheit tritt. Denn es erklärte sich von daher, daß gerade die νήπιοι als diejenigen, die von keiner Weisheit wissen, zu Empfängern der Offenbarung werden. Was aber Mt. betraf, so wird im Heilandsruf die Annahme des "Sohnes" mit der Übernahme seines Joches der Demut verbunden, und Jesus tritt als der Sohn an die Stelle der im Gesetz inkarnierten Weisheit (57). Und in diesem Zusammenhang ist es schließlich zu sehen, wenn die νήπιοι jetzt wieder mit den Demütigen identifiziert werden. Worum es Matthäus geht, das ist die Übernahme des Joches Jesu. Ganz so, wie er eben auch davon ausgeht, daß es um die Übernahme seines Kreuzes geht, - und dieses gegen die Aussage von Q stellt, daß jeder sein eigenes (Lk. 14 , 27 : ἑαυτοῦ) Kreuz zu tragen habe...

ZUSAMMENFASSUNG

Um Johannes, Jesus und die Juden, um das grundlegende Problem des gegenseitigen Verhältnisses zwischen Johannes, Jesus, deren Jüngern und dem jüdischen Volk, wie es sich angesichts der in Mt. 11 zusammengefügten Überlieferungen darstellt, ging es in der vorliegenden Untersuchung. Das Thema gewann sein spezifisches Profil von der methodischen Voraussetzung her, daß eine konsequente Anwendung der kompositions- und redaktionskritischen Methodik auf die literarischen Hervorbringungen des Urchristentums im Interesse einer überlieferungsgeschichtlichen Verifizierung der Ergebnisse zu einer Unterscheidung der Position des "Matthäus" von der des Verfassers von Q nötigt. Dabei gingen wir davon aus, daß die umfassende Berücksichtigung auch der religionsgeschichtlichen Fragestellung im Sinne des Rekurses auf vorgegebene Strukturen des Denkens eine Erhellung des Hintergrundes ermöglicht, vor dem sich die Strukturen von Q und Mt. erst klar abzeichnen.

Von diesem Ausgangspunkt her kamen wir zunächst und vor allen Dingen zu einer kritischen Auseinandersetzung mit den Grundthesen Lührmanns, der unter Weiterführung der Thesen Tödts gerade angesichts von Mt. 11 par. die kerygmatische Position der Redenquelle dahingehend zu bestimmen gesucht hat, daß es um die Weiterverkündigung der Gerichtsbotschaft Jesu als des kommenden Menschensohnes gehe. Wie sich im Vergleich mit Mt. zeigen ließ, hat die Gerichtsdrohung an Israel in Q ihre Funktion im Rahmen einer heilsgeschichtlichen Konzeption, nach der die Gemeinde, die wie Jesus vom Volk abgewiesen wird, zugleich wie dieser eschatologische Autorität in Anspruch nimmt. Das aber bedeutet, daß es um mehr geht als nur um die Tradierung der Gerichtsbotschaft Jesu, nämlich um die Aktualisierung seines Anspruches.

Im übrigen ließ der Jubelruf, in dem Lührmann dann doch noch Ansätze einer christologischen Begründung der Kontinuität zwischen Jesu Verkündigung und der der Gemeinde fand, erkennen, daß es bei jener Aktualisierung des Anspruches Jesu um den Anspruch des "Sohnes" und nicht primär des Menschensohnes geht. Hier war auch an Hoffmann grundsätzliche Kritik zu üben, der gerade den Jubelruf als Ausdruck einer Art von Ostererfahrung, in der der Gemeinde Jesus als der Menschensohn(!) offenbar geworden ist, zu verstehen gesucht hat. Offenbar steht Q im Horizont eines weisheitlich strukturierten Denkens, demzufolge Jesus als der "Sohn" an die Stelle der Weisheit tritt. Zugleich liegt freilich eine grundsätzliche Durchbrechung des weisheitlichen Horizontes darin, daß nun gerade die N i c h t - Weisen, die Jesus s t a t t der Weisheit angenommen haben, seine Vollmacht teilen. Im Hinblick darauf ließ sich sagen, daß in Q die "Passion" der Jünger als der Unwissenden, der Armen und der Leidenden Begründung für die Aktualisierung des Anspruches Jesu ist.

Von diesen Ergebnissen zu Q her wurde dann klarer, was als das Spezifikum der "Passionstheologie" des Matthäus anzusehen ist. Hier gilt ja, daß die Passion Jesu nun im eigentlichen Sinne Begründung für dessen eschatologischen Anspruch ist. Dementsprechend gilt aber auch, daß von einer Passion der Gemeinde nur noch insofern die Rede sein kann, als diese das Leiden Jesu übernimmt. Und es sind Jesus und J o h a n n e s, die in ihrem Leiden als die Inauguratoren der Endzeit unmittelbar nebeneinander stehen. Für den Verfasser von Q war es noch nicht möglich, den Täufer in dieser Weise ungeschützt neben Jesus zu stellen, denn er war noch mit der Frage nach dem Verhältnis des Täufers zu Jesus beschäftigt. Für Matthäus hingegen geht es darum, im gemeinsamen Auftreten des Täufers und Jesu den Anbruch der Endzeit zu proklamieren.

Im übrigen, das Leiden des Täufers und Jesu ist bei Mt. als das deren Autorität begründende Leiden nun mehr als nur das Leiden desjenigen, der "nicht hat, wo er sein Haupt hinlegen kann", als das Leiden des "Unbehausten" also, welches letztlich das Leiden des Menschen schlechthin ist. Es ist das Leiden dessen, der auf dem "Wege der Gerechtigkeit" kommt und gerade als solcher keine Aufnahme findet. So ist es nur folgerichtig, daß die Gemeinde, die in der Nachfolge dieses Leiden übernimmt, jetzt auch wieder eine Gemeinde der "Frommen" ist.

Im Hintergrund steht zuletzt jenes Denken vom Gesetz her, welches für die christologische Umprägung des weisheitlichen Denkhorizontes bei Mt. charakteristisch ist. Denn daß Jesus als der "Sohn" an die Stelle der i m G e s e t z i n k a r - n i e r t e n Weisheit tritt, läßt bei ihm nun die Nachfolge zur Übernahme seines "Joches" und die Nachfolger als die "Unmündigen" wieder zu den "D e m ü t i g e n" werden.

Bleibt abschließend zu fragen, ob die Beschäftigung mit der Theologie von Mt. und Q uns Kriterien zur theologischen Sachkritik in die Hand gegeben hat. Dieses scheint mir durchaus der Fall zu sein. Vor allem dürfte angesichts der herausgearbeiteten Position der Redenquelle deutlich geworden sein, wo christlicher Glaube primär zu sich selbst kommt. Es hat sich ja gezeigt, daß er zunächst nichts anderes als die Leidenserfahrung des Menschen in der Welt thematisiert. Und das heißt, daß in ihm die Grundproblematik menschlicher Existenz überhaupt aufgehoben ist. Aufgehoben ist sie freilich auch in dem Sinne, daß sie im Anhalt am Schicksal Jesu durchgehalten werden kann. Und dieser Aspekt ist es, der dann auch der Theologie des Matthäus ihre Signifikanz verleiht.

Zu Teil 1, Kapitel 1, § 1

1 Vgl. P.D. Meyer, The Community of Q, Diss. Iowa 1967 (Msch.), S.1-3;
   A.P. Polag, Die Christologie der Logienquelle, WMANT, Bd.45, Neukirchen-
   Vluyn 1977 (vgl. den ausdrücklichen Hinweis auf S.1 der 1968 fertigge-
   stellten maschinenschriftlichen Fassung dieser Trierer Dissertation;
   außerdem ders., Der Umfang der Logienquelle, Lizentiatsarbeit Trier
   1966 [Msch.], S.1-10); D. Lührmann, Die Redaktion der Logienquelle,
   WMANT, Bd.33, Neukirchen-Vluyn 1969, S.12; P. Hoffmann, Studien zur
   Theologie der Logienquelle, NTA, NF, Bd.8, 2.Aufl. Münster 1975, S.1;
   S. Schulz, Q - Die Spruchquelle der Evangelisten, Zürich 1972, S.16f.
   Anm.30.

2 Die Logia Jesu, Eine literarkritische und literargeschichtliche Untersuchung zum synoptischen Problem, NTA, Bd.6,4, Münster 1916, passim.

3 Zur Hypothese einer schriftlichen Logienquelle Q, Abba, Studien zur neutestamentlichen Theologie und Zeitgeschichte, Göttingen 1966, S.90-92
   (=ZNW, Bd.29, Gießen 1930, S.147-149).

4 Die Überlieferungsgeschichte der Bergpredigt, WUNT, Bd.9, Tübingen 1968,
   passim.

5 Hat es nie eine schriftliche Logienquelle gegeben? ZNW, Bd.31, Gießen
   1932, S.23-32, S.25f.; vgl. H. Zimmermann, Neutestamentliche Methodenlehre, Darstellung der historisch-kritischen Methode, 3.Aufl. Stuttgart
   1970, S.227.

6 Vgl. unten Teil 2, Kapitel 2, § 1 sowie auch W.G. Kümmel, Einleitung in
   das Neue Testament, 17.Aufl. Heidelberg 1973, S.39.

7 Q muß im übrigen griechisch vorgelegen haben (vgl. schon H.J. Holtzmann,
   Die synoptischen Evangelien, Ihr Ursprung und geschichtlicher Charakter,
   Leipzig 1863, S.128). Zum gesamten Problemkreis vgl. insbesondere noch
   M. Devisch, Le document Q, source de Matthieu, Problématique actuelle,
   M. Didier, L'Evangile selon Matthieu, Rédaction et théologie, Biblio-
   theca Ephemeridum Theologicarum Lovaniensium, Bd.29, Gembloux 1972,
   S.71-97, S.72f. Anm.6. Wrege selbst hat freilich noch unlängst in "Die
   Gestalt des Evangeliums, Aufbau und Struktur der Synoptiker sowie der
   Apostelgeschichte", BET, Bd.11, Frankfurt am Main, Bern, Las Vegas 1978
   die Auffassung vertreten, daß sich mit der fragwürdigen These von der
   grundsätzlichen Bedeutung des Kerygmas "auch die Vorstellung einer im
   Wesentlichen einheitlichen Größe Q ... zugunsten eines dynamischen Über-
   lieferungsprozesses" auflöse (S.44). Im übrigen hat Wrege ebd. allerdings
   die schon in der Arbeit über die Bergpredigt (vgl. Anm.4) entwickelte
   Auffassung, daß die Evangelisten bei ihrer Darbietung des Überlieferungsmaterials von sog. Vorstrukturen abhängig seien, in einer Weise weitergeführt, die seinen Standpunkt mit dem hier vertretenen im Nachhinein als
   vergleichbar erscheinen läßt. Denn er geht ähnlich wie wir davon aus,
   daß sich "die Evangelisten als Redaktoren ... auf religionsgeschichtlich
   geprägte Perspektiven ihres Überlieferungsmaterials eingelassen haben"
   (Gestalt, S.9) und somit die "Abgrenzung zwischen Tradition und Redaktion
   ... durchlässig" wird (ebd., S.94; vgl. unsere unabhängig davon entstan-
   denen Ausführungen in Kapitel 2, § 1).

8 Vgl. U. Luz, Die wiederentdeckte Logienquelle, EvTh, NF, Bd.33, München
   1973, S.527-533.

9 Die Mitte der Zeit, Studien zur Theologie des Lukas, BHTh, Bd.17,
Tübingen 1954, 5.Aufl. Tübingen 1964, S.4.
10 FRLANT, NF, Bd.67, Göttingen 1956, 2.Aufl. Göttingen 1959.
11 Die Formgeschichte des Evangeliums, 6.Aufl. Tübingen 1971, S.234-265.
12 A. Jülicher - E. Fascher, Einleitung in das Neue Testament, Grundriß
der Theologischen Wissenschaften, Bd.3,1, 7.Aufl. Tübingen 1931, S.347.
13 Theologie des Neuen Testaments, 6.Aufl. Tübingen 1968, S.1f.
14 Zur Bevorzugung der Bezeichnung "Redenquelle" vgl. Devisch, Document,
S.85f. Anm.47 unter Verweis auf Schürmann (H. Schürmann, Sprachliche
Reminiszenzen an abgeänderte oder ausgelassene Bestandteile der Redequelle im Lukas- und Matthäusevangelium, Traditionsgeschichtliche Untersuchungen zu den synoptischen Evangelien, Düsseldorf 1968, S.111-125
[= NTS, Bd.6, Cambridge 1959/60, S.193-210], S.111 Anm.*).
15 Gütersloh 1959, (3.Aufl.) Gütersloh (1969); vgl. ebd., S.215-218.
16 Vgl. allerdings Devisch, Document, S.90 Anm.74, der auf entsprechende
Ansätze bei Harnack hinweist.
17 Redaktion, S.15 (vgl. ebd. Anm.3 gegen Manson, Dodd, Taylor und Streeter).
18 Studien, S.6.
19 Q, S.18-23.

Zu Teil 1, Kapitel 1, § 2

1 Vgl. den Taufbericht Mk. 1,9-11 par. (sowie Joh. 1,29-34).
2 Zur Existenz einer Jüngerschaft des Täufers vgl. Mk. 2,18 par.; Lk. 5,33;
11,1; außerdem ist die lukanische Vorgeschichte als indirektes Zeugnis
heranzuziehen.
3 Vgl. oben Teil 2, Kapitel 2, § 2 zur Position von Manson.
4 Vgl. in Menschensohn, S.220-223 die Auseinandersetzung mit Manson.
5 Vgl. Redaktion, S.97.
6 Vgl. dazu Polag, Christologie, S.139-143 u.ö.; Lührmann, Redaktion,
S.24-48 u.ö.; auch Hoffmann, Studien, S.15-33 u.ö.; ähnlich Schulz, Q,
S.323-378; etwas anders akzentuierend Meyer, Community, S.7-28, der in
der Heidenmission eine letzte Aufforderung an Israel zur Umkehr sieht.
7 Vgl. Hoffmann, Studien, S.235-331; ähnlich Schulz, Q, S.379-403.
8 Vgl. Lührmann, Redaktion, S.49-68; sehr vorsichtig Polag, Christologie,
S.141; etwas deutlicher S.168 (zu Meyer s.o. Anm.6).
9 Vgl. Hoffmann, Studien, S.13-79; 81-233.
10 Vgl. Meyer, Community, S.63f.; Polag, Christologie, S.132-136; Lührmann,
Redaktion, S.69-83; ähnlich Schulz, Q, S.268-322.
11 So hat bereits Polag nachzuweisen gesucht, daß zu den sogenannten "Kern-
gruppen" von Q wesentliche Bestandteile von Mt. 11 par. zu zählen seien
(vgl. Umfang, S.125-129; ähnlich Zu den Stufen der Christologie in Q,
TU, Bd.102, Studia Evangelica, Bd.4,1, Berlin 1968, S.72-74, S.72).
Lührmann macht für seine Auffassung, daß die Gerichtsdrohung an Israel
in Q von besonderer Bedeutung sei, unter anderem Mt. 11,2-19 par. geltend (vgl. Redaktion, S.24-31). Seine umstrittene Behauptung, daß die
"Spruchquelle" bereits die gesetzesfreie Heidenmission voraussetze,
wird im Blick auch auf Mt. 11,21-24.25-27.(28-30) par. entwickelt (vgl.
Redaktion, S.60-68). Hoffmann schließlich untersucht sämtliches Material
von Mt. 11 par., das der Redenquelle mit relativer Sicherheit zugewiesen
werden kann. Dabei werden unter dem Gesichtspunkt der Naherwartung Mt.

11,12f. par. (vgl. Studien, S.50-79) und unter dem der Menschensohn-
christologie Mt. 11,(2-6.7-11.16-19).25-27 par. (vgl. Studien, S.
[190-233]; 102-142) behandelt. Interessant ist aber auch im Vergleich
mit der Argumentation Lührmanns, wie Mt. 11,20-24.25-27 par. unter der
Voraussetzung des Fortdauerns der Israelmission verstanden werden (vgl.
Studien, S.235-331).

Zu Teil 1, Kapitel 1, § 3

1 Von den zahlreichen Monographien über Johannes den Täufer seien hier
genannt M. Dibelius, Die urchristliche Überlieferung von Johannes dem
Täufer, FRLANT, Bd.15, Göttingen 1911; M. Goguel, Au seuil de l'Evan-
gile, Jean-Baptiste, Paris 1928; E. Lohmeyer, Das Urchristentum, Bd.1,
Johannes der Täufer, Göttingen 1932; C.H. Kraeling, John the Baptist,
New York 1951; Ch.H.H. Scobie, John the Baptist, London 1964;
R. Schütz, Johannes der Täufer, AThANT, Bd.50, Zürich, Stuttgart 1967;
W. Wink, John the Baptist in the Gospel Tradition, Society for New
Testament Studies, Monograph Series, Bd.7, Cambridge 1968 und J. Becker,
Johannes der Täufer und Jesus von Nazareth, BSt, Bd.63, Neukirchen-
Vluyn 1972.

2 Was die Textbasis betrifft, so ist diese relativ breit. Bei Mk. finden
sich Nachrichten über den Täufer in 1,2-6 (vgl. Mt. 3,1-6; Lk. 3,1-6);
1,7f. (vgl. Mt. 3,11f.; Lk. 3,15-18); 1,9-11 (vgl. Mt. 3,13.16f.; Lk.
3,21f.); 1,14a (vgl. Mt. 4,12; [Lk. 4,14a]); 2,18 (vgl. Mt. 9,14; Lk.
5,33); 6,14-16 (vgl. Mt. 14,1f.; Lk. 9,7-9); 6,17-29 (vgl. Mt. 14,3-12;
[Lk. 3,19f.]); 8,27f. (vgl. Mt. 16,13f.; Lk. 9,18f.) und 11,27-33 (vgl.
Mt. 21,23-27; Lk. 20,1-8). Hinzu kommt eine Anspielung auf den Täufer
in 9,11-13 (vgl. Mt. 17,10-13). Das Material der Logienquelle über
Johannes ist zu erschließen aus Mt. 3,7-10/Lk. 3,7-9; Mt. 3,11f./Lk.
3,15-18; Mt. 11,2-6/Lk. 7,18-23; Mt. 11,7-11/Lk. 7,24-28; Mt. 11,12f./
Lk. 16,16 und Mt. 11,16-19/Lk. 7,31-35. Ob sich in dem Matthäus und
Lukas mit Markus gemeinsamen Täufermaterial Spuren von Q finden, ist
außer bei Mt. 3,11f./Lk. 3,15-18 (vgl. Mk. 1,7f.) kaum positiv zu entscheiden. Das Sondergut des Matthäus über den Täufer findet sich in
Mt. 3,14f. und 11,14f., das des Lukas in Lk. 1,5-25.57-66.67-80; 3,10-
14 und 11,1 (zu Mt. 21,32 bzw. Lk. 7,29f. vgl. unten Teil 2, Kapitel 2,
§ 1). Im übrigen vgl. auch noch Apg. und Joh.!

3 Während die historische Fragestellung in der Jesusforschung bald überholt wurde, blieb sie in der Täuferforschung ungebrochen aktuell. So
urteilt Wink, John, S.X: "The very success of the John-quest led to its
fixation on the level of historicity".

4 Dazu und insbesondere auch zur Naherwartung des Täufers vgl. schon
Dibelius, Überlieferung, S.132; 134 u.ö.

5 Zur Frage des Fastens und Betens beim Täufer, bei Jesus und in der
lukanischen Tradition vgl. zuletzt Schütz, Johannes, S.108-113.

6 Zur Deutung des Wüstenaufenthaltes vgl. jetzt Becker, Johannes, S.20-26.

7 Zu den verschiedenen Deutungsmöglichkeiten vgl. jetzt Becker, Johannes,
S.34-37.

8 So richtig wohl E. Käsemann, Die Anfänge christlicher Theologie, Exegetische Versuche und Besinnungen, Bd.2, 3.Aufl. Göttingen 1970, S.82-104
(= ZThK, Bd.57, Tübingen 1960, S.162-185), S.99 und ders., Zum Thema

der urchristlichen Apokalyptik, Exegetische Versuche und Besinnungen, Bd.2, 3.Aufl. Göttingen 1970, S.105-131 (= ZThK, Bd.59, Tübingen 1962, S.257-284), S.108 u.ö.; im übrigen vgl. unten Teil 2, Kapitel 4, § 2, 5.

9 Vorgeschlagen z.B. von W.H. Brownlee, John the Baptist in the New Light of Ancient Scrolls, K. Stendahl, The Scrolls and the New Testament, New York 1957, S.33-53 (~Interpretation, Bd.9, Richmond/Virginia 1955, S.71-90), bes. S.35; O. Betz, Die Proselytentaufe der Qumransekte und die Taufe im Neuen Testament, Revue de Qumrân, Bd.1, Paris 1958/59, S.213-234, S.222-224 und K.G. Kuhn, Art.: Qumran, 5., RGG, Bd.5, 3.Aufl. Tübingen 1961, Sp.751-754, Sp.751.

10 So vor allem Becker, Johannes, S.17; 28; 30; 33; 43-62; 69; 105.

11 So vor allem Kraeling, John, S.21-27; 46-51; 150.

12 Man sollte sich allerdings hier vor falschen Alternativen hüten. Dem trägt z.B. auch Becker Rechnung, indem er trotz seiner Absicht, den Täufer durchgehend von der Apokalyptik abzugrenzen, die Gestalt des "Kommenden" auf den apokalyptischen Menschensohn bezieht (vgl. Johannes, S.35; 37).

13 Der sachliche Vergleich zwischen dem Täufer und Jesus spitzt sich meist auf die Umakzentuierung der Gerichtsbotschaft durch die Reichsbotschaft zu, von der bereits Dibelius, Überlieferung, S.140 u.ö. gesprochen hat; dazu vgl. unten Teil 2, Kapitel 4, § 2, 3. mit Anm.53.

14 Zu der Frage, ob andererseits Johannes irgendwie ein Urteil über Jesus zum Ausdruck gebracht hat, vgl. aber die zutreffende Bemerkung von Kraeling, John, S.145f.: "At this point ... the veil of history is closely drawn and it is useless to try to lift it or mourn the restrictions it imposes".

15 Vgl. jedoch Becker, Johannes, S.16!

16 Ob in Mt. 12,38-41 par. eine Tradition sichtbar wird, nach der Jesus Johannes außerdem mit Jona verglichen hat, ist umstritten; zur Übersicht über die Deutungsmöglichkeiten der Perikope vgl. J. Jeremias, Art.: Ἰωνᾶς, ThWNT, Bd.3, Stuttgart 1938, S.410-413, S.412f.

17 Für historisch hält diesen Hinweis z.B. R. Schütz, Art.: Apokalyptik, III. Altchristliche Apokalyptik, RGG, Bd.1, 3.Aufl. Tübingen 1957, Sp.467-469, Sp.468 und ders., Johannes, S.102; vgl. aber andererseits Dibelius, Überlieferung, S.30-32; außerdem dann unten Teil 2, Kapitel 4, § 2, 2.

18 Vgl. oben Anm.1; dazu dann E. Lohse, Bespr. von: W. Wink, John the Baptist in the Gospel Tradition, ThLZ, Bd.94, Berlin 1969, Sp.829f.

19 John, S.57.

20 John, S.41.

21 Ebd.; dazu vgl. dann aber unten Teil 3, Kapitel 2, § 1.

22 John, S.18 Anm.1.

23 Ebd.

Zu Teil 1, Kapitel 1, § 4

1 Zur Deutung des "Kommenden" auf Gott vgl. jetzt H. Thyen, Studien zur Sündenvergebung im Neuen Testament und seinen alttestamentlichen und jüdischen Voraussetzungen, FRLANT, Bd.96, Göttingen 1970, S.137, zur Deutung auf den Menschensohn Becker, Johannes, S.35-37, zur Auswertung solcher Deutung als Argument gegen die Historizität der Perikope Hoff-

mann, Studien, S.201. Ph. Vielhauer, Art.: Johannes der Täufer, RGG,
Bd.3, 3.Aufl. Tübingen 1959, Sp.804-808, Sp.805 deutet auf eine nicht
näher zu kennzeichnende transzendente Gestalt. Mit R. Bultmann, Die Geschichte der synoptischen Tradition, FRLANT, NF, Bd.12, 8.Aufl.
Göttingen 1970, S.115; 133; 135; 136 wird allerdings oft angenommen, daß
die Perikope in sich nicht einheitlich ist, sondern etwa in Mt. 11,5f./
Lk. 7,22bf. ein ursprünglich isoliertes, echtes Jesuswort enthält (vgl.
z.B. Becker, Johannes, S.83f.).

2 Zur Deutung auf den Messias vgl. zuletzt Schütz, Johannes, S.82-93, zur
Deutung auf den eschatologischen Propheten O. Cullmann, Die Christologie
des Neuen Testaments, 5.Aufl. Tübingen 1975, S.25, zur Einschätzung der
Perikope als authentisch sowohl Schütz (Johannes, S.80; 100; 103; 104)
als auch Cullmann (Christologie, S.24).

3 Zu der Annahme, aus der von Gegensätzen zwischen den Täufer- und den
Jesusjüngern geprägten urchristlichen Situation sei die Entstehung einer
so wenig tendenziösen (!) Perikope wie Mt. 11,2-6/Lk. 7,18-23 nicht zu
erklären, vgl. W.G. Kümmel, Verheißung und Erfüllung, Untersuchungen
zur eschatologischen Verkündigung Jesu, 3.Aufl. Zürich 1956, S.103; zu
der konträren Auffassung, Gegensätze zwischen den Täufer- und den Jesusjüngern ließen sich gerade für die sekundäre Bildung der Perikope verantwortlich machen, vgl. zuletzt Schulz, Q, S.193; zu der umgekehrten
Argumentation, nach der es aufgrund einer engen Beziehung zwischen beiden Gruppen zur Bildung der Tradition gekommen sei, vgl. schließlich
Kraeling, John, S.128-131; 159.

4 Vgl. Schulz, Q, S.230.

5 Vgl. etwa Becker, Johannes, S.12 (dazu Anm.8 S.107); 75; 84f., der Mt.
11,7-9/Lk. 7,24-26 und Mt. 11,11/Lk. 7,28 als authentische Jesusüberlieferung ansieht; auch Hoffmann, Studien, S.216-218, der Mt. 11,7-9/
Lk. 7,24-26 und Mt. 11,11a/Lk. 7,28a für altes Jesusgut hält; vorsichtiger noch Lührmann, Redaktion, S.27 (vgl. auch Anm. 3f.), der nur für
Mt. 11,7b-9/Lk. 7,24b-26 Echtheit erwägt, allerdings auf die Frage der
Authentizität auch nicht weiter eingeht.

6 Vgl. Kraeling, John, S.138, der nur Mt. 11,11b/Lk. 7,28b als sekundären
Zusatz betrachtet.

7 Vgl. zuletzt Wink, John, S.31-33.

8 Vgl. wieder Kraeling, John, S.143f.

9 W. Trilling, Die Täufertradition bei Matthäus, BZ, NF, Bd.3, Paderborn
1959, S.271-289, S.279-282 hat den matthäischen Charakter dieser Konzeption herausgestellt.

10 Vgl. jetzt Hoffmann, Studien, S.51f.; 66f.; anders Becker, Johannes,
S.76.

11 So jetzt Schulz, Q, S.261f.; 264f.; vgl. aber dazu kritisch unten Teil
2, Kapitel 4, § 2, 3.

12 Vgl. z.B. Becker, Johannes, S.75f.; 84f.; anders Wink, John, S.21f.

13 Vgl. z.B. E. Percy, Die Botschaft Jesu, Eine traditionskritische und
exegetische Untersuchung, Lunds Universitets Arsskrift, NF, Abt.1,
Bd.49,5, Lund 1953, S.191-197.

14 Vgl. besonders G. Schrenk, Art.: $\beta\iota\acute{\alpha}\zeta o\mu\alpha\iota$, $\beta\iota\alpha\sigma\tau\acute{\eta}\varsigma$, ThWNT, Bd.1,
Stuttgart 1933, S.608-613.

15 Vgl. zuletzt Lührmann, Redaktion, S.29; unentschieden Schulz, Q, S.381;
bei Percy, Botschaft, S.251-253 ist die Behauptung der ursprünglichen
E i n h e i t der Perikope mit dem Interesse an ihrer Authentizität
verbunden; ähnlich J. Jeremias, Die Gleichnisse Jesu, 8.Aufl. Göttingen
1970, S.160 Anm.1 (der dann eine Deutung des in Mt. 11,19/Lk. 7,34 be-

gegnenden Ausdrucks "Menschensohn" im Sinne von "Mensch" befürwortet);
vgl. aber unten Teil 2, Kapitel 4, § 2, 4.

16 Vgl. z.B. E. Schweizer, Der Menschensohn (Zur eschatologischen Erwartung
   Jesu), ZNW, Bd.50, Berlin 1959, S.185-209, S.199f.

17 So E. Haenchen, Der Weg Jesu, Eine Erklärung des Markus-Evangeliums und
   der kanonischen Parallelen, 2.Aufl. Berlin 1968, S.316f.

18 Vgl. F. Hahn, Das Verständnis der Mission im Neuen Testament, WMANT,
   Bd.13, Neukirchen-Vluyn 1963, S.27.

19 Vgl. Bultmann, Geschichte, S.117f. (auch Schulz, Q, S.362f.).

20 Vgl. z.B. Bultmann, Geschichte, S.171f.; Lührmann, Redaktion, S.65 und
   Schulz, Q, S.215; vgl. aber auch die durch E. Norden, Agnostos Theos,
   Untersuchungen zur Formengeschichte religiöser Rede, Nachdruck der Aufl.
   Leipzig, Berlin 1913 Darmstadt 1956, S.277-308 in die Diskussion gebrach-
   te Auffassung, der gesamte Komplex 11,25-30 bilde eine ursprüngliche
   formale Einheit.

21 Vgl. zuletzt Schulz, Q, S.217.

22 Zur Charakterisierung des Wortes als "johanneisch" vgl. die bei Schulz,
   Q, S.220f. Anm.300 Genannten.

23 S.o. Anm.20.

24 Vgl. zuletzt Schulz, Q, S.220f.

25 Vgl. besonders Hoffmann, Studien, S.118-142.

26 Vgl. nur Schulz, Q, S.215.

27 So ist denn sowohl bei Mt. 11,25f./Lk. 10,21 (vgl. Bultmann, Geschichte,
   S.172 mit Schulz, Q, S.217) als auch bei Mt. 11,27/Lk. 10,22 (vgl. B.M.F.
   van Iersel, 'Der Sohn' in den synoptischen Jesusworten, Christusbezeichnung der Gemeinde oder Selbstbezeichnung Jesu?, Supplements to NT, Bd.3,
   2.Aufl. Leiden 1964, S.151-157 mit Hoffmann, Studien, S.139-142) im Falle
   einer entsprechenden Deutung die Meinung geteilt.

28 Vgl. Hoffmann, Studien, S.106f. zum Schicksal von "Nordens literarische(r
   These"; zu dieser These s.o. Anm.20.

29 J.B. Bauer, Das milde Joch und die Ruhe, Matth. 11,28-30, ThZ, Bd.17,
   Basel 1961, S.99-106, S.106 meint, daß die Form des Spruches im Thom.-Ev.
   eventuell eine ältere Stufe der Überlieferung erkennen lasse. Anders
   urteilt W. Schrage, Das Verhältnis des Thomas-Evangeliums zur synoptischen Tradition und zu den koptischen Evangelienübersetzungen, Zugleich
   ein Beitrag zur gnostischen Synoptikerdeutung, BZNW, Bd.29, Berlin 1964,
   S.172-174.

30 Vgl. aber z.B. A.M. Hunter, Crux Criticorum-Matt. XI.25-30 - A
   Re-appraisal, NTS, Bd.8, Cambridge 1961/62, S.241-249, S.247-249.

31 Vgl. z.B. Bultmann, Geschichte, S.172 und E. Dinkler, Jesu Wort vom
   Kreuztragen, Signum Crucis, Aufsätze zum Neuen Testament und zur christlichen Archäologie, Tübingen 1967, S.77-98 (= Neutestamentliche Studien
   für Rudolf Bultmann zu seinem siebzigsten Geburtstag am 20. August 1954,
   BZNW, Bd.21, 2.Aufl. Berlin 1957, S.110-129), S.84.

32 Christologie, S.131.

33 Redaktion, S.31.

34 Zur matthäischen Interpretation der Täuferüberlieferung vgl. bereits die
   - freilich sehr wenig profilierte - Dissertation von A. Fuchs, Die Tradition von Johannes dem Täufer im Matthäusevangelium, Quellenuntersuchung,
   Exegese und Redaktionstheologie, Salzburg 1966 (Msch.), vor allem aber
   Trilling, Täufertradition sowie die sich daran anschließenden Ausführungen von Wink in John, S.27-41.

35 Vgl. Studien, S.224; im Blick auf Q führt Hoffmann ebd., S.230 aus: "Die
   Frage nach dem Verhältnis von Johannes und Jesus tritt hier zugunsten

ihrer gemeinsamen Sendung zurück". Für Hoffmann steht dann aber im Vordergrund, daß Jesus als Menschensohn und kommender Feuerrichter und Johannes als endzeitlicher Bote gesehen würden, daß also die "question christologique" (Devisch, Document, S.96 Anm.106) doch eine Rolle spielt.

36 Vgl. John, S.38f., zur Position von Wink aber ansonsten auch bereits oben § 3.
37 Vgl. jedoch auch W. Grundmann, Das Evangelium nach Matthäus, ThHK, Bd.1, 3.Aufl. Berlin 1973, S.303, der in Mt. 11 Gewicht auf das Gefälle von der Täuferfrage V.3 zu der Selbstbezeichnung Jesu als "Sohn" V.27 legt!
38 Vgl. allerdings z.B. A. Harnack, Beiträge zur Einleitung in das Neue Testament, Bd.2, Sprüche und Reden Jesu, Leipzig 1907, S.123; 126, der einen entsprechenden Zusammenhang schon für Q voraussetzt; des näheren s.u. Teil 2, Kapitel 2, § 1.

Zu Teil 1, Kapitel 1, § 5

1 Zu der hier benutzten Terminologie vgl. P. Stuhlmacher, Thesen zur Methodologie gegenwärtiger Exegese, ZNW, Bd.63, Berlin, New York 1972, S.18-26, S.22; ähnlich Haenchens Rede von "Kompositionsgeschichte" in Weg, S.24; die Benutzung dieses Terminus' erscheint insoweit als sinnvoll, als damit die "Komposition" als das wesentliche Element individueller Gestaltung im schriftlichen Überlieferungsstadium angesprochen wird. Marxsen behauptet zwar, schon der Begriff "Redaktor" habe eine allgemeine Bedeutung, spricht jedoch im selben Atemzug davon, daß die Evangelisten wesentlich mehr als nur "Redaktoren" gewesen seien (vgl. Evangelist, S.11 Anm.1)!

Zu Teil 1, Kapitel 2, § 1

1 Vgl. Evangelist, S.11 Anm.1.
2 Ebd., S.11f.
3 Vgl. G. Strecker, Der Weg der Gerechtigkeit, Untersuchung zur Theologie des Matthäus, FRLANT, Bd.82, 3.Aufl. Göttingen 1971, S.9f.; Zimmermann, Methodenlehre, S.216 und insbesondere Devisch, Document, S.89.
4 Vgl. neuerdings auch Kümmel, Einleitung, S.26; richtiger dagegen Lührmann, Redaktion, S.13.
5 Vgl. Evangelist, S.9-11.
6 So freilich Zimmermann, Methodenlehre, S.86; vgl. aber noch K. Koch, Was ist Formgeschichte?, Neue Wege der Bibelexegese, 2.Aufl. Neukirchen-Vluyn 1967, S.95.
7 Stuhlmacher, Thesen, S.22; Hoffmann, Studien, S.5f. weist auf die Beeinflussung der Literarkritik durch die "Redaktionsgeschichte" hin.
8 Vgl. oben Kapitel 1, § 1.
9 Vgl. zur Kritik auch E. Güttgemanns, Offene Fragen zur Formgeschichte des Evangeliums, BEvTh, Bd.54, 2.Aufl. München 1971, S.161-166.

Zu Teil 1, Kapitel 2, § 2

1 Vgl. schon P. Wendland, Die urchristlichen Literaturformen, HNT, Bd.1,3, 2. und 3.Aufl. Tübingen 1912, S.267; weiter vor allem Dibelius, Formgeschichte, S.2 und Bultmann, Geschichte, S.7.

2 Vgl. besonders Marxsen, Evangelist, S.7-9; etwas anders allerdings Strecker, Weg, S.10.

3 Formgeschichte, S.8-34.

4 Kümmel, Einleitung, S.52 betont immerhin, daß "der Begriff der 'Predigt' als Beschreibung des Mutterbodens für das Wachstum der evangelischen Tradition nicht ausreicht". Der in Anm.87 gegebene Verweis auf Güttgemanns, Fragen, S.190ff. überrascht allerdings, denn diesem geht es noch grundsätzlicher um die Ablehnung jener die Eigenständigkeit der Evangelienverfasser nicht berücksichtigenden Theorie. Die Predigttheorie ist auch von Riesenfeld, Gerhardsson u.a. kritisiert worden, hier aber mit der entgegengesetzten Absicht, gerade die Kontinunität der Überlieferung nachzuweisen. Vgl. dazu Kümmel, Einleitung, S.25f., R. Bultmann, Die Geschichte der synoptischen Tradition, Ergänzungsheft, Bearbeitet von G. Theißen und Ph. Vielhauer, 4.Aufl. Göttingen 1971, S.9f. und Güttgemanns, Fragen, S.150-153.

5 Vgl. Fragen, S.76-78.

6 Vgl. Fragen, S.82-86.

7 Fragen, S.90.

8 Fragen, S.160.

9 Die gestalttheoretischen Überlegungen von Güttgemanns in Fragen, S.184-188 gehen noch weiter, indem sie "die gestalthafte und sprachlich-funktionale Einheit der Evangelien-Form" letztlich sogar gegen die "redaktionsgeschichtliche" Analyse ins Feld zu führen suchen (S.188). Vgl. demgegenüber das Urteil von H. Thyen, der in der Einführung des Titels der "individuellen Leistung" eine unzulässige Mystifizierung sieht (vgl. Positivismus in der Theologie und ein Weg zu seiner Überwindung?, EvTh, NF, Bd.31, München 1971, S.472-495, S.492), die Evangelien aber dennoch "als den verarbeiteten Traditionen gegenüber neue, unableitbare und selbständige Organismen erfassen und jedes Einzelstück in seinem funktionalen Zusammenhang sehen" will (ebd., S.493).

10 Vgl. Fragen, S.195-223; besonders S.201 den Hinweis auf Engnell.

11 Theißen und Vielhauer weisen in Bultmann, Geschichte, Ergänzungsheft, S.14 in ähnlicher Weise darauf hin, daß "die Ablehnung der Traditionsgeschichte für die Synoptiker bei Güttgemanns weitgehend mit traditionsgeschichtlichen Ableitungen exegetischer Forschungen über die Synoptiker" geschieht.

12 Vgl. oben Kapitel 1, § 1.

13 Wenn Thyen, Positivismus, S.492 sich gegen die Mystifizierung des im Markus-Evangelium begegnenden Neuen durch den Titel der "individuellen Leistung" wendet (s.o. Anm.9), so ist das zum Teil auch als Protest gegen die Art der Verwendung des Begriffes "individuell" bei Güttgemanns zu verstehen (vgl. noch Positivismus, S.491). Mit Recht stellt er ebd., S.492 fest: " J e d e Stufe auch des anonymen Traditionsprozesses stellt grundsätzlich das gleiche Problem wie die Evangelien". Vgl. noch Strecker, Weg, S.10, der von dogmatischen Aussagen im vorsynoptischen Überlieferungsgut spricht, sowie J. Roloff, Das Kerygma und der irdische Jesus, Göttingen 1970, passim, der schon für die Einzeltraditionen eine "Überlieferungsintention" nachweisen will.

Zu Teil 1, Kapitel 2, § 3

1 Vgl. A. Jülicher, Art.: Wrede, RE, Bd.21, 3.Aufl. Leipzig 1908, S.506-
   510, S.509 zu frühen Ansatzpunkten für eine ganzheitliche Betrachtung
   der Evangelien (Hinweis bei Marxsen, Evangelist, S.12 Anm.1).
2 Vgl. nur Polag, Christologie, S.6-9; was die Anordnung des Materials
   betrifft, so verweist er allerdings S.8 Anm.9 auf die maschinenschrift-
   liche Fassung seiner Dissertation; und ebd., S.26 hat er behauptet,
   daß die Reihenfolge der Reden in Q nur Ausdruck der Überlieferungsgeschichte des Materials sei; andererseits vgl. dann Christologie, S.130!
3 Redaktion, S.11 und ebd. Anm.4.
4 Lührmann beruft sich in Redaktion, S.14f.; 15 Anm.1 für diesen Sprachgebrauch auf Bultmann, Geschichte, S.348-355 u.ö. Bultmann geht es aber
   nicht um einen Unterschied zwischen unbewußter und bewußter Tätigkeit;
   außerdem sind für ihn eben die Sammler mit der Redaktion befaßt (vgl.
   S.352), wie die Redaktion mit der Zusammenstellung gleichzusetzen ist
   (vgl. S.351f.).
5 Redaktion, S.8; vgl. z.B. auch Marxsen, Evangelist, S.12.
6 Nur insoweit dem Traditionsgut nicht die Tendenz des Auseinanderstrebens
   innewohnte (s.o. § 2), kann ja von "unbewußter" Sammlung die Rede sein.
7 Vgl. Hoffmann, Studien, S.3; ähnlich bereits Meyer, Community, S.5f.;
   Polag trennt allerdings die Frage nach dem "christologische(n) Aussage-
   gehalt des Überlieferungsgutes" (Christologie, S.33-128) von der Frage
   nach den Redaktions- und Kompositionstendenzen!
8 Vgl. V. Taylor, The Order of Q, JThS, NS, Bd.4, Oxford 1953, S.27-31;
   ders., The Original Order of Q, New Testament Essays, Studies in Memory
   of T.W. Manson, Manchester 1959, S.246-269; T.W. Manson, The Teaching
   of Jesus, Studies of its Form and Content, Nachdruck der 2.Aufl. Cambridge 1935 Cambridge 1963, S.31; Kümmel, Einleitung, S.39; Lührmann,
   Redaktion, S.20; Hoffmann, Studien, S.3-5; zu Polag s.o. Anm.2; Schulz
   weist zwar in Q, S.25-27 (vgl. S.27 Anm.95) auf Taylor, Manson, Kümmel
   und zudem auf Schweizer hin, zieht jedoch für seine eigene Arbeit keine
   Konsequenzen.
9 Vgl. Q, S.38; 39f.
10 Vgl. Q, S.23 u.ö.

Zu Teil 1, Kapitel 2, § 4

1 Vgl. Strecker, Weg, S.14.
2 Zu Mk. vgl. Güttgemanns, Fragen, S.223-231. Bei Q denkt Polag, Christologie, S.129-144; 145-170 an die Unterscheidung einer Redaktion der "Hauptsammlung" (in der maschinenschriftlichen Fassung seiner Dissertation
   spricht er noch von "früheren Bearbeitungen") von einer späten Redaktion.
   Schulz, Q, S.481 gibt einen teilweise recht vagen Hinweis auf Traditionsschichten, Sammlungen und "Abschlußredaktion". Zu dem Postulat
   einer jüngeren, hellenistisch-judenchristlichen Schicht von Q vgl. auch
   bereits F. Katz, Lk 9,52-11,36, Beobachtungen zur Logienquelle und ihrer
   hellenistisch-judenchristlichen Redaktion, Diss. Mainz 1973. Er unterscheidet zwischen einem "ursprünglichen Bestand der Logienquelle" und
   einer "durch die hellenistisch-judenchristliche Gemeinde redigierten
   Fassung" (vgl. z.B. S.97). Meyer, Community, S.84 Anm.3 ist immerhin

versucht, im Blick auf das "johanneische" Logion eine zweite Redaktion in Anschlag zu bringen. Vgl. schließlich den Hinweis auf C. Weizsäcker bei Devisch, Document, S.86 Anm.50.

3 Im Anschluß an Lührmann, Redaktion, S.16f. ist festzustellen, daß grundsätzlich mit einer wechselseitigen Beeinflussung verschiedener nebeneinander bestehender Gemeindekonzeptionen zu rechnen ist. Schulz könnte demgegenüber natürlich sogar in den Verdacht geraten, er wolle mittels seiner "innertraditionsgeschichtlichen" Analyse der Redenquelle Polags "Differenzierung zwischen einer früheren und einer späteren Redaktionsstufe von Q" aufnehmen (vgl. Q, S.36). Es geht ihm aber nur darum, zwischen einer ältesten und einer jüngeren Traditionsschicht zu unterscheiden und im übrigen auf spätere Sammlungen und eine "Abschluß-redaktion" lediglich hinzuweisen (vgl. Q, S.481). Da jedoch der disparate Stoff nicht einfach zur Erhebung zweier einander ablösender Gemeindekonzeptionen summiert werden kann, ist das Vorgehen von Schulz auf jeden Fall problematisch.

4 Vgl. Devisch, Document, S.87: "Le rédacteur final de Q peut avoir fait un instantané d'une tradition orale variée et déjà évoluée. Et c'est de l'activité du dernier rédacteur qu'il s'agit finalement, quand on veut étudier la R e d a k t i o n s g e s c h i c h t e de Q".

Zu Teil 1, Kapitel 2, § 5

1 Die Frage nach der Struktur der Texte setzt bei Q natürlich bereits eine literarkritische Rekonstruktion voraus!

Zu Teil 2, Kapitel 1, § 1

1 Die in den Kommentaren vorliegenden Stoffgliederungen weichen allesamt mehr oder weniger voneinander ab.

2 Hier ist natürlich nicht an ein biographisches Interesse im Sinne des Interesses an einer "Persönlichkeitsentwicklung" zu denken! Im übrigen, ob nun die Evangelien, die Apostelgeschichte oder auch etwa Tacitus' "Leben des Agricola", "anders als jede neuzeitliche Biographie sind sie sich einig in ihrer völligen Indifferenz gegenüber jeglichem Streben nach auch nur annähernder Vollständigkeit" (vgl. G. Murray, Euripides und seine Zeit, Darmstadt 1957 [= Euripides and His Age, 13. <2.> Aufl. Oxford 1955]. S.9). Positiv läßt sich die antike Biographie etwa dahingehend charakterisieren, daß sie quasi idealtypisch "einige wenige große Taten..., einige bedeutende Aussprüche oder Reden" herausstellt und sich "auf die letzten Jahre ihres Helden oder oft vornehmlich auf seinen Tod" (!) konzentriert (ebd.).

3 Vgl. dazu M.-J. Lagrange, Evangile selon Saint Matthieu, Etudes Bibliques 3.Aufl. Paris 1927, S.XXIVf.; F.V. Filson, A Commentary on the Gospel According to St. Matthew, Black's New Testament Commentaries, (Bd.2), London 1960, S.21-24 deutet noch die Möglichkeit einer quasi "heilsge-schichtlichen" Gliederung des Evangeliums an; von einer solchen heilsgeschichtlichen Gliederung wird aber eher im Blick auf Q die Rede sein können (vgl. unten Kapitel 2, § 2).

4 B. Rigaux, Témoignage de l'évangile de Matthieu, Pour une histoire de Jésus, Bd.2, Bruges, Paris 1967, S.41-45 betont, daß sowohl die "répétitions de mots et de formules" als auch die "véritables doublets" (S.43) bei Matthäus von außergewöhnlicher Bedeutung sind.

5 Daß in 3,1 eine Zäsur vorliegt, betont beispielsweise schon Holtzmann, Evangelien, S.172 (anders allerdings E. Schweizer, Das Evangelium nach Matthäus, NTD, Bd.2, 13. [1.] Aufl. Göttingen 1973, S.23). Die Abgrenzung des Abschnittes nach hinten ist jedoch gänzlich umstritten (zu 11,1 s.u.).

6 J. Schniewind, Das Evangelium nach Matthäus, NTD, Bd.1,2, 1.-3.Aufl. Göttingen 1937, S.35 formuliert, in Kap.5-7.8f. ständen einander Abschnitte über den "Messias des Wortes" und den "Messias der Tat" gegenüber. In der Übereinstimmung der Formulierungen von 4,25a und 8,1b könnte ein zusätzlicher Hinweis auf die Richtigkeit einer derartigen Parallelisierung gesehen werden. Dieselbe Formulierung findet sich bei Matthäus sonst nur noch in 19,2a, wo sie wie in 8,1b im Anschluß an eine Rede steht. In etwa zu vergleichen wären zwar noch 12,15b; 14,13b und 20,29b, zumal an allen genannten Stellen zugleich die Heiltätigkeit Jesu im Blick ist. Doch weichen die zuletzt genannten Wendungen nicht nur von den zuerst erwähnten, sondern auch voneinander ab und haben bezeichnenderweise keine besondere Stellung im Kontext. Es scheint daher gerechtfertigt, sie hier außer Betracht zu lassen.

7 Th. Zahn, Das Evangelium des Matthäus, KNT, Bd.1, 4.Aufl. Leipzig, Erlangen 1922, S.VII grenzt bereits in ähnlicher Weise 3,1-4,11 von 4,12-11,1 ab. Die nahezu wörtliche Wiederholung der Einleitungswendungen 4,23; 5,1a in 9,35.36a zeigt aber, daß wirklich auch zwei dem Wirken Jesu gewidmete Abschnitte bewußt parallelisiert werden.

8 Vgl. z.B. die Behandlung der Verse bei J.E.P. Cox, The Gospel According to Saint Matthew, Introduction and Commentary, Torch Bible Commentaries, (Ntl. Reihe, Bd.1), 4.Aufl. London 1965, S.5-12. Zu dem insbesondere von B.W. Bacon, Studies in Matthew, London 1930, S.81f. unternommenen Versuch, eine pentateuchische Disposition des Evangeliums nachzuweisen, vgl. jetzt H.B. Green, The Structure of St Matthew's Gospel, TU, Bd.102, Studia Evangelica, Bd.4,1, Berlin 1968, S.47-59, S.48-50; 53, der allerdings seinerseits in Kap.1-10 eine pentateuchische Gliederung aufweisen möchte. Zu einer hier noch zu vergleichenden älteren Analyse von Delitzsch bemerkt aber schon Holtzmann, Evangelien, S.170 mit Recht: "ein Versuch, der jetzt keiner Widerlegung mehr bedarf". Zum Thema vgl. zuletzt F. Neirynck, La rédaction matthéenne et la structure du premier Évangile, I. de la Potterie, De Jésus aux Évangiles, Tradition et Rédaction dans les Évangiles synoptiques, Bibliotheca Ephemeridum Theologicarum Lovaniensium, Bd.25, Gembloux 1967, S.41-73, S.51-58.

9 Treffend spricht Lagrange, Évangile selon Saint Matthieu, S.218 von einem "verset de transition".

10 Zu Mt. 11,20 bemerkt richtig B. Weiß, Das Matthäus-Evangelium, KEK, Bd. 1,1, 10.Aufl. Göttingen 1910, S.223: "Damit war die Unempfänglichkeit für das erste Hauptstück seiner (sc. Jesu) Predigt (4_{17}: μετανοεῖτε) konstatirt".

11 Vgl. auch noch 13,41, wo der Ruf ἤγγικεν (γὰρ) ἡ βασιλεία τῶν οὐρανῶν von 3,2; 4,17 und 10,7 in die Feststellung ...καὶ συλλέξουσιν ἐκ τῆς βασιλείας αὐτοῦ πάντα τὰ σκάνδαλα καὶ τοὺς ποιοῦντας τὴν ἀνομίαν gemündet ist[11].

12 Ähnlich z.B. bereits Holtzmann, Evangelien, S.169; ganz in unserem Sinne ist die Gliederung, die vorgelegt wird von J. Weiß - W. Bousset, Die drei älteren Evangelien, SNT, Bd.1, 3.Aufl. Göttingen 1917, S.302.

13 Mt. bietet das Verb μετανοεῖν außer in 3,2; 4,17 und 11,20 nur noch
    in 11,21 und 12,41!
14 Daß es in dem matthäischen Gleichniskapitel wirklich primär um diese
    Scheidung geht, zeigt sich daran, daß speziell die dieses Motiv nicht
    aufweisenden Gleichnisse ohne Deutung bleiben und einem anderen Komplex
    entweder eingeordnet (vgl. 13,31-33 in 13,24-30.36-43) oder vorange-
    stellt (vgl. 13,44-46 vor 13,47-50) werden.
15 Mit einem Einschnitt nach 13,52 rechnet bezeichnenderweise z.B. Cox,
    Gospel According to Saint Matthew, S.100 (anders S.99); zu seiner These
    einer pentateuchischen Gliederung des Evangeliums vgl. aber oben Anm.8.
16 Holtzmann, Evangelien, S.169 betont freilich mit Recht, daß mit Kap.14
    ein nicht sehr homogener Teil des Evangeliums beginnt. Er behauptet im
    übrigen ebd., S.196, daß in 19,1 wieder ein deutlicher Einschnitt fest-
    stellbar sei. Dieser Einschnitt ist aber höchstens mit dem in 4,25 und
    8,1 zu vergleichen (vgl. Anm.6).
17 Die von Zahn, Evangelium des Matthäus, S.VIII vorgelegte Gliederung ent-
    spricht in etwa unserer U n t e r gliederung.
18 Vgl. Th. de Kruijf, Der Sohn des lebendigen Gottes, AnBib, Bd.16, Rom
    1962, S.65 (sowie Green, Structure, der die Frage nach der Struktur des
    Matthäusevangeliums allerdings nur als Frage nach dem Plan des Matthäus
    sieht).
19 Ähnlich jetzt auch noch G. Künzel, Studien zum Gemeindeverständnis des
    Matthäus-Evangeliums, Calwer Theologische Monographien, Bd.10, Stuttgart
    1978, S.80f.
20 Es ist bezeichnend, daß die Frage von 11,3 auf die von 26,63 voraus-
    weist (vgl. A. Schlatter, Der Evangelist Matthäus, Seine Sprache, sein
    Ziel, seine Selbständigkeit, 6.Aufl. Stuttgart 1963, S.359).

Zu Teil 2, Kapitel 1, § 2

1 Vgl. z.B. Weiß, Matthäus-Evangelium, S.212.
2 Zur Textkritik vgl. unten Kapitel 2, § 3.
3 Es ist denkbar, daß hier die semitische Stilform der "inclusio" vorliegt.
   Dazu vgl. Rigaux, Témoignage de l'évangile de Matthieu, S.39.
4 Vgl. aber z.B. Weiß, Matthäus-Evangelium, S.215.
5 Zur vorausgehenden Frage rechnen die Infinitive z.B. Weiß, Matthäus-
   Evangelium, S.215f.; (W.C. Allen, A Critical and Exegetical Commentary
   on the Gospel According to S. Matthew, ICC, [Ntl. Reihe, Bd.1], Nachdruck der 3.Aufl. Edinburgh 1912 Edinburgh 1957, S.114f.); Weiß-Bousset,
   Evangelien, S.302; A. Loisy, Les Evangiles synoptiques, Bd.1, Ceffonds
   1907, S.664f.; Lagrange, Évangile selon Saint Matthieu, S.219; 221;
   Grundmann, Evangelium nach Matthäus, S.306; P. Bonnard, L'Evangile selon
   Saint Matthieu, CNT(N), Bd.1, 2.Aufl. Neuchâtel, Paris 1970, S.162;
   P. Gaechter, Das Matthäus-Evangelium, Innsbruck, Wien, München 1963,
   S.361.
6 Matthäus-Evangelium, S.361.
7 Bereits J. Wellhausen, Das Evangelium Matthaei, 2.Aufl. Berlin 1914, S.
   52 stellt mit gewissem Recht fest, das τί müsse überall gleichen Sinn
   haben.
8 Dieses ist nach dem oben Gesagten sehr viel wahrscheinlicher als die von
   Zahn, Evangelium des Matthäus, S.423 vertretene Auffassung, auch in der

Stellung ἰδεῖν προφήτην sollten die Worte "zusammen eine zweite
Frage neben dem τί ἐξήλθατε bilden".

9 Zahn, Evangelium des Matthäus, S.423 argumentiert zudem inhaltlich,
   andernfalls "würde als selbstverständlich vorausgesetzt, daß das Volk
   zu Johannes hinausströmte, um dort etwas zu sehen, während es doch vielmehr galt, seine Predigt zu hören und seine Taufe zu empfangen".

10 Die Lösung einer Einbeziehung der Infinitive in die folgende Frage wird
   vertreten von Zahn, Evangelium des Matthäus, S.423; C.G. Montefiore,
   The Synoptic Gospels, Bd.2, Library of Biblical Studies, Nachdruck der
   2.Aufl. London 1927 New York 1968, S.158f.; J. Schmid, Das Evangelium
   nach Matthäus, RNT, Bd.1, 5.Aufl. Regensburg 1965, S.190; Filson,
   Commentary on the Gospel According to St. Matthew, S.137; Dibelius,
   Überlieferung, S.9f.

11 Vgl. bei Zahn, Evangelium des Matthäus, S.423 Anm.9 noch den Hinweis
   auf Hieronymus!

12 Die Möglichkeit einer Einbeziehung des θεάσασθαι in die vorausgehende
   und des ἰδεῖν in die folgende Frage vertreten Schniewind, Evangelium
   nach Matthäus, S.138 und Schweizer, Evangelium nach Matthäus, S.167.

13 Unsicher auch Sh.E. Johnson - G.A. Buttrick, The Gospel According to
   St. Matthew, IntB, Bd.7, General Articles on the New Testament, The
   Gospel According to St. Matthew, The Gospel According to St. Mark, New
   York, Nashville 1951, S.229-625, S.380f.

14 Vgl. A. Fridrichsen, La priamèle dans l'enseignement de Jésus, CNT, Bd.4,
   Leipzig, Uppsala 1940, S.9-16, S.13. An rhetorische Fragen denkt auch
   K. Beyer, Semitische Syntax im Neuen Testament, Bd.1,1, Studien zur Um-
   welt des Neuen Testaments, Bd.1, 2.Aufl. Göttingen 1968, S.100-102 Anm.7.
   Beyer verweist freilich darauf, daß das τί ein jüdisch-palästinisches
   מה "was?" wiedergebe, welches oft eine rhetorische Satzfrage einleite.
   Dementsprechend übersetzt er das τί nicht mit "warum?", sondern mit
   "etwa?" und faßt die zweiteiligen Fragen syntaktisch zusammen. Diese
   Übersetzung scheitert aber daran, daß dann auch in V.9 eine verneinende
   Antwort erwartet sein müßte!

15 Vgl. etwa Zahn, Evangelium des Matthäus, S.424.

16 Vielleicht darf man von daher die veränderte Satzstellung in der dritten
   Frage erklären.

17 Weiß, Matthäus-Evangelium, S.216; 216f. Anm.** sieht allerdings in V.9c
   eine - die Frage freilich überbietende - Antwort. Dabei geht er jedoch
   von der nach V.7f. äußerst unwahrscheinlichen Annahme aus, daß "in der
   Frage προφήτην ἰδεῖν; keine Antwort liegt". Im übrigen mutet diese
   Lösung doch recht formalistisch an, da sie auf Kosten eines sinnvollen
   Inhalts geht (vgl. 14,5; 21,26).

18 Vgl. z.B. Dibelius, Überlieferung, S.10; außerdem W. Bauer, Griechisch-
   deutsches Wörterbuch zu den Schriften des Neuen Testaments und der
   übrigen urchristlichen Literatur, Nachdruck der 5.Aufl. Berlin 1958
   Berlin 1963, Sp.1054.

19 Vgl. etwa Zahn, Evangelium des Matthäus, S.424, dessen Äußerungen in
   diesem Sinne verstanden werden können. Zahn betont auch ebd., daß " ναί
   ein die vorangehende Frage beantwortendes ... oder eine vorangehende
   Aussage wiederaufnehmendes und bestätigendes ... Ja ist". Daß er ebd.,
   S.424f. λέγω ὑμῖν auf ναί bezieht und dementsprechend καί als "und"
   faßt, entspricht freilich kaum dem geringen Gewicht des ναί nach einer
   rhetorischen Frage. Man kann nun aber versuchen, V.9c auch der Form nach
   als einen Aussagesatz zu betrachten. Immerhin ist es ja möglich, das
   περισσότερον neutrisch zu fassen. Das heißt dann, daß wir es nominati-
   visch im Sinne eines Prädikatsnomens verstehen können. Freilich, ein akkusati-

visches Verständnis im Sinne eines Objektes (zu ἰδεῖν) ist ebenso möglich, und zwar ohne Ergänzung des Wortlautes. Es verbietet sich daher, im Interesse der ersteren Lösung etwa mit Schmid, Evangelium nach Matthäus, S.190 V.9c zu einem vollständigen Aussagesatz zu erweitern. Man könnte allerdings noch mit Wellhausen, Evangelium Matthaei, S.52 den Versuch unternehmen, das οὗτός ἐστιν von V.10 zu V.9c zu rechnen. Dagegen betont aber mit Recht bereits E. Klostermann, Das Matthäusevangelium, HNT, Bd.4, 2.Aufl. Tübingen 1927, S.97, dieses scheitere an 3,3; (3,17; 27,37). Es handelt sich vielmehr wohl darum, daß "der Übersetzer einen Nominalsatz, der eigentlich selbständig sein sollte, zum Akkusativobjekt eines vorangehenden Verbums gemacht hat (da die hier meist vorliegenden Zustandssätze im Griechischen keine Entsprechung haben - man braucht dafür am häufigsten Partz. abs. oder conj. - und deshalb leicht verkannt werden können)" (Beyer, Syntax, 1,1, S.254f.).

20 Die maskulinische Auffassung des περισσότερον legt sich im Blick auf V.9b und 10a nahe. Gegen Weiß, Matthäus-Evangelium, S.216f. Anm.**; Zahn, Evangelium des Matthäus, S.425 Anm.13 u.a. Bauer, Wörterbuch, Sp.1292. Vgl. noch Beyer, Syntax, 1,1, S.255.

21 Klostermann, Matthäusevangelium, S.97f. meint freilich, bei einer eschatologischen Fassung des Reiches sei V.11b nicht als abschwächender Anhang, sondern als beabsichtigte Pointe aufzufassen. Jedoch, das logisch verknüpfende δέ wird in V.12a gleich wieder benutzt (dazu vgl. Anm.31). V.11b kann daher im vorliegenden literarischen Zusammenhang kaum den Ton tragen (vgl. aber auch noch Kapitel 4, § 2, 2. Anm.10).

22 Vgl. Weiß-Bousset, Evangelien, S.305; Schlatter, Evangelist Matthäus, S.365-367 unter Hinweis auf bTaan 20b und Pesikt 2,10b zu ἐν bei μείζων; Grundmann, Evangelium nach Matthäus, S.307 im Blick auf Mt. 10,42.

23 Die Befürworter dieser Lösung beziehen heute gewöhnlich ὁ μικρότερος auf die Jünger Jesu (vgl. dazu außerdem Schweizer, Evangelium nach Matthäus, S.169f.); die schon von Origenes und anderen Vätern vertretene Meinung, daß ὁ μικρότερος Jesus bezeichne, bedarf nach Zahn, Evangelium des Matthäus, S.426f. Anm.18 keiner Widerlegung mehr (vgl. aber F. Dibelius, Zwei Worte Jesu, ZNW, Bd.11, Gießen 1910, S.188-192 und im Anschluß daran O. Michel, "Diese Kleinen" - eine Jüngerbezeichnung Jesu, ThStKr, Bd.108, Leipzig 1937/38, S.401-415, S.412-415; O. Cullmann, Ὁ ὀπίσω μου ἐρχόμενος, CNT, Bd.11, Uppsala 1947, S.26-32 [= Vorträge und Aufsätze, Tübingen 1966, S.169-175], S.30; ders., Christologie, S.23; 31 sowie neuerdings noch Hoffmann, Studien, S.223f.).

24 Ein derartiger Hinweis wäre zu erwarten, zumal ὁ μικρότερος neben einem offenkundig im eigentlichen Sinne gebrauchten μείζων (V.11a.b) steht.

25 Vgl. noch Schniewind, Evangelium nach Matthäus, S.139.

26 In V.14a handelt es sich um einen sog. Konditionalsatz "mit Verschiebung", bei dem vor der Apodosis entsprechend V.15 ein "so denkt daran!" zu ergänzen wäre (vgl. Beyer, Syntax, 1,1, S.84f.). Die Konstruktion macht es vor allem möglich, V.14b noch an die Begründung V.13 anzuschließen.

27 Zur ursprünglichen Bedeutung vgl. unten Kapitel 4, § 2, 3.

28 Vgl. § 1 sowie etwa auch Zahn, Evangelium des Matthäus, S.429.

29 Vgl. Weiß, Matthäus-Evangelium, S.219; auch S.219f. Anm.**; Wellhausen, Evangelium Matthaei, S.50; Lagrange, Evangile selon Saint Matthieu, S.222f.; Klostermann, Matthäusevangelium, S.98; Schlatter, Evangelist Matthäus, S.369f.; W. Michaelis, Das Evangelium nach Matthäus, Bd.2, Proph., Zürich 1949, S.118; Schmid, Evangelium nach Matthäus, S.190.

30 Die καὶ ὁ νόμος auslassende Textvariante und die entsprechende Übersetzung: Tous les prophètes jusqu'à Jean ont prophétisé ... von G. Gander,

L'Evangile de l'église, Commentaire de l'Evangile selon Matthieu, Etudes Evangéliques, (Bd.27-30), Aix-en-Provence 1967-1970, S.96 machen deutlich, daß an dieser Stelle ein Problem liegt. Dagegen apologetisch Weiß, Matthäus-Evangelium, S.219f. Anm.**. Die Übersetzungen von Th.H. Robinson, The Gospel of Matthew, MNTC, (Bd.1), 9.Aufl. London 1960, S.99 und Michaelis, Evangelium nach Matthäus, 2, S.118 zeigen zudem, daß man bei einer Beziehung von ἕως Ἰωάννου auf das Subjekt auch in dem dann gegebenen absoluten Gebrauch von ἐπροφήτευσαν ein Problem sehen konnte. Anders allerdings Schlatter, Evangelist Matthäus, S.369.

31 Nach dem δέ in V.11b muß auch dasjenige in V.12 adversativ gefaßt werden.

32 Vgl. insbesondere ὁ μέλλων ἔρχεσθαι V.14b (s. 17,10f.!) mit ὁ ἐρχόμενος V.3a; außerdem V.18a mit V.19a.

33 Bezeichnenderweise sieht sich Lagrange bei seiner Deutung (s.o. Anm.29) genötigt, V.13 zwischen V.11 und 12 zu plazieren.

34 Vor allem vgl. hier die Diskussion der verschiedenen Übersetzungs- und Verstehensmöglichkeiten bei G. Friedrich, Art.: προφήτης κτλ, D. Propheten und Prophezeien im Neuen Testament, E. Propheten in der alten Kriche, ThWNT, Bd.6, Stuttgart 1959, S.829-863, S.841. Weiß, Matthäus-Evangelium, S.219f. Anm.** behauptet allerdings: "Die Verbindung des ἕως mit dem Verbum ... würde nicht einmal direkt aussagen, dass Johannes der Schlusspunkt der Propheten ist, da das ἕως nicht nothwendig ausschliessend ist ..., würde aber das πάντες ganz bedeutungslos machen". Diese Aussagen gelten aber vielmehr bei einer Beziehung des ἕως Ἰωάννου auf den ganzen übrigen Satz, wie sie z.B. auch von Allen, Commentary on the Gospel According to S. Matthew, S.116f. als Möglichkeit erwogen zu werden scheint.

35 Bisweilen wird allerdings Gewicht darauf gelegt, daß die Einleitung des Gleichnisses V. 16a.b nicht im strengen Sinne einer Gleichsetzung "dieses Geschlechts" mit den rufenden Kindern verstanden werden muß. So schlägt beispielsweise Schniewind, Evangelium nach Matthäus, S.141 unter Berufung auf 13,45; 20,1; 25,1 vor, die Einleitung in folgendem Sinne zu verstehen: "'Es geht bei diesem Geschlecht so zu, wie bei Kindern'" (vgl. auch Gaechter, Matthäus-Evangelium, S.369). Dieses Verständnis steht im Interesse der Auffassung, die rufenden Kinder seien auf Johannes und Jesus zu deuten (vgl. etwa Schmid, Evangelium nach Matthäus, S.194). Einer solchen Argumentation ist aber zunächst entgegenzuhalten, daß hier V.16a.b (anders als 13,45; 20,1; 25,1) als völlig mißverständlicher und inadäquater Ausdruck angesehen werden müßte (vgl. bereits Zahn, Evangelium des Matthäus, S.432 und im Anschluß daran Percy, Botschaft, S.252 Anm.1). Außerdem ist bemerkenswert, daß dann für die anklagende direkte Rede V.17 ein anderes Subjekt als das der entsprechenden Rede V.18b.19b angenommen werden müßte. Im übrigen ist auch gar nicht einzusehen, weshalb sich vom Inhalt her eine Deutung im obigen Sinne aufdrängen sollte (dazu vgl. noch unten Kapitel 4, § 2, 4.).

36 Des näheren vgl. Teil 3, Kapitel 2, § 1.

37 Vgl. Grundmann, Evangelium nach Matthäus, S.314. Grundmann betont dieses freilich im Zusammenhang seiner Auffassung, daß der Höhepunkt von Kap.11 erst in V.25-30 liege (s.o. Teil 1, Kapitel 1, § 4 Anm.37).

38 Vgl. § 1.

39 Zu den die Unklarheiten offenbar nachträglich beseitigenden Textvarianten s.u. Kapitel 2, § 3 Anm.176.

40 Vgl. Wellhausen, Evangelium Matthaei, S.54.

41 Evangelium Matthaei, S.55. Klostermann, Matthäusevangelium beruft sich S.101 auf Wellhausen und übersetzt S.100: "Und du, Kapernaum, daß du nur nicht, (vorher) 'zum Himmel erhoben', 'zur Unterwelt herabsinken' mußt!" Diese Übersetzung wird dann von Montefiore, Gospels, 2, S.167 aufgenommen.

42 Vgl. Percy, Botschaft, S.112.

43 Vgl. Percy, Botschaft, S.113. Auch Klostermann, Matthäusevangelium, S.100; 101 hat offenbar gesehen, daß die Übersetzung Wellhausens unzureichend ist (vgl. Anm.41). Sein eigener Übersetzungsvorschlag ist jedoch indiskutabel, da er sich noch weiter vom Text entfernt (vgl. Percy, Botschaft, S.113 Anm.1).

44 Schweizer, Evangelium nach Matthäus, S.173 hält es allerdings auch für möglich, daß man hier mit einem verneinten Aussagesatz rechnet. Die Negation μή weist jedoch darauf hin, daß ein Fragesatz, auf den eine verneinende Antwort erwartet wird, vorliegt (vgl. F. Blaß - A. Debrunner - F. Rehkopf, Grammatik des neutestamentlichen Griechisch, 14.Aufl. Göttingen 1976, S.355f. § 427).

45 Daß hier kein zweiter Fragesatz vorliegen kann, ergibt sich eindeutig aus dem Kontext (vgl. auch Wellhausen, Evangelium Matthaei, S.55).

46 Vgl. Percy, Botschaft, S.112f.

47 Norden, Theos, S.277-308, bes. S.303 sieht in der Dreiteilung das Grundschema einer missionarischen Propagandarede.

48 Vgl. bereits Weiß, Matthäus-Evangelium, S.225.

49 Vgl. Zahn, Evangelium, S.440: "... es ergäbe sich der nichtssagende, höchstens aus der Verzweiflung an jedem Verständnis des göttlichen Handelns erklärliche Satz: Gott habe die Heilswahrheit so verhüllt und enthüllt, weil es bei ihm so beschlossen war".

50 Das ὅτι diente dann wie in V.25c (vgl. Bauer, Wörterbuch, Sp.1166f.) zur Inhaltsangabe; anders z.B. Filson, Commentary on the Gospel According to St. Matthew, S.140; 142.

51 Das ist gegen Zahn, Evangelium des Matthäus, S.440f. zu sagen, der in dem zweiten ὅτι-Satz eine Wiederholung des ersten "in schärferem Ausdruck" (S.441) sehen möchte (vgl. auch Weiß, Matthäus-Evangelium, S.225f.; Klostermann, Matthäusevangelium, S.103; Montefiore, Gospels, 2, S.171). Zahn verfällt auf diese Lösung, ohne die von uns bevorzugte zu sehen (zu dieser vgl. etwa Gaechter, Matthäus-Evangelium, S.378). Bezeichnenderweise trägt er aber den Gedanken ein, die gleichzeitige Verhüllung und Enthüllung der Heilswahrheit sei kein Mißgeschick, sondern der Wille Gottes. Diese Erkenntnis kann nicht Inhalt, sondern nur Grund des Lobpreises sein.

52 Vgl. noch Gaechter, Matthäus-Evangelium, S.377 (im Anschluß an R. Thibaut, Le sens des paroles du Christ, Museum Lessianum - Section Théologique, Bd.36, Paris 1940, S.72):"καί ist hier subordinierend mit Umkehrung der Reihenfolge". Ähnlich Lagrange, Evangile selon Saint Matthieu, S.228; Klostermann, Matthäusevangelium, S.102; Montefiore, Gospels, 2, S.170; R.V.G. Tasker, The Gospel According to St. Matthew, An Introduction and Commentary, The Tyndale New Testament Commentaries, (Bd.1), London 1961, S.123.

53 Vgl. die allerdings stark zugespitzte Formulierung von Schniewind, Evangelium nach Matthäus, S.145: "Jesus d a n k t   G o t t   f ü r   d e n   M i ß e r f o l g ". Ähnlich Bonnard, Evangile selon Saint Matthieu, S.167; Schweizer, Evangelium nach Matthäus, S.175 und auch J. Bieneck, Sohn Gottes als Christusbezeichnung der Synoptiker, Zürich 1951, S.85. Besser Schlatter, Evangelist Matthäus, S.382: "Der Dank bezieht sich nicht nur auf den positiven Teil des Satzes, ohne den er

freilich nicht möglich wäre". Entsprechend Weiß, Matthäus-Evangelium,
S.225; Zahn, Evangelium des Matthäus, S.439f. und Schmid, Evangelium
nach Matthäus, S.196f.
54 Anders Zahn, Evangelium des Matthäus, S.441; Schniewind, Evangelium nach
Matthäus, S.144; Michaelis, Evangelium nach Matthäus, 2, S.128; Schmid,
Evangelium nach Matthäus, S.196; Gaechter, Matthäus-Evangelium, S.378
und Schweizer, Evangelium nach Matthäus, S.174, die ein beziehungsloses
"es" einfügen.
55 Vgl. aber auch noch die Annahme einer begründenden Funktion von V.27b.c
bei Schmid, Evangelium nach Matthäus, S.197f.; 199 sowie besonders H.
Schumacher, Die Selbstoffenbarung Jesu bei Mat 11,27 (Luc 10,22), Eine
kritisch-exegetische Untersuchung, Freiburger Theologische Studien, Bd.6,
Freiburg 1912, S.109-111.
56 Vgl. Beyer, Syntax, 1,1, S.252.
57 Vgl. Beyer, Syntax, 1,1, S.253.
58 Vgl. aber Zahn, Evangelium des Matthäus, S.444; ebd. Anm.53.
59 Wellhausen, Evangelium Matthaei, S.56 denkt an einen Relativsatz!
60 Zahn, Evangelium des Matthäus, S.444; ebd. Anm.53 möchte allerdings
bezeichnenderweise in dem zweiten Imperativ eine Art Zusicherung sehen.

Zu Teil 2, Kapitel 2, § 1

1 Dazu vgl. jetzt Devisch, Document, S.73-86.
2 Bezüglich des Verhältnisses von Mk. zu Q gilt das Urteil von Devisch:
"... il nous paraît plus sûr, comme point de départ, d'admettre entre
Mc et Q une relation indirecte et de rattacher les deux sources, indé-
pendamment l'une de l'autre, à une tradition orale commune" (Document,
S.81; vgl. aber auch ebd. Anm.37; zum ganzen Problemkreis vgl. S.78-81).
Der Mk.-Stoff kann also grundsätzlich nicht für die Redenquelle beansprucht werden. Mit letzter Sicherheit ist allerdings im Einzelfall
nicht auszuschließen, daß anscheinend nur aus Mk. stammende Texte des
Mt. und Lk. auch in Q standen. Es ist ja möglich, daß aufgrund fester
Prägung mündlicher Tradition der Wortlaut der beiden Quellen fast gänzlich übereinstimmte. Ein solcher Fall könnte insbesondere vorliegen bei
der Perikope von der Taufe Jesu Mt. 3,13-17/Mk. 1,9-11/Lk. 3,21f., die
bereits von Harnack, Beiträge, 2, S.218f. auf Q zurückgeführt wird und
auch von Hoffmann, Studien, S.4 mit Vorbehalt zum Bestand der Quelle
gerechnet wird (vgl. im übrigen das Wort vom Beistand des Geistes Mt.
10,19f./Mk. 13,11/Lk. 12,11f. sowie das Wort von der Geltungssucht der
Pharisäer Mt. 23,6f./Mk. 12,38f./Lk. 20,46).
3 Vgl. Beiträge, 2, S.6-32; 32-81.
4 Es läßt sich aufgrund der Tatsache, daß Matthäus stärker als Lukas Q-Gut
und Mk.-Gut miteinander verbunden hat, die allgemeine Vermutung äußern,
daß Lukas insgesamt die Q-Reihenfolge besser erhalten hat; vgl. z.B.
auch B.H. Streeter, The Four Gospels, A Study of Origins, London 1924,
S.271.
5 Mt. 12,33-35 könnte theoretisch in Q eine Art Dublette zu Mt. 7,16-21
gebildet haben. In Lk. 6,43-46 wäre dann die in Mt. 7,16-21 vorliegende
Tradition um das in Mt. 12,33-35 überschießende Gut erweitert und die
Doppelung beseitigt. Aber sollte gerade der noch nicht schriftliche
Quellen kombinierende Verfasser von Q hier eine störende Dublette ge-

schaffen haben? Wahrscheinlicher ist wohl, daß nur eine Tradition wie
Lk. 6,43-46 in der Quelle gestanden hat. Bei Mt. ist demnach in 7,16-21
zunächst Lk. 6,45 gestrichen (gegen J. Dupont, Les Béatitudes, Le problème littéraire - Les deux versions du Sermon sur la montagne et des
Béatitudes, Neuaufl. Bruges, Louvain 1958, S.46f.), konnte doch im Zusammenhang der Darlegungen über die Erkenntnis der Pseudopropheten an
ihren Taten 7,15-20 dieser auf die Worte bezügliche Vers nicht verwendet
werden (vgl. auch Bultmann, Geschichte, S.108). In 12,34f. wird dann
Lk. 6,45 nachgetragen, wobei in 12,33 eine dem ursprünglichen Kontext
entsprechende Einleitung vorangestellt wird.

6 Für Harnack, Beiträge, 2, S.63f. bleibt es wegen des starken Unterschieds
von Mt. 10,40 und Lk. 10,16 fraglich, ob dieser in allen vier
Evangelien begegnende (!) Spruch überhaupt in Q gestanden hat. Dazu
vgl. unten Anm.50.

7 Mt. 11,24 bietet ein ähnliches Problem wie Mt. 12,33-35 (vgl. oben
Anm.5), insofern auch dieser Vers in Q zweifach (vgl. Mt. 10,15/Lk.
10,12) vorgekommen sein könnte. Lk. brächte demnach in 10,12/Mt. 10,15
den Vers Mt. 11,24 mit ein, was sich von der Textform her durchaus vermuten ließe. Nun weist aber bei Mt. 11,24 das pluralische λέγω ὑμῖν
neben dem singularischen ἦ σοί in der Anrede an Kapernaum darauf hin,
daß dieser Vers wohl ursprünglich wie 10,15 an die Jünger gerichtet war.
Es ist daher anzunehmen, daß die Doppelung bei Mt. wieder sekundär ist
(Lagrange, Evangile, S.225 erwägt das Vorliegen einer sehr alten Glosse).
Der Grund für die Wiederholung wird sichtbar, sobald wir die Weherufe Mt.
11,21-23/Lk. 10,13-15 in unsere Überlegungen einbeziehen. Diese sind ja
bei Mt. mit dem sekundären Vers 11,24 verbunden, während sie bei Lk. mit
der Vorlage 10,12/Mt. 10,15 in Zusammenhang stehen. Sie müssen also in
Q wie bei Lk. mit Mt. 10,15/Lk. 10,12 verbunden gewesen sein, bei Mt.
aber dem ursprünglichen Kontext entnommen sein (vgl. bereits J. Schmid,
Matthäus und Lukas, Eine Untersuchung des Verhältnisses ihrer Evangelien,
BSt, Bd. 23,2-4, Freiburg 1930, S.286f. gegen P. Dausch, Die Jüngerinstruktion Mt 10 quellenkritisch untersucht, BZ, Bd.14, Freiburg 1917,
S.25-33, S.33). So ist in Mt. durch die Wiederholung von 10,15 in 11,24
dem ursprünglichen Kontext der Weherufe Rechnung getragen worden, der
durch die Entfernung derselben aus der Aussendungsrede zerstört worden
war.

8 Devisch, Document, S.75.

9 Vgl. Beiträge, 2, S.82-87.

10 Vgl. auch Kümmel, Einleitung, S.41.

11 Dieses gilt unter Voraussetzung der Tatsache, daß sich starke Differenzen
zwischen Paralleltexten ohne weiteres durch die Annahme einer sekundären
Einwirkung mündlicher Tradition erklären lassen (vgl. Teil 1, Kapitel 1,
§ 1).

12 Harnack argumentiert in Beiträge, 2, S.126 von seiner skeptischen Grund-
auffassung her allerdings umgekehrt, daß bei den in Mt. und Lk. nicht in
gleicher Reihenfolge begegnenden Stücken die Zugehörigkeit zu Q
"n u r   m e h r   o d e r   w e n i g e r   w a h r s c h e i n -
l i c h " sei.

13 Dieses Gleichnis bildet sowohl bei Mt. als auch bei Lk. das letzte erkennbare längere Stück aus der Redenquelle!

14 Vgl. auch noch das Gerichtswort über die Scheinjünger (Mt. 7,22f./Lk.
13,26f.) und dazu etwa Schulz, Q, S.424-427.

15 Vgl. allerdings B. Weiß, Die Quellen des Lukasevangeliums, Stuttgart,
Berlin 1907, S.65-67.

16 Dieses wird freilich von Harnack, Beiträge, 2, S.82 gerade bestritten,
    insofern er eine gemeinsame Ü b e r l i e f e r u n g für Mt. 21,32
    und Lk. 7,29f. doch voraussetzt. Anders aber z.B. P. Wernle, Die synop-
    tische Frage, Freiburg, Leipzig, Tübingen 1899, S.65; 84; 191, der Lk.
    7,29f. zu den "Zuthaten des Lc" (S.84) rechnet, Mt. 21,32bf. aber im
    Blick auf 21,28-31(a) als "Deutung des Mt" (S.191) bezeichnet.
17 W.C. Allen, A Study in the Synoptic Problem, ET, Bd.26, Edinburgh
    1914/1915, S.264f., S.264.
18 Man wird kaum mit O. Linton, The Parable of the Children's Game, Baptist
    and Son of Man (Matt. XI.16-19 = Luke VII.31-5): A Synoptic Text-
    Critical, Structural and Exegetical Investigation, NTS, Bd.22, Cambridge
    1976, S.159-179, S.159 behaupten können, die einfachste Lösung sei, daß
    "Matthew and Luke - independent of each other - have inserted a logion
    a d v o c e m J o a n n i s ". Die von Allen, Study, S.264 vertretene
    Auffassung aber, daß Lukas zusätzlich das Matthäusevangelium als Quelle
    vor sich gehabt haben müsse, ist angesichts der Tatsache, daß die
    matthäische Behandlung des Markusstoffes jedenfalls keine Spuren in Lk.
    hinterlassen hat, völlig unwahrscheinlich. Vgl. im übrigen bereits
    Holtzmann, Evangelien, S.143; außerdem H. Schürmann, Das Lukasevangelium,
    Bd.1, HThK, Bd.3,1, Freiburg, Basel, Wien 1969, S.422.
19 Die Verse 14f. gehören kaum zu dem auf Q zurückzuführenden Grundbestand
    des Wortes (vgl. unten § 3).
20 Explizit von einer Umstellung nach Mt. 21,32 spricht Strecker, Weg,
    S.153 Anm.1.
21 Vgl. Dupont, Béatitudes, S.113f.
22 Bereits A. Harnack, Zwei Worte Jesu, [Matth. 6,13 = Luk. 11,4; Matth.
    11,12f. = Luk. 16,16], SPAW, Berlin 1907, Halbbd. 2, S.942-957, S.947
    Anm.1 bemerkt: "Bei Lukas hat der Spruch (sc. 16,16) keinen Kontext;
    meines Erachtens sind alle Versuche, ihn mit v.15 oder v.17 zu verbin-
    den, gescheitert". Vgl. insbesondere noch W.G. Kümmel, "Das Gesetz und
    die Propheten gehen bis Johannes" - Lukas 16,16 im Zusammenhang der
    heilsgeschichtlichen Theologie der Lukasschriften, Das Lukasevangelium,
    Die redaktions- und kompositionsgeschichtliche Forschung, WdF, Bd.280,
    Darmstadt 1974, S.398-415 (= Verborum veritas, Festschrift für Gustav
    Stählin zum 70. Geburtstag, Wuppertal 1970, S.89-102), S.401-404, der
    sich kritisch mit neueren Versuchen, in Lk. 16,(1-13).16-18.(19-26.
    27-31) einen Zusammenhang aufzuweisen, auseinandersetzt. Kümmel argu-
    mentiert vor allem auch gegen D. Daube, Violence to the Kingdom, The
    New Testament and Rabbinic Judaism, London 1956, S.285-300, der bei
    seiner Rekonstruktion eines Zusammenhangs bezeichnenderweise doch den
    lukanischen (und freilich auch den matthäischen) Text als "Trümmerfeld"
    (S.300) charakterisieren zu müssen glaubt.
23 Vgl. oben Kapitel 1, § 2.
24 Vgl. z.B. Weiß-Bousset, Evangelien, S.434. Lk. kehrt im übrigen in V.33
    auch unvermittelt wieder zur Anredeform zurück, und Mt., der in 11,16
    (am Anfang eines neuen Unterabschnittes!) sehr viel zwangloser als Lk.
    zur dritten Person gewechselt hat, folgt ihm bezeichnenderweise dabei
    erneut nicht.
25 Vgl. z.B. W. Grundmann, Das Evangelium nach Lukas, ThHK, Bd.3, 7.Aufl.
    Berlin 1974, S.166. Der Übergang in Mt. 11,16 bietet dagegen keinen An-
    laß zu irgendeinem Mißverständnis, da durch die Ich - Form der Rede
    Jesus als Sprecher ausgewiesen wird.
26 Vgl. dazu etwa Schweizer, Evangelium nach Matthäus, S.267: "Jedenfalls
    schließt Matthäus durch V.32 alles mit V.25-27 zusammen, indem er das

Thema des Täufers und den Ausdruck 'ihr habt ihm nicht geglaubt' von
dort übernimmt und noch einmal das Urteil mit den Worten des Gleichnisses
wiederholt: 'Auch hat es euch nicht nachher gereut.'" In Ergänzung dazu
wäre noch anzumerken, daß sich durch die Wendung οἱ τελῶναι καὶ αἱ
πόρναι auch eine direkte Beziehung zu dem Deutewort V.31b ergibt. Bezeich
nenderweise sind im übrigen im ganzen Abschnitt die Führer des Volkes (vgl.
V.23) die Angeklagten, ohne daß diese freilich in V.32 noch einmal
explizit genannt würden (vgl. dagegen oben zu Lk. 7,29f.).

27 Vgl. bereits Holtzmann, Evangelien, S.144 sowie besonders E. Wendling,
Synoptische Studien, III. Die Anfrage des Täufers und das Zeugnis über
den Täufer, ZNW, Bd.10, Gießen 1909, S.46-58, S.56.

28 Vgl. allerdings Schürmann, Lukasevangelium, 1, S.422; W. Bussmann, Synoptische Studien, Bd.2, Zur Redenquelle, Halle 1929, S.60; Strecker, Weg,
S.153 Anm.1.

29 Vgl. Teil 1, Kapitel 1, § 1 Anm.1.

30 Vgl. auch Umfang, S.14-52; 106-122, wo die im Wortlaut stärker differie-
renden matthäisch-lukanischen Parallelen und die mit Mk. übereinstimmenden Texte teilweise auf Q zurückgeführt werden.

31 Vgl. Umfang, S.53-92a; 93-105, wo das lukanische und matthäische Sondergut auf ursprüngliche Zugehörigkeit zu Q hin untersucht wird. Auch H.
Schürmann, Sprachliche Reminiszenzen an abgeänderte oder ausgelassene
Bestandteile der Redequelle im Lukas- und Matthäusevangelium, Traditionsgeschichtliche Untersuchungen zu den synoptischen Evangelien, Düsseldorf
1968, S.111-125 (= NTS, Bd.6, Cambridge 1959/1960, S.193-210) hat versucht, Teile des Sondergutes Q zuzuweisen. Vgl. weiter ders., Mt 10,5b-6
und die Vorgeschichte des synoptischen Aussendungsberichtes, Traditionsgeschichtliche Untersuchungen zu den synoptischen Evangelien, Düsseldorf
1968, S.137-149 (= Neutestamentliche Aufsätze, Festschrift für Prof.
Josef Schmid zum 70. Geburtstag, Regensburg 1963, S.270-282), wo Mt.
10,5b-6 in den Aussendungsbericht der Redenquelle eingeordnet wird.
Wichtig ist in unserem Zusammenhang, daß ebd., S.146 Anm.37 auch Lk.
10,17-20, die lukanische Einleitung zu dem Jubelruf Mt. 11,25-27/Lk.
10,21f., mit der Begründung, Mt. 7,(21).22f. erinnere an Lk. 10,17-20
(21), auf Q zurückgeführt wird. Im Anschluß an die formgeschichtlichen
Thesen von Norden (vgl. Kapitel 1, § 2 Anm.47) hat man andererseits oft
die Meinung vertreten, insbesondere Mt. 11,28-30, die matthäische Fortsetzung des Jubelrufes, lasse sich für Q beanspruchen (vgl. hier Kümmel,
Einleitung, S.41). Freilich muß dazu sogleich gesagt werden, daß Mt.
11,25-30 keine homogene Einheit ist (dazu vgl. besonders Kapitel 4, § 2,
6.). Sollte also ein Schema vorliegen, so könnte von diesem her gerade
eine nachträgliche Entstehung des Komplexes durch Zusammenfügung der
offenbar eigenständigen Logien 11,25f., 11,27 und 11,28-30 erklärt
werden (vgl. noch Lührmann, Redaktion, S.67). Das gilt um so mehr, als
Lk. 10,23f., die lukanische Fortsetzung des Jubelrufes, die eine Parallele in Mt. 13,16f. hat, ebenfalls hier ursprünglich sein könnte (Harnack, Beiträge, 2, S.214 Anm.1 hält dieses für viel wahrscheinlicher;
zu seiner Zurückhaltung bei der Zuweisung von Teilen des Sondergutes zur
Redenquelle vgl. ebd., S.130).

32 Ähnlich immerhin auch Hoffmann, Studien, S.249 Anm.51 gegen Schürmanns
Zuweisung von Lk. 10,17-20 zu Q.

33 Vgl. Kümmel, Einleitung, S.35.

34 Vgl. oben Teil 1, Kapitel 2, § 3.

35 Vgl. Devisch, Document, S.75: "... quand il s'agit d'élaborer des cri-
tères pour distinguer dans la tradition particulière la matière Q et le

S o n d e r g u t , l'auteur ne tient certainement pas assez compte
de la possibilité d'une rédaction matthéenne et lucanienne pour que sa
reconstruction soit une base sûre pour l'étude de Q". Vgl. zur Auseinandersetzung mit Polag insbesondere noch ebd. Anm.15.

36 Umgekehrt dürfte es uns allerdings auch zumeist versagt sein, der Redenquelle ein Überlieferungsstück mit Bestimmtheit abzusprechen.

37 Da Mk. 3,20f.; 4,26-29; 7,31-37; 8,22-26; 9,49 und 14,51f. weder bei
Mt. noch bei Lk. aufgenommen sind, ist von vornherein anzunehmen, daß
auch die Redenquelle nicht vollständig reproduziert ist.

38 Hier muß ja zumindest bei einem der Evangelisten eine Umstellung vorgenommen worden sein!

39 Spekulationen wie diejenigen von Holtzmann, Evangelien, S.142f. (vgl.
aber bereits P. Ewald, Das Hauptproblem der Evangelienfrage und der Weg
zu seiner Lösung, Leipzig 1890, S.31), nach denen die Redenquelle nur
Worte   J e s u   enthalten hat und ihr Anfang dementsprechend nicht in
Mt. 3,7-12/Lk. 3,7-17, sondern in Mt. 11,2-11.16-19/Lk. 7,18-35 zu
suchen ist, tragen nichts zur Lösung des Problems bei. Schon Harnack
hat jedoch in Beiträge, 2, S.126 eine recht verläßliche Aufstellung der
einander vermutlich bereits in der Quelle folgenden Texte gegeben. Abgesehen von der fragwürdigen Einordnung der Täuferrede hinter der
Missionsrede (dazu s.u.) sowie der Hinzuziehung von nur bei einem Evangelisten innerhalb eines Q-Komplexes begegnenden Texten (dazu s.o.)
stört eigentlich allein die Einbeziehung der Rede gegen die religiösen
Führer (samt der nur bei Mt. damit verbundenen Wehklage über Jerusalem!).
Diese Rede freilich kann wirklich nicht ohne weiteres in die bei Mt. und
Lk. in gleicher Reihenfolge begegnenden Q-Perikopen eingeordnet werden,
da man dann die Gleichnisse vom Senfkorn und vom Sauerteig, das Gleichnis vom verlorenen Schaf und die Mahnung zum Vergeben aus dieser Reihenfolge streichen müßte!

40 Vgl. z.B. J. Wellhausen, Einleitung in die drei ersten Evangelien, 2.Aufl.
Berlin 1911, S.57f.

41 Dieses ist ansonsten nicht der Fall, können doch auch   b e i d e
Evangelisten umgestellt haben!

42 Völlig unsicher ist, ob die Perikopen selbst einander unmittelbar gefolgt sind - bei Lk. findet sich weiteres Q-Gut zwischen den Stücken
(vgl. Lk. 11,2-4.9-13) - und wie der Anschluß nach hinten ausgesehen
haben mag.

43 Vgl. im übrigen zu Mt. 11,28-30 oben Anm.31.

44 Bereits Harnack, der die Ursprünglichkeit der lukanischen Verbindung von
Jubelruf und Seligpreisung der Augenzeugen für wahrscheinlich hält (vgl.
Anm.31), betont doch auch, daß sich ein Beweis nicht führen läßt (vgl.
Beiträge, 2, S.214 Anm.1). Vgl. jetzt Lührmann, Redaktion, S.61 und
Hoffmann, Studien, S.105. Für die Ursprünglichkeit der lukanischen
Verbindung treten freilich ein Bussmann, Studien, 2, S.66; Schmid,
Matthäus, S.297f.; E. Neuhäusler, Anspruch und Antwort Gottes, Zur
Lehre von den Weisungen innerhalb der synoptischen Jesusverkündigung,
Düsseldorf 1962, S.24 (im Anschluß an Taylor, Original Order, S.257)
u.a. Vgl. aber auch Polag, Christologie, S.162, der sich gegen die kon-
träre Auffassung wendet, nach der hier ein Niederschlag der lukanischen
Theologie zu finden sei (so U. Wilckens, Die Missionsreden der Apostel-
geschichte, Form- und traditionsgeschichtliche Untersuchungen, WMANT,
Bd.5, 3.Aufl. Neukirchen-Vluyn 1974, S.95 Anm.2).

45 Evangelium nach Matthäus, S.237.

46 Vgl. auch Bultmann, Geschichte, S.155.

47 Vgl. bereits Wernle, Frage, S.76.
48 Vgl. Bultmann, Geschichte, S.155.
49 So freilich Holtzmann, Evangelien, S.156.
50 Vgl. oben Anm.7. Ähnlich z.B. Katz, Lk 9,52-11,36, S.8. Freilich möchte
    T.W. Manson, The Sayings of Jesus, 2.Aufl. London 1949, S.77 annehmen,
    daß Lk. 10,16 in der Quelle vor Lk. 10,13-15 gestanden hat (vgl. auch
    Lührmann, Redaktion, S.61f.). Dagegen spricht aber nicht nur die Paral-
    lelität der Verbindung von Lk. 10,12.13-15 und Mt. 11,21-23.24, sondern
    auch die Parallelität der Stellung von Lk. 10,16 und Mt. 10,40. Letztere
    macht es im übrigen erst wahrscheinlich, daß Lk. 10,16 und Mt. 10,40
    überhaupt aus Q stammen.
51 Ähnlich z.B. auch Wernle, Frage, S.67; Weiß, Quellen, S.69f.; Schmid,
    Matthäus, S.288; Hoffmann, Studien, S.104.
52 Vgl. bereits Weiß-Bousset, Evangelien, S.295f.; 308; anders Harnack,
    Beiträge, 2, S.123.
53 Lührmann, Redaktion, S.61 möchte unter Verweis auf Held (vgl. H.J. Held,
    Matthäus als Interpret der Wundergeschichten, G. Bornkamm - G. Barth -
    H.J. Held, Überlieferung und Auslegung im Matthäusevangelium, WMANT,
    Bd.1, 6.Aufl. Neukirchen-Vluyn 1970, S.155-287, S.238-240) immerhin die
    Stellung von Mt. 11,2-19/Lk. 7,18-35 nach Mt. 8-10 "aus der Kompositions-
    absicht des Mt" erklären.

Zu Teil 2, Kapitel 2, § 2

1   Zur Position Polags vgl. oben Teil 1, Kapitel 2, § 3 Anm.2.
2   Vgl. immerhin noch Hoffmann, Studien, S.3f. Anm.10 im Anschluß an S.
    Schulz, Die Bedeutung des Markus für die Theologiegeschichte des Ur-
    christentums, TU, Bd.87, Studia Evangelica, Bd.2, Berlin 1964, S.135-145,
    S.138.
3   Zur Methodik vgl. auch noch Teil 1, Kapitel 2.
4   Tödt, Menschensohn, S.222.
5   Sayings, S.16; vgl. dazu Tödt, Menschensohn, S.221f. und Schulz, Q,
    S.26; ähnlich auch Bultmann, Theologie, S.44.
6   Von geringerer Bedeutung ist es in diesem Zusammenhang, daß Manson bei
    seiner Rekonstruktion von Q das Gleichnis von den anvertrauten Geldern
    vernachlässigt und bereits die Parusierede für den letzten Text hält.
7   Dieses kommt insbesondere dann in den Blick, wenn davon ausgegangen
    wird, daß ὁ ἐρχόμενος kein gängiger jüdischer Terminus für den end-
    zeitlichen Heilbringer oder Richter ist; vgl. Teil 2, Kapitel 4, § 2, 1.
8   Die Vermutung liegt nahe, daß nicht nur die programmatische Rede, son-
    dern auch die Erzählung vom Hauptmann von Kapernaum bereits in Q exem-
    plarische Bedeutung gehabt hat.
9   Ähnlich jetzt M.J. Suggs, Wisdom, Christology, and Law in Matthew's
    Gospel, Cambridge/Mass. 1970, S.37f.
10 Manson, Teaching, S.32 möchte freilich nicht den Jubelruf speziell mit dem
    Petrusbekenntnis, die Seligpreisung der Augenzeugen aber mit der Ver-
    klärungsgeschichte in Verbindung bringen!
11 Sayings, S.72-82; 82-114.
12 Vgl. § 1.
13 Vgl. § 1 Anm.39.
14 Vgl. § 1 Anm.4.
15 Vgl. Manson, Sayings, S.106-114.

16 Wenn Bultmann, Geschichte, S.118 feststellt, in den Weherufen würde der "Mißerfolg der christlichen Predigt in Kapernaum" vorausgesetzt, so bekommt diese Feststellung von hier aus noch eine besondere Bedeutung.

17 Bezeichnenderweise kommt auch Manson letztlich doch zu einem ähnlichen Ergebnis: "If our division of the book is approximately correct, it represents Jesus to us under three main aspects. First it shows His connexion with the past... Secondly, this (sc. 'the reproduction in human nature of the creative merciful love of God') determines the task of Jesus and His disciples in the present... Thirdly, Q gives us the expectation of Jesus concerning the future..." (Sayings, S.147f.).

Zu Teil 2, Kapitel 2, § 3

1 Vgl. Schulz, Q, S.191; 191f. Anm.126 im Anschluß an P. Stuhlmacher, Das paulinische Evangelium, Bd.1, Vorgeschichte, FRLANT, Bd.95, Göttingen 1968, S.218 u.a.

2 Vgl. Überlieferung, S.33 Anm.1 im Anschluß an Wernle, Frage, S.82.

3 Dibelius richtet sich freilich hauptsächlich gegen die von Weiß, Quellen, S.240f. (vgl. Bussmann, Studien, 2, S.59) vertretene Auffassung, die lukanische Textform sei durch Benutzung einer weiteren Quelle zustande gekommen.

4 Allerdings begegnet die Form πέμψας in entsprechender Bedeutung nur in Mt., wie A. Vögtle, Wunder und Wort in urchristlicher Glaubenswerbung (Mt 11,2-5/Lk 7,18-23), Das Evangelium und die Evangelien, Beiträge zur Evangelienforschung, Düsseldorf 1971, S.219-242, S.221 betont.

5 Vgl. Schürmann, Lukasevangelium, 1, S.409. Mt. benutzt neben dem inkorrekten ἕτερος auch inkorrektes ἄλλος, wie 5,39 par.; 12,13; 27,61 und 28,1 zeigen. Daraus läßt sich jedoch keine Regel machen, zumal sich auch korrektes ἕτερος (vgl. etwa 6,24 par.) und korrektes ἄλλος (vgl. etwa 13,5.7f. par.) findet.

6 In Lk. 8,6-8 ist das korrekte ἄλλος der Mk.-Vorlage, das in Mt. 13,5.7f. übernommen ist, durch inkorrektes ἕτερος ersetzt, in 6,29 par. andererseits findet sich auch inkorrektes ἄλλος. Vgl. abschließend Schürmann, Lukasevangelium, 1, S.409 Anm.13 sowie Schulz, Q, S.191 Anm.124.

7 Die Unhaltbarkeit der von Vögtle, Wunder, S.221 vertretenen gegenteiligen Auffassung wird unterstrichen durch eine Variante zum matthäischen Text, die allerdings ohne Zweifel eine späte Angleichung an den lukanischen Paralleltext darstellt (so z.B. auch Grundmann, Evangelium nach Matthäus, S.305 Anm.10). Man kann freilich versuchen, πέμπειν διά letztlich auf בְּיַד שָׁלַח zurückzuführen (vgl. Bauer, Wörterbuch, Sp.1273; ähnlich Zahn, Evangelium des Matthäus, S.418 Anm.2; neuerdings vertritt eine entsprechende Auffassung z.B. W. Rothfuchs, Die Erfüllungszitate des Matthäus-Evangeliums, Eine biblisch-theologische Untersuchung, BWANT, Bd.5,8[88], Stuttgart, Berlin, Köln, Mainz 1969, S.56 Anm.14). Aber ganz abgesehen davon, daß sich auch damit die Ursprünglichkeit von διά nicht beweisen ließe, verdient andererseits die parallele Konstruktion bei Appian Mithrid 108 § 516 Beachtung (vgl. Bauer, Wörterbuch, Sp.1273). Vgl. allerdings auch noch Bultmann, Geschichte, S.345, der den sekundären Charakter der "Zweizahl" als eines volkstümlichen Motives behauptet. Dagegen Schürmann, Lukasevangelium, 1, S.408 Anm.5.

8 Das Verbum προσκαλεῖσθαι begegnet in Apg. 9mal; in Lk. ist es zwar aus Mk. an keiner einzigen Stelle übernommen, wird dafür aber einmal

gegen Mk., einmal gegen Mt. und zweimal im Sondergut geboten; im übrigen wird es in Mt. keineswegs gemieden, sondern gerade hier (4 mal!) aus Mk. reproduziert. Des weiteren bemerkt Schulz, Q, S.191 Anm.117: "τίς τῶν ist eine ausgesprochen lk Konstruktion ... Zu προσκαλεσάμενος δύο τίνας vgl Lk 10,1; 19,29; Apg 23,23a ..." Das Pronomen in der betreffende Wendung ist aber natürlich nicht interrogativisch, sondern indefinit zu fassen; außerdem dürfte es von δύο abhängig sein (vgl. die Parallele in Apg. 23,23; die Lk. 7,18 entsprechende Wortstellung ist sekundär), so daß es gar nicht mit dem Genitivus partitivus verbunden werden kann. Zu δύο τινάς Lk. 7,18 jedoch ist außer Apg. 23,23 im lukanischen Schrifttum nur noch das aus Mk. 14,47 übernommene εἰς τις Lk. 22,50 zu vergleichen; und da zudem in der Parallele Mt. 26,51 und auch sonst in Mt. eine derartige Wendung gemieden ist, kann wohl auch die Entsprechung von Lk. 7,18 und Apg. 23,23 nicht ganz so selbstverständlich für die Auffassung ins Feld geführt werden, daß Lk. 7,18 lukanischen Charakter zeige. Was nun Konstruktionen mit πέμπειν πρός betrifft, so finden sich solche in Apg. immerhin 4 mal; in Lk. sind insgesamt nur zwei Fälle zu nennen, denen aber angesichts des völligen Fehlens entsprechender Konstruktionen in Mk. und Mt. doch einige Bedeutung zukommt. Besonders deutlich lukanisch ist der Gebrauch von ὁ κύριος zur Bezeichnung Jesu in der Erzählung, denn er begegnet in Lk. 13mal, ohne daß Mk. oder Mt. auch nur eine einzige entsprechende Verwendung des Begriffs böten (vgl. J.C. Hawkins, Horae Synopticae, Contributions to the Study of the Synoptic Problem, Nachdruck der 2.Aufl. Oxford 1909 Oxford 1968, S.20 sowie 43; die einzig unter formgeschichtlichem Gesichtspunkt erstellte Statistik des Gebrauchs von κύριος im Erzähl- und Logiengut von L. Gaston, Horae Synopticae Electronicae, Word Statistics of the Synoptic Gospels, Sources for Biblical Study, Bd.3, Missoula/Montana 1973, S.93 bietet hier ein zu grobes Raster!). Zum lukanischen Charakter des absoluten Gebrauchs von ὁ κύριος ganz allgemein vgl. Schulz, Q, S.191 Anm.117, zu unserer Stelle im besonderen noch Vögtle, Wunder, S.221 (gegen Schürmann, Lukasevangelium, 1, S.408 Anm.6 z.B. Hoffmann, Studien, S.192 Anm.11). Bei παραγίνεσθαι fällt zunächst auf, daß das Verbum als solches ein lukanisches Vorzugswort ist (vgl. Hawkins, Horae, S.21, der 28 Vorkommen im lukanischen Schrifttum zählt). Die Verbindung παραγίνεσθαι πρός nun findet sich in Apg. zwar nur einmal; dafür begegnet sie in Lk. aber 4mal, ohne einmal bei Mk. oder Mt. aufzutauchen (vgl. allerdings die Verbindung παραγίνεσθαι ἀπό...ἐπί...πρός... in Mt. 3,13). Das Wort ἀνήρ schließlich begegnet allein in Apg. 100mal; bei Lk. finden wir es 27mal, davon nur zweimal in Übereinstimmung mit Mk. bzw. Mk. und Mt. und lediglich einmal in Übereinstimmung allein mit Mt. Daß "die Wortwahl in V.20a ... lk." ist, konzediert immerhin auch Polag, Christologie, S.35 Anm.98 (vgl. auch seine Rekonstruktion des Q-Textes in Fragmenta Q, Textheft zur Logienquelle, Neukirchen-Vluyn 1979, S.40). Schulz, Q, S.192 Anm.127 möchte aber zudem noch ἀποστέλλειν aus V.20b als lukanisch ausweisen; dazu verweist er auf die Tatsache, daß dieses Verbum in Apg. 24mal begegnet. Wenn aber nach seinem eigenen Urteil ἀποστέλλει im Evangelium nur ca. 4mal redaktionell ist und nach Gaston, Horae, S.69 dieses Verbum nur zweimal bei Lk. im Mk.-Gut ergänzt wird, so muß angesichts 25maligen Vorkommens von ἀποστέλλειν in Lk. betont werden, daß hier der Anteil der Tradition doch sehr viel höher ist als der der Redaktion.

9 Schürmann, Lukasevangelium, 1, S.410 Anm.17 will aus der Tatsache, daß Matthäus eine größere Vorliebe für die Wendung Ἰωάννης ὁ βαπτιστής gehabt haben dürfte als Lukas (sie begegnet bei ihm 7mal, davon nur

zweimal mit Mk. und keinmal mit Lk.), den Schluß ziehen, daß das Attribut "V20 wie V33 diff Mt schon der Vorlage gehört haben" kann (zu V.33 vgl. auch noch ebd., S.426 Anm.133). Diese Argumentation ist aber insofern paradox, als sie die Annahme impliziert, daß in Mt.11,18 ὁ βαπτιστής gestrichen ist. Gerade dann, wenn die besondere Vorliebe des Matthäus für diesen Titel betont wird, muß also zugleich angenommen werden, daß dieser in der Vorlage für Mt. 11,18/Lk. 7,33 gefehlt hat. Läßt sich aber auch hier der Täufertitel nicht auf Q zurückführen - in Mt. 11,11 (vgl. Lk. 7,28) und Mt. 11,12 (vgl. Lk. 16,16) muß an matthäische Ergänzungen gedacht werden -, so ist für Lk. 7,20 kaum anzunehmen, daß das Urteil anders ausfallen müßte.

10 Vgl. etwa Hoffmann, Studien, S.192f.; auch ebd., S.193 Anm.12 gegen Schürmann, Lukasevangelium, 1, S.410 Anm.18.

11 Das würde auch unserer oben in Kapitel 1, § 1 entwickelten Auffassung entsprechen, nach der der erste Teil des Matthäusevangeliums auf Kap. 11 als Wendepunkt hin angelegt ist.

12 Dazu vgl. oben § 1.

13 Zu 9,27-31 vgl. 20,29-34/Mk. 10,46-52/Lk. 18,35-43 sowie Mk. 1,43.45, und zu 9,32-34 vgl. 12,22-24/Lk. 11,14f. sowie Mk. 3,22.

14 Im übrigen bereiten auch Mt. 4,23 (im Zusammenhang mit 5,3) und 9,35 letztlich 11,5 vor, zumal sie noch besonders auf die Verkündigung des Evangeliums (an die Armen) hinweisen. Und der Vergleich mit der Parallele Mk. 1,39 zeigt, daß nicht nur die Wiederholung in 9,35, sondern gerade auch der Hinweis auf das Evangelium vom Reich und die Heiltätigkeit Jesu sekundär sind. Der Terminus τὸ εὐαγγέλιον allerdings begegnet bereits in Mk. 1,14 und ist in der Parallele Mt. 4,17 - wohl mit Rücksicht auf 3,2; 10,7 - nicht übernommen, so daß er in 4,23 letztlich auch von Mk. her zu erklären ist. Zu πᾶσα νόσος vgl. außerdem ποικίλαι νόσοι 4,24 und dazu Mk. 1,34.

15 Vgl. jetzt Schweizer, Evangelium nach Matthäus, S.38-42; 149f., der allerdings der Annahme zuneigt, daß Mt. 9,32-34 bereits vormatthäisch einer gemeindlichen Zusammenstellung von Jesusworten und Jesustaten angehört hat (so S.150; vorsichtiger S.40; anders jedoch S.38!).

16 Hoffmann, Studien, S.192; ebd. Anm.6 geht er freilich noch weiter, wenn er die "ausführliche Beschreibung der Heilungstätigkeit" überhaupt als lukanischem Interesse entsprechend deklariert.

17 Mit κωφός wird in Mt. 11,5/Lk. 7,22 kaum allein auf Taubheit und in Mt. 9,32f.; Mt. 12,22/Lk. 11,14; Mt. 15,30f. diff. Mk. 7,32.37; Lk. 1,22 dann allein auf Stummheit hingewiesen, scheint auch das bloße ἀκούειν bzw. λαλεῖν in den entsprechenden Zusammenhängen diese Annahme zunächst nahezulegen. Für Mt. ergibt sich das bereits aus der Tatsache, daß 9,32-34 und 11,5 aufeinander bezogen sind (dazu vgl. oben). Außerdem legt es sich nahe angesichts der Beobachtung, daß in 15,30f. die markinische Verbindung von κωφός mit μογιλάλος (7,32) bzw. ἄλαλος (7,37; auch 9,25) durch bloßes κωφός ersetzt und dieses dann unter Tilgung des ἀκούειν mit λαλεῖν verbunden worden ist. Bezeichnend ist weiter, daß auch sonst eine Verbindung von κωφός mit ἄλαλος oder entsprechenden Ausdrücken bei Mt. und Lk. nicht begegnet. Für Lk. aber wäre zudem noch darauf hinzuweisen, daß das κωφός von 1,22 nach 1,62 in umfassendem Sinne als Hinweis auf Taubstummheit verstanden werden muß.

18 Zur Taubstummheit des Zacharias vgl. auch Schürmann, Lukasevangelium, 1, S.82.

19 Dagegen ist unwahrscheinlich, daß Lukas in 7,21a mit den Exorzismen (so Loisy, Évangiles, 1, S.662 unter Verweis auf Lk. 11,14) oder den sonstigen Heilungen (so Schürmann, Lukasevangelium, 1, S.410 Anm.24

gegen Loisy unter Verweis auf Lk. 9,42 diff. Mk. 9,25) auch auf die
Heilung der Taubstummheit (bzw. Stummheit) habe hinweisen wollen.
Andererseits verlangt freilich die Erwähnung der Exorzismen in 7,21a
eine Erklärung, insofern Lk. 7,22 nicht explizit von Dämonenaustreibungen spricht (dazu vgl. unten).

20   Vgl. auch Loisy, Evangiles, 1, S.662.

21   Die Verbindung θεραπεύειν ἀπό begegnet lediglich in Lk. (4mal,
wobei die Konstruktion in 6,18 freilich nicht eindeutig und in 8,43
nicht eigentlich parallel ist; dazu vgl. Hawkins, Horae, S.19 sowie 41).
Der Ausdruck νόσος kommt in Apg. einmal vor; in Lk. begegnet er 4mal,
wobei er nur einmal mit Sicherheit dem Einfluß der - markinischen -
Tradition zuzuweisen ist. Von einem πνεῦμα πονηρόν sprechen
lediglich Apg. (4mal) und Lk. (zweimal); zu vergleichen wäre höchstens
noch Mt. 12,45/Lk. 11,26. Das Verbum χαρίζεσθαι schließlich begegnet
in Apg. 4mal; in Lk. findet es sich dreimal, während es in Mk. und Mt.
völlig fehlt.

22   Die erstere Verbindung erscheint im lukanischen Schrifttum lediglich
zweimal, die letztere dagegen mit geringen Abweichungen 8mal. M. Black,
An Aramaic Approach to the Gospels and Acts, 3.Aufl. Oxford 1967, S.108-
112 bevorzugt bei Lk. die von einer Reihe von Handschriften gebotene
Lesart ἐν αὐτῇ τῇ ὥρᾳ. Er sieht bei dieser Wendung allerdings einen aramäischen Hintergrund. In ersterer Hinsicht folgt ihm J.F. Craghan, A
Redactional Study of Lk 7,21 in the Light of Dt 19,15, CBQ, Bd.29,
Washington 1967, S.353-367, S.360f. Aber kann wirklich die "lectio
difficilior" (so auch Craghan, ebd., S.360) für sekundär erklärt werden?

23   Vgl. auch Schürmann, Lukasevangelium, 1, S.410 Anm.19 sowie Schulz, Q,
S.192 Anm.129.

24   Vgl. Schürmann, Lukasevangelium, 1, S.410 Anm.19 und 22, der allerdings
mit Recht zugleich betont, daß von Exorzismen eben auch bereits die Rede
gewesen ist (so der Verweis auf Anm.23).

25   Vgl. bereits J. Wellhausen, Das Evangelium Lucae, Berlin 1904, S.29;
neuerdings etwa Polag, Christologie, S.35 Anm.98; Lührmann, Redaktion,
S.26; Hoffmann, Studien, S.192; 193 und Schulz, Q, S.191f. sowie auch
Wink, John, S.24 Anm.4.

26   Die überlieferungskritische Frage nach der ursprünglich vorausgesetzten
Situation kann kaum als Ausgangspunkt für eine Lösung unseres Problems
dienen, da grundsätzlich sowohl die Tatsache des nur indirekten Verkehrs
des Johannes mit Jesus (vgl. auch Wink, John, S.10 Anm.2) als auch die
Tatsache des ungehinderten Verkehrs des Täufers mit seinen Jüngern (vgl.
etwa F. Spitta, Die Sendung des Täufers zu Jesus, ThStKr, Bd.83, Gotha
1910, S.534-551, S.535-541; ders., Die synoptische Grundschrift in ihrer
Überlieferung durch das Lukasevangelium, UNT, Bd.1, Leipzig 1912, S.145f.)
betont werden kann.

27   Vgl. W.G. Kümmel, Jesu Antwort an Johannes den Täufer, Ein Beispiel zum
Methodenproblem in der Jesusforschung, Sitzungsberichte der wissenschaft-
lichen Gesellschaft an der Johann Wolfgang Goethe-Universität Frankfurt/
Main, Bd.11,4, Wiesbaden 1974, S.149f. Zu einem ähnlichen Urteil kommen
z.B. auch E. Klostermann, Das Lukasevangelium, HNT, Bd.5, 2.Aufl.
Tübingen 1929, S.89; Harnack, Beiträge, 2, S.64; Weiß, Quellen, S.240f.;
Schmid, Matthäus, S.283 Anm.3.

28   Vgl. die Vorziehung der aus Mk. 6,17 stammenden Notiz von der Gefangennahme des Täufers (3,19f.) vor die Perikope von der Taufe Jesu (3,21f.)
sowie die Änderung von Mk. 1,14 in 4,14. Auch Wendling, Studien, S.54f.
stellt im übrigen fest, daß "die Vorwegnahme 3,19f. zeitlich ganz in der
Luft schwebt".

29 So S. Sabugal, La embajada mesiánica del Bautista, IV: La fuente (Q) de
   Mt y Lc, Augustinianum, Bd.17, Rom 1977, S.395-424, S.400.
30 Abgesehen von Spitta (s.o. Anm.26) und Lührmann (s.o. Anm.29) kommen zu
   einem ähnlichen Ergebnis Vögtle, Wunder, S.221; Grundmann, Evangelium
   nach Lukas, S.163; K.L. Schmidt, Der Rahmen der Geschichte Jesu, Literarkritische Untersuchungen zur ältesten Jesusüberlieferung, Nachdruck
   der Aufl. Berlin 1919 Darmstadt 1969, S.117; Schulz, Q, S.191. Unlösbar
   erscheint das Problem Hoffmann, Studien, S.192.
31 Klostermann, Matthäusevangelium, S.94 formuliert, daß die Wendung vom
   "christlichen Standpunkt" aus formuliert (dazu vgl. aber Teil 3, Kapitel
   2, § 1 Anm.28) und die Ersetzung von $\Chi\rho\iota\sigma\tau o\tilde{\upsilon}$ durch $^{,}I\eta\sigma o\tilde{\upsilon}$ in einigen
   Handschriften aus dem Widerspruch zur Frage des Täufers zu erklären sei
   (ähnlich Vögtle, Wunder, S.221 Anm.12).
32 Vgl. unsere Ausführungen zum Aufbau des Matthäusevangeliums in Kapitel 1,
   § 1. Nach Held, Matthäus, S.239f. "weist die von Matthäus eigens formu-
   lierte Wendung in Mt. 11_2 ·$\tau\grave{\alpha}$ $\check{\epsilon}\rho\gamma\alpha$ $\tau o\tilde{\upsilon}$ $\Chi\rho\iota\sigma\tau o\tilde{\upsilon}$ ... nicht nur
   auf die Wirksamkeit Jesu, sondern offenbar auch auf die in der Aussen-
   dungsrede angeordnete Tätigkeit seiner Jünger zurück, die nach Mt. $10_{7.8}$
   genau derjenigen Jesu entspricht" (dazu vgl. unten Teil 3, Kapitel 2,
   § 1 Anm.20; § 2). Um so mehr wäre demnach mit Stuhlmacher, Evangelium, 1,
   S.218 von einem typisch matthäischen Charakter der Wendung auszugehen.
   Hoffmann, Studien, S.191 sieht hier sogar Täuferfrage und Antwort Jesu
   "im Sinne der matthäischen Christologie uminterpretiert" (ähnlich Schulz,
   Q, S.191; außerdem W. Grundmann, Art.: $\chi\rho\acute{\iota}\omega$ $\varkappa\tau\lambda$, D. Die Christusaussagen
   des Neuen Testaments, ThWNT, Bd.9, Stuttgart, Berlin, Köln, Mainz 1973,
   S.518-570, S.523f.; ebd. Anm.269)·.
33 Vgl. z.B. H. Conzelmann, Grundriß der Theologie des Neuen Testaments,
   Einführung in die evangelische Theologie, Bd.2, 2.Aufl. München 1968,
   S.149; außerdem Meyer, Community, S.43.
34 Vgl. nur sämtliche in Anm.31-33 genannten Autoren; anders freilich
   Harnack, Beiträge, 2, S.64.
35 Vgl. Bussmann, Studien, 2, S.59, der nur zu $\tau o\tilde{\upsilon}$ $\Chi\rho\iota\sigma\tau o\tilde{\upsilon}$ Zweifel äußert;
   ähnlich noch Sabugal, Embajada, S.400, der auf ein ursprüngliches
   $\tau\grave{\alpha}$ $\check{\epsilon}\rho\gamma\alpha$ $(\tau o\tilde{\upsilon})$ $^{,}I\eta\sigma o\tilde{\upsilon}$ rekurriert; die Stilform der "inclusio"
   ist jedoch für Mt. bezeichnend (vgl. Kapitel 1, § 2 Anm.3), so daß die
   Entsprechung von 11,2 und 11,19 sekundär sein dürfte und also auch im
   Blick auf $\tau\grave{\alpha}$ $\check{\epsilon}\rho\gamma\alpha$ Zweifel durchaus angebracht erscheinen.
36 Vögtle, Wunder, S.221 möchte aus der Beziehung von $\pi\epsilon\rho\grave{\iota}$ $\pi\alpha\nu\tau\omega\nu$ $\tau o\acute{\upsilon}\tau\omega\nu$
   Lk. 7,18 auf Lk. 7,1-10.11-17 schließen, daß auch diese Wendung sekundär
   sein kann; Schulz, Q, S.190f. Anm.117 verweist darauf, daß die Wörter
   $\pi\tilde{\alpha}\varsigma$ und $o\tilde{\upsilon}\tau o\varsigma$ im lukanischen Doppelwerk gehäuft sind.
37 Vögtle, Wunder, S.221 Anm.13 (vgl. neben den von Vögtle angeführten
   Stellen 4,12; 14,13; 8,10; 9,12; 2,3.22 noch 19,22). Bezieht man die
   Wendung $\alpha\varkappa o\acute{\upsilon}\sigma\alpha\nu\tau\epsilon\varsigma$ $(\delta\acute{\epsilon})$ mit in die Rechnung ein, so sind insgesamt
   21 Stellen bei Mt. zu nennen, von denen lediglich 4 mit Sicherheit der –
   markinischen - Tradition zugewiesen werden können. Schulz, Q, S.191
   Anm.118 urteilt freilich sehr vorsichtig und hält im Gegensatz zu Vögtle
   (vgl. noch Wunder, S.221 Anm.14) auch den "semitisierende(n) $\varkappa\alpha\acute{\iota}$ -Anschluß
   bei Lk" für ursprünglicher als das $\delta\acute{\epsilon}$ bei Mt.
38 Das Wort begegnet allein in Apg. 16mal; außerdem finden wir es in Lk.
   11mal, und hier läßt es sich nur je einmal mit Sicherheit auf markinische bzw. Q-Tradition zurückführen (zur Einfügung des Wortes in markinischen Zusammenhang vgl. auch Schürmann, Lukasevangelium, 1, S.408
   Anm.7).

39 Ähnlich argumentieren z.B. Hoffmann, Studien, S.192 und Schulz, Q, S.190
   Anm.117.
40 Vgl. nur Schulz, Q, S.192; Schmid, Matthäus, S.283f. hält dagegen das
   Fehlen von ὁ Ἰησοῦς in Lk. 7,22a für ursprünglich (vgl. auch Hoffmann,
   Studien, S.193 und Vögtle, Wunder, S.219 Anm.1).
41 Vgl. zuletzt Kümmel, Antwort, S.149 Anm.70; Schürmann, Lukasevangelium,
   1, S.410 Anm.20; Hoffmann, Studien, S.193; Schulz, Q, S.192. Ähnlich auch
   M. Völkel, Anmerkungen zur lukanischen Fassung der Täuferanfrage Luk
   7,18-23, Theokratia, Jahrbuch des Institutum Judaicum Delitzschianum,
   Bd.2, 1970-1972, Festgabe für Karl Heinrich Rengstorf zum 70. Geburtstag,
   Leiden 1973, S.166-173, S.171, für den sich "εἴδετε auf die Augenzeugen-
   schaft der Johannesjünger angesichts des Luk 7,21 geschilderten Wir-
   kens(,) und ἠκούσατε auf das folgende Wort Jesu (Luk 7,22f.)" bezieht. Gegen Völkels Ausführungen ist freilich einzuwenden, daß wie das
   εἴδετε, so auch das ἠκούσατε als Rückverweis verstanden und Lk. 7,22c.
   23 dementsprechend als Erläuterung beider Ausdrücke angesehen werden
   muß. Sicher ist das ἠκούσατε nicht so direkt vorbereitet wie das
   εἴδετε. Immerhin wird aber nach Lk. 7,17.18a die Kenntnisnahme der
   Täuferjünger von der Auferweckung des Jünglings von Nain vorausgesetzt.
42 Vgl. jedenfalls Kümmel, Antwort, S.149 Anm.70; ähnlich verweisen Schürmann, Lukasevangelium, 1, S.410 Anm.20 und Schulz, Q, S.192 auf das
   lukanische Interesse an den Wundertaten Jesu; vgl. allerdings Apg. 8,6
   (Hinweis bei Conzelmann, Mitte, S.179).
43 Vgl. Vögtle, Wunder, S.222 sowie auch ebd., S.241 den Hinweis auf Mt.
   13,16f./Lk. 10,23f.
44 Vgl. immerhin Hoffmann, Studien, S.193 Anm.16. Besonders betont Vögtle,
   Wunder, S.222 die seiner Meinung nach durch die chiastische Formulierung hervorgerufene Akzentuierung des Hörens und der Frohbotschaft; vgl.
   demgegenüber aber Mt. 13,16f. (sowie unten Teil 3, Kapitel 2, § 1).
45 Im Gegensatz zu Mt. bietet Lk. im ursprünglichen Text kein καί vor
   χωλοί, vor νεκροί und vor πτωχοί (die Auslassung des καί auch vor
   κωφοί stellt eine sekundäre Textglättung dar).
46 Vgl. z.B. Hoffmann, Studien, S.193; ebd. Anm.17 sowie im Anschluß daran
   Schulz, Q, S.192 gegen G. Schille, Die urchristliche Wundertradition,
   Ein Beitrag zur Frage nach dem irdischen Jesus, Arbeiten zur Theologie,
   Bd.1,29, Stuttgart 1967, S.43; anders aber auch Bussmann, Studien, 2,
   S.59f.
47 Nach Vögtle, Wunder, S.220 bietet Lk. allerdings "durch einmaliges καί
   zwei Ternare".
48 Ähnlich zuletzt Kümmel, Antwort, S.149; anders freilich A. Sand, Das
   Gesetz und die Propheten, Untersuchungen zur Theologie des Evangeliums
   nach Matthäus, Biblische Untersuchungen, Bd.11, Regensburg 1974, S.135.
49 Lediglich der Sinaisyrer bietet bei Mt. als Einleitungswendung μετὰ
   ταῦτα .
50 So zuletzt auch Schulz, Q, S.229.
51 Das Verbum πορεύεσθαι begegnet in Mt. immerhin 28mal; zudem wird es
   in Apg. und Lk. durchaus nicht gemieden, sondern sogar besonders häufig
   (37mal in Apg. und 49mal in Lk.) wiedergegeben. Andererseits findet
   sich das Verbum ἀπέρχεσθαι in Apg. 6mal; in Lk. begegnet es sogar
   19mal; und in Mt. wird es nicht umgangen, sondern noch häufiger (35mal)
   gebraucht.
52 Hoffmann, Studien, S.193f. will "in der Präzisierung der allgemeinen
   Aussage des Matthäus τούτων δὲ πορευομένων durch ἀπελθόντων δὲ
   τῶν ἀγγέλων Ἰωάννου" die Spur einer lukanischen Überarbeitung ent-

decken; von hier aus darf aber nicht die matthäische Formulierung für ursprünglich erklärt werden. Weiß, Quellen, S.241f. möchte zwar das πορεύεσθαι von Mt. 11,7 mit dem von Mt. 11,4 auf Q zurückführen; aber natürlich kann 11,7 auch sekundär 11,4 aufgenommen haben.

53 Vgl. auch Bussmann, Studien, 2, S.60 und Schulz, Q, S.229.

54 Vgl. das oben Anm.52 erwähnte Urteil von Hoffmann, Studien, S.193f.

55 Vgl. Schulz, Q, S.229 unter Hinweis auf Lk. 9,52.

56 Die Lesart πρὸς τοῦ ὄχλου ist sehr schwach bezeugt, die Variante τοῖς ὄχλοις aber stellt sicher eine sekundäre Angleichung an den Parallel-text dar.

57 Die Wendung λέγειν πρός findet sich in Apg. 6mal; in Lk. begegnet sie 14mal, während sie in Mk. nur einmal und in Mt. überhaupt nicht vor-kommt (zum lukanischen Charakter von λέγειν πρός vgl. zuletzt Schulz, Q, S.229 Anm.339).

58 Vgl. auch noch Bussmann, Studien, 2, S.60 und Hoffmann, Studien, S.193f.

59 Dazu vgl. oben Anm.40.

60 Q, S.229; vgl. aber auch bereits Harnack, Beiträge, 2, S.16.

61 Die Variante wird geboten von Kodex B wohl als ursprüngliche Lesart, von Kodex ℵ als sekundäre Lesart, von Kodex C, von der Koine, von den Kodizes D und θ sowie von den meisten anderen Zeugen (einschließlich Übersetzungen etc.).

62 Vgl. oben Kapitel 1, § 2.

63 Bereits Weiß, Matthäus-Evangelium, S.216 Anm.** sieht in der Stellung des ἰδεῖν vor προφήτην eine "Konformation nach V.8". Im übrigen ist andererseits die in Kodex ℵ V.8 als ursprüngliche Lesart begegnende Voranstellung des ἄνθρωπον vor ἰδεῖν als eine Angleichung an V.9 zu sehen. Mit der Korrektur dieses Fehlers ist dann leicht die nachträg-liche Umstellung in ℵ V.9 in Verbindung zu bringen.

64 Für sekundär halten die lukanische Wortstellung auch Grundmann, Evan-gelium nach Lukas, S.165; Weiß, Quellen, S.65 Anm.1; Hirsch, Frühge-schichte, 2, S.91; M. Rese, Alttestamentliche Motive in der Christologie des Lukas, Studien zum Neuen Testament, Bd.1, Gütersloh 1969, S.166; Hoffmann, Studien, S.194; Schulz, Q, S.229; außerdem vgl. noch Schür-mann, Lukasevangelium, 1, S.416 Anm.51.

65 Von den bei Lk. noch vorhandenen Varianten verdient allenfalls das ἐξεληλύθατε Beachtung, welches z.T. auch in der zweiten und dritten Doppelfrage begegnet. Mit dieser Variante "scheinen die angeredete Masse und Jesus an den Jordan postiert zu sein" (Schürmann, Lukasevange-lium, 1, S.415 Anm.48). Sie kann aber aufgrund ungünstiger Bezeugung keinen Anspruch auf Ursprünglichkeit erheben.

66 Von Lk. abweichend lesen bei Mt. allerdings nur die Kodizes B, ℵ und D sowie die Vulgata.

67 Vgl. Klostermann, Lukasevangelium, S.90; Wernle, Frage, S.65; Weiß, Quellen, S.65 Anm.1; Bussmann, Studien, 2, S.60; Dibelius, Überlieferung, S.8 Anm.2; Hoffmann, Studien, S.194; Schulz, Q, S.229.

68 Vgl. Wernle, Frage, S.65; Weiß, Quellen, S.65 Anm.1; Dibelius, Überliefe-rung, S.8 Anm.2; Hoffmann, Studien, S.194; Schulz, Q, S.229; unentschie-den Bussmann, Studien, 2, S.60.

69 Der Ausdruck ἱματισμός begegnet in Apg. einmal; in Lk. kommt er zweimal vor, während er in Mk. und Mt. völlig fehlt. Der Terminus ἔνδοξος findet sich in Apg. zwar nicht; in Lk. erscheint er aber eben-falls zweimal, ohne einmal in Mk. oder Mt. aufzutreten. Das Verbum ὑπάρχειν anstelle eines Hilfsverbs schließlich wird allein in Apg. 24mal benutzt; in Lk. findet es sich 7mal, wobei erneut jede Entspre-chung in Mk. oder Mt. fehlt.

70 Wenn lediglich Kodex B als einzige und Kodex $\aleph$ als ursprüngliche Lesart
    bei Mt. kein $\varepsilon\dot{\iota}\sigma\dot{\iota}\nu$ bieten, so zeigt sich daran nur, wie nahe eine Hin-
    zufügung der Kopula lag. J. Jeremias, Die Abendmahlsworte Jesu, 4.Aufl.
    Göttingen 1967, S.148; ebd. Anm.5 verweist zudem darauf, daß wir es hier
    mit einer lukanischen Stileigentümlichkeit zu tun haben. Schließlich
    vgl. noch Weiß, Quellen, S.65 Anm.1.
71 Bussmann, Studien, 2, S.60.
72 Mit einer sekundären Verbesserung im lukanischen Text scheinen zu rech-
    nen Klostermann, Lukasevangelium, S.90; Weiß, Quellen, S.65 Anm.1;
    Dibelius, Überlieferung, S.8 Anm.2; Hoffmann, Studien, S.194; Schulz,
    Q, S.229.
73 Die Varianten des lukanischen Textes sind äußerst schwach bezeugt.
74 Vgl. auch Weiß, Quellen, S.65 Anm.1; Bussmann, Studien, 2, S.60; Strecker,
    Weg, S.24; Schulz, Q, S.229; anders Harnack, Beiträge, 2, S.16; Dibelius,
    Überlieferung, S.8 Anm.2.
75 In späteren Handschriften ist dann der lukanische Text an den matthäischen
    angeglichen.
76 Es muß ja irgendwie erklärt werden, wie es zu dem Vorkommen einer glei-
    chen Zitatenkombination bei Mk. und Q gekommen ist (Lk. 7,27 ist nicht
    mit Manson, Sayings, S.69 im Anschluß an J. Weiß und A. Merx als eine
    Interpolation auf Mt. zurückzuführen; vgl. dazu Wink, John, S.19 Anm.2;
    außerdem Rese, Motive, S.165; ebd. Anm.2 im Anschluß an Stendahl). Nun
    kann man freilich vermuten, daß "all three Evangelists received the
    passage through the mediation of Christian 'testimony' collections"
    (Wink, John, S.2 Anm.2) und daß Lk. 7,27/Mt. 11,10 "aus einer Q-Variante"
    stammt (Conzelmann, Mitte, S.147 Anm.5). Am wahrscheinlichsten ist aber
    von vornherein, daß in Mk. 1,2 eine Interpolation nach Lk. 7,27 vorliegt.
    Für diese Lösung spricht im übrigen, daß die Zitationsformel in Mk. 1,2a
    mit der Formulierung $\dot{\varepsilon}\nu$ $\tau\tilde{\omega}$ $^{,}H\sigma\alpha\dot{\iota}\alpha$ dem Zitat nicht entspricht, daß von
    V.2 zu V.3 ein Wechsel von $\sigma o\upsilon$ zu $\alpha\dot{\upsilon}\tauo\tilde{\upsilon}$ stattfindet und daß sowohl Mt.
    in 3,3 als auch Lk. in 3,4 das Zitat nicht bieten (vgl. zu dieser Frage
    etwa J.A.T. Robinson, Elijah, John and Jesus, An Essay in Detection,
    Twelve New Testament Studies, Studies in Biblical Theology, Bd.34,
    London 1962, S.28-52 [= NTS, Bd.4, Cambridge 1957/58, S.263-281], S.34;
    ebd. Anm.14 und Strecker, Weg, S.63 Anm.1).
77 Vgl. auch Weiß, Quellen, S.65 Anm.1; Bussmann, Studien, 2, S.60; Schmid,
    Matthäus, S.284; V. Hasler, Amen, Redaktionsgeschichtliche Untersuchung
    zur Einführungsformel der Herrenworte "Wahrlich ich sage euch", Zürich,
    Stuttgart 1969, S.65; Hoffmann, Studien, S.194; Schulz, Q, S.230; anders
    Schürmann, Lukasevangelium, 1, S.418 Anm.75; Harnack, Beiträge, 2, S.16;
    Dibelius, Überlieferung, S.8 Anm.2.
78 In einigen Zeugen wird dann sekundär bei Lk. die Hinzufügung des $\dot{\alpha}\mu\dot{\eta}\nu$
    übernommen oder auch ein $\delta\dot{\varepsilon}$ oder $\gamma\dot{\alpha}\rho$ eingefügt.
79 Dazu vgl. oben Anm.9. Für sekundär halten die Wendung auch Weiß, Quellen,
    S.65 Anm.1; Bussmann, Studien, 2, S.60; Hoffmann, Studien, S.194;
    Schulz, Q, S.230.
80 In einer Reihe von Zeugen ist dann die Ergänzung des $\tauo\tilde{\upsilon}$ $\beta\alpha\pi\tau\iota\sigma\tauo\tilde{\upsilon}$
    bei Lk. nachvollzogen. Bei etwa diesen Zeugen findet sich im übrigen
    auch ein $\pi\rhoo\phi\dot{\eta}\tau\eta\varsigma$ vor $^{,}I\omega\dot{\alpha}\nu\nuo\upsilon$ im lukanischen Text. Hier soll offen-
    sichtlich die als anstößig empfundene Aussage von der Größe des Täufers
    gemildert werden. Bereits Dibelius, Überlieferung, S.9 stellt dazu
    richtig fest, daß die Hinzufügung von $\pi\rhoo\phi\dot{\eta}\tau\eta\varsigma$ eine im christologischen
    Interesse vorgenommene Korrektur ist. Rese, Motive, S.167 möchte nun
    freilich annehmen, daß diese Korrektur bereits für Lk. in Anschlag zu

bringen ist. Aber sollte dem Schreiber von 7,26c eine derartige Änderung zuzutrauen sein?

81 Die Formulierung ἡ βασιλεία τῶν οὐρανῶν begegnet in Mt. 32mal, ohne einmal bei Mk. oder Lk. aufzutreten (vgl. Hawkins, Horae, S.4).

82 Vgl. auch Klostermann, Matthäusevangelium, S.97; F. Hauck, Das Evangelium des Lukas, ThHK, Bd.3, Leipzig 1934, S.99; Weiß, Quellen, S.65 Anm.1; Harnack, Beiträge, 2, S.16; Hoffmann, Studien, S.194; Schulz, Q, S.229f.; unentschieden Schürmann, Lukasevangelium, 1, S.419 Anm.82; anders Dibelius, Überlieferung, S.9.

83 Kümmel, Verheißung, S.114 und Hoffmann, Studien, S.51 möchten hier keine Entscheidung treffen.

84 Vgl. Harnack, Beiträge, 2, S.16; Percy, Botschaft, S.202; Trilling, Täufertradition, S.276; Schulz, Q, S.261.

85 Vgl. aber z.B. auch E. Käsemann, Das Problem des historischen Jesus, Exegetische Versuche und Besinnungen, Bd.1, 6.Aufl. Göttingen 1970, S.187-214 (= ZThK, Bd.51, Tübingen 1954, S.125-153), S.210.

86 Klostermann, Matthäusevangelium, S.98 u.a. erklären andererseits, die matthäische Form des Spruches sei auf eine sekundäre Einfügung desselben in das "Täuferzeugnis" zurückzuführen; zu der ursprünglichen Zugehörigkeit des Stürmerspruches zum "Täuferzeugnis" vgl. aber bereits oben § 1.

87 Dazu vgl. immerhin Trilling, Täufertradition, S.277.

88 Vgl. Trilling, Täufertradition, S.276.

89 Strecker, Weg, S.167 Anm.2 weist zudem darauf hin, daß πάντες "matthäischer Ausdruck" sei, während Schmid, Matthäus, S.285 Anm.1 und Schulz, Q, S.261 Anm.587 noch betonen, daß πᾶς bei Lk. nie weggelassen werde.

90 Im NT findet sich sonst nur die umgekehrte Reihenfolge ὁ νόμος καὶ οἱ προφῆται.

91 So etwa Harnack, Beiträge, 2, S.16; Friedrich, Art.: προφήτης, S.841 Anm.367; Neuhäusler, Anspruch, S.84 Anm.142; Hoffmann, Studien, S.57 Anm.24.

92 Die matthäische Textform halten für sekundär Klostermann, Matthäusevangelium, S.98; Bussmann, Studien, 2, S.62; Schmid, Matthäus, S.285; Trilling, Täufertradition, S.279; G. Barth, Das Gesetzesverständnis des Evangelisten Matthäus, G. Bornkamm - G. Barth - H.J. Held, Überlieferung und Auslegung im Matthäusevangelium, WMANT, Bd.1, 6.Aufl. Neukirchen-Vluyn 1970, S.54-154, S.60; R. Schnackenburg, Gottes Herrschaft und Reich, Eine biblisch-theologische Studie, 4.Aufl. Freiburg, Basel, Wien 1965, S.89; Percy, Botschaft, S.192; Rothfuchs, Erfüllungszitate, S.111f.; Lührmann, Redaktion, S.28; Schulz, Q, S.261.

93 Dagegen kann auch nicht angeführt werden, daß sich entsprechende Lesarten doch bei Lk. finden; diese sind nämlich sicherlich durch eine quasi mechanische Angleichung an den Paralleltext entstanden. Im übrigen ist die Auslassung von καὶ ὁ νόμος im matthäischen Text durch den Sinaisyrer und einen Teil der bohairischen Übersetzung vielleicht ein Zeichen dafür, daß man selbst bei einer Nachstellung von ὁ νόμος den Gegensatz zu ἐπροφήτευσαν noch empfand. Eher läßt sich die Variante freilich mit dem Bestreben in Verbindung bringen, das ἕως Ἰωάννου auf οἱ προφῆται zu beziehen (dazu vgl. oben Kapitel 1, § 2 Anm.30).

94 Vgl. immerhin etwa Klostermann, Matthäusevangelium, S.98 und unter Berufung darauf auch Schmid, Matthäus, S.285.

95 Kümmel, Gesetz, S.401 gegen Conzelmann.

96 Das bei Lk. in einigen Zeugen begegnende ἕως dürfte aus Mt. eingedrungen sein.

97 Unentschieden Bussmann, Studien, 2, S.62; anders freilich Schulz, Q, S.261 Anm.590.

(2,2,3)   183

98 Kümmel, Gesetz, S.409 formuliert, daß es schwerlich zu bezweifeln sei, daß "Lk 16,16a in seiner sentenzenhaften Kürze ursprünglicher ist".

99 Das $\delta\acute{\epsilon}$ ist zweifelsohne ausreichend bezeugt, um zum ursprünglichen Textbestand gerechnet werden zu können.

100 Vgl. z.B. Schulz, Q, S.262.

101 Die "semitisierende Redeweise $\alpha\acute{\iota}$ $\mathring{\eta}\mu\acute{\epsilon}\rho\alpha\iota$" (Schulz, Q, S.262) begegnet bei Mt. 4mal, davon keinmal in Übereinstimmung mit Mk. und nur einmal in Übereinstimmung mit Lk. Zu $\acute{o}$ $\beta\alpha\pi\tau\iota\sigma\tau\acute{\eta}\varsigma$ vgl. oben Anm.9. Das $\mathring{\alpha}\rho\tau\iota$ schließlich findet sich bei Mt. 7mal, ohne einmal bei Mk. oder Lk. aufzutreten.

102 Vgl. Bussmann, Studien, 2, S.62; Strecker, Weg, S.167; Schulz, Q, S.262; anders Klostermann, Matthäusevangelium, S.98; E. Gräßer, Das Problem der Parusieverzögerung in den synoptischen Evangelien und in der Apostelgeschichte, BZNW, Bd.22, 2.Aufl. Berlin 1960, S.183; Hoffmann, Studien, S.52.

103 Dazu vgl. oben Anm.81.

104 Dazu vgl. unten Kapitel 4, § 2, 3.

105 Vgl. bereits Harnack, Worte, S.947.

106 Das Verbum $\epsilon\mathring{\upsilon}\alpha\gamma\gamma\epsilon\lambda\acute{\iota}\zeta\epsilon\sigma\vartheta\alpha\iota$ finden wir in Apg. 15mal; in Lk. begegnet es 10mal, während es in Mk. völlig fehlt und in Mt. nur einmal - in Übereinstimmung mit Lk. - auftritt. Die Verbindung mit $\mathring{\eta}$ $\beta\alpha\sigma\iota\lambda\epsilon\acute{\iota}\alpha$ $\tau o\tilde{\upsilon}$ ϑ begegnet im NT lediglich in Apg. (einmal) und in Lk. (dreimal) und ist als typisch lukanisch anzusehen (so Schulz, Q, S.262 unter Verweis auf Conzelmann, Mitte, S.33 u.a.).

107 Vgl. Schulz, Q, S.261f. und die dort Anm.591 genannten Autoren; außerdem bereits Harnack, Worte, S.947 sowie zuletzt Sand, Gesetz, S.180.

108 Auch Harnack, der für eine Deutung im positiven Sinn eintritt, konzediert dieses (vgl. Worte, S.953).

109 Für die Ursprünglichkeit der matthäischen Fassung entscheiden sich z.B. Harnack, Beiträge, 2, S.16; ders., Worte, S.953; Käsemann, Problem, S.210; Gräßer, Problem, S.183; Schulz, Q, S.262.

110 Z.T. findet sich zur Einführung der Frage bei Lk. noch ein $\epsilon\mathring{\iota}\pi\epsilon$ $\delta\grave{\epsilon}$ $\acute{o}$ $\kappa\acute{\upsilon}\rho\iota o\varsigma$; es handelt sich sicherlich um eine sekundäre Ergänzung, die ihre Entstehung der Tatsache verdankt, daß man Lk. 7,29f. als eingeschobene Bemerkung des Erzählers verstehen konnte (dazu vgl. oben § 1); ähnlich Schürmann, Lukasevangelium, 1, S.423 Anm.109, der zudem darauf hinweist, daß die "an sich luk(anische) Formel (vgl. 17,6 diff Mt)" auch in 22,31 sekundär eindringt.

111 Vgl. Grundmann, Evangelium nach Matthäus, S.311; Schürmann, Lukasevangelium, 1, S.423 Anm.110; Harnack, Beiträge, 2, S.17; Bussmann, Studien, 2, S.61; Schmid, Matthäus, S.286; Dibelius, Überlieferung, S.15; Bultmann, Geschichte, S.186; Hoffmann, Studien, S.196; Schulz, Q, S.379.

112 Vgl. Schulz, Q, S.379 unter Verweis auf Hauck, Evangelium des Lukas, S.100.

113 Das $o\mathring{\upsilon}v$ ist in Kodex $\aleph$ durch das matthäische $\delta\acute{\epsilon}$ ersetzt, in Kodex F und wenigen anderen Zeugen aber gestrichen worden.

114 Für Lk. rechnet z.B. mit sekundärer Verknüpfung Hoffmann, Studien, S.194.

115 Vgl. Wernle, Frage, S.65; Harnack, Beiträge, 2, S.17; Hoffmann, Studien, S.196; Schulz, Q, S.379; außerdem Schürmann, Lukasevangelium, 1, S.423 Anm.112, der auf den analogen Fall Lk. 11,31 diff. Mt. sowie auf Lk. 5,18; 8,33.35 diff. Mk. und Lk. 6,22.48.49 diff. Mt. hinweist.

116 Vgl. z.B. Mk. 13,30/Mt. 24,34/Lk. 21,32; für ursprünglich halten $\tau o\grave{\upsilon}\varsigma$ $\mathring{\alpha}v\vartheta\rho\acute{\omega}\pi o\upsilon\varsigma$ Hauck, Evangelium des Lukas, S.100; Bussmann, Studien, 2, S.61; Schmid, Matthäus, S.286.

117 Vgl. auch Bussmann, Studien, 2, S.61 sowie Schürmann, Lukasevangelium,
    1, S.423f. Anm.114 unter Verweis auf E. Mayser, Grammatik der griechi-
    schen Papyri aus der Ptolemäerzeit mit Einschluß der gleichzeitigen
    Ostraka und der in Ägypten verfaßten Inschriften, Bd.2,2, Berlin,
    Leipzig 1933/34, S.57.
118 Vgl. Klostermann, Matthäusevangelium, S.99; Schürmann, Lukasevangelium,
    1, S.424 Anm.114; Bussmann, Studien, 2, S.61; Hoffmann, Studien, S.196f.;
    Schulz, Q, S.379.
119 Vgl. Bussmann, Studien, 2, S.61; Hoffmann, Studien, S.197; anders
    Dibelius, Überlieferung, S.15; Schulz, Q, S.379.
120 Daß die lukanische Textform in der Tat die lectio difficilior bietet,
    zeigt sich insbesondere auch daran, daß sich bei Lk. eine Vielzahl von
    Varianten findet, die den Text verständlicher machen wollen; vgl. dazu
    Hoffmann, Studien, S.197 Anm.30. Vgl. aber auch Schürmann, Lukasevange-
    lium, 1, S.424 Anm.119, der die Varianten auf die inkorrekte Lesart
    λέγοντες zurückführen möchte. Noch anders schließlich Linton, Parable,
    S.167-171, der die komplizierte Textgeschichte von daher erklären zu
    müssen meint, daß bei Lk. und Mt.(!) ursprünglich ein parataktisches καὶ
    προσφωνοῦσιν... 'καὶ λέγουσιν gestanden hat. Diese Annahme ist natür-
    lich schon deshalb fragwürdig, weil die synoptischen Texte sich dann
    auseinanderentwickelt haben müßten. Das sieht auch Linton, und so bemüht
    er sich um eine Erklärung der "difference between the history of the
    Matthean and the Lukan texts" (S.170). In diesem Zusammenhang legt er
    alles Gewicht darauf, daß das προσφωνοῦσιν bei Lk. anders zu verstehen
    sei als bei Mt. Während es bei Lk. aufgrund des unmittelbaren Vorher-
    gehens von καθημένοις als Partizip zu verstehen sei, erscheine es bei
    Mt. eher als finite Verbform. Aber auch dann, wenn καθημένοις durch
    ἐν ταῖς ἀγοραῖς von προσφωνοῦσιν getrennt ist, fällt die Entsprechung
    zwischen den beiden Formen ins Auge und wird die letztere kaum als finite
    Form zu verstehen sein. Dieser Einwand wiederum begegnet bei Linton der
    Behauptung, jedenfalls ein   H ö r e r   habe die fragliche Wendung als
    finite Form verstehen können, und Matthäus sei eben "a sort of 'Rhetor',
    who thought of those listening to his work" (S.170) gewesen. Aber hier
    wird nur das Künstliche seiner Argumentation völlig deutlich.
121 Z.T. findet sich statt dessen ἑταίροις, z.T. auch ἑτέροις bzw. ἑταίροις
    mit αὐτῶν. Das bloße ἑτέροις erscheint aber als die Lesart, die nicht
    nur am besten bezeugt ist, sondern auch das Auftreten der anderen Les-
    arten am besten erklärt (vgl. Allen, Commentary, S.120). Es kann nämlich
    zunächst ἑτέροις zu ἑταίροις verlesen, dann αὐτῶν dazu ergänzt und
    schließlich ἑτέροις und ἑταίροις αὐτῶν zu quasi attischem ἑτέροις
    αὐτῶν vermischt sein (vgl. Zahn, Evangelium des Matthäus, S.432 Anm.28).
122 Vgl. Hirsch, Frühgeschichte, 2, S.93.
123 Es begegnet in Apg. 8mal; zudem findet es sich in Lk. 11mal, wobei es
    nur einmal mit Sicherheit der - markinischen - Tradition zuzuweisen ist.
124 Vgl. auch Hauck, Evangelium des Lukas, S.100; Schürmann, Lukasevangelium,
    1, S.424 Anm.118; Dibelius, Überlieferung, S.15 Anm.3; Wernle, Frage,
    S.65; Schulz, Q, S.379; anders Bussmann, Studien, 2, S.61; Hoffmann,
    Studien, S.197; unentschieden F. Mussner, Der nicht erkannte Kairos
    (Mt 11,16-19 = Lk 7,31-35), Bib., Bd.40, Rom 1959, S.599-612, S.600
    Anm.1.
125 Vgl. Parable, S.162 mit Anm.1.
126 Im matthäischen wie im lukanischen Text begegnet z.T. ein ὑμῖν hinter
    ἐθρηνήσαμεν; es handelt sich hier um eine sekundäre Wiederholung des
    ὑμῖν hinter ηὐλήσαμεν (vgl. aber Dibelius, Überlieferung, S.16 Anm.1).

127 Schürmann, Lukasevangelium, 1, S.424 Anm.115. Schulz, Q, S.379 erwägt
    freilich, ob Lk. die Trauergebärde nicht mehr verstanden hat; dagegen
    vgl. aber Lk. 8,52; 23,27.
128 Das Verbum κλαίειν begegnet in Apg. zwar nur zweimal; es findet sich
    dafür aber in Lk. 11mal, wobei es dreimal in Übereinstimmung mit Mk.
    bzw. Mk. und Mt. und keinmal in Übereinstimmung allein mit Mt. auftritt
    (auch Hawkins, Horae, S.19 rechnet κλαίειν zu den für Lk. charakteristi-
    schen Wörtern!).
129 Vgl. auch Wernle, Frage, S.65; Harnack, Beiträge, 2, S.17; Bussmann,
    Studien, 2, S.61; Dibelius, Überlieferung, S.15 Anm.3; Hoffmann, Studien,
    S.197; Schulz, Q, S.379. Gegen Jeremias, der in Gleichnisse, S.160 Anm.1
    (vgl. aber auch ebd., S.22f.) ἐκλαύσατε und ἐκόψασθε als Übersetzungs-
    varianten betrachten möchte, betont mit Recht Schürmann, Lukasevangelium,
    1, S.424 Anm.115, daß dieses die "gemeinsame griechische Vorlage" nicht
    zulasse.
130 Vgl. besonders Schulz, Q, S.379 Anm.10; ähnlich aber auch Harnack, Bei-
    träge, 2, S.17 und im Anschluß daran Bussmann, Studien, 2, S.61 sowie
    Hoffmann, Studien, S.197.
131 Vgl. Lukasevangelium, 1, S.426 Anm.134.
132 In Mt. 11,18 wird hinter ἦλθεν γάρ von einigen Zeugen ein πρὸς ὑμᾶς
    geboten. Diese Lesart mag durch eine sekundäre Parallelisierung der
    Aussage mit dem vorausgehenden ἐθρηνήσαμεν (ὑμῖν) zustande gekommen
    sein. Sie paßt jedenfalls nicht zu dem folgenden λέγουσιν.
133 Dazu vgl. oben Anm.9. Zu einem ähnlichen Ergebnis kommen Wernle, Frage,
    S.65; Hoffmann, Studien, S.197; Schulz, Q, S.379f.
134 Die abweichenden Lesarten im lukanischen Text, das häufige μήτε ...
    μήτε... wie das von Kodex ℵ und W nebst wenigen anderen Handschriften
    gebotene μή... μηδέ..., dürften jedenfalls Verbesserungen von μή...
    μήτε... sein.
135 Vgl. Grundmann, Evangelium nach Lukas, S.167; Schürmann, Lukasevangelium,
    1, S.426 Anm.135; Harnack, Beiträge, 2, S.17f.; Dibelius, Überlieferung,
    S.15 Anm.3; Bussmann, Studien, 2, S.61 (vgl. aber auch ebd. Anm.1);
    Hoffmann, Studien, S.197; Schulz, Q, S.380. Daß es sich bei dieser Korrek-
    tur um eine nachlukanische Glosse handelt, ist nicht anzunehmen (vgl.
    Hoffmann, Studien, S.197 Anm.33 gegen A. Jülicher, Die Gleichnisreden
    Jesu, Bd.2, Auslegung der Gleichnisreden der drei ersten Evangelien,
    Nachdruck der Aufl. Tübingen 1910 Darmstadt 1963, S.28; wie Jülicher
    aber auch Wernle, Frage, S.65 und Klostermann, Lukasevangelium, S.91).
136 Ähnlich auch Bussmann, Studien, 2, S.61 Anm.1; Schürmann, Lukasevangelium,
    1, S.426 Anm.132; Hoffmann, Studien, S.197; die lukanische Version hal-
    ten für sekundär Hauck, Evangelium des Lukas, S.100; Harnack, Beiträge,
    2, S.18; Dibelius, Überlieferung, S.15 Anm.3; Schulz, Q, S.380.
137 Schulz, Q, S.380.
138 Vgl. nur Schürmann, Lukasevangelium, 1, S.428 Anm.150; mit der Ursprüng-
    lichkeit der Lesart rechnen dagegen I.M. Bover, Iustificata est sapientia
    a filiis suis. Mt. 11.19. A f i l i i s an a b o p e r i b u s ?,
    Bib., Bd.6, Rom 1925, S.323-325 und die von ihm genannten Forscher; vgl.
    auch die Auseinandersetzung von Lagrange und Bover in M.-J. Lagrange -
    I.M. Bover, Iterum Mt. 11,19: A f i l i i s an a b o p e r i -
    b u s ?, Bib., Bd.6, Rom 1925, S.461-465.
139 Anders Bover, Sapientia, S.325: "Praeterea, si ista esset inducta harmo-
    nia, non explicatur, cur vix sit ullus testis qui vocem πάντων, quam
    habet Lucas, addat Matthaeo".
140 Lagrange in Lagrange-Bover, Mt. 11,19, S.463.

141 Vgl. aber das Urteil von Bover, Sapientia, S.323: "Sinaitici suffragium
est nullum"!
142 In einigen anderen Handschriften ist bei Lk. lediglich das πάντων gestrichen oder umgestellt; auf jeden Fall haben wir es mit einer mehr
oder weniger deutlichen Angleichung an den matthäischen Text zu tun.
143 Vgl. Kapitel 1, § 2 Anm.3.
144 Das ἔργων V.19 wird als eine sekundäre Aufnahme des ἔργα V.2 erachtet
von Schürmann, Lukasevangelium, 1, S.428; Lührmann, Redaktion, S.29f.;
Schulz, Q, S.380.
145 Dazu vgl. oben § 1 Anm.7.
146 Ähnlich auch Strecker, Weg, S.102; Hoffmann, Studien, S.198.
147 Vgl. auch noch Weiß-Bousset, Evangelien, S.307; Bussmann, Studien, 2,
S.61; Schmid, Matthäus, S.286; E. Sjöberg, Der verborgene Menschensohn
in den Evangelien, Skrifter utgivna av Kungl. Humanistiska Vetenskapssamfundet i Lund, Bd.53, Lund 1955, S.181; ebd. Anm.2; F. Christ, Jesus
Sophia, Die Sophia-Christologie bei den Synoptikern, AThANT, Bd.57,
Zürich 1970, S.64. An ein Verlesen von אּיּּדבוּיּ= Kinder zu אּיּּדבוּיּ =
Werke denkt G. Klein, Miscellen, 4) "Kinder" oder "Werke" Mt 11,19. Lc
7,35, ZNW, Bd.2, Gießen 1901, S.346f., S.347. Ein "simple exchange of
nearly homophonous Aramaic words" in umgekehrter Richtung wird dagegen
erwogen von R. Leivestad, An Interpretation of Matt 11$_{19}$, JBL, Bd.71,
Philadelphia 1952, S.179-181, S.181. Ähnlich denkt an "Verlesen von
mi-ma ʿalalim (von den Werken) zu me-ʿolelim (von den Kindern)" Gaechter,
Matthäus-Evangelium, S.371 Anm.30. Mit dem umgekehrten Vorgang wiederum
rechnet bereits T.H. Weir, Matthew XI. 19., ET, Bd.27, Edinburgh 1915/16,
S.382. Schließlich vgl. hierzu auch noch Ch. Jaeger, Remarques philologiques sur quelques passages des Synoptiques, Recherches théologiques
par les professeurs de la Faculté de Théologie protestante de l'Université de Strasbourg, Bd.1, A la mémoire de Guillaume Baldensperger
(1856-1936), Paris 1936, S.62-65, S.62f. An eine aufgrund verschiedener
Vokalisierung zustande gekommene Übersetzungsvariante denkt aber bereits
P. de Lagarde, Erläuterungen zu Agathangelos und den Akten Gregors von
Armenien, AGWG, Bd.35 (vom Jahre 1888), Göttingen 1889, S.121-163, S.128
Anm.** (vgl. noch Klostermann, Matthäusevangelium, S.100 u.a.). Alle auf
einen eventuellen Urtext rekurrierenden Erklärungsversuche scheitern jedoch
bereits daran, daß Matthäus und Lukas eine "gemeinsame schriftliche, griechische Vorlage" (Schürmann, Lukasevangelium, 1, S.428) benutzt haben
müssen (gegen de Lagarde vgl. bereits Wellhausen, Evangelium Matthaei,
S.53 und zuletzt Hoffmann, Studien, S.197f.).
148 Dazu vgl. oben § 1.
149 Vgl. besonders Hoffmann, Studien, S.197; außerdem Harnack, Beiträge, 2,
S.18; Bussmann, Studien, 2, S.61; Christ, Jesus, S.64; von einer Glosse
spricht Wernle, Frage, S.65.
150 Dazu vgl. oben § 1 Anm.7.
151 Die Wendung πλὴν λέγω ὑμῖν findet sich außerdem in Mt. dreimal, ohne
einmal in Mk. oder Lk. aufzutreten. Ein ἀμήν andererseits "wird öfter
von Mt der Wendung λέγω ὑμῖν vorangestellt (sicher red [aktionell]
19,23; 24,2)" (Schulz, Q, S.407 Anm.31).
152 Zu unserem Ergebnis vgl. Hasler, Amen, S.63; der Annahme, daß in Lk. ein
ursprüngliches ἀμήν als βάρβαρος γλῶσσα gestrichen sei, neigt
dagegen Hoffmann, Studien, S.283 zu; offen läßt die Frage Schmid,
Matthäus, S.267 Anm.1.
153 Das ὑμῖν wird in Mt. 11,24 teilweise nicht geboten; man wird hier eine
Streichung vorgenommen haben, da das ὑμῖν in der Anrede an Kapernaum

schlecht paßt. Andererseits wird vor dem ὑμῖν in Lk. 10,12 von etlichen
Handschriften ein δέ eingebracht; hier wird erneut das Bestreben sicht-
bar, einen glatteren Übergang zu schaffen (vgl. aber immerhin auch
Hasler, Amen, S.63).

154 Das ὅτι fehlt in Mt. 11,24 bei Kodex ℵ und wenigen anderen Zeugen; es
ist wohl gestrichen worden in Erinnerung an Mt. 10,15.

155 Vgl. auch Hasler, Amen, S.63; Hoffmann, Studien, S.283.

156 Bisweilen begegnet freilich in Mt. 11,24 dieselbe Reihenfolge wie in
Mt. 10,15; offenbar ist ersterer Vers nach letzterem korrigiert worden.

157 Anders, aber ohne Begründung, Harnack, Beiträge, 2, S.14: "Die Wortstellung ist von Luk. geändert".

158 Für Schulz, Q, S.407 Anm.31 steht γῆ in Mt. 10,15 "unter dem Verdacht,
aus Mt 11,24 übernommen zu sein". Dieses ist freilich eine merkwürdige
Vorstellung, wo doch auch nach Schulz, Q, S.361 Mt. 11,24 "nach Mt 10,15
Q komponiert" ist. Im übrigen vgl. Hoffmann, Studien, S.284; ebd. Anm.148.

159 Die Mehrzahl der griechischen Zeugen sowie die altlateinische Überlieferung bieten dafür die feminine Form Γομόρρας, und Kodex C und wenige
andere Zeugen verbinden diese mit einem neuerlichen γῆ , während Kodex
ℵ und wenige andere Handschriften γῆ zu Γομόρρων ergänzen.

160 Vgl. besonders Hoffmann, Studien, S.283; für sekundär halten Γομόρρων
auch Schmid, Matthäus, S.267; Schulz, Q, S.407 Anm.31.

161 Kodex D sowie einige altlateinische Zeugen bieten dafür ein von Lk. 10,11
angeregtes ἐν τῇ βασιλείᾳ τοῦ θεοῦ.

162 Einige Handschriften bieten hier, zum Teil in Anlehnung an den matthäischen Text, sekundäre Varianten.

163 Sie begegnen in Mt. 4mal, ohne einmal bei Mk. oder Lk. aufzutreten.
Hoffmann, Studien, S.284 weist freilich darauf hin, daß andererseits
ἡμέρα ἐκείνη in Lk. 17,31 und 21,34 sekundär eingefügt werde; an der
erstgenannten Stelle wird der Ausdruck aber gar nicht als terminus technicus für den Gerichtstag verwandt, und an der letztgenannten Stelle ist
es zumindest unsicher, ob er "in dieser prägnanten Bedeutung" gebraucht
wird (vgl. G. Delling, Art.: ἡμέρα, B. Der allgemeine griechische
Sprachgebrauch, C. Der Gebrauch in LXX, D. Der Gebrauch im NT, ThWNT,
Bd.2, Stuttgart 1935, S.949-956, S.955 Anm.47); zu Lk. 21,34 ist zudem
zu bemerken, daß hier der ausgelassene Vers Mk. 13,32 nachklingen kann;
Hoffmann hält freilich in 10,12 ἡμέρα ἐκείνη auch für primär.

164 Zu unserem Ergebnis vgl. auch Schmid, Matthäus, S.267; 287; Schulz, Q,
S.407 Anm.31 sowie besonders Hoffmann, Studien, S.284.

165 Einige Handschriften ersetzen das σοί durch ὑμῖν; sie gleichen hier
an das vorausgehende λέγω ὑμῖν sowie Mt. 11,22 an.

166 Zur sekundären Bildung der bei Mt. überschießenden Bestandteile des
Komplexes s.o.; vgl. Klostermann, Matthäusevangelium, S.101; Schmid,
Matthäus, S.287; Hahn, Verständnis, S.27 Anm.1; Hasler, Amen, S.62f.;
Lührmann, Redaktion, S.62; Hoffmann, Studien, S.284f.; Schulz, Q, S.361;
unentschieden Grundmann, Evangelium nach Matthäus, S.314; Strecker, Weg,
S.102 Anm.2; vgl. aber auch Bultmann, Geschichte, S.118: "Wahrscheinlich
ist die Form des Mt ursprünglicher als die des Lk"; Lagrange, Evangile
selon Saint Matthieu, S.225 zu V.23b.c: "Rien n'autorise à douter de
l'authenticité de cette parole".

167 Im ersten Teil des Verses wird das zweite οὐαί σοι von Kodex D und der
altlateinischen Überlieferung im Interesse einer "Glättung" des Textes
sowohl bei Mt. als auch bei Lk. durch καί ersetzt.

168 Hier gleicht die spätere Textüberlieferung an den matthäischen Text an.

169 Vgl. Harnack, Beiträge, 2, S.18; Schulz, Q, S.360; anders Hoffmann,
Studien, S.285: "...ἐγένοντο in Mt 11,21c führt das Imperfekt (sic!)

des Überleitungsverses Mt 11,20 weiter, ist also sekundär"; es scheint
aber vielmehr so zu sein, daß umgekehrt das ἐγένοντο in Mt. 11,20 im
Blick auf 11,21 gewählt worden ist (zu 11,20 vgl. unten Kapitel 3, § 1).
170 Z.T. ist καθήμενοι auch in den Mt.-Text übernommen, z.T. andererseits
auch bei Lk. gestrichen worden.
171 E. Norden, Die antike Kunstprosa vom VI. Jahrhundert v.Chr. bis in die
Zeit der Renaissance, Bd.2, 5.Aufl. Darmstadt 1958, S.489.
172 Vgl. z.B. Harnack, Beiträge, 2, S.18; Hoffmann, Studien, S.285; Schulz,
Q, S.360.
173 Vgl. Hoffmann, Studien, S.285; zu dem matthäischen Charakter der Wendung
πλὴν λέγω ὑμῖν vgl. oben Anm.151.
174 Q, S.360.
175 Vgl. Luz, Logienquelle, S.531.
176 Im matthäischen wie im lukanischen Text bieten einige Handschriften die
Variante ἢ ἕως (τοῦ) οὐρανοῦ ὑψώθης. Außerdem findet sich sowohl bei
Mt. als auch bei Lk. z.T. die Variante ἢ ἕως (τοῦ) οὐρανοῦ ὑψωθεῖσα.
Offenbar wird hier die Anlaß zu Mißverständnissen bietende (dazu vgl.
oben Kapitel 1, § 2; auch ebd. Anm.41; 44; 45) Lesart μὴ ἕως οὐρανοῦ
ὑψωθήσῃ korrigiert. Ausgangspunkt dafür könnte die Auslassung des μ von
μή nach Καφαρναούμ gewesen sein (vgl. Zahn, Evangelium des Matthäus,
S.436 Anm.35; anders freilich Weiß, Matthäus-Evangelium, S.224 Anm.*).
Ein Beispiel für ein durch die genannte Wendung hervorgerufenes Mißverständnis gibt Papyrus 45, der im lukanischen Text zusammen mit der
Minuskel 1574 diese Wendung durch καί mit dem Folgenden verbindet. Im
übrigen bieten im matthäischen wie im lukanischen Text etliche Zeugen
noch die Variante καταβιβασθήσῃ. Hier wird wahrscheinlich ursprüngliches καταβήσῃ an das passivische ὑψωθήσῃ angeglichen (vgl. aber
Allen, Commentary on the Gospel According to S. Matthew, S.121, für den
das matthäische καταβήσῃ "due to assimilation to Is 14[15] on the part of
the editor" und καταβιβασθήσῃ "due to assimilation to Lk by the
copyists" ist; ähnlich Zahn, Evangelium des Matthäus, S.436 Anm.36).
Wenn aber einige Zeugen bei Lk. das überschießende τοῦ vor ᾅδου aus-
lassen, so gleichen sie an Mt. an.
177 Anders Schulz, Q, S.361.
178 Die Wendung ἐν ἐκείνῳ τῷ καιρῷ begegnet in Mt. dreimal, während sie in
Mk. und Lk. gänzlich fehlt. Die Formulierung ἐν αὐτῇ τῇ ὥρᾳ andererseits
findet sich in Lk. 4mal, ohne einmal bei Mk. oder Mt. aufzutreten (das
ähnliche αὐτῇ τῇ ὥρᾳ begegnet sowohl in Apg. als auch in Lk. je zweimal
und hat ebenfalls kein Pendant bei Mk. oder Mt.).
179 Die matthäische Zeitangabe erklärt allerdings für ursprünglich z.B.
Harnack, Beiträge, 2, S.18; anders vorsichtig Schulz, Q, S.213, der sich
für ein vermeintliches Vorkommen der lukanischen Formel in Q auf Mt.
10,19/Lk. 12,12 beruft (vgl. aber Mk. 13,11).
180 Hauck, Evangelium des Lukas, S.143 z.B. hält freilich das von einigen
Zeugen vor τῷ πνεύματι gebotene ἐν für ursprünglich; es dürfte aber
sekundär zur Verdeutlichung hinzugefügt sein. Das Fehlen von τῷ ἁγίῳ in
einigen Handschriften wird ebenfalls nicht ursprünglich sein; vgl. dazu
A. Plummer, A Critical and Exegetical Commentary to the Gospel According
to S. Luke, ICC, (Ntl. Reihe, Bd.3), Nachdruck der 5.Aufl. Edinburgh 1922
Edinburgh 1960, S.281.
181 Vgl. etwa Schulz, Q, S.213; ebd. Anm.258; anders allerdings z.B. Weiß,
Quellen, S.69.
182 Vgl. Conzelmann, Mitte, S.168 Anm.1.
183 Das Verbum ἀγαλλιᾶν findet sich in Apg. zweimal; auch in Lk begegnet
es zwiefach, an unserer fraglichen Stelle sowie im Sondergut 1,47. Die

Wendung τὸ πνεῦμα τὸ ἅγιον erscheint in Apg. 16mal; in Lk. steht sie
dreimal, an der hier strittigen Stelle sowie im Sondergut 2,26 und in
dem sicher redaktionell überarbeiteten Vers 3,22.

184 Vgl. insgesamt noch Schulz, Q, S.213.

185 In einigen Handschriften ist der lukanische Text freilich durch Hinzufügung von ὁ᾿Ιησοῦς an den matthäischen angeglichen.

186 Auch Schulz, Q, S.213 hält ὁ ᾿Ιησοῦς bei Mt. für ursprünglich, und zwar
deshalb, weil "Q gerne das Subjekt nennt"; anders etwa Harnack, Beiträge,
2, S.19, der ἀποκριθεὶς ὁ ᾿Ιησοῦς als Zusatz betrachtet.

187 Von den Textvarianten verdient lediglich das ἐγένετο εὐδοκία in Lk.
Beachtung; Hauck, Evangelium des Lukas, S.143 hält es für ursprünglich;
das mit Mt. übereinstimmende εὐδοκία ἐγένετο wird aber aufgrund guter
Bezeugung eher als ursprünglich zu gelten haben.

188 Vgl. besonders J.M. Robinson, Die Hodajot-Formel in Gebet und Hymnus
des Frühchristentums, Apophoreta, Festschrift für Ernst Haenchen zu
seinem siebzigsten Geburtstag am 10. Dezember 1964, BZNW, Bd.30, Berlin
1964, S.194-235, S.227f.; Hoffmann, Studien, S.105; fragend Lührmann,
Redaktion, S.64 Anm.8; unentschieden allerdings W.P. Weaver, A History
of the Tradition of Matthew 11:25-30 (Luke 10:21-22), Diss. Madison 1968
(Masch.), S.213.

189 Wir klammern hier die Frage nach dem originalen Verseingang bei Lk. aus.
Einige Handschriften bieten dort zusätzlich die Worte καὶ στραφεὶς
πρὸς τοὺς μαθητὰς εἶπεν. Diese Worte dürften sekundär nach V.23 hinzugefügt sein. Es handelt sich nämlich dabei um eine "wohl gutgemeinte,
aber störende (v 23) Abgrenzung von v 22 gegenüber dem Gebetswort in
v 21" (Hauck, Evangelium des Lukas, S.143).

190 Vgl. den Exkurs "Über die Sprüche Matth. 11,25-27 (Luk. 10,21.22) und
Matth. 11,28.29." in Beiträge, 2, S.189-216, S.192-206.

191 Vgl. die Aufstellung bei P. Winter, Matthew XI 27 und Luke X 22 from the
First to the Fifth Century, Reflections on the Development of the Text,
NT, Bd.1, Leiden 1956, S.112-148, S.127f.

192 Vgl. Beiträge, 2, S.195f.

193 Matthew XI 27, S.128.

194 Harnack selbst bemerkt, daß das μου hinter πατρός "in den griechischen
Majuskeln des Matth. und Luk. nur einmal fehlt (außerdem in einer Minuskel zu Matth.)" (Beiträge, 2, S.195).

195 Vgl. bereits Schumacher, Selbstoffenbarung, S.36-40.

196 Vgl. das Zitat in Beiträge, 2, S.196f.

197 Nach Irenäus besteht also ein Unterschied zwischen dem Präsens und dem
Aorist, mag auch sonst bisweilen ἔγνω im präsentischen Sinne verstanden
worden sein (so Percy, Botschaft, S.260f. unter Berufung auf Chapman und
Schumacher).

198 Vgl. Beiträge, 2, S.200f.

199 Vgl. bereits J. Chapman, Dr Harnack on Luke X 22: No Man Knoweth the
Son, JThS, Bd.10, Oxford 1909, S.552-566, S.562f. sowie Schumacher,
Selbstoffenbarung, S.75-87; Winter, Matthew XI 27, S.139 möchte denn
auch ἔγνω als die ursprüngliche Lesart des Mt. ansehen.

200 History, S.53; ebenfalls führen den Aorist auf eine sekundäre Anpassung
an den Zusammenhang zurück Weiß, Matthäus-Evangelium, S.227 Anm.*;
B.S. Easton, The Gospel According to St. Luke, A Critical and Exegetical
Commentary, New York 1926, S.165 Anm.2; Hunter, Crux, S.242; F. Hahn,
Christologische Hoheitstitel, Ihre Geschichte im frühen Christentum,
FRLANT, Bd.83, 3.Aufl. Göttingen 1966, S.326 Anm.3; Hoffmann, Studien,
S.106; Schulz, Q, S.214 Anm.268; dagegen freilich bereits Harnack, Bei-
träge, 2, S.201 Anm.2 sowie Winter, Matthew XI 27, S.139 Anm.1.

201 Vgl. Beiträge, 2, S.202.

202 Vgl. Formgeschichte, S.281 Anm.1.

203 J. Weiß, Das Logion Mt. 11,25-30, Neutestamentliche Studien Georg
Heinrici zu seinem 70. Geburtstag ... dargebracht von Fachgenossen,
Freunden und Schülern, Leipzig 1914, S.120-129, S.126 argumentiert u.a.
damit, daß "das Subjekt ὁ υἱός in der 4. Zeile nicht genannt zu werden
brauchte, wenn die 3. mit ὁ υἱός geschlossen hätte".

204 Vgl. Matthew XI 27, S.143; zu den Implikationen einer solchen Deutung
vgl. auch Suggs, Wisdom, S.75-77, der allerdings, obwohl er die Grundvor-
aussetzungen von Winters Argumentation teilt, die Sachgemäßheit solcher
Logik bezweifelt.

205 Vgl. nur Hunter, Crux, S.242; ebd. Anm.1. Die Voranstellung der Worte
von der Erkenntnis des Vaters bildet also die erleichterte Lesart. Nach
Bieneck, Sohn, S.82 dürfte allerdings Marcion umgestellt haben, um seine
Lehre vom "Unbekannten Gott" zur Geltung zu bringen. Als eine "christo-
logische Korrektur" betrachten die Umstellung Hoffmann, Studien, S.106
und im Anschluß daran Schulz, Q, S.214 Anm.268. Vgl. im übrigen noch
E. Schweizer, Art.: υἱός, υἱοθεσία, D. Neues Testament, ThWNT, Bd.8,
Stuttgart, Berlin, Köln, Mainz 1969, S.364-395, S.374 Anm.276.

206 Vgl. auch T. Arvedson, Das Mysterium Christi, Eine Studie zu Mt 11.25-30,
Arbeiten und Mitteilungen aus dem neutestamentlichen Seminar zu Uppsala,
herausgegeben von A. Fridrichsen, Bd.7, Uppsala 1937, S.110 gegen
Dibelius.

207 Schumacher, Selbstoffenbarung, S.93-98 betont außerdem mit Recht, daß
in den offenbar besonders sorgfältigen Zitaten bei Iren Adv Haer IV,6,1,
Orig Cant Cant II, V.8 und Didym Trin 3,37 zuerst von der Erkenntnis
des Sohnes die Rede ist. Eine andere Argumentation, die aber in die
gleiche Richtung weist, findet sich bei Chapman und Weaver. Chapman,
Dr. Harnack, S.563 hat zunächst festgestellt, daß die Umstellung der
Worte von der Erkenntnis des Sohnes und des Vaters in den fraglichen
Zitaten oft darauf beruht, daß unachtsam zitiert worden ist. Weaver,
History, S.52 aber erklärt nach einer eingehenden Untersuchung der
Zitate in ihrem jeweiligen Kontext, daß die Väter den Vers frei zitieren
und die fraglichen Worte je nach den Erfordernissen des Kontextes um-
stellen. Damit bleiben als wirklich zuverlässige Zeugen für die Reihen-
folge der Glieder unseres Verses lediglich die Evangelienhandschriften
übrig, die fast einstimmig zuerst von der Erkenntnis des Sohnes sprechen.

208 Vgl. Beiträge, 2, S.203f.

209 Bisweilen wird auch das Schwanken der Stellung unseres Satzes als ein
Indiz dafür angesehen, daß er ursprünglich gefehlt hat (vgl. bereits
Wellhausen, Evangelium, S.56); wir haben aber bereits gesehen, daß
dieses anders zu erklären ist.

210 Vgl. z.B. Wellhausen, Evangelium Matthaei, S.56; Manson, Sayings, S.80;
Winter, Matthew XI 27, S.129f.; Winter argumentiert auch hier mit der
Behauptung: "The clause 'no one knows the Son except the Father' is
opposed to the supposition which the general situation requires, namely
that the announcer of the secret is known to ... some, if not all, of
his hearers" (dazu vgl. oben); um so erstaunlicher ist es, daß er das
Fehlen des Satzes von der Erkenntnis des Sohnes nicht auch für eine
sekundäre Erleichterung hält.

211 Zu einem ähnlichen Ergebnis kommen Schweizer, Art.: υἱός, S.374 Anm.
276; Hunter, Crux, S.242; Schumacher, Selbstoffenbarung, S.87-93; Percy,
Botschaft, S.262f.; Hoffmann, Studien, S.106; Schulz, Q, S.214 Anm.268.

212 Easton, Gospel According to St. Luke, S.167 möchte im übrigen gerade

den Satz von der Erkenntnis des Vaters aus dem ursprünglichen Text
ausscheiden; dagegen vgl. Winter, Matthew XI 27, S.134 Anm.1.

213 Vgl. Beiträge, 2, S.201.

214 Vgl. Matthew XI 27, S.143f. In der Frage, wie der letzte Teil unseres
Verses ursprünglich ausgesehen hat, will Harnack sich nicht entscheiden;
er bemerkt allerdings in Beiträge, 2, S.203: "Um des Zeugnisses des
Marcion willen ist es aber wahrscheinlich, daß bei Luk. ᾧ ἄν ὁ υἱὸς
ἀποκαλύψῃ gestanden hat ..."

215 History, S.53f.

216 Vgl. Schumacher, Selbstoffenbarung, S.41-50; außerdem Percy, Botschaft,
S.263.

217 Vgl. z.B. Harnack, Beiträge, 2, S.19; Weiß, Quellen, S.70; Bussmann,
Studien, 2, S.66.

218 Schulz, Q, S.214 Anm.264 weist zwar darauf hin, daß "ἐπιγινώσκειν
bei Mt in 7,16.20?; 17,12 red(aktionell)" sei; vgl. aber Weaver,
History, S.213 Anm.2: "There is a preference for the simple form in
both writers, but the proportions are about the same in each. On this
basis we cannot assign either word to the distinctive usage of either
evangelist".

219 Vgl. Norden, Theos, S.280 Anm.1.

220 Vgl. J. Jeremias, Abba, Studien zur neutestamentlichen Theologie und
Zeitgeschichte, Göttingen 1966, S.15-67, S.48; Hoffmann, Studien, S.105;
Schulz, Q, S.214.

221 Vgl. Schulz, Q, S.214 und die ebd. Anm.265 Genannten, besonders aber
Weaver, History, S.213-215. Weaver verweist im einzelnen auf Lk. 5,21
diff. Mk. 2,7; Lk. 7,29 (sic! 49?); Lk. 8,25/Mk. 4,41; Lk. 9,9 (diff.
Mk. 6,16); Lk. 19,3; Lk. 20,2 diff. Mk. 11,28.

Zu Teil 2, Kapitel 2, § 4

1 Vgl. Polag, Christologie, S.47.

2 Lührmann, Redaktion, S.27-29 sieht immerhin, daß für Q die Pointe erst
in dem Stürmerspruch liegt.

3 So z.B. Barth, Gesetzesverständnis, S.59 unter Verweis auf Streeter,
Gospels, S.233 und W.G. Kümmel, Jesus und der jüdische Traditionsge-
danke, Heilsgeschehen und Geschichte, Gesammelte Aufsätze 1933-1964,
Marburger theologische Studien, Bd.3, Marburg 1965, S.15-35 (= ZNW,
Bd. 33, Berlin 1934, S.105-130), S.35.

4 Vgl. immerhin auch Schulz, Q, S.264.

5 Lührmann, Redaktion, S.29.

6 Lukasevangelium, 1, S.421.

7 Vgl. auch Hoffmann, Studien, S.283.

Zu Teil 2, Kapitel 3, § 1

1 Gaechter, Matthäus-Evangelium, S.355.

2 Vgl. bereits Wellhausen, Evangelium Matthaei, S.51.

3 Von 7,28; 19,1 und 26,1 her erklärt sich im übrigen die Hinzufügung von

τοὺς λόγους τούτους, von 26,1 her außerdem die gleichzeitige Ergänzung
von πάντας in einem kleinen Teil der Überlieferung.
4 Vgl. Strecker, Weg, S.38 Anm.8; außerdem Hawkins, Horae, S.165.
5 Hawkins, Horae, S.165 weist darauf hin, daß sich ἐγένετο mit finitem
   Verb nur an den genannten fünf Stellen in Mt. findet, während es in Lk.
   22mal begegnet.
6 Eine erhebliche Anzahl von z.T. guten Zeugen fügt in V.15 hinter ὦτα
   ein ἀκούειν)ein (vgl. Mk. 4,9/Lk. 8,8; Mk. 4,23; Lk. 14,35); ursprünglich ist dieses aber nicht (vgl. auch Zahn, Evangelium des Matthäus,
   S.430 Anm.25).
7 Gaechter, Matthäus-Evangelium, S.369. Wendling, Studien, III., S.51f.
   führt in ähnlicher Weise Mt. 11,14 auf Mk. 9,11.13 zurück und bringt
   Mt. 11,15 mit dem sekundären Zusatz 17,13 zu Mk. 9,11-13 in Verbindung;
   ebd., S.52 Anm.1 werden zudem "Mt 11,14 ὁ μέλλων ἔρχεσθαι (für Mk
   9,11 δεῖ ἐλθεῖν) und 17,12 μέλλει πάσχειν (für Mk 9,12 γέγραπται ...
   ἵνα πολλὰ πάθη = Mk 8,31 δεῖ ... πολλὰ παθεῖν)" verglichen; allerdings werden bei Wendling auch sonst weite Teile der Täufertexte auf
   Mk. zurückgeführt. Vgl. aber schließlich noch das Urteil von Manson,
   Sayings, S.185: "It is possible that vv. 14f. are from M - they have
   no parallel in Lk. - but more likely that they are an editorial comment,
   whether of the compiler of M or of the Evangelist".
8 Entsprechend der häufigen Nennung des Subjekts ὁ Ἰησοῦς in Mt. 11 (vgl.
   11,4 diff. Lk. 7,22; 11,7 diff. Lk. 7,24; 11,25 diff. Lk. 10,21) wird
   in 11,20 z.T. ein sekundäres ὁ Ἰησοῦς in den Text eingebracht.
9 Dazu vgl. oben Kapitel 2, § 1 Anm.7. Strecker, Weg, S.20 ist sich freilich nicht sicher, ob in Mt. 11,20 Matthäus oder Q spricht.
10 Für redaktionell halten Mt. 11,20 z.B. Weiß-Bousset, Evangelien, S.308;
   Klostermann, Matthäusevangelium, S.100; Michaelis, Evangelium nach
   Matthäus, 2, S.127; Grundmann, Evangelium nach Matthäus, S.313; Schweizer,
   Evangelium nach Matthäus, S.173.
11 Der Superlativ πλεῖστος begegnet außer an unserer Stelle bei Mt. noch
   in 21,8, wo er gegen Mk. gesetzt ist; ansonsten kommt er bei den Synoptikern nur noch in Mk. 4,1 vor, wo Mt. ihn freilich nicht bietet. Der
   Plural δυνάμεις andererseits begegnet außer in 11,20 bei Mt. noch
   7mal, davon dreimal in Übereinstimmung mit Mk. bzw. Mk. und Lk. und
   einmal in Übereinstimmung allein mit Lk.; in 11,20 dürfte er allerdings
   durch 11,21/Lk. 10,13 angeregt sein.
12 Zur Eigenständigkeit des Heilandsrufes vgl. bereits oben Kapitel 2, § 1
   Anm.31; zur vormatthäischen Herkunft vgl. im übrigen Strecker, Weg,
   S.172 und jetzt J. Zumstein, La condition du croyant dans l'Evangile
   selon Matthieu, Orbis Biblicus et Orientalis, Bd.16, Fribourg, Göttingen
   1977, S.131-134 (bes. S.134 Anm.2) sowie Künzel, Studien, S.84f.

Zu Teil 2, Kapitel 3, § 2, 1.

1 Die Deutung von Sir. 48,10 ist freilich umstritten. G. Fohrer, Elia,
   AThANT, Bd.53, 2.Aufl. Zürich 1968, S.102 Anm.30 führt die Stelle als
   Beleg für die Auffassung an, daß Elia der Vorläufer des Messias' sei.
   Richtiger aber J. Jeremias, Art.: Ἠλ(ε)ίας, ThWNT, Bd.2, Stuttgart
   1935, S.930-943, S.933.
2 Dazu vgl. (H.L. Strack-) P. Billerbeck, Kommentar zum Neuen Testament

aus Talmud und Midrasch, Bd.4, Exkurse zu einzelnen Stellen des Neuen
Testaments, Teil 2, 4.Aufl. München 1965, S.781. Anders freilich Robinson,
Elijah, S.35-37. Wenn nun Robinson darauf hinweist, daß Mk. 9,11/Mt. 17,10
nicht unbedingt besage, daß man Elia als Vorläufer des   M e s s i a s '
erwartet habe, so ist ihm zwar zuzustimmen. Wenn er aber zudem feststellt,
daß wir abzusehen haben von dem Zeugnis des Justin in Dial c Tryph 8,4;
49,1, nach dem die Erwartung des Elia als Vorläufer des Messias' im
Judentum allgemein vertreten wurde, so wird das Künstliche seiner Argumentation bereits deutlich. Und wenn er schließlich behauptet, daß das
Nebeneinander von Joh. 1,21 und 3,28 beweise, daß die Identifizierung
des Elia mit dem Vorläufer des Messias' noch nicht erfolgt sei, so ist
dem entgegenzuhalten, daß in diesem Nebeneinander lediglich zum Ausdruck
kommt, daß im Johannesevangelium jene Identifizierung abgelehnt wird.
Selbst Robinson will im übrigen nicht nachweisen, daß die Identifizierung des Elia mit dem Vorläufer des Messias' eine rein christliche Konzeption ist: "What I wish to challenge is the opposite dogma, that
Elijah was understood, and must have been understood, by John and
everyone else, as the forerunner of the Messiah" (Elijah, S.37). Die
Argumentation Robinsons dient außerdem lediglich zur Stützung der ab-
wegigen These, daß, "if John saw anyone as Elijah, it was   n o t   himself but the one coming   a f t e r   him" (Elijah, S.30 u.ö.; dagegen
vgl. auch Fuchs, Tradition, S.119f.).

3   In späterer Zeit ist Elia dann teilweise als Wegbereiter Gottes, teilweise als Vorläufer des Messias', teilweise aber auch als Hoherpriester
der messianischen Zeit angesehen worden. Dazu vgl. die Belege bei
(Strack-) Billerbeck, Kommentar, 4,2, S.782-784; 784-789; 789-798.

4   Lukas benutzt hier offenkundig aus Täuferkreisen stammende Tradition!

5   Ähnlich immerhin auch Dibelius, Überlieferung, S.31f.; anders Kraeling,
John, S.143f.; Schütz, Art.: Apokalyptik, Sp.468; ders., Johannes, S.102.

6   Dazu vgl. auch Manson, Sayings, S.185: "The fact is that the identification of John with Elijah is peculiarly at home in Mt.; and it may be
conjectured that the identification was made by Jewish Christians who
had to meet the objection from the Jewish side that the true Messiah
would be anointed and proclaimed by the returned Elijah, that this had
not happened in the case of Jesus, and that therefore Jesus was not the
true Messiah. The obvious way of countering this argument was to say that
Elijah had indeed come and prepared the way for Jesus - in the person
of the Baptist." Vgl. aber auch Jeremias, Art.: $'H\lambda(\epsilon)\acute{\iota}\alpha\varsigma$, S.939, der
unter Rückführung unseres Logions auf Jesus selbst in ähnlicher Weise
argumentiert.

7   Kraeling, John, S.143 stellt im Anschluß an Dibelius fest, daß die betreffenden Sätze "are characteristic of utterances that belong to the
category of the mysterious and the esoteric". Vgl. aber auch Trilling,
Täufertradition, S.281, nach dem das Wort vom Annehmen eine Glaubensaufforderung ist, die durch den Appell zum Aufmerken verstärkt wird.

Zu Teil 2, Kapitel 3, § 2, 2.

1   Künzel, Studien, S.88-92 hat unlängst versucht, eine "Urform" des Heilandsrufes zu rekonstruieren. Vor allem aber hat Waever, History, S.70-79
sich bemüht, matthäische Bestandteile in demselben nachzuweisen. Seiner
Meinung nach könnten im Extremfall sowohl Mt. 11,29 als auch Mt. 11,30

redaktionell sein. Er schließt dieses aus der Wiederholung von Schlüssel-
wörtern, aus dem Vorhandensein spezifisch matthäischer theologischer
Konzepte und aus der Verbindung von Elementen aus Sirach und einem Zitat
aus Jeremia. Was das erste Argument betrifft, so bemerkt Weaver freilich
selbst, daß es nur in Verbindung mit den anderen beiden Argumenten stichhaltig ist. Bezüglich des Vorhandenseins spezifisch matthäischer theologischer Konzepte beruft er sich in erster Linie darauf, daß πραῢς für
den Evangelisten typisch sei. Aber Betz betont bereits (gegen Schrage):
"The fact that the πραῢτης agrees with the christology of Mt. does not
e o i p s o imply that Matthew composed the verses" (D.H. Betz, The
Logion of the Easy Yoke and of Rest [Matt 11₂₈₋₃₀], JBL, Bd.86, Philadelphia 1967, S.10-24, S.19f. Anm.76; dagegen Weaver, History, S.74
Anm.1). Des weiteren werden noch verschiedene Wendungen als matthäisch
deklariert, die keineswegs so typisch für den Evangelisten sind. Zu dem
dritten Argument aber läßt sich sagen, daß die Tatsache, daß das Zitat
von Jer. 6,16 eher auf den MT als auf die LXX zurückgeht, gerade gegen
matthäische Abfassung des Stückes spricht (vgl. dazu Strecker, Weg,
S.172f. Anm.4; auch dagegen jedoch Weaver, History, S.77). So bleibt
es also mehr als zweifelhaft, ob sich eine Urform des Heilandsrufes
rekonstruieren läßt (vgl. allerdings noch unten Anm.22).

2 Geschichte, S.172; vgl. auch Klostermann, Matthäusevangelium, S.102 sowie
   Dinkler, Wort, S.84.
3 Zum Vorliegen eines Schemas vgl. bereits oben Kapitel 2, § 1 Anm.31.
4 Dazu vgl. unten Kapitel 4, § 2, 6.
5 Vgl. Mysterium, S.171-173.
6 Vgl. Norden, Theos, S.283 zu der Gegenüberstellung des Heilandsrufes mit
   diesen Texten. Vgl. aber auch das Urteil von L. Cerfaux, Les sources
   scripturaires de Mt., XI, 25-30, Recueil Lucien Cerfaux, Bd.3, Supplement, Gembloux 1962, S.139-159 (=EThL, Bd.30, Louvain-Leuven, Gembloux
   1954, S.740-746; Bd.31, Louvain-Leuven, Gembloux 1955, S.331-342), S.157:
   "Il n'y a donc au fond que l'utilisation, par M t . et E c c l i .,
   d'une même série d'images qui est à la disposition de quiconque parle
   d'enseignement religieux".
7 Nicht verwandt mit dem Heilandsruf sind dagegen die von Dibelius, Formgeschichte, S.283f. als Parallelen angeführten Selbstempfehlungen des
   hellenistischen Offenbarungsträgers (vgl. besonders Od. Sal. 33). Dieses
   betont auch Bultmann, Geschichte, S.172 mit der Begründung, daß im
   Heilandsruf nicht wie dort der Sünder zur Umkehr gerufen wird, sondern
   jeder Dualismus fehlt.
8 Zitiert nach Joch, S.101.
9 A. Fridrichsen, Eine unbeachtete Parallele zum Heilandsruf, Zu Mt
   11,28ff., Synoptische Studien, Alfred Wikenhauser zum siebzigsten Geburtstag am 22. Februar 1953 dargebracht von Freunden, Kollegen und
   Schülern, München 1953, S.83-85 hat auf Epict Diss IV,8,28 als eine
   weitere Parallele zum Heilandsruf hingewiesen: "συνέλθετε πάντες οἱ
   ποδαγρῶντες, οἱ κεφαλαλγοῦντες, οἱ πυρέσσοντες, οἱ χωλοί,
   οἱ τυφλοί, καὶ ἴδετέ με ἀπὸ παντὸς πάθους ὑγιᾶ ". Die Berührungen zwischen beiden Texten gehen aber über zufällige Anklänge nicht
   hinaus.
10 Auch Cerfaux, Sources, S.156 betont, daß an einen literarischen Kontakt
   zwischen dem Heilandsruf und Sirach nicht zu denken sei. Er mißt freilich
   Sirach als Parallele überhaupt keine Bedeutung bei (vgl. auch oben Anm.6)
   und konstruiert dafür eine Beziehung zu Jes. 42,1-4 (vgl. Sources,
   S.153).

11 Vgl. Joch, S.103.
12 Vgl. aber Bauer, Joch, S.105f.; eine Abhängigkeit des Thom.-Ev. von Mt. bestreitet auch Betz, Logion, S.19f.
13 Vgl. R. McL. Wilson, Studies in the Gospel of Thomas, London 1960, S.57f.; 82; E. Haenchen, Die Botschaft des Thomas-Evangeliums, Theologische Bibliothek Töpelmann, Bd.6, Berlin 1961, S.73f.; Schrage, Verhältnis, S.173; Weaver, History, S.153.
14 Joch, S.105.
15 Vgl. auch Schrage, Verhältnis, S.173 Anm.5.
16 H. Montefiore, A Comparison of the Parables of the Gospel According to Thomas and of the Synoptic Gospels, NTS, Bd.7, Cambridge 1960/61, S.220-248, S.234.
17 Schrage, Verhältnis, S.173 Anm.5 weist daneben darauf hin, daß Mt. 11,28 in Pist Soph 140,19f. und Iren Adv Haer I,20,2 ungekürzt zitiert wird. R. McL. Wilson, Studies, S.58 (vgl. auch Weaver, History, S.154) schließt sich freilich an Grant und Freedman an (vgl. R.M. Grant - D.N. Freedman, The Secret Sayings of Jesus, New York 1960, S.184), die die Tatsache, daß im Thom.-Ev. die Einladung nicht an die Mühseligen und Beladenen gerichtet ist und das Schwergewicht der Aussage statt auf dem Joch Christi auf der Verheißung der Ruhe liegt, doch gerade im Sinne einer gnostischen Interpretation hervorheben.
18 Vgl. immerhin auch Weaver, History, S.154-160. Weaver sucht zunächst anhand von Jud. 8 = 2.Petr. 2,10 und Kol. 1,16; Eph. 1,21 nachzuweisen, daß $\varkappa \nu \rho \iota \acute{o} \tau \eta \varsigma$ ein sowohl von den Christen als auch von den Häretikern gebrauchter Terminus sei. In der Verbindung von $\varkappa \nu \rho \iota \acute{o} \tau \eta \varsigma$ mit $\pi \rho \alpha \varepsilon \tilde{\iota} \alpha$ sieht er eine für das Thom.-Ev. typische Vernachlässigung des kerygmatischen Aspekts der Erniedrigung.
19 Bekanntlich ist für die gnostische Theologie des Thom.-Ev. das Kreuz als Heilsereignis irrelevant (vgl. z.B. Haenchen, Botschaft, S.74).
20 Norden, der Mt. 11,25-30 mit der theosophischen Mystik des Orients in Verbindung bringt (vgl. Theos, S.303), erklärt von daher diesen Komplex in seiner Gesamtheit für nicht authentisch (vgl. Theos, S.305). Dibelius, der auch den Heilandsruf als solchen mit der hellenistischen Gnosis in Verbindung bringt (vgl. oben Anm.7), klammert freilich die Frage nach der Authentizität einer etwaigen Urfassung bewußt aus (vgl. Formgeschichte, S.280 Anm.1).
21 So stellt Weaver, History, S.182 zu den fraglichen Versen lapidar fest: "They belong to the wisdom literature ... and probably originated somewhere in Syria, possibly in Matthew's own church. For this reason they must drop out of the tradition of Jesus' genuine sayings". Im Zusammenhang seiner Auseinandersetzung mit der These vom Vorliegen eines Zitats aus einer jüdischen Weisheitsschrift bemerkt Manson zwar: "If the author of E c c l e s i a s t i c u s could think of such words, so might Jesus" (Sayings, S.186). Er fühlt sich dann allerdings bezeichnenderweise genötigt, jede Bezugnahme auf die Weisheit in dem Text zu leugnen!
22 Die Problematik eines eklektizistischen Vergleichs bloßer Motivparallelen wird besonders deutlich bei W. Grimm, Weil ich dich liebe, Die Verkündigung Jesu und Deuterojesaja, ANTI, Bd.1, Bern, Frankfurt/M. 1976, S.102-110, der zwar feststellt, daß "Mt. 11,28-30 in seiner Ganzheit seine nächste Parallele zweifellos in Sir. 51 hat" (S.104), zugleich aber behauptet, daß "Mt. 11,28 - für sich betrachtet - ... Jes. 55,1(!) in einer anderen Weise interpretiert" (ebd.). Bemerkenswert ist dieses insbesondere deshalb, weil Grimm selbst zugleich auf eine Verwandtschaft von Jes. 55,1ff. mit der Stilform der "Einladung der Weisheit" hinweist (vgl. S.102 Anm.238). Fragwürdig aber ist seine These um so

mehr, als sie zum Anlaß für eine auch traditionsgeschichtliche Differenzierung zwischen V.28 und V.29f. genommen wird (S.105!).

23 Vgl. auch Gaechter, Matthäus-Evangelium, S.384.
24 Grundmann, Evangelium nach Matthäus, S.317 sieht den wesentlichen Unter-
    schied zwischen den Weisheitsworten und dem Heilandsruf darin, daß jene
    in das Gesetz hineinrufen, während dieser aus dem rabbinisch verstandenen
    Gesetz herausruft.
25 Vgl. nur Suggs, Wisdom, S.100-105; U. Luck, Die Vollkommenheitsforderung
    der Bergpredigt, Ein aktuelles Kapitel der Theologie des Matthäus, TEH,
    Bd. 150, München 1968 hat ähnlich bereits auf die enge Beziehung zwi-
    schen Weisheit und Gesetz hingewiesen (S.28-38) und gerade auch den
    Heilandsruf in diese Zusammenhänge gestellt (S.37f.).
26 Vgl. K.H. Rengstorf, Art.:ζυγός, ἑτεροζυγέω,ThWNT, Bd.2, Stuttgart
    1935, S.898-904, S.902. In engster Entsprechung zu dem Ausdruck עוֹל תּוֹרָה
    wiederum stehen die Wendungen עוֹל מִצְוָה, עוֹל מַלְכוּת שָׁמַיִם, עוֹל שֶׁל הַקָּדוֹשׁ
    עוֹל שָׁמַיִם, בָּרוּךְ הוּא (vgl. die Belege bei [H.L. Strack -] P. Billerbeck,
    Kommentar zum Neuen Testament aus Talmud und Midrasch, Bd.1, Das Evange-
    lium nach Matthäus erläutert aus Talmud und Midrasch, 4.Aufl. München
    1965, S.608f.). Zur Geschichte des Begriffes "Joch" vgl. Christ, Jesus,
    S.108f.
27 Richtig hier Suggs, Wisdom, S.100: "The s o p h o s promises that
    men will find rest; only Sophia can promise to give rest". Vgl. außerdem
    hier noch Schmid, Evangelium nach Matthäus, S.204 sowie Percy, Botschaft,
    S.109. Inwieweit die Ruhe des Heilandsrufes mit der von Sir. 6 und 51 in
    Zusammenhang zu bringen ist, ist um so fraglicher, als sie dort möglicher-
    weise "Frucht der mystischen Vereinigung mit Gott" ist (Christ, Jesus,
    S.104). Allgemein zur Geschichte des Begriffes "Ruhe" vgl. Christ, Jesus,
    S.104f.
28 Luck, Weisheit, S.43 Anm.35 betont zu Recht, daß sich das Joch des Ge-
    setzes "dem, der es auf sich nimmt, verwandelt in den Königsmantel".
29 Das Futur der Ruheverheißung deutet nicht etwa darauf hin, daß die Ruhe
    eschatologisch zu verstehen ist; es hat vielmehr konsekutive Bedeutung
    (vgl. Christ, Jesus, S.105 Anm.405).
30 Vgl. Percy, Botschaft, S.110 sowie insbesondere M. Maher, 'Take my yoke
    upon you' (Matt.XI.29), NTS, Bd.22, Cambridge 1976, S.97-103, S.98-102.
31 Über diese Deutung an sich herrscht in der Forschung denn auch nahezu
    Einmütigkeit; vgl. Christ, Jesus, S.111.
32 Bisweilen denkt man bei der Last der Mühseligen und Beladenen freilich
    umfassender an die Sorgen und Nöte des Lebens (so z.B. W. Trilling, Das
    Evangelium nach Matthäus, Bd.1, Geistliche Schriftlesung, Erläuterungen
    zum Neuen Testament für die Geistliche Lesung, Bd.1,1, 4.Aufl. Düssel-
    dorf 1970, S.257f.). Verschiedentlich hat man speziell an eine Bezug-
    nahme auf die Mühsal der irdischen Arbeit (vgl. Gen. 3,17ff. und dazu
    Sir. 40,1ff.) gedacht (so etwa H. Riesenfeld, Sabbat et jour du Seigneur,
    New Testament Essays, Studies in Memory of Thomas Walter Manson 1893-1958,
    Manchester 1959, S.210-217, S.216 Anm.4) oder auch eine Deutung auf die
    Sündenschuld vertreten (ähnlich noch Loisy, Évangiles, 1, S.914); dagegen
    vgl. bereits Zahn, Evangelium des Matthäus, S.443.
33 Vgl. aber Barth, Gesetzesverständnis, S.139 Anm.1 zu Mt.
34 Vgl. Schmid, Evangelium nach Matthäus, S.204f. sowie Trilling, Evangelium
    nach Matthäus, 1, S.258. Schlatter, Evangelist Matthäus, S.389 denkt
    daran, daß gerade der völlige Gehorsam die Entzweiung von Sollen und
    Wollen und damit die Last der Versündigung verhindert. Bezüglich des
    Verständnisses unseres Wortes durch Matthäus führt Barth, Gesetzesver-

ständnis, S.139 Anm.1 aus, Jesu Joch sei wegen des Eintretens Jesu für
die Sünder sanft und leicht; anders Strecker, Weg, S.174f.; wieder
anders Betz, Logion, S.24. Bleibt noch festzustellen, daß die Rede von
einem "sanften Joch" und einer "leichten Last" überhaupt der Rede von
der "engen Pforte" kaum entspricht. Jedoch, es wird eben keine authentische Jesustradition vorliegen (zu diesem Urteil vgl. noch Montefiore,
Gospels, 2, S.184-186 im Anschluß an Loisy, Évangiles, 1, S.912-914 und
Dibelius, Formgeschichte, S.282; vgl. hier aber andererseits auch Percy,
Botschaft, S.110).

35 Vgl. hier noch Th. Haering, Matth. 11,28-30, Aus Schrift und Geschichte,
Theologische Abhandlungen, Adolf Schlatter zu seinem 70. Geburtstage dar-
gebracht von Freunden und Schülern, Stuttgart 1922, S.3-15. Haering hat
im Anschluß an Ritschl das $\pi\rho\alpha\ddot{\upsilon}\varsigma$ V.29 mit dem hebräischen "anav" in
Verbindung gebracht und auf die freiwillige Beugung unter den Willen
Gottes bezogen. Und in der Tat kann auch $\tau\alpha\pi\epsilon\iota\nu\grave{o}\varsigma$ $\tau\tilde{\eta}$ $\varkappa\alpha\rho\delta\acute{\iota}\alpha$ eine
ähnliche Bedeutung haben (vgl. bereits Weiß-Bousset, Evangelien, S.313).
Es geht nun nach Haering aber bei der Übernahme des Joches Jesu darum,
sich eben wie Jesus unter den Willen Gottes zu beugen. Mir scheint je-
doch mindestens fraglich, ob der Begründungssatz $\ddot{o}\tau\iota$ $\pi\rho\alpha\ddot{\upsilon}\varsigma$ $\epsilon\acute{\iota}\mu\iota$ $\varkappa\alpha\grave{\iota}$
$\tau\alpha\pi\epsilon\iota\nu\grave{o}\varsigma$ $\tau\tilde{\eta}$ $\varkappa\alpha\rho\delta\acute{\iota}\alpha$ von Hause aus den Inhalt dessen, was man von
Jesus lernen soll, angibt.

36 Indessen, der im Heilandsruf faßbare Gegensatz zum Pharisäertum und der
jüdischen Schriftgelehrsamkeit wird natürlich keinen Anlaß zur Revision
unseres Urteils in der Echtheitsfrage geben können (vgl. aber Hunter,
Crux, S.248; Schlatter, Evangelist Matthäus, S.386 sowie Schweizer,
Evangelium nach Matthäus, S.174). Wie die Bezugnahme auf dem MT (dazu
vgl. oben Anm.1), so könnte auch das Zugrundeliegen eines semitischen
Wortspiels (dazu vgl. A. Meyer, Jesu Muttersprache, Das galiläische
Aramäisch in seiner Bedeutung für die Erklärung der Reden Jesu und der
Evangelien überhaupt, Freiburg, Leipzig 1896, S.83f.) allerdings noch
ein weiteres Indiz für ein hohes Alter der Tradition sein.

Zu Teil 2, Kapitel 4, § 1

1 Dazu vgl. oben Kapitel 2, § 4.
2 Vgl. aber Bultmann, Geschichte, S.118.
3 Vgl. Lührmann, Redaktion, S.62; auch Hoffmann, Studien, S.303; dagegen
Katz, Lk 9,52-11,36, S.59-61; er geht davon aus, daß "die Gerichtsworte
in V.12 und V.14 traditionsgeschichtlich auf einer Ebene liegen" (S.61);
um die Argumentation Lührmanns zu entkräften, versucht er die Parallelität zwischen Lk. 10,12 und 10,14 von daher zu erklären, daß "die Boten
bei ihrer Verkündigung sich gewisser 'Modellworte' bedienten" (S.60);
ein solcher unvermittelter Rekurs auf etwaige "Modellworte", die Katz
im übrigen auch "Verkündigungsstrukturen" nennt (!), erweist sich allerdings von vornherein als apologetische Konstruktion.

Zu Teil 2, Kapitel 4, § 2, 1.

1 Vgl. Schürmann, Lukasevangelium, 1, S.413 sowie zur Charakterisierung des Traditionsstückes als Apophthegma Bultmann, Geschichte, S.22.
2 Evangelium, 1, S.219.
3 Vgl. Anfänge, S.98f.
4 Evangelium, 1, S.219.
5 Im übrigen vgl. zu grundlegenderer Kritik an Käsemann Becker, Johannes, S.83 unter Berufung auf Berger.
6 Vgl. hier allerdings H. Boers, Theology out of the Ghetto, A New Testament Exegetical Study Concerning Religious Exclusiveness, Leiden 1971, S.51f. Boers behauptet, daß V.5f. par. zunächst als Antwort auf eine nicht "christologische" Täuferfrage(!) lediglich das unasketische Verhalten Jesu rechtfertigen soll (V.6 par.) durch den Hinweis auf die bereits mit Johannes(!) heraufgeführte Gottesherrschaft (V.5 par.). Diese Argumentation ist nur phantastisch zu nennen.
7 Geschichte, S.22.
8 Vgl. R. Pesch, Jesu ureigene Taten?, Ein Beitrag zur Wunderfrage, Quaestiones Disputatae, Bd.52, Freiburg, Basel, Wien 1970, S.39 unter Hinweis auf Lührmann.
9 Vgl. auch z.B. Jeremias, Gleichnisse, S.116, der die aufgezählten Heilsereignisse ausdrücklich als "uralte B i l d e r f ü r d i e E r - l ö s u n g s z e i t " bezeichnet, um das fragliche Wort Jesus zuzusprechen; unsicherer H. Merklein, Die Gottesherrschaft als Handlungsprinzip, Untersuchung zur Ethik Jesu, Forschung zur Bibel, Bd.34, (o.O.) 1978, S.162-164. Pesch, Taten, S.38 konstatiert "eine eigentümliche Spaltung des Urteils über das verhandelte Wort: Wo es Jesus zugesprochen wird, wird es nicht (unmittelbar) auf Jesu Wunder hin ausgelegt; wo es Jesus abgesprochen wird, soll es unmittelbar auf Jesu Wunder hinweisen".
10 Vgl. Sabugal, Embajada, S.408; ähnlich auch Kümmel, Antwort, S.155 sowie im Anschluß an Stuhlmacher noch Vögtle, Wunder, S.238 und besonders Pesch, Taten, S.39, der treffend formuliert: "Die Möglichkeiten, daß ein ursprüngliches Jesuswort sekundär apophthegmatisch gefaßt worden sei oder daß gar ein sekundäres Wort (ein Prophetenspruch) sekundär (tertiär) gerahmt worden sei, scheiden vor vornherein aus". Anders allerdings auch Schille, Wundertradition, S.42f., der Mt. 11,5 par. als urchristliches "Bekenntnis zum Wundermann" isoliert.
11 Vgl. D. Flusser, Jesus in Selbstzeugnissen und Bilddokumenten, rowohlts monographien, Hamburg 1968, S.36 und dazu S.135 Anm.43.
12 Vgl. Schweizer, Evangelium nach Matthäus, S.165.
13 Vgl. Kümmel, Antwort, S.158.
14 Vgl. G. Friedrich, Beobachtungen zur messianischen Hohepriestererwartung in den Synoptikern, Auf das Wort kommt es an, Gesammelte Aufsätze, Zum 70. Geburtstag herausgegeben von J.H. Friedrich, Göttingen 1978, S.56-102 (= ZThK, Bd.53, Tübingen 1956, S.265-311), S.69 und bes. S.97; außerdem ders., Art.: προφήτης, S.848.
15 Vgl. Hahn, Hoheitstitel, S.221 sowie S.393. Im übrigen wird aber auch schon bei Friedrich, Beobachtungen, S.69 Anm.3; Art.: προφήτης, S.848 Anm.415 unter Hinweis auf die von (Strack-) Billerbeck, Kommentar, 1, S.594f.; 596 zitierten Belege aus Lv r 18 (118a) ausgeführt, daß unser Wort der rabbinischen Vorstellung von den paradiesischen Zuständen der Wüstenzeit entspricht.
16 Vgl. Stuhlmacher, Evangelium, 1, S.219 mit Anm.2; außerdem ebd., S.142-147; 150, wo der Beweis geführt werden soll, daß Jes. 61,1 in 11QMelch

auf die Verkündigung des eschatologischen Propheten, in 1QH 18,14 aber auf das Amt des Lehrers der Gerechtigkeit hin gedeutet sei, die Qumrangemeinde also den Lehrer der Gerechtigkeit mit dem endzeitlichen Propheten identifiziert habe. Im Anschluß an Stuhlmacher hat im übrigen auch Hoffmann festgestellt, daß sich von Jes. 61,1 her die Vorstellung des endzeitlichen prophetischen Boten nahelege (vgl. Studien, S.204f.). Er betont freilich zugleich, daß andererseits Heilungswunder in den Zeugnissen von den zeitgenössischen jüdischen Propheten nicht genannt seien und umgekehrt auch der endzeitliche Prophet in den zum Vergleich heranzuziehenden rabbinischen Vorstellungen von der Wiederkehr der paradiesischen Zustände der Wüstenzeit keine Rolle spiele (vgl. Studien, S.205-208).

17 Vgl. Evangelium, 1, S.219 Anm.2.

18 Hierzu vgl. mit Stuhlmacher etwa Friedrich, Art.: προφήτης, S.838-842; Vielhauer, Art.: Johannes, Sp.804-808; ders., Tracht und Speise Johannes des Täufers, Aufsätze zum Neuen Testament, TB, Bd.31, München 1965, S.47-54.

19 Vgl. Evangelium, 1, S.220; die Situation der Auseinandersetzung zwischen der Täufer- und der Jesusgemeinde wird hier allerdings ausdrücklich noch mit der Ebene von Q in Verbindung gebracht; im übrigen setzt Stuhlmacher natürlich voraus, daß es sich bei unserem Textstück um einen urchristlichen Prophetenspruch handelt (vgl. oben). Ohne diese Annahme zu teilen, kommt jedoch auch Schulz zu dem Schluß, daß in unserer Perikope die Q-Gemeinde gegenüber der Behauptung der Täuferanhänger, Johannes sei der eschatologische Prophet, polemisch betone, nur Jesus sei der wahre Endzeitprophet (vgl. Q, S.193; 203). Vögtle, Wunder, S.239f. behauptet dagegen, von einer Gegenüberstellung Jesu und des Johannes hinsichtlich ihrer heilsgeschichtlichen Stellung könne hier keine Rede sein. Dabei stellt er die Tatsache in den Vordergrund, daß die Alternativfrage des Johannes nicht lautet: du oder ich?, sondern: du oder ein anderer?. Aber könnte nicht vielleicht für die Anhänger des Täufers die Tatsache im Mittelpunkt gestanden haben, daß eben mit der letzteren Frage die erstere von Johannes selbst bereits entschieden wird?

20 Von der Auffassung her, daß im Hintergrund von Mt. 11,5 par. die Tradition vom Endzeitpropheten steht, kommt auch Pesch, Taten, S.40f. zu der Auffassung, daß unsere Szene sekundär ist; die Tradition vom eschatologischen Propheten ist seiner Meinung nach "ein Hauptstrang der urchristlichen Wunderüberlieferung, die Jesus als neuen Elias (Elisäus) oder Moses, als den endzeitlichen Propheten verehrt und darstellt" (S.40).

21 Zur Identifizierung des Täufers mit Elia sowie zur Deutung des wiederkehrenden Elia auf den messianischen Vorläufer Gottes s.o. Kapitel 3, § 2, 1. Vgl. dazu Cullmann, Christologie, S.22-26. Letzterer weist im übrigen noch darauf hin, daß auch nach PsClem Recg I,60 "die spätere Sekte der Täuferjünger Johannes den Täufer für den Messias hielt, eine Meinung, die nach Lk. 3,15 schon zu Lebzeiten des Johannes erwogen worden war" (S.25).

22 Diese Möglichkeit bestand natürlich auch; es lag aber sicher näher, den Vergleich des Täufers mit Elia von daher umzudeuten, daß der wiederkehrende Elia auch als der Vorläufer des Messias' angesehen werden konnte!

23 Hoheitstitel, S.393.

24 Beobachtungen, S.306.

25 Vgl. Zeile 6 der hebräischen Umschrift des fraglichen Textes in A.S. van der Woude, Melchisedek als himmlische Erlösergestalt in den neugefundenen eschatologischen Midraschim aus Qumran Höhle XI, OTS, Bd.14, Leiden 1965, S.354-373, S.358 sowie in M. de Jonge - A.S. van der Woude, 11Q Melchi-

zedek and the New Testament, NTS, Bd.12, Cambridge 1965/66, S.301-326,
S.302.
26 Bereits van der Woude, Melchisedek, S.367 hatte eingeräumt, es liege
    nahe, "auf Grund der (allerdings nicht ganz einwandfreien) Ergänzung
    in Z.5 (דק [צ מלכי]) an Melchisedek zu denken". Er wollte dann freilich
    ebd. doch lieber von Jes. 61,1 her auf die Gestalt des Gottesgesalbten
    verweisen, diesen aber mit dem in Z.18 ja als משיח gedeuteten מבשר
    nach Jes. 52,7 identifizieren; dazu vgl. auch S.362 sowie de Jonge -
    van der Woude, 11Q Melchizedek, S.306; an letzterer Stelle wird im
    übrigen für Z.18 eine andere Konjektur als in der editio princeps vor-
    geschlagen; statt ... אמר אשר [ה]הוא המ[שיח המ[ה]האו והמבשר sei besser
    zu lesen: ... אמר אשר [ח]הרו משיח מ[ה]האו הו[א]המבשר; auf diese
    Weise wird eine recht deutliche Entsprechung zu Jes. 61,1 hergestellt:
    לבשר אתי יהוה משח יען עלי יהוה אדני רוח . In der Linie dieser
    Argumentation steht dann offenbar Stuhlmacher; abgesehen davon, daß
    er in Evangelium, 1, S.144f. Anm.3 de Jonge - van der Woude zitiert,
    deutet er nämlich ebd., S.146 die Stichworte משיח und רוח von Z.18 ganz
    in deren Sinne als erneute Anspielung auf Jes. 61,1(f.). Ausgehend von
    der Annahme, daß der הרוח משיח eine "endzeitlich-prophetische Figur"
    (S.145) ist, bringt er so Jes. 61,1 mit dem endzeitlichen Propheten in
    Verbindung. Becker, Johannes, S.53f. hat nun aber sehr überzeugend be-
    gründet, daß jedenfalls in Z.6 doch eher an Melchisedek als an den end-
    zeitlichen Propheten zu denken ist. Es läßt sich nämlich zum einen wirk-
    lich nicht von Jes. 61,1 her unmittelbar auf das Subjekt von Z.6 schlie-
    ßen, zumal Jes. 61,1 in Z.6 nur anklingt und überdies "gar nicht einer
    Person wegen, sondern um der dort ausgesprochenen Funktion wegen (sic!)"
    (S.53) aufgegriffen ist. Zum anderen aber kann Z.18 in der Tat nicht zur
    Erhellung von Z.6 herangezogen werden, ist doch 11QMelch nur sehr lücken-
    haft erhalten und die Gattung der Pescharim stets sprunghafter Auslegungs-
    technik verdächtig, ganz abgesehen einmal davon, daß die fragliche Zeile
    gar nicht zweifelsfrei als erneute Bezugnahme auf Jes. 61,1 zu deuten
    ist, zumal ja die Wendung הרוח משיח nicht eindeutig überliefert ist.
    Im übrigen ist wohl auch Z.18 eher auf Melchisedek (Becker: auf eine
    messianische Gestalt) als auf eine endzeitlich-prophetische Figur zu
    beziehen.
27 Auch die Tatsache, daß Jesus die Täuferfrage nicht direkt mit der Ver-
    sicherung, er sei der Kommende, beantwortet, findet von der Annahme
    her, daß es in Mt. 11,5 par. letzten Endes um den eschatologischen
    Propheten geht, ihre Erklärung!
28 Vgl. J. Dupont, L'ambassade de Jean-Baptiste (Matthieu 11,2-6; Luc
    7,18-23), NRTh, Bd.83, Tournai, Louvain 1961, S.805-821; 943-959, S.811.
29 Ähnlich unlängst Grimm, Weil ich dich liebe, S.130 sowie besonders C.L.
    Mitton, Stumbling-block Characteristics in Jesus, ET, Bd.82, Edinburgh
    1970/71, S.168-172, S.169f. in Auseinandersetzung mit W.E. Bundy, Jesus
    and the First Three Gospels, An Introduction to the Synoptic Tradition,
    Cambridge/Mass. 1955, S.168. Vgl. auch Kümmel, Verheißung, S.102-104
    sowie die ebd., S.104 Anm.19, bei Vögtle, Wunder, S.222 Anm.19 und zu-
    sätzlich noch einmal bei Kümmel, Antwort, S.150 Anm.72 genannten Autoren.
30 Vgl. aber bereits oben Anm.19.
31 Die Frage des Täufers ist vielfach Anlaß zu Spekulationen darüber ge-
    wesen, ob sich in ihr eher eine negative oder doch vielleicht eine
    positive Haltung zu Jesus ausdrückt; Dupont, Ambassade, S.806-813 wägt
    die verschiedensten Deutungsmöglichkeiten gegeneinander ab; vgl. hier
    noch in Teil 3 die Ausführungen zu Q und Mt.

32 Vgl. Verheißung, S.103. Kümmel beruft sich bei der Feststellung, daß
    Johannes lediglich als unsicherer Frager auftrete, allerdings auch auf
    die Tatsache, daß der Erzählung "ein Schluß mit der Reaktion des Täufers
    auf die Botschaft Jesu fehlt". Nun hat aber andererseits bereits Bult-
    mann, Geschichte, S.22 eben jene Tatsache ohne weitere Begründung als
    Argument   g e g e n   die Historizität der Perikope angeführt. Auch
    Vögtle, Wunder, S.230 sieht in ihr gerade ein Indiz für eine nachöster-
    liche Entstehung der Tradition. Er deutet jenes Fehlen eines Schlusses
    mit einer Reaktion auf die Antwort Jesu von daher, daß die Quintessenz
    der Erzählung eben die Mahnung Jesu sei, welche "noch abseitsstehende
    Täuferverehrer (und andere noch nicht zum Glauben Gekommene) hören und
    befolgen sollen". Offenbar läßt sich also das Schweigen der Perikope
    über die Reaktion auf das Jesuswort sehr unterschiedlich deuten, so daß
    von hier aus kein sicheres Argument für die Entscheidung der Authentizi-
    tätsfrage gewonnen werden kann. Kümmel hat im übrigen in Antwort, S.153
    nur noch gegen die Argumentation Vögtles geltend gemacht, daß wir nichts
    Sicheres über die Gründe für den abrupten Schluß der Perikope wissen
    könnten!

33 Selbst Kraeling, der nicht in dem Verdacht steht, polemische bzw. apolo-
    getische Züge unserer Perikope übermäßig zu betonen (vgl. bereits oben
    Teil 1, Kapitel 1, § 4 Anm.3), stellt in John, S.179 fest: "In the
    story ... John hears about Jesus' Mighty Works and at once asks himself
    whether this does not mean that Jesus is the one whose coming is pro-
    claimed. He thereby adopts the Christian position." Außerdem will er ebd.
    den änigmatischen Charakter der Jesusantwort von daher erklären, daß
    gegenüber den Täuferanhängern die Werke Jesu hervorgehoben würden (hier
    wird natürlich davon ausgegangen, daß die Auseinandersetzung lediglich
    auf den Hinweis auf Jesu Werke als solche hinausläuft; ähnlich Bultmann,
    Geschichte, S.22 unter Berufung auf A. Fridrichsen, Le problème du
    miracle dans le christianisme primitif, Etudes d'histoire et de philo-
    sophie religieuses, Bd.12, Straßburg, Paris 1925, S.64-69; vgl. aber
    oben Anm.27). Zugleich unterstreicht Kraeling, daß in unserer Perikope
    eine polemische Herabsetzung des Täufers dennoch nicht erkennbar sei.
    Er überspitzt dabei nun zwar die Sachverhalt, wenn er betont, in der Er-
    zählung werde die Verkündigung des Täufers gesehen "as something against
    which Christian faith must be tested" (John, S.131). Immerhin ist aber
    wohl seine Vermutung zutreffend, daß die Perikope zurückgehe auf "those
    who had the Baptist's proclamation still ringing in their ears, who
    lived in close contact with faithful disciples of John and whose thinking
    about Jesus was conditioned in large measure by their recollection of his
    life in their midst" (John, S.130). Denn es wird gewiß davon auszugehen
    sein, daß die Jesusanhänger sich zu einem nicht unbeträchtlichen Teil
    aus ehemaligen Täuferanhängern rekrutierten, mag auch die These, daß der
    Periode der Rivalität zwischen Täufer- und Jesusgemeinde eine solche der
    "Fraternisierung" vorausgegangen sei (Kraeling, John, bes. S.171f.), zu
    weit gehen.

34 Meines Erachtens spricht auch der Umstand, daß Johannes die Frage an
    Jesus durch seine Jünger stellen läßt und Jesus also diesen Antwort gibt,
    für die Annahme, daß es in der Perikope eigentlich um die Täuferjünger
    geht. Sabugal, Embajada, S.413 legt hier Gewicht darauf, daß die Annahme,
    daß   a l l e   Jünger des Johannes von diesem zu Jesus gesandt worden
    seien, historisch völlig unglaubwürdig ist. Und er stellt fest: "La
    dificultad se despeja, en la hipótesis de una intencionalidad polémica:
    Los primitivos discípulos del Bautista fueron enviados, por el mismo

maestro, a cerciorarse sobre la dignidad mesiánica de Jesús". Kümmel beruft sich zwar darauf, daß der Täufer sich ja im Gefängnis befinde und deshalb die Übermittlung der Frage durch die Jünger nur natürlich sei (vgl. Antwort, S.153). Wir haben aber gezeigt, daß die Wendung ἐν τῷ δεσμωτηρίῳ wohl doch sekundären Ursprungs ist (vgl. oben Kapitel 2, § 3).

35 Dazu vgl. unten.
36 Vgl. Antwort, S.153; ähnlich bereits Verheißung, S.103.
37 Vgl. Antwort, S.154.
38 Vgl. Antwort, S.154; außerdem wieder Verheißung, S.103.
39 Antwort, S.154f.
40 Überlieferung, S.34 Anm.3.
41 Evangelium nach Lukas, S.163.
42 Vgl. wieder Grundmann, Evangelium nach Lukas, S.163.
43 Vgl. auch Vögtle, Wunder, S.232 Anm.49.
44 Vgl. zuletzt etwa Hoffmann, Studien, S.200 sowie Schulz, Q, S.194.
45 Vgl. etwa Schürmann, Lukasevangelium, 1, S.408 im Anschluß an A. Strobel, Untersuchungen zum eschatologischen Verzögerungsproblem auf Grund der spätjüdisch-urchristlichen Geschichte von Habakuk 2,2ff., Supplements to NT, Bd.2, Leiden, Köln 1961, S.265-277; nach Strobels Worten S.277 läßt sich von der Rückführung der Täuferanfrage auf Hab. 2,3 aus auch erweisen, daß die fragliche Redeweise in der Tat in Täuferkreisen gängig gewesen sein dürfte; entscheidend für die Argumentation ist hier die Behauptung, daß Hab. 2,3 "in den apokalyptischen Sektenkreisen, die den Täufer prägten, tatsächlich eine messianische Kardinalprophetie" gewesen ist.
46 Skeptischer jedoch Hoffmann, Studien, S.199f.
47 Ambassade, S.814-817.
48 Antwort, S.153f.
49 Vgl. aber auch seinen Hinweis speziell auf Hhld. 2,8 in Verheißung, S.103 Anm.18.
50 Hoheitstitel, S.393.
51 Vgl. ebd. Anm.2.
52 So Cullmann, Christologie, S.25; 35f. unter Berufung auf J. Héring, Le royaume de Dieu et sa venue, Etude sur l'espérance de Jésus et de l'apôtre Paul, Bibliothèque Théologique, 2.Aufl. Neuchâtel 1959, S.71; dazu vgl. auch noch unten.
53 Lukasevangelium, 1, S.409 Anm.15.
54 Studien, S.200 Anm.43.
55 Vgl. aber Cullmann, Christologie, S.36.
56 Kümmel selbst hat in Verheißung, S.103 Anm.18 darauf hingewiesen, daß die partizipiale Wendung als Messiasbezeichnung nicht belegt sei. Zugleich hat er aber ebd. geäußert, wenn man sehe, "wie Cant. 2,8 ... in der rabbinischen Tradition sowohl auf Gottes eschatologisches Kommen bezogen wurde ... wie auf das Kommen des Messias' ...", so könne man doch vermuten, daß der fragliche Ausdruck als Messiasbezeichnung im spätjüdischen Sprachgebrauch vorhanden gewesen sei. Michaelis, Evangelium nach Matthäus, 2, S.114 hat aber bereits früher mit Recht konstatiert, daß sich aufgrund der Tatsache, daß das fragliche Partizip als Messiastitel nicht nachweisbar ist, eine Deutung in diesem Sinne verbiete. Er kommt ebd. dann zu dem Ergebnis, daß mit dem Ausdruck auf das e i n -
s t i g e   Kommen hingewiesen wird und die Frage den Sinn hat: "Bist du der, der kommen soll?" Und daran ist richtig, daß der Ausdruck eigentlich wohl am besten verbal umschrieben würde (vgl. immerhin auch noch Fuchs, Tradition, S.112 Anm.1). Schürmann, Lukasevangelium, 1, S.409 Anm.16 stellt freilich treffend fest, die Deutung auf die   W i e d e r -
k u n f t   treffe "gewiß nicht den Sinn des Textes".

57 Vgl. Antwort, S.156f.

58 Zu den Vertretern dieser Auffassung vgl. unten.

59 Johannes, S.84f.

60 Vgl. auch noch H. Sahlin, Studien zum dritten Kapitel des Lukasevangeliums, Uppsala Universitets Årsskrift, 1949:2, Uppsala, Leipzig 1949,
S.52-54.

61 Ähnlich auch Schürmann, Lukasevangelium, 1, S.409 Anm.15 in der Auseinandersetzung mit Dibelius. Letzterer hatte, wie bereits oben in anderer
Akzentuierung gesagt, die Möglichkeit erwogen, daß ὁ ἐρχόμενος ein in
Täuferkreisen beliebter M e s s i a s name gewesen sein könnte. Schürmann räumt immerhin ein, daß "Luk (vgl. Lk 19,38 diff Mk) so verstanden haben könnte". Im übrigen ist festzuhalten, daß auch Matthäus
den Ausdruck ὁ ἐρχόμενος in enge Verbindung zum Messiastitel bringt,
indem er (vgl. 11,2.3) die Kunde von den Werken τοῦ Χριστοῦ zum Anlaß
für die Frage σὺ εἶ ὁ ἐρχόμενος macht.

62 Vgl. des näheren Becker, Johannes, S.34.

63 Christologie, S.25.

64 Royaume, S.71.

65 Royaume, S.71 (Sperrung von mir).

66 Vgl. Becker, Johannes, S.44-53.

67 Vgl. Becker, Johannes, S.34.

68 Vgl. noch Becker, Johannes, S.114 Anm.78 zu dem fragwürdigen Verweis
auf den Völkerengel Michael. Vielhauer, Art.: Johannes, Sp.805 spricht
lediglich von einem transzendenten Wesen; zu seiner Behauptung, daß der
Apokalyptik die Wüstenterminologie des Täufers fremd sei, vgl. aber
Becker, Johannes, S.115 Anm.84.

69 Unsicher hier Hoffmann, Studien, S.201.

70 Vgl. A. George, Paroles de Jésus sur ses miracles (Mt 11,5.21; 12,27.28
et par.), Jésus aux origines de la christologie, Bibliotheca Ephemeridum
Theologicarum Lovaniensium, Bd.40, Gembloux, Leuven/Louvain 1975, S.283-
301, S.290 und dazu Vögtle, Wunder, S.223f.; außerdem etwa noch Grundmann, Evangelium nach Lukas, S.105 und Thyen, Studien, S.137.

71 Wunder, S.224 Anm.27.

72 Vgl. Wunder, S.224.

73 Paroles, S.290.

74 Dazu vgl. auch A. Schlatter, Johannes der Täufer, Basel 1956, S.103;
Becker, Johannes, S.34f. sowie Kümmel, Antwort, S.82, den allerdings bei
seiner Argumentation das Interesse an der Echtheit der Täuferanfrage
leitet.

75 Dazu vgl. jetzt U.B. Müller, Messias und Menschensohn in jüdischen Apokalypsen und in der Offenbarung des Johannes, Studien zum Neuen Testament,
Bd.6, Gütersloh 1972.

76 Vgl. Johannes, S.35f.; Becker beruft sich ebd., S.114 Anm.80 für die
Deutung auf den Menschensohn auf R. Reitzenstein, Das iranische Erlösungs-
mysterium, Bonn 1921, S.124ff.; A. Freiherr von Gall, ΒΑΣΙΛΕΙΑ ΤΟΥ ΘΕΟΥ
Eine religionsgeschichtliche Studie zur vorkirchlichen Eschatologie,
Religionswissenschaftliche Bibliothek, Bd.7, Heidelberg 1926, S.430ff.
sowie E. Lohmeyer, Urchristentum, 1, S.157-159.

77 Vgl. Antwort, S.156f.

78 Vögtle, Wunder, S.233 betont freilich, daß in Mt. 11,2ff. par. in der
Aufzählung der Werke Jesu die für ihn charakteristischen Dämonenaustreibungen nicht genannt sind. Doch ergibt sich aus dem Fehlen eines entsprechenden Hinweises noch kein eigentlicher Widerspruch zur sonstigen
Jesusverkündigung, auffällig aber ist dieses Fehlen wohl auch im Blick

auf die spätere Gemeindeverkündigung (man kann es angesichts von Ergänzungen gegenüber den atl. Vorlagen nicht mit einer Bindung an das AT
erklären!). Was im übrigen die Sprachgestalt dieser Aufzählung betrifft,
so ist der von Vögtle, Wunder, S.232 postulierte Septuaginta-Einfluß
kaum nachzuweisen. Zu der hier vorgetragenen Kritik an Vögtle vgl. außer
Kümmel, Antwort, S.155f. etwa Becker, Johannes, S.84; ähnlich überdies
H.-W. Kuhn, Enderwartung und gegenwärtiges Heil, Untersuchungen zu den
Gemeindeliedern von Qumran mit einem Anhang über Eschatologie und Gegenwart in der Verkündigung Jesu, Studien zur Umwelt des Neuen Testaments,
Bd.4, Göttingen 1966, S.196 Anm.3. Vgl. aber auch noch Grimm, Weil ich
dich liebe, S.126, der damit rechnet, daß "der Übersetzer der zu ver-
mutenden s e m i t i s c h e n V o r l a g e von Mt. 11,2-6 die
betreffenden atl. Stellen aus der LXX-Bibel kannte" (im Original ohne
Sperrung). Noch weiter geht Sabugal, Embajada, S.410f., der mit Bezug
auf Mt. 11,5 par. von "una forma típicamente semítica, en su actual
composicion tanto paratáctica como rítmica" spricht und "notables
divergencias del de su trasfondo septuagintista" konstatiert.
79 Vgl. Percy, Botschaft, S.187-189; 189-191.
80 In diesem Punkt schließen wir uns Vögtle an (vgl. Wunder, S.240f.; dagegen Kümmel, Antwort, S.157 Anm.93); zu der Auffassung, daß unsere
Perikope insgesamt oder zumindest in ihren Rahmenbestandteilen sekundären
Ursprungs ist, vgl. auch die von Vögtle, Wunder, S.225 Anm.33 Genannten,
außerdem etwa Goguel, Seuil, S.63 sowie zuletzt George, Paroles, S.286-
292.
81 Was die abschließende Seligpreisung V.6 par. betrifft, so mag vielleicht
der Singular μακάριος "a primera vista" als merkwürdig erscheinen,
"dado el plural de los interlocutores directos de Jesús" (Sabugal,
Embajada, S.405). Jedoch, dieser Singular ist eben eindeutig "un
singular generalizante" (ebd., S.405; vgl. S.421), so daß sich auch von
hier aus kein Argument gegen unsere Rückführung der Perikope auf die
Situation der Auseinandersetzung mit den Täuferanhängern ergibt!

Zu Teil 2, Kapitel 4, § 2, 2.

1 Vgl. Grundmann, Evangelium nach Lukas, S.165 und Hoffmann, Studien,
S.217. Die Logien sind freilich weniger mit dem prophetischen als vielmehr mit dem Ich-Wort verwandt; Bultmann, Geschichte, S.177-179 verweist
dementsprechend Mt. 11,7-19 par. in den Anhang zu den Ich-Worten. Von
einer Rahmenhandlung, in die die Logien organisch eingefügt wären, kann
natürlich im Blick auf die Einleitungswendung keine Rede sein; Schulz'
Charakterisierung unseres Abschnitts als "Apophthegma" (vgl. Q, S.230
mit Anm.356) ist also widersinnig.
2 Vgl. Schürmann, Lukasevangelium, 1, S.418f.
3 Es handelt sich, wie bereits Dibelius, Überlieferung, S.11 ausgeführt
hat, um drei parallele Sprüche, von denen der zweite und dritte um ein
Glied länger sind als der erste. Eine ähnliche Einheit begegnet in
Thom.-Ev. Logion 78. Und hier findet das betreffende Stück in der Tat
keine Fortsetzung wie bei Mt. und Lk. Bezeichnenderweise fehlt jedoch
eine Bezugnahme auf Johannes und damit auch eine Wiedergabe des dritten
Spruches völlig. Die im Thom.-Ev. gebotene Textform läßt sich aber
keineswegs als ursprünglich betrachten, sondern spiegelt vielmehr eine

Verstärkung der ebjonitischen Tendenz wider (vgl. Grundmann, Evangelium nach Lukas, S.165; Schulz, Q, S.230 Anm.365 behauptet hierzu, daß Grundmann eben im fehlenden Bezug auf Johannes die Verstärkung jener Tendenz sehe; das kann Grundmann aber kaum so meinen; entscheidend ist doch die Hinzufügung der Aussage, daß die Könige und Vornehmen, die weiche Kleider tragen, die Wahrheit nicht werden erkennen können). Auch zu Mt. 11,11 par. findet sich im übrigen eine Parallele im Thomasevangelium (vgl. Logion 46), die jedoch ebenfalls sekundären Charakter zeigt (so Grundmann, Evangelium nach Lukas, S.166 und Schulz, Q, S.233 Anm.374).

4   Vgl. aber beispielsweise Lührmann, Redaktion, S.27, der ohne weiteres davon ausgeht, daß Mt. 11,7b-9 par. ein ursprünglich selbständiges Logion darstellen kann; ähnlich sogar Hahn, Hoheitstitel, S.374f., obwohl er sieht, daß die Funktion des Täufers in V.9c par. "lediglich per negationem" umschrieben wird.

5   So auch Schürmann, Lukasevangelium, 1, S.417.

6   Hoffmann, Studien, S.216-218 beispielsweise will sowohl Mt. 11,10 par. als auch 11,11b par. für sekundäre Hinzufügungen erklären; ähnlich etwa Bultmann, Geschichte, S.177f. und bereits Dibelius, Überlieferung, S.11-14. Anders als Dibelius und Bultmann erklärt freilich Hoffmann V.9c par. doch wieder für den sinnvollen Abschluß eines ursprünglich selbständigen Wortes (vgl. nur S.217 Anm.101), wobei sicher eine Rolle spielt, daß er die "rätselhaft - dunkle Ausdrucksweise" (S.217) für ein Charakteristikum von Jesusworten hält.

7   Becker, Johannes, S.12; 75; 84f. hält lediglich Mt. 11,10 par. für eine nachträgliche Interpretation. Er rekurriert im übrigen ebenfalls nicht auf eine mögliche Fortsetzung von V.9c par., was sich jedoch von daher erklärt, daß seiner Meinung nach die sprachliche Formulierung dieses Verses "wohl unter dem Einfluß der urgemeindlichen Interpretation in Mt. 11,10 par." (S.107 Anm.8) steht. Nun läßt sich Mt. 11,9c par. grundsätzlich wohl als Abschluß einer selbständigen Tradition denken, wenn davon ausgegangen wird, daß dieser Vers in einer etwaigen Urfassung einen sinnvollen Schlußpunkt bildet. Meines Erachtens haben wir aber diese Möglichkeit mit Recht vernachlässigt, da sich der betreffende Vers in dem Komplex V.7b-9 par. einfügt, so daß sich bei ihm der Gedanke an eine sekundäre Textgestalt kaum nahelegt. - Kraeling, John, S.138 erklärt im Gegensatz zu Becker nicht Mt. 11,10 par., sondern Mt. 11,11b par. für eine Addition.

8   Überlieferung, S.11-14; vgl. außerdem wieder Bultmann, Geschichte, S.177f.

9   Vgl. auch Lührmann, Redaktion, S.27 Anm.3.

10 Wir haben oben darauf hingewiesen, daß V.11b im matthäischen Textzusammenhang kaum den Ton tragen kann (vgl. Kapitel 1, § 2 Anm.21). Demgegenüber ist hier festzuhalten, daß dieser Halbvers als Schlußsatz einer ursprünglich selbständigen Einheit natürlich die beabsichtigte Pointe darstellen muß. Vgl. im übrigen etwa Michaelis, Evangelium nach Matthäus, 2, S.121. Hier wird gegen die Möglichkeit eines unmittelbaren Anschlusses von Mt. 11,11a an 11,9 geltend gemacht, daß die Einleitung von 11,11a "den Nachdruck.... mehr auf 11,11b legen" solle.

11 Dibelius, Überlieferung, S.11f. bemüht sich darum, die These, daß das Wort Mt. 11,10/Lk. 7,27 unserem Zusammenhang ursprünglich fremd sei, noch näher zu begründen. Sein Verweis auf die Tatsache, daß bei Lk. Kodex D V.28a vor dem Zitat V.27 liest, trägt jedoch angesichts der schwachen Bezeugung dieser Textform nichts aus. Dibelius will freilich in dieser Tatsache auch noch eine Bestätigung für seine These, daß V.28b par. ebenfalls sekundär sei, finden (vgl. Überlieferung, S.14)!

Was nun aber die Behauptung, daß nach dem vielversprechenden "mehr als ein Prophet" der Hinweis auf Elia merkwürdig sei, betrifft, so entspricht sie gerade nicht den Tatsachen. Denn der wiederkehrende Elia, und um diesen handelt es sich hier ja, gehört zwar in die Reihe der prophetischen Gestalten Israels, überragt aber zugleich alle Propheten als der unmittelbar das Ende vorbereitende Gottesbote.

12 Nach Schulz, Q, S.230 weist freilich u.a. die "Reflexion über die heilsgeschichtliche Rolle des Täufers" auf sekundären Ursprung des Traditionsstückes hin.

13 Vgl. auch Schürmann, Lukasevangelium, 1, S.417, der feststellt, daß das Wort Lk. 7,27 als Kommentierung von 7,26b notwendig ist, und dabei immerhin betont, daß man dann, wenn man jenes Wort nicht für ursprünglich halten will, "als vormalige Grundlage ein Äquivalent ... postulieren" muß.

14 Zu Mk. 1,2 vgl. oben Kapitel 2, § 3 mit Anm.76. Mal. 3,1 ist im übrigen nach dem masoretischen Text und nicht nach der Septuaginta zitiert, was auch nur f ü r die These einer Zugehörigkeit von Mt. 11,10 par. zu dem ursprünglichen Zusammenhang spricht. Vgl. K. Stendahl, The School of St. Matthew and its Use of the Old Testament, ASNU, Bd.20, 2.Aufl. Lund (⁓1967), S.51: "The N.T. translation κατασκευάσει (Aq. σχολάσει, Symm. ἀποσκευάσει, Th. ἑτοιμάσει) assumes the massoretic reading (piel) while the LXX reads qal: ἐπιβλέφεται, for which reason the Synoptics' dependence on the Hebrew text is obvious".

15 Grundmann, Evangelium nach Lukas, S.165.

16 Vgl. E. Lohmeyer, Das Evangelium des Markus, KEK, Bd.1,2, 17. Aufl. Göttingen 1967, S.11. Es wird hier allerdings des weiteren genauer ausgeführt, die rabbinische Exegese habe die beiden fraglichen Stellen "derart verwoben, daß Elia, der vor Gott einherziehen soll (Mal 3_{22}), zugleich der Engel des Bundes ist, der vor dem Volke den Weg bereitet".

17 Vgl. (Strack-) Billerbeck, Kommentar, 1, S.597.

18 So gegen Lohmeyer schon W. Michaelis, Art.: ὁδός κτλ, ThWNT, Bd.5, Stuttgart 1954, S.42-118, S.71 Anm.96.

19 Richtig z.B. auch Schulz, Q, S.232 Anm.368.

20 Vgl. immerhin auch Schürmann, Lukasevangelium, 1, S.417: "Die Übernahme der Taufe durch Jesus macht es jedenfalls glaubwürdig, daß Jesus in Johannes den letzten Propheten vor dem Ende gesehen hat".

21 Auch Kraeling, John, S.138, der von der ursprünglichen Zugehörigkeit von Mt. 11,10 par. zu Mt. 11,7b-9 par. überzeugt ist, kann sich freilich nicht entschließen, V.11a par. noch zu dem vorhergehenden Zusammenhang zu rechnen.

22 Vgl. nur Kraeling, John, S.138.

23 Schürmann, Lukasevangelium, 1, S.419.

24 Mit einem in sich einheitlichen J e s u s w o r t rechnet E. Jüngel, Paulus und Jesus, Eine Untersuchung zur Präzisierung der Frage nach dem Ursprung der Christologie, Hermeneutische Untersuchungen zur Theologie, Bd.2, 2.Aufl. Tübingen 1964, S.176 Anm.5. Dagegen vgl. aber auch Schulz, Q, S.233 Anm.376.

25 Nach Schulz, Q, S.233 spricht im übrigen bei Mt. 11,11a.b par. "der streng parallele Aufbau dieses Zweizeilers" sogleich für das Vorliegen einer ursprünglichen Einheit. Ähnlich auch Schürmann, Lukasevangelium, 1, S.419 unter Verweis auf Schnackenburg, Herrschaft, S.91. Nach Hoffmann, Studien, S.218 Anm.103 besteht allerdings die Übereinstimmung der beiden Halbverse in Mt. 11,11 par. nur äußerlich.

26 Daß unser Wort einmal unabhängig von jenem Komplex existiert hat, ist

natürlich nicht unmöglich. Aber selbst Schürmann, der eine etwaige authentische Urfassung des Wortes für eine "einheitlich konzipierte e i g e n s t ä n d i g e Tradition" (Lukasevangelium, 1, S.417; Sperrung von mir) hält, sieht es das weiteren eher als "Kommentar - Wort" zu dem vorausgehenden Komplex denn als "isolierte Tradition" (vgl. ebd., S.419) an.

27 Lohmeyer, Urchristentum, 1, S.19 Anm.1 erklärt (unter Berufung auf Dibelius, Überlieferung, S.8ff. und Bultmann, Geschichte, S.177f.) jedenfalls Mt. 11,11b "für eine Gemeindepolemik gegen Ansprüche der Täuferjünger".

28 Wir haben bereits bei der Perikope von der Täuferanfrage gesehen, wie der Eliaglaube der Täuferanhänger vorausgesetzt und überboten wird!

29 Wenn die Johannesjünger - wie PsClem Recg I 60 nahelegt - neben Mt. 11,9c par. auch 11,11a par. dazu benutzt haben sollten, die Überlegenheit des Täufers gegenüber Jesus zu behaupten, so hätten sie die christliche Gemeinde quasi mit deren eigenen Waffen zu schlagen gesucht (vgl. aber Dibelius, Überlieferung, S.14).

30 Vgl. A. Fridrichsen, Zu Matth. 11,11-15, ThZ, Bd.2, Base⸴ 1946, S.470f., S.470. Auch Dibelius, Überlieferung, S.10 betont, daß die Fragen einen Rückschlag in der Begeisterung für den Täufer zur Voraussetzung haben. Hoffmann, Studien, S.216 mit Anm.95 argumentiert zwar gegen Dibelius, die Worte setzten vielmehr die Situation nach dem Tode des Täufers voraus. Diese durchaus mögliche Annahme steht aber insofern nicht im Gegensatz zu der von Dibelius vertretenen Auffassung, als ja eine Abwendung vom Täufer eben in der Situation nach der Hinrichtung desselben verständlich ist.

31 Bei Weiß-Bousset, Evangelien, S.304 beispielsweise wird vermutet, daß Jesus mit seinen Fragen auf einen schwachen bzw. üppigen Menschen anspielen wolle; schon Dibelius, Überlieferung, S.10f. stellt aber fest, daß an eine allegorische Deutung der Bilder nicht zu denken sei. Vgl. auch Kraeling, John, S.140f.: "... Jesus, having set aside as nonsensical the thought of going out into the wilderness to see a reed or a man in soft rainment, suggests that such a journey implies the presence in the wilderness of a prophet ..." und dagegen wieder N. Krieger, Ein Mensch in weichen Kleidern, NT, Bd.1, Leiden 1956, S.228-230, S.230 Anm.2: "In Wirklichkeit aber wäre kein Redner imstande, derart sinnlose Fragen übermütig aus der Luft zu greifen". Krieger ist im übrigen der Auffassung, "Jesus würde in seiner Fragestellung ... Johannes und die Massen konfrontieren ... n a c h d e m , b e v o r und a l s sie zu ihm hinauszogen in die Wüste" (Mensch, S.230); seiner Meinung nach wird mit den beiden umstrittenen Fragen darauf angespielt, daß Johannes in der Situation der Täuferanfrage wie ein Rohr im Wind schwanke und daß er ursprünglich einmal ein Mensch in weichen Kleidern am Hofe des Antipas gewesen sei (ebd., S.228f.).

32 Vgl. C. Daniel, Les Esséniens et "ceux qui sont dans les maisons des rois" (Matthieu 11,7-8 et Luc 7,24-25), Revue de Qumrân, Bd.6, Paris 1967, S.261-277.

33 Vgl. Esséniens, S.263f.

34 Esséniens, S.265.

35 Ebd.

36 Vgl. Esséniens, S.263.

37 Esséniens, S.276.

38 Vgl. Schweizer, Evangelium nach Matthäus, S.169.

39 Ähnlich auch Klostermann, Matthäusevangelium, S.96f.

40 Mit der "Wüste" ist zweifelsohne die Araba am Jordan gemeint, in der das
Schilfrohr häufig anzutreffen war (ähnlich Hoffmann, Studien, S.217 sowie
bereits Dibelius, Überlieferung, S.10 Anm.3; die Bezeichnung der Araba
als "Wüste" soll nach Dibelius, Überlieferung, S.11 Anm.1 die Erinnerung
an Mose und Elia wecken!). Daniel ist freilich der Auffassung, das
Jordantal könne nicht als "Wüste" bezeichnet sein (vgl. Esséniens, S.263
Anm.6).

41 Dibelius, Überlieferung, S.11.

42 Der Bote von Mal. 3,1 wird ja in 3,23f. auf Elia gedeutet!

43 Johannes sollte nach dem oben im 1. Abschnitt dieses Paragraphen Ausgeführten durch die Identifizierung mit Elia als messianischer Vorläufer Gottes ausgewiesen werden.

44 Auch Polag vermutet immerhin, daß hier "eine Spur der Mose-Typologie
festzustellen ist" (Christologie, S.159).

45 Ähnlich Schürmann, Lukasevangelium, 1, S.416f., der die Umformung von
Mal. 3,1 nach Ex. 23,20 von der schon der zeitgenössischen Exegese be-
kannten Auffassung her erklärt, daß "es am Ende sein würde, wie es beim
Auszug aus Ägypten war".

46 Zur syntaktischen Struktur vgl. oben Kapitel 1, § 2.

47 Setzt man die von uns bezüglich der syntaktischen Struktur des Logions
vertretene Auffassung voraus, so muß eben nicht angenommen werden, daß
das Präsens ἐστίν für das Futur ἔσται steht; vgl. die von Hoffmann,
Studien, S.222 Anm.117 Genannten, die eine - wie auch immer geartete -
präsentische Deutung der βασιλεία vertreten.

48 So insbesondere W. Bousset, Kyrios Christos, Geschichte des Christusglaubens von den Anfängen des Christentums bis Irenaeus, 2.Aufl.
Göttingen 1921, S.45.

49 Harnack, Beiträge, 2, S.151 geht davon aus, daß zwar Matthäus das Reich
mit der Kirche gleichgesetzt hat, Q jedoch möglicherweise noch nicht.
Dürfte aber die Deutung der βασιλεία auf die Kirche "in der Tat der
frühen Theologie von Q kaum entsprechen" (Hoffmann, Studien, S.222
Anm.117), so wird sie noch viel weniger mit der Auffassung der ersten
Gemeinde in Verbindung zu bringen sein.

50 Schulz, Q, S.234 spricht von der "angebrochenen" Basileia!

51 Mit dieser Aussage wird, wie Schulz, Q, S.235 Anm.393 richtig feststellt, natürlich in keiner Weise auf das Schicksal des Täufers im Endgericht Bezug genommen, Johannes also auch keineswegs vom Himmelreich
ausgeschlossen. Das seit Dibelius, Worte, S.190f. häufig wiederholte
Argument, daß man dem Täufer doch die Zugehörigkeit zur βασιλεία nicht
habe absprechen können, trifft hier jedenfalls nicht.

52 Grundmann, Evangelium nach Matthäus, S.307 betont, daß das, was die
Rabbinen von den Israeliten am Schilfmeer sagten, daß nämlich dort eine
Magd mehr sah als die Propheten, hier auf die messianische Zeit übertragen sei. Auch die Aussage V.11 par. ist also möglicherweise von daher
beeinflußt, daß man die Zeit des Messias' mit der Mosezeit in Verbindung
brachte.

Zu Teil 2, Kapitel 4, § 2, 3.

1 So z.B. Percy, Botschaft, S.194; auch Schulz, Q, S.263, der allerdings
nichtsdestoweniger unter Berufung auf Schrenk eine Deutung der fraglichen Aussage "in malam partem" bevorzugt (vgl. ebd., S.265 mit Anm.

622). Bammel geht unter Berufung auf Daube und die Behauptung, daß Lk.
16,16-18 "a continuous chain of ideas" beinhalte, im übrigen sogar davon
aus, daß jener Abschnitt insgesamt als traditionsgeschichtliche Einheit
zu betrachten sei, um dann von hier aus das Traditionsstück den Worten
des Täufers zuzuweisen (vgl. E. Bammel, Is Luke 16,16-18 of Baptist's
Provenience?, HThR, Bd.51, Cambridge/Mass. 1958, S.101-106, S.101-105
[Zitat S.101]).

2 Es ist bezeichnend, daß Hoffmann, der dezidiert eine Deutung "in malam
partem" vertritt, der Auffassung ist, daß es sich bei Mt. 11,12f. par.
um zwei ursprünglich isolierte Logien handelt (vgl. Studien, S.50f.).

3 Zu den Übersetzungsmöglichkeiten vgl. vor allem Schrenk, Art.: βιάζομαι,
S.609f.

4 Das Verb βιάζεσθαι hat im Griechischen zunächst einmal die Bedeutung
"vergewaltigen" (vgl. nur Bauer, Wörterbuch, S.278). Dabei ist jedoch
nicht allein an die rechtswidrige Gewalt zu denken, sondern auch an "die
vitale, die dem Manne immanente natürliche Kraft, die das Weib gewinnt"
(so F. Stoessl, Zur Bedeutung von griech. βία , Die Sprache, Bd.6, Wiesbaden, Wien 1960, S.67-74, S.74). Angesichts der Tatsache, daß bei der
transitiv-medialen Fassung von βιάζεται ein Widerspruch zu der in den
synoptischen Evangelien faßbar werdenden Auffassung von der βασιλεία
entsteht, muß ein Verständnis im Sinne von "zwingen" freilich doch von
vornherein als unwahrscheinlich abgetan werden (ähnlich bereits Schrenk,
Art.: βιάζομαι, S.609, an den sich in diesem Punkt auch Hoffmann,
Studien, S.68 anschließt).

5 Das Griechische benutzt βιάζεσθαι auch im Sinne von "hereinbrechen,
drängen" (Belege bei Bauer, Wörterbuch, S.297 sowie Schrenk, Art.:
βιάζομαι, S.609 Anm.3). Und auf der anderen Seite wird, wie Harnack,
Worte, S.949 Anm.1 unter Verweis auf Kühner-Blaß betont, βιάζεσθαι im
Präsens nur selten passivisch benutzt. Die beispielsweise auch von
Melanchthon vertretene medial-intransitive Deutung unseres Wortes wird
daher bis heute immer wieder befürwortet (vgl. außer Harnack, Worte,
S.951f. beispielsweise W. Brandt, Matthäus c. 11,12, ZNW, Bd.11, Gießen
1910, S.247f., S.248; R. Otto, Reich Gottes und Menschensohn, Ein reli-
gionsgeschichtlicher Versuch, 3.Aufl. München 1954, S.79-82; Percy,
Botschaft, S.196f.; Fuchs, Tradition, S.133-136 sowie Polag, Christologie,
S.51 Anm.151).

6 Wenn bei Lk. βιάζεται durch εὐαγγελίζεται ersetzt ist, so spricht das
vielleicht für ein passivisches Verständnis jener in Q vorgefundenen
Verbform. Im Nachsatz ist im übrigen nicht ἁρπάζουσιν einfach durch
βιάζεται wiedergegeben, sondern eine völlig neue Formulierung gewählt,
so daß sich von hier aus keine gegenteiligen Gesichtspunkte ergeben (zur
durchaus möglichen passivischen Übersetzung des lukanischen βιάζεται
vgl. z.B. H.J. Holtzmann, Die Synoptiker, HC, Bd.1,1, 3.Aufl. Tübingen,
Leipzig 1901, S.388, der diese Übersetzung im Blick auf Lk. 14,23 erwähnt, des weiteren Wellhausen, Evangelium Lucae, S.88 sowie jetzt
Käsemann, Problem, S.210; gegen jede mediale Deutung, mag sie nun dem
Verb einen positiven oder einen negativen Sinn abgewinnen, jetzt mit
Nachdruck auch Ph.H. Menoud, Le sens du verbe βιάζεται dans le Lc 16,16,
Mélanges bibliques en hommage au R.P. Béda Rigaux, Gembloux 1970, S.207-
212; er betont ebd., S.209 mit gewissem Recht, daß "les mots πᾶς βιάζετο
qui rangent tous les auditeurs de l'évangile dans un seul et même groupe,
ne sauraient avoir l'un ou l'autre des deux sens devenus traditionnels
en exégèse").

7 Zu den diesen Übersetzungen zugrunde liegenden transitiven Grundbedeu-
tungen unseres Verbs vgl. oben Anm.4.

8 Auch diese bereits von Luther und Erasmus vertretene passivische Deutung "in bonam partem" wird immer wieder befürwortet (vgl. F. Dibelius, Der Spruch vom gezwungenen Himmelreich, ThStKr, Bd.86, Gotha 1913, S.285-288, der bei denjenigen, von denen das Reich gezwungen wird, speziell an Johannes und Jesus denkt; außerdem etwa Holtzmann, Synoptiker, S.237; Schniewind, Evangelium nach Matthäus, S.140; M. Werner, Die Entstehung des christlichen Dogmas, 2.Aufl. Bern, Tübingen 1953, S.70f.).

9 Vgl. Stoessl, Bedeutung, S.67.

10 Schrenk hat bereits festgestellt, daß das βιασταὶ ἁρπάζουσιν αὐτήν "doch am natürlichsten als Erläuterung zum Vordersatz zu fassen ist, indem βιασταί mit βιάζεται übereinkommt" (Art.: βιάζομαι, S.609); vgl. allerdings Hoffmann, Studien, S.68 Anm.61.

11 Vgl. W. Foerster, Art.: ἁρπάζω, ἁρπαγμός, ThWNT, Bd.1, Stuttgart 1933, S.471-474, S.471.

12 Allerdings heißt ἁρπάζειν nicht "etwas herbeizwingen" oder "etwas ausplündern"; vgl. Foerster, Art.: ἁρπάζω, S.472 Anm.4: "Das Akkusativobjekt bezeichnet immer das, was beim Rauben weggenommen wird".

13 Harnack, Worte, S.951 beispielsweise formuliert: "... nur Menschen, die Stürmer sind, ergreifen es (sc. das Reich)".

14 Der βιαστής ist "der violator, der Vergewaltigende, der räuberisch sein Begehren durchsetzt" (vgl. Schrenk, Art.: βιάζομαι, S.613). Zu dieser Auffassung kommt man zwar nur dann, wenn man sich bei der Deutung jenes seltenen Wortes nicht durch das harmlosere βιατάς bei Pindar bestimmen läßt. Auf βιατάς will sich aber selbst Harnack nicht berufen (vgl. Worte, S.953), der doch der Wendung βιασταὶ ἁρπάζουσιν αὐτήν einen positiven Sinn abzugewinnen sucht (vgl. oben Anm.13). Harnack räumt vielmehr bezeichnenderweise ein, daß ein Verständnis von βιασταί (und ἁρπάζειν!) im guten Sinne möglicherweise ein wenig paradox ist. Wie von dieser Erkenntnis her die lukanische Textänderung verständlich wird, haben wir bereits erwähnt (vgl. oben Kapitel 2, § 3). Ganz unumstritten ist unser Verständnis von βιασταί freilich schon insofern nicht, als Stratton den Ausdruck passivisch im Sinne von "the pressured" faßt (vgl. Ch. Stratton, Pressure for the Kingdom, Interpretation, Bd.8, Richmond/Virginia 1954, S.414-421). Gräßer, Problem, S.180 Anm.3 hat aber bereits jene Auffassung zurückgewiesen. Zum verschiedenartigen Gebrauch von ἁρπάζειν vgl. im übrigen Foerster, Art.: ἁρπάζω, S.471. Außerdem vgl. E. Moore, BIAZΩ, APΠAZΩ and Cognates in Josephus, NTS, Bd.21, Cambridge 1975, S.519-543. In dieser Untersuchung zum Sprachgebrauch bei Josephus wird u.a. gezeigt, daß gerade auch ἁρπάζειν zumeist negativ gemeint ist, insofern es "the general meaning of 'robbery with violence'" (ebd., S.525) hat. Es ergibt sich schließlich, "that βιάζω and ἁρπάζω are used in Josephus, especially in combination, to signify the direct employment of physical violence as a means of coercion, and that they carry with them a strong overtone of censure" (S.540).

15 Matth. 11,11-15, S.471 Anm.2 (hierauf beruft sich auch Percy, Botschaft, S.193 Anm.2).

16 Vgl. H. Almquist, Plutarch und das Neue Testament, Ein Beitrag zum Corpus Hellenisticum Novi Testamenti, ASNU, Bd.15, Uppsala 1946, S.38.

17 Vgl. allerdings G. Dalman, Die Worte Jesu, Bd.1, Nachdruck der 2.Aufl. Leipzig 1930 Darmstadt 1965, S.113-116; Loisy, Evangiles, 1, S.672; Schlatter, Evangelist Matthäus, S.368f.; Dibelius, Überlieferung, S.26-28 und Schrenk, Art.: βιάζομαι, S.610 (sowie im Anschluß daran auch Kümmel, Verheißung, S.115 und Schulz, Q, S.265 Anm.622), die eine

Deutung auf die Feinde des Gottesreiches vertreten. Schrenk, Art.:
βιάζομαι, S.610 verweist hier auf Mt. 13,19 ...ὀ πονηρὸς...ἀρπάζει
τὸ ἐσπαρμένον ἐν τῇ καρδίᾳ αὐτοῦ, wo ἀρπάζειν in der Tat
"jemandem wegnehmen" meint. Der Hinweis auf jene Stelle ist natürlich
für die Frage, welche Bedeutung das Wort Mt. 11,12 par. ursprünglich
gehabt hat, ohnehin nicht von Bedeutung. Meines Erachtens trägt er aber
auch für das Problem, in welchem Sinne es bei Mt. zu verstehen ist,
nichts aus. Denn eine singuläre Formulierung wie Mt. 13,19 - ἀρπάζειν
begegnet außer an dieser Stelle und in 11,12 bei Mt. nicht wieder -
läßt natürlich niemals einen Schluß auf einen speziellen Sprachgebrauch
zu, der grundsätzlich für Mt. vorauszusetzen wäre. In diesem Zusammenhang ist freilich noch einzugehen auf die fragwürdigen Thesen von G.
Braumann, "Dem Himmelreich wird Gewalt angetan" (Mt 11$_{12}$ par.), ZNW,
Bd.52, Berlin 1961, S.104-109. Braumann denkt ebenfalls an eine Deutung
auf die Feinde des Reiches, wobei er die Basileia mit der sich eschatologisch verstehenden christlichen Gemeinde identifiziert. Zugleich versteht er das ἀρπάζουσιν von Phil. 2,6 οὐχ ἁρπαγμὸν ἡγήσατο her, wodurch er zu dem Ergebnis kommt, daß die Wendung βιασταὶ ἀρπάζουσιν αὐ
den ursprünglich an Jesus gerichteten Vorwurf, er reiße die Gottesherrschaft an sich, an die Gegner zurückgebe. Aber zunächst einmal kann man
natürlich nicht ausgerechnet Phil. 2,6 zum Ausgangspunkt der Interpretation machen, mag sich auch insoweit, als ἀρπάζειν dabei die Bedeutung
"an sich reißen" erhält, ein richtiges Resultat ergeben (anders allerdings auch noch D.R. Griffith,'Αρπαγμός and ἑαυτὸν ἐκένωσεν in
Philippians ii.6,7, ET, Bd.69, Edinburgh 1957/58, S.237-239, S.238!).
Vor allem aber kann man sinnvollerweise eben kaum zugleich an ein An-
sich-Reißen und ein Bekämpfen des Reiches denken. Oder anders gesagt,
man kann nicht βασιλεία einerseits wörtlich verstehen und andererseits
auf die unter Verfolgung leidende Kirche deuten. "Nicht überzeugend"
ist die Argumentation Braumanns auch nach Hoffmann, Studien, S.76 Anm.
85. Gerade Hoffmann argumentiert freilich im entscheidenden Punkt in
der gleichen Weise wie Braumann. Er deutet unser Logion zugleich auf
die Bekämpfung der   B o t e n   des Reiches und das widerrechtliche
An-sich-Reißen der   S a c h e   der Basileia etwa durch die Zeloten
(vgl. Studien, S.71-78).

18   In dem von Dibelius, Überlieferung, S.27f. zur Stützung seiner Deutung
     herangezogenen Freerlogion zu Mk. 16,14 wird keineswegs festgestellt,
     daß das Gottesreich weggerissen wird, sondern lediglich davon gesprochen,
     daß die Menschen am Erfassen der Kraft Gottes gehindert werden. In dem
     bei Schrenk, Art.: βιάζομαι, S.610 angeführten Wort Mt. 23,13 aber
     geht es im Grunde lediglich darum, daß die Menschen am Eingehen in das
     Reich gehindert werden (vgl. auch Foerster, Art.: ἀρπάζω, S.472: "Mt
     23,13: Ihr schließt das Reich Gottes vor den Menschen zu, - das ist
     kein Wegnehmen"). Und es ist nicht genug damit, daß auch dieses Logion
     keinen Beleg für die Vorstellung vom Wegreißen des Reiches bietet. Wir
     können nämlich feststellen, daß es vielmehr unserer Deutung von Mt.
     11,12 par. auf den Versuch eines gewaltsamen An-sich-Reißens des Reiches
     in gewisser Weise entspricht. Denn daß die Menschen am Eingehen in das
     Reich gehindert werden, dürfte von daher zu verstehen sein, daß sie
     eben mit dem Versuch, das Reich durch die Befolgung einer Unzahl religi-
     öser Rechtsvorschriften zu erkämpfen, vor eine unlösbare Aufgabe ge-
     stellt werden.

19   Anders aber etwa Foerster, Art.:ἀρπάζω, S.472. Zum Praesens de conatu
     bei βιάζεσθαι vgl. im übrigen R. Kühner - B. Gerth, Ausführliche

Grammatik der griechischen Sprache, Satzlehre, Bd.1, 4.Aufl. Hannover 1955, S.140.

20 So bereits H. Scholander, Zu Mt 11,12, ZNW, Bd.13, Gießen 1912, S.172-175 in der Auseinandersetzung mit den Thesen Brandts (dazu vgl. oben Anm.5). Zu den entsprechenden rabbinischen Parallelen vgl. neben Scholander noch (Strack-)Billerbeck, Kommentar, 1, S.599f.

21 Vgl. (Strack-)Billerbeck, Kommentar, 1, S.600f.

22 Vgl. Art.: βιάζομαι, S.610 Anm.13.

23 Schrenk verweist ebd. auf Scholander und (Strack-)Billerbeck, die doch ihrerseits alles Gewicht nur auf die Tatsache legen, daß die Rabbinen von dem Versuch einer gewaltsamen H e r b e i f ü h r u n g des Reiches wissen.

24 Vgl. Dibelius, Überlieferung, S.26-28.

25 Vgl. Schrenk, Art.: βιάζομαι, S.610 im Blick speziell auf das matthäische Verständnis des Wortes (an Schrenk schließt sich auch Strecker, Weg, S.168 an). Nach O. Betz, Jesu heiliger Krieg, NT, Bd.2, Leiden 1958, S.116-137, S.128 ist übrigens an den endzeitlichen Angriff sowohl der Geistermächte als auch der irdischen Mächte zu denken; ähnlich M. Hengel, Die Zeloten, Untersuchungen zur jüdischen Freiheitsbewegung in der Zeit von Herodes I. bis 70 n.Chr., Arbeiten zur Geschichte des antiken Judentums und des Urchristentums, Bd.1, 2.Aufl. Leiden, Köln 1976, S.345.

26 Nach A. Kretzer, Die Herrschaft der Himmel und die Söhne des Reiches, Eine redaktionsgeschichtliche Untersuchung zum Basileiabegriff und Basileiaverständnis im Matthäusevangelium, Stuttgarter Biblische Monographien, Bd.10, Stuttgart, Würzburg 1971, S.76 ist eine solche Deutung "im Gesamtverständnis des Mt... möglich und sinnvoll".

27 G. Friedrich, Utopie und Reich Gottes, Zur Motivation politischen Verhaltens, Kleine Vandenhoeck-Reihe, Bd.1403, Göttingen (o.J.), S.45.

28 Vgl. zuletzt Friedrich, Utopie, S.45; auf die Zeloten deuten die βιασταί u.a. auch J. Weiß, Die Predigt Jesu vom Reiche Gottes, 3.Aufl. Göttingen 1964, S.196f.; H. Windisch, Der messianische Krieg und das Urchristentum, Tübingen 1909, S.35f.; von Gall, ΒΑΣΙΛΕΙΑ, S.353; D. Bosch, Die Heidenmission in der Zukunftsschau Jesu, Eine Untersuchung zur Eschatologie der synoptischen Evangelien, AThANT, Bd.36, Zürich 1959, S.44 sowie O. Cullmann, Der Staat im Neuen Testament, 2.Aufl. Tübingen 1961, S.14f.; auf die Zelotenfrage hingewiesen wird immerhin auch von E. Dinkler, Petrusbekenntis und Satanswort, Das Problem der Messianität Jesu, Signum Crucis, Aufsätze zum Neuen Testament und zur Christlichen Archäologie, Tübingen 1967, S.283-312 (= Zeit und Geschichte, Dankesgabe an Rudolf Bultmann zum 80. Geburtstag, Tübingen 1964, S.127-153), S.302 Anm.57.

29 Vgl. wieder Friedrich, Utopie, S.45. Friedrich führt in diesem Zusammenhang aus, daß diejenigen, die das Reich gewaltsam realisieren wollen, "durch diese ihre Frömmigkeit seinem Kommen den größten Widerstand" leisten. Nun haben wir oben in der Auseinandersetzung mit Braumann und Hoffmann bereits darauf hingewiesen, daß keineswegs zugleich ein Bekämpfen und ein An-sich-Reißen des Reiches gemeint sein kann (vgl. Anm.17). An dieser Stelle ist ergänzend zu betonen, daß auch kaum zugleich ein Erstreben und ein Wegreißen der Basileia im Blick sein dürfte. Nichtsdestoweniger mag in der anklagenden Feststellung, daß Gewaltmenschen das Reich erkämpfen und an sich bringen wollen, letztlich eben der Vorwurf liegen, daß gerade durch dieses gewalttätige Ringen um die Basileia ihr Kommen verzögert wird.

30 Vgl. auch Moore, ΒΙΑΖΩ, S.541, der an "violent and Zealotic Pharisees" denkt.

31 Bereits Schweitzer, für den Mt. 11,12 par. im Zusammenhang der Frage
    nach dem "Leben Jesu" entscheidende Bedeutung gewinnt, hat immerhin
    die Vermutung geäußert, daß es in unserem Logion um das (freilich im
    Sinne der "konsequenten Eschatologie" positiv gewertete) Ringen der
    Büßenden geht (vgl. A. Schweitzer, Geschichte der Leben-Jesu-Forschung,
    6.Aufl. Tübingen 1951, S.404; ähnlich z.B. auch Holtzmann, Synoptiker,
    S.237). Auf die Täuferjünger deutet Mt. 11,12 par. auch Fridrichsen,
    Mt. 11,11-15, S.470f. Seiner Meinung nach wird der Johannesgemeinde
    in unserem Wort allerdings zum Vorwurf gemacht, daß sie Johannes als
    Messias und sich selbst als messianische Gemeinschaft der Endzeit ver-
    stehe. Fridrichsen bezieht bei dieser Deutung aber die Verse Mt. 11,13-
    15 par. in die Argumentation mit ein und sieht in ihnen die Auffassung
    ausgesprochen, daß Gesetz und Propheten Johannes nur als Elia, nicht
    aber als Messias deklariert hätten. Zur Kritik an Fridrichsen vgl. auch
    Percy, Botschaft, S.195 Anm.3, der freilich mit jenen Thesen eine
    Deutung unseres Wortes auf die Täufergemeinde gänzlich verwirft.
32 Vgl. Worte, S.953.
33 Dibelius, Überlieferung, S.25 meint allerdings, daß die Tatsache, daß
    die Zelotenpartei älter ist als der Täufer, in diesem Zusammenhang
    nicht signifikant sei, da ja das Gottesreich jedenfalls erst seit
    Johannes vorhanden sei; dagegen vgl. aber Hoffmann, Studien, S.77 Anm.91.
34 Vom sprachlichen Befund her ist eine Entscheidung nicht zu fällen. Es
    läßt sich lediglich sagen, daß $\dot{\alpha}\pi\dot{o}$ relativ häufig "in Zusammenhang
    mit zeitlichen Begriffen im inklusiven Sinn gebraucht" wird (Kümmel,
    Gesetz, S.406 Anm.20). Daube hat in diesem Zusammenhang u.a. darauf hin-
    gewiesen, daß wir in rabbinischen Schriften bisweilen die Wahl haben
    "between the readings 'since the days of' (mime-) and 'in the days of'
    (bime-), the sense remaining the same whichever we prefer" (vgl. Daube,
    Violence, S.286). Auch er vermag aber lediglich zu schließen, daß $\dot{\alpha}\pi\dot{o}$
    inklusiv gebraucht sein   k ö n n t e .
35 Eine den Täufer aus der Zeit der Basileia ausschließende, sog. "exklu-
    dierende" Deutung vertreten im Blick auf die matthäische Textform aller-
    dings Harnack, Worte, S.951; Goguel, Seuil, S.66-69 sowie neuerdings
    Becker, Johannes, S.76 (unklar Schrenk, Art.: $\beta\iota\dot{\alpha}\zeta o\mu\alpha\iota$, S.608f.);
    zumeist wird aber wirklich für jene Textform eine den Täufer in die
    neue Zeit einschließende, sog. "inkludierende" Deutung bevorzugt (vgl.
    Zahn, Evangelium des Matthäus, S.428; Foerster, Art.: $\dot{\alpha}\rho\pi\dot{\alpha}\zeta\omega$, S.472
    mit Anm.7; Percy, Botschaft, S.199; Schmid, Evangelium nach Matthäus,
    S.193f.; Trilling, Täufertradition, S.277f. sowie auch Hoffmann, Studien,
    S.62; 66f.).
36 Vgl. etwa die von Kümmel, Gesetz, S.411 Anm.31 Genannten; außerdem noch
    E. Lohse, Lukas als Theologe der Heilsgeschichte, EvTh, Bd.14, München
    1954, S.256-275, S.266. Die bekannte These von der dreistufigen Heils-
    geschichte, als deren Mitte Jesus anzusehen ist, wurde zunächst unab-
    hängig von Lk. 16,16 entwickelt (vgl. H. Conzelmann, Zur Lukasanalyse,
    ZThK, Bd.49, Tübingen 1952, S.16-33, S.32 sowie die von W.C. Robinson,
    Der Weg des Herrn, Studien zur Geschichte und Eschatologie im Lukas-
    Evangelium, Ein Gespräch mit Hans Conzelmann, ThF, Bd.36, Hamburg-Berg-
    stedt 1964, S.7 Anm.5 genannten älteren Vertreter dieser Auffassung).
    Erst in "Die Mitte der Zeit" wird Lk. 16,16 von Conzelmann herangezogen
    und nun als entscheidender Beweis für die Stichhaltigkeit jener These
    gewertet (vgl. ebd., S.9; 14; 15; 17; 20 u.ö.).
37 Auch dort, wo nicht auf eine dreistufige heilsgeschichtliche Periodisie-
    rung im Lukasevangelium abgehoben wird, findet sich freilich bisweilen

eine Deutung des lukanischen ἀπό im exklusiven Sinn; vgl. dazu noch
die von Kümmel, Gesetz, S.411 Anm.32 Genannten.
38 Vgl. Gesetz, S.410-415.
39 John, S.51-57.
40 P.S. Minear, Luke's Use of the Birth Stories, L.E. Keck - J.L. Martyn,
    Studies in Luke-Acts, Essays Presented in Honor of P. Schubert, Nash-
    ville, New York 1966, S.111-130, S.120-123.
41 Kümmel nennt verschiedene Kronzeugen für diese Auffassung in Gesetz,
    S.411f. Anm.33f.; vgl. außerdem neuerdings beispielsweise Boers, Theo-
    logy, S.48 sowie H. Mahnke, Die Versuchungsgeschichte im Rahmen der
    synoptischen Evangelien, Ein Beitrag zur frühen Christologie, BET,
    Bd.9, Frankfurt am Main, Bern, Las Vegas 1978, S.156.
42 Dieses wird von Conzelmann, Mitte, S.17 immerhin wohl gesehen, denn er
    bezeichnet ja die vermeintliche Trennung zwischen dem Täufer und Jesus
    ausdrücklich als das Werk des Lukas: "Nicht mehr (!) der Anbruch des
    neuen Äon wird durch Johannes markiert, sondern ein Einschnitt zwischen
    zwei Epochen der einen, kontinuierlichen Geschichte". Gegen Conzelmann
    argumentiert allerdings Schulz, Q, S.265 Anm.618 unter Berufung auf
    Jüngel, Paulus, S.192 Anm.2 dahingehend, daß jene Trennung als ursprüng-
    lich anzusehen sei.
43 Vgl. immerhin bereits Percy, Botschaft, S.199 mit Anm.4.
44 Mt. 11,12f. par. muß als Einheit eben "in bonam partem" interpretiert
    werden (dazu vgl. oben). Daß ursprünglich eine Anklage erhoben werden
    soll, im Kontext aber solche Deutung "in malam partem" die größten
    Schwierigkeiten bringt, betont im übrigen auch Danker, in ganz anderer
    Weise allerdings (vgl. F.W. Danker, Luke 16_{16} - An Opposition Logion,
    JBL, Bd.77, Philadelphia 1958, S.231-243). Wenn e r feststellt, daß
    "the interpretation which employs the word i n m a l a m
    p a r t e m appears linguistically, grammatically, and theologically
    most tenable, but is contextually deficient" (ebd., S.236), so denkt
    er speziell daran, daß sich solche Deutung nicht mit dem πᾶς in Lk.
    16,16 verträgt. Dieses Problem aber löst er gerade nicht durch den
    Rekurs auf eine frühere Textform, sondern durch die Annahme, daß ein
    ursprünglich von den Pharisäern erhobener Vorwurf gegen die Öffnung
    des Reiches für "jedermann" quasi ironisierend ins Positive gewendet sei
    (vgl. besonders S.236f.). Ein solches Vorgehen ist natürlich angesichts
    der Tatsache, daß sich das πᾶς - wie Danker übrigens selbst feststellt
    (vgl. S.241) - als sekundär erweisen läßt, ohnehin nicht sinnvoll. Im
    übrigen, wer könnte in späterer Zeit eine derartig versteckte Anspie-
    lung auf die Vorwürfe der Pharisäer verstanden haben? Danker behauptet
    zwar: "From the time of Jesus the criticism is repeated until finally
    it becomes a byword. It is repeated everywhere, and everyone is aware
    of the source" (S.243). Das aber ist eben sehr die Frage!
45 Zu dessen Auffassung vgl. Schweitzer, Geschichte, S.16f.
46 So letztlich R. Eisler, ΙΗΣΟΥΣ ΒΑΣΙΛΕΥΣ ΟΥ ΒΑΣΙΛΕΥΣΑΣ ,
    Die messianische Unabhängigkeitsbewegung vom Auftreten Johannes des
    Täufers bis zum Untergang Jakobs des Gerechten nach der neuerschlossenen
    Eroberung von Jerusalem des Flavius Josephus und den christlichen Quel-
    len, Bd.1, Religionswissenschaftliche Bibliothek, Bd.9,1, Heidelberg
    1929, S.188-195; Bd.2, Religionswissenschaftliche Bibliothek, Bd.9,2,
    Heidelberg 1930, S.690-692; in anderer Weise auch J. Klausner, Jesus
    von Nazareth, Seine Zeit, sein Leben und seine Lehre, 3.Aufl. Jerusalem
    1952, S.345 u.ö.
47 Vgl. Krieg, S.128f.

48 Nach Betz, Krieg, S.125-128 wäre Mt. 11,12 letztlich dahingehend zu ver-
    stehen, daß Jesus den dämonischen und irdischen Feindmächten (zur Deu-
    tung unseres Wortes auf den endzeitlichen Angriff dieser Mächte vgl.
    oben Anm.25) entgegentritt.
49 Vgl. Staat, S.5-16.
50 So Hahn, Hoheitstitel, S.164f.
51 Im übrigen bringt bereits Weiß, Predigt, S.196 Mt. 11,12 par. damit in
    Verbindung, daß Jesus "für seine Person ... jedenfalls so weit wie
    irgend möglich davon entfernt (war), seine Ziele mit Gewalt zu erreichen".
52 Studien, S.76; Hoffmann denkt freilich letztlich an einen regelrechten
    Konflikt der Q-Gemeinde mit den Anhängern der zelotischen Bewegung; in
    solcher kämpferischen Auseinandersetzung sieht er den Hintergrund der
    Formulierung von Mt. 11,12 par. (zur Kritik an der dabei vorausgesetzten
    Interpretation des Logions vgl. oben Anm.17).
53 Darin, daß bei Johannes die Reichspredigt noch nicht im Zentrum steht
    (vgl. oben Teil 1, Kapitel 1, § 3), mag Jesus selbst den wesentlichen
    Unterschied zwischen seiner Verkündigung und der Botschaft des Täufers
    gesehen haben. Bei jeder Deutung von Mt. 11,12 par. in dem Sinne, daß
    hier das Wirken des Johannes mit der βασιλεία in Verbindung gebracht
    wird, muß man somit von einer Rückführung des Wortes auf Jesus Abstand
    nehmen. Vgl. dazu auch Becker, Johannes, S.76, der jedenfalls den Zusam-
    menhang zwischen Authentizitätserklärung und exkludierender Deutung von
    Mt. 11,12 par. herausgestellt hat (anders Wink, John, S.21f., der einen
    Zusammenhang zwischen Authentizitätserklärung und inkludierender Deutung
    sieht; so auch bereits Käsemann, Problem, S.210).
54 Vgl. oben zu Mt. 11,2-6 par. 7-11 par.
55 Vgl. noch oben zu Mt. 11,14f.
56 Schulz, Q, S.263 sieht in dieser Reflexion ein wesentliches Indiz für
    seine These, daß der gesamte Spruch wieder der von ihm postulierten
    jüngeren, hellenistisch-judenchristlichen Traditionsschicht von Q zuzu-
    weisen ist. Immerhin, die Hinzufügung von V.13 par. dürfte zeitlich in
    etwa bereits mit der Abfassung der Redequelle in Zusammenhang zu bringen
    sein.
57 Vgl. die Belege bei Kümmel, Traditionsgedanke, S.20 Anm.23. Bammel, Luke
    16,16-18, S.106 bringt die Wendung sicher zu Unrecht speziell mit
    "Baptist circles" in Verbindung.
58 Vgl. oben Kapitel 2, § 4.
59 Vgl. hierzu U. Luck, Welterfahrung und Glaube als Grundproblem biblischer
    Theologie, TEH, Bd.191, München 1976, bes. S.29-36.

Zu Teil 2, Kapitel 4, § 2, 4.

1 Vgl. die Einordnung der Perikope bei Bultmann, Geschichte, S.186; tatsächlich ist das Wort V.16f. par. nicht mehr als "ein nur leicht ausge-
   bauter Vergleich" (Schürmann, Lukasevangelium, 1, S.423).
2 Bultmann hat die ἦλθον-Sprüche und verwandte Worte vom Kommen Jesu zu-
   sammengeordnet und sie "a parte potiori" Ich-Worte genannt (vgl. Geschichte, S.163-165).
3 Schürmann, Lukasevangelium, 1, S.428; vgl. auch Suggs, Wisdom, S.34:
   "The proverb(!) about Wisdom is a secondary interpretation which was
   already taken up in Q".

4 So beispielsweise auch Bundy, Jesus, S.171 unter Verweis auf Sir. 11,28b; zu Suggs vgl. die vorhergehende Anm.

5 Dazu vgl. unten.

6 Erwogen auch von Schürmann, Lukasevangelium, 1, S.428; zu Suggs vgl. Anm.3.

7 Vgl. Interpretation, besonders S.180f. Zu älteren Versuchen, das σοφία-Wort als ein jüdisches Sprichwort zu erweisen und es in ironischem Sinne (oder gar im Sinne eines Schimpfwortes der Gegner Jesu) zu verstehen, vgl. Jülicher, Gleichnisreden, 2, S.34f. Die Auffassung, daß ἐδικαιώθη ein gnomischer Aorist sei, vertritt im übrigen auch Jeremias, Gleichnisse, S.162 Anm.4. Doch geht er nichtsdestoweniger davon aus, daß unser Logion in positivem Sinne als ein Hinweis auf die Rechtfertigung der mit Gott gleichzusetzenden Weisheit zu verstehen sei. Nach U. Wilckens, Art.: σοφία κτλ, C. Judentum, D. Gnosis, E. Neues Testament, F. Apostolische Väter und frühe Apologeten, ThWNT, Bd.7, Stuttgart 1964, S.497-529, S.516 Anm.351 (vgl. aber auch ders., Weisheit und Torheit, Eine exegetisch-religionsgeschichtliche Untersuchung zu 1. Kor. 1 und 2, BHTh, Bd.26, Tübingen 1959, S.198) wäre ἐδικαιώθη Passiv des faktitiven oder deklarativen Aktivs δικαιόω. Er denkt daran, daß unser Wort auf die Rechtfertigung der göttlichen Weisheit "im nahen Gericht" hinweisen solle. Gegen diese futurisch akzentuierte Deutung vgl. jedoch Hoffmann, Studien, S.229 Anm.138. Dort, wo unser Logion grundsätzlich in positivem Sinne verstanden wird, muß aber auf jeden Fall noch die Frage, ob auch die "Kinder der Weisheit" positiv zu deuten sind, gestellt werden. Die Entscheidung in diesem Punkt hängt dann davon ab, welcher Sinn dem ἀπό abgewonnen wird. Wellhausen, Evangelium Matthaei, S.53 ist der Meinung, dieses sei mit min q'dãm (מן קדם) gleichzusetzen und bedeute: vor, gegenüber. Mit solcher Auffassung ist etwa die von Dibelius, Überlieferung, S.19 Anm.2 vertretene zu vergleichen, nach der ἀπό als "fern von" zu übersetzen wäre. In beiden Fällen würde sich ergeben, daß mit den "Kindern der Weisheit" die der göttlichen Weisheit nicht Recht gebenden Juden gemeint sind. Aber von vornherein ist es unwahrscheinlich, daß das ἀπό nicht zwanglos im Sinne von ὑπό (dazu vgl. nur Hoffmann, Studien, S.228 Anm.138 unter Verweis auf Blaß-Debrunner) zu verstehen sein sollte. Und dieses gilt um so mehr, als sich in der bei Mt. begegnenden Änderung von τέκνων in ἔργων ganz gewiß ein solches Verständnis von ἀπό im Sinne von ὑπό dokumentiert (dazu vgl. gerade auch Dibelius, Überlieferung, S.19 Anm.2).

8 Interpretation, S.180.

9 Vgl. oben Kapitel 2, § 3, wo insbesondere auf die Entsprechung zwischen ἔργων V.19 und ἔργα V.2 sowie außerdem auf die Wiederaufnahme dieses Motivs in der Erwähnung der δυνάμεις V.20a.21b.23b hingewiesen wird. Ähnlich beispielsweise Linton, Parable, S.165.

10 Daß Lukas das σοφία-Wort kaum im sprichwörtlichen Sinne verstanden hat, gibt Leivestad schließlich zu. Dabei spielt auch für ihn das lukanische πάντων die entscheidende Rolle, insofern dieses seiner Meinung nach "makes it quite clear that Luke has understood 'children' to mean 'disciples', in accordance with a common Jewish mode of expression" (Interpretation, S.181).

11 Vgl. Interpretation, S.181.

12 Mit den "Kindern der Weisheit" werden ganz allgemein die Mitglieder der christlichen Gemeinde bezeichnet sein sollen (dazu vgl. etwa Schürmann, Lukasevangelium, 1, S.420f.; 427 unter Verweis auf Sir. 4,11; Spr. 8,32f. sowie auch Hoffmann, Studien, S.229 im Anschluß an Schlatter). Johannes

und Jesus selbst, die theoretisch ebenfalls in Frage kämen, b e -
d ü r f e n ja gerade der Rechtfertigung (so in Auseinandersetzung
mit Bultmann insbesondere Christ, Jesus, S.65 Anm.217, der für seine
Deutung unseres Wortes auf eine Vielzahl weisheitlicher Parallelen hinweisen konnte; anders allerdings jetzt auch noch Suggs, Wisdom, S.35;
dazu vgl. unten Teil 3, Kapitel 2, § 1). Das lukanische πάντων ist hier
insofern signifikant, als es wohl auch für Lk. eine Deutung der Weisheitskinder auf Johannes und Jesus unmöglich macht (anders allerdings
E. Lövestam, Till förståelsen av Luk. 7:35, SEÅ, Bd.22/23, Lund 1957/58,
S.47-63; er kommt ebd., S.62 zu dem Ergebnis: "I uttrycket 'Vishetens
barn' i Luk. 7:35 inkluderas väl då i första hand Johannes och Jesus
själva"; im übrigen verweist er auf Lk. 11,49-51, wo die Weisheit
"Propheten und Apostel" sendet; vgl. aber noch oben Anm.10).

13 Von dem Rekurs auf einen "'Sitz' in der Verkündigungssituation Palä-
    stinas" aus argumentiert in ähnlicher Weise auch Schürmann, Lukasevan-
    gelium, 1, S.428 zugunsten der Annahme, daß das abschließende σοφία-
    Wort so alt ist wie die Anwendung überhaupt.

14 Vgl. nur Schulz, Ç, S.380f.

15 Vgl. zu den folgenden Zitaten Studien, S.224.

16 Überlieferung, S.16.

17 (Strack-)Billerbeck, Kommentar, 1, S.604. Vgl. D. Zeller, Die Bildlogik
    des Gleichnisses Mt 11$_{16f.}$/Lk 7$_{31f.}$, ZNW, Bd.68, Berlin, New York
    1977, S.252-257, S.255. Zeller zieht ebd., S.256 zusätzlich einen Text
    aus dem 12. Proömium des Midraschs zu den Klgl. heran: "Welchen Gesang
    auch immer einer singt, er geht nicht ein in die Ohren der Tanzenden,
    welchen Gesang auch immer einer singt, der verstockte Sohn hört es
    nicht".

18 Vgl. Lukasevangelium, 1, S.426.

19 Vgl. Greek Proverbs in the Gospel, The Framework of the New Testament
    Stories, Manchester 1964, S.44-63, S.51-53.

20 Lukasevangelium, 1, S.425; vgl. auch Zeller, Bildlogik, S.253.

21 Vgl. Studien, S.225-227.

22 Vgl. oben Kapitel 2, § 3.

23 Dazu vgl. die Anm.25 gekennzeichnete Position Jülichers.

24 Dazu vgl. aber auch unten.

25 Vgl. etwa Wellhausen, Evangelium Matthaei, S.53; J.M. Creed, The Gospel
    According to St. Luke, The Greek Text with Introduction, Notes and
    Indices, Nachdruck der Aufl. London 1930 London 1965, S.108; Schmid,
    Evangelium nach Matthäus, S.194 sowie insbesondere Schürmann, Lukas-
    evangelium, 1, S.425 in Auseinandersetzung mit A. Jülicher, Die Gleich-
    nisreden Jesu, Bd.2, Auslegung der Gleichnisreden der drei ersten
    Evangelien, Nachdruck der Aufl. Tübingen 1910 Darmstadt 1963, S.30-33.
    Jülicher hat nun zwar ebd. wohl aus Angst vor der Allegorese im Blick
    auf die Deuteworte tatsächlich eine Identifizierung der Rufer mit
    Johannes und Jesus abgelehnt (vgl. auch bereits Gleichnisreden, 2, S.27,
    wo er Gewicht darauf legt, daß das Deutewort "nicht durch οὕτως καί,
    wodurch Johannes und Jesus den Kindern gleichgestellt schienen", ange-
    schlossen ist). Im selben Atemzug hat er aber andererseits eine Identi-
    fizierung gerade der zum Spiele aufrufenden Kinder mit der angeklagten
    γενεά für ungenügend erklärt (vgl. zu seiner Argumentation auch noch
    unten Anm.29). Seiner Auffassung nach ist nämlich wirklich nicht streng
    zwischen den beiden Kindergruppen, der zum Mitspielen auffordernden und
    der dazu aufgeforderten, zu unterscheiden (dazu vgl. auch schon Gleich-
    nisreden, 2, S.26, wo davon ausgegangen wird, daß die Kinderrufe ebenso

mit vertauschten Rollen denkbar sind). Diese These ist aber allenfalls im Blick auf eine etwaige ursprüngliche Bedeutung des Gleichnisses zu erwägen (dazu vgl. oben). Die Deuteworte, die durch den Gegensatz zwischen Johannes und Jesus auf der einen und "diesem Geschlecht" auf der anderen Seite bestimmt sind, müssen doch das Gleichnis ohnehin von einem ähnlichen Gegensatz her verstanden haben. Im übrigen, Jülicher geht de facto dann doch von einer Identifizierung der rufenden Kinder einerseits mit Johannes und Jesus und der angerufenen Kinder andererseits mit "diesem Geschlecht" aus. Dieses zeigt sich zum einen daran, daß er, wie Schürmann (Lukasevangelium, 1, S.425 Anm.126) betont, selbst doch zugestehen muß, Jesus habe nichtsdestoweniger möglicherweise "gerade αὐλεῖν und θρηνεῖν schon im Gedanken an die Düsterkeit des Täufers und   s e i n   heiteres Wesen gewählt" (Gleichnisreden, 2, S.32). Zum anderen aber wird es daran sichtbar, daß seiner Auffassung nach der Vergleichspunkt zu umschreiben ist als "der launenhafte Eigensinn, der immer gerade das nicht will,   w a s   i h m   a n g e - b o t e n   w i r d "   (ebd.; Sperrung von mir).

26 Dazu vgl. oben Kapitel 1, § 2 Anm.35; ähnlich neuerdings besonders auch Linton, Parable, S.172.

27 Auch hierzu vgl. oben Kapitel 1, § 2 Anm.35; nach Linton, Parable, S.173 ist eben dieses der entscheidende Punkt, "the fact namely, that there is a correspondence between what the children say and what people say of John and Jesus".

28 Dazu vgl. außer den oben Kapitel 1, § 2 Anm.35 und soeben Anm.26f. Genannten etwa noch Jeremias, Gleichnisse, S.161.

29 Zu dieser Argumentation vgl. bereits A.B. Bruce, The Parabolic Teaching of Christ, London 1882, S.417; auch Jülicher, Gleichnisreden, 2, S.31 fragt: "Und wird damit das Verhältnis zwischen Judenvolk und Johannes - Jesus nicht verdreht, wenn die Juden als Tonangeber erscheinen, denen Johannes - Jesus sich nicht unterwerfen?"

30 In der Auseinandersetzung mit A.H. McNeile (vgl. The Gospel According to St. Matthew, London 1957, S.157) kommt auch Linton (vgl. Parable, S.175) zu der Auffassung, daß die Menschen "dieses Geschlechts" sehr wohl als solche gesehen sind, die gewisse Ansprüche an Johannes und Jesus stellen. Er denkt dabei aber lediglich an das Ansinnen, daß "they should take part in feasts when the people had their festivals and fast when all decent people fasted". Das Gleichnis deutet er nämlich in entsprechender Weise von der Erwartung her, daß die angerufenen Kinder sich nicht als Außenseiter benehmen. Aber erwarten die rufenden Kinder nicht eindeutig mehr, als daß die Spielkameraden sich an die allgemein üblichen Spielregeln halten? Und verlangt "dieses Geschlecht" nach den Deuteworten nicht vielmehr, daß sich die Angesprochenen bald auf diese, bald auf jene Weise verhalten?

31 Vgl. Studien, S.225.

32 Vgl. Q, S.381.

33 Hoffmann, Studien, S.225.

34 Ebd.

35 Hoffmann spricht in Studien, S.225 von einer "angehängten Bemerkung..., die mit dem Gleichnis selbst nichts mehr zu tun hat" (vgl. in diesem Zusammenhang aber bereits unsere Ausführungen zur ursprünglichen Zusammengehörigkeit des σοφία-Wortes mit den ἦλθεν-Sprüchen).

36 Zu den Möglichkeiten eines Mißverständnisses vgl. eben unsere Ausführungen zur ursprünglichen Bedeutung des Gleichnisses.

37 Besonders geht auch Mußner, Kairos, S.605f. davon aus, daß Gleichnis

und Deutewort von Anfang an eine (kausale) Einheit gebildet haben. Er stellt fest, daß das Urteil, das mit dem Gleichnis über "dieses Geschlecht" gefällt wird, grundsätzlich einer Begründung bedurfte. Außerdem betont er, daß andererseits ja auch das zwiespältige Urteil "dieser Generation" über Johannes und Jesus mit dem Gleichnis seine Erklärung findet.

38 Vgl. etwa Harnack, Beiträge, 2, S.151; Jeremias, Gleichnisse, S.160-162 sowie Percy, Botschaft, S.251-253. Ebenso ist Mußner in Kairos, S.601-603 zunächst einmal um den Nachweis der Echtheit insbesondere auch des Deutewortes bemüht. Auch ihm geht es um die Authentizität der Überlieferung.

39 Daß dieses grundsätzlich möglich ist, haben wir oben eingeräumt!

40 Vgl. z.B. Lührmann, Redaktion, S.29.

41 Vgl. immerhin Linton, Parable, S.174.

42 Linton antwortet freilich auf die von ihm gestellte Frage, ob Jesus das Gleichnis gesprochen haben könne, mit einer Gegenfrage: "Why not? He is here not speaking of babes and why should his or anybody's love of children depend on unrealistic presuppositions?" Aber diese Gegenfrage macht doch wohl das Dilemma, in dem sich die Verteidiger der Authentizität des Traditionsstückes befinden, nur noch deutlicher! Zu unserem Ergebnis vgl. noch Schulz, Q, S.381, der, obschon er einerseits offen lassen möchte, ob unser Gleichnis dem historischen Jesus zuzuweisen ist oder nicht, letztlich auch hier auf eine Zugehörigkeit des Überlieferungsgutes zu der von ihm postulierten jüngeren Traditionsschicht von Q plädiert.

43 Dazu vgl. oben Kapitel 2, § 3 Anm.128.

44 So bereits Jülicher, Gleichnisreden, 2, S.27 unter Berufung auf Wellhausen; sodann insbesondere Jeremias, Gleichnisse, S.160 Anm.1, der von einem "Reim mit Wortspiel" spricht.

45 Zur Frage des Vorliegens eines Sprichwortes vgl. oben.

46 J. Schattenmann, Studien zum neutestamentlichen Prosahymnus, München 1965, S.7 spricht von einem "Kinderlied", das durch einen auch noch in der Vulgata erhaltenen "Endreim" gekennzeichnet sei.

47 Jülicher, Gleichnisreden, 2, S.27 gegen A. Meyer. Ihm geht es freilich lediglich darum, daß d e n   K i n d e r n   G a l i l ä a s   die Bildung des vermeintlichen Wortspiels kaum zuzutrauen ist. Ansonsten ist er gerade der Meinung, das   J e s u s   sehr wohl eine derartige Formulierung gewählt haben könne.

48 Gegen Jeremias, Gleichnisse, S.160 Anm.1.

49 Vgl. Mußner, Kairos, S.601.

50 Vgl. hier Mk. 2,13-20 sowie Lk. 15,2!

51 Das sieht auch Hoffmann, Studien, S.227f.; der sein negatives Urteil in der Authentizitätsfrage dementsprechend ausdrücklich auf das Deutewort i n   s e i n e r   v o r l i e g e n d e n   G e s t a l t   beschränkt.

52 Bereits Harnack, Beiträge, 2, S.151 legt Gewicht auf die Tatsache, daß jene Worte "nicht eben das Walten nachträglicher Legende verraten". Ähnlich Dibelius, Überlieferung, S.20, der aber von hier aus keineswegs schließt, daß das Deutewort i n s g e s a m t   ursprünglich sei.

53 Zu einem vergleichbaren Ergebnis kommt Merklein, Gottesherrschaft, S.198. Percy, Botschaft, S.253 möchte zwar davon ausgehen, daß die fraglichen Beschimpfungen in späterer Zeit kaum mehr dieselbe Aktualität gehabt haben wie in der Lebenszeit Jesu. Aber wie dem auch sei, die Gemeinde hat doch gewiß damit rechnen können, daß "dieses Geschlecht" seine Auffassung in jenen Beschimpfungen noch wiederfinden konnte.

54 Vgl. dazu beispielsweise Jeremias, Gleichnisse, S.160 Anm.1, der bemerkt, die Urkirche betone die Unterordnung des Täufers; ähnlich außerdem Schweizer, Menschensohn, S.199f., nach dessen Auffassung die Urchristenheit den Täufer nur als Konkurrenten oder Zeugen Jesu hat zeichnen können.

55 Dazu vgl. allerdings Haenchen, Weg, S.316f.

56 Dazu vgl. oben zum sog. Stürmerspruch.

57 Davon, daß sich in unserem Wort eine heilsgeschichtliche Stufenfolge findet, geht auch Mußner, Kairos, S.604 aus. Nur möchte er gerade der ä l t e s t e n   Ü b e r l i e f e r u n g s s c h i c h t   jene heilsgeschichtliche Periodisierung zuweisen.

58 Vgl. bei Bultmann, Geschichte, S.164f.

59 Percy, Botschaft, S.253 Anm.3.

60 Dazu vgl. Bultmann, Geschichte, S.167.

61 Auch Percy sieht, daß grundsätzlich mit den Worten vom Gekommensein Jesu dessen Auftreten rückschauend überblickt zu werden scheint (vgl. Botschaft, S.245); er behauptet aber zugleich, daß in unserem Falle "kommen" mit "auf die Bühne eintreten" zu übersetzen sei (ebd., S.253 Anm.3). Hier ist in etwa die Position Mußners zu vergleichen, insofern seiner Auffassung nach das Verbum ἔρχεσθαι an unserer Stelle statt in rückschauender Betrachtung "epiphanisch" gebraucht ist (vgl. Kairos, S.603 Anm.3). Ähnlich auch noch J. Schneider, Art.:ἔρχομαι κτλ, ThWNT, Bd.2, Stuttgart 1935, S.662-682, S.664. Vgl. dagegen aber Hoffmann, Studien, S.228 Anm. 136.

62 Ähnlich schon Harnack, Beiträge, 2, S.151.

63 Vgl. Bultmann, Geschichte, S.167.

64 Dazu vgl. Dibelius, Überlieferung, S.18; Bultmann, Geschichte, S.166; Ph. Vielhauer, Jesus und der Menschensohn, Aufsätze zum Neuen Testament, TB, Bd.31, München 1965, S.92-140 (= ZThK, Bd.60, Tübingen 1963, S.133-177), S.125-127; Tödt, Menschensohn, S.108; Hoffmann, Studien, S.228; Schulz, Q, S.381.

65 Vgl. Muttersprache, S.97.

66 Ähnlich besonders Jeremias, Gleichnisse, S.160 Anm.1; vgl. auch Manson, Sayings, S.70f.; und selbst Bultmann, Geschichte, S.166 will bei Mt. 11,18f. par. nicht völlig ausschließen, daß hier ursprünglich der Menschensohn "einfach den Menschen bedeutete".

67 Für ein   n i c h t - titulares Verständnis von υἱὸς τοῦ ἀνθρώπου spricht das ἄνθρωπος φάγος... nach E. Arens, The ᾿Ηλθον-Sayings in the Synoptic Tradition, A Historico-Critical Investigation, Orbis Biblicus et Orientalis, Bd.10, Freiburg/Schweiz, Göttingen 1976, S.233f. Zu unserer Argumentation vgl. dagegen schon Jülicher, Gleichnisreden, 2, S.29; außerdem Tödt, Menschensohn, S.107.

68 Vgl. Percy, Botschaft, S.252f. sowie Mußner, Kairos, S.603.

69 So jedenfalls Mußner, Kairos, S.603 Anm.3.

70 Zu diesen Worten vgl. besonders Tödt, Menschensohn, S.37-42; 50-56.

71 Vgl. Menschensohn, S.109; ähnlich Schürmann, Lukasevangelium, 1, S.428f.

72 Vgl. Geschichte, S.166, wo die Anwendung des Menschensohntitels auf den irdischen Jesus dem hellenistischen Überlieferungsstadium zugeordnet wird; ähnlich Schulz, Q, S.381 (vgl. außerdem besonders S.382), für den gerade auch unsere Deuteworte "eindeutig ihren Ursprung in der hellenistisch-judenchristlichen Traditionsschicht von Q" haben.

73 Menschensohn, S.108.

74 Dazu vgl. auch Schulz, Q, S.382f. im Anschluß an Hoffmann. Den universalen Anspruch, der sich sicherlich daraus für die Verkündigung Jesu er-

gibt, bekommt Schulz allerdings nicht in den Blick. Er betont vielmehr
lediglich, daß sich der Menschensohn "nicht den Zöllnern und Sündern
zu(wendet), um gemeinsame Sache gegen die Mose-Tora und damit gegen
Gottes unverbrüchlichen Willen zu machen" (Q, S.385).
75 Vgl. allerdings Schulz, Q, S.382.
76 Vgl. die Ausführungen zum Stürmerspruch!
77 Mußner, Kairos, S.602 betont in der Auseinandersetzung mit Jeremias, daß
   Jesu Freudenmahle "nicht Zeichen nahenden Unheils, sondern schon anbre-
   chenden Heils" sind; demnach besteht der Vorwurf, den das Logion enthält, letztlich darin, daß die "Zeichen der Zeit" nicht erkannt worden
   sind (vgl. ebd., S.604).

Zu Teil 2, Kapitel 4, § 2, 5.

1 Dazu vgl. oben Kapitel 2, § 1 Anm.7 sowie ebd., § 3.
2 Vgl. oben § 1.
3 Geschichte, S.118; Bultmann beruft sich hier auf Fridrichsen, Problème,
   S.49, der seinerseits bereits auf "un schéma de la polêmique du
   christianisme primitif sous une forme gnomique et stylisée" rekurriert.
4 Auch in Mt. 12,41f./Lk. 11,31f. geht es darum, welches Schicksal Israel
   im Vergleich zu den Heiden "ἐν τῇ κρίσει" ereilen wird!
5 Den prophetischen Charakter der Logien stellt schon Dibelius, Formgeschichte, S.259 heraus, Bultmann, Geschichte, S.117f. ordnet sie den
   Drohworten unter den prophetischen und apokalyptischen Worten zu, und
   Grundmann, Evangelium nach Lukas, S.211 sowie Schulz, Q, S.361 charakterisieren sie in ähnlicher Weise unter Hinweis auf einen apokalyptischen
   Einschlag (dazu vgl. aber auch noch Käsemann, Anfänge, S.98 sowie unten).
   Nach O.H. Steck, Israel und das gewaltsame Geschick der Propheten,
   Untersuchungen zur Überlieferung des deuteronomistischen Geschichts-
   bildes im Alten Testament, Spätjudentum und Urchristentum, WMANT, Bd.23,
   Neukirchen-Vluyn 1967, S.290 Anm.5 ist im übrigen das mit der Botenfor-
   mel eingeleitete Drohwort beim Wehespruch, wie es etwa in Jer. 23,2
   oder Ez. 34,10 begegnet, zum Vergleich mit dem ausdrücklich als Wort
   Jesu eingeführten Drohwort im engeren Sinne Mt. 11,22.24 heranzuziehen.
   Und wirklich liegt eine Entsprechung zwischen der alttestamentlichen
   Botenformel und dem matthäischen πλὴν λέγω ὑμῖν· vor; Jesus steht hier
   an der Stelle, die Gott in jener Formel einnimmt. Dementsprechend ist
   natürlich die Rede von einer literarisch-schriftstellerischen Verwendung
   der eigentlich prophetischen λέγω ὑμῖν-Formel (so Schulz, Q, S.362f.)
   nicht zu rechtfertigen. In der ursprünglichen Überlieferung fehlt zwar
   das λέγω ὑμῖν. In seiner Hinzufügung aber drückt sich doch gerade eine
   christologische Überbietung der Botenformel aus.
6 Dazu vgl. Lührmann, Redaktion, S.63f. und im Anschluß daran Schulz, Q,
   S.363 mit Anm.271.
7 Q, S.361 Anm.254.
8 Schulz (vgl. Anm.7) setzt dagegen ohne weiteres voraus, daß bei unseren
   Logien von einer "Parallelität der Aussage" auszugehen sei.
9 Darauf beruft sich Schulz in Q, S.361 Anm.254.
10 Die Drohung gegen Kapernaum nimmt ja wohl das Wort Jes. 14,13.15 aus dem
   Spottlied über Nebukadnezar auf. Die Verbform καταβήσῃ entspricht dabei
   dem Septuagintatext. Das Fehlen des Artikels vor ᾅδου im matthäischen

Text haben wir allerdings bereits oben als sicher sekundäre Angleichung
an die Septuaginta erklärt. Und ansonsten läßt sich die neutestamentliche Textgestalt ebensowenig auf das griechische AT zurückführen (gegen
Schulz, Q, S.363) wie auf das hebräische (gegen Johnson-Buttrick, Gospel
According to St. Matthew, S.386).

11 In der Form des Völkerorakels (dazu vgl. oben) wird im AT oft gerade den
heidnischen Hafenstädten Tyrus und Sidon als Erzfeinden Israels das
Gericht angesagt. So ist in Ez. 26,1-28,19; 28,20-26 ein Komplex von
Drohworten gegen Tyrus neben einen Komplex von Strafandrohungen gegen
Sidon gestellt. Auch begegnen in Jes. 23 Aussprüche gegen Tyrus unmittelbar neben solchen gegen Sidon. Und in Jer. 47,4; Sach. 9,2(3f.); Jo. 3,4
richtet sich das prophetische Wort direkt gegen "Tyrus und Sidon". Die
Zusammenstellung der beiden Städtenamen ist in dieser Weise ist im übrigen
fast formelhaft zu nennen. Sie begegnet als geographische Angabe nicht
nur in der alttestamentlichen, sondern auch in der spätjüdischen und
frühchristlichen Literatur relativ häufig (vgl. die von Lührmann, Redaktion, S.63 Anm.3 genannten Belegstellen).

12 Nur angesichts dieses grundlegenden Unterschiedes ist richtig zu beurteilen, daß die Schilderung des Schicksals des babylonischen Königs in
Jes. 14,15 der Schilderung des Schicksals der Stadt Tyrus in Ez. 26,20;
28,8 in etwa entspricht!

13 Gegen Schulz, Q, S.361 Anm.254.

14 Vgl. Hahn, Verständnis, S.27 Anm.1, der allerdings Mt. 11,23f. als Einheit betrachtet und auf die Verwendung von Motiven aus 10,15 (!) rekurriert; im übrigen vgl. auch Schweizer, Evangelium nach Matthäus, S.173,
der bezeichnenderweise nur für Mt. 11,21f. Echtheit erwägt.

15 So Hahn, Verständnis, S.27; vgl. zur Rückführung unserer Sprüche auf
Jesus im übrigen auch Kümmel, Verheißung, S.30f. sowie Neuhäusler, Anspruch, S.201; dagegen aber schon Schulz, Q, S.362 Anm.257.

16 Vgl. die oben in Anm.5 Genannten.

17 Bibbia e Oriente, Bd.2, Mailand 1960, S.58-62.

18 Evangelium nach Matthäus, 2, S.128.

19 Dazu vgl. oben Anm.4.

20 Vgl. allerdings Adinolfi, Condanna, S.59.

21 Delling, Art.: ἡμέρα, S.955.

22 Vgl. Delling, Art.: ἡμέρα, S.956; einer nachdrücklichen Betonung hält
er nur die Feststellung für wert, daß "ἡμέρα in diesen Zusammenhängen
ein   r e i n   z u k ü n f t i g - endzeitlicher Begriff ist".

23 Delling, Art.: ἡμέρα, S.954 betont, daß in der apokalyptischen Literatur
sehr häufig vom "Tag des Gerichts" (so 4. Esr. und äth. Hen. sowie sl.
Hen.) oder vom "Tag des großen Gerichts" (so äth. Hen. sowie sl. Hen.)
die Rede ist; im übrigen weist er ebd., S.956 noch darauf hin, daß zum
Vergleich u.a. auch jChag 77 a M sowie Ex r 23 zu 15,1 heranzuziehen
sind. Dazu vgl. dann Schulz, Q, S.363 Anm.269, der unter Verweis auf
diese Stellen ἡμέρα κρίσεως für einen gängigen apokalyptischen Begriff
für das Endgericht erklärt.

24 So Käsemann, Anfänge, S.98. Aber auch Schulz, Q, S.363 geht ganz fraglos
davon aus, daß man in der Bezugnahme auf apokalyptische Vorstellungen
ein Indiz für die Zugehörigkeit der Tradition zu einer späteren Über-
lieferungsstufe erblicken kann.

25 Vgl. Anfänge, S.99f., wo die Verkündigung Jesu nicht nur von einer auf
Reapokalyptisierung zurückgeführten Gemeindetheologie, sondern auch von
einer durchaus als apokalyptisch charakterisierten Täuferbotschaft als
unapokalyptisch abgesetzt wird.

26 Vgl. aber oben im Abschnitt über die Täuferanfrage Mt. 11,2-6 par. die Ausführungen zur eschatologischen Erwartung des Johannes!

27 Der Glaube an den apokalyptischen Menschensohn wird ja, wie bereits im vorhergehenden Abschnitt im Blick auf die ἦλθεν- Sprüche Mt. 11,18f. näher ausgeführt, auf den irdischen Jesus verwiesen.

28 Gegen Schulz, Q, S.363 muß an dieser Stelle aber noch ergänzend angemerkt werden, daß ebenso wie eine Bezugnahme auf apokalyptische Überlieferung auch eine Bezugnahme auf weisheitliche Tradition noch nicht entscheidend gegen das Vorliegen echten Jesusgutes spricht. Im übrigen ist fraglich, ob bezüglich der Worte gegen Chorazin und Bethsaida sowie Kapernaum überhaupt von einer Anknüpfung an weisheitliche Tradition die Rede sein kann. Meines Erachtens ist es kaum sinnvoll, hier von einem Hinweis "auf ganze Geschichten des Alten Testaments" als einem "Kennzeichen 'weisheitliche(r) Interpretation der im Alten Testament vorliegenden Geschichtsstoffe'" zu sprechen (so freilich Schulz, Q, S.363 unter Berufung auf Lührmann, Redaktion, S.98).

29 Vgl. Evangelium Matthaei, S.54; an Wellhausens Argumentation schließen sich dann Bultmann, Geschichte, S.118 und Klostermann, Matthäusevangelium, S.100 an; ähnlich außerdem noch H. Braun, Spätjüdisch-häretischer und früh christlicher Radikalismus, Jesus von Nazareth und die essenische Qumransekte, Bd.2, BHTh, Bd.24,2, 2.Aufl. Tübingen 1969, S.49 sowie Schulz, Q, S.363.

30 Nach Schulz, Q, S.362 sind demgegenüber in den ältesten Q-Stoffen die Weherufe noch allein gegen die Pharisäer gerichtet; er spricht im Blick auf unser Traditionsgut von einer sekundären "Ausweitung der Polemik".

31 Zur Überlieferung des Namens in der jüdischen Tradition vgl. Schlatter, Evangelist Matthäus, S.378.

32 Zu Bethsaida vgl. noch Mk. 6,45; 8,22 und Lk. 9,10 sowie außerdem Joh. 1,44; 12,21.

33 Schon Wellhausen, Evangelium Matthaei, S.54f. betont, daß bei Mk. nur Nazareth Ort des Mißerfolges Jesu, Kapernaum aber Ort seines größten Erfolges ist.

34 Vgl. oben unsere Analyse der Täufertradition.

35 Unter Verweis auf Kümmel, Verheißung, S.31 stellt Schulz, Q, S.365 Anm. 277 fest, es liege "ein ähnliches Verhältnis zwischen Anerkennung bzw. Ablehnung der eschatologischen Heilstaten des Endzeitpropheten Jesus und der Annahme bzw. Verwerfung im Endgericht vor, wie wir es schon in Lk 12,8f par in bezug auf die Anerkennung bzw. Ablehnung des irdischen Jesus sahen".

36 Zu der mit den Worten ἐν σάκκῳ καὶ σποδῷ μετενόησαν angesprochenen alttestamentlich-jüdischen Bußpraxis vgl. die bei Schulz, Q, S.364 Anm.274 genannten Belege sowie auch die von (Strack-) Billerbeck, Kommentar, 1, S.605; 4,2, S.103f. herangezogenen Parallelen.

Zu Teil 2, Kapitel 4, § 2, 6.

1 So Schumacher, Selbstoffenbarung, S.4f.

2 Dazu vgl. U. Luck, Weisheit und Christologie in Mt 11,25-30, WuD, Jahrbuch der Kirchlichen Hochschule Bethel, NF, Bd.13, Bethel 1975, S.35-51, S.37 unter Verweis auf H.J. Holtzmann, Lehrbuch der Neutestamentlichen Theologie, Bd.1, 2.Aufl. Tübingen 1911, S.347f.; 349f.

3 Vgl. Theos, S.303f.

4 Norden spricht im Untertitel seines Buches "Agnostos Theos" bereits von "Untersuchungen zur Formengeschichte religiöser Rede"!

5 Zu diesen Thesen vgl. oben Teil 1, Kapitel 1, § 4 Anm.20 sowie Teil 2, Kapitel 1, § 2 Anm.47.

6 O. Pfleiderer, Das Urchristentum, seine Schriften und Lehren in geschichtlichem Zusammenhang, Bd.1, 2.Aufl. Berlin 1902, S.436.

7 Vgl. Theos, S.304 Anm.1.

8 Vgl. Mysterium, S.229. Dagegen allerdings bereits H. Lietzmann, Notizen, ZNW, Bd.37, Berlin 1938, S.288-318, S.293f. und J. Jeremias, Besprechung von: T. Arvedson, Das Mysterium Christi, ThBl, Bd.18, Leipzig 1939, Sp. 135f., außerdem im Anschluß an Christ, Jesus, S.96f. auch Luck, Weisheit, S.40 Anm.23.

9 Dazu vgl. oben Kapitel 3, § 2, 2.

10 Schon hier ist also erkannt, daß der Rekurs auf die Aufnahme eines geprägten Kompositionsschemas noch nichts über das Vorliegen einer ursprünglichen Einheit besagt.

11 Vgl. wieder Luck, Weisheit, S.37, der zu Recht auf Bousset, Kyrios, S.45f. sowie Bultmann, Geschichte, S.171f. hinweist. Meines Erachtens ist freilich noch zu betonen, daß auch Dibelius, obwohl er den Komplex 11,25-30 par. schon für Q in Anspruch nimmt und einheitlich erklären möchte, die Möglichkeit eines nachträglichen Zusammenwachsens desselben aus Einzelteilen offenläßt und den "literargeschichtlichen Ausführungen" Nordens skeptisch gegenübersteht (vgl. Formgeschichte, S.280 Anm.1 sowie 279 Anm.1, wo bezeichnenderweise ebenfalls auf Bousset, Kyrios, S.45ff. verwiesen wird). Ähnlich differenziert urteilt im übrigen dann auch U. Wilckens (vgl. Weisheit, S.198f.; 199 Anm.1).

12 Norden, Theos, S.304 Anm.1 möchte den Begriff des "liturgischen Hymnus'" freilich nicht zu eng fassen.

13 Dazu vgl. Norden, Theos, S.281-285, der sich in der Gegenüberstellung unseres Überlieferungskomplexes mit Sir. 51 an D.Fr. Strauß anschließt.

14 Norden findet das von ihm postulierte Schema u.a. auch in Sir. 24, in Od. Sal. 33 und vor allem im hermetischen Traktat Poimandres wieder.

15 Es sind Dankgebet, Bericht vom Empfang der $\gamma\nu\tilde{\omega}\sigma\iota\varsigma$ und Appell an die Menschen zu unterscheiden. Während bei Mt. und Sir. die einzelnen Abschnitte in der hier gebotenen Reihenfolge stehen, ist im hermetischen Traktat (sowie auch im Asclepius des Ps.-Apuleius; vgl. Theos, S.302) das Dankgebet an den Schluß gesetzt. Dieser bietet aber nach Sir. die nächste Parallele zu unserem Logion, während die anderen Materialien noch viel weniger zu vergleichen sind (vgl. Suggs, Wisdom, S.80).

16 Dazu vgl. Theos, S.302f., wo die Endstellung des Dankgebetes deshalb für ursprünglich erklärt wird, weil der Bericht über den Empfang der $\gamma\nu\tilde{\omega}\sigma\iota\varsigma$ den Dank motiviere, die Voranstellung des Dankgebetes aber mit der Begründung als Judaisierung gekennzeichnet wird, daß hierin ein Anschluß an den Psalmenstil liege.

17 Vgl. oben Kapitel 3, § 2, 2.

18 Dieses hat unlängst Luck wieder hervorgehoben (vgl. Weisheit, S.41). Auch Norden hat freilich schon die Differenzen zwischen den beiden fraglichen Texten gesehen, sie aber als "Abweichungen innerhalb des gleichen Kompositionsschemas" (Theos, S.285) zu erklären gesucht. Jedoch, was kann in diesem Zusammenhang mit dem Begriff "Kompositionsschema" eigentlich noch gemeint sein?

19 Vgl. E. Kautzsch, Die Apokryphen und Pseudepigraphen des Alten Testaments, Bd.1, Die Apokryphen des Alten Testaments, Nachdruck der Aufl. Tübingen 1900 Darmstadt 1975, S.259-475.

20 Ebd., S.471; 473; im Blick auf das gesamte Kapitel 51 spricht Norden
   selber von "einer Art von Nachtrag" (Theos, S.281), wobei er sich jedoch
   auf Smend beruft, der das Kapitel nichtsdestoweniger dem Verfasser des
   Sirachbuches zuschreibt.
21 Vgl. Kautzsch, Apokryphen, 1, S.471 Anm.n; 473 Anm.g.
22 Der Text ist abgedruckt bei J.A. Sanders, The Psalms Scroll of Qumrân
   Cave 11 (11 QPs[a]), DJD, Bd.4, Oxford 1965, S.79f.; auf das Zeugnis
   dieses Textes legt im übrigen auch Suggs, Wisdom, S.80f. besonderes
   Gewicht.
23 Vgl. Lührmann, Redaktion, S.67; auch er betont, daß Sir. 51 wohl keine
   genuine Einheit ist; dabei kann er sich noch auf Klostermann, Matthäus-
   evangelium, S.101f. berufen.
24 Dazu vgl. Lührmann, Redaktion, S.67; Luck, Weisheit, S.40 spricht sicher
   nicht zu Unrecht im Blick auf jene Ausführungen Lührmanns von einer
   "abgewogene(n) Beurteilung von Sir 51 und seinem Verhältnis zu Mt
   11,25-30".
25 Diese Beobachtung läßt sich im übrigen auch bei Mt. 11,25-30 machen,
   denn der Heilandsruf V.28-30 begegnet ja isoliert in einer sekundären
   Textform (dazu vgl. oben Kapitel 3, § 2, 2.) in Thom.-Ev. Logion 90.
26 Dazu vgl. bereits Weiß, Logion, S.120-129. Weiß geht nicht nur davon
   aus, daß der "τόπος der Lobpreisung" in Sir. 51 nicht zum Ganzen gehört
   und daher eine Einheit hier nicht vorliegt (Logion, S.120f.; vgl. oben
   Anm.23), sondern stellt auch fest: "es liegt so sehr in der Natur der
   Dinge, daß, wo vom Empfangen einer Offenbarung die Rede ist, auch das
   weitere Moment sich einstellt, daß der Prophet davon Zeugnis ablegt, daß
   es mir nicht notwendig erscheint, hier gerade einen l i t e r a r i -
   s c h e n Typus anzunehmen" (ebd., S.121). Zum Zusammenhang von "Strophe"
   eins und zwei unseres Logions aber erklärt er, daß hier "ein stark aus-
   geprägter Sach-Typus hervortritt: der inspirierte Prophet, der eine Offenbarung empfangen hat, der aber nur von einem kleinen Kreise verstanden
   wird" (Logion, S.122). Hier wird natürlich die Tendenz sichtbar, trotz
   allem gerade das Nebeneinander von Strophe eins und zwei in irgendeiner
   Weise auf ein Schema zurückzuführen. Dieser Versuch greift allerdings auf
   jeden Fall zu kurz, insofern hier nurmehr auf ein z w e i teiliges
   Schema rekurriert wird (dazu vgl. noch Robinson, Hodajot-Formel, S.226-
   228, der speziell Mt. 11,25-27 für eine nach einem zweiteiligen Schema
   gebaute Einheit erklärt und in diesem Zusammenhang auch auf Apk. 11,17f.
   verweist; vgl. aber auch Christ, Jesus, S.97, der unter Berufung auf
   Weiß doch Mt. 11,25-27.28-30 insgesamt auf ein zweiteiliges Schema zurückführt).
27 Vgl. nur oben Teil 1, Kapitel 1, § 1.
28 Dazu vgl. oben Anm.2.
29 Vgl. Weisheit, S.51.
30 Vgl. Luck, Weisheit, S.42: "Die Weisheit ... führt ihn (sc. den Menschen)
   auf den Weg der Gerechtigkeit und so des Lebens".
31 Näheres bei Luck, Weisheit, S.41-50.
32 Trotz aller Kritik an den Thesen von Norden (und Arvedson) wird hier
   freilich keineswegs behauptet, daß Mt. 11,25-30 insgesamt nicht als eine
   Art "Liturgie" bezeichnet werden könnte. Das ist auch positiv anzumerken
   hinsichtlich des in diesem Zusammenhang noch zu nennenden Versuchs von
   M. Rist, Is Matt. 11:25-30 a Primitive Baptismal Hymn?, JR, Bd.15,
   Chicago 1935, S.63-77, in den fraglichen Versen eine (Tauf-) Liturgie
   zu finden. Auf jeden Fall wird er in dieser Beziehung dem Charakter der
   Einheit sehr viel eher gerecht als Schulz, Q, S.214, der wie schon bei

den Worten Jesu über den Täufer Mt. 11,7-11 par., so auch hier fälschlich von einem Apophthegma spricht. Im übrigen scheint es durchaus
nicht unangebracht, des näheren von einem bekenntnisartigen Charakter
dieser Liturgie auszugehen.

33 Geschichte, S.171f.
34 Auch Hoffmann, Studien, S.118f. (vgl. Schulz, Q, S.222) stellt fest, daß
    stilistisch zwischen Zeile eins und den Zeilen zwei bis vier zu unter-
    scheiden ist. Und bereits Weiß, Logion, S.127 urteilt, daß der "harte
    Stimmungswechsel in Strophe I und II" sehr auffällig, unerträglich hart
    und kaum ursprünglich sein könne. Er versucht freilich, diesen "Stim-
    mungswechsel" doch noch anders als mit der Annahme der ursprünglichen
    Eigenständigkeit der Logien zu erklären. Seiner Auffassung nach ist die
    Vermutung angebracht, daß die Diskrepanz auf den griechischen Übersetzer
    einer ursprünglich aramäisch überlieferten Einheit zurückgehe. Dieser
    habe eine Tradition vorgefunden, in der auch in der zweiten Strophe ein
    als A n r e d e zu verstehendes "Abba" gestanden habe und noch nicht
    von d e m Sohn, sondern von d e i n e m Sohn die Rede gewesen
    sei (Logion, S.129). Eine solche Konstruktion ist allerdings von vorn-
    herein unwahrscheinlich; denn weshalb sollte der Übersetzer ein durch-
    gehend in Gebetsform gehaltenes Stück sekundär in seiner Einheitlichkeit
    zerstört haben?
35 Vgl. schon oben Kapitel 1, § 2 zu 11,27.
36 Die Annahme, daß der Heilandsruf erst ganz zuletzt an den bereits vor-
    liegenden Komplex 11,25f.27 angefügt worden ist, bietet unter der Vor-
    aussetzung, daß nicht ein literarisches Schema, sondern lediglich be-
    stimmte vorgegebene Denkstrukturen für das Zustandekommen unserer Ein-
    heit verantwortlich zu machen sind, keine Schwierigkeiten mehr!
37 Dazu vgl. oben Kapitel 3, § 2, 2.
38 So z.B. auch Bultmann, Geschichte, S.172 (unter Verweis auf Dibelius)
    und Schulz, Q, S.215.
39 So im Blick auf die Zeilen zwei bis vier Hoffmann, Studien, S.118f.
    (vgl. auch Schulz, Q, S.215) unter Verweis auf Bousset, Kyrios, S.46f.;
    Hahn, Hoheitstitel, S.322; Klostermann, Matthäusevangelium, S.102 sowie
    Weiß, Logion, S.127.
40 Bereits Bousset, Kyrios, S.46 hat gesehen, daß sich am Verseingang nur
    "noch mühsam und gleichsam zum Übergang" die 1. Ps. von V.25f. par. in
    dem μοι hält.
41 Dazu vgl. aber schon Norden, Theos, S.304.
42 Gerade auch der häufig benutzte Terminus "Dankgebet" (vgl. bereits oben
    Anm.15) ist bereits von Norden, Theos, passim zur Charakterisierung des
    ersten "Abschnittes" seines vermeintlichen Redeschemas benutzt worden.
43 Norden hatte die Perikope 11,25-30 par. insgesamt als "liturgischen
    Hymnus" bezeichnet, vor allem aber in der Voranstellung des Dankgebetes
    einen Anschluß an den Psalmenstil gesehen (vgl. oben Anm.16); und wirk-
    lich bietet jedenfalls V.25f. par., wie unlängst Weaver, History, S.82;
    ähnlich S.169 gezeigt hat, "the language of psalm, of praise and
    ascription".
44 Vgl. zuletzt Schulz, Q, S.215 im Anschluß an Dibelius, Formgeschichte,
    S.282, nach dem das Logion "nur dem Wortlaut nach ein Dankgebet, dem Wesen
    nach aber eine Predigt von den wahren Empfängern der Offenbarung" ist.
45 Vgl. Hoffmann, Studien, S.109 (ebenso Schulz, Q, S.215 Anm.277; außerdem
    oben Kapitel 1, § 2). Und wirklich ergibt sich bereits bei oberfläch-
    licher Betrachtung, daß die inhaltliche Differenz zwischen den Logien
    gerade auf verschiedener Benutzung gleicher Motive basiert. Gott wird ja

im ersten Logion als Vater angeredet, im zweiten aber als "mein Vater"
bzw. "der Vater" apostrophiert. Einmal wird von Gott als dem Herrn des
Himmels und der Erde gesprochen, und dann wieder ist die Rede von dem
Sohn als dem, dem der Vater "alles" übergeben hat. Im ersten Logion geht
es um Verhüllung und Offenbarung im Handeln Gottes, im zweiten aber
klingt das Nebeneinander von Verhüllung und Offenbarung im Handeln Jesu
an. Und Logion eins führt das Handeln Gottes auf dessen Willen zurück,
Logion zwei aber spricht in diesem Zusammenhang vom Belieben des Sohnes.
Das heißt also, daß V.25f. par. in V.27 sehr sorgfältig und Zug um Zug
auf Jesus hin ausgelegt wird.

46 Schulz, Q, S.215 spricht im Blick auf V.27 par. von einer christologi-
    schen Begründung der Aussage des in V.25f. par. vorausgehenden Dankge-
    bets, wie sie sich häufig in den jüngeren Q-Stoffen finde. Und wirklich
    ist von einer begründenden Funktion von V.27 par. auszugehen, nur daß
    eben gerade hier schon mehr als nur eine Eigenart der Q-Überlieferung
    greifbar wird, insofern zur Erklärung der Traditionsentwicklung der
    Rekurs auf den allgemeinen Horizont weisheitlichen Denkens angebracht
    erscheint (dazu vgl. oben).

47 So auch Hoffmann, Studien, S.109 sowie im Anschluß daran Schulz, Q,
    S.215.

48 Vgl. aber zugunsten der Echtheitsthese die von Hoffmann, Studien, S.109
    Anm.29 Genannten.

49 Bei van Iersel, Sohn, S.150 sind als johanneische Parallelen aufgelistet
    für V.27a Joh. 3,27.35; 5,19-20; 7,16.28; 8,29.38; 10,29; 12,49; 13,3;
    16,5; 17,2, für V.27b Joh. 7,27, für V.27c Joh. 5,20; 7,29; 8,55, für
    V.27b.c Joh. 8,19; 10,15 und für V.27d Joh. 17,2.3. Die außergewöhnliche
    Affinität unseres Wortes zu johanneischen Aussagen spricht natürlich
    von vornherein eher für als gegen die These eines hellenistischen Ur-
    sprungs. Denn die Q-Überlieferung könnte wie Joh. hier von der helleni-
    stisch geprägten vorjohanneischen Gemeindetradition abhängig sein. Bereits
    Weiß, Logion, S.129 stellt jedenfalls nicht zu Unrecht die Frage, "ob
    nicht schon der griechische Text von Q 'johanneische' Spuren zeigt".
    Allerdings, es könnte auch sein, daß unser Logion ein der vorjohanneischen
    Tradition gegenüber noch primäres Überlieferungsstadium repräsentiert.
    Zu einem solchen Urteil kommt Weaver, History, S.132-135, der die Frage
    nach der Verwandtschaft zwischen unserem Wort und dem johanneischen
    Schrifttum noch einmal aufgegriffen und eingehend untersucht hat. Es
    gelingt ihm zu zeigen, daß die Unterschiede zwischen den Überlieferungen
    trotz der sprachlichen Ähnlichkeit doch substantiell sind. Und so kann
    er ohne weiteres feststellen, unser Logion müsse keineswegs ein Produkt
    des späteren Hellenismus' sein, Joh. aber zeige lediglich "a further
    extension of the undeveloped assumptions of the earlier community" (so
    in History, S.135 unter Berufung auf Hahn, Hoheitstitel, S.330 sowie
    W. Grundmann, Matth. XI.27 und die Johanneischen 'Der Vater – Der Sohn' –
    Stellen, NTS, Bd.12, Cambridge 1965/66, S.42-49, S.49).

50 Dazu vgl. etwa Bousset, Kyrios, S.50; Bultmann, Geschichte, S.172;
    Klostermann, Matthäusevangelium, S.102; Gräßer, Problem, S.78; Kümmel,
    Verheißung, S.34; H. Braun, Qumran und das Neue Testament, Bd.1, Tübingen
    1966, S.24; E. Haenchen, Art.: Gnosis, II. Gnosis und NT, RGG, Bd.2,
    3.Aufl. Tübingen 1958, Sp.1652-1656, Sp.1653; Conzelmann, Grundriß,
    S.121; Lührmann, Redaktion, S.66 sowie Schulz, Q, S.220-228, der freilich
    bezeichnenderweise zwischen V.27a und V.27b.c differenziert und speziell
    letzteres Stück von hellenistischen Voraussetzungen her erklärt.

51 Hier sind u.a. zu nennen J. Jeremias, Neutestamentliche Theologie, Bd.1,

Die Verkündigung Jesu, Gütersloh 1971, S.62-67, Weaver, History, S.97-141, Hoffmann, Studien, S.119-138 (vgl. auch die entsprechende Einzelveröffentlichung: Die Offenbarung des Sohnes, Die apokalyptischen Voraussetzungen und ihre Verarbeitung im Q-Logion Mt 11,27 par Lk 10,22, Kairos, NF, Bd.12, Freilassing, Salzburg 1970, S.270-288, S.272-286) sowie im Anschluß an Hoffmann W. Grimm, Der Dank für die empfangene Offenbarung bei Jesus und Josephus, BZ, NF, Bd.17, Paderborn 1973, S.249-256; ders., Weil ich dich liebe, S.171-177 und J. Lange, Das Erscheinen des Auferstandenen im Evangelium nach Matthäus, Eine traditions- und redaktionsgeschichtliche Untersuchung zu Mt 28,16-20, Forschung zur Bibel, Bd.11, Würzburg 1973, S.152-158.

52 Dazu vgl. nur wieder Hoffmann, Studien, S.139 und Weaver, History, S.176-182, die beide trotz der Ableitung unseres Logions aus genuin jüdischen Voraussetzungen unabhängig voneinander (Hoffmann hat die Dissertation von Weaver nicht zur Kenntnis genommen!) zu dem Ergebnis kommen, daß hier eine Gemeindebildung vorliege, die bereits deutlich die Ostererfahrung spiegele.

53 So Wilckens, Art.: σοφία, S.517f. im Blick auf 11,25ff. als Einheit.

54 Dazu vgl. allerdings noch den oben Anm.51 genannten Aufsatz von Grimm; hier wird die sicherlich weit überzogene These aufgestellt, daß von Dan. 2,19-23 eine traditionsgeschichtliche Linie "über äth. Hen., die Hodajot und Mt 11,25ff. zu bell. 3,354 führt" (S.251); kennzeichnend für die Argumentationsweise ist dabei die Aussage, daß sich in Dan. 2,19-23 "alle (!) in Mt 11,25-27 grundlegenden Verba" fänden (S.253); zu der Heranziehung von Dan. 2,23 zum Vergleich mit Mt. 11,25f. par. vgl. im übrigen bereits Cerfaux, Sources, S.139-146 und dazu unten Anm.117.

55 Dieses hatten wir oben im Anschluß an Luck, Weisheit (vgl. bes. S.51) ausgeführt.

56 Wie Hoffmann, Studien, S.123 im Anschluß an Percy, Botschaft, S.263; 267 mit Recht betont, ist die "Aussage der gegenseitigen Erkenntnis ... der Aussage der   E x k l u s i v i t ä t   dieser Erkenntnis untergeordnet".

57 Dazu vgl. vor allem Norden, Theos, S.285-288; er stellt fest, daß die in unserem Logion begegnende Anschauung von γνῶσις θεοῦ "keineswegs christliches Sondergut, sondern Gemeinbesitz orientalisch-hellenistischer Mystik" sei, und verweist in diesem Zusammenhang auch auf Corp Herm 1,31 und 10,15 (Theos, S.287). Speziell für Mt. 11,27 par. als Einzellogion hat Bousset, Kyrios, S.48-50 ähnliche Thesen vertreten; sich ausdrücklich auf Norden berufend, schaut er sich im Milieu "hellenistischer Mysterienfrömmigkeit" nach Parallelen um und zieht insbesondere Zauberpapyrus London 122,50 zum Vergleich heran (Kyrios, S.48f.). Bultmann schließlich, der im Anschluß an Dibelius V.27 par. als "spezifisch hellenistisches Offenbarungswort" kennzeichnet (vgl. Geschichte, S.172), äußert die Überzeugung, daß "eine eindringende Untersuchung des Begriffs der Offenbarung und der (Gottes-) Erkenntnis" dieses Urteil rechtfertigen würde, und führt zu den "Parallelen aus der hellenischen Mystik" noch ein Wort aus dem Sonnenhymnus des Echnaton an: "Kein Anderer kennt dich außer deinem Sohne Echnaton, Du hast ihn eingeweiht in deine Pläne und deine Kraft" (Geschichte, S.172 Anm.2).

58 Wie Norden, Theos, S.87 ausführt, handelt es sich gerade auch in der gnostisch-mystischen Literatur um die Offenbarung des den Menschen an sich unerkennbaren Gottes, eben des "Agnostos Theos".

59 Vgl. Studien, S.123-125; Weaver, History, S.123 kommt unabhängig davon immerhin zu der Ansicht, daß sich der Gedanke einer gegenseitigen exklusiven γνῶσις, den unser Logion repräsentiere, von "hellenistischen"

Voraussetzungen nicht besser als von "alttestamentlich-jüdischen" her erklären lasse; einen letztlich alttestamentlich-jüdischen Hintergrund vermuten auch Jeremias, Abba, S.47-50; Percy, Botschaft, S.266-271; Hahn, Hoheitstitel, S.321-326; Schweizer, Art.: υἱός, S.374f.; G. Schrenk, Art.: πατήρ κτλ, C. Der Vaterbegriff im Spätjudentum, D. Vater im Neuen Testament, ThWNT, Bd.5, Stuttgart 1954, S.974-1016, S.993 Anm.289; vgl. außerdem noch C. Clemen, Religionsgeschichtliche Erklärung des Neuen Testaments, Die Abhängigkeit des ältesten Christentums von nichtjüdischen Religionen und philosophischen Systemen, 2.Aufl. Gießen 1924, S.78 Anm.1.

60 Hoffmann, Studien, S.124; 125; 131.

61 Dazu vgl. oben Kapitel 2, § 3.

62 Vgl. Hoffmann, Studien, S.125. Hoffmann weist ebd. auch darauf hin, daß sich die Aussagen nicht nur im Wortlaut, sondern ebenso im "Sinngehalt" unterscheiden, und spricht von einer "geistesgeschichtliche(n) Verschiedenheit" derselben. Und wirklich wird gerade bei den Parallelen aus dem Corpus Hermeticum deutlich, daß diese letztlich in einem völlig anderen religionsgeschichtlichen Horizont stehen als unser Logion. Denn wie der Kontext in den hermetischen Schriften zeigt, ist hier mit dem Gedanken der γνῶσις ϑεοῦ der der ntl. Überlieferung fremde Gedanke der Vergottung des Menschen verbunden (vgl. dazu die von Hoffmann herangezogenen Ausführungen von H. Jonas, Gnosis und spätantiker Geist, Bd.2,1, Von der Mythologie zur mystischen Philosophie, FRLANT, Bd.63 [NF, Bd.45], Göttingen 1954, S.49; 50-53).

63 Wie die Parallelen aus dem Corpus Hermeticum, so steht auch diese Aussage ohnehin in einem deutlich anderen Horizont als unser Logion. Die gegenseitige Erkenntnis zwischen Gott und Mensch ist hier nun offensichtlich im Sinne einer mystischen Identifikation aufgefaßt. Und möglicherweise ist der Text als eine Art magisch wirksamer Zauberformel zu verstehen (so jedenfalls Hoffmann, Studien, S.125 unter Hinweis auf C. Colpe, Die religionsgeschichtliche Schule, Darstellung und Kritik ihres Bildes vom gnostischen Erlösermythus, FRLANT, Bd.78 [NF, Bd.60], Göttingen 1961, S.187 Anm.12).

64 Eben die Sohnesprädikation ist freilich wieder ein Zug, der ähnlich auch in der jüdischen Weisheitstheologie begegnet. Hier findet sich der Gedanke der durch vollkommene Erkenntnis konstituierten Gottessohnschaft (vgl. Luck, Weisheit, S.47). Zunächst ist es ebenfalls speziell der König, der zu solcher Erkenntnis gelangt; später findet dann eine "Demokratisierung" des Gedankens statt; doch ist noch die sich bereits an dem Menschen schlechthin richtende "Weisheit Salomos" bezeichnenderweise als Königslehre stilisiert (Luck, Weisheit, S.46 Anm.42).

65 Vgl. Kapitel 2, § 3.

66 Adv Haer IV,6,1.

67 Auch nach Hoffmann, Studien, S.124 führte ein "gnostische(s) Offenbarungsverständnis zur Umstellung oder Streichung der anstößigen zweiten Zeile".

68 Hoffmann, Studien, S.125.

69 So bereits Weiß, Logion, S.125.

70 Dazu vgl. auch oben Anm.62f.

71 Hoffmann, Studien, S.136.

72 Schon A. Feuillet, Jésus et la sagesse divine d'après les évangiles synoptiques, RB, Bd.62, Paris 1955, S.161-196, bes. S.181 Anm.1 hat darauf hingewiesen, daß sich aus den weisheitlichen Zeugnissen doch auf die Vorstellung engster Beziehungen exklusiver Natur zwischen Gott und Weisheit schließen lasse; an ihn schließen sich Christ, Jesus, S.87-91 sowie neuerdings Zumstein, Condition, S.137f. an; des weiteren vgl. auch noch Hoffmann, Studien, S.136f. sowie Schulz, Q, S.224f.

73 Vgl. bereits Hi. 28,23-27 mit 28,12-22 (Christ, Jesus, S.89 und im An-
    schluß daran Hoffmann, Studien, S.137 Anm.144 verweisen demgegenüber·
    wohl fälschlich auf 18,1-22), außerdem vor allem Sir. 1,8 mit 1,6 und
    Bar. 3,32-36 mit 3,15-31.
74 Hierzu vgl. insbesondere Weish. 7,25f.27; 8,3f.8f.; 9,9.11 sowie 10,10.
    Auch bei Philo ist im übrigen die Sophia Offenbarungsmittlerin (vgl.
    Wilckens, Art.: σοφία, S.501f.). Und dieses ist um so bedeutsamer, als
    der nach Schulz, Q, S.225 mit der Sophia identische Logos hier zugleich
    als Sohn Gottes begegnet (dazu vgl. unten). Insofern nun aber gerade
    Philo mit die engsten Parallelen zu unserem Logion bietet, ist in der
    Tat davon auszugehen, daß vor allem die hellenistisch-weisheitliche Über-
    lieferung zum Vergleich heranzuziehen ist.
75 Vom genuin alttestamentlichen ירע her läßt sich unser (ἐπι) γινώσκειν
    wohl auch dann kaum verstehen, wenn eine vollkommene Reduktion der Be-
    deutung von ירע auf das voluntative "anerkennen" verfehlt sein dürfte.
    W.D. Davies, "Knowledge" in the Dead Sea Scrolls and Matthew 11:25-30,
    Christian Origins and Judaism, London 1962, S.119-144 (=HThR, Bd.46,
    Cambridge/Mass. 1953, S.113-139) verweist hier aber auf vermeintliche
    Parallelen in der Damaskusschrift und den Qumrantexten, wo es um das
    Erkennen eschatologischer Geheimnisse geht (vgl. besonders S.139). Dazu
    stellt er fest, daß die Qumransekte "thus has affinities far more with
    apocalyptic than with 'gnostic circles'" (S.140). Und wie Hoffmann,
    Studien, S.126-131 zeigt, ist es wirklich ein apokalyptischer Hinter-
    grund, der in der Verwendung des Verbs "erkennen" im Sinne der Erkennt-
    nis endzeitlicher Geschehnisse deutlich wird. Vgl·. allerdings unten die
    kritische Frage auch nach einem solchen genuin apokalyptischen Sprachge-
    brauch in unserem Logion!
76 Vgl. andererseits auch die Vorstellung vom Apokalyptiker als Weisheits-
    lehrer und dazu U. Luck, Das Weltverständnis in der jüdischen Apokalyptik,
    dargestellt am äthiopischen Henoch und am 4. Esra, ZThK, Bd.73, Tübingen
    1976, S.283-305, S.293f. Lührmann, Redaktion, S.66 geht bei der Lösung
    des "vielerörterte(n) religionsgeschichtliche(n) Problem(s)" unserer
    Stelle immerhin davon aus, daß "hier wie in Mt 28,16-20 verschiedene
    Ströme zusammenfließen, die sich schon im gleichzeitigen Judentum nicht
    voneinander trennen lassen", und verweist unter Berufung auf von Rad auf
    vielfältige Beziehungen zwischen jüdischer Apokalyptik und Weisheit; so
    kommt auch er zu dem Ergebnis, daß unser Logion apokalyptisch-weisheit-
    lich geprägt ist und der hellenistischen Gemeinde zugewiesen werden muß.
77 Hoffmann, Studien, S.130.
78 Näheres vgl. unten zu V.25f.
79 Vgl. insbesondere Sjöberg, Menschensohn, S.188 unter Berufung auf äth.
    Hen. 48,6f. und 62,7.
80 Dazu vgl. Christ, Jesus, S.86, Hoffmann, Studien, S.121 sowie Schulz,
    Q, S.222, der freilich ausdrücklich nur für V.27a par. auf die Menschen-
    sohn-Konzeption verweist und das absolute "der Sohn" von vornherein doch
    auf hellenistischen Ursprung zurückführt (ebd., S.223). Vgl. allerdings
    auch Sjöberg, Menschensohn, S.187f., für den die Aussage, daß dem Sohn
    alles übergeben worden ist, "mit dem Glauben, dass die himmlischen Ge-
    heimnisse dem Menschensohn übergeben worden sind" (S.188), harmoniert.
    Ähnlich etwa L. Cerfaux, L'évangile de Jean et le "logion johannique"
    des synoptiques, Recueil Lucien Cerfaux, Bd.3, Supplement, Gembloux
    1962, S.161-174 (= L'évangile de Jean, Etudes et problèmes, Recherches
    Bibliques, Bd.3, Bruges 1958, S.147-159), der das vermeintlich johannei-
    sche Logion vielmehr mit Aussagen wie Mt. 13,11 (ὑμῖν δέδοται γνῶναι τὰ
    μυστήρια τῆς βασιλείας τῶν οὐρανῶν) in Verbindung bringt und es ge-

rade von daher dann der "sphère concernant le Fils de l'homme" (S.166) zurec'
net. Aber die hier vorausgesetzte Deutung der Aussage von V.27a par. πάντα ι
παρεδόθη ὑπὸ τοῦ πατρός μου im Sinne der Übergabe himmlischen Ge-
heimwissens ist wohl nicht aufrecht zu erhalten. Vielmehr spricht alles
dafür, daß hier umfassend an Übergabe von göttlicher Macht gedacht ist.
Das Problem besteht darin, daß παραδιδόναι sowohl Paradosis von Geheim-
wissen oder Lehrüberlieferung als auch Übergabe von Macht bedeuten kann
(vgl. F. Büchsel, Art.: δίδωμι κτλ, ThWNT, Bd.2, Stuttgart 1935, S.168-
175, S.173). Weaver, History, S.98f. unterscheidet dementsprechend sogar
fünf verschiedene Möglichkeiten, das πάντα zu übersetzen: "all
knowledge", "all power", "all secrets", "the whole revelation" und "all
things". Er selbst bemüht sich vor allem um den Nachweis, daß die
"πάντα-Idee" nicht notwendig auf ein hellenistisches Milieu als Ur-
sprungsort unseres Logions hinweise (vgl. History, S.115). Immerhin geht
er hier richtig von der Voraussetzung aus, daß zunächst einmal zu dem
noch nicht näher gedeuteten absoluten πάντα religionsgeschichtliche
Parallelen aufzuweisen sind. Und der kommt in einer eingehenden Untersuchung derartiger Parallelen bezeichnenderweise auch zu dem Ergebnis,
daß insbesondere im hellenistisch geprägten weisheitlichen Judentum
(Weish., Sir.) ein ähnlicher formelhafter Gebrauch von πάντα zu ver-
zeichnen ist und aus Dan. primär 2,38; 7,25 und 11,16 heranzuziehen sind
(vgl. History, S.102-114). An diesen Stellen nun hat πάντα die Bedeutung
von "die ganze Schöpfung" bzw. "seems to pass over into the sense of
'authority', i.e. authority over creation" (History, S.108). Deutet man
unser Logion von solchem Ergebnis her, so wird Jesus hier also als
Herrscher über Himmel und Erde bezeichnet. Das entspricht aber genau
unserer Vermutung, daß in V.27 par. lediglich V.25f. par. "christologi-
siert" ist und dementsprechend in dem πάντα μοι παρεδόθη ὑπὸ
τοῦ πατρός μου das κύριε τοῦ οὐρανοῦ καὶ τῆς γῆς
aufgenommen ist (vgl. oben Anm.45). Im übrigen, auch in Mt. 28,18f. ist
das Motiv der Sohnesprädikation mit dem der Machtübergabe verbunden.

81 Das betont zu Recht auch Weaver, History, S.127; vgl. allerdings noch
    Cullmann, Christologie, S.294!
82 Es ist äußerst fragwürdig, zwischen "Sohn des Menschen" und "Sohn"
    traditionsgeschichtlich nicht zu differenzieren. Man wird jedenfalls
    nicht einfach behaupten können, daß "Sohn" hier für "Sohn des Menschen"
    eingesetzt sei. In der Tat, "it is difficult to understand why, if the
    Son of Man conception was originally in view here, that it was not
    clearly indicated. The tradition does not elsewhere hesitate to apply
    the title Son of Man unambiguously" (Weaver, History, S.127). Und so
    stellt auch Lührmann, Redaktion, S.65 mit Recht lapidar fest, daß sich
    hier wie in Mt. 28,18 eben keine Menschensohn-Christologie, sondern
    "die Relation Vater/Sohn" finde.
83 In Studien, S.138.
84 Vgl. Studien, S.138.
85 Vgl. History, S.130.
86 Er beruft sich hier auf Hahn, Hoheitstitel, S.329 und Schweizer, Art.:
    υἱός, S.367.
87 Auf diesen Bildwert weist insbesondere Jeremias, Abba, S.52f. hin; seiner
    Auffassung nach ist allerdings in unserem Logion wirklich nur in bild-
    licher Bedeutung von Vater und Sohn die Rede; dagegen spricht aber, wie
    auch Hoffmann, Studien, S.138 Anm.154 richtig ausführt, der Wortlaut der
    ersten und der letzten Zeile des Logions.
88 Bei Hoffmann ist es allerdings - wie auch bei Weaver, History, S.130 -
    die frühe palästinische Gemeinde, die die Bezeichnung "der Sohn" geprägt

hat, während Hahn, Hoheitstitel, S.329 es nicht zu entscheiden wagt, ob
der fragliche Wortgebrauch "noch auf palästinischem Boden" entstanden
oder doch erst später anzusetzen ist.

89 So z.B. Hahn, Hoheitstitel, S.281 gegen Bieneck und Grundmann; ähnlich
S.329 Anm.1 gegen van Iersel (vgl. auch Schweizer, Art.: υἱός, S.372
Anm.258; Hoffmann, Studien, S.134 sowie Weaver, History, S.124f.). Eine
gegenteilige Auffassung vertritt u.a. I.H. Marshall, The Divine Sonship
of Jesus, Interpretation, Bd.21, Richmond/Virginia 1967, S.87-103; er
bestreitet, daß zwischen "Sohn Gottes" und "Sohn" zu differenzieren ist.
Marshall betont mit Recht - er verweist in Sonship, S.88 Anm.6 auf
Gal. 4,6; Eph. 4,6.13; Apk. 2,18.27; 1. Joh. 4,14f. -, daß es nicht wahr
sei, daß "the title 'Father' is not used in conjunction with the title
'Son of God'" (dazu vgl. das unten zur Nathan-Verheißung Ausgeführte);
im übrigen gilt allerdings, daß "Marshall does not appear to have distin-
guished the origin of a concept from its later use in tradition" (so
Weaver, History, S.128 Anm.1; daß die Verschmelzung der beiden Bezeichnungen im johanneischen Schrifttum die "Kennzeichen eines späteren Sta-
diums" trägt, betont auch Hoffmann, Studien, S.134). Der Hinweis auf
die Tatsache, daß bei den außersynoptischen Stellen eine Verschmelzung
der fraglichen Traditionen stattgefunden hat, ist allerdings auch nicht
ohne Belang; es zeigt sich hier ja zumindest eine deutliche Affinität
zwischen den Überlieferungen. Und so wird man mit van Iersel, Sohn,
S.191 an Hahn die Frage richten können, ob nicht jedenfalls die Annahme
schwierig sei, daß "zwei Traditionsschichten, die so eng miteinander
verwandt sind, sich in demselben Milieu unabhängig voneinander entwickelt
hätten".

90 Die Nathan-Verheißung wird in 4 Qflor 1,11 messianisch gedeutet (dazu
vgl. unten Anm.98)!

91 Die Sohnes-Titulatur begegnet in der synoptischen Überlieferung außer an
unserer Stelle nur noch in der triadischen Formel Mt. 28,19 sowie dem
Wort über das Wissen bzw. Nicht-Wissen um Tag und Stunde Mk. 13,32 diff.
Mt. 24,36; in allen drei Fällen aber korrespondiert dem absoluten "der
Sohn" ein ebenfalls absolut gebrauchtes "der Vater".

92 Ähnlich van Iersel, Sohn, S.191 gegen Hahn.

93 Bereits Lührmann, Redaktion, S.65f. hatte unter Zurückweisung der These
vom Vorliegen einer Menschensohn-Christologie (dazu vgl. auch oben Anm.
82) zur Erklärung der Sohnes-Titulatur auf den Logos als Sohn Gottes bei
Philo hingewiesen. Luck hat diese These aufgenommen und weitergeführt.
Auch er geht in Weisheit, S.47 Anm.44 davon aus, daß es sich trotz des
vermeintlichen Anklangs an Dan. 7,14 in unserem Logion nicht um eine
Menschensohn-Christologie handelt. Ebd., S.48 Anm.45 zieht er sodann
insbesondere Philo Fug 108-112 zum Vergleich heran (zur Deutung dieser
Stelle im Rahmen eines Philo bekannten Weisheitsmysteriums vgl. Wilckens,
Art.: σοφία, S.501f.; im übrigen vgl. bei Philo noch Conf Ling 145-147).

94 Das Motiv der Machtübergabe (dazu vgl. bereits oben Anm. 80 die Ausführungen zur Deutung von Mt. 11,27a par. im Sinne von Mt. 28,18f.) findet
sich also gerade auch in der weisheitlichen Theologie Philos wieder. In
diesem Zusammenhang ist überdies auf bemerkenswerte terminologische
Anklänge zu verweisen. Bei Mt. wird offenbar das von Gott ausgesagte
κύριε τοῦ οὐρανοῦ καὶ τῆς γῆς V.25 par. in dem dem Sohne in den
Mund gelegten πάντα μοι παρεδόθη ὑπὸ τοῦ πατρός μου V.27a par. aufgenommen. Ganz ähnlich wird bei Philo der Verweis auf Gott als den Vater
des Logos, ὃς καὶ τῶν συμπάντων ἐστὶ πατήρ (Fug 109), in dem
ὅ τε γὰρ τοῦ ὄντος λόγος δεσμὸς ὢν τῶν ἁπάντων (ebd. 112)
weitergeführt.

95 Die Gottessohnschaft des Logos' beinhaltet vor allem das "Sich-Kleiden"
in die vier Weltelemente Erde, Wasser, Luft und Feuer sowie das Tragen
des königlichen Diadems als Zeichen der wunderbaren, freilich untergeordneten Herrschaft (Fug 110f.). Gerade diese Aussagen sind aber nur
verständlich auf dem Hintergrund der Tatsache, daß es eben letztlich
der Hohepriester ist, der an dieser Stelle auf den Logos gedeutet wird
(vgl. Fug 108 λέγομεν γὰρ τὸν ἀρχιερέα οὐκ ἄνθρωπον ἀλλὰ λόγον
θεῖον εἶναι). Denn um nichts anderes als um eine allegorisierende
Deutung der hohenpriesterlichen Kleidung handelt es sich hier (dazu
vgl. auch noch Spec Leg I 84ff.; Vit Mos II 109ff.; Quaest in Ex II
107ff.). An diesen Aussagen ist natürlich gerade auch die hierokratische
Verbindung von königlichem und priesterlichem Ideal bemerkenswert. Die
Frage, ob im Hintergrund der Vorstellung vom Gottessohn die Erwartung
eines messianischen Königs oder die eines messianischen Hohenpriesters
steht, ist offenbar zumindest in dieser späten Zeit gar nicht mehr sachgemäß.

96 Vgl. die Rede von der Weisheit als der Mutter des Logos', δι᾽ ἧς τὰ ὅλα
ἦλθεν εἰς γένεσιν (Fug 109).

97 So Luck, Weisheit, S.47 (vgl. oben Anm.64).

98 Nachträglich finde ich eine entsprechende Vermutung bei D. Lührmann, Christ
logie und Rechtfertigung, Rechtfertigung, Festschrift für Ernst Käsemann zu
70. Geburtstag, Tübingen, Göttingen 1976, S.351-363, S.356-358. Lührmann ve
weist hier ähnlich auf Philos Rede vom λόγος als dem Sohn Gottes sowie
auf die im weisheitlichen Bereich allgemein übliche (vgl. Weish.J.2,18;
Sir. 4,10) Rede von den Söhnen Gottes und will gleichermaßen den Gottessohntitel in diesem Traditionszusammenhang verankern. Zugleich möchte
er freilich "auf die ja merkwürdigerweise erfolglose Suche nach einem
exklusiven 'messianischen' Gebrauch des Titels" verzichten (vgl. ebd.,
S.358). Aber zunächst einmal ist fraglich, ob diese Suche wirklich als
erfolglos bezeichnet werden kann. Sicherlich, in 4 Qflor 1,10-12 erscheint die fragliche Redeweise "nur im Zitat von 2Sam 7,14, nicht in
der Auslegung (soweit erhalten)" (Lührmann, Christologie, S.358 Anm.32).
Nur, in der Auslegung wird eben die zitierte Nathan-Verheißung auf den
davidischen Messias gedeutet (dazu vgl. J.M. Allegro, Further Messianic
References in Qumran Literature, JBL, Bd.75, Philadelphia 1956, S.174-
187, S.177; im übrigen berufen sich auf diese Deutung der Nathan-Verheißung auch Hahn, Hoheitstitel, S.285f.; Hoffmann, Studien, S.134 sowie
Weaver, History, S.125 Anm.1). Vor allem aber ist der Rekurs auf einen
weisheitlichen Hintergrund doch gerade im Zusammenhang einer Bezugnahme
auf die Vorstellung vom messianischen König sinnvoll. Denn es ist ja in
der Weisheit zunächst eben der König, der als der Weise und Gerechte
"par excellence" Sohn Gottes genannt werden kann (dazu vgl. bereits
oben Anm.64).

99 So Schweizer, Art.: υἱός, S.357.

100 Die wahrscheinlichste These bleibt hier die, daß der Gottessohntitel
sich aus der jüdischen Erwartung eines messianischen Königs (dazu vgl.
auch oben Anm.98) bzw. Hohenpriesters (so Friedrich, Beobachtungen, S.
70f.; auf die Verwandtschaft der beiden Vorstellungskomplexe haben wir
bereits oben Anm.95 hingewiesen) erklärt, mag auch daneben noch erwogen
werden können, ob eine Beziehung zur Menschensohnvorstellung (so
S. Mowinckel, He That Cometh, Oxford 1956, S.294; 368-370) oder gar zur
Gottesknechtskonzeption herzustellen ist (vgl. Cullmann, Christologie,
S.288-297). Demgegenüber hatte insbesondere Bultmann vermutet, daß zur
Erklärung des Gottessohntitels das hellenistische θεῖος-ἀνήρ-Motiv

bemüht werden müsse (vgl. Theologie, S.130-135; kritisch dazu aber bereits Cullmann, Christologie, S.281-284 im Anschluß an Bieneck).

101 Vgl. oben zu Mt. 11,16-19 par. (außerdem die Ausführungen zu 11,21-23 par.).

102 Es liegt offenbar geradezu in der Konsequenz der Übertragung des Menschensohntitels auf den irdischen Jesus, daß dieser nun als d e r Sohn bezeichnet werden kann.

103 Vgl. des näheren Luck, Weisheit, S.47-49.

104 Vgl. Kapitel 3, § 2, 2. zu Mt. 11,28-30.

105 Er vertritt in seiner so benannten Dissertation dezidiert die These, daß Jesus gerade im Jubelruf "auch als die W e i s h e i t s e l b s t " (S.99) erscheint.

106 Wilckens, Art.: σοφία , S.502 unter Verweis auf Migr Abr 175.

107 Dazu vgl. oben Anm.45f.

108 Zu den verschiedenen Deutungsmöglichkeiten vgl. Weaver, History, S.171f. Bis heute wird allerdings oft völlig undifferenziert die Frage nach der Bedeutung jenes ταῦτα bzw. αὐτά gestellt, ohne daß bedacht wird, daß verschiedene redaktions- und traditionsgeschichtliche Stadien zu unterscheiden sind (vgl. nur die Kritik von Weaver, History, S.172 Anm.4 an D.R. Browne, An Exegesis of Matthew 11:25-30, Luke 10:21-22, Diss. New York 1963 [Msch.] , S.244). Die verschiedenen Versuche, das ταῦτα und αὐτά inhaltlich zu füllen, konvergieren zumeist in der Bezugnahme auf das Geheimnis des Gottesreiches oder bzw. und (vgl. Christ, Jesus, S.81f.) der eschatologischen Bedeutung Jesu. Auch Weaver jedoch, der ausdrücklich zwischen verschiedenen Traditionsschichten differenziert, rekurriert letzten Endes auf ein ταῦτα in der Bedeutung von "all those things ... which point to the presence and power of the Kingdom in Jesus' word, healing, and conduct" (History, S.174). Bei Mt. ist es nun in der Tat sehr wahrscheinlich, daß ganz umfassend an Jesus als den "Messias des Wortes und der Tat" zu denken ist, denn das ταῦτα bzw. αὐτά ist im matthäischen Zusammenhang ohne weiteres "generalisierend" zu deuten. Die Frage ist nur, ob nicht die Hinzufügung von V.27 par. als Interpretament zu V.25f. par. für ein früheres Traditionsstadium andere Perspektiven eröffnet.

109 Ähnlich Luck, Weisheit, S.48 (allerdings im Blick auf die Bedeutung des ταῦτα im matthäischen Kontext, welche jedoch ebd. Anm.46 richtiger als "generalisierend" gekennzeichnet wird [dazu vgl. die vorangehende Anmerkung]). Hoffmann, Studien, S.110 (vgl. noch Blaß-Debrunner-Rehkopf, Grammatik, § 290,4 S.238) stellt zumindest fest: "Wenn dem Logion (sc. V.25f. par.) in Q das folgende Logion als Interpretament angefügt wird, dann liegt es nahe, die inhaltliche Aussage, auf die sich die Demonstrativa beziehen, in jenem zu suchen".

110 Hoffmann bemüht sich immerhin, das Gegenteil zu erweisen. In Studien, S.110 Anm.31 äußert er die Vermutung, daß durch V.27 par. "eine isoliert überlieferte demonstrative Aussage gedeutet werden soll". Ebd. Anm.30 stellt er die Behauptung Conzelmanns, daß ταῦτα nicht notwendig auf einen literarischen Kontext, sondern möglicherweise eher auf einen liturgischen Hintergrund hinweise (vgl. H. Conzelmann, Art.: συνίημι κτλ , ThWNT, Bd.7, Stuttgart 1964, S.886-894, S.891 Anm.44), gegen die Erklärung Bultmanns, daß aufgrund des beziehungslosen ταῦτα damit zu rechnen sei, daß das Logion aus dem Zusammenhang gerissen ist und vielleicht aus einer verlorenen jüdischen Schrift stammt (vgl. Geschichte, S.172). Er ist der Meinung, daß V.25f. par. auch als selbständiges Logion in der für Q rekonstruierten Form überliefert worden sein dürfte. Indessen wird Bultmann hier doch wohl klarer gesehen haben. Ihm ist sicher darin Recht

zu geben, daß für ταῦτα ein Beziehungswort in einem primären literarischen Kontext zu fordern ist. Die verlorene Schrift, auf die er hier
rekurriert, wird aber mit nichts anderem als der Redenquelle zu identi-
fizieren sein. In diese ist unser Logion wohl aus mündlicher Überlieferung durch redaktionelle Einfügung des Demonstrativums inkorporiert
worden. Natürlich ist es bei dem hier andeutungsweise skizzierten und
zweifelsohne auch hypothetischen Bild von der traditionsgeschichtlichen
Entwicklung von vornherein schwieriger, das Wort V.27 par. als Erläuterung zu dem ursprünglich ja in sich verständlichen Logion V.25f. par.
aufzufassen. Es ist aber denkbar, daß ein ursprüngliches τὸν υἱόν σου
(vgl. dazu in V.27 par. ὑπὸ τοῦ πατρός   μ ο υ) bzw. αὐτόν
in V.25f. par. gerade den Anlaß zur Bildung von V.27 par. gegeben hat.
Auch in diesem Falle wäre der "Stimmungswechsel in Strophe I und II"
(vgl. oben Anm.34) sekundär entstanden. Seine Entstehung beruhte hier
aber gerade nicht auf bewußter Änderung, sondern lediglich auf der Tatsache, daß das ταῦτα und αὐτά verschiedenen Interpretationen offensteht

111 Vgl. hierzu auch Schulz, Q, S.217 Anm.280 im Anschluß an Hoffmann, Studien,
    S.110f. sowie die von Schulz, Q, S.215 Anm.271 Genannten.
112 Vgl. Robinson, Hodajot-Formel, S.227.
113 Ebd. Anm.62.
114 Vgl. Jeremias, Abba, S.57f.
115 Parallelen vgl. bei (Strack-)Billerbeck, Kommentar, 1, S.607 sowie
    Schlatter, Evangelist Matthäus, S.383; das יְהִי רָצוֹן מִלְּפָנֶיךָ ist insofern
    charakteristisch, als es eine direkte Aussage über Gott vermeidet und
    offenbar die Vorstellung eines himmlischen Rates voraussetzt.
116 Schulz, Q, S.217 behauptet freilich, daß die von ihm durchaus als solche
    erkannte "semitische Fassung von Mt Vv 25f... noch keineswegs für
    palästinensischen oder gar parlästinensisch-urgemeindlichen Ursprung,
    sondern ebenso und viel wahrscheinlicher(!) für hellenistisch-juden-
    christliche Herkunft" spricht.
117 Cerfaux, Sources, S.139-146 versucht, Dan. 2,23 als Parallele zu unserem
    Logion zu erweisen; es ist aber von vornherein schon deutlich, daß von
    einer Gegenüberstellung von Weisen und Unwissenden im Sinne unseres
    Wortes jedenfalls bei Dan. nicht die Rede sein kann; denn "Daniel himself
    is, in fact, a sage", und es stehen einander also hier lediglich zwei
    Gruppen von Weisen gegenüber (so Weaver, History, S.87f. im Anschluß an
    Légasse; vgl. gerade auch die von Cerfaux, Sources, S.144 als einziger
    atl. Beleg für die Verbindung σοφοὶ καὶ συνετοί herangezogene Stelle
    Dan. 1,4 LXX). Im übrigen wird aber auch wieder bei Sjöberg, Menschen-
    sohn, S.184-187 die Auffassung vertreten, daß sich unser Wort aus apo-
    kalyptischen Vorstellungen verstehen lasse; die Belegstellen, die heran-
    gezogen werden, stammen aber zumeist aus weisheitlichem Bereich; die
    Hauptlast der Argumentation muß die Rede von den "Einfältigen Judas",
    den "Tätern des Gesetzes" in 1 QpHab 12,4 tragen; gerade an dieser
    Stelle zeigt sich jedoch ganz klar, daß von den "Einfältigen" in diesem
    Traditionsbereich lediglich in übertragbarem Sinne die Rede ist (vgl.
    unten).
118 Studien, S.111.
119 Dazu vgl. Studien, S.111f.
120 So in Studien, S.113.
121 Dazu vgl. insbesondere die Anm.73 genannten Belegstellen; außerdem
    Christ, Jesus, S.82f.
122 Darauf weisen in diesem Zusammenhang sowohl Lührmann, Redaktion, S.65
    als auch Schulz, Q, S.217f. hin. Vgl. hier jetzt aber vor allem auch

J. Ernst, Das Evangelium nach Lukas, RNT, (Bd.3), Regensburg 1977, S.340,
für den die "Vorstellung von der Verborgenheit bzw. Offenbarung der Weisheit ... ein Grundmodell der jüdischen Sapientialliteratur" ist. Lührmann und Schulz ziehen als Beleg Sir. 4,18 heran, wo die Weisheit selbst
als Offenbarerin ihrer Geheimnisse erscheint. Sehr viel bezeichnender ist
aber der Zusammenhang der die Vorstellung von der grundsätzlichen Verborgenheit der Weisheit belegenden Stellen, insofern hier nicht nur zugleich von dem "Offenbarsein" der Weisheit für Gott, sondern auch von
dem "Offenbarmachen" derselben durch Gott die Rede ist (vgl. Hi. 28,28;
Sir. 1,9f.; Bar. 3,37 im Zusammenhang von Hi. 28,12-22.23-27; Sir. 1,6.8;
Bar. 3,15-31.32-36).

123 Auf die Entsprechungen zwischen Mt. 11,25f. und 1. Kor. 2,6ff. hat insbesondere Christ, Jesus, S.82 Gewicht gelegt.

124 Jesus, S.82.

125 So beispielsweise Lührmann, Redaktion, S.65; ähnlich auch Christ, Jesus,
S.83f.

126 Vgl. Studien, S.113; außerdem etwa noch Schulz, Q, S.219; ähnlich schließlich auch Weaver, History, S.89; er beruft sich S.87f. mit Recht auf
S. Légasse, La révélation aux ΝΗΠΙΟΙ, RB, Bd.67, Paris 1960, S.321-348,
der ebd., S.341 hinsichtlich des Gedankens der Offenbarung an die νήπιοι
feststellt, daß "ce n'est, en tout cas, ni au monde sapiential, ni à
Daniel, ni aux écrits de Qumrân qu'on peut rattacher une telle attitude".
Weaver bemüht sich im übrigen in History, S.89-93, die Kritik an den
Weisen im Anschluß an Lindblom mit prophetischer Tradition in Verbindung
zu bringen (vgl. vor allem Jes. 5,21 sowie Jer. 18,18; 9,22; 8,8f.); aber
der Hinweis auf dieses Motiv der Kritik an den Weisen allein reicht auch
nicht weiter als der Hinweis auf das Motiv der Bevorzugung der Unwissenden (dazu vgl. unten), wenn es darum geht, die spezifische Aussage unseres
Logions zu orten.

127 Hier ist mit Sjöberg, Menschensohn, S.186 insbesondere auf Ps. 116,6 zu
verweisen; in der Septuaginta begegnet νήπιος ohne negativen Inhalt in
den Psalmen außer an der entsprechenden Stelle 114,6 auch in 118,130
sowie 18,8; an diesen letztgenannten Stellen kann allerdings noch keine
Rede davon sein, daß die Unwissenden   a l s   s o l c h e   positiver
gesehen sind; vielmehr geht es hier gerade darum, daß aus Unwissenden
Wissende werden (vgl. aber Hoffmann, Studien, S.113).

128 Vgl. 3,20 (HT; LXX: ὑπὸ τῶν ταπεινῶν δοξάζεται); hier ist auch der Gedanke der Exklusivität der Offenbarung an die Unwissenden auf jeden Fall
implizit vorhanden. Anders allerdings Weish. 10,21 (Hoffmann, Studien,
S.114 verweist im Anschluß an Bertram ebenfalls auf diese Stelle).

129 So richtig Hoffmann, Studien, S.114; vgl. jedoch die von Sjöberg, Menschensohn, S.186 vorgenommene Parallelisierung unseres Logions mit dieser
Stelle (zitiert ebd. Anm.4), die in ähnlicher Weise dann auch begegnet
bei W. Grundmann, Die ΝΗΙΙΟΙ in der urchristlichen Paränese, NTS, Bd.5,
Cambridge 1958/59, S.188-205, S.202. Auf qumranische Parallelen verweist
im übrigen noch Schweizer, Evangelium nach Matthäus, S.175; heranzuziehen ist aber allenfalls 1 QS 11,6, und auch hier wird nicht mehr gesagt, als daß die verborgene Weisheit(!) eben "vor Menschen der Erkenntnis" verborgen ist.

130 Gerade in 1 QpHab 12,3f. werden die "Einfältigen Judas" zu den "Armen"
in Entsprechung gesetzt!

131 History, S.174.

132 So richtig auch Hoffmann, Studien, S.114.

133 Vgl. oben zu 11,27 par.

134 Vgl. auch oben in Anm.110 unsere Vermutungen bezüglich der ursprünglichen Textform des Logions. Relativ häufig wird dasselbe heute freilich aus der Situation Jesu zu deuten gesucht. Schon Bousset, der Mt.
11,27 par. auch als Einzellogion noch im Sinne Nordens mit hellenistischer Mysterienfrömmigkeit in Verbindung bringt, erklärt zu 11,25f. par.,
daß hier wahrscheinlich "ein echtes Logion Jesu verarbeitet sei" (Kyrios,
S.46). Und noch Weaver, der für V.27 par. jedenfalls auch nicht auf
Echtheit zu plädieren wagt und sich ausdrücklich kritisch mit dem von
Browne unternommenen Versuch, die gesamte Passage V.25-30 als ipsissima
verba Jesu zu erweisen, auseinandersetzt (vgl. History, S.6), sieht für
V.25f. par. keinen Grund, weshalb dieses Wort Jesus abzusprechen sei
(vgl. ebd., S.168-176; ähnlich z.B. auch Hunter, Crux, S.242f.).
Immerhin räumt Weaver jedoch ein, daß der "liturgical character of the
saying suggests that it has received its present shape in the community"
(History, S.170). Im übrigen sieht auch er, daß unser Logion einen
christologischen Anspruch beinhaltet, wenn er auch dabei Jesu "implicit
christological self-understanding" in Anschlag bringt (History, S.175f.).
Noch vorsichtiger urteilt mit Recht Bultmann, Geschichte, S.172 sowie
im Anschluß daran Hahn, Hoheitstitel, S.322 (zu der Argumentation von
Schulz, Q, S.217 vgl. oben Anm.116).
135 Dieses hat Grimm, Dank, S.250 immerhin anhand der Heranziehung von Jos
Bell 3,354 (dazu vgl. oben Anm.54) zeigen können.
136 Nach Grimm, Dank, S.253 wendet sich gerade das Bekenntnis   a u c h
an die Menschen.

Zu Teil 3, Kapitel 1, § 1

1 Wie Becker, Johannes, S.16 betont, hat die Überlieferung von Jesu Deutung
des Täufers "besonders intensiv unter der Umgestaltung der Gemeinde ge-
litten".
2 Zu der Annahme, daß bereits für das mündliche Traditionsstadium mit einem
Prozeß fortschreitender theologischer Gestaltung zu rechnen ist, vgl.
auch noch oben Teil 1, Kapitel 2, § 2 Anm.13.
3 Der Verfasser der Redenquelle und die Evangelisten werden eben keineswegs
mittels Rezeption verschiedenster religionsgeschichtlicher "Motive" eigenständige theologische Konzepte frei entworfen haben. Auch sie dürften
vielmehr im Rahmen eines vorgegebenen religionsgeschichtlichen Denkhorizontes das Christusgeschehen unter veränderten Bedingungen jeweils
neu zum Tragen zu bringen gesucht haben.
4 Vgl. aber Lührmann, Redaktion, S.29-31, der sich ebd., S.29 Anm.1 an W.D.
Davies, The Setting of the Sermon on the Mount, Cambridge 1964, S.369
anschließt und zugleich von Streeter, Gospels, S.291f. sowie G. Bornkamm,
Art.: Evangelien, synoptische, RGG, Bd.2, 3.Aufl. Tübingen 1958, Sp.753-
766, Sp.758 abgrenzt; ähnlich dann auch noch Hoffmann, Studien, S.230.
Lührmann behauptet, daß ursprünglich zwar in der Überlieferung die Auseinandersetzung zwischen Jesus- und Johannesjüngern eine gewisse Rolle
gespielt habe, in Q jedoch dieser Gegensatz nicht mehr von Bedeutung sei
und Jesus und Johannes   g e m e i n s a m   d e m   V o l k
I s r a e l   g e g e n ü b e r s t ä n d e n .   Und Hoffmann stellt
immerhin fest, daß in dem Gleichniswort Mt. 11,16-19 par. die Frage nach
dem Verhältnis von Johannes und Jesus "zugunsten ihrer gemeinsamen Sen-

dung" zurücktrete. Er betont freilich dann doch, daß Johannes Jesus als dem Menschensohn gegenübersteht. Dementsprechend geht er davon aus, daß die hier angeschnittene christologische Frage keineswegs für Q belanglos ist, und differenziert zwischen dieser Frage und der apologetischen bzw. polemischen Frage nach der Superiorität des Johannes oder Jesu (vgl. Studien, S.224). Vgl. hier freilich auch noch J. Gnilka, Jesus Christus nach frühen Zeugnissen des Glaubens, Biblische Handbibliothek, Bd.8, München 1970, S.116, nach dessen Auffassung für Q das Verhältnis des Täufers zu Jesus bereits völlig klar ist.

5 Vgl. aber Grundmann, Evangelium nach Matthäus, S.303.

6 Nach Schulz spiegelt eine jüngere Schicht der Redenquelle das "konkurrierende, wohl noch aktuelle Verhältnis von Jesus- und Täufergemeinde wider" (so in Q, S.203). Und Hoffmann geht immerhin davon aus, daß es erst in einem zweiten Stadium der Überlieferung zu einer Auseinandersetzung der christlichen Gemeinde mit den Johannesjüngern um die Frage nach der Superiorität des Täufers oder Jesu gekommen sei (vgl. Studien, S.224). Er greift dann aber zu der Annahme, daß dieses Stadium erst nach der Abfassung von Q eingesetzt hat.

7 Zu der fraglichen These vgl. Christologie, S.155f.; bezeichnenderweise bemerkt Polag freilich selbst, trotz allem werde doch "das Bestreben spürbar, die Person des Täufers möglichst weit anzuerkennen" (S.156). Ganz ähnlich aber auch Katz, Lk 9,52-11,36, S.297-313, der bei seiner "hellenistisch-judenchristlichen Redaktion" von Q, die er im übrigen nur für Lk. voraussetzen möchte (!), wie auch bei einer sog. "Zwischenredaktion", auf die er die Hinzufügung von Mt. 11,10f. par. zurückführen möchte, eine nachträgliche Verschärfung der zunächst nur im Keim angelegten Polemik gegen die Täufergemeinde finden möchte, dabei aber von einem "verdeckt polemischen Ton ..., der letztlich doch um die Täufergemeinde wirbt", spricht (Zitat S.300). Außerdem vgl. noch Sabugal, Embajada, S.415, für den die Perikope von der Täuferanfrage auf der Ebene von Q "la situación vital de una p o l é m i c a   m i s i o - n a r i a entre comunidades cristianas judeo - palestinense y sectarios baptistas de ese mismo escenario geográfico" widerspiegelt.

8 Vgl. dazu Teil 2, Kapitel 4, § 2, 1.-4.

9 Vgl. immerhin Hoffmann, Studien, S.224 und dazu bereits oben Anm.4. Treffend charakterisiert aber auch Suggs, Wisdom, S.48 die Position der Quelle: "Q only reports the faith of a community for which John's significance was great - and Jesus' was greater".

10 Vgl. Teil 2, Kapitel 2, § 4.

11 Vgl. in diesem Zusammenhang oben in Teil 1, Kapitel 2, § 2 unsere Kritik an Güttgemanns.

12 Es sei bereits an dieser Stelle die Vermutung geäußert, daß noch in der Q-Gemeinde der prägende Einfluß ehemaliger Täuferanhänger spürbar gewesen sein dürfte. Denn wenn sich die frühe christliche Gemeinde bei allem Gegensatz gegen die Gemeinde des Täufers diesem selbst verpflichtet wußte, so dürfte sich hier a u c h der Einfluß ehemaliger Täuferanhänger innerhalb der christlichen Gemeinde dokumentieren (vgl. oben Teil 2, Kapitel 4, § 2, 1. Anm.33); und wenn später in einer Zeit, in der der Gegensatz zwischen Täufer- und Jesusgemeinde kaum noch eine Rolle gespielt haben dürfte, doch das Interesse am Täufer lebendig blieb, so ist das insbesondere auf das Fortwirken jenes Einflusses zurückzuführen. Ähnlich auch Hoffmann, Studien, S.232; er erwägt freilich ebd. sogar, ob es sich bei dieser Gruppe um ehemalige Täuferanhänger, die später Jesus nachfolgten, handelt.

13 Das würde natürlich bedeuten, daß vor allem in der Tradition das Fortwirken des Einflusses der Täuferanhänger noch spürbar wird (vgl. aber
   oben Anm.12 die weiter gehenden Erwägungen Hoffmanns).
14 Vgl. Hoffmann, Studien, S.216.
15 Dazu vgl. bereits Dibelius, Formgeschichte, S.245.
16 Vgl. aber auch Dibelius, Überlieferung, S.8, der als das Thema der gesamten Komposition die Beantwortung der Frage sieht, wie Johannes von
   Jesus dachte und Jesus über Johannes urteilte. Bei dieser Formulierung
   sind die Akzente wohl kaum im Sinne von Q richtig gesetzt. Es geht bei
   der Anfrage des Täufers in der Quelle nicht mehr primär um die Beurteilung Jesu durch Johannes. Die Frage, ob der Täufer Jesus mit dem von
   ihm verkündigten Kommenden in Verbindung gebracht hat, ist für den Verfasser von Q nicht entscheidend. Für ihn steht vielmehr im Vordergrund,
   ob Jesus sich selbst mit dem vom Täufer Angekündigten identifiziert hat.
   Die von Dibelius vertretene Auffassung wird nur verständlich auf dem
   Hintergrund seiner Annahme, daß die Komposition noch dazu dient, die
   "Stellung des Christentums zur Täufergemeinschaft zu regeln" (Formgeschichte, S.245).
17 Hoffmann, Studien, S.216 formuliert treffend, daß man von dem in der
   Täuferanfrage neugewonnenen christologischen Standort aus nun "Jesu
   einstige Worte über Johannes zu verstehen und das Verhältnis zwischen
   ihm und Johannes neu zu bestimmen" suchte. Ähnlich jetzt auch Suggs,
   Wisdom, S.38: "Our section thus would stand as a summary which had as
   its primary purpose the defining of the relation between Jesus and
   John".
18 So in Redaktion, S.25 Anm.1 gegen Dibelius, Überlieferung, S.6.
19 Vgl. Redaktion, S.25.
20 Vgl. oben Teil 2, Kapitel 2, § 3.
21 Vgl. aber eben Lührmann, Redaktion, S.29-31, für den durch die Anfügung
   des Gleichnisses von den spielenden Kindern "die ganze Einheit Lk 7,18-
   35/Mt 11,2-19 eine neue Zielrichtung" erhält (ebd., S.30), insofern
   hier nun "Jesus und Johannes gemeinsam dem Volk Israel gegenüber-
   (stehen)" (ebd., S.31).
22 Vgl. oben Teil 1, Kapitel 2, § 3.
23 Zur Begründung vgl. oben Teil 1, Kapitel 2, § 4.
24 Teil 2, Kapitel 4, § 2, 1.
25 Insofern ist es verständlich, daß auch Hoffmann die ursprüngliche und
   eigentliche Bedeutung der Johannesfrage nicht mehr erkennt (vgl. in
   Studien, S.213 die Auseinandersetzung mit Bultmann, Fridrichsen und
   Stuhlmacher). Er trifft so immerhin im Gegensatz etwa zu Schulz (vgl. Q,
   S.203; insbesondere ebd. Anm.197) die Bedeutung, die die Täuferfrage
   für Q gehabt hat. Im Blick auf das für die Quelle vorauszusetzende Verständnis wird in der Tat (vgl. Studien, S.213) immer wieder zu betonen
   sein, daß es einfach "um die Identität Jesu mit dem 'Kommenden'" geht.
26 Dazu vgl. auch oben Teil 2, Kapitel 4, § 2, 1. Anm.31.
27 In dem Taufbericht Mt. 3,13-17 (vgl. Lk. 3,21f.) wird ja bereits expliziert, daß Johannes die Bedeutung Jesu kennt. Demgemäß bereitet es in
   diesem Zusammenhang wirklich Probleme, wenn Johannes später wieder nach
   der Identität Jesu mit dem von ihm Angekündigten fragt. Und es ist nur
   bezeichnend, daß sich beispielsweise Loisy veranlaßt sieht, den matthäischen Zusammenhang hier einfach zu vernachlässigen und davon auszugehen,
   daß sich Matthäus bei der Perikope von der Täuferanfrage gar nicht mehr
   daran erinnert, daß er Johannes ja schon für Jesus hat Zeugnis ablegen
   lassen (vgl. Evangiles, 1, S.660). Geht man von dieser Annahme aus, so

kann man natürlich auch bei Mt. noch in der Frage des Täufers den Ausdruck einer beginnenden Zustimmung zu Jesus sehen. Freilich, schon Dupont hat eingewandt: "Dire qu'il 'ne se souvient pas' de ce qu'il a écrit un peu plus haut, c'est bien mal se tirer d'embarras" (Ambassade, S.809). Und dieses gilt um so mehr, als das entscheidende Täuferzeugnis für Jesus Mt. 3,14 redaktionell eingefügt sein dürfte. Nimmt man aber den matthäischen Zusammenhang ernst, wird man eben der unsicheren Frage Mt. 11,3 keinen eindeutig positiven Sinn mehr abgewinnen können. Man wird dann zu erwägen haben, ob man so weit gehen kann, in jener Frage statt beginnenden Glaubens nun beginnenden Zweifel oder beginnende Ungeduld zu erblicken (vgl. Dupont, Ambassade, S.811-813). Hier wird sich erweisen, daß man auch mit dieser These kaum die Auffassung des Matthäus treffen dürfte. Und wir werden sehen, daß die alte These von einem fiktiven Charakter der Täuferfrage, die sich bereits bei Augustin, Hilarius und Chrysostomus findet (vgl. Dupont, Ambassade, S.806f.), dem Befund in gewisser Hinsicht noch am ehesten gerecht wird (dazu vgl. unten Kapitel 2, § 1). Wenn aber Sabugal, Embajada, S.416 eine ähnliche These für Q aufstellt, so wird er diesem literarischen Zusammenhang eben nicht gerecht!

28 Zum Problem der Ursprünglichkeit der Einleitungswendung vgl. bereits oben Teil 2, Kapitel 2, § 3.

29 So Hoffmann in Studien, S.214.

30 Bei Schulz, Q, S.192-203 steht die These, daß die Q-Gemeinde in der Perikope von der Täuferanfrage Jesus als den Endzeitpropheten kennzeichnen wolle, auf dem Hintergrund der Behauptung, daß die Auseinandersetzung zwischen Täufer- und Jesusgemeinde noch eine Rolle spielt. Jene These ist aber trotz der Bezugnahme von Mt. 11,5 par. auf Jes. 61,1 dann nicht mehr schlüssig, wenn zur Zeit von Q diese Auseinandersetzung eben bereits keine Rolle mehr spielt (vgl. aber Hoffmann, Studien, S.204f.).

31 Vgl. aber immerhin auch noch Sabugal, Embajada, S.423, der die Seligpreisung in der Quelle versteht als "una enfática prevención de la Comunidad cristiana (Q) contra la incredulidad de 'los discípulos' de Juan en la dignidad mesiánica de Jesús". Sabugal lehnt in diesem Zusammenhang S.422 im übrigen die Auffassung ab, daß es für Q primär um "la identificación de Jesús con el Juez escatológico anunciado por Juan" geht. Dazu vgl. jedoch oben!

32 Zu der polemisch-apologetischen Ausrichtung der Perikope vgl. bereits oben Teil 2, Kapitel 4, § 2, 1.

33 Vgl. das oben gegen Lührmann, Redaktion, S.25 Ausgeführte.

34 Der Hinweis auf die einstmalige Begeisterung des Volkes für den Täufer dient im übrigen schon als solcher dazu, ein Nachlassen jener Begeisterung anzuprangern (vgl. dazu oben Teil 2, Kapitel 4, § 2, 2.).

35 Lührmann kommt es bei seiner Argumentation (vgl. oben Anm.21) letztlich natürlich auf die richtige Erkenntnis an, daß die Auseinandersetzung um die Superiorität des Johannes oder Jesu in Q keine Rolle mehr spielt. Er übersieht aber eben, daß dort, wo das Interesse an der Frage "Johannes o d e r Jesus" nachläßt, das Interesse an dem Problemkreis "Johannes u n d Jesus" erst beginnt.

36 Vgl. Hoffmann, Studien, S.230 (zur Gegenüberstellung der Positionen Lührmanns und Hoffmanns vgl. im übrigen bereits oben Anm.4).

37 Es wäre verfehlt, etwa die matthäische Struktur des Gedankengangs in Q einzutragen. Nichts spricht dafür, daß der Stürmerspruch 11,12f. par. hier wie bei Mt., wo er mit dem Eliawort 11,14f. verbunden ist, den Einsatz einer neuen Sinneinheit markiert. Richtig an dieser Stelle auch Lührmann, Redaktion, S.27. Vgl. bereits oben Teil 2, Kapitel 2, § 4.

38 Gewiß, die Formulierung dieser redaktionellen Überleitungswendung wird nicht mehr zu rekonstruieren sein (vgl. Teil 2, Kapitel 2, § 3). Es scheint aber auf jeden Fall sicher, daß der Verfasser von Q die Johannesjünger sogleich auf die Aufforderung, hinzugehen und dem Johannes zu berichten (11,4 par.), reagieren läßt.

39 Diese Entwicklung ist natürlich nur folgerichtig. Die Auseinandersetzung mit der Johannesgemeinde barg ja immer die Gefahr, daß das positive Interesse am Täufer ganz in den Hintergrund geriet. Sobald daher jene Auseinandersetzung nicht mehr von Bedeutung war, mußte sich die christliche Gemeinde ihrer täuferischen Herkunft erst wieder neu vergewissern.

40 Auch Hoffmann (vgl. Studien, S.223) sieht immerhin, daß in Q die Anerkennung des Täufers durch Jesus zum Tragen kommt. Für seine Argumentation ist aber eben charakteristisch, daß er mit einer polemischen Tendenz gegen die Anhänger des Täufers erst für die Zeit   n a c h   der Abfassung von Q rechnet. Er kommt (in Studien, S.224) zu der These, es handele sich in Q "noch um ein erstes Stadium der Auseinandersetzung mit dem Täufer, in dem ehemalige Täuferanhänger, die sich nun zu Jesus als dem Menschensohn bekennen, nach der Bedeutung ihres und Jesu Lehrers zurückfragen". Demgegenüber sei noch einmal betont, daß mit einem Stadium polemischer Auseinandersetzung mit den Anhängern des Täufers bereits für die Zeit   v o r   der Abfassung von Q zu rechnen ist. Im übrigen aber sei die Frage gestellt, ob "ehemalige Täuferanhänger" überhaupt jemals schlicht nach der Bedeutung ihres Lehrers haben zurückfragen können. Zeigt nicht die Argumentation gerade an dieser Stelle, daß sich die Ergebnisse Hoffmanns überlieferungsgeschichtlich eben nicht verifizieren lassen?

41 Hoffmann macht den Fehler, daß er nicht den gesamten Gedankengang 11,7b-13 par., sondern lediglich die Abschnitte 11,7b-11 par. und 11,12f. par. jeweils für sich in den Blick nimmt; dieses Vorgehen wird zur Ursache dafür, daß er in 11,7b-11 par. die hier sichtbar werdenden Tendenzen zur polemischen Abgrenzung von der Täufergemeinschaft übersieht und bereits in diesem Logion (und nicht erst in 11,12f. par.!) die für Q in der Tat charakteristische Hinwendung zu einer unpolemischen Bezugnahme auf den Täufer findet (vgl. besonders Studien, S.222). Wir sehen, wie hier die traditionsgeschichtliche Fragestellung unsachgemäß mit der redaktionsgeschichtlichen vermengt wird!

42 Dazu vgl. oben Teil 2, Kapitel 4, § 2, 2. Freilich, ganz abgesehen davon, daß Hoffmann (Studien, S.216-218) wie etwa auch Bultmann (Geschichte, S.177f.) und Dibelius (Überlieferung, S.11-14) V.10 par. und V.11b par. statt V.11a.b par. für sekundär ergänzt hält, ist für ihn (aufgrund seiner Interpretation der vermeintlichen Ergänzungen im Sinne von Q!) auch die Unterscheidung zwischen einer vorredaktionellen und einer redaktionellen Ergänzung gar nicht sinnvoll. In gewisser Weise damit zu vergleichen ist die Position Polags (vgl. Christologie, S.16f.; 158), nach der Mt. 11,10 par. wie 11,11 par. sekundäre Ergänzungen einer "späten Redaktion" von Q sind. Dabei geht Polag (vgl. oben) wie Hoffmann davon aus, daß Q noch nicht auf Versuche zur Unterordnung des Täufers unter Jesus zurückblickt. Für ihn ist es jedoch gerade die Endgestalt der Redenquelle, in der der Täufer nun nicht mehr neben Jesus gestellt, sondern diesem eindeutig untergeordnet wird. So entgeht er immerhin der Gefahr, aufgrund redaktionsgeschichtlicher Prämissen den eigentlichen Sinn der Logien V.10 par. und 11 par. zu verkennen.

43 Es ist bezeichnend, daß Schulz, der nicht sinnvoll zwischen Tradition und Redaktion scheidet (vgl. oben Teil 1, Kapitel 2, § 3), angesichts von Mt. 11,7-11 par. von einer "zwiespältige(n) Bewertung des Täufers

in Q", die sich aus der "theologisch durchreflektierten Sicht der Q-Gemeinde" ergebe, spricht (so in Q, S.235).

44 Im Blick auf V.11b par. stellt bezeichnenderweise zunächst auch Hoffmann noch erwägend fest, daß durch eine "Gegenüberstellung des Johannes und des Kleinsten in der Basileia ... Johannes eine Qualifikation im Rahmen der Basileia abgesprochen" wird (Studien, S.222). Er will aber eben bereits in diesem Vers eine Aussage finden, die der positiven "allgemeinen Beurteilung, die das Wirken des Johannes in Q findet" (ebd.), nicht widerspricht. Nur von daher ist es zu verstehen, daß seiner Meinung nach die Beziehung von μικρότερος auf Jesus die "geringsten Schwierigkeiten" (so in Studien, S.223!) bereitet. Denn diese Interpretation bietet lediglich den "Vorteil", daß sie dem Täufer Jesus als den "Kleineren" unterordnet. Möglich wird ein solches Verständnis nur, weil Hoffmann schon in Mt. 11,5f. par. einen Hinweis auf "die historische Gestalt (Jesu) in ihrer Widersprüchlichkeit" (Studien, S.223) gesehen hat. Ganz im Sinne dieser Interpretation wird nämlich nun im Blick auf 11,11b par. festgestellt: "Der Zusatz.... nimmt das Ärgernis des historischen Jesus auf (gegenüber dem Propheten Johannes ist er der Kleinere), überwindet es aber durch den Hinweis auf die diesem Jesus von Gott verliehene endzeitliche Funktion in der Basileia" (Studien, S.224).

45 Dazu vgl. oben Teil 2, Kapitel 4, § 2, 2.

46 Nicht nur bei der Perikope von der Täuferanfrage, sondern auch hier ist es fraglich, ob der Verfasser von Q die Überlieferung überhaupt noch im ursprünglichen Sinne hat verstehen können. Es ist keineswegs gesagt, daß er in der Bezugnahme auf Ex. 23,20 überhaupt noch eine Aufnahme der Mose-Typologie hat erkennen können.

47 Der Vers nimmt nur die Aussage von 11,10 par. auf, um sie zu relativieren.

48 Nach Hoffmann, Studien, S.223 Anm.121 geht man einen "Umweg", wenn man mit Bousset, Kyrios, S.45 versucht, in dem Hinweis auf den "Kleinsten in der βασιλεία" die christologische Pointe zu finden. Hier ist immerhin richtig gesehen, daß sich bei unserer Deutung von μικρότερος der Bezug auf Jesus nicht von selbst ergibt.

49 Redaktion, S.27.

50 Lührmann, Redaktion, S.28 vermutet, daß "ein Stichwortanschluß ad vocem βασιλεία" vorliegt. Auf jeden Fall ist eindeutig, daß es gerade die anstößige Aussage vom "Kleinsten in der βασιλεία" gewesen ist, die in dem Stürmerspruch aufgenommen und weitergeführt werden soll.

51 Vgl. oben Teil 2, Kapitel 4, § 2, 3.

52 Auch Lührmann, Redaktion, S.28 nimmt an, daß V.13 par. als redaktionelle Ergänzung zu V.12 par. "das Ziel des Abschnitts auf der Stufe der Überlieferung angibt, auf der der wohl aus selbständiger Tradition stammende Vers angefügt worden ist".

53 Zur Ablehnung einer exklusiven Deutung von ἀπὸ τότε vgl. oben Teil 2, Kapitel 4, § 2, 3.

54 Das ist es, was Lührmann übersieht! In unserem Logion geht es wohl um alles andere als um eine "Abwertung" des Johannes (vgl. Redaktion, S.28 Anm.7). Das berechtigt aber noch nicht zu der Annahme, daß so, wie in Mt. 11,5f. par. Jesus mit dem Anbruch der Gottesherrschaft in Verbindung gebracht wird, hier nun von Johannes das gleiche gilt (vgl. aber Redaktion, S.28f.).

55 Gräßer, Problem, S.182 (vgl. Schulz, Q, S.263) hat darauf hingewiesen, daß sich an dem Stürmerspruch bereits ein Nachlassen der Naherwartung ablesen lasse. Wir möchten ergänzend hinzufügen, daß unser Logion offenbar die Zeit der Basileia in eine Zeit des Ringens um dieselbe und eine Zeit der endgültigen Verwirklichung derselben unterteilt.

56 Studien, S.67.
57 Anders Schulz, Q, S.264f.; für ihn gehört nach Q der Täufer "eindeutig,
   auch wenn ihm von Q eine einmalige eschatologische Wegbereiterfunktion
   zuerkannt wird und seine Bedeutsamkeit ohne Frage (!) vom kommenden Neuen
   her erschlossen sein will, auf die Seite der alten Zeit, die mit ihm zu
   Ende gegangen ist" (S.265).
58 Studien, S.67.
59 Dazu vgl. bereits oben Teil 2, Kapitel 4, § 2, 3. Anm.17.
60 Vgl. oben Anm.41f.
61 Dazu vgl. oben.
62 Polag betont, daß mit "Gesetz und Propheten" die "Schrift als Verhaltens-
   norm" bezeichnet sei (vgl. Christologie, S.78; ähnlich auch ebd., S.48);
   er meint, daß die Thora eben als solche Norm durch die Basileia relativiert werde (ebd., S.79); dieses erklärt sich von daher, daß er in der
   Basileia "einen neuen Anspruch Gottes an die Menschen" sieht (ebd.).
63 Es geht keineswegs darum, daß der Täufer die Forderungen des Gesetzes
   als solche außer Kraft gesetzt hat. Gerade auch für Q galt ja (vgl. oben
   Teil 2, Kapitel 2, § 4), daß jene Forderungen gültig bleiben. Deshalb
   ist davon auszugehen, daß vielmehr im Grundsätzlichen die charakteristische jüdische Auffassung vom Gesetz als der Heilsgabe Gottes aufgegeben
   wird.
64 Es sei ausdrücklich festgehalten, daß nach unserer Deutung des Stürmerspruches von Anfang an an die Anstrengungen der Buße gedacht gewesen ist.
   Denn es ist insbesondere dieser Punkt, an dem sich unsere Deutung dann
   im Blick auf Q bewährt.
65 Insofern das zweifache $\mathring{\eta}\lambda\vartheta\epsilon\nu$ in V.18f. par. das Wirken des Täufers wie
   Jesu rückschauend zusammenfaßt, liegt auch hier eine heilsgeschichtliche
   Periodisierung vor!
66 Dazu vgl. oben.
67 Andererseits war deutlich, daß in V.7-9 par. implizit immerhin auch ein
   Gegensatz zwischen Johannes und "diesem Geschlecht" vorhanden ist!
68 Die Feststellung Lührmanns in Redaktion, S.31, daß der Täufer und Jesus
   bereits nebeneinander gegen Israel stehen, wird also auch insofern schon
   nicht dem Befund gerecht, als der Gegensatz zwischen dem Täufer und
   Jesus einerseits und "diesem Geschlecht" andererseits nicht um seiner
   selbst willen entfaltet wird. Dieses ist mit Nachdruck auch noch gegen
   Hoffmann, Studien, S.227 zu betonen, für den das Deutewort aus unserem
   Gleichnis lediglich "eine 'Anklagerede' gegen dieses Geschlecht" macht.
69 Vgl. Redaktion, S.30f., wo ausgeführt wird, mit der Bezeichnung "dieses
   Geschlecht" werde "nicht eine frühere oder spätere Generation der
   jetzigen gegenübergestellt" (S.31), sondern das Volk Israel insgesamt
   im Gegenüber zu den Heiden bezeichnet.
70 Vgl. auch hierzu bereits oben.
71 Lührmann stellt selbst fest, daß die Pointe des ganzen Abschnitts erst
   "in dem schwierigen Schlußsatz ausgesprochen" wird (Redaktion, S.29).
   Er erklärt es aber für den Sinn des Schlußsatzes, daß "'diesem Geschlecht'
   nicht nur Johannes und Jesus, sondern auch die gegenübergestellt werden,
   die die Verkündigung des Gottesreiches annehmen" (Redaktion, S.30). Der
   Sinn jenes Satzes ist aber doch korrekter dahingehend zu bestimmen, daß
   d e m   T ä u f e r   u n d   J e s u s   nicht nur "dieses Geschlecht",
   sondern auch die "Kinder der Weisheit" gegenübergestellt werden. Und das
   heißt, daß nicht der Bezug auf "dieses Geschlecht", sondern der Bezug auf
   Johannes und Jesus das durchgängige Thema unseres Abschnitts darstellt.
72 Dazu vgl. oben Anm.69.

73 Vgl. ebd., S.22-24; Meyer führt aus, daß die Rechtfertigung der Weisheit "was very probably understood by the Q-community to be the willingness of Gentiles to 'enter' the Kingdom prepared for by John and inaugurated by Jesus" (S.23). In eigentümlicher Weise verbindet sich bei ihm freilich diese Auffassung mit der These, daß gerade die Heidenmission doch noch eine letzte Aufforderung an Israel zur Umkehr sei: "The Q-community ... understood the Gentile mission to be God's answer to Israel's impenitence and used it to call them to repentance" (S.28).

74 So mit Recht auch noch Hoffmann, Studien, S.229; im übrigen vgl. noch oben Teil 2, Kapitel 4, § 2, 4. Anm.12.

75 Damit soll nicht ausgeschlossen werden, daß die Q-Gemeinde bereits einen heidenchristlichen Einschlag (so etwa auch Lange, Erscheinen, S.161-163) gehabt haben könnte. Wir haben ja bereits oben in Teil 2, Kapitel 4, § 2, 4. (vgl. bes. Anm.74) gezeigt, daß gerade die charakteristische Verwendung des Menschensohntitels für den irdischen Jesus nicht nur ein Anzeichen für eine beginnende Hellenisierung des Judenchristentums und ein Zurücktreten der Naherwartung sein dürfte, sondern auch einen Hinweis auf die Erhebung eines universalen Anspruches für die Verkündigung Jesu darstellt.

76 Hoffmann behauptet nicht wie Lührmann (vgl. oben Anm.71), daß mit V.19c par. nur der Gegensatz zwischen Israel und Johannes/Jesus zu einem Gegensatz zwischen Israel und der Q-Gemeinde erweitert werde. Er betont freilich, daß so, wie zunächst von einer Ablehnung s o w o h l des Täufers a l s a u c h Jesu die Rede gewesen sei, nun auch von der Annahme b e i d e r gesprochen werde. Aber auch dieses äußert er nur, um sogleich richtig zu ergänzen, daß gerade dabei "Jesus als der M e n s c h e n s o h n bezeichnet" werde (vgl. Studien, S.230). Polag und Schulz, die für Q mit einer antitäuferischen polemischen Tendenz rechnen, unterstreichen im übrigen natürlich ebenfalls die Tatsache, daß trotz gemeinsamer Ablehnung und Anerkennung Jesu und des Täufers nicht von einer Gleichsetzung der beiden die Rede sein kann (vgl. Christologie, S.47 bzw. Q, S.386).

77 Hoffmann, Studien, S.230 vermutet, daß das von ihm für eine sekundäre Anfügung gehaltene Deutewort zu unserem Gleichnis gebildet wurde, "als man das Gleichnis mit der Komposition verband".

78 Dazu vgl. auch Lührmann, Redaktion, S.61-63; im übrigen s.o. Teil 2, Kapitel 2, § 1 (bes. Anm.7).

79 Nach (Strack-) Billerbeck, Kommentar, 1, S.571 ist hier an das Abschütteln unreiner, und d.h. wohl auch "heidnischer" Erde gedacht. Es handelte sich dementsprechend um einen Fluchtgestus, durch den die Angeredeten den Heiden gleichgestellt werden. Schon von hier aus könnte sich erklären, weshalb der Verfasser von Q gerade an dieser Stelle auf einen Vergleich mit Sodom zurückgegriffen hat.

80 Dazu vgl. bereits oben Teil 2, Kapitel 2, § 4.

81 Vgl. Evangelium des Lukas, S.141.

82 Vgl. G. Schneider, Das Evangelium nach Lukas, Bd.1, Ökumenischer Taschenbuchkommentar zum Neuen Testament, Bd.3,1, Gütersloh, Würzburg 1977, S.239 (dort jedoch keine Sperrung).

83 Anders Schneider, Evangelium nach Lukas, 1, S.239 (vgl. auch ebd., S.151).

84 So Hoffmann, Studien, S.303; vgl. Lührmann, Redaktion, S.64.

85 Vgl. auch Hoffmann, Studien, S.286.

86 Mk. 9,37 par. sowie auch Joh. 13,20 bieten Parallelen!

87 Dazu vgl. oben Teil 2, Kapitel 4, § 1 sowie Hoffmann, Studien, S.303 im Anschluß an Lührmann, Redaktion, S.62.

88 Daß bei Q die Gerichtsdrohung bzw. die Verschärfung jener Drohung an

Israel zu den wesentlichen Motiven der Gestaltung gehört, ist auch ansonsten in der Forschung unbestritten (vgl. dazu bereits Harnack, Beiträge, 2, S.160). Allerdings, inwieweit bereits eine weitere "Israelmission" ausgeschlossen und eine (gesetzesfreie) "Heidenmission" gefordert ist, das ist damit noch nicht entschieden...

89 Dieses spielt für Lührmann freilich deshalb gar keine Rolle, weil er einerseits eben schon in dem Gegensatz der Q-Gemeinde gegen "dieses Geschlecht" einen generellen und definitiven Gegensatz gegen Israel als ganzes zum Ausdruck gebracht sieht und demgemäß andererseits auch in der Bezugnahme auf einzelne heidnische Städte nur einen Hinweis auf eine grundsätzliche Heidenfreundlichkeit erkennen kann (vgl. in Redaktion, S.86 die Deutung der "betonte[n] Gegenüberstellung von Heiden und Israel in den für Q typischen Drohworten" im Sinne einer Voraussetzung der Heidenmission; zur Argumentation insgesamt vgl. auch noch ebd., S.93).

90 Hoffmann, Studien, S.303.

91 Dazu vgl. oben Teil 2, Kapitel 4, § 2, 5.

92 Meyer, Community, S.82.

93 Ebd.

94 Dazu vgl. oben Teil 2, Kapitel 4, § 2, 6.; auch nach Lange, Erscheinen, S.158-163 ist der Jubelruf in Q von der Situation der Auseinandersetzung der hinter der Quelle stehenden "Gruppe" mit ihrer jüdischen Umwelt her zu verstehen; was im übrigen den Charakter der Auseinandersetzung mit Israel betrifft, so räumt Lange richtig ein, daß man kaum mit Lührmann so weit gehen und annehmen dürfe, "die hinter Q stehende Gruppe habe Israel bereits ganz abgeschrieben" (S.162); zu seiner Position in dieser Frage vgl. oben Anm.75.

95 Vgl. oben Teil 2, Kapitel 2, § 1.

96 Zur Anfügung dieses Wortes an die Weherufe vgl. bereits den vorhergehenden Abschnitt.

97 Gegen Hoffmann, Studien, S.110, (vgl. insbesondere auch ebd. Anm.30f.); auch Lührmann, Redaktion, S.65 macht es sich freilich jedenfalls für Q zu einfach, wenn er feststellt: "Das beziehungslose(!) ταῦτα ist am ehesten verständlich, wenn es generalisierend gemeint ist".

98 History, S.219.

99 History, S.219-223 (Zitat S.222).

100 Vgl. Teil 2, Kapitel 4, § 2, 6. Anm.110.

101 Ist die "christologische Begründung" V.27 par. erst bei Einfügung von V.25f. par. in den Q-Zusammenhang durch das Logion Mt. 10,40 par. "inspiriert" worden?

102 Dazu vgl. oben.

103 Treffend dazu Lührmann, Redaktion, S.68: "Der Anspruch der Gemeinde beruht also darauf, daß ihr in einzigartiger Weise durch Jesus das Heil vermittelt ist, wodurch sie Anteil erhält an der in Lk 10,22a/Mt 11,27a ausgesprochenen ἐξουσία Jesu. Der Jubelruf ... stellt also die Begründung für die Verkündigung der Jünger und für die Bedeutung, die die Stellungnahme zu ihrer Verkündigung für das Ergehen im Gericht hat, dar, zugleich auch die Begründung für das den Jüngern verheißene Bestehen im Gericht."

104 Anders freilich Lührmann, Redaktion, S.65; 68, der ganz im Sinne seiner sonstigen Argumentation (vgl. insbesondere auch die Deutung "dieses Geschlechts" auf Israel in Redaktion, S.30f.) davon ausgeht, daß mit den "Weisen und Verständigen" Israel als solches gemeint ist, und dabei voraussetzt, daß die Wendung ἀπὸ σοφῶν καὶ συνετῶν im uneigentlichen Sinne (!) etwa zur Bezeichnung derer, "die sich für die Weisen und Verständigen h a l t e n " (so ohne Sperrung in Redaktion, S.65), gebraucht ist.

105 Vgl. auch Hoffmann, Studien, S.118: "die νήπιοι nehmen den Ehrentitel der 'Weisen' für sich in Anspruch."
106 Dazu vgl. oben Teil 2, Kapitel 4, § 2, 6.
107 Vgl. zum folgenden insbesondere Studien, S.140-142.
108 Oben in Teil 2, Kapitel 4, § 2, 6.
109 Vgl. Studien, S.140; Weaver, History, S.176-182 setzt demgegenüber nur voraus, daß unser Logion von einer Art "Easter experience" her geprägt ist.
110 So in Studien, S.140.
111 So Hoffmann in Studien, S.139.
112 Dazu vgl. aber Meyer, Community, S.84: "This material is fundamentally alien to the remainder of Q, and was surely not in its original draft." Ähnlich Polag, Christologie, S.16f., der den Jubelruf seiner "späten Redaktion" der Quelle zuweist; vgl. zu dieser Position auch noch Katz, Lk. 9,52-11,36, S.102-104, der hier auf die von ihm postulierte "hellenistisch-judenchristliche Redaktion" von Q Bezug nimmt.

Zu Teil 3, Kapitel 1, § 2

1 Dazu vgl. oben Teil 2, Kapitel 2, § 2.
2 Wobei festzuhalten bleibt, daß es sich hier natürlich nicht um zwei voneinander unabhängige Aspekte handelt!
3 Vgl. Christologie, S.156.
4 Dazu vgl. Christologie, S.155; ähnlich ebd., S.168: "Die Stellung Jesu wird (bei der 'späten Redaktion'; d. Verf.) auch dadurch profiliert, daß seine Gestalt gegenüber der des T ä u f e r s abgehoben wird; der Täufer wird klar charakterisiert als der 'Vorläufer', der auf Jesus hinweist. Seine Wirksamkeit ist nur insofern erwähnenswert, als in sie der Beginn des Auftretens Jesu eingebunden ist". Weiter noch geht Meyer, der in Community, S.85 direkt erklärt, daß "competition still existed between the Baptist's disciples and the Q-community, though they might agree in their criticism of Israel." Dazu aber vgl. schließlich auch Schulz, insofern er in Q, S.193; 203; 235 die vermeintliche jüngere, hellenistisch-judenchristliche Schicht der Quelle ebenfalls mit der Situation der Auseinandersetzung zwischen Täufer- und Q-Gemeinde in Verbindung bringt.
5 Vgl. Studien, S.224.
6 Vgl. Redaktion, S.29-31.
7 Zu der notwendigen Differenzierung zwischen der Frage nach der Superiorität Jesu und derjenigen nach dem Verhältnis des Täufers zu ihm vgl. bereits oben § 1 Anm.4 und 35.
8 Dazu vgl. oben Teil 1, Kapitel 1, § 4.
9 Vgl. insbesondere oben § 1 Anm.41 gegen Hoffmann.
10 Vgl. Teil 2, Kapitel 4, § 2.
11 Unser Ergebnis ermöglicht es dennoch gerade, das begrenzte Recht auch der anderen redaktionskritischen Entwürfe zu erkennen. Entscheidend ist dabei die Erkenntnis, daß die älteste, auf Jesus selbst zurückzuführende Tradition bereits von deutlicher Zustimmung zum Täufer zeugt, die spätere Gemeinde also letzten Endes angesichts der Vorbehalte und Einwände, die offenbar den Täuferanhängern gegenüber vonnöten gewesen sind, nur an das positive Urteil Jesu wieder neu angeknüpft hat. Denn hier bestätigt sich, daß Q natürlich zunächst einmal durchaus die Anerkennung des Täufers zur

Voraussetzung hat und der frühesten Tradition im Unterschied zu späterer Überlieferung wirklich noch keine Tendenz zur Unterordnung des Täufers unter Jesus innewohnt. Nur daß dabei eben nicht davon ausgegangen werden kann, daß dieser traditionsgeschichtliche Sachverhalt im redaktionsgeschichtlichen Sinne zu deuten ist.

12 Nach Hoffmann, Studien, S.232 muß offen bleiben, ob "es sich nun tatsächlich um ehemalige Anhänger des Johannes handelte, die später Jesus nachfolgten, oder ob Johannes hier nur einen Traditionsstrom repräsentiert, in dessen Einflußbereich die Gruppe steht". Es ist aber kein u n m i t t e l b a r positives Interesse am Täufer mehr, welches sich in der Beurteilung desselben in Q dokumentiert. Und daß Hoffmann bei seiner sehr frühen zeitlichen Ansetzung der Redenquelle zu weit geht, dürfte sich bereits verschiedentlich gezeigt haben. Im übrigen vgl. auch schon oben § 1 (mit Anm.12f.).

13 Dazu vgl. oben Teil 2, Kapitel 4, § 2, 1. Anm.33.

14 Vgl. oben Teil 2, Kapitel 2, § 2.

15 Vgl. Christologie, S.15-17.

16 Polag rechnet zu den Einleitungsperikopen von Q neben den Täuferworten Lk. 3,7-9.16.17 par. Mt. 3,7-12 auch noch einen Taufbericht nach Lk. 3,21.22 par. Mt. 3,16.17 sowie die Versuchungsgeschichte Lk. 4,1-13 par. Mt. 4,1-11; außer den Einleitungsperikopen und der Schlußperikope werden eine Anzahl von Einzellogien aus dem primären Überlieferungsbestand von Q ausgesondert (zu den Logien Lk. 7,27.28 par. Mt. 11,10.11 vgl. bereits oben § 1 Anm.42, zu Lk. 10,21.22 par. Mt. 11,25-27 auch ebd. Anm.112).

17 So in Christologie, S.155f. im Blick auf Lk. 3,7-9.16.17 par. Mt. 3,7-12.

18 Christologie, S.15.

19 Vgl. oben Teil 2, Kapitel 2, § 2.

20 Ähnlich insbesondere Polag, Christologie, S.155; dieser erwägt allerdings, ob man nicht im Blick auf Jesus in seinem Verhältnis zum Täufer "von einer überlegenen prophetischen Gestalt sprechen" sollte; solches ist aber eben nur in dem - bei Polag vorausgesetzten - Zusammenhang einer Bezugnahme auf die Situation der Auseinandersetzung um die Superiorität Jesu sinnvoll.

21 Zum "heilsgeschichtlichen" Aufriß von Q vgl. bereits oben Teil 2, Kapitel 2, § 2.

22 Einerseits also läßt sich feststellen, daß für Q die Bußpredigt des Täufers eine deutliche Beziehung auf die Basileiapredigt Jesu bekommt. Zum anderen aber ergibt sich, daß umgekehrt nun auch die Basileiapredigt Jesu geradezu in der Art der Gerichtspredigt des Täufers akzentuiert werden kann. Eben deshalb jedoch gelingt es dem Verfasser von Q, den Täufer ganz auf die Seite Jesu zu stellen!

23 Vgl. aber sogleich schon in § 1 die Auseinandersetzung mit Lührmann.

24 Um seine These, daß in Q Jesus und Johannes bereits gemeinsam gegen Israel stehen, zu stützen, zieht Lührmann bezeichnenderweise zu den Täufertexten Mt. 11,2-19 par. zusätzlich noch die Täuferpredigt Mt. 3,7-10.12 par. heran.

25 Vgl. zum folgenden oben § 1.

26 Hier wird nun unbestreitbar vorausgesetzt, daß der Bußprediger Johannes auch selbst direkt mit dem Kommen der Basileia in Zusammenhang zu bringen ist (vgl. aber oben Anm.22; zum sekundären Charakter einer solchen Konzeption vgl. im übrigen bereits Teil 2, Kapitel 4, § 2, 3. Anm.53).

27 Vgl. dazu Conzelmann, Mitte, S.9; 14; 15; 17; 20 u.ö.; der Lk. 16,16 völlig undifferenziert zum Schlüssel für das heilsgeschichtliche Denken des Lukasevangeliums macht.

28 Dazu vgl. oben in § 1 insbesondere auch noch Anm.55.

29 Vgl. noch oben § 1 Anm.65.
30 Vgl. wieder oben Teil 2, Kapitel 2, § 2; außerdem den Verweis von Suggs, Wisdom, S.37f. auf Manson und Robinson.
31 Mit Bezug auf Lukas so zunächst Lohse (vgl. seinen Aufsatz "Lukas als Theologe der Heilsgeschichte").
32 Vgl. Polag, Christologie, S.130f. u.ö.; Lührmann, Redaktion, S.24-48 u.ö.; Hoffmann, Studien, S.15-35 u.ö.; Schulz, Q, S.323-378; daneben noch Meyer, Community, S.7-28; außerdem schließlich Tödt, Menschensohn, S.223 in der Auseinandersetzung mit Manson.
33 Dieser stellt immerhin in Redaktion, S.94 selbst fest, daß "die Verkündigung Jesu von der Nähe der $\beta \alpha \sigma \iota \lambda \epsilon \acute{\iota} \alpha$ τοῦ θεοῦ ... in der Logienquelle ebenso aufgenommen (ist) wie in der Mk-Tradition oder im Sondergut von Lk und Mt". Seiner Auffassung nach ist aber, wie er hinzufügt, die Gerichtserwartung "in Q mindestens einseitig hervorgehoben und in der Redaktion zum entscheidenden Interpretament von Jesu $\beta \alpha \sigma \iota \lambda \epsilon \acute{\iota} \alpha$ -Verkündigung geworden". Daran ist jedoch lediglich richtig, daß die Verkündigung Jesu durchaus a u c h in Richtung auf die Gerichtsaussage entfaltet wird. Im übrigen war dieses oben bezeichnenderweise im Blick darauf festzustellen, daß so die Zusammengehörigkeit von Täufer- und Jesusbotschaft betont wird. Und gerade hier hatte sich ergeben, daß andererseits eben die Verkündigung des Täufers nun in Richtung auf die Basileiabotschaft entfaltet wird!
34 Vgl. oben § 1.
35 Dieses haben wir oben in Teil 2, Kapitel 2, § 2 in Auseinandersetzung mit den Thesen Mansons über die inhaltliche Struktur von Q bereits aufgezeigt. Nachträglich finde ich im übrigen bei Lührmann, Redaktion, S.100 die entsprechende Vermutung, daß der Jubelruf "wahrscheinlich der Abschluß eines langen Komplexes innerhalb der Logienquelle mit dem Thema Jüngerschaft" ist.
36 An dieser Stelle wird deutlich, worum es Lührmann eigentlich geht, wenn er die Gerichtsdrohung ins Zentrum der Theologie von Q stellt. Im Hintergrund steht offenbar das Problem, daß angesichts des Fehlens eines expliziten Passionskerygmas in Q die Frage offen ist, in welcher Weise die Verkündigung der Gemeinde mit der Verkündigung Jesu in Kontinuität steht. Nun kann man natürlich mit Manson versuchen, das Fehlen des Passionskerygmas von daher zu erklären, daß "there is no Passion-story because none is required, Q being a book of instruction for people who are already Christians and know the story of the Cross by heart" (Sayings, S.16; vgl. z.B. auch Kümmel, Einleitung, S.40). Das würde aber einerseits bedeuten, daß man ohne wirklichen Anhalt am Text davon ausginge, daß letzten Endes doch auch für Q die Kontinuität zwischen der Gemeindeverkündigung und der Jesusverkündigung in gängiger Weise christologisch begründet ist; und zugleich impliziert es, daß man den Charakter der Quelle dahingehend bestimmt, daß es sich hier rein um "positive religious and moral teaching" handelt (Sayings, S.16; vgl. hierzu im übrigen bereits das oben in Teil 1, Kapitel 1, § 1 zu Dibelius Ausgeführte). Dann aber läßt sich eher mit Tödt vermuten, daß das Fehlen des Passionskerygmas von daher zu verstehen ist, daß hier noch gar nicht in der Verkündigung von Jesus, sondern vielmehr in der Weiterverkündigung der Verkündigung Jesu als des kommenden Menschensohnes Kontinuität gegeben ist; und diese These, die ja eben der Tatsache Rechnung trägt, daß Q auch die Gerichtsdrohung an Israel beinhaltet (vgl. Tödts Kritik an Manson in Menschensohn, S.220-223), hat dann Lührmann dahingehend "präzisieren" können, daß nicht Jesus, sondern "das kommende Gericht, in dem Jesus als der

Menschensohn seine Gemeinde retten wird", Inhalt der Verkündigung
sei (vgl. Redaktion, S.97). Lührmann hat sich allerdings bezeichnenderweise zugleich zu der Einschränkung genötigt gesehen, daß die "Kontinuität zwischen Jesu Verkündigung und der der Gemeinde, die sich in der
Eschatologie zeigte, ... in Lk 10,21f/Mt 11,25-27 ... ansatzweise
doch christologisch begründet" ist (Redaktion, S.100). Bleibt wohl festzuhalten, daß Q in der Tat nicht primär an der Reflexion über das Geschick Jesu interessiert ist, sondern vielmehr in der Weiterverkündigung
der Worte Jesu eine Deutung der heilsgeschichtlichen Situation geben
will. Lührmann hat auch zu Recht festgestellt, daß es dabei darum geht,
die Gerichtsdrohung Jesu in der Gemeinde aufzunehmen. Aber selbst Polag,
der für Q "die Ansage eines unwiderruflich erscheinenden Unheilsge-
schehens für das Volk" konstatiert (Christologie, S.140), sieht doch,
daß das Zentrum bei der Weiterverkündigung der Botschaft Jesu darin
liegt, daß zugleich die "Zusage des Heiles in der Basileia" aufgenommen
wird (vgl. Christologie, S.141). Wir können hier darauf verweisen, daß
es gerade die Basileiaverkündigung Jesu ist, die in Mt. 10,7 par. explizit der Gemeinde übertragen wird. Und es ist de facto eben, wie bereits
angedeutet (vgl. oben Anm.33), auch wirklich so, daß selbst die Täuferverkündigung in Q in der Weise aufgenommen wird, daß sie nun in Richtung
auf die Heilsansage interpretiert wird. Auf jeden Fall aber gilt, daß es
bei der Weiterverkündigung der Worte Jesu in Q letztlich darum geht,
die Entscheidungsforderung neu zu artikulieren und so die Entscheidungs-
situation neu zur Geltung zu bringen. Ja, es ließ sich eben erkennen,
daß für den Verfasser von Q die Aufnahme der Jesusverkündigung unter dem
Vorzeichen steht, daß für das Auftreten der Gemeinde in der gleichen
Weise wie für das Auftreten Jesu eschatologische Bedeutung in Anspruch
genommen wird. Polag schließt hier auf eine "christologische Rahmenvor-
stellung der Tradenten", nach der es "in der Gemeinde der Jünger ... erneut die Möglichkeit der Begegnung mit Jesus und damit den Zugang zur
Basileia" gibt (vgl. Christologie, S.143). Zumindest aber wird sich
sagen lassen, daß die Kontinuität zwischen Jesu Verkündigung und der
der Gemeinde, sofern sie sich in der Aktualisierung des Anspruchs Jesu
zeigt, natürlich eo ipso christologisch begründet ist...

37 Vgl. Redaktion, S.49-68 u.ö. - Wenn Polag seinerseits statt der Gerichtsdrohung die Heilsverkündigung ins Zentrum stellt (dazu vgl. Anm.36), so
impliziert das bei ihm zwar gerade, daß Q von einer Weiterverkündigung
auch an Israel weiß (vgl. Christologie, S.141); dennoch geht er davon
aus, daß für die vermeintliche "späte Redaktion", wenn auch nicht eine
ausgeprägte Bezugnahme auf die Heidenmission, so doch "eine große Offen-
heit gegenüber den Heiden" kennzeichnend sei (vgl. Christologie, S.168).
38 Dazu vgl. auch wieder oben § 1.
39 Vgl. Redaktion, S.93 Anm.1.
40 Beiträge, 2, S.160 (dort aber ohne Sperrung); zur Argumentation Lührmanns
vgl. demgegenüber oben § 1 Anm.69.
41 Hier vgl. zur Argumentation Lührmanns § 1 Anm.89.
42 Daß Q an der Gültigkeit des Gesetzes festhält, ist angesichts von Mt.
5,18 par.; 23,23d par. sowie auch 7,23 par. kaum zu bezweifeln; dazu und
zur Deutung von Mt. 11,12f. par. vgl. bereits oben Teil 2, Kapitel 2,
§ 4; ähnlich Hoffmann, Studien, S.59; ebd. Anm.34. Hoffmann (vgl. Studien,
S.235-331) sowie Schulz (vgl. Q, S.379-403) und insbesondere noch Lange
(vgl. in Erscheinen, S.162 den Verweis auf Mt. 10,5b.6.23) setzen denn
auch ganz in unserem Sinne voraus, daß für Q die Israelmission noch von
Bedeutung ist. Zur Position Meyers vgl. oben § 1 Anm.73.
43 Dazu vgl. Teil 2, Kapitel 4, § 1.

44 Vgl. oben § 1.
45 Vgl. oben Anm.36.
46 Mit dem Begriff "Passion" ist hier natürlich lediglich die Erfahrung des Abgewiesenwerdens umschrieben, die ihren Ausdruck in der Gerichtsdrohung an das Volk findet.
47 Vgl. vor allem den Zusammenhang der Nachfolgesprüche Mt. 8,19-22 par., in denen von der "Unbehaustheit" des Menschensohnes die Rede ist, mit der Aussendungsrede, die von der "Abweisung" der Nachfolger spricht.
48 Hoffmann hatte behauptet, daß Jesus a l s der Sohn in seiner M e n s c h e n s o h n würde offenbar geworden sei; so konnte es ihm gelingen, die Rede von der Apokalypsis des Sohnes als Ausdruck einer Art von Ostererfahrung zu deuten, die eben inhaltlich in nichts anderem als der Identifizierung des irdischen Jesus mit dem kommenden Menschensohn bestand; dazu vgl. § 1.
49 In der jüdischen Tradition korrespondiert dem bezeichnenderweise die Vorstellung, daß dem Leidenden als dem durch sein Leiden L e r n e n - d e n die W e i s h e i t zuteil wird; es geht dabei darum, daß der Leidende das Leid als den "spezifischen Weg, auf dem sich die göttliche Ordnung durchsetzt", erkennt; und das geschieht, wo ihm diese Bedeutung des Leids "durch die Weisheitslehre... oder durch besonderes Offenbarwerden der Weisheit vermittelt" wird (vgl. dazu U. Luck, Weisheit und Leiden, Zum Problem Paulus und Jakobus, ThLZ, Bd.92, Leipzig 1967, Sp.253-258; Zitate Sp.255). Das zeigt noch einmal, in welchem Maße Q von der Aufnahme und gleichzeitigen Durchbrechung weisheitlicher Denkstrukturen her zu verstehen ist; in der Tat legt sich so nahe, die Quelle als Gattung mutatis mutandis mit den "λόγοι σοφῶν" in Verbindung zu bringen (vgl. J.M. Robinson, ΛΟΓΟΙ ΣΟΦΩΝ, Zur Gattung der Spruchquelle Q, Zeit und Geschichte, Dankesgabe an Rudolf Bultmann zum 80. Geburtstag, Tübingen 1964, S.77-96; ähnlich jetzt auch Suggs, Wisdom, S.6-11).

Zu Teil 3, Kapitel 2, § 1

1 Dazu vgl. oben Teil 2, Kapitel 2, § 3.
2 Vgl. Mk. 1,14a par. Mt. 4,12 diff. Lk. 4,14a; Mk. 6,14-16 par. Mt. 14,1f. par. Lk. 9,7-9; Mk. 6,17-29 par. Mt. 14,3-12 diff. Lk. 3,19f.; Mk. 9,11-13 par. Mt. 17,10-13.
3 Für den matthäischen Zusammenhang setzt auch Wink, John, S.41 richtig voraus: "... John's fate illustrates the hostility of 'pseudo-Israel' to every overture from God." Vgl. aber auch noch ebd., S.38f. sowie insbesondere S.39 Anm.3: "... Matt. 11... has as its motif the J e w s ' rejection of both Jesus and John".
4 So in John, S.41; vgl. auch ebd., S.16f.
5 Wink behauptet allerdings, daß Mk. "completely loses track of the point about Elijah when he stumbles across the saying on the suffering of the Son of man" (vgl. John, S.13), und greift sogar zu der Annahme, daß hinter dem titularen "Menschensohn" wohl eine Fehlübersetzung zu suchen sei (ebd., S.14). Bezeichnenderweise sieht er sich aber letzten Endes immerhin zu der Feststellung genötigt: "The secret of Jesus' messiahship (8:28-9:10) thus issues directly in the secret of John's Elijahship. The confused reference to the Son of man in v.12, in spite of its

inappropriateness, actually makes this relationship all the more clear"
(John, S.15).

6 Dieses wird dadurch noch unterstrichen, daß in V.13 auch das Leiden des
Elia aus der Schrift begründet wird. Die Hinweise auf die Schrift sind
aber, wie Wink durchaus richtig feststellt (vgl. John, S.13), schon deshalb bedeutsam, weil sie sich anhand der Überlieferung nicht verifizieren
lassen. Das wird im übrigen der Grund sein, weshalb Matthäus sie gestrichen hat. Allerdings, was das Leiden des wiederkehrenden Elia betrifft, so hat Jeremias, Art.:'Hλ(ε)ίας, S.941-943 sich bemüht, durch
die Heranziehung von Apk. 11,3ff. und Apk. El. doch das Alter jener Vorstellung zu erweisen. Indessen betont Wink, John, S.14 Anm.2 zu Recht,
daß die von Jeremias herangezogene Tradition der koptischen Elia-Apoka-
lypse kein selbständiges nicht-christliches Zeugnis neben Apk. 11,3ff.,
sondern eben von letzterer Stelle abhängig sei.

7 Bei Mk. ist freilich noch ganz umfassend das aus der Schrift begründete
Leiden der Beweis dafür, daß Elia gekommen ist. Bei Mt. hingegen liegt
nur noch in dem von Elia ausgesagten Leiden der Beweis dafür, daß Johan-
nes mit Elia identisch ist. Auch bei ihm wird aber wie bei Mk. auf die
Tradition Bezug genommen, daß erst (πρῶτον) Elia kommen müsse (zur
Rückführung dieser Tradition auf Mal. 4,5f.; Sir. 48,1-12a etc. vgl.
Jeremias, Art.:'Hλ(ε)ίας, S.930-943). Und die entscheidende Aussage
liegt in beiden Fällen in der Versicherung, daß Elia eben tatsächlich
bereits gekommen sei und sich somit aus der Erwartung desselben kein
Argument gegen die proklamierte Gegenwart des Heiles ergebe (dazu vgl.
Trilling, Täufertradition, S.280; vgl. allerdings auch Wink, John, S.14
Anm.2; seiner Auffassung nach geht es darum, daß sich aus der Elia-Er-
wartung kein Argument gegen das von Jesus angekündigte Leiden und
Sterben ergebe).

8 Zu Q vgl. Kapitel 1, § 2.

9 Es war in Kapitel 1, § 2 des näheren dargetan worden, daß die Konzeption
des Verfassers von Q noch die Zeit des Täufers und Jesu, die Zeit der
Jünger und die Zeit der endgültigen Heilsvollendung als eine Einheit
umgreift!

10 Wenn Grundmann, Evangelium nach Matthäus, S.303 in dem Komplex Mt. 11
die Komponente des christologischen Zeugnisses betont, so ist hier also
zumindest nicht einzutragen, daß es um die Relation Täufer-Jesus geht;
im übrigen vgl. Held, Matthäus, S.239, der im Blick auf die Perikope
von der Täuferanfrage zwar auch ausführt, sie spreche die Entscheidungs-
frage, die sich aus dem Vorangehenden ergebe, aus und bilde so "einen
Abschluß, der die christologische Thematik der bisherigen Kapitel noch
einmal aufleuchten läßt", zugleich aber feststellt, "die folgenden
Kapitel (seien) von dieser Frage und ihrer ablehnenden bzw. bejahenden
Beantwortung her zu verstehen"; ähnlich Zumstein, Condition, S.135.

11 Vgl. hierzu bereits Teil 2, Kapitel 1, § 2.

12 Es war in Mt. 11,7-13.16-19 par. die Tendenz der Täuferüberlieferung
von Q, einer Unterschätzung des Johannes entgegenzuwirken.

13 Nicht genug also damit, daß der Evangelist die markinische Tradition vom
leidenden Elia explizit mit dem Täufer in Verbindung bringt. Vielmehr
kommt hinzu, daß er die Q-Tradition vom Täufer als dem Wegbereiter des
Messias' explizit mit der Eliaerwartung in Zusammenhang bringt.

14 Barth, Gesetzesverständnis, S.59 stellt immerhin fest: "So will auch
11,14 weniger den Täufer zur Würde des Elias erheben als vielmehr dadurch
den Anbruch der messianischen Zeit bezeugen". Hoffmann, Studien, S.59
wendet freilich nicht ganz zu Unrecht ein, gerade auch Matthäus habe
"durchaus am Täufer selbst ein Interesse" (dazu vgl. unten Anm.52). Im

übrigen behauptet er aber in Studien, S.57: "Das Interpretament 11,14f
bildet nicht eine gradlinige Entfaltung von 11,13, sondern schränkt die
Aussage des Verses ein". Wie wir jedoch im Blick auf seine Deutung der
Q-Überlieferung bereits kritisch vermerkt haben, ist eben keinesfalls
mit einer polemischen Tendenz gegen die Anhänger des Täufers gerade für
die Zeit n a c h der Abfassung der Quelle zu rechnen. Trilling findet
allerdings ähnlich bei Mt. nicht nur eine Tendenz zur "Angleichung" des
Täufers an Jesus, sondern daneben auch noch eine Tendenz zur "Unterscheidung" beider (dazu vgl. unten Anm.30).

15 Hier ist es nicht mehr so, daß im wesentlichen die Tradition als solche,
die ja die Erinnerung an Johannes und seine Beziehung zu Jesus wachge-
halten hat, das Interesse am Täufer trägt. Vielmehr gilt, daß das sachliche Anliegen der Proklamation der eschatologischen Wende dem Interesse
am Täufer eine neue Dimension gegeben hat. Und so stellt Wink, John,
S.28 durchaus zutreffend fest: "Every statement about John the Baptist
in the Gospel of Matthew is related to his function in redemptive history.
Matthew develops John's role in terms of his relation to the kingdom of
heaven and his identity as Elijah".

16 Dazu vgl. vor allem unten.

17 Matthäus hat mit dem möglicherweise von ihm selbst stammenden ἐν ἐκείνῳ
τῷ καιρῷ 11,25 auch die in 12,1-8 unmittelbar angeschlossene markinische
Perikope vom Ährenraufen am Sabbat eingeleitet! Bedeutsamer ist aber wohl
eher noch die Ähnlichkeit der Formulierung in 11,7 und 11,20 (vgl. das
an beiden Stellen begegnende ἤρξατο !).

18 Mit dieser ungenauen Formulierung wird, wie insbesondere das μετῆρεν
ἐκεῖθεν 13,53 (vgl. aber auch die anderen parallelen Überleitungsverse
in ihrem Zusammenhang) zeigt, in stereotyper Weise von der vorhergehenden
Rede zu dem neuen Zusammenhang übergeleitet. Bemerkenswert ist dabei die
mit den Worten διατάσσων τοῖς δώδεκα μαθηταῖς αὐτοῦ vorgenommene Zusammenfassung jener Rede. Matthäus betont hier noch einmal ganz im Sinne
seines sonstigen Interesses an der Gemeindeordnung den Charakter der Aussendungsrede als einer "Jüngerinstruktion".

19 Das αὐτῶν wird man trotz des Anklanges von 11,1 an 9,35 nicht allgemein
auf die 9,36 genannten ὄχλοι, sondern konkret auf die in 11,1a erwähnten
μαθηταί beziehen (vgl. Grundmann, Evangelium nach Matthäus, S.303 Anm.
10). Das bedeutet, daß nach unserem Vers Jesus weiterhin in den Städten
Galiläas lehrt und verkündigt (entsprechend dann die Weherufe über die
galiläischen Städte 11,20-24; zu dem matthäischen Verständnis der Städte
als "qualifizierte[r] Orte des Wirkens Jesu in Israel" vgl. Hoffmann,
Studien, S.277 Anm.132).

20 Dabei ist es bezeichnend, daß auch im eschatologischen Wirken primär
Johannes und Jesus, nicht aber unmittelbar Jesus und seine Gemeinde
nebeneinandergestellt werden. An Mt. 10,7f. diff. Lk. 9,2 wird hier
deutlich, daß das vollmächtige Wirken J e s u von diesem der Gemeinde
ü b e r t r a g e n wird. Es ist angesichts der Stellung der Täuferanfrage im Kontext natürlich festzuhalten, daß die ἔργα τοῦ Χριστοῦ 11,2
"offenbar auch auf die in der Aussendungsrede angeordnete Tätigkeit
seiner Jünger" zurückweisen (vgl. Held, Matthäus, S.239f.; Zitat S.239).
Aber die Werke der Jünger weisen dann ihrerseits eben als die ἔργα τοῦ
Χριστοῦ nur auf Jesus als den in seiner Gemeinde präsenten Christus hin.
Sie sind nicht schon an sich, sondern eben als die Werke des Christus
eschatologisch qualifiziert. Und so kommt nun dem Auftreten der Gemeinde
nicht mehr von sich aus, sondern aufgrund der sich hier erweisenden
Gegenwart des erhöhten Herrn eschatologische Bedeutung zu (vgl. unten
§ 2).

(3,2,1)   253

21 Dazu vgl. oben.

22 Dazu vgl. bereits oben Teil 2, Kapitel 1, § 1 Anm.6.

23 So insbesondere P. Schubert, The Structure and Significance of Luke 24, Neutestamentliche Studien für Rudolf Bultmann zu seinem siebzigsten Geburtstag am 20. August 1954, BZNW, Bd.21, 2.Aufl. Berlin 1957, S.165-186, S.180; außerdem jetzt etwa Schweizer, Evangelium nach Matthäus, S.38-42; 149f.; vgl. auch oben Teil 2, Kapitel 2, § 3.

24 Zur Deutung von κωφός im Sinne von "taubstumm" vgl. oben Teil 2, Kapitel 2, § 3 Anm.17.

25 Zu Mt. 5,1-7.28; 9,35-11,1 sowie 11,28-30 als Hinweisen auf die Verkündigung des Evangeliums an die Armen vgl. noch Schubert, Structure, S.180.

26 Ähnlich betont Schubert, daß Mt. 11,2-6 (wie 11,2-30 insgesamt!) "serves as an impressive summary and climax of the preceding blocks ... of teachings ... and of miracles" (Structure, S.180).

27 Bereits Wink stellt im Blick auf die im matthäischen Kontext begegnende beispielhafte Darstellung des Wirkens Jesu fest: "Such a comprehensive summary clearly diverts attention from John" (John, S.39 Anm.4). Und in der Tat läßt sich eben schließen, daß nun in unserer Perikope weder der Täufer als Frager noch der Täufer als der, auf dessen Verkündigung sich Jesus immerhin hier bezieht (dazu vgl. Q!), noch von Interesse ist. Es geht offenbar allein um Jesus als den, in dessen Wirken die Heilszeit da ist.

28 Hier hängt natürlich alles daran, daß wir die Wendung τὰ ἔργα τοῦ Χριστ V.2 im Sinne der weisheitlichen Sentenz καὶ ἐδικαιώθη ἡ σοφία ἀπὸ τῶ ἔργων αὐτῆς V.19 deuten können. Anders sähe es aus, wenn wir uns mit der Feststellung, in V.2 werde vom "christlichen Standpunkt" aus formuliert (so Klostermann, Matthäusevangelium, S.94), begnügen müßten. Denn damit wäre offen, ob Matthäus an den Werken als an den Erweisen der Messianität Jesu interessiert gewesen ist. Meines Erachtens ist allerdings evident, daß V.2 und V.19 einander interpretieren. Mit Recht betont auch Suggs, Wisdom, S.37 Anm.13 in der Auseinandersetzung mit Smith: "It is not by the word ἔργα alone but by the unusual expressions τὰ ἔργα τοῦ Χριστοῦ and τῶν ἔργων αὐτῆς (τῆς σοφίας) that the connection is made". Und so kommt er zu der Feststellung, daß die Wendung τὰ ἔργα τοῦ Χριστοῦ "means something like 'the Messianic deeds'" (Wisdom, S.37). Im übrigen so bereits Schniewind, Evangelium nach Matthäus, S.135.

29 Zu diesen Zusammenhängen vgl. bereits oben Kapitel 1, § 1.

30 Vgl. aber Trilling, Täufertradition, S.286f. Trilling meint, bei Matthäus neben einer Tendenz zur "Angleichung" des Täufers an Jesus eine Tendenz zur "Unterscheidung" beider feststellen zu müssen. Diese Tendenz aber findet er vor allem in der matthäischen Bearbeitung des Taufberichts. Doch muß er bezeichnenderweise selbst feststellen, daß das ἡμῖν in der Wendung πρέπον ἐστὶν ἡμῖν πληρῶσαι πᾶσαν δικαιοσύνην 3,15 Johannes und Jesus dann gemeinsam unter die δικαιοσύνη stellt!

31 So Loisy, Évangiles, 1, S.660; vgl. aber dagegen nur Dupont, Ambassade, S.809.

32 Dazu vgl. Dupont, Ambassade, S.806f.

33 Matthäus-Evangelium, S.359.

34 Kritisch auch Dupont, Ambassade, S.807f.; es ist bezeichnend, daß diese Interpretation "est devenue rare chez les modernes" (ebd., S.807); M. Brunec hat zwar versucht, der These von dem fiktiven Charakter der Täuferfrage eine neue Zuspitzung zu geben, wobei er die Behauptung aufgestellt hat, der Täufer wolle eigentlich gar nicht nach Jesu Messianität, sondern nach der Anerkennung derselben durch das Volk fragen (vgl.

den Aufsatz "De Legatione Ioannis Baptistae [Mt. 11,2-24]" in VD, Bd.35, Rom 1957, S.193-203; 262-270; 321-331); aber diese merkwürdige Erklärung, die erst recht keinen Anhalt am Text findet, bedarf wohl kaum einer Widerlegung!

35 Vgl. auch bereits oben Kapitel 1, § 1 Anm.27.

36 Selbst für Q war die Frage in gewisser Weise noch als Frage des J o h a n n e s interessant. Denn der Täufer erscheint hier ja immerhin positiv als der, der den "Kommenden", mit dem Jesus sich identifiziert hat, angekündigt hat. Jedoch, die Johannes-Jesus-Problematik spielt eben für Matthäus keine Rolle mehr...

37 Vgl. Vögtle, Wunder, S.222; daß Matthäus die Bergpredigt Kap. 5-7 vor dem Wunderzyklus Kap. 8f. bringt, unterstreicht schon von vornherein die besondere Bedeutung, die er dem Wort Jesu zumißt.

38 Es ist auffällig, daß gerade in 11,1, wo die Erwähnung der ἔργα Jesu in 11,2 vorbereitet wird, das διδάσκειν καὶ κηρύσσειν ohne das in 4,23; 9,35 dazugehörige θεραπεύειν gebraucht wird!

39 Bereits Held, Matthäus, S.221-224 hat festgestellt, daß für den Evangelisten in den Wundergeschichten das Wort, nämlich Rede und Gegenrede bzw. Bitte um Heilung und Heilungswort Jesu entscheidende Bedeutung haben.

40 Vgl. oben Kapitel 1, § 1.

41 Des näheren vgl. unten.

42 Matthäus schließt sich hier in V.7a an die aus Q stammende Einleitungswendung an (zur Rekonstruktion etwaiger matthäischer Bestandteile des Textes vgl. oben Teil 2, Kapitel 2, § 3).

43 Man wird nicht bezweifeln können, daß nach dem δέ in V.11b auch das in V.12 adversativ zu verstehen ist; anders freilich Harnack, Worte, S.951, der das δέ in V.12 metabatisch versteht (vgl. aber auch noch ebd. Anm. 1!).

44 Vgl. Teil 2, Kapitel 4, § 2, 2.

45 Vgl. Kapitel 1, § 1.

46 Nach Hasler, Amen, S.65 wurde das ἀμήν am Anfang des Verses von Matthäus hinzugefügt, damit die Täufergestalt noch stärker aufgewertet wird. Dieses ἀμήν unterstreicht aber vor allem, daß die positive Aussage V.11a vornehmlich das Gewicht trägt.

47 Er hat lediglich in dem τῶν οὐρανῶν die Formulierung in typischer Weise verändert.

48 Auch nach Trilling, Täufertradition, S.287 wird Matthäus dem Wort V.11b den Sinn abgewonnen haben, daß Johannes kein voller, getaufter Christ war (zur matthäischen Deutung der βασιλεία auf die Kirche vgl. bereits Harnack, Beiträge, 2, S.151).

49 Vgl. Wink, John, S.38: "Matthew preserves Q's word about John's being least in the kingdom of heaven (11:11b/Luke 7:28b), but he does not develop it. He centers rather on the phrase 'more than a prophet' (11:9)"; ähnlich außerdem bereits Trilling, Täufertradition, S.287, der noch richtiger davon ausgeht, daß für Matthäus V.9f. im Zentrum steht.

50 Zur Bestimmung der matthäischen Redaktionstätigkeit vgl. oben Teil 2, Kapitel 2, § 3.

51 Vgl. hier noch Trilling, Täufertradition, S.277; auch er geht davon aus, daß V.12, mit adversativem δέ angeschlossen, V.11b korrigieren bzw. präzisieren soll; damit aber erhält für ihn V.12 sogleich die Bedeutung der Aussage, daß vom Auftreten des Johannes an das Himmelreich da ist. Ähnlich im Anschluß an Trilling schließlich auch Wink, John, S.29.

52 Gerade die Umstellung der beiden Aussagen des Stürmerspruches entspricht also der Tendenz, mit Johannes ohne Einschränkung die Zeit der Heils-

vollendung beginnen zu lassen. Trilling geht in Täufertradition, S.277 immerhin davon aus, daß die Ursache für die Umstellung das Streben nach heilsgeschichtlicher Einordnung des Johannes im Sinne einer Einbeziehung desselben "in die Periode des angebrochenen Königtums Gottes" ist. Er wendet sich jedoch ebd., S.279 Anm.45 gegen die Feststellung von Barth (vgl. Gesetzesverständnis, S.59), daß von V.12 an bei Mt. weniger der Täufer als vielmehr die βασιλεία im Mittelpunkt stehe. Nun ist es gewiß eine überspitzte Formulierung, daß der Täufer "in 11_{12} nur noch eine Zeitgrenze" markiere (vgl. Barth, Gesetzesverständnis, S.59). Und es ist auch zu bedenken, daß gerade bei Mt. nicht die Zeit von Gesetz und Propheten der Zeit der B a s i l e i a gegenübergestellt wird. Andererseits ist aber angesichts des adversativen Nebeneinanders der beiden Aussagen über die Basileia V.11b und V.12 deutlich, daß es in V.12 nun überhaupt nicht mehr um ein irgendwie in spezifischem Sinne verstandenes βιάζεται und ἁρπάζουσιν geht (vgl. aber Barth!). Der Ton liegt darauf, daß mit Johannes die neue Zeit der Basileia als solche a n - g e b r o c h e n ist. Im übrigen formuliert man eine falsche Alternative, wenn man das Interesse am Täufer dem Interesse an der Basileia entgegenstellt. Vielmehr wird man unterscheiden müssen, ob das Interesse am Täufer noch ein Interesse an der Zuordnung desselben zu Jesus oder bereits unmittelbar ein Interesse an der Proklamation der Gegenwart der Basileia ist.

53 Im Rahmen unserer Interpretation ergibt sich von vornherein, daß auch das matthäische ἀπό sowie das ἕως ἄρτι inklusive Bedeutung haben. Im übrigen würde natürlich hier genauso wie bei Lk. eine Interpretation des ἀπό gezwungen erscheinen, nach der nicht derjenige, mit dem die neue Zeit gekommen ist, sondern derjenige, mit dem die alte zu Ende gegangen ist, als der Wendepunkt der Zeiten genannt wäre. Zur inklusiven Fassung des ἀπό besonders im Zusammenhang mit ἕως vgl. noch Trilling, Täufertradition, S.277f. im Anschluß an Percy sowie Wink, John, S.29f. im Anschluß an Trilling. Eine inklusive Deutung des ἕως ἄρτι hat, freilich unter anderen Voraussetzungen (s.o. Anm.43), bereits Harnack in Worte, S.951 vertreten.

54 Trilling, Täufertradition, S.278 und im Anschluß an ihn auch Wink, John, S.30 weisen immerhin auf die Täuferworte 3,2 μετανοεῖτε· ἤγγικεν γὰρ ἡ βασιλεία τῶν οὐρανῶν hin, um die für Matthäus erhobene Bedeutung des Stürmerspruches zu unterstreichen.

55 Gesetzesverständnis, S.59.

56 Studien, S.59.

57 Vgl. Gesetzesverständnis, S.59.

58 Dazu vgl. Studien, S.58f.

59 So in Gesetzesverständnis, S.59 unter Verweis auf Streeter und Kümmel; vgl. aber auch Trilling, Täufertradition, S.278f. sowie Wink, John, S.30.

60 So in Studien, S.59f.; nach Hoffmann ist eine solche Aussage erst bei dem die hellenistische Gesetzeskritik voraussetzenden Lukas verständlich.

61 Vgl. oben Kapitel 1, § 1.

62 Trilling, Täufertradition, S.278 wie Wink, John, S.30 betonen richtig, daß Johannes hier außerhalb der Reihe der Weissagungen von Gesetz und Propheten steht und mit ihm die Epoche der Erfüllung beginnt; vgl. allerdings unser oben Teil 2, Kapitel 1, § 2 im Anschluß an Friedrich, Art.: προφήτης, S.841 entwickeltes Verständnis der fraglichen Wendung im Sinne eines "Prophezeiens bis auf Johannes hin" und dazu noch Hoffmann,

Studien, S.60f., der im Unterschied zu Friedrich aber auf die zeitliche
Komponente in ἕως besonderes Gewicht legt (vgl. S.61 Anm.39).

63 Man könnte formulieren, daß die positive Aussage V.12 erst in V.14f.
   ihre eigentliche Begründung erhält. Dabei ist dann sogleich deutlich,
   daß gerade auch V.14f. als eine uneingeschränkt positive Aussage zu
   verstehen ist. Es entspricht einfach nicht dem Duktus des Textes, in
   dem Eliazeugnis etwa mit Hoffmann, Studien, S.57 eine einschränkende
   Bemerkung zu sehen!

64 Wie bereits gesagt, rückt mit dem Gleichnis V.16ff. bei Mt. der Akzent
   auf ein neues Thema. Und das heißt, daß das Urteil Jesu über den Täufer
   bei ihm in der Identifizierung desselben mit dem Elia redivivus V.14f.
   gipfelt.

65 Vgl. Teil 2, Kapitel 3, § 2, 1.

66 Dazu vgl. oben.

67 Zum nicht-titularen Verständnis dieser Wendung vgl. Teil 2, Kapitel 4,
   § 2, 1.

68 Bereits in 17,10 Ἠλίας μὲν ἔρχεται (vgl. Mk. Ἠλίας μὲν ἐλθών) benutzt Matthäus in entsprechendem Zusammenhang ἔρχεσθαι als Verbum
   finitum im Sinne eines futurischen Präsens'. Um so wahrscheinlicher ist,
   daß ὁ ἐρχόμενος 11,3 in der Bedeutung mit ὁ μέλλων ἔρχεσθαι 11,14
   identisch ist. Vgl. dazu auch noch Trilling, Täufertradition, S.281
   Anm.54. Allerdings, Schürmann, Lukasevangelium, 1, S.409 Anm.16 hat mit
   Recht gegen Michaelis, Evangelium nach Matthäus, 2, S.114 betont, daß
   eine futurische Deutung von ἐρχόμενος 11,3 auf die W i e d e r kunft
   Jesu gewiß nicht sinnvoll erscheint. Dieses ist natürlich nur zu unterstreichen, wenn jener Ausdruck mit dem vom T ä u f e r ausgesagten
   μέλλων ἔρχεσθαι in Verbindung zu bringen ist.

69 Bereits Trilling, Täufertradition, S.281 stellt immerhin fest, daß über
   das Gesagte hinaus auf den Messias hingewiesen werde. Vgl. allerdings
   auch Wink, John, S.32, der im Anschluß an Schweitzer umgekehrt davon
   ausgeht, daß nur von dem Hinweis auf Jesus als den Messias her die Identifikation des Täufers mit Elia vollzogen werden kann. Wink weist allerdings ebd. Anm.3 zur Stützung seiner These auf Manson hin, der jedoch
   seinerseits unser Logion V.14f. eben gerade als Antwort auf die Bestrei-
   tung von Jesu Messianität versteht (dazu vgl. oben Teil 2, Kapitel 3,
   § 2, 1. sowie ebd. Anm.6 das Zitat aus Manson, Sayings, S.185, auf das
   sich Wink fälschlich bezieht).

70 Trilling, Täufertradition, S.281 geht zwar richtig davon aus, daß das
   Wort von Annehmen eine Glaubensaufforderung sei, die durch den Appell
   V.15 verstärkt werde. Dieses meint er aber nur so verifizieren zu können,
   daß er der Wendung ὁ ἔχων ὦτα ἀκουέτω ausdrücklich den Charakter einer
   "Weckformel", die auf einen geheimnisvollen Sinn hinweise, abspricht.
   Andererseits betont Kraeling, John, S.143 im Anschluß an Dibelius zu
   einseitig, daß V. 14a.15 durch mysteriöse, esoterische Sprache gekennzeichnet sei. - Dibelius, Überlieferung, S.31 weist im übrigen
   natürlich mit Recht bereits darauf hin, daß V.14a nicht etwa als konze-
   dierende Überleitungsfloskel zu verstehen ist. Es geht nicht um das Zuge-
   ständnis, daß die folgende Glaubensaussage über Johannes freilich nicht
   zu beweisen ist (so aber z.B. Weiß-Bousset, Evangelien, S.305 sowie auch
   Wink, John, S.31f.). Und es soll erst recht nicht gesagt werden, daß die
   Annahme dieser Aussage in das Belieben des einzelnen gestellt ist (vgl.
   auch noch Dibelius, Überlieferung, S.31 Anm.3). Was allerdings die von
   Dibelius vorgeschlagene Fassung des elliptischen εἰ θέλετε δέξασθαι
   im Sinne von "wenn ihr i h n annehmen wollt" betrifft, so sind hier

doch erhebliche Bedenken anzumelden. Sollte das Objekt nicht neutrisch verstanden werden, so könnte es hier kaum ausgelassen werden (vgl. Trilling, Täufertradition, S.281 Anm.58).

71 Vgl. Trilling, Täufertradition, S.281, der jedenfalls richtig in V.15 einen Appell mit drohendem Unterton sieht. Ähnlich im Anschluß daran auch Wink, John, S.32.

72 Vgl. Kapitel 1, § 1.

73 Dieses ist auf dem Hintergrund des oben für Q erhobenen Verständnisses der Täuferrede Jesu von größter Bedeutung. Für Matthäus ist eben nicht nur signifikant, daß die Rede περὶ Ἰωάννου keineswegs noch primär eine Rede über das Verhältnis des Täufers zu Jesus ist. Vielmehr ist vor allem auch bezeichnend, daß jene Rede letzten Endes de facto zu einer Anklagerede gegen "dieses Geschlecht" wird. Richtig hier Strecker, der betont, daß in Q zwar V.16-19 durch das Stichwort "Johannes" mit V.7ff. verbunden war, bei Mt. aber durch V.15 eine Zäsur markiert werde und V.16-19 "die Anklage gegen 'dieses Geschlecht' zum Inhalt" habe (vgl. Weg, S.102).

74 Vgl. Redaktion, S.30f.

75 Dazu vgl. oben Kapitel 1, § 1.

76 Strecker, Weg, S.102.

77 Zu den Implikationen des für Q vorauszusetzenden Verständnisses von "Kinder der Weisheit" und insbesondere zu der Ablehnung einer Deutung dieser Wendung auf das Heidenchristentum vgl. im übrigen oben Kapitel 1, § 1.

78 Vgl. Teil 2, Kapitel 2, § 3.

79 Lediglich Kodex ℵ bietet bei Mt. und Lk. ἔργων !

80 Dazu vgl. oben Teil 2, Kapitel 2, § 3 Anm.147.

81 Daß mit den "Kindern der Weisheit" Johannes und Jesus selbst gemeint seien, erklärt bereits R. Bultmann, Der religionsgeschichtliche Hintergrund des Prologs zum Johannes-Evangelium, Exegetica, Aufsätze zur Erforschung des Neuen Testaments, Tübingen 1967, S.10-35 (=ΕΥΧΑΡΙΣΤΗΡΙΟΝ Studien zur Religion und Literatur des Alten und Neuen Testaments, Hermann Gunkel zum 60. Geburtstage ... dargebracht von seinen Schülern und Freunden, Bd.2, Zur Religion und Literatur des Neuen Testaments, FRLANT, Bd.36,2 [NF, Bd.19,2], Göttingen 1923, S.3-26), S.19; neuerdings vgl. auch Suggs, Wisdom, S.35; 38-48 (bes. S.44) und dazu unten Anm.84.

82 Es soll hier natürlich nichtsdestoweniger unbestritten bleiben, daß eine   u r s p r ü n g l i c h e   Gleichsetzung der τέκνα mit dem Täufer und Jesus, die ja ihrerseits der Rechtfertigung gerade   b e d ü r f e n   (vgl. noch Christ, Jesus, S.65 Anm.217), unwahrscheinlich ist. Wenn sich von solcher Gleichsetzung her die Änderung von τέκνων in ἔργων erklärt, so doch deshalb, weil mit solcher Interpretation die Formulierung des Logions eben in sich problematisch wird (dazu vgl. unten).

83 Vgl. Wisdom, S.38-44.

84 Suggs differenziert zwischen der Bedeutung unseres Logions im weiteren Zusammenhang von Q und derjenigen im Zusammenhang des isoliert betrachteten Gleichnisses (dazu vgl. Wisdom, S.35). Er kommt aber gerade hier in beiden Fällen dazu, eine Gleichsetzung der τέκνα τῆς σοφίας mit Johannes und Jesus anzunehmen. Lediglich für Lk. konstatiert er, daß "'the children of Wisdom' are   n o   l o n g e r   Jesus and John, but are those who accept the eschatological messengers" (Wisdom, S.36; dort ohne Sperrung).

85 Bereits Bultmann, Hintergrund, S.18 hat hier auf Weish. 7,27 hingewiesen

und Suggs beruft sich ebenfalls zuerst auf dieses Wort von dem Eingehen der Weisheit in "heilige Seelen", die sie zu "Freunden Gottes" und zu "Propheten" ausrüstet. Vgl. aber insbesondere dann auch in Spr. 1,24f.; Bar. 3,12; äth. Hen. 42; 93,8 die Vorstellung von der Zurückweisung der Weisheit. Allerdings, Schürmann, Lukasevangelium, 1, S.420f.; 427 kann sich für eine Deutung der τέκνα auf die Gemeindeglieder seinerseits ohne weiteres auf Sir. 4,11; Spr. 8,32f. berufen!

86 Vgl. oben Teil 2, Kapitel 4, § 2, 6.
87 Vgl. Wisdom, S.57.
88 Ebd.
89 Vgl. Jesus, S.63-80.
90 Vgl. Jesus, S.75, wo Christ feststellt, daß im weiteren Q-Kontext "Jesus noch deutlicher als im isolierten Gleichnis als die Weisheit" erscheine.
91 Wenn man von einer Gleichsetzung der τέκνα τῆς σοφίας mit den Gemeindegliedern ausgeht, ist diese Annahme allerdings ohnehin unumgänglich!
92 Wisdom, S.41.
93 Vgl. ebd.
94 Noch Suggs, Wisdom, S.33f. spricht von einem "proverb". Zur kritischen Auseinandersetzung mit dieser insbesondere von Leivestad vertretenen These vgl. oben Teil 2, Kapitel 4, § 2, 4.
95 Es ist übrigens zu beachten, daß demnach das "Gerechtfertigtwerden" und das "Erkanntwerden" einander entsprechen. Indem die Weisheit aus ihren Taten gerechtfertigt wird, vollzieht sich nichts anderes, als daß sie in ihren Wirkungen als solche offenbar wird.
96 Vgl. dazu bereits oben Teil 2, Kapitel 1, § 2.
97 Lührmann, Redaktion, S.61.
98 Auch Held, Matthäus, S.239 betont einseitig, daß "die Täuferanfrage nicht schon hinter dem Kapitel 9 erfolgt". Seiner Ansicht nach würde das am sinnvollsten erscheinen, da "die Aussendungsrede ... den natürlichen Zusammenhang etwa zwischen Mt. 9_{35} und 11_2" sprengt.
99 So Held, Matthäus, S.240.
100 Vgl. oben Teil 2, Kapitel 2, § 1.
101 Hoffmann, Studien, S.191 stellt immerhin richtig fest, daß für Matthäus bereits V.16 eine inhaltliche Zäsur markiere (dazu vgl. auch bereits Strecker, Weg, S.102) und das Thema des Gleichniswortes V.16-19 in den "Anhängen" V.20ff. entfaltet werde.
102 Auch Grundmann, Evangelium nach Matthäus, S.314 weist auf die Korrespondenz von ἔργα V.2.19 und δυνάμεις V.20.21.23 hin. Er sieht freilich nicht, daß der Hinweis auf die "Werke" das Schuldigwerden des Volkes als das Grundthema des gesamten Kapitels thematisiert. Das entspricht der Tatsache, daß für ihn das Kapitel unter der "christologischen" Frage nach dem Kommenden V.3 steht. Denn in diesem Horizont erscheint es dann vielmehr bemerkenswert, daß vom Kommenden in den Täufertexten nur "indirekt" die Rede ist und die christologische Frage erst in V.25ff. klar beantwortet wird. Eher in unserem Sinne aber jetzt J.A. Comber, The Composition and Literary Characteristics of Matt 11:20-24, CBQ, Bd.39, Washington 1977, S.497-504.
103 Vgl. dazu oben Teil 2, Kapitel 1, § 1f.
104 Vgl. immerhin auch noch die Erwägungen von Hoffmann, Studien, S.56 Anm.22.
105 Dazu vgl. jetzt auch Comber, Composition, S.498; 503.
106 So Bultmann, Geschichte, S.118.
107 Vgl. aber Strecker, Weg, S.102.
108 Immerhin stellt auch Lange, Erscheinen, S.164 fest: "Es ist deutlich,

daß Matthäus die bedrohliche Situation Israels schärfer erfaßt, als es
in Q der Fall war, und daß er sie gleichsam systematisch herausarbeitet.
Der Jubelruf und seine christologische Unterstreichung erhalten von daher einen bedrohlicheren Unterton". Lange geht allerdings seinerseits
davon aus, daß Matthäus den Gegensatz zu Israel generell faßt. Er kommt
mit dieser These aber eben bei 11,28-30 in Schwierigkeiten (vgl. Erscheinen, S.164-167), insofern Matthäus gerade mit dem Heilandsruf dann
doch "unter dem Horizont Israels bzw. unter dem Horizont von Jüngerschaft
allgemein" bleibt (ebd., S.165).

109 Vgl. vor allem Kapitel 1, § 1 sowie bereits Teil 2, Kapitel 4, § 2, 6.

110 Zur Interpretation der Termini im wörtlichen Sinne, die einen ausgesprochenen Unterschied zum jüdischen Weisheitsdenken markiert, vgl. Hoffmann, Studien, S.114.

111 So Lührmann, Redaktion, S.65 im Blick auf Q (Sperrung von mir).

112 Ähnlich Suggs, Wisdom, S.84, freilich ebenfalls im Blick auf Q: "The
'wise' of 4 Ezra and the 'babes' of the Q saying are, in fact, the
'elect' under different titles"; vgl. aber auch Schweizer, Evangelium
nach Matthäus, S.175, der für den matthäischen Zusammenhang auf die Vorstellung des "Armsein(s) vor Gott" hinweist.

113 Dieses Wort von der Verfolgung der Propheten, Weisen und Schriftgelehrten (durch die Pharisäer und Schriftgelehrten!) ist das einzige synoptische Logion, in dem sonst noch der Terminus σοφός begegnet (vgl. die
abweichende Parallele in Lk. 11,49).

114 Weaver, History, S.273 betont zu Recht, daß in 23,34 im Vergleich mit
11,25 "the meaning seams to be just the opposite". Und so kommt auch er
ebd., S.277 zu dem Ergebnis, daß "in 11:25 the terms are apparently
used ironically".

115 Dazu vgl. bereits Teil 2, Kapitel 4, § 2, 6.; außerdem Suggs, Wisdom,
S.83-87.

116 So besonders deutlich Weaver, History, S.263; 271.

117 Ganz anders Grundmann, Evangelium nach Matthäus, S.314-316; für ihn ist
der Jubelruf bei Mt. von daher zu verstehen, daß hier (im Kontrast zu
den Weherufen!) nun die entscheidende Antwort auf die christologische
Frage nach dem Kommenden V.3 gegeben wird.

118 So in History, S.271.

119 Zu Q vgl. oben Kapitel 1, § 1.

120 History, S.271.

121 Dazu vgl. bereits Teil 2, Kapitel 4, § 2, 6. Anm.108; außerdem Luck,
Weisheit, S.48 Anm.46 im Anschluß an Lührmann, Redaktion, S.65 sowie
Christ, Jesus, S.82.

122 Dazu vgl. insbesondere auch noch Suggs, Wisdom, S.87-89 sowie 95; er geht
freilich wie Weaver davon aus, daß Weherufe und Jubelruf bereits in Q
eine Einheit gebildet haben; so kommt er dazu, bereits für die Quelle
eine "eschatological interpretation" of 'these things'" (S.88) vorzunehmen; davon setzt er aber immerhin die matthäische Interpretation wie
folgt ab: "The reference is still to the 'mighty works' as eschatological
signs mentioned in the woes against the Galilean cities, but these mighty
works are interpreted by Matthew ... by the preceding section as the
'deeds of Christ' which are nothing else than the 'deeds of incarnate
Wisdom'" (S.95).

123 Dazu vgl. bereits oben Teil 2, Kapitel 2, § 1 Anm.31 sowie ebd., Kapitel
4, § 2, 6. Anm.36.

124 Vgl. immerhin Suggs, Wisdom, S.107.

125 Das betont auch Grundmann, Evangelium nach Matthäus, S.317, daß das Einladungswort V.28ff. in dieser Weise auf das Offenbarungswort V.27 bezo-

gen ist; vgl. im übrigen noch V. Howard, Das Ego Jesu in den synoptischen Evangelien, Untersuchungen zum Sprachgebrauch Jesu, Marburger
Theologische Studien, Bd.14, Marburg 1975, S.200 im Anschluß an
Légasse, Révélation, S.344, insofern nach Howard Matthäus möglicherweise "die κοπιῶντες/πεφορτισμένοι mit den νήπιοι (V.25) identifiziert hat"; dazu s.u.!

126 Vgl. Teil 2, Kapitel 3, § 2, 2.

127 Suggs stellt unter Bezugnahme auf die Sabbat-Perikopen fest, daß "the
yoke of the   t r u e   Torah, of Wisdom, is set over against that of
Pharisaic Torah" (Wisdom, S.107; dort aber ohne Sperrung); vgl. allerdings unten noch unsere Ausführungen zu der Frage,   i n w i e f e r n
die pharisäische Gesetzesinterpretation für unsachgemäß erklärt wird.

128 Vgl. aber z.B. Weaver, History, S.316: "There is ultimately no dis-
junction between the charge of hypocrisy and the dispute over correct
interpretation. It is not a matter of either/or, but both/and" (vgl.
zu Mt. 23,1-4 ebd., S.314-317).

129 Diese von Barth, Gesetzesverständnis, S.139 Anm.1 im Blick auf den
Heilandsruf vorgetragene These gibt das matthäische Verständnis desselben korrekt wieder; zu dem ursprünglichen Verständnis desselben vgl.
jedoch wieder oben Teil 2, Kapitel 3, § 2, 2.

130 Wenn Grundmann, Evangelium nach Matthäus, S.317 auf diejenigen verweist, die die schriftgelehrte Gesetzesauslegung nicht kennen und deren
Leben eben dadurch "heillos" wird, so trifft er lediglich das ursprüngliche Verständnis unseres Logions. Vgl. jetzt aber auch noch die unserer
Feststellung diametral entgegengesetzte Behauptung von Künzel, Studien,
S.89: "Sind ursprünglich in dem Mt 11,28 überlieferten Text alle diejenigen angesprochen, die sich um die Weisheit bemühen, so bei Mt alle
diejenigen, die sich unter der von Schriftgelehrten und Pharisäern auf-
erlegten Last abmühen".

131 Für den matthäischen Zusammenhang (5,3!) gilt ohne Zweifel, daß "the
disciple is... to imitate Jesus and be πραΰς himself" (Weaver, History,
S.329); aber sollte man deshalb jedenfalls für Mt. doch davon ausgehen,
daß das ὅτι πραΰς εἰμι καὶ ταπεινὸς τῇ καρδίᾳ V.29 den Inhalt dessen, was man von Jesus lernen soll, angibt (so Weaver, History,
S.329; Betz, Logion, S.23 Anm.98; Strecker, Weg, S.174; vgl. aber auch
ebd. Anm.4; zu Haering s.o. Teil 2, Kapitel 3, § 2, 2. Anm.35)?

132 Dieses haben wir oben zum Heilandsruf unter Bezugnahme auf Suggs, Wisdom, S.100-105 ausgeführt; vgl. immerhin auch noch die zusammenfassenden
Worte ebd., S.130!

133 Luck, Weisheit, S.46; im übrigen vgl. bereits oben Teil 2, Kapitel 4,
§ 2, 6. unsere Auseinandersetzung mit den literarischen Thesen von
Norden.

134 Vgl. Luck, Weisheit, S.50: "So wird in dieser Perikope Mt 11,25-30
die Frage nach dem geretteten und gelungenen Leben im Angesicht der
durch Schuld und Scheitern gekennzeichneten Welt beantwortet, indem
die diese Frage aufnehmende weisheitliche Soteriologie christologisch
ausgelegt wird".

Zu Teil 3, Kapitel 2, § 2

1 Zur Rekonstruktion des Aufrisses von Q vgl. oben den zweiten Abschnitt von Teil 2, Kapitel 2, § 1!
2 Vgl. oben § 1.
3 Vgl. dazu besonders Redaktion, S.31.
4 Zur "Angleichung" des Täufers an Jesus vgl. Täufertradition, S.282-286, zur "Unterscheidung" beider ebd., S.286f.; diese Differenzierung zwischen zwei gegenläufigen Tendenzen bei Mt. wird im übrigen auch von Wink, John, S.33-35 ("The Assimilation"); 36-39 ("The Distinction") übernommen.
5 Dazu vgl. auch oben in § 1 Anm.14 unsere Argumentation gegen Hoffmann.
6 Vgl. Täufertradition, S.286.
7 Ebd.; Wink, John, S.33 formuliert bezeichnenderweise vorsichtiger: "John is united with Jesus but in such a manner that Jesus' superiority is maintained throughout".
8 Vgl. Täufertradition, S.286.
9 Vgl. Täufertradition, S.285f. Wir haben freilich eines schon oben betont, nämlich daß bereits in Q der Täufer in die Heilszeit hineingenommen wird, somit also bei Mt. von einer H i n e i n n a h m e desselben in die Epoche des Gottesreiches jedenfalls keine Rede mehr sein kann.
10 Auch Trilling weist in diesem Zusammenhang auf Mt. 3,11; 26,28 hin.
11 Wink betont allerdings in John, S.37 auch zu Recht: "Even the fact that both Jesus and John preach the kingdom conceals a distinction between them." Er verweist hier darauf, daß in Mt. 3,2f. die Zusammenfassung der Täuferbotschaft mit einem Verweis auf Jes. 40,3 verbunden ist, während in Mt. 4,14-17 die Zusammenfassung der Jesusbotschaft einer Bezugnahme auf Jes. 9,1f. folgt, wobei in dem Zitat das Futur der LXX durch das Perfekt ersetzt ist. Und das ist bezeichnend, insofern hier ja Johannes als der Vorläufer des κύριος, Jesus aber letztlich als dieser "Herr" selbst gekennzeichnet ist. Allerdings wird man gerade auch an dieser Stelle natürlich eines nicht feststellen können, nämlich daß Johannes bewußt Jesus untergeordnet wird. Daß aber "Jesus' superiority is maintained" (Wink, John, S.33), steht auf einem anderen Blatt.
12 Auch die matthäische Redaktion des Taufberichtes Mk. 1,9-11, auf die Trilling zur weiteren Stützung seiner These von der redaktionellen Abgrenzung des Täufers von Jesus zurückgreift, macht immerhin deutlich, daß eine grundsätzliche Superiorität Jesu vorausgesetzt wird. In Mt. 3,14f. geht es ja um das Anliegen, das Faktum der Taufe des "Stärkeren" durch den Vorläufer zu begründen. Und mit den Worten ἐγὼ χρείαν ἔχω ὑπὸ σοῦ βαπτισθῆναι, καὶ σὺ ἔρχῃ πρὸς μέ; weist Johannes darauf hin, daß er angesichts der Überlegenheit Jesu dessen Taufbegehren nicht nachgeben will. Von dem matthäischen Taufbericht aus mag im übrigen ein zusätzliches Licht auf die Tatsache fallen, daß für Matthäus die Johannestaufe nicht etwa die Sündenvergebung bringt. Vielleicht erklärt sich auch das von dem Anliegen her, der Taufe des "Stärkeren" durch Johannes einen akzeptablen Sinn abzugewinnen. Um so weniger ist es natürlich andererseits von daher zu verstehen, daß Johannes erst Jesus untergeordnet werden soll...
13 Die von Trilling, Täufertradition, S.282-286 herangezogenen Belegstellen machen deutlich, wie weitgehend für Matthäus Johannes und Jesus in ihrer eschatologischen Funktion doch vergleichbar sind.
14 Täufertradition, S.282.
15 Vgl. zu dem Täuferwort Mt. 3,10b auch noch das Jesus in den Mund gelegte Logion 15,13 πᾶσα φυτεία ἣν οὐκ ἐφύτευσεν ὁ πατήρ μου ὁ οὐράνιος ἐκριζωθήσεται.

16 Vgl. oben Kapitel 1, § 2.

17 Mit Trilling, Täufertradition, S.282f. ist in diesem Zusammenhang ins-
    besondere noch auf die Anklänge an Mt. 3,7 in 12,34 sowie 23,33 zu ver-
    weisen, insofern auch hier Jesus in gleicher Weise wie Johannes das
    Gericht verkündigt. Nicht nur in 7,19, sondern noch ein zweites und
    drittes Mal(!) wird also an die Bußpredigt des Täufers 3,7-10 erinnert,
    indem Jesus ähnlich wie der Täufer zum Gerichtsprediger gemacht wird.
    Einerseits mag die Anrede des Täufers an πολλοὺς τῶν Φαρισαίων καὶ
    Σαδδουκαίων in 3,7 (vgl. die abweichende Parallele Lk. 3,7) von da-
    her zu erklären sein, daß Johannes in die gleiche Frontstellung einge-
    ordnet wird wie Jesus. Dieses legt die Adresse nahe, da Matthäus in
    16,1-4.5-12 auch die Worte Jesu gegen die Pharisäer Mk. 8,11-13.14-21
    zugleich an die Sadduzäer gerichtet sein läßt. Auf der anderen Seite
    ist die Anklage Jesu an die γεννήματα ἐχιδνῶν in 12,34 wie 23,33 von
    daher zu verstehen, daß Jesus redaktionell mit der gleichen Predigt des
    Gerichts in Verbindung gebracht wird wie Johannes. Wenn die ursprüng-
    liche Formulierung τίς ὑπέδειξεν ὑμῖν φυγεῖν ἀπὸ τῆς μελλούσης
    ὀργῆς; 3,7 dabei in der Wendung πῶς φύγητε ἀπὸ τῆς κρίσεως
    τῆς γεέννης; 23,33 aufgenommen ist, so unterstreicht dieses beson-
    ders eindrücklich die Entsprechung zwischen Täufer- und Jesuspredigt.
    Offenbar ist es Matthäus in 23,33 nur darum zu tun, die Anklage des
    Täufers in verdeutlichter Form auf Jesus zu übertragen. Daß es in 3,8
    (vgl. 3,10!) um καρπὸν ἄξιον τῆς μετανοίας, in 12,33-37 aber
    (wie bereits in 7,16-20!) um das γινώσκειν ἐκ τοῦ καρποῦ geht,
    ist jedoch nicht minder bezeichnend. Hier erweist sich, daß gerade im
    Zusammenhang von 12,34 die Anklänge an die Täuferpredigt sehr deutlich
    sind. Zugleich läßt sich allerdings erkennen, wie sich die Akzente
    (auch gegenüber 7,16-20!) jetzt verschoben haben. Ging es in der
    Täuferpredigt um die Aufforderung, καρπὸν ἄξιον τῆς μετανοίας
    zu bringen, so scheint in den Jesusworten 12,33-37 diese Möglichkeit
    gar nicht mehr im Blick zu sein. Und steht in 7,16-20 die Feststellung
    ἀπὸ τῶν καρπῶν αὐτῶν ἐπιγνώσεσθε αὐτούς im Zentrum, so mündet in
    12,34 diese Feststellung in die Anklage πῶς δύνασθε ἀγαθὰ λαλεῖν
    πονηροὶ ὄντες;

18 Dazu vgl. Mt. 28,18-20 sowie auch 18,20!

19 Vgl. bereits oben § 1 Anm.20.

20 Vgl. des näheren oben § 1.

21 Held, Matthäus, S.239 formuliert immerhin treffend, daß das Kapitel
    von der Jüngeraussendung eine "christologische Bedeutung" habe.

22 Vgl. zum folgenden Strecker, Weg, S.213f.

23 Vgl. Mt. 11,28-30 und dazu des näheren noch unten!

24 Das καὶ μάθετε ἀπ' ἐμοῦ des Heilandsrufes 11,29 scheint in dem
    διδάσκοντες αὐτούς ... 28,20 nachzuwirken!

25 Vgl. Weg, S.213.

26 Ebd.

27 Vgl. die redaktionelle Tätigkeit in 5,6.10.20; 6,1.33.

28 Dazu vgl. πληρῶσαι πᾶσαν δικαιοσύνην 3,15! Selbst Trilling, Täufer-
    tradition, S.(284); 287 räumt ein, daß hier Johannes und Jesus gemein-
    sam unter die δικαιοσύνη gestellt werden. Er verweist S.284 auch rich-
    tig noch auf das ἦλθεν γὰρ Ἰωάννης...ἐν ὁδῷ δικαιοσύνης 21,32 im
    Zusammenhang der Frage nach Jesu Vollmacht V.23ff. Dieser Verweis ist
    um so mehr angebracht, als das ἦλθεν γὰρ Ἰωάννης "eine Reminiszens
    an 11,18 par." (Stecker, Weg, S.153) zu sein scheint. Denn in 11,18f.
    par. stehen Johannes und Jesus ebenfalls nebeneinander, wobei dort
    aber die Tradition noch in charakteristischer Weise zwischen dem Ge-
    kommensein des Täufers und dem Jesu differenziert.

29 Vgl. oben Teil 2, Kapitel 1, § 1.

30 Vgl. Trilling, Täufertradition, S.285.

31 Innerhalb der Bergpredigt Kap. 5-7 begegnen die Seligpreisungen vor den Droh- und Mahnworten, die Bergpredigt insgesamt aber steht vor dem Wunderzyklus Kap. 8f.!

32 Trilling, Täufertradition, S.285 verweist zusätzlich noch auf das Nacheinander von Bergpredigt und Streitreden bei Mt.

33 Der Evangelist setzt, wie oben in § 1 ausgeführt, insbesondere voraus, daß sich Jesus in seinem Wirken, in dem Wort und Tat eine Einheit bilden, als der "Kommende" erweist (vgl. 11,2 im Zusammenhang mit 11,19c). Vgl. immerhin auch Strecker, Weg, S.176f. (ebd. Anm.2!); ganz in dem Sinne, wie er betont, daß für Matthäus die Werke der δικαιοσύνη den Erhöhten in der Gemeinde präsent machen, stellt er hier fest, daß die Machttaten Jesu "seine Sendung, die eschatologische Forderung der δικαιοσύνη, gegenüber Israel aus(weisen)".

34 Ähnlich betont Lange, Erscheinen, S.164, daß es bei Mt. um Israel "gegangen i s t ". Gerade bei Mt. trägt ja auch in dem Logion von der Rechtfertigung der Weisheit 11,19c das ἐδικαιώθη als solches den Ton!

35 Es sei allerdings noch einmal festgehalten, daß dennoch auch Matthäus diesen Gegensatz nicht im Sinne eines grundsätzlichen Gegensatzes zwischen Israel und den Heiden verstanden hat. Jubel- und Heilandsruf haben im weiteren Kontext gezeigt, daß gerade er vielmehr das jüdische Volk speziell in seinen Führern zu treffen bemüht ist. Daß er daneben eine "proheidnische" Tendenz der Überlieferung verstärkt hat (vgl. § 1), rundet das Bild nur ab. Denn die traditionelle Alternative zwischen judenchristlicher und heidenchristlicher Tendenz ist ohne Zweifel überholt, und man wird die Konzeption des Matthäus nur als "judenchristlich-universalistisch" kennzeichnen können.

36 Strecker, Weg, S.187 formuliert in paradoxer Überspitzung: "Schon mit dem Bußruf Johannes' beginnt die Zeit Jesu".

37 Gewiß ist es richtig, daß Matthäus, der ja auch die Q-Logien 5,18; 7,23 sowie 23,23d überliefert hat, von der bleibenden Gültigkeit des Gesetzes als Forderung ausgeht. Wir hatten aber feststellen können, daß die Aussage vom Ende von Gesetz und Propheten lediglich auf die Abrogation der Thora in ihrer heilsgeschichtlichen Funktion zielt (vgl. dazu oben § 1).

38 Trilling, Täufertradition, S.278f. kommt aber ähnlich wie Barth zu der Auffassung, daß dem Evangelisten die Formulierung in dem Logion über Gesetz und Propheten suspekt gewesen sei; vgl. auch noch Wink, John, S.30. In seiner Dissertation "Das wahre Israel, Studien zur Theologie des Matthäus-Evangeliums", StANT, Bd.10, 3. Aufl. München 1964, S.173 hat Trilling ähnlich ausgeführt, Matthäus beuge "offenbar dem Mißverständnis vor, daß 'Propheten und Gesetz' in j e d e r Hinsicht hinfällig würden"; ebd. betont er freilich zugleich auf der anderen Seite auch den Aspekt, daß das Logion bei Mt. mit Johannes die Periode der "Erfüllung und Verwirklichung" der Weissagungen beginnen läßt.

39 Dazu s.o. § 1 Anm.52.

40 Dem entspricht, daß für Matthäus Gesetz und Propheten unter dem Gesichtspunkt der Forderung in Jesus ihre Erfüllung gefunden haben. Faßt die Formel οἱ προφῆται καὶ ὁ νόμος 11,13 die jüdische Heilige Schrift unter dem Gesichtspunkt der Verheißung zusammen, so ist mit ὁ νόμος καὶ οἱ προφῆται 5,17 (vgl. nur das bloße ὁ νόμος V.18; außerdem 7,12; 22,40) das Alte Testament unter dem Gesichtspunkt der gesetzlichen Forderung umschrieben. Das betonen ähnlich Klostermann, Matthäusevangelium, S.41; Trilling, Israel, S.172-174; R. Hummel, Die Ausein-

andersetzung zwischen Kirche und Judentum im Matthäusevangelium, BEvTh, Bd.33, 2.Aufl. München 1966, S.132-135; Strecker, Weg, S.144; vgl. aber auch noch R.S. McConnell, Law and Prophecy in Matthew's Gospel, The Authority and Use of the Old Testament in the Gospel of St. Matthew, Theologische Dissertationen, Bd.2, Basel 1969, S.6-30 (G. Delling, Art.: πλήρης κτλ, ThWNT, Bd.6, Stuttgart 1959, S.283-309, S.292 Anm.46 meint zu Mt. 5,17: "Die Propheten sind nicht nur gemeint, sofern sie von dem ethisch fordernden Willen Gottes reden. Man darf eher umgekehrt fragen, ob bei der Thora nicht auch an ihre Verheißungen gedacht sein kann"). Wie Matthäus nun die Aussage über das Ende von Gesetz und Propheten unter dem Gesichtspunkt der Verheißung positiv faßt, so hebt er andererseits die Aussage vom Bestehenbleiben von Gesetz und Propheten unter dem Gesichtspunkt der Forderung deutlich hervor (5,18!). Und wie Matthäus die Schrift als Verheißung auf die Erfüllung bezieht, so versteht er die Schrift als Forderung im Licht des Erfüllungsgedankens neu (5,17: οὐκ ἦλθον καταλῦσαι ἀλλὰ πληρῶσαι). Vgl. zur Interpretation von Mt. 5,17 (sowie allgemein zum mt. Gebrauch von πληροῦν) freilich auch noch Künzel, Studien, S.66-68 (bzw. 56-70), insofern nach dessen Auffassung das "πληρῶσαι von 5,17 ... im Gedanken der Realisierung des Gottesrechtes den Aspekt des Jesus-Geschehens als des von Gott her in Bewegung gesetzten Heilsgeschehens" mit beinhaltet. Hier wird die Feststellung von Hummel, Auseinandersetzung, S.135, daß die Schrift als ganze für Mt. "prophetische Struktur" habe, zum Ausgangspunkt dafür genommen, auch das πληρῶσαι 5,17 nicht allein unter dem "Aspekt der Lehre", sondern zugleich unter dem "Geschehensaspekt" zu interpretieren!

41 Richtig Comber, Composition, S.502-504; für ihn markieren die Weherufe "the new and tragic turn of events: Israel is rejecting its Messiah and judgment is being pronounced" (S.504).

42 Das Gleichnis 11,16-19 (vgl. 19c ἔργα τῆς σοφίας) macht als Schuldaufweis deutlich, daß die Strafandrohung gegen die Jesu Machttaten nicht zum Anlaß zur Buße nehmenden Ortschaften cum grano salis auch denjenigen gilt, die durch des T ä u f e r s Werke nicht zur Reaktion auf s e i n e n Bußruf veranlaßt worden sind.

43 Dazu vgl. oben Teil 2, Kapitel 1, § 1; außerdem insbesondere auch Green in seiner Untersuchung über "The Structure of St Matthew's Gospel", der Mt. 11 für den eigentlichen Wendepunkt innerhalb des gesamten Evangeliums erklärt.

44 Auch dazu vgl. oben Teil 2, Kapitel 1, § 1.

45 Es scheint mit gerechtfertigt, von dem Schicksal des Täufers als einem "Vorzeichen des Schicksals Jesu" (so Schweizer, Evangelium nach Matthäus, S.206 in der Überschrift zur Perikope Mt. 14,1-12!) zu sprechen. Vgl. aber noch R. Walker, Die Heilsgeschichte im ersten Evangelium, FRLANT, Bd.91, Göttingen 1967, S.40: Johannes "steht mit Jesus und den Jüngern(!) in einer Front als Bote der Himmelsherrschaft: gegen diese drei wütet die gesammelte Feindseligkeit Israels". Diese Aussage ist aber insofern mißverständlich, als eben das Schicksal der Jünger nicht mehr unmittelbar zu dem Schicksal Jesu in Entsprechung gesetzt, sondern konkret darauf bezogen wird (vgl. auch noch unten).

46 Vgl. Täufertradition, S.272-275; ähnlich z.B. auch Schweizer, Evangelium nach Matthäus, S.207.

47 Schweizer, Evangelium nach Matthäus, S.207 verweist in gleichem Sinne darauf, daß Jesus in 23,29ff.37 Israel wegen seiner Prophetenmorde anklagen "und sich selbst in der Reihe dieser Propheten sehen" wird; vgl. allerdings auch die in diesem Punkte doch zurückhaltenderen Ausführungen bei Trilling, Täufertradition, S.274.

48 Dazu vgl. oben § 1; im Blick auf Jesus führt Hummel, Auseinandersetzung, S.134 treffend aus: "Matthäus stellt in 26,56 die Verhaftung Jesu und damit seine Passion als Erfüllung nicht einer einzelnen Propheten- stelle, sondern der prophetischen Schriften insgesamt dar".

49 Trilling spricht in Täufertradition, S.274 von einem "Schulddogma".

50 Schweizer, Evangelium nach Matthäus, S.207 verweist auf das aus Q stammende Logion 5,12, welches auch den Jüngern das Prophetenschicksal ankündigt, sowie insbesondere in der Aussendungsrede auf die Abschnitte 10,17ff.34ff.

51 Das ἕνεκεν ἐμοῦ 5,12 (vgl. Lk. 6,22 ἕνεκα τοῦ υἱοῦ τοῦ ἀνθρώπου) ist gerade für die matthäische Konzeption charakteristisch! Es begegnet in 10,18 (vgl. Lk. 21,12b ἕνεκεν τοῦ ὀνόματός μου) sowie 10,39 (diff. Lk. 17,33!) auch in der Aussendungsrede; an letzterer Stelle gibt es überdies dem Logion vom Auf-sich-Nehmen des Kreuzes 10,38 - in der lukanischen Parallele 14,27 ist bezeichnenderweise noch vom e i g e n e n Kreuz (ἑαυτοῦ; Mt.: αὐτοῦ) die Rede - eine Ausrich- tung auf das Kreuz J e s u . Im übrigen gibt aber auch das Logion 10,24f. (vgl. bei Lk. innerhalb der Feldrede [!] 6,40) den Worten Mt. 10,17ff. eine neue Spitze, insofern die Angriffe gegen die Jünger aus- drücklich auf ihr Verhältnis zu Jesus (als dem κύριος !) zurückge- führt werden: εἰ τὸν οἰκοδεσπότην Βεεζεβοὺλ ἐπεκάλεσαν, πόσῳ μᾶλλον τοὺς οἰκιακοὺς αὐτοῦ.

52 Vgl. oben Kapitel 1, § 2 zu Mt. 11,5f.25-27 par.

53 Dazu vgl. oben § 1 die Auseinandersetzung mit Suggs, Wisdom, S.83-87, der schon im Zusammenhang von Q den Begriff νήπιος Mt. 11,25 par. im übertragenen Sinne versteht, aber immerhin dabei auf die Tradition von den Weisen als den "Unmündigen" bzw. Demütigen sich bezieht. Richtig im übrigen der Verweis von Schweizer, Evangelium nach Matthäus, S.174 auf Mt. 5,3ff., insofern freilich, als eben hier auch nicht mehr wie noch in der Parallele Lk. 6,20b (und Mt. 11,5 par.!) einfach die πτωχοί als solche, sondern οἱ πτωχοὶ τῷ πνεύματι angesprochen sind.

54 Vgl. das aus Q stammende Logion Mt. 8,20 par.; deutet hier der Men- schensohntitel darauf hin, daß ursprünglich einmal an den Menschen als solchen gedacht gewesen ist?

55 Dazu vgl. insbesondere oben Anm.28 den Verweis auf 21,32 im Zusammen- hang von 21,23ff.

56 Es scheint mir eindeutig zu sein, daß hier bei Matthäus die Vorstellung vom unschuldigen Leiden des Gerechten im Hintergrund steht.   D i e s e s Leiden ist es, das es auf sich zu nehmen gilt. Und von h i e r   aus ist es letztlich zu verstehen, daß Matthäus wieder den "Demütigen" in die Nachfolge Jesu stellt. So gesehen, ist die redaktionelle Bearbeitung des Schlußwortes der Aussendungsrede Mt. 10,40 par., welches in Q die unmittelbare Beziehung der Jünger zu Jesus und "dem, der ihn gesandt hat", zum Ausdruck gebracht hat, für Matthäus in höchstem Maße charakte- ristisch. V.41 schildert ja nun die Jünger sowohl als Propheten als auch als Gerechte, und V.42 diff. Mk. 9,41 bezeichnet sie gerade in diesem Zusammenhang als οἱ μικροί. Für Matthäus gilt eben, daß es um den G e r e c h t e n   geht, den das Prophetenschicksal ereilt, und das bedingt, daß er der vor Gott Geringe, der Demütige ist, der so in der Nachfolge Jesu steht. Vgl. hier im übrigen jetzt noch D. Lührmann, Biographie des Gerechten als Evangelium, Vorstellung zu einem Markus- Kommentar, WuD, NF, Bd.14, Bielefeld 1977, S.25-50.

57 Nachträglich finde ich bei Zumstein, Condition, S.151 immerhin die Fest- stellung: "La christologie du Fils, proclamée dans les vv. 25-27, est ... spécifiée dans les vv. 28-30 à partir du thème de la Loi"!

Μt.	Q	Λκ.
11,1-30 ¹Καὶ ἐγένετο ὅτε ἐτέλεσεν ὁ Ἰησοῦς διατάσσων τοῖς δώδεκα μαθηταῖς αὐτοῦ, μετέβη ἐκεῖθεν τοῦ διδάσκειν καὶ κηρύσσειν ἐν ταῖς πόλεσιν αὐτῶν.		**7,18-28**
²Ὁ δὲ Ἰωάννης ἀκούσας ἐν τῷ δεσμωτηρίῳ τὰ ἔργα τοῦ Χριστοῦ, πέμψας διὰ τῶν μαθητῶν αὐτοῦ εἶπεν αὐτῷ· ³σὺ εἶ ὁ ἐρχόμενος, ἢ ἕτερον προσδοκῶμεν;	... (?) πέμψας διὰ τῶν μαθητῶν αὐτοῦ εἶπεν αὐτῷ· σὺ εἶ ὁ ἐρχόμενος, ἢ ἕτερον προσδοκῶμεν;	¹⁸Καὶ ἀπήγγειλαν Ἰωάννῃ οἱ μαθηταὶ αὐτοῦ περὶ πάντων τούτων. καὶ προσκαλεσάμενος δύο τινὰς τῶν μαθητῶν αὐτοῦ ὁ Ἰωάννης ¹⁹ἔπεμψεν πρὸς τὸν κύριον λέγων· σὺ εἶ ὁ ἐρχόμενος, ἢ ἄλλον προσδοκῶμεν; ²⁰παραγενόμενος δὲ πρὸς αὐτὸν οἱ ἄνδρες εἶπαν· Ἰωάννης ὁ βαπτιστὴς ἀπέστειλεν ἡμᾶς πρὸς σὲ λέγων· σὺ εἶ ὁ ἐρχόμενος, ἢ ἄλλον προσδοκῶμεν; ²¹ἐν ἐκείνῃ τῇ ὥρᾳ ἐθεράπευσεν πολλοὺς ἀπὸ νόσων καὶ μαστίγων καὶ πνευμάτων πονηρῶν, καὶ τυφλοῖς πολλοῖς ἐχαρίσατο βλέπειν.
⁴καὶ ἀποκριθεὶς ὁ Ἰησοῦς εἶπεν αὐτοῖς· πορευθέντες ἀπαγγείλατε Ἰωάννῃ ἃ ἀκούετε καὶ βλέπετε· ⁵τυφλοὶ ἀναβλέπουσιν καὶ χωλοὶ περιπατοῦσιν, λεπροὶ καθαρίζονται καὶ κωφοὶ ἀκούουσιν, καὶ νεκροὶ ἐγείρονται καὶ πτωχοὶ εὐαγγελίζονται· ⁶καὶ μακάριός ἐστιν ὃς ἐὰν μὴ σκανδαλισθῇ ἐν ἐμοί.	καὶ ἀποκριθεὶς ὁ Ἰησοῦς εἶπεν αὐτοῖς· πορευθέντες ἀπαγγείλατε Ἰωάννῃ ἃ (ἀκούετε καὶ βλέπετε/βλέπετε καὶ ἀκούετε!) τυφλοὶ ἀναβλέπουσιν καὶ χωλοὶ περιπατοῦσιν, λεπροὶ καθαρίζονται καὶ κωφοὶ ἀκούουσιν, καὶ νεκροὶ ἐγείρονται καὶ πτωχοὶ εὐαγγελίζονται· καὶ μακάριός ἐστιν ὃς ἐὰν μὴ σκανδαλισθῇ ἐν ἐμοί.	²²καὶ ἀποκριθεὶς εἶπεν αὐτοῖς· πορευθέντες ἀπαγγείλατε Ἰωάννῃ ἃ εἴδετε καὶ ἠκούσατε· τυφλοὶ ἀναβλέπουσιν, χωλοὶ περιπατοῦσιν, λεπροὶ καθαρίζονται, καὶ κωφοὶ ἀκούουσιν, νεκροὶ ἐγείρονται, πτωχοὶ εὐαγγελίζονται· ²³καὶ μακάριός ἐστιν ὃς ἐὰν μὴ σκανδαλισθῇ ἐν ἐμοί.
⁷Τούτων δὲ πορευομένων ἤρξατο ὁ Ἰησοῦς λέγειν τοῖς ὄχλοις περὶ Ἰωάννου· τί ἐξήλθατε εἰς τὴν ἔρημον θεάσασθαι; κάλαμον ὑπὸ ἀνέμου σαλευόμενον; ⁸ἀλλὰ τί ἐξήλθατε; ἰδεῖν ἄνθρωπον ἐν μαλακοῖς ἠμφιεσμένον; ἰδοὺ οἱ τὰ μαλακὰ φοροῦντες ἐν τοῖς οἴκοις τῶν βασιλέων. ⁹ἀλλὰ τί ἐξήλθατε; προφήτην ἰδεῖν;	Τούτων δέ... ἤρξατο (ὁ Ἰησοῦς) λέγειν τοῖς ὄχλοις περὶ Ἰωάννου· τί ἐξήλθατε εἰς τὴν ἔρημον θεάσασθαι; κάλαμον ὑπὸ ἀνέμου σαλευόμενον; ἀλλὰ τί ἐξήλθατε; ἰδεῖν ἄνθρωπον ἐν μαλακοῖς ἠμφιεσμένον; ἰδοὺ οἱ τὰ μαλακὰ φοροῦντες (ἐν τοῖς οἴκοις τῶν βασιλέων/ἐν τοῖς βασιλείοις?). ἀλλὰ τί ἐξήλθατε; προφήτην ἰδεῖν;	²⁴Ἀπελθόντων δὲ τῶν ἀγγέλων Ἰωάννου ἤρξατο λέγειν πρὸς τοὺς ὄχλους περὶ Ἰωάννου· τί ἐξήλθατε εἰς τὴν ἔρημον θεάσασθαι; κάλαμον ὑπὸ ἀνέμου σαλευόμενον; ²⁵ἀλλὰ τί ἐξήλθατε ἰδεῖν; ἄνθρωπον ἐν μαλακοῖς ἱματίοις ἠμφιεσμένον; ἰδοὺ οἱ ἐν ἱματισμῷ ἐνδόξῳ καὶ τρυφῇ ὑπάρχοντες ἐν τοῖς βασιλείοις εἰσίν. ²⁶ἀλλὰ τί ἐξήλθατε ἰδεῖν; προφήτην;

267

[Μθ.]	[Λ]	[Λκ.]
καὶ λέγω ὑμῖν, καὶ περισσό-τερον προφήτου. ¹⁰οὗτός ἐστιν περὶ οὗ γέγραπται· ἰδοὺ ἐγὼ ἀποστέλλω τὸν ἄγγελόν μου πρὸ προσώπου σου, ὃς κατα-σκευάσει τὴν ὁδόν σου ἔμ-προσθέν σου. ¹¹ἀμὴν λέγω ὑμῖν, οὐκ ἐγήγερται ἐν γεννητοῖς γυναικῶν μείζων Ἰωάννου τοῦ βαπτιστοῦ· ὁ δὲ μικρότερος ἐν τῇ βασιλείᾳ τῶν οὐρανῶν μείζων αὐτοῦ ἐστιν.	καὶ λέγω ὑμῖν, καὶ περισσό-τερον προφήτου. οὗτός ἐστιν περὶ οὗ γέγραπται· ἰδοὺ ἀποστέλλω τὸν ἄγγελόν μου πρὸ προσώπου σου, ὃς κατα-σκευάσει τὴν ὁδόν σου ἔμ-προσθέν σου. λέγω ὑμῖν, οὐκ ἐγήγερται ἐν γεννητοῖς γυναικῶν μείζων Ἰωάννου· ὁ δὲ μικρότερος ἐν τῇ βασιλείᾳ τοῦ θεοῦ μείζων αὐτοῦ ἐστιν.	καὶ λέγω ὑμῖν, καὶ περισσό-τερον προφήτου. ²⁷οὗτός ἐστιν περὶ οὗ γέγραπται· ἰδοὺ ἀποστέλλω τὸν ἄγγελόν μου πρὸ προσώπου σου, ὃς κατα-σκευάσει τὴν ὁδόν σου ἔμ-προσθέν σου. ²⁸λέγω ὑμῖν, μείζων ἐν γεννητοῖς γυναι-κῶν Ἰωάννου οὐδείς ἐστιν· ὁ δὲ μικρότερος ἐν τῇ βασιλείᾳ τοῦ θεοῦ μείζων αὐτοῦ ἐστιν.
¹²ἀπὸ δὲ τῶν ἡμερῶν Ἰωάννου τοῦ βαπ-τιστοῦ ἕως ἄρτι ἡ βασι-λεία τῶν οὐρανῶν βιάζεται, καὶ βιασταὶ ἁρπάζου-σιν αὐτήν. ¹³πάντες γὰρ οἱ προφῆται καὶ ὁ νόμος ἕως Ἰωάννου ἐπροφήτευ-σαν· ¹⁴καὶ εἰ θέλετε δέ-ξασθαι, αὐτός ἐστιν Ἡλίας ὁ μέλλων ἔρχεσθαι. ¹⁵ ὁ ἔχων ὦτα ἀκουέτω.	ὁ νόμος καὶ οἱ προφῆται μέχρι Ἰωάννου· ἀπὸ τότε ἡ βασι-λεία τοῦ θεοῦ βιάζεται, καὶ βιασταὶ ἁρπάζου-σιν αὐτήν. cf. supra	16,16 ¹⁶ὁ νόμος καὶ οἱ προφῆται μέχρι Ἰωάννου· ἀπὸ τότε ἡ βασι-λεία τοῦ θεοῦ εὐαγγελί-ζεται καὶ πᾶς εἰς αὐτὴν βιάζεται. cf. 16,16a
¹⁶Τίνι δὲ ὁμοιώσω τὴν γενεὰν ταύτην;	Τίνι (δὲ ἢ οὖν?) ὁμοιώσω (τὴν γενεὰν ταύτης ἢ τοὺς ἀνθρώ-πους τῆς γενεᾶς ταύτης?), καὶ τίνι (ἐστὶν ὁμοία εἰσὶν ὅμοιοι?); (ὁμοία ἐστὶν ὅμοι-οί εἰσιν?)	7,31-35 ³¹Τίνι οὖν ὁμοιώσω τοὺς ἀνθρώ-πους τῆς γενεᾶς ταύτης, καὶ τίνι εἰσὶν ὅμοιοι; ³²
ὁμοία ἐστὶν παιδίοις καθη-μένοις ἐν ταῖς ἀγοραῖς ἃ προσ-φωνοῦντα τοῖς ἑτέροις ¹⁷λέ-γουσιν· ηὐλήσαμεν ὑμῖν καὶ οὐκ ὠρχήσασθε· ἐθρηνή-σαμεν καὶ οὐκ ἐκόψασθε. ¹⁸ἦλθεν γὰρ Ἰωάννης μήτε ἐσθίων μήτε πίνων, καὶ λέ-γουσιν· δαιμόνιον ἔχει. ¹⁹ ἦλθεν ὁ υἱὸς τοῦ ἀνθρώπου ἐσθίων καὶ πίνων, καὶ λέ-γουσιν· ἰδοὺ ἄνθρωπος φά-γος καὶ οἰνοπότης, τελω-νῶν φίλος καὶ ἁμαρτωλῶν. καὶ ἐδικαιώθη ἡ σοφία ἀπὸ τῶν ἔργων αὐτῆς.	παιδίοις καθη-μένοις ἐν ἀγορᾷ καὶ προσ-φωνοῦσιν τοῖς ἄλλοις ἃ λέγει· ηὐλήσαμεν ὑμῖν καὶ οὐκ ὠρχήσασθε· ἐθρηνή-σαμεν καὶ οὐκ ἐκόψασθε. ἦλθεν γὰρ Ἰωάννης μὴ ἐσθίων μήτε πίνων, καὶ λέ-γετε· δαιμόνιον ἔχει. ἦλθεν ὁ υἱὸς τοῦ ἀνθρώπου ἐσθίων καὶ πίνων, καὶ λέ-γετε· ἰδοὺ ἄνθρωπος φά-γος καὶ οἰνοπότης, τελω-νῶν φίλος καὶ ἁμαρτωλῶν. καὶ ἐδικαιώθη ἡ σοφία ἀπὸ τῶν τέκνων αὐτῆς.	ὅμοι-οί εἰσιν παιδίοις τοῖς ἐν ἀγορᾷ καθημένοις καὶ προσ-φωνοῦσιν ἀλλήλοις ἃ λέγει· ηὐλήσαμεν ὑμῖν καὶ οὐκ ὠρχήσασθε· ἐθρηνή-σαμεν καὶ οὐκ ἐκλαύσατε. ³³ἐλήλυθεν γὰρ Ἰωάννης ὁ βαπ-τιστὴς μὴ ἐσθίων ἄρτον μήτε πίνων οἶνον, καὶ λέ-γετε· δαιμόνιον ἔχει. ³⁴ ἐλήλυθεν ὁ υἱὸς τοῦ ἀνθρώπου ἐσθίων καὶ πίνων, καὶ λέ-γετε· ἰδοὺ ἄνθρωπος φά-γος καὶ οἰνοπότης, φίλος τελωνῶν καὶ ἁμαρτωλῶν. ³⁵καὶ ἐδικαιώθη ἡ σοφία ἀπὸ πάντων τῶν τέκνων αὐτῆς.
²⁰Τότε ἤρξατο ὀνειδίζειν τὰς πόλεις ἐν αἷς ἐγένοντο αἱ πλεῖσται δυνάμεις αὐ-τοῦ, ὅτι οὐ μετενόησαν·	Λέγω ὑμῖν ὅτι (ἀνεκτότερον ἔσται) Σοδόμοις ἐν τῇ ἡμέ-	10,12-15 ¹²Λέγω ὑμῖν ὅτι Σοδόμοις ἐν τῇ ἡμέ-

[𝕸t.]	[Ω]	[𝓛k.]
²¹ οὐαί σοι, Χοραζίν, οὐαί σοι, Βηθσαϊδά· ὅτι εἰ ἐν Τύρῳ καὶ Σιδῶνι ἐγένοντο αἱ δυνάμεις αἱ γενόμεναι ἐν ὑμῖν, πάλαι ἂν ἐν σάκ- κῳ καὶ σποδῷ μετενόησαν. ²²πλὴν λέγω ὑμῖν, Τύρῳ καὶ Σιδῶνι ἀνεκ- τότερον ἔσται ἐν ἡμέρᾳ κρίσεως ἢ ὑμῖν. ²³καὶ σύ, Καφαρ- ναούμ, μὴ ἕως οὐρανοῦ ὑψωθήσῃ; ἕως ᾅδου καταβήσῃ· ὅτι εἰ ἐν Σο- δόμοις ἐγενήθησαν αἱ δυνάμεις αἱ γενόμεναι ἐν σοί, ἔμεινεν ἂν μέχρι τῆς σήμερον. ²⁴πλὴν λέγω ὑμῖν ὅτι γῇ Σοδόμων ἀνεκ- τότερον ἔσται ἐν ἡμέρᾳ κρίσεως ἢ σοί.	ρα ἐκείνῃ (ἀνεκτότερον ἔσ- ται;) ἢ τῇ πόλει ἐκείνῃ. Οὐαί σοι, Χοραζίν, οὐαί σοι, Βηθσαϊδά· ὅτι εἰ ἐν Τύρῳ καὶ Σιδῶνι ἐγένοντο αἱ δυνάμεις αἱ γενόμεναι ἐν ὑμῖν, πάλαι ἂν ἐν σάκ- κῳ καὶ σποδῷ μετενόησαν. πλὴν Τύρῳ καὶ Σιδῶνι ἀνεκ- τότερον ἔσται ἐν τῇ κρίσει ἢ ὑμῖν. καὶ σύ, Καφαρ- ναούμ, μὴ ἕως οὐρανοῦ ὑψωθήσῃ; ἕως τοῦ ᾅδου καταβήσῃ. cf. supra	ρα ἐκείνῃ ἀνεκτότερον ἔσ- ται ἢ τῇ πόλει ἐκείνῃ. ¹³ Οὐαί σοι, Χοραζίν, οὐαί σοι, Βηθσαϊδά· ὅτι εἰ ἐν Τύρῳ καὶ Σιδῶνι ἐγενήθησαν αἱ δυνάμεις αἱ γενόμεναι ἐν ὑμῖν, πάλαι ἂν ἐν σάκ- κῳ καὶ σποδῷ καθήμενοι μετενόησαν. ¹⁴πλὴν Τύρῳ καὶ Σιδῶνι ἀνεκ- τότερον ἔσται ἐν τῇ κρίσει ἢ ὑμῖν. ¹⁵καὶ σύ, Καφαρ- ναούμ, μὴ ἕως οὐρανοῦ ὑψωθήσῃ; ἕως τοῦ ᾅδου καταβήσῃ. cf. v. 12
²⁵Ἐν ἐκείνῳ τῷ καιρῷ ἀπο- κριθεὶς ὁ Ἰησοῦς εἶπεν· ἐξομολο- γοῦμαί σοι, πάτερ, κύριε τοῦ οὐρανοῦ καὶ τῆς γῆς, ὅτι ἔκρυψας ταῦτα ἀπὸ σοφῶν καὶ συνετῶν, καὶ ἀπεκάλυψας αὐτὰ νηπίοις· ²⁶ναί, ὁ πατήρ, ὅτι οὕτως εὐδοκία ἐγένετο ἔμπροσθέν σου. ²⁷Πάντα μοι παρεδό- θη ὑπὸ τοῦ πατρός μου, καὶ οὐδεὶς ἐπιγινώσκει τὸν υἱὸν εἰ μὴ ὁ πατήρ, οὐδὲ τὸν πατέ- ρα τις ἐπιγινώσκει εἰ μὴ ὁ υἱὸς καὶ ᾧ ἐὰν βούληται ὁ υἱὸς ἀποκα- λύψαι. ²⁸Δεῦτε πρός με πάντες οἱ κοπιῶντες καὶ πεφορτισμένοι, κἀγὼ ἀνα- παύσω ὑμᾶς. ²⁹ἄρατε τὸν ζυγόν μου ἐφ᾽ ὑμᾶς καὶ μάθετε ἀπ᾽ ἐμοῦ, ὅτι πραΰς εἰμι καὶ ταπεινὸς τῇ καρδίᾳ, καὶ εὑρήσετε ἀνάπαυσιν ταῖς ψυχαῖς ὑμῶν· ³⁰ὁ γὰρ ζυγός μου χρηστὸς καὶ τὸ φορτίον μου ἐλαφρόν ἐστιν.	... ἀπο- κριθεὶς ὁ Ἰησοῦς εἶπεν· ἐξομολο- γοῦμαί σοι, πάτερ, κύριε τοῦ οὐρανοῦ καὶ τῆς γῆς, ὅτι ἔκρυψας ταῦτα ἀπὸ σοφῶν καὶ συνετῶν, καὶ ἀπεκάλυψας αὐτὰ νηπίοις· ναί, ὁ πατήρ, ὅτι οὕτως εὐδοκία ἐγένετο ἔμπροσθέν σου. Πάντα μοι παρεδό- θη ὑπὸ τοῦ πατρός, καὶ οὐδεὶς (ἐπιγινώσκει/ γινώσκει;) τὸν υἱὸν εἰ μὴ ὁ πατήρ, οὐδὲ τὸν πατέ- ρα τις (ἐπιγινώσκει/γινώσκει;) εἰ μὴ ὁ υἱὸς καὶ ᾧ ἐὰν βούληται ὁ υἱὸς ἀποκα- λύψαι.	10,21f. ²¹Ἐν αὐτῇ τῇ ὥρᾳ ἠγαλλι- άσατο τῷ πνεύματι τῷ ἁγίῳ καὶ εἶπεν· ἐξομολο- γοῦμαί σοι, πάτερ, κύριε τοῦ οὐρανοῦ καὶ τῆς γῆς, ὅτι ἀπέκρυψας ταῦτα ἀπὸ σοφῶν καὶ συνετῶν, καὶ ἀπεκάλυψας αὐτὰ νηπίοις· ναί, ὁ πατήρ, ὅτι οὕτως εὐδοκία ἐγένετο ἔμπροσθέν σου. ²²Πάντα μοι παρεδό- θη ὑπὸ τοῦ πατρός μου, καὶ οὐδεὶς γινώσκει τίς ἐστιν ὁ υἱὸς εἰ μὴ ὁ πατήρ, καὶ τίς ἐστιν ὁ πα- τὴρ εἰ μὴ ὁ υἱὸς καὶ ᾧ ἐὰν βούληται ὁ υἱὸς ἀποκα- λύψαι.

LITERATURVERZEICHNIS

ADINOLFI, M., La condanna a tre città orgogliose (Matt. 11, 20-24), Bibbia e Oriente, Bd.2, Mailand 1960, S.58-62.

ALAND, K., Synopsis Quattuor Evangeliorum, 5.Aufl. Stuttgart 1968.

ALLEGRO, J.M., Further Messianic References in Qumran Literature, JBL, Bd.75, Philadelphia 1956, S.174-187.

ALLEN, W.C., A Critical and Exegetical Commentary on the Gospel According to S. Matthew, ICC (Ntl. Reihe, Bd.1), Nachdruck der 3.Aufl. Edinburgh 1912 Edinburgh 1957.

ALLEN, W.C., A Study in the Synoptic Problem, ET, Bd.26, Edinburgh 1914/ 1915, S.264f.

ALMQUIST, H., Plutarch und das Neue Testament, Ein Beitrag zum Corpus Hellenisticum Novi Testamenti, ASNU, Bd.15, Uppsala 1946.

ARENS, E., The ᾿Ηλθον-Sayings in the Synoptic Tradition, A Historico-Critical Investigation, Orbis Biblicus et Orientalis, Bd.10, Freiburg/ Schweiz, Göttingen 1976.

ARVEDSON, T., Das Mysterium Christi, Eine Studie zu Mt 11.25-30, Arbeiten und Mitteilungen aus dem neutestamentlichen Seminar zu Uppsala herausgegeben von A. Fridrichsen, Bd.7, Uppsala 1937.

ASHBY, E., The Coming of the Son of Man, ET, Bd.72, Edinburgh 1960/61, S.360-363.

BACON, B.W., New and Old in Jesus' Relation to John, JBL, Bd.48, New Haven/ Conn. 1929, S.40-81.

BACON, B.W., Studies in Matthew, London 1930.

BALZ, H.R., Methodische Probleme der neutestamentlichen Christologie, WMANT, Bd.25, Neukirchen-Vluyn 1967.

BAMMEL, E., Is Luke 16,16-18 of Baptist's Provenience?, HThR, Bd.51, Cambridge/Mass. 1958, S.101-106.

BANKS, R., Jesus and the Law in the Synoptic Tradition, Society for New Testament Studies, Monograph Series, Bd.28, Cambridge, London, New York, Melbourne 1975.

BARCLAY, W., Matthäusevangelium, Bd.1 und 2, Auslegung des Neuen Testaments, Wuppertal (o.J.)(= The Gospel of Matthew, Bd.1 und 2, The Daily Study Bible, Edinburgh 1956).

BARNETT, P.W., Who Were The 'Biastai' (Matthew 11:12-13)?, The Reformed Theological Review, Bd.36, Melbourne 1977, S.65-70.

BARTH, G., Das Gesetzesverständnis des Evangelisten Matthäus, G. Bornkamm - G. Barth - H.J. Held, Überlieferung und Auslegung im Matthäusevangelium, WMANT, Bd.1, 6.Aufl. Neukirchen-Vluyn 1970, S.54-154.

BAUER, J.B., Das milde Joch und die Ruhe, Matth. 11,28-30, ThZ, Bd.17, Basel 1961, S.99-106.

BAUER, W., Griechisch-deutsches Wörterbuch zu den Schriften des Neuen Testaments und der übrigen urchristlichen Literatur, Nachdruck der 5.Aufl. Berlin 1958 Berlin 1963.

BAUMBACH, G., Das Verständnis des Bösen in den synoptischen Evangelien, Theologische Arbeiten, Bd.19, Berlin 1963.

BECKER, H., Die Reden des Johannesevangeliums und der Stil der gnostischen Offenbarungsrede, FRLANT, Bd.68, Göttingen 1956.

BECKER, J., Das Heil Gottes, Heils- und Sündenbegriffe in den Qumrantexten und im Neuen Testament, Studien zur Umwelt des Neuen Testaments, Bd.3, Göttingen 1964.

BECKER, J., Johannes der Täufer und Jesus von Nazareth, BSt, Bd.63, Neukirchen-Vluyn 1972.

BERTRAM, G., Art.: νήπιος, νηπιάζω, ThWNT, Bd.4, Stuttgart 1942,
S.913-925.

BETZ, H.D., The Logion of the Easy Yoke and of Rest (Matt 11,28-30), JBL,
Bd.86, Philadelphia 1967, S.10-24.

BETZ, O., The Eschatological Interpretation of the Sinai-Tradition in
Qumran and in the New Testament, Revue de Qumrân, Bd.6, Paris 1967,
S.89-107.

BETZ, O., Jesu heiliger Krieg, NT, Bd.2, Leiden 1958, S.116-137.

BETZ, O., Die Proselytentaufe der Qumransekte und die Taufe im Neuen Testament, Revue de Qumrân, Bd.1, Paris 1958/59, S.213-234.

BEYER, K., Semitische Syntax im Neuen Testament, Bd.1,1, Studien zur Umwelt
des Neuen Testaments, Bd.1, 2.Aufl. Göttingen 1968.

BIENECK, J., Sohn Gottes als Christusbezeichnung der Synoptiker, Zürich 1951.

BILLERBECK, P. (H.L. Strack-), Kommentar zum Neuen Testament aus Talmud und
Midrasch, Bd.1, Das Evangelium nach Matthäus erläutert aus Talmud und
Midrasch, 4.Aufl. München 1965.

BILLERBECK, P. (H.L. Strack-), Kommentar zum Neuen Testament aus Talmud und
Midrasch, Bd.4, Exkurse zu einzelnen Stellen des Neuen Testaments,
Teil 1 und 2, 4.Aufl. München 1965.

BLACK, M., An Aramaic Approach to the Gospels and Acts, 3.Aufl. Oxford 1967.

BLASS, F. - A. DEBRUNNER - F. REHKOPF, Grammatik des neutestamentlichen
Griechisch, 14.Aufl. Göttingen 1976.

BÖCHER, O., Aß Johannes der Täufer kein Brot (Luk. Vii.33)?, NTS, Bd.18,
Cambridge 1971/72, S.90-92.

BOERS, H., Theology out of the Ghetto, A New Testament Exegetical Study
Concerning Religious Exclusiveness, Leiden 1971.

BONNARD, P., L'Evangile selon Saint Matthieu, CNT(N), Bd.1, 2.Aufl.
Neuchâtel, Paris 1970.

BORNKAMM, G., Der Auferstandene und der Irdische, Mt. 28,16-20, G. Bornkamm - G. Barth - H.J. Held, Überlieferung und Auslegung im Matthäus-
evangelium, WMANT, Bd.1, 6.Aufl. Neukirchen-Vluyn 1970, S.289-310.

BORNKAMM, G., Enderwartung und Kirche im Matthäusevangelium, G. Bornkamm -
G. Barth - H.J. Held, Überlieferung und Auslegung im Matthäusevangelium,
WMANT, Bd.1, 6.Aufl. Neukirchen-Vluyn 1970, S.13-47.

BORNKAMM, G., Jesus von Nazareth, 10.Aufl. Stuttgart 1975.

BORNKAMM, G., Die Verzögerung der Parusie, Geschichte und Glaube, Bd.1,
Gesammelte Aufsätze, Bd.3, München 1968, S.46-55 (= In Memoriam Ernst
Lohmeyer, Stuttgart 1951, S.116-126).

BOSCH, D., Die Heidenmission in der Zukunftsschau Jesu, Eine Untersuchung
zur Eschatologie der synoptischen Evangelien, AThANT, Bd.36, Zürich
1959.

BOTTERWECK, J.G., "Gott erkennen" im Sprachgebrauch des Alten Testaments,
Bonner biblische Beiträge, Bd.2, Bonn 1951.

BOUSSET, W., Kyrios Christos, Geschichte des Christusglaubens von den Anfängen des Christentums bis Irenaeus, 2.Aufl. Göttingen 1921.

BOVER, I.M., Iustificata est sapientia a filiis suis. Mt. 11.19.   A
f i l i i s   an   a b   o p e r i b u s ? , Bib., Bd.6, Rom 1925,
S.323-325.

BRANDENBURGER, E., Fleisch und Geist, Paulus und die dualistische Weisheit,
WMANT, Bd.29, Neukirchen-Vluyn 1968.

BRANDT, W., Matthäus c.11, ZNW, Bd.11, Gießen 1910, S.246f.

BRANDT, W., Matthäus c.11,12, ZNW, Bd.11, Gießen 1910, S.247f.

BRAUMANN, G., "Dem Himmelreich wird Gewalt angetan" (Mt 11,12 par.), ZNW, Bd.52, Berlin 1961, S.104-109.

BRAUMANN, G., Das Mittel der Zeit, Erwägungen zur Theologie des Lukasevangeliums, ZNW, Bd.54, Berlin 1963, S.117-145.

BRAUN, H., Qumran und das Neue Testament, Bd.1 und 2, Tübingen 1966.

BRAUN, H., Spätjüdisch-häretischer und frühchristlicher Radikalismus, Jesus von Nazareth und die essenische Qumransekte, Bd.1 und 2, BHTh, Bd.24, 1 und 2, 2.Aufl. Tübingen 1969.

BROWNE, D.R., An Exegesis of Matthew 11:25-30, Luke 10:21-22, Diss. New York 1963 (Msch.; leider nicht verfügbar).

BROWNLEE, W.H., John the Baptist in the New Light of Ancient Scrolls, K. Stendahl, The Scrolls and the New Testament, New York 1957, S.33-53 (= Interpretation, Bd.9, Richmond/Virginia 1955, S.71-90).

BRUCE, A.B., The Parabolic Teaching of Christ, London 1882.

BRUNEC, M., De Legatione Ioannis Baptistae (Mt. 11,2-24), VD, Bd.35, Rom 1957, S.193-203; 262-270; 321-331.

BÜCHSEL, F., Art.:δίδωμι κτλ, ThWNT, Bd.2, Stuttgart 1935, S.168-175.

BULTMANN, R., Die Geschichte der synoptischen Tradition, FRLANT, NF, Bd.12, 8.Aufl. Göttingen 1970.

BULTMANN, R., Die Geschichte der synoptischen Tradition, Ergänzungsheft, Bearbeitet von G. Theißen und Ph. Vielhauer, 4.Aufl. Göttingen 1971.

BULTMANN, R., Der religionsgeschichtliche Hintergrund des Prologs zum Johannes-Evangelium, Exegetica, Aufsätze zur Erforschung des Neuen Testaments, Tübingen 1967, S.10-35 (=EYXAPIΣTHPION, Studien zur Religion und Literatur des Alten und Neuen Testaments, Hermann Gunkel zum 60. Geburtstage ... dargebracht von seinen Schülern und Freunden, Bd.2, Zur Religion und Literatur des Neuen Testaments, FRLANT, Bd.36,2 [NF, Bd.19,2], Göttingen 1923, S.3-26).

BULTMANN, R., Theologie des Neuen Testaments, 6.Aufl. Tübingen 1968.

BUNDY, W.E., Jesus and the First Three Gospels, An Introduction to the Synoptic Tradition, Cambridge/Mass. 1955.

BUSSE, U., Die Wunder des Propheten Jesus, Die Rezeption, Komposition und Interpretation der Wundertradition im Evangelium des Lukas, Forschung zur Bibel, Bd.24, Stuttgart 1977.

BUSSMANN, W., Hat es nie eine schriftliche Logienquelle gegeben?, ZNW, Bd.31, Gießen 1932, S.23-32.

BUSSMANN, W., Synoptische Studien, Bd.2, Zur Redenquelle, Halle 1929.

CERFAUX, L., L'évangile de Jean et le "logion johannique" des synoptiques, Recueil Lucien Cerfaux, Bd.3, Supplement, Gembloux 1962, S.161-174 (= L'évangile de Jean, Études et problèmes, Recherches Bibliques, Bd.3, Bruges 1958, S.147-159).

CERFAUX, L., Les sources scripturaires de Mt., XI, 25-30, Recueil Lucien Cerfaux, Bd.3, Supplement, Gembloux 1962, S.139-159 (= EThL, Bd.30, Louvain-Leuven, Gembloux 1954, S.740-746; Bd.31, Louvain-Leuven, Gembloux 1955, S.331-342).

CHAPMAN, J., Dr. Harnack on Luke X 22: No Man Knoweth the Son, JThS, Bd.10, Oxford 1909, S.552-566.

CHARLIER, C., L'Action de grâces de Jésus (Luc 10,17-24 et Matth. 11,25-30), Bible et Vie Chrétienne, Bd.17, Paris 1957, S.87-99.

CHRIST, F., Jesus Sophia, Die Sophia-Christologie bei den Synoptikern, AThANT, Bd.57, Zürich 1970.

CLEMEN, C., Religionsgeschichtliche Erklärung des Neuen Testaments, Die Abhängigkeit des ältesten Christentums von nichtjüdischen Religionen und philosophischen Systemen, 2.Aufl. Gießen 1924.

COLPE, C., Die religionsgeschichtliche Schule, Darstellung und Kritik ihres Bildes vom gnostischen Erlösermythus, FRLANT, Bd.78 (NF, Bd.60), Göttingen 1961.

COMBER, J.A., The Composition and Literary Characteristics of Matt 11:20-24, CBQ, Bd.39, Washington 1977, S.497-504.

CONOLLY, D., Ad miracula sanationum apud Matthaeum, VD, Bd.45, Rom 1967, S.306-325.

CONZELMANN, H., Grundriß der Theologie des Neuen Testaments, Einführung in die evangelische Theologie, Bd.2, 2.Aufl. München 1968.

CONZELMANN, H., Die Mitte der Zeit, Studien zur Theologie des Lukas, BHTh, Bd.17, 5.Aufl. Tübingen 1964.

CONZELMANN, H., Zur Lukasanalyse, ZThK, Bd.49, Tübingen 1952, S.16-33.

CONZELMANN, H., Art.: συνίημι κτλ, ThWNT, Bd.7, Stuttgart 1964, S.886-894.

COX, G.E.P., The Gospel According to Saint Matthew, Introduction and Commentary, Torch Bible Commentaries, (Ntl. Reihe, Bd.1), 4.Aufl. London 1965.

COX, J.J.C., "Bearers of H e a v y Burdens", A Significant Textual Variant, Andrews University Seminary Studies, Bd.9, Berrien Springs/ Mich. 1971, S.1-15.

CRAGHAN, J.F., A Redactional Study of Lk 7,21 in the Light of Dt 19,15, CBQ, Bd.29, Washington 1967, S.353-367.

CREED, J.M., The Gospel According to St. Luke, The Greek Text with Intro- duction, Notes and Indices, Nachdruck der Aufl. London 1930 London 1965.

CULLMANN, O., Die Christologie des Neuen Testaments, 5.Aufl. Tübingen 1975.

CULLMANN, O., Heil als Geschichte, Heilsgeschichtliche Existenz im Neuen Testament, Tübingen 1965.

CULLMANN, O., Jesus und die Revolutionären seiner Zeit, Gottesdienst, Ge- sellschaft, Politik, Tübingen 1970.

CULLMANN, O., Der Staat im Neuen Testament, 2.Aufl. Tübingen 1961.

CULLMANN, O., ʿΟ ὀπίσω μου ἐρχόμενος, Vorträge und Aufsätze, Tübingen 1966, S.169-175 (= CNT, Bd.11, Uppsala 1947, S.26-32).

DALMANN, G., Die Worte Jesu, Nachruck der 2.Aufl. 1930 Darmstadt 1965.

DANIEL, C., Les Esséniens et "ceux qui sont dans les maisons des rois" (Matthieu 11,7-8 et Luc 7,24-27), Revue de Qumrân, Bd.6, Paris 1967, S.261-277.

DANKER, E.W., Luke 16$_{16}$ - An Opposition Logion, JBL, Bd.77, Philadelphia 1958, S.231-243.

DAUBE, D., Violence to the Kingdom, The New Testament and Rabbinic Judaism, London 1956, S.285-300.

DAUSCH, P., Die Jüngerinstruktion Mt 10 quellenkritisch untersucht, BZ, Bd.14, Freiburg 1917, S.25-33.

DAVIES, W.D., "Knowledge" in the Dead Sea Scrolls and Matthew 11:25-30, Christian Origins and Judaism, London 1962, S.119-144 (= HThR, Bd.46, 1953, S.113-139).

DAVIES, W.D., The Setting of the Sermon on the Mount, Cambridge 1964.

DEGENHARDT, J.H., Lukas - Evangelist der Armen, Besitz und Besitzverzicht in den lukanischen Schriften, Eine traditions- und redaktionsgeschicht- liche Untersuchung, Stuttgart 1965.

DELLING, G., Botschaft und Wunder im Wirken Jesu, H. Ristow - K. Matthiae, Der historische Jesus und der kerygmatische Christus, 2.Aufl. 1961, S.394-397.

DELLING, G., Art.: ἡμέρα, B. Der allgemeine griechische Sprachgebrauch, C. Der Gebrauch in LXX, D. Der Gebrauch im NT, ThWNT, Bd.2, Stuttgart 1935, S.949-956.

DELLING, G., Art.: πλήρης κτλ, ThWNT, Bd.6, Stuttgart 1959, S.283-309.
DENIS, A.M., L'investiture de la fonction apostolique par 'Apocalypse', Etude thématique de Gal., I, 16, RB, Bd.64, Paris 1957, S.335-362; 481-515.
DEVISCH, M., Le document Q, source de Matthieu, Problématique actuelle, M. Didier, L'Evangile selon Matthieu, Rédaction et théologie, Bibliotheca Ephemeridum Theologicarum Lovaniensium, Bd.29, Gembloux 1972, S.71-97.
DIBELIUS, F., Der Spruch vom gezwungenen Himmelreich, ThStKr, Bd.86, Gotha 1913, S.285-288.
DIBELIUS, F., Zwei Worte Jesu, ZNW, Bd.11, Gießen 1910, S.188-192.
DIBELIUS, M., Die Formgeschichte des Evangeliums, 6.Aufl. Tübingen 1971.
DIBELIUS, M., Die urchristliche Überlieferung von Johannes dem Täufer, FRLANT, Bd.15, Göttingen 1911.
DINKLER, E., Jesu Wort vom Kreuztragen, Signum Crucis, Aufsätze zum Neuen Testament und zur Christlichen Archäologie, Tübingen 1967, S.77-98 (= Neutestamentliche Studien für Rudolf Bultmann zu seinem siebzigsten Geburtstag am 20. August 1954, BZNW, Bd.21, 2.Aufl. Berlin 1957, S.110-129).
DINKLER, E., Petrusbekenntnis und Satanswort, Das Problem der Messianität Jesu, Signum Crucis, Aufsätze zum Neuen Testament und zur Christlichen Archäologie, Tübingen 1967, S.283-312 (= Zeit und Geschichte, Dankesgabe an Rudolf Bultmann zum 80. Geburtstag, Tübingen 1964, S.127-153).
DUPONT, J., L'ambassade de Jean-Baptiste (Matthieu 11,2-6; Luc 7,18-23), NRTh, Bd.83, Tournai, Louvain 1961, S.805-821; 943-959.
DUPONT, J., Les Béatitudes, Le problème littéraire - Les deux versions du Sermon sur la montagne et des Béatitudes, Neuaufl. Bruges, Louvain 1958.
DUPONT, J., Le Christ et son Précurseur, Mt 11,2-11, Assemblées du Seigneur, Bd.2,7, Troisième Dimanche de l'Avent, Paris 1969, S.16-26.
DUPONT, J., Es-tu celui qui vient?, Mt 11,2-10, Assemblées du Seigneur, Bd.1,4, Deuxième Dimanche de l'Avent, Bruges 1961, S.35-50.
EASTON, B.S., The Gospel According to St. Luke, A Critical and Exegetical Commentary, New York 1926.
EDWARDS, R.A., A Theology of Q, Eschatology, Prophecy, and Wisdom, Philadelphia 1976.
EHRHARDT, E., Greek Proverbs in the Gospel, The Framework of the New Testament Stories, Manchester 1964, S.44-63.
EISLER, R., ΊΗΣΟΥΣ ΒΑΣΙΛΕΥΣ ΟΥ ΒΑΣΙΛΕΥΣΑΣ, Die messianische Unabhängigkeitsbewegung vom Auftreten Johannes des Täufers bis zum Untergang Jakobs des Gerechten nach der neuerschlossenen Eroberung von Jerusalem des Flavius Josephus und den christlichen Quellen dargestellt, Bd.1 und 2, Religionswissenschaftliche Bibliothek, Bd.9,1 und 9,2, Heidelberg 1929 und 1930.
ELLIGER, K., Studien zum Habakuk - Kommentar vom Toten Meer, BHTh, Bd.15, Tübingen 1953.
ELLIS, E.E., The Gospel of Luke, The Century Bible, London 1966.
ENSLIN, M.S., John and Jesus, ZNW, Bd.66, Berlin, New York 1975, S.1-18.
ERNST, J., Das Evangelium nach Lukas, RNT, (Bd.3), Regensburg 1977.
EWALD, P., Das Hauptproblem der Evangelienfrage und der Weg zu seiner Lösung, Leipzig 1890.
FAHY, F., St. John and Elias, Irish Theological Quarterly, Bd.23, Maynooth 1956, S.285f.
FASCHER, F., ΠΡΟΦΗΤΗΣ, Eine sprach- und religionsgeschichtliche Untersuchung, Gießen 1927.
FEUILLET, A., Le Christ Sagesse de Dieu d'après les épitres pauliniennes, Etudes Bibliques, (Bd.63), Paris 1966.

275

FEUILLET, A., Jésus et la sagesse divine d'après les évangiles synoptiques,
RB, Bd.62, Paris 1955, S.161-196.

FICHTNER, J., Die Stellung der Sapientia Salomonis in der Literatur- und
Geistesgeschichte ihrer Zeit, ZNW, Bd.36, Berlin 1937, S.113-132.

FIEDLER, P., Jesus und die Sünder, BET, Bd.3, Frankfurt, Bern 1976.

FILSON, F.V., A Commentary on the Gospel According to St. Matthew, Black's
New Testament Commentaries, (Bd.2), London 1960.

FLENDER, H., Heil und Geschichte in der Theologie des Lukas, BEvTh, Bd.41,
München 1965.

FLUSSER, D., Jesus in Selbstzeugnissen und Bilddokumenten, rowohlts monographien, Hamburg 1968.

FOERSTER, W., Art.: ἁρπάζω, ἁρπαγμός , ThWNT, Bd.1, Stuttgart 1933,
S.471-474.

FOHRER, G., Elia, AThANT, Bd.53, 2.Aufl. Zürich 1968.

FRANSEN, I., Cahier de Bible: Le Discours en Paraboles (Matthieu 11,2-13,53),
Bible et Vie Chrétienne, Bd.18, Paris 1957, S.72-84.

FRIDRICHSEN, A., La priamèle dans l'enseignement de Jésus, CNT, Bd.4,
Leipzig, Uppsala 1940, S.9-16.

FRIDRICHSEN, A., Le problème du miracle dans le christianisme primitif,
Études d'histoire et de philosophie religieuses, Bd.12, Straßburg,
Paris 1925.

FRIDRICHSEN, A., Eine unbeachtete Parallele zum Heilandsruf, Zu Mt 11,28ff.,
Synoptische Studien, Alfred Wikenhauser zum siebzigsten Geburtstag am
22. Februar 1953 dargebracht von Freunden, Kollegen und Schülern,
München 1953, S.83-85.

FRIDRICHSEN, A., Zu Matth. 11,11-15, ThZ, Bd.2, Basel 1946, S.470f.

FRIEDRICH, G., Beobachtungen zur messianischen Hohepriestererwartung in den
Synoptikern, Auf das Wort kommt es an, Gesammelte Aufsätze, Zum 70.
Geburtstag herausgegeben von J.H. Friedrich, Göttingen 1978, S.56-102
(= ZThK, Bd.53, Tübingen 1956, S.265-311).

FRIEDRICH, G., Utopie und Reich Gottes, Zur Motivation politischen Verhaltens, Kleine Vandenhoeck-Reihe, Bd.1403, Göttingen (o.J.).

FRIEDRICH, G., Art.: προφήτης κτλ , D. Propheten und Prophezeien im Neuen
Testament, E. Propheten in der alten Kirche, ThWNT, Bd.6, Stuttgart 1959,
S.829-863.

FUCHS, A., Die Tradition von Johannes dem Täufer im Matthäusevangelium,
Quellenuntersuchung, Exegese und Redaktionstheologie, Diss. Salzburg
1966 (Msch.).

FULLER, R.H., Die Wunder Jesu in Exegese und Verkündigung, 3.Aufl. Düsseldorf 1969.

FUNK, R.W., The Wilderness, JBL, Bd.78, Philadelphia 1959, S.205-214.

GAECHTER, P., Die literarische Kunst im Matthäus-Evangelium, Stuttgarter
Bibelstudien, Bd.7, Stuttgart (o.J.).

GAECHTER, P., Das Matthäus-Evangelium, Innsbruck, Wien, München 1963.

GALL, A. Freiherr von, ΒΑΣΙΛΕΙΑ ΤΟΥ ΘΕΟΥ, Eine religionsgeschichtliche
Studie zur vorkirchlichen Eschatologie, Religionswissenschaftliche
Bibliothek, Bd.7, Heidelberg 1926.

GANDER, G., L'Evangile de l'église, Commentaire de l'Evangile selon
Matthieu, Etudes Evangéliques, (Bd.27-30), Aix-en-Provence 1967-1970.

GANDER, G., Notule sur Luc 7.29-30, Verbum Caro, Bd.5, Neuchâtel 1951,
S.141-144.

GASTON, L., Horae Synopticae Electronicae, Word Statistics of the Synoptic
Gospels, Sources for Biblical Study, Bd.3, Missoula/Montana 1973.

GEORGE, A., Paroles de Jésus sur ses miracles (Mt 11,5.21; 12,27.28 et
par.), Jésus aux origines de la christologie, Bibliotheca Ephemeridum

Theologicarum Lovaniensium, Bd.40, Gembloux, Leuven/Louvain 1975, S.283-301.

GNILKA, J., Jesus Christus nach frühen Zeugnissen des Glaubens, Biblische Handbibliothek, Bd.8, München 1970.

GNILKA, J., Die Verstockung Israels, Isaias 6,9-10 in der Theologie der Synoptiker, StANT, Bd.3, München 1961.

GOGUEL, M., Au seuil de l'Evangile, Jean-Baptiste, Paris 1928.

GRÄSSER, E., Das Problem der Parusieverzögerung in den synoptischen Evangelien und in der Apostelgeschichte, BZNW, Bd.22, 2.Aufl. Berlin 1960.

GRANT, R.M. - D.N. FREEDMAN, The Secret Sayings of Jesus, New York 1960.

GREEN, H.B., The Structure of St Matthew's Gospel, TU, Bd.102, Studia Evangelica, Bd.4,1, Berlin 1968, S.47-59.

GRESSMANN, H., Das religionsgeschichtliche Problem des Ursprungs der hellenistischen Erlösungsreligion, Eine kritische Auseinandersetzung mit Reitzenstein, ZKG, NF, Bd.3, Stuttgart, Gotha 1922, S.178-191.

GRIFFITH, D.R., Ἁρπαγμός and ἑαυτὸν ἐκένωσεν in Philippians ii.6,7, ET, Bd.69, Edinburgh 1957/58, S.237-239.

GRIMM, W., Der Dank für die empfangene Offenbarung bei Jesus und Josephus, BZ, NF, Bd.17, Paderborn 1973, S.249-256.

GRIMM, W., Selige Augenzeugen, Luk. 10,23f., Alttestamentlicher Hintergrund und ursprünglicher Sinn, ThZ, Bd.26, Basel 1970, S.172-183.

GRIMM, W., Weil ich dich liebe, Die Verkündigung Jesu und Deuterojesaja, ANTI, Bd.1, Bern, Frankfurt/M. 1976.

GRUNDMANN, W., Das Evangelium nach Lukas, ThHK, Bd.3, 7.Aufl. Berlin 1974.

GRUNDMANN, W., Das Evangelium nach Matthäus, ThHK, Bd.1, 3.Aufl. Berlin 1973.

GRUNDMANN, W., Matth. XI. 27 und die johanneischen 'Der Vater-Der Sohn'-Stellen, NTS, Bd.12, Cambridge 1965/66, S.42-49.

GRUNDMANN, W., Sohn Gottes, Ein Diskussionsbeitrag, ZNW, Bd.47, Berlin 1956, S.113-133.

GRUNDMANN, W., Die ΝΗΠΙΟΙ in der urchristlichen Paränese, NTS, Bd.5, Cambridge 1958/59, S.188-205.

GRUNDMANN, W., Art.: χρίω κτλ, D. Die Christusaussagen des Neuen Testaments, ThWNT, Bd.9, Stuttgart, Berlin, Köln, Mainz 1973, S.518-570.

GÜTTGEMANNS, E., Offene Fragen zur Formgeschichte des Evangeliums, BEvTh, Bd.54, 2.Aufl. München 1971.

HAENCHEN, E., Die Botschaft des Thomas-Evangeliums, Theologische Bibliothek Töpelmann, Bd.6, Berlin 1961.

HAENCHEN, E., Art.: Gnosis, II. Gnosis und NT, RGG, Bd.2, 3.Aufl. Tübingen 1958, Sp.1652-1656.

HAENCHEN, E., Der Weg Jesu, Eine Erklärung des Markus-Evangeliums und der kanonischen Parallelen, 2.Aufl. Berlin 1968.

HAERING, Th., Matth. 11,28-30, Aus Schrift und Geschichte, Theologische Abhandlungen, Adolf Schlatter zu seinem 70. Geburtstage dargebracht von Freunden und Schülern, Stuttgart 1922, S.3-15.

HAHN, F., Christologische Hoheitstitel, Ihre Geschichte im frühen Christentum, FRLANT, Bd.83, 3.Aufl. Göttingen 1966.

HAHN, F., Das Verständnis der Mission im Neuen Testament, WMANT, Bd.13, Neukirchen-Vluyn 1963.

HARNACK, A., Beiträge zur Einleitung in das Neue Testament, Bd.2, Sprüche und Reden Jesu, Die zweite Quelle des Matthäus und Lukas, Leipzig 1907.

HARNACK, A., Zwei Worte Jesu [Matth. 6,13 = Lk. 11,4; Matth. 11,12f. = Lk. 16,16], SPAW, Berlin 1907, Halbbd.2, S.942-957.

HARNISCH, W., Die Ironie als Stilmittel in Gleichnissen Jesu, EvTh, Bd.32, München 1972, S.421-436.

HASLER, V., Amen, Redaktionsgeschichtliche Untersuchung zur Einführungsformel der Herrenworte "Wahrlich ich sage euch", Zürich, Stuttgart 1969.

HAUCK, F., Das Evangelium des Lukas, ThHK, Bd.3, Leipzig 1934.

HAWKINS, J.C., Horae Synopticae, Contributions to the Study of the Synoptic Problem, Nachdruck der 2.Aufl. Oxford 1909 Oxford 1968.

HEGERMANN, H., Die Vorstellung vom Schöpfungsmittler im hellenistischen Judentum und Urchristentum, TU, Bd.82, Berlin 1961.

HELD, H.J., Matthäus als Interpret der Wundergeschichten, G. Bornkamm - G. Barth - H.J. Held, Überlieferung und Auslegung im Matthäusevangelium, WMANT, Bd.1, 6.Aufl. Neukirchen-Vluyn 1970, S.155-287.

HENGEL, M., Die Zeloten, Untersuchungen zur jüdischen Freiheitsbewegung in der Zeit von Herodes I. bis 70 n. Chr., Arbeiten zur Geschichte des antiken Judentums und des Urchristentums, Bd.1, 2.Aufl. Leiden, Köln 1976.

HERING, J., Le royaume de Dieu et sa venue, Etude sur l'espérance de Jésus et de l'apôtre Paul, Bibliothèque Théologique, 2.Aufl. Neuchâtel 1959.

HERRMANN, W., Das Wunder in der evangelischen Botschaft, Aufsätze und Vorträge zur Theologie und Religionswissenschaft, Bd.20, Berlin 1961.

HIRSCH, E., Frühgeschichte des Evangeliums, Bd.2, Die Vorlagen des Lukas und das Sondergut des Matthäus, Tübingen 1941.

HIRSCH, S., Studien zu Matthäus 11,2-26, Zugleich ein Beitrag zur Geschichte Jesu und zur Frage seines Selbstbewußtseins, ThZ, Bd.6, Basel 1950, S.241-260.

HOFFMANN, P., Jesusverkündigung in der Logienquelle, W. Pesch, Jesus in den Evangelien, Stuttgarter Bibelstudien, Bd.45, Stuttgart 1970, S.50-70.

HOFFMANN, P., Die Offenbarung des Sohnes, Die apokalyptischen Voraussetzungen und ihre Verarbeitung im Q-Logion Mt 11,27 par Lk 10,22, Kairos, NF, Bd.12, Freilassing, Salzburg 1970, S.270-288.

HOFFMANN, P., Studien zur Theologie der Logienquelle, NTA, NF, Bd.8, 2.Aufl. Münster 1975.

HOLTZMANN, H.J., Lehrbuch der Neutestamentlichen Theologie, Bd.1, 2.Aufl. Tübingen 1911.

HOLTZMANN, H.J., Die Synoptiker, HC, Bd.1,1, 3.Aufl. Tübingen, Leipzig 1901.

HOLTZMANN, H.J., Die synoptischen Evangelien, Ihr Ursprung und geschichtlicher Charakter, Leipzig 1863.

HOUSSIAU, A., L'exégèse de Matthieu XI, 27b selon saint Irénée, EThL, Bd.29, Louvain 1953, S.328-354.

HOWARD, V., Das Ego Jesu in den synoptischen Evangelien, Untersuchungen zum Sprachgebrauch Jesu, Marburger Theologische Studien, Bd.14, Marburg 1975.

HUMMEL, R., Die Auseinandersetzung zwischen Kirche und Judentum im Matthäusevangelium, BEvTh, Bd.33, 2.Aufl. München 1966.

HUNTER, A.M., Crux Criticorum - Matt. XI. 25-30 - A Re-appraisal, NTS, Bd.8, Cambridge 1961/1962, S.241-249.

IERSEL, B.M.F. van, 'Der Sohn' in den synoptischen Jesusworten, Christusbezeichnung der Gemeinde oder Selbstbezeichnung Jesu?, Supplements to NT, Bd.3, 2.Aufl. Leiden 1964.

JAEGER, Ch., Remarques philologiques sur quelques passages des Synoptiques, Recherches théologiques par les professeurs de la Faculté de Théologie protestante de l'Université de Strasbourg, Bd.1, A la mémoire de Guillaume Baldensperger (1856-1936), Paris 1936, S.62-65.

JEREMIAS, J., Abba, Studien zur neutestamentlichen Theologie und Zeitgeschichte, Göttingen 1966, S.15-67.

JEREMIAS, J., Die Abendmahlsworte Jesu, 4.Aufl. Göttingen 1967.

JEREMIAS, J., Die Gleichnisse Jesu, 8.Aufl. Göttingen 1970.

JEREMIAS, J., Zur Hypothese einer schriftlichen Logienquelle Q, Abba, Studien zur neutestamentlichen Theologie und Zeitgeschichte, Göttingen 1966, S.90-92 (= ZNW, Bd.29, Gießen 1930, S.147-149).

JEREMIAS, J., Neutestamentliche Theologie, Bd.1, Die Verkündigung Jesu, Gütersloh 1971.

JEREMIAS, J., Besprechung von: T. Arvedson, Das Mysterium Christi, ThBl, Bd.18, Leipzig 1939, Sp.135f.

JEREMIAS, J., Art.: Ἡλ(ε)ίας, ThWNT, Bd.2, Stuttgart 1935, S.930-943.

JEREMIAS, J., Art.: Ἰωνᾶς, ThWNT, Bd.3, Stuttgart 1938, S.410-413.

JOHNSON, Sh.E., The Biblical Quotations in Matthew, HThR, Bd.36, Cambridge/Mass. 1943, S.135-153.

JOHNSON, Sh.E. - G.A. BUTTRICK, The Gospel According to St. Matthew, IntB, Bd.7, General Articles on the New Testament, The Gospel According to St. Matthew, The Gospel According to St. Mark, New York, Nashville 1951, S.229-625.

JONAS, H., Gnosis und spätantiker Geist, Bd.1, Die mythologische Gnosis, FRLANT, Bd.51 (NF, Bd.33), 3.Aufl. Göttingen 1964; Bd.2,1, Von der Mythologie zur mystischen Philosophie, FRLANT, Bd.63 (NF, Bd.45), Göttingen 1954.

JONGE, M. de - A.S. van der WOUDE, 11Q Melchizedek and the New Testament, NTS, Bd.12, Cambridge 1965/66, S.301-326.

JÜLICHER, A., Die Gleichnisreden Jesu, Bd.2, Auslegung der Gleichnisreden der drei ersten Evangelien, Nachdruck der Aufl. Tübingen 1910 Darmstadt 1963.

JÜLICHER, A., Art.: Wrede, RE, Bd.21, 3.Aufl. Leipzig 1908, S.506-510.

JÜLICHER, A. - E. FASCHER, Einleitung in das Neue Testament, Grundriß der Theologischen Wissenschaften, Bd.3,1, 7.Aufl. Tübingen 1931.

JÜNGEL, E., Paulus und Jesus, Eine Untersuchung zur Präzisierung der Frage nach dem Ursprung der Christologie, Hermeneutische Untersuchungen zur Theologie, Bd.2, 2.Aufl. Tübingen 1964.

KÄSEMANN, E., Die Anfänge christlicher Theologie, Exegetische Versuche und Besinnungen, Bd.2, 3.Aufl. Göttingen 1970, S.82-104 (= ZThK, Bd.57, Tübingen 1960, S.162-185).

KÄSEMANN, E., Das Problem des historischen Jesus, Exegetische Versuche und Besinnungen, Bd.1, 6.Aufl. Göttingen 1970, S.187-214 (= ZThK, Bd.51, Tübingen 1954, S.125-153).

KÄSEMANN, E., Zum Thema der urchristlichen Apokalyptik, Exegetische Versuche und Besinnungen, Bd.2, 3.Aufl. Göttingen 1970, S.105-131 (= ZThK, Bd.59, Tübingen 1962, S.257-284).

KÄSEMANN, E., Das wandernde Gottesvolk, FRLANT, Bd.55, Göttingen 1939.

KASTING, H., Die Anfänge der urchristlichen Mission, BEvTh, Bd.55, München 1969.

KATZ, F., Lk 9,52-11,36, Beobachtungen zur Logienquelle und ihrer hellenistisch-judenchristlichen Redaktion, Diss. Mainz 1973.

KILPATRICK, G.D., The Origins of the Gospel According to St. Matthew, Oxford 1948.

KLAUSNER, J., Jesus von Nazareth, Seine Zeit, sein Leben und seine Lehre, 3.Aufl. Jerusalem 1952.

KLEIN, G., Miscellen, 4) "Kinder" oder "Werke" Mt. 11,19. Lc. 7,35, ZNW, Bd.2, Gießen 1901, S.346f.

KLOSTERMANN, E., Das Lukasevangelium, HNT, Bd.5, 2.Aufl. Tübingen 1929.

KLOSTERMANN, E., Das Matthäusevangelium, HNT, Bd.4, 2.Aufl. Tübingen 1927.

KNABENBAUER, J., Commentarius in Evangelium secundum Matthaeum, 3.Aufl. Paris 1922.

KNOCH, O., "Denn ich bin sanftmütig und demütig von Herzen" (Mt 11,28), Das Ringen um eine sinngetreue Übersetzung von Mt 11,28-30 als Voraussetzung für eine sachgemäße Auslegung, Das Evangelium auf dem Weg zum Menschen, Festschrift H. Kahlefeld, Frankfurt 1973, S.86-100.

KOCH, K., Was ist Formgeschichte?, Neue Wege der Bibelexegese, 2.Aufl. Neukirchen-Vluyn 1967.

KRAELING, C.H., John the Baptist, New York, London 1951.

KRETZER, A., Die Herrschaft der Himmel und die Söhne des Reiches, Eine redaktionsgeschichtliche Untersuchung zum Basileiabegriff und Basileiaverständnis im Matthäusevangelium, Stuttgarter Biblische Monographien, Bd.10, Stuttgart, Würzburg 1971.

KRIEGER, N., Ein Mensch in weichen Kleidern, NT, Bd.1, Leiden 1956, S.228-230.

KRUIJF, Th. de, Der Sohn des lebendigen Gottes, Ein Beitrag zur Christologie des Matthäusevangeliums, AnBib, Bd.16, Rom 1962.

KÜHNER, R. - B. GERTH, Ausführliche Grammatik der griechischen Sprache, Satzlehre, Bd.1 und 2, 4.Aufl. Hannover 1955.

KÜMMEL, W.G., Äußere und innere Reinheit des Menschen bei Jesus, H. Balz - S. Schulz, Das Wort und die Wörter, Festschrift Gerhard Friedrich zum 65. Geburtstag, Stuttgart, Berlin, Köln, Mainz 1973, S.35-46.

KÜMMEL, W.G., Einleitung in das Neue Testament, 17.Aufl. Heidelberg 1973.

KÜMMEL, W.G., "Das Gesetz und die Propheten gehen bis Johannes" - Lukas 16,16 im Zusammenhang der heilsgeschichtlichen Theologie der Lukasschriften, Das Lukasevangelium, Die redaktions- und kompositionsgeschichtliche Forschung, WdF, Bd.280, Darmstadt 1974, S.398-415 (= Verborum veritas, Festschrift für Gustav Stählin zum 70. Geburtstag, Wuppertal 1970, S.89-102).

KÜMMEL, W.G., Jesu Antwort an Johannes den Täufer, Ein Beispiel zum Methodenproblem in der Jesusforschung, Sitzungsberichte der wissenschaftlichen Gesellschaft an der Johann Wolfgang Goethe-Universität Frankfurt/Main, Bd.11,4, Wiesbaden 1974.

KÜMMEL, W.G., Jesus und der jüdische Traditionsgedanke, Heilsgeschehen und Geschichte, Gesammelte Aufsätze 1933-1964, Marburger theologische Studien, Bd.3, Marburg 1965, S.15-35 (= ZNW, Bd.33, Berlin 1934, S.105-130).

KÜMMEL, W.G., Verheißung und Erfüllung, Untersuchungen zur eschatologischen Verkündigung Jesu, 3.Aufl. Zürich 1956.

KÜNZEL, G., Studien zum Gemeindeverständnis des Matthäus-Evangeliums, Calwer Theologische Monographien, Bd.10, Stuttgart 1978.

KUHN, H.-W., Enderwartung und gegenwärtiges Heil, Untersuchungen zu den Gemeindeliedern von Qumran mit einem Anhang über Eschatologie und Gegenwart in der Verkündigung Jesu, Studien zur Umwelt des Neuen Testaments, Bd.4, Göttingen 1966.

KUHN, K.G., Art.: Qumran, 5., RGG, Bd.5, 3.Aufl. Tübingen 1961, Sp.751-754.

LAGARDE, P. de, Erläuterungen zu Agathangelos und den Akten Gregors von Armenien, AGWG, Bd.35 (vom Jahre 1888), Göttingen 1889, S.121-163.

LAGRANGE, M.-J., Evangile selon Saint Matthieu, Etudes Bibliques, 3.Aufl. Paris 1927.

LAGRANGE, M.-J. - I.M. BOVER, Iterum Mt. 11,19: A f i l i i s an a b o p e r i b u s ? , Bib., Bd.6, Rom 1925, S.461-465.

LAMBERT, G., "Mon joug est aisé et mon fardeau léger", NRTh, Bd.77, Louvain 1955, S.963-969.

LANGE, J., Das Erscheinen des Auferstandenen im Evangelium nach Matthäus, Eine traditions- und redaktionsgeschichtliche Untersuchung zu Mt 28,16-20, Forschung zur Bibel, Bd.11, Würzburg 1973.

LEANEY, A.R.G., A Commentary on the Gospel According to St. Luke, Black's New Testament Commentaries, Bd.3, London 1958.

LEGASSE, S., Le logion sur le Fils révélateur (Mt 11,27 par. Lc 10,22), Essai d'analyse prérédactionnelle, BEThL, Bd.41, Louvain 1976, S.245-274.

LEGASSE, S., La révélation aux ΝΗΠΙΟΙ, RB, Bd.67, Paris 1960, S.321-348.

LEIVESTAD, R., An Interpretation of Matt 11,19, JBL, Bd.71, Philadelphia 1952, S.179-181.

LEVY, J., Wörterbuch über die Talmudim und Midraschim, Bd.1-4, Nachdruck der 2.Aufl. Berlin 1924 Darmstadt 1963.

LIETZMANN, H., Notizen, ZNW, Bd.37, Berlin 1938, S.288-318, S.293f.

LINNEMANN, E., Gleichnisse Jesu, Einführung und Auslegung, 6.Aufl. Göttingen 1975.

LINTON, O., The Parable of the Children's Game, Baptist and Son of Man (Matt. XI. 16-19 = Luke VII. 31-5): A Synoptic Text-Critical, Structural and Exegetical Investigation, NTS, Bd.22, Cambridge 1976, S.159-179.

LJUNGMAN, H., Das Gesetz erfüllen, Matth. 5,17ff. und 3,15 untersucht, Lunds Universitets Årsskrift, NF, Abt.1, Bd.50,6, Lund 1954.

LJUNGMAN, H., En Sifre-text till Matt. 11,18f. par., SEÅ, Bd.22/23, Lund 1957/58, S.238-242.

LÖVESTAM, E., Till förståelsen av Luk. 7:35, SEÅ, Bd.22/23, Lund 1957/58, S.47-63.

LOHMEYER, E., Das Evangelium des Markus, KEK, Bd.1,2, 17.Aufl. Göttingen 1967.

LOHMEYER, E., Das Urchristentum, Bd.1, Johannes der Täufer, Göttingen 1932.

LOHMEYER, E. - W. SCHMAUCH, Das Evangelium des Matthäus, KEK, Sonderbd., 4.Aufl. Göttingen 1967.

LOHSE, E., Lukas als Theologe der Heilsgeschichte, EvTh, Bd.14, München 1954, S.256-275.

LOHSE, E., Bespr. von: W. Wink, John the Baptist in the Gospel Tradition, ThLZ, Bd.94, Berlin 1969, S.829f.

LOISY, A., Les Evangiles synoptiques, Bd.1, Ceffonds 1907.

LUCK, U., Die Vollkommenheitsforderung der Bergpredigt, Ein aktuelles Kapitel der Theologie des Matthäus, TEH, Bd.150, München 1968.

LUCK, U., Weisheit und Christologie in Mt 11,25-30, WuD, Jahrbuch der Kirchlichen Hochschule Bethel, NF, Bd.13, Bethel 1975, S.35-51.

LUCK, U., Weisheit und Leiden, Zum Problem Paulus und Jakobus, ThLZ, Bd.92, Leipzig 1967, Sp.253-258.

LUCK, U., Welterfahrung und Glaube als Grundproblem biblischer Theologie, TEH, Bd.191, München 1976.

LUCK, U., Das Weltverständnis in der jüdischen Apokalyptik, dargestellt am äthiopischen Henoch und am 4. Esra, ZThK, Bd.73, Tübingen 1976, S.283-305.

LUCKHART, R., Matthew 11,27 in the "Contra Haereses" of St. Irenaeus, Revue de l'Université d'Ottawa, Bd.23, Ottawa 1953, S.65-79.

LÜHRMANN, D., Biographie des Gerechten als Evangelium, Vorstellung zu einem Markus-Kommentar, WuD, NF, Bd.14, Bielefeld 1977, S.25-50.

LÜHRMANN, D., Christologie und Rechtfertigung, Rechtfertigung, Festschrift für Ernst Käsemann zum 70. Geburtstag, Tübingen, Göttingen 1976, S.351-363.

LÜHRMANN, D., Die Redaktion der Logienquelle, WMANT, Bd.33, Neukirchen-Vluyn 1969.

LUZ, U., Die wiederentdeckte Logienquelle, EvTh, NF, Bd.33, München 1973, S.527-533.

MC CONNELL, R.S., Law and Prophecy in Matthew's Gospel, The Authority and

Use of the Old Testament in the Gospel of St. Matthew, Theologische Dissertationen, Bd.2, Basel 1969.

MC NEILE, A.H., The Gospel According to St. Matthew, London 1957.

MAHER, M., 'Take my yoke upon you' (Matt. XI. 29), NTS, Bd.22, Cambridge 1976, S.97-103.

MAHNKE, H., Die Versuchungsgeschichte im Rahmen der synoptischen Evangelien, Ein Beitrag zur frühen Christologie, BET, Bd.9, Frankfurt am Main, Bern, Las Vegas 1978.

MAIER, J., Die Texte vom Toten Meer, Bd.1 und 2, München 1960.

MANSON, T.W., The Sayings of Jesus, 2.Aufl. London 1949.

MANSON, T.W., The Teaching of Jesus, Studies of its Form and Content, 2.Aufl. Cambridge 1935.

MANSON, W., Jesus the Messiah, London 1943.

MARSHALL, I.H., The Divine Sonship of Jesus, Interpretation, Bd.21, Richmond/Virginia 1967, S.87-103.

MARXSEN, W., Der Evangelist Markus, Studien zur Redaktionsgeschichte des Evangeliums, FRLANT, NF, Bd.67, 2.Aufl. Göttingen 1959.

MAYSER, E., Grammatik der griechischen Papyri aus der Ptolemäerzeit mit Einschluß der gleichzeitigen Ostraka und der in Ägypten verfaßten Inschriften, Bd.1, Leipzig 1906; Bd.2,1-3, Berlin, Leipzig 1926, 1933/34, 1934; Bd.1,2, 2.Aufl. 1938; Bd.1,3, 2.Aufl. 1936.

MEINERTZ, M., "Dieses Geschlecht" im Neuen Testament, BZ, NF, Bd.1, Paderborn 1957, S.283-289.

MENOUD, Ph.H., Le sens du verbe $\beta\iota\acute{\alpha}\zeta\epsilon\tau\alpha\iota$ dans Lc 16,16, Mélanges bibliques en hommage au R.P. Béda Rigaux, Gembloux 1970, S.207-212.

MERKLEIN, H., Die Gottesherrschaft als Handlungsprinzip, Untersuchung zur Ethik Jesu, Forschung zur Bibel, Bd.34, (o.O.) 1978.

MERTENS, H., L'hymne de jubilation chez les Synoptiques, Mat 11,25-30 - Luc 10,21-22, Gembloux 1957.

MEYER, A., Jesu Muttersprache, Das galiläische Aramäisch in seiner Bedeutung für die Erklärung der Reden Jesu und der Evangelien überhaupt, Freiburg, Leipzig 1896.

MEYER, P.D., The Community of Q, Diss. Iowa 1967 (Msch.).

MICHAELIS, W., Das Evangelium nach Matthäus, Bd.2, Proph., Zürich 1949.

MICHAELIS, W., Täufer, Jesus, Urgemeinde, Neutestamentliche Forschungen, Bd.2,3, Gütersloh 1928.

MICHAELIS, W., Art.: $\dot{o}\delta\acute{o}\varsigma$ $\kappa\tau\lambda$, ThWNT, Bd.5, Stuttgart 1954, S.42-118.

MICHEL, O., "Diese Kleinen" - eine Jüngerbezeichnung Jesu, ThStKr, Bd.108, Leipzig 1937/38, S.401-415.

MINEAR, P.S., Luke's Use of the Birth Stories, L.E. Keck - J.L. Martyn, Studies in Luke - Acts, Essays Presented in Honor of P. Schubert, Nashville, New York 1966, S.111-130.

MITTON, C.L., Stumbling-block Characteristics in Jesus, ET, Bd.82, Edinburgh 1970/71, S.168-172.

MONTEFIORE, H., A Comparison of the Parables of the Gospel According to Thomas and of the Synoptic Gospels, NTS, Bd.7, Cambridge 1960/61, S.220-248.

MONTEFIORE, C.G., The Synoptic Gospels, Bd.2, Library of Biblical Studies, Nachdruck der 2.Aufl. London 1927 New York 1968.

MOORE, E., BIAZΩ, APIIAZΩ and Cognates in Josephus, NTS, Bd.21, Cambridge 1975, S.519-543.

MOULTON, W.F. - A.S. GEDEN - H.K. MOULTON, A Concordance to the Greek Testament, Nachdruck der 4.Aufl. Edinburgh 1963 Edinburgh 1970.

MOWINCKEL, S., He That Cometh, Oxford 1956.

MÜLLER, U.B., Messias und Menschensohn in jüdischen Apokalypsen und in der Offenbarung des Johannes, Studien zum Neuen Testament, Bd.6, Gütersloh 1972.

MURRAY, G., Euripides und seine Zeit, Darmstadt 1957 (= Euripides and His Age, 13. [2.] Aufl. Oxford 1955).

MUSSNER, F., Der nicht erkannte Kairos (Mt 11,16-19 = Lk 7,31-35), Bib., Bd.40, Rom 1959, S.599-612.

MUSSNER, F., Wege zum Selbstbewußtsein Jesu, Ein Versuch, BZ, NF, Bd.12, Paderborn 1968, S.161-172.

NEIRYNCK, F., La rédaction matthéenne et la structure du premier Evangile, I. de la Potterie, De Jésus aux Evangiles, Tradition et Rédaction dans les Evangiles synoptiques, Bibliotheca Ephemeridum Theologicarum Lovaniensium, Bd.25, Gembloux 1967, S.41-73.

NEUHÄUSLER, E., Anspruch und Antwort Gottes, Zur Lehre von den Weisungen innerhalb der synoptischen Jesusverkündigung, Düsseldorf 1962.

NORDEN, E., Agnostos Theos, Untersuchungen zur Formengeschichte religiöser Rede, Nachdruck der Aufl. Leipzig, Berlin 1913 Darmstadt 1956.

NORDEN, E., Die antike Kunstprosa vom VI. Jahrhundert vor Christi bis in die Zeit der Renaissance, Bd.1 und 2, 5.Aufl. Darmstadt 1958.

OTTO, R., Reich Gottes und Menschensohn, Ein religionsgeschichtlicher Versuch, 3.Aufl. München 1954.

PERCY, E., Die Botschaft Jesu, Eine traditionskritische und exegetische Untersuchung, Lunds Universitets Årsskrift, NF, Abt.1, Bd.49,5, Lund 1953.

PERRIN, N., The Kingdom of God in the Teaching of Jesus, London 1963.

PERRIN, N., Was lehrte Jesus wirklich?, Rekonstruktion und Deutung, Göttingen 1972 (= Rediscovering the Teaching of Jesus, London 1967).

PESCH, R., Jesu ureigene Taten?, Ein Beitrag zur Wunderfrage, Quaestiones disputatae, Bd.52, Freiburg, Basel, Wien 1970.

PFLEIDERER, O., Das Urchristentum, seine Schriften und Lehren in geschichtlichem Zusammenhang, Bd.1, 2.Aufl. Berlin 1902.

PLUMMER, A., A Critical and Exegetical Commentary on the Gospel According to S. Luke, ICC, (Ntl. Reihe, Bd.3), Nachdruck der 5.Aufl. Edinburgh 1922 Edinburgh 1960.

PÖLZL, F.X. - Th. INNITZER, Kommentar zum Evangelium des heiligen Matthäus, 4.Aufl. Graz 1932.

POLAG, A.P., Die Christologie der Logienquelle, WMANT, Bd.45, Neukirchen-Vluyn 1977.

POLAG, A.P., Fragmenta Q, Textheft zur Logienquelle, Neukirchen-Vluyn 1979.

POLAG, A.P., Der Umfang der Logienquelle, Lizentiatsarbeit Trier 1966 (Msch.).

POLAG, A.P., Zu den Stufen der Christologie in Q, TU, Bd.102, Studia Evangelica, Bd.4,1, Berlin 1968, S.72-74.

REITZENSTEIN, R., Das iranische Erlösungsmysterium, Bonn 1921.

RENGSTORF, K.H., Das Evangelium nach Lukas, NTD, Bd.3, 7.Aufl. Göttingen 1959.

RESE, M., Alttestamentliche Motive in der Christologie des Lukas, Studien zum Neuen Testament, Bd.1, Gütersloh 1969.

RIESENFELD, H., Sabbat et jour du Seigneur, New Testament Essays, Studies in Memory of Thomas Walter Manson 1893-1958, Manchester 1959, S.210-217.

RIGAUX, B., Témoignage de l'évangile de Matthieu, Pour une histoire de Jésus, Bd.2, Bruges, Paris 1967.

RIST, M., Is Matt. 11:25-30 a Primitive Baptismal Hymn?, JR, Bd.15, Chicago 1935, S.63-77.

ROBINSON, J.A.T., Elijah, John and Jesus, An Essay in Detection, Twelve New Testament Studies, Studies in Biblical Theology, Bd.34, London 1962, S.28-52 (= NTS, Bd.4, Cambridge 1957/58, S.263-281).

ROBINSON, J.M., Die Hodajot - Formel in Gebet und Hymnus des Frühchristentums, Apophoreta, Festschrift für Ernst Haenchen zu seinem siebzigsten Geburtstag am 10. Dezember 1964, BZNW, Bd.30, Berlin 1964, S.194-235.

ROBINSON, J.M., ΛΟΓΟΙ ΣΟΦΩΝ, Zur Gattung der Spruchquelle Q, Zeit und Geschichte, Dankesgabe an Rudolf Bultmann zum 80. Geburtstag, Tübingen 1964, S.77-96.

ROBINSON, Th.H., The Gospel of Matthew, MNTC, (Bd.1), 9.Aufl. London 1960.

ROBINSON, W.C., Der Weg des Herrn, Studien zur Geschichte und Eschatologie im Lukas-Evangelium, Ein Gespräch mit Hans Conzelmann, ThF, Bd.36, Hamburg-Bergstedt 1964.

RÖSSLER, D., Gesetz und Geschichte, Untersuchungen zur Theologie der jüdischen Apokalyptik und der pharisäischen Orthodoxie, WMANT, Bd.3, Neukirchen-Vluyn 1960.

ROHDE, J., Die redaktionsgeschichtliche Methode, Einführung und Sichtung des Forschungsstandes, Hamburg 1966.

ROTHFUCHS, W., Die Erfüllungszitate des Matthäus-Evangeliums, Eine biblischtheologische Untersuchung, BWANT, Bd.5,8 (88), Stuttgart, Berlin, Köln, Mainz 1969.

SABUGAL, S., La embajada mesiánica del Bautista, IV: La fuente (Q) de Mt y Lc, Augustinianum, Bd.17, Rom 1977, S.395-424.

SAHLIN, H., Studien zum dritten Kapitel des Lukasevangeliums, Uppsala Universitets Årsskrift, 1949:2, Uppsala, Leipzig 1949.

SAND, A., Das Gesetz und die Propheten, Untersuchungen zur Theologie des Evangeliums nach Matthäus, Biblische Untersuchungen, Bd.11, Regensburg 1974.

SANDERS, J.A., The Psalms Scroll of Quamrân Cave 11(11 QPs[a]), DJD, Bd.4, 1965, S.79f.

SCHATTENMANN, J., Studien zum neutestamentlichen Prosahymnus, München 1965.

SCHILLE, G., Anfänge der Kirche, Erwägungen zur apostolischen Frühgeschichte, BEvTh, Bd.43, München 1966.

SCHILLE, G., Die urchristliche Wundertradition, Ein Beitrag zur Frage nach dem irdischen Jesus, Arbeiten zur Theologie, Bd.1,29, Stuttgart 1967.

SCHLATTER, A., Der Evangelist Matthäus, Seine Sprache, sein Ziel, seine Selbständigkeit, 6.Aufl. Stuttgart 1963.

SCHLATTER, A., Das Evangelium des Lukas aus seinen Quellen erklärt, 2.Aufl. Stuttgart 1960.

SCHLATTER, A., Johannes der Täufer, Basel 1956.

SCHMAUCH, W., Orte der Offenbarung und der Offenbarungsort im Neuen Testament, Göttingen 1956.

SCHMID, J., Das Evangelium nach Lukas, RNT, Bd.3, 4.Aufl. Regensburg 1960.

SCHMID, J., Das Evangelium nach Matthäus, RNT, Bd.1, 5.Aufl. Regensburg 1965.

SCHMID, J., Matthäus und Lukas, Eine Untersuchung des Verhältnisses ihrer Evangelien, BSt, Bd.23, 2-4, Freiburg 1930.

SCHMIDT, K.L., Der Rahmen der Geschichte Jesu, Literarkritische Untersuchungen zur ältesten Jesusüberlieferung, Nachdruck der Aufl. Berlin 1919 Darmstadt 1969.

SCHMOLLER, A., Handkonkordanz zum Griechischen Neuen Testament, 14.Aufl. Stuttgart 1968.

SCHNACKENBURG, R., Gottes Herrschaft und Reich, Eine biblisch-theologische Studie, 4.Aufl. Freiburg, Basel, Wien 1965.

SCHNEIDER, G., Das Evangelium nach Lukas, Bd.1 und 2, Ökumenischer Taschenbuchkommentar zum Neuen Testament, Bd.3,1 und 3,2, Gütersloh, Würzburg 1977.

SCHNEIDER, J., Art.:ἔρχομαι κτλ, ThWNT, Bd.2, Stuttgart 1935, S.662-682.

SCHNIEWIND, J., Das Evangelium nach Matthäus, NTD, Bd.1,2, 1.-3.Aufl. Göttingen 1937.

SCHNIEWIND, J., Zur Synoptiker-Exegese, ThR, Bd.2, Tübingen 1930, S.129-189.

SCHOLANDER, A., Zu Mt 11,12, ZNW, Bd.13, Gießen 1912, S.172-175.

SCHRAGE, W., Das Verhältnis des Thomas-Evangeliums zur synoptischen Tradition und zu den koptischen Evangelienübersetzungen, Zugleich ein Beitrag zur gnostischen Synoptikerdeutung, BZNW, Bd.29, Berlin 1964.

SCHRENK, G., Art.:βιάζομαι, βιαστής, ThWNT, Bd.1, Stuttgart 1933, S.608-613.

SCHRENK, G., Art.:πατήρ κτλ, C. Der Vaterbegriff im Spätjudentum, D. Vater im Neuen Testament, ThWNT, Bd.5, Stuttgart 1954, S.974-1016.

SCHÜRMANN, H., Das Lukasevangelium, Bd.1, HThK, Bd.3,1, Freiburg, Basel, Wien 1969.

SCHÜRMANN, H., Mt 10,5b-6 und die Vorgeschichte des synoptischen Aussendungsberichtes, Traditionsgeschichtliche Untersuchungen zu den synoptischen Evangelien, Düsseldorf 1968, S.137-149 (= Neutestamentliche Aufsätze, Festschrift für Prof. Josef Schmid zum 70. Geburtstag, Regensburg 1963, S.270-282).

SCHÜRMANN, H., Sprachliche Reminiszenzen an abgeänderte oder ausgelassene Bestandteile der Redequelle im Lukas- und Matthäusevangelium, Traditionsgeschichtliche Untersuchungen zu den synoptischen Evangelien, Düsseldorf 1968, S.111-125 (= NTS, Bd.6, Cambridge 1959/1960, S.193-210).

SCHÜRMANN, H., "Wer daher eines dieser geringsten Gebote auflöst ...", Wo fand Matthäus das Logion Mt 5,19?, Traditionsgeschichtliche Untersuchungen zu den synoptischen Evangelien, Düsseldorf 1968, S.126-136 (= BZ, NF, Bd.4, Paderborn 1960, S.238-250).

SCHÜTZ, R., Art.: Apokalyptik, III. Altchristliche Apokalyptik, RGG, Bd.1, 3.Aufl. Tübingen 1957, Sp.467-469.

SCHÜTZ, R., Johannes der Täufer, AThANT, Bd.50, Zürich, Stuttgart 1967.

SCHULZ, S., Die Bedeutung des Markus für die Theologiegeschichte des Urchristentums, TU, Bd.87, Studia Evangelica, Bd.2, Berlin 1964, S.135-145.

SCHULZ, S., "Die Gottesherrschaft ist nahe herbeigekommen" (Mt 10,7/Lk 10,9), Der kerygmatische Entwurf der Q-Gemeinde Syriens, H. Balz - S. Schulz, Das Wort und die Wörter, Festschrift Gerhard Friedrich zum 65. Geburtstag, Stuttgart, Berlin, Köln, Mainz 1973, S.57-67.

SCHULZ, S., Griechisch-deutsche Synopse der Q-Überlieferungen, Zürich 1972.

SCHULZ, S., Q - Die Spruchquelle der Evangelisten, Zürich 1972.

SCHULZ, S., Die Stunde der Botschaft, Einführung in die Theologie der vier Evangelien, 2.Aufl. Hamburg 1970.

SCHUMACHER, H., Die Selbstoffenbarung Jesu bei Mat 11,27 (Luc 10,22), Eine kritisch-exegetische Untersuchung, Freiburger Theologische Studien, Bd.6, Freiburg 1912.

SCHWEITZER, A., Geschichte der Leben-Jesu-Forschung, 6.Aufl. Tübingen 1951.

SCHWEIZER, E., Das Evangelium nach Matthäus, NTD, Bd.2, 13. (1.)Aufl. Göttingen 1973.

SCHWEIZER, E., Der Menschensohn (Zur eschatologischen Erwartung Jesu), ZNW, Bd.50, Berlin 1959, S.185-209.

SCHWEIZER, E., Art.:υἱός, υἱοθεσία, D. Neues Testament, ThWNT, Bd.8, Stuttgart, Berlin, Köln, Mainz 1969, S.364-395.

SCOBIE, Ch.H.H., John the Baptist, London 1964.

SINT, J.A., Die Eschatologie des Täufers, die Täufergruppen und die Polemik der Evangelien, K. Schubert, Vom Messias zum Christus, Freiburg 1964, S.55-163.

SJÖBERG, E., Der verborgene Menschensohn in den Evangelien, Skrifter utgivna av Kungl. Humanistiska Vetenskapssamfundet i Lund, Bd.53, Lund 1955.

SOIRON, Th., Die Logia Jesu, Eine literarkritische und literargeschichtliche Untersuchung zum synoptischen Problem, NTA, Bd.6,4, Münster 1916.

SPITTA, F., Die Sendung des Täufers zu Jesus, ThStKr, Bd.83, Gotha 1910, S.534-551.

SPITTA, F., Die synoptische Grundschrift in ihrer Überlieferung durch das Lukasevangelium, UNT, Bd.1, Leipzig 1912.

STECK, O.H., Israel und das gewaltsame Geschick der Propheten, Untersuchungen zur Überlieferung des deuteronomistischen Geschichtsbildes im Alten Testament, Spätjudentum und Urchristentum, WMANT, Bd.23, Neukirchen-Vluyn 1967.

STENDAHL, K., The School of St. Matthew and its Use of the Old Testament, ASNU, Bd.20, 2.Aufl. Lund (ca. 1967).

STOESSL, F., Zur Bedeutung von griech. βία, Die Sprache, Bd 6, Wiesbaden, Wien 1960, S.67-74.

STRATTON, Ch., Pressure for the Kingdom, Interpretation, Bd.8, Richmond/Virginia 1954, S.414-421.

STRECKER, G., Der Weg der Gerechtigkeit, Untersuchung zur Theologie des Matthäus, FRLANT, Bd.82, 3.Aufl. Göttingen 1971.

STREETER, B.H., The Four Gospels, A Study of Origins, London 1924.

STROBEL, A., Untersuchungen zum eschatologischen Verzögerungsproblem auf Grund der spätjüdisch-urchristlichen Geschichte von Habakuk, 2,2ff., Supplements to NT, Bd.2, Leiden, Köln 1961.

STUHLMACHER, P., Das paulinische Evangelium, Bd.1, Vorgeschichte, FRLANT, Bd.95, Göttingen 1968.

STUHLMACHER, P., Thesen zur Methodologie gegenwärtiger Exegese, ZNW, Bd.63, Berlin, New York 1972, S.18-26.

SUGGS, M.J., Wisdom, Christology, and Law in Matthew's Gospel, Cambridge/Mass. 1970.

SUHL, A., Die Wunder Jesu, Ereignis und Überlieferung, Gütersloh (o.J.).

TASKER, R.V.G., The Gospel According to St. Matthew, An Introduction and Commentary, The Tyndale New Testament Commentaries, (Bd.1), London 1961.

TAYLOR, V., The Order of Q, JThS, NS, Bd.4, Oxford 1953, S.27-31.

TAYLOR, V., The Original Order of Q, New Testament Essays, Studies in Memory of T.W. Manson, Manchester 1959, S.246-269.

THIBAUT, R., Le sens des paroles du Christ, Museum Lessianum - Section Théologique, Bd.36, Paris 1940.

THYEN, H., Positivismus in der Theologie und ein Weg zu seiner Überwindung?, EvTh, NF, Bd.31, München 1971, S.472-495.

THYEN, H., Studien zur Sündenvergebung im Neuen Testament und seinen alttestamentlichen und jüdischen Voraussetzungen, FRLANT, Bd.96, Göttingen 1970.

TÖDT, H.E., Der Menschensohn in der synoptischen Überlieferung, (3.Aufl.) Gütersloh (1969).

TRILLING, W., Das Evangelium nach Matthäus, Bd.1, Geistliche Schriftlesung, Erläuterungen zum Neuen Testament für die Geistliche Lesung, Bd.1,1, 4.Aufl. Düsseldorf 1970.

TRILLING, W., Die Täufertradition bei Matthäus, BZ, NF, Bd.3, Paderborn 1959 S.271-289.

TRILLING, W., Das wahre Israel, Studien zur Theologie des Matthäus-Evangeliums, StANT, Bd.10, 3.Aufl. München 1964.

UNNIK, W.C. van, Jesus the Christ, NTS, Bd.8, Cambridge 1961/1962, S.101-116.

VIELHAUER, Ph., Jesus und der Menschensohn, Aufsätze zum Neuen Testament, TB, Bd.31, München 1965, S.92-140 (= ZThK, Bd.60, Tübingen 1963, S.133-177).

VIELHAUER, Ph., Art.: Johannes, der Täufer, RGG, Bd.3, 3.Aufl. Tübingen 1959, Sp.804-808.

VIELHAUER, Ph., Tracht und Speise Johannes des Täufers, Aufsätze zum Neuen Testament, TB, Bd.31, München 1965, S.47-54.

VIELHAUER, Ph., ΑΝΑΠΑΥΣΙΣ, Zum gnostischen Hintergrund des Thomasevangeliums, Apophoreta, Festschrift für Ernst Haenchen zu seinem siebzigsten Geburtstag am 10. Dezember 1964, BZNW, Bd.30, Berlin 1964, S.281-299.

VÖGTLE, A., Wunder und Wort in urchristlicher Glaubenswerbung (Mt 11,2-5/ Lk 7,18-23), Das Evangelium und die Evangelien, Beiträge zur Evangelienforschung, Düsseldorf 1971, S.219-242.

VÖLKEL, M., Anmerkungen zur lukanischen Fassung der Täuferanfrage Luk 7,18-23, Theokratia, Jahrbuch des Institutum Judaicum Delitzschianum, Bd.2, 1970-1972, Festgabe für Karl Heinrich Rengstorf zum 70. Geburtstag, Leiden 1973, S.166-173.

VOSS, G., Die Christologie der lukanischen Schriften in ihren Grundzügen, Studia Neotestamentica, Bd.2, Paris, Brügge 1965.

WALKER, R., Die Heilsgeschichte im ersten Evangelium, FRLANT, Bd.91, Göttingen 1967.

WEAVER, W.P., A History of the Tradition of Matthew 11:25-30 (Luke 10:21-22), Diss. Madison 1968 (Msch.).

WEIR, T.H., Matthew XI.19., ET, Bd.27, Edinburgh 1915/16, S.382.

WEISS, B., Das Matthäus-Evangelium, KEK, Bd.1,1, 10.Aufl. Göttingen 1910.

WEISS, B., Die Quellen des Lukasevangeliums, Stuttgart, Berlin 1907.

WEISS, J., Das Logion Mt. 11,25-30, Neutestamentliche Studien Georg Heinrici zu seinem 70. Geburtstag ... dargebracht von Fachgenossen, Freunden und Schülern, Leipzig 1914, S.120-129.

WEISS, J., Die Predigt Jesu vom Reiche Gottes, 3.Aufl. Göttingen 1964.

WEISS, J. - W. BOUSSET, Die drei älteren Evangelien, SNT, Bd.1, 3.Aufl. Göttingen 1917.

WELLHAUSEN, J., Einleitung in die drei ersten Evangelien, 2.Aufl. Berlin 1911.

WELLHAUSEN, J., Das Evangelium Lucae, Berlin 1904.

WELLHAUSEN, J., Das Evangelium Matthaei, 2.Aufl. Berlin 1914.

WENDLAND, P., Die hellenistisch-römische Kultur in ihren Beziehungen zu Judentum und Christentum, Die urchristlichen Literaturformen, HNT, Bd.1,2.3, 2. und 3.Aufl. Tübingen 1912.

WENDLING, E., Synoptische Studien, III. Die Anfrage des Täufers und das Zeugnis über den Täufer, ZNW, Bd.10, Gießen 1909, S.46-58.

WERNER, M., Die Entstehung des christlichen Dogmas, 2.Aufl. Bern, Tübingen 1953.

WERNLE, P., Die synoptische Frage, Freiburg, Leipzig, Tübingen 1899.

WILCKENS, U., Die Missionsreden der Apostelgeschichte, Form- und traditionsgeschichtliche Untersuchungen, WMANT, Bd.5, 3.Aufl. Neukirchen-Vluyn 1974.

WILCKENS, U., Weisheit und Torheit, Eine exegetisch-religionsgeschichtliche Untersuchung zu 1. Kor. 1 und 2, BHTh, Bd.26, Tübingen 1959.

WILCKENS, U., Art.:σοφία κτλ, C. Judentum, D. Gnosis, E. Neues Testament, F. Apostolische Väter und frühe Apologeten, ThWNT, Bd.7, Stuttgart 1964, S.497-529.

WILKENS, J., Der König Israels, Eine Einführung in das Evangelium nach

Matthäus, Bd.1, Die urchristliche Botschaft, Berlin 1934.

WILSON, R. McL., Studies in the Gospel of Thomas, London 1960.

WINDISCH, H., Der messianische Krieg und das Urchristentum, Tübingen 1909.

WINDISCH, H., Die Notiz über Tracht und Speise des Täufers Johannes und ihre Entsprechungen in der Jesusüberlieferung, ZNW, Bd.32, Gießen 1933, S.65-87.

WINK, W., John the Baptist in the Gospel Tradition, Society for New Testament Studies, Monograph Series, Bd.7, Cambridge 1968.

WINTER, P., Matthew XI 27 and Luke X 22 from the First to the Fifth Century, Reflections on the Development of the Text, NT, Bd.1, Leiden 1956, S.112-148.

WOUDE, A.S. van der, Melchisedek als himmlische Erlösergestalt in den neugefundenen eschatologischen Midraschim aus Qumran Höhle XI, OTS, Bd.14, Leiden 1965, S.354-373.

WREGE, H.-Th., Die Gestalt des Evangeliums, Aufbau und Struktur der Synoptiker sowie der Apostelgeschichte, BET, Bd.11, Frankfurt am Main, Bern, Las Vegas 1978.

WREGE, H.-Th., Die Überlieferungsgeschichte der Bergpredigt, WUNT, Bd.9, Tübingen 1968.

ZAHN, Th., Das Evangelium des Lucas, KNT, Bd.3, 3. und 4.Aufl. Leipzig, Erlangen 1920.

ZAHN, Th., Das Evangelium des Matthäus, KNT, Bd.1, 4.Aufl. Leipzig, Erlangen 1922.

ZELLER, D., Die Bildlogik des Gleichnisses Mt 11,16f./Lk 7,31f., ZNW, Bd.68, Berlin, New York 1977, S.252-257.

ZIENER, G., Die theologische Begriffssprache im Buche der Weisheit, BBB, Bd.11, Bonn 1956.

ZIMMERLI, W., Erkenntnis Gottes nach dem AT, Eine theologische Studie, Zürich 1954.

ZIMMERMANN, H., Neutestamentliche Methodenlehre, Darstellung der historisch-kritischen Methode, 3.Aufl. Stuttgart 1970.

ZUMSTEIN, J., La condition du croyant dans l'Evangile selon Matthieu, Orbis Biblicus et Orientalis, Bd.16, Fribourg, Göttingen 1977.

BEITRÄGE ZUR BIBLISCHEN EXEGESE UND THEOLOGIE

Herausgegeben von Jürgen Becker und Henning Graf Reventlow.

Band 1 Georg Warmuth: Das Mahnwort. Seine Bedeutung für die Verkündigung der vorexilischen Propheten Amos, Hosea, Micha, Jesaja und Jeremia. 1976.

Band 2 Jonathan Magonet: Form and Meaning. Studies in Literary Techniques in the Book of Jonah. 1976.

Band 3 Peter Fiedler: Jesus und die Sünder. 1976.

Band 4 Milton Schwantes: Das Recht der Armen. 1977.

Band 5 Jean Vincent: Studien zur literarischen Eigenart und zur geistigen Heimat von Jesaja, Kap. 40-55. 1977.

Band 6 Wolfgang Langbrandtner: Weltferner Gott oder Gott der Liebe. Der Ketzerstreit in der johanneischen Kirche. Eine exegetisch-religionsgeschichtliche Untersuchung mit Berücksichtigung der koptisch-gnostischen Texte aus Nag-Hammadi. 1977.

Band 7 Hans-Peter Stähli: Knabe - Jüngling - Knecht. Untersuchungen zum Begriff נַעַר im Alten Testament. 1978.

Band 8 Peter Trummer: Die Paulustradition der Pastoralbriefe. 1978.

Band 9 Hermann Mahnke: Die Versuchungsgeschichte im Rahmen der synoptischen Evangelien. Ein Beitrag zur frühen Christologie. 1978.

Band 10 Hans-Friedemann Richter: Geschlechtlichkeit, Ehe und Familie im Alten Testament und seiner Umwelt. 2 Bände. 1978.

Band 11 Hans-Theo Wrege: Die Gestalt des Evangeliums. Aufbau und Struktur der Synoptiker sowie der Apostelgeschichte. 1978.

Band 12 Felix Gradl: Ein Atheist liest die Bibel. Ernst Bloch und das Alte Testament. 1979.

Band 13 Reinhard Wonneberger: Syntax und Exegese. Eine generative Theorie der griechischen Syntax und ihr Beitrag zur Auslegung des Neuen Testaments, dargestellt an 2. Korinther 5,2f und Römer 3,21-26. 1979.

Band 14 Rolf Dabelstein: Die Beurteilung der 'Heiden' bei Paulus. 1981.

Band 15 Walter Radl: Ankunft des Herrn. Zur Bedeutung und Funktion der Parusieaussagen bei Paulus. 1981.

Band 16 Günter Krinetzki: Kommentar zum Hohenlied. Bildsprache und theologische Botschaft. 1981.

Band 17 Volker Schönle: Johannes, Jesus und die Juden. Die theologische Position des Matthäus und des Verfassers der Redenquelle im Lichte von Mt. 11. 1982.

Koschel, Ansgar

DIALOG UM JESUS MIT ERNST BLOCH UND MILAN MACHOVEC

Frankfurt/M., Bern, 1981. V, 591 S.
Europäische Hochschulschriften: Reihe 23, Theologie. Bd. 170
ISBN 3-8204-5980-4   br. sFr. 86.–

Biblische Aussagen über Jesus haben in den Werken der marxistischen Philosophen *Bloch* und *Machovec* einen besonderen Stellenwert. Dieser Stellenwert wie auch die eigenständige Erforschung von Aussagen über Jesus ist zu verstehen auf der Grundlage ihres differenzierten, nicht nur vom Marxismus her geprägten Vorverständnisses. Beider Forschung wurde bereichert durch den Dialog zwischen Christen und Marxisten (ca. 1960 bis 1970). Dessen Ziele und Voraussetzungen werden in dieser Arbeit analysiert, bevor der Verfasser mit *Bloch* und *Machovec* den Dialog zu Aussagen über Leben, Tod und Auferweckung Jesu aufnimmt; der systematischen Darstellung der Aussagen beider Philosophen folgt jeweils der theologische Dialog. Er führt zu neuen Fragestellungen und veränderten Erkenntnissen.
Aus dem Inhalt: U.a. Wege zu einem Dialog um Jesus – Einführung in das Jesus-Verständnis von Bloch und Machovec – Dialog um Jesus zu Aussagen Blochs und Machovec's über Leben, Tod und Auferweckung Jesu.

Schwarz, Eberhard

IDENTITÄT DURCH ABGRENZUNG

Abgrenzungsprozesse in Israel im 2. vorchristlichen Jahrhundert und ihre traditionsgeschichtlichen Voraussetzungen – Zugleich ein Beitrag zur Erforschung des Jubiläenbuches

Frankfurt/M., Bern, 1981. 233 S.
Europäische Hochschulschriften: Reihe 23, Theologie. Bd. 162
ISBN 3-8204-5922-7   br. sFr. 54.–

Wie wahrt eine Gemeinschaft zumal in Krisenzeiten ihre Identität? Eine Möglichkeit dazu stellt das Mittel der Abgrenzung nach aussen dar. Die Arbeit verfolgt dieses Konzept durch etwa 1000 Jahre der Geschichte des Volkes Israel, von der Zeit der Landnahme bis in die hellenistische Zeit hinein. Dabei werden zum einen die Begründungszusammenhänge dieses Konzepts, zum anderen seine jeweiligen historischen Konkretionen beschrieben. So wird die Konstanz des Konzepts bei gleichzeitiger Möglichkeit situationsbedingter Veränderung einzelner Elemente erkennbar.
Aus dem Inhalt: Abgrenzung im Jubiläenbuch – Abgrenzung im Alten Testament: das vorexilische Vertragsverbot / die nachexilische Absonderungsforderung – «Sitz im Leben» des Jubiläenbuches (u.a. zum Kalenderstreit) – Abgrenzung in der Qumrangemeinde.

Verlag Peter Lang · Bern und Frankfurt am Main
Auslieferung: Verlag Peter Lang AG, Jupiterstr. 15, CH-3000 Bern 15
Telefon (0041/31) 32 11 22, Telex verl ch 32 420

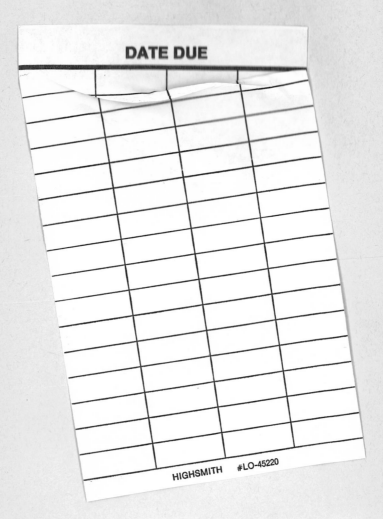

DATE DUE

HIGHSMITH   #LO-45220